학문적으로 새로운 공헌을 하려고 애쓰는 책이 있는가 하면, 오랜 연구와 강의와 현장 경험에서 자연스럽게 흘러나오듯 쓴 책도 있다. 영국의 성서학자 앤터니 티슬턴의 『조직신학』은 후자에 해당한다. 해석학과 신약성경에 관한 대작들로 국내 신학계에 큰 영향력을 끼쳐 온 저자는 이 책에서도 여러 학문을 통섭하는 특유의 통찰과 글솜씨로 조직신학의 핵심 주제 열다섯 가지를 알차고 균형 있게 다룬다. 티슬턴은 목회자와 학생이 큰 부담 없이 '활용할 수' 있다는 점이 이 책의 장점이라고 밝혔지만, 신학교에서 조직신학을 가르치는 입장에서 이 책의 가장 큰 미덕은 교리를 형성하고 신학적 상상력을 자라게 한 성서학적 배경을 충실히 보여 준다는 데 있다. 조직신학과 성경 사이의 밀접한 관계를 주장하는 신학자가 이제껏 많았지만, 이 관계를 과장이나 단순화 없이 보여 줄 수 있는 사람은 찾아보기 힘들기에 이 책의 가치가 더욱 빛난다. 성경, 전통, 교리, 해석학, 종교철학을 한 권 안에 이토록 간결하고 효과적으로 엮어 낸 티슬턴의 재능과 성실함은 오늘의 신학과 교회에 훌륭한 자산이다.

김진혁 횃불트리니티신학대학원대학교 조직신학 조교수

특별한 조직신학서가 등장했다. 성경 해석학의 일가를 이룬 앤터니 티슬턴이 그의 말년에 조직신학까지 마스터하여 집대성한 작품을 내놓았다. 티슬턴은 성서학자이면서도 역사적 교리와 신학, 현대 사상과 철학에 대해 웬만한 조직신학자 못지않게 해박하다. 그는 이 책에서 기독교 진리에 대한 치밀한 성경적 고찰은 물론 초대교회부터 현대에 이르기까지 진행된 신학적 논의와 발전을 총망라하는 세밀하고도 폭넓은 연구를 선보인다. 티슬턴이 쓴 해석학 책은 난해하기로 유명해서 원래 그가 글을 쉽게 쓸 줄 모르는 학자로 생각하기 쉽다. 하지만 문체가 간결하고 읽기 쉬운 이 책을 보면 그런 오해가 싹 가신다. 목회자와 신학생뿐 아니라 기독교 진리를 체계적으로 이해하기 원하는 모든 이에게 이 책은 큰 유익을 줄 것이다.

박영돈 고려신학대학원 교의학 교수

성경 해석학 영역에서 괄목할 만한 성취를 보인 티슬턴은 2007년에 『기독교 교리와 해석학』이라는 책을 저술함으로써 조직신학과 해석학을 접목하려는 시론적 연구를 수행하였다. 이로부터 8년 후, 드디어 『조직신학』이라는 제목의 책이 출간되었다. 티슬턴은 삼위일체론적 구조로 조직신학을 제시하려고 노력하였다. 조직신학을 체계를 지닌 학문으로 파악하였으며, 각각의 주제(locus)를 세 가지 문맥 아래 배치하여 열린 논의를 전개하였다. 다시 말해, 성경적·역사적·철학적 문맥을 신중하게 고려하면서 해석학적 논의를 전개하는 방식으로 각 주제를 다루었다. 이는 티슬턴이 자료적 측면에서 상당

히 포괄적인 작업을 하면서도, 자신이 다루는 주제에 대하여 결론적 함의를 도출하기보다는 열린 결론으로 독자를 인도하려는 의도를 담고 있다는 말이다. 이런 이유로 독자는 이 책의 도움을 받아 기독교 신학의 보다 심층적인 세계로 들어갈 수 있을 것이며, 기독교가 왜 이러한 방식으로 자기 실존을 고민하는지 그 맥락을 확인할 수 있을 것이다. 일독을 권한다.

유태화 백석대학교 신학대학원 조직신학 교수

앤터니 티슬턴의 『조직신학』 한국어판 출간을 크게 기뻐하며 환영한다. 이 책은 내가 지금까지 본 모든 기독교 신학 개론서 가운데 단연 최고의 개론서다. 체계 구성이 전통적 범주를 크게 벗어나지 않으면서도 오늘날의 새로운 주제와 쟁점들을 이해하기 쉬운 언어와 논리로 다루고 있다. 이 책의 가장 탁월한 특징은 조직신학의 여러 주제를 다루면서 성경 주해, 철학, 종교철학, 언어학, 해석학, 자연과학 등 다양한 학문 분야를 함께 아우르는 폭넓은 통전적 시각을 독자에게 제공한다는 점이다. 한국교회의 목회자와 신학도뿐 아니라 기독교의 진리 체계에 진지한 관심을 가진 모든 구도자에게 훌륭한 길잡이가 되리라 굳게 믿는다.

윤철호 장로회신학대학교 조직신학 교수

실제적이고 신앙에 유익하며 체계적이다. 성경 주해를 바탕으로 여러 역사상 인물과 대화하며 다양한 학문 분야를 통섭한 결과를 한 권으로 담아냈다. 폭넓은 분야를 아우른 이 책은 조직신학에 어느 정도 익숙한 이들마저도 놀라게 할 것이다.

볼프강 폰다이 리젠트 대학교 신학대학원

티슬턴은 예부터 신학에서 다뤄 온 모든 주제를 망라하는 놀라울 정도로 간결한 조직신학서를 썼다. 이 책은 가능한 한 여러 학문 분야의 시각을 폭넓게 아우르면서, 성경 주해와 오랜 세월에 걸친 주요 사상가들의 사상을 파고들 뿐 아니라 그것이 그리스도인의 제자도와 신앙에 실제로 의미하는 바까지 살핀다. 조직신학을 공부하는 이들을 비롯해 기독교 신학의 핵심들을 더 자세히 이해하고 싶어 하는 모든 이에게 이 책을 적극 추천한다.

로이스 맬컴 루터 신학대학원

앤터니 티슬턴의 『조직신학』은 독자들이 기독교 교리의 기본 요소는 물론 그 근거가 된 성경 내용, 배경에 있는 철학적 차원, 역사 속에서 전개된 형태까지 모두 살펴볼 수 있도록 하는 깊이 있고 명쾌하며 권위 있는 해설이다.

존 웹스터 세인트앤드루스 대학교

수많은 배울 거리와 적절한 비평을 곁들인 이 단권 조직신학서는 티슬턴이 이전에 성서학, 해석학, 기독교 교리 분야에서 넓고 깊게 다져 온 연구 결과에 자신이 오랜 세월 교실에서 가르쳐 온 경험을 접목한 작품으로, 쉬이 읽고 분명히 이해할 수 있다. 균형 잡혀 있으면서도 폭넓게 접근하는 이 책은 다양한 독자에게 권할 만하다. 적극 추천한다.

올리버 크리스프 풀러 신학교

중요하고도 아름다운 이 작품은 신학을 잘 아는 이에게도 깜짝 놀랄 기쁨을 안겨 주지만, 신학을 처음 만나는 이에게도 도움이 될 것이다. 이 책은 이 시대에 누구에게나 칭송을 들을 만한 신학 문헌으로, 오랫동안 생명을 이어 갈 작품으로 분류하기에 부족하지 않다.

맬컴 야넬 3세 사우스웨스턴 침례교 신학교

조직신학

IVP(InterVarsity Press)는
캠퍼스와 세상 속의 하나님 나라 운동을 지향하는
IVF(InterVarsity Christian Fellowship)의 출판부로
생각하는 그리스도인을 위한 문서 운동을 실천합니다.

Copyright ⓒ 2015 by Anthony C. Thiselton
Originally published in English under the title
Systematic Theology by Anthony Thiselton
Published by Wm. B. Eerdmans Publishing Co.
2140 Oak Industrial Drive NE, Grand Rapids, Michigan 49505, U.S.A.
All rights reserved.

This Korean edition is translated and used by permission of
Wm. B. Eerdmans Publishing Co.
through arrangement of rMaeng2, Seoul, Republic of Korea.

This Korean edition copyright ⓒ 2018 by Korea InterVarsity Press
156-10 Donggyo-Ro, Mapo-Gu, Seoul 04031, Republic of Korea

이 한국어판의 저작권은 알맹2 에이전시를 통하여
Wm. B. Eerdmans Publishing Co. 와 독점 계약한 IVP에 있습니다.
신 저작권법에 의하여 한국 내에서 보호받는 저작물이므로
무단 전재와 무단 복제를 금합니다.

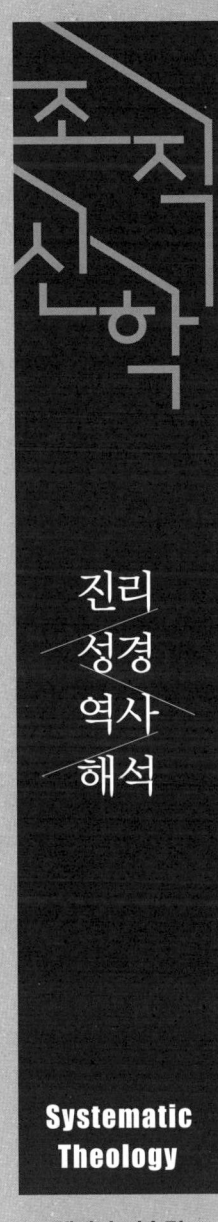

조직신학

진리
성경
역사
해석

Systematic Theology

앤터니 티슬턴

박규태 옮김

Ivp

차례

서문　13
약어　16

1장 방법과 진리　19
　1. '체계'에는 일관성과 반론이 필요하다　19
　2. 진리, 신학, 철학: 신약성경과 초기 교회 교부들　26
　3. 역사의 맥락 속에 자리한 진리, 신학, 성경　35
　4. 철학의 더 심오한 측면: 개념 '문법'　39
　5. 화행, 해석학, 사회학, 문학 이론　45

2장 하나님: 인격, 삼위일체, 거룩한 사랑, 은혜　61
　1. 하나님: 비인격체인가 인격체인가 초인격체인가?　61
　2. 삼위일체이신 하나님: 골칫거리인가 확증인가?　66
　3. 정말 살아 계신 하나님인가 그냥 '유신론'인가?　77
　4. 거룩하신 생명 수여자요 사랑을 베푸시는 창조주이신 하나님　82
　5. 은혜를 베푸시는 분이신 하나님　88

3장 하나님과 세계　97
　1. 사랑의 하나님과 악이라는 문제　97
　2. 우리가 '원인'에서 하나님의 존재를 논증할 수 있을까?
　　하나님의 초월성　110
　3. 설계를 근거로 한 논증, 그리고 현대 과학　118
　4. 필연성을 근거로 한 논증: 존재론적 논증　124
　5. 전능, 전지, 편재: 이 말들의 의미　130

4장 무신론의 도전: 그리스도인들에게 주는 교훈　137
　1. 무신론의 기원: 인류를 바라보는 유물론자의 단순한 견해　137
　2. 인간의 투사인 '하나님': 포이어바흐와 프로이트　141

3. '하나님'과 사회적 조종: 니체와 마르크스   148
   4. 계시에 대한 공격   155
   5. 무신론과 유신론 사이: 이신론, 범신론, 불가지론   161

5장 인간이 아닌 피조물, 그리고 인간 복리를 위한 법령   169
   1. 주로 정경에 비춰 살펴본 천사 창조와 천사의 사역   169
   2. 구약 정경이 완성된 뒤 유대교와 역사 속 기독교 사상에서
      말하는 천사   179
   3. 동물 창조와 동물의 지위: 창조는 인간 중심인가?   187
   4. 인간의 질서 정립: 정치 공동체, 혼인, 정의   202
   5. 현대에서 국가의 한계와 만인을 위한 정의에 보이는 관심   210

6장 인간의 잠재력과 하나님의 형상   219
   1. 하나님의 형상: 인간이 '인격체'가 되다   219
   2. 정신-몸 이원론에 대조되는 인간 본성의 통일성   226
   3. 인간 능력의 다양성   230
   4. 죄와 소외의 개입: 성경의 용어   236
   5. 바울 서신에서 두드러지게 나타나는 죄와 타락의
      보편성에 관한 이해   242

7장 그릇된 방향으로 나아간 욕망과 소외:
역사 속 사상가들에 대한 해석학적 비교   247
   1. 니케아 이전의 교부들   247
   2. 니케아 이후의 교부들   251
   3. 중세와 종교개혁 시대   259
   4. 현대 초기   267
   5. 20세기 이후   275

8장 중보자 예수 그리스도   283
   1. 십자가의 관점에서 정의한 복음과 하나님 은혜의 관점에서
      정의한 십자가   285
   2. 구속과 구원의 명료한 의미   291

3. 추가로 살펴볼 두 명료한 전제: 중보와 희생   302
   4. 속죄를 더 설명해 주는 보완 모델   310
   5. 속상 그리고/또는 유화? 바울의 독특한 화해 개념   314

9장 역사 속에 나타난 속죄 신학들을 살펴봐야 하는 이유는?
   역사 속 사상과 해석학   321
   1. 초기 교회에서 이야기한 속죄   322
   2. 니케아 공의회 이후 시대   330
   3. 안셀무스와 아벨라르   338
   4. 종교개혁: 루터와 칼뱅   344
   5. 현대의 다양한 접근법   349

10장 간략한 기독론   363
   1. 역사 맥락: 구약성경과 유대교의 예언과 묵시에 드러난 대망   364
   2. 예수의 하나님 나라 선포: 기독론을 가리키는 것들   370
   3. 이른바 세 탐구와 역사 연구의 필요성   377
   4. 서신서와 사도행전의 기독론: 주, 마지막 아담, 하나님과 하나임   384
   5. 고대 기독론과 현대 기독론의 근본 차이   397

11장 성령 1: 성경의 가르침   411
   1. 구약성경과 유대교 안에 있는 기초와 주제   413
   2. 공관복음과 사도행전에서 말하는 성령   421
   3. 바울 서신과 성령의 선물   429
   4. 바울 서신에서 다루는 또 다른 주요 주제들   438
   5. 요한 문헌과 신약성경의 나머지 부분   442

12장 성령 2: 역사에서 얻은 통찰   449
   1. 오순절 운동의 발흥   449
   2. 니케아 이전의 성령   456
   3. 니케아 이후 교부가 말하는 성령   460
   4. 종교개혁과 후기 종교개혁 시대의 성령   464
   5. 19세기부터 현재까지 나타난 성령   469

13장 왜 교회, 사역, 성례인가?   479

　1. 기초: 하나님의 백성을 부르심과 근대 개인주의   479

　2. 교회론을 둘러싼 신학 논쟁   485

　3. 사역과 관련된 신학 원리   494

　4. 세례라는 성례   499

　5. 성찬, 거룩한 교제, 주의 만찬   507

14장 그리스도의 재림, 부활, 이와 관련한 문제   517

　1. 죽음 그리고 연옥과 천년왕국을 둘러싼 논쟁   517

　2. 그리스도의 재림, 혹은 강림   528

　3. 강림이 임박했다는 주장, 그리고 대망의 본질   535

　4. 예수 그리스도의 부활   542

　5. 죽은 자들이 다 부활함   548

15장 마지막 심판, 영원, 만물의 회복   557

　1. 마지막 심판의 목적   557

　2. 심판, 판결, 진노, 은혜로 의롭다 하심을 얻음   564

　3. 심판 '뒤에' 벌어질 일? '영'생은 무엇인가?   570

　4. 새 예루살렘   574

　5. 영광에서 영광으로: 만물의 회복   582

　참고문헌   593

　인명 찾아보기   625

　주제 찾아보기   635

　성경과 고대 문헌 찾아보기   649

　주요 인물 소개   671

일러두기

티슬턴은 성경을 인용할 때 대개 New Revised Standard Version을 사용했다. 한국어판에서는 대한성서공회에서 발행한 개역개정 4판을 사용했으며, 문맥에 따라 티슬턴이 제시한 본문을 한국어로 옮기거나 이를 참고하여 개역개정 본문을 수정하였다.

서문

다른 이들은 물론이고 학생과 목회자가 '활용할 수' 있는 한 권으로 된 조직신학 책을 쓰도록 권유해 준 출판사에 감사한다. 특히 학생과 목회자는 주머니 사정이 넉넉한 이가 드물어서, 우리가 이들에게 무리 없이 요구할 수 있는 것에는 분명 한계가 있다.

더욱이 오늘날 가장 좋은 조직신학 책은 아마도 볼프하르트 판넨베르크(Wolfhart Pannenberg)가 쓴 것이겠으나, 그 책은 세 권으로 된 작품인데다 엄밀하게, 힘들여, 세세히 읽어야 할 부분이 많다. 존 웹스터(John Webster)가 계획한 조직신학 책은 다섯 권이 넘는다고 하고, 새라 코클리(Sarah Coakley)가 계획하는 작품은 서너 권짜리라는 말이 있다. 로버트 젠슨(Robert Jenson)이 쓴 작품도 두 권으로 이루어져 있다. 스펙트럼 반대편으로 가 보면, 한 권으로 된 작품이 몇 있다. 이들도 쓸모가 있긴 하지만, 이제는 시대에 조금 뒤떨어지고, 조직신학의 주제를 망라하여 다루었다고 볼 수 없을 정도로 내용이 지나치게 간결하거나 선택적이다.

내가 받은 절충안은 원래 내 의도보다는 덜 세세하게 써 달라는 요구였다. 바로 이런 이유 때문에 가령 기독론을 다룬 장의 제목을 '간략한 기독론'이라 붙여야 했고, 다른 몇몇 장도 내용을 줄여 꼭 다루어야 할 철학, 주해, 언어학과 관련된 관심사에 자리를 내주어야 했다. 그렇지만 다른 이들은 내게 보통 종교철학에 포함시킬 법한 몇몇 주제를 이 책에 포함시키고, 이런 관심사들을 기독교 신학과 충실하게 통합하여 다뤄 보라고 독려했다. 나는 이런 일을 과감히 그리고 기꺼이 시도했다.

내가 대학에서 가르치기 시작한 것이 50년 전인데, 이 책은 오랜 세월 (신약성경, 해석학, 이전에 가르쳤던 종교철학과 더불어) 조직신학을 가르쳐 온 과정에서 자라난 작품이요, 대학의 동료들 그리고 신학교 및 대학의 학생들과 나눈 대화 및 토론에서 자라난 작품이다. 나는 사람들이 이 책을 교육 교재로 쉽게 활용할 수 있게 책 전체를 열다섯 장으로 나누고 각 장의 분량을 거의 같게 만들어 보통 한 학기를 구성하는 강의 주에 맞추었다. 미국과 영국의 주요 대학들은 한 학기가 14주에서 16주로 이루어져 있는 것 같다. 각 장은 다시 다섯 절을 담고 있는데 이 절들 역시 대체로 길이가 같다. 5장만이 다른 장보다 좀 긴데, 서로 사뭇 다른 세 영역을 다루기 때문이다.

이 책의 가장 독특한 기여 중 하나는 아마도 가능한 한 폭넓게 여러 학문 분야를 연결하여 바라볼 수 있는 시각을 제공하는 점이 아닐까 싶다. 나는 이 틀 안에 조직신학 책이라면 으레 담고 있을 만한 전통적 요소들을 담았다. 하나님과 창조에 관한 신학의 이해, 하나님의 존재 및 무신론과 관련된 쟁점들, 인류와 오도된 욕망 및 소외를 다룬 신학, 그리스도의 사역과 인격, 성령의 인격과 사역, 교회와 직무 및 성례, 마지막에 있을 일들을 다룬 두 장. 이 모든 내용은 성경을 꼼꼼히 주해한 결과는 물론, 오랜 세월을 거쳐 오늘날에 이르기까지 존재했던 주요 사상가들과 소통한 결과를 담고 있다. 주요 사상가들과 소통한 결과를 제시하는 것은 단순히 역사 속에서 일어난 일들의 연대기를 기록하는 데 그치지 않고, 거기서 더 나아가 특히 해석학적 가교와 가능성을 설명하는 데 그 목적이 있다. 나는 인물 평가도 포함하려고 노력했다.

거의 무심코 한 말 같지만 실은 아주 중요한 경고를 해 준 체스터 주교 피터 포스터(Peter Forster) 박사에게 깊이 감사한다. 그는 조직신학 책이 그리스도인의 제자도에 실제로 도움을 주는 교훈은 거의 내놓지 못한 채 실망만 안겨 주거나 실제로 그리스도인의 섬김을 불러일으키는 영감을 거의 제공하지 못하는 경우가 아주 잦다고 경고했다. 나는 학자다운 성실성을 지키면서도 그리스도인의 이런 지당한 실제 관심사들을 충분히 유념하려고 노력했다. 신학 논의들을 다룰 때는 이 논의들과 그리스도인의 삶이 갖는 관련성을 실제 속에서 관찰한 결과들을 덧붙여 강조했지만, 경건한 분위기나 설교식 분위기는 일체 풍기지 않으려고 굳게 노력했다.

마지막으로, 꼼꼼하고 세심하게 원고를 타이핑해 준 로완 길럼헐(Rowan Gillam-Hull), 그리고 근래 수년 동안 몇 차례에 걸쳐 충실한 신학 대화를 나눠준 팀 헐(Tim Hull) 박사에게 깊이 감사드린다. 늘 그렇듯이, 아내 로즈메리(Rosemary)는 원고를 타이핑하고 원고에서 모호한 몇 곳을 더 명확히 쓰기를 제안하는 등 시간과 도움을 아낌없이 베풀어 주었다. 이런 도움이 없었으면 나는 이 책을 쓰지 못했을 것이다.

2015년 5월
앤터니 티슬턴

약어

AB	Anchor Bible
ANF	*Ante-Nicene Fathers*. Edited by A. Roberts and J. Donaldson. 10 vols. Grand Rapids: Eerdmans, 1993
BDAG	W. Bauer, F. W. Danker, A. F. Arndt, and F. W. Gingrich. *A Greek-English Lexicon of the New Testament and Other Early Christian Literature*. 3rd ed. Chicago: University of Chicago Press, 2000
BDB	F. Brown, S. R. Driver, and C. A. Briggs. *The New Hebrew and English Lexicon*. Lafayette, Ind.: Associated Publishers, 1980
BQT	*Basic Questions in Theology*. By W. Pannenberg. 3 vols. London: SCM, 1970-1973
CD	*Church Dogmatics*. By Karl Barth. Edited by G. W. Bromiley and T. F. Torrance. 14 vols. Edinburgh: T. & T. Clark, 1957-1975. 『교회교의학』(대한기독교서회).
CGTC	Cambridge Greek Testament Commentary
ConBNT	Coniectanea biblica: New Testament Series
ConBOT	Coniectanea biblica: Old Testament Series
CUP	Cambridge University Press
Grimm-Thayer	C. L. W. Grimm and J. H. Thayer. *A Greek-English Lexicon of the New Testament*. Edinburgh: T. & T. Clark, 1901
Hatch-Redpath	Edwin Hatch and Henry A. Redpath. *A Concordance to the Septuagint and Other Greek Versions of the Old Testament*. 2 vols. Athens: Beneficial Books, 1897
ICC	International Critical Commentary
IJSST	*International Journal for the Study of Systematic Theology*

JETS	Journal of the Evangelical Theology Society
JGM	Jesus—God and Man. By W. Pannenberg. Philadelphia: Westminster; London: SCM, 1968
JPT	Journal of Pentecostal Theology
JPTSS	Journal of Pentecostal Theology Supplement Series
JR	Journal of Religion
JSNT	Journal for the Study of the New Testament
JSNTSup	Journal for the Study of the New Testament: Supplement Series
JTS	Journal of Theological Studies
Lampe	G. W. H. Lampe. *A Patristic Greek Lexicon*. Oxford: OUP, 1961
LCC	Library of Christian Classics. 『기독교 고전총서』(두란노아카데미).
Moulton-Geden	W. F. Moulton and A. S. Geden. *A Concordance to the Greek Testament*. Edinburgh: T. & T. Clark, 1899
NCB	New Century Bible
NICNT	New International Commentary on the New Testament
NIDOTTE	*New International Dictionary of Old Testament Theology and Exegesis*. Edited by Willem A. VanGemeren. 5 vols. Carlisle: Paternoster, 1996
NIGTC	New International Greek Testament Commentary
NovTSupp	Supplements to Novum Testamentum
NPNF	*Nicene and Post-Nicene Fathers*. Series 1, 14 vols. Series 2, 14 vols.
NTS	New Testament Studies
OUP	Oxford University Press
PG	Patrologia Graeca. Edited by J.-P. Migne
PL	Patrologia Latina. Edited by J.-P. Migne
SBT	Studies in Biblical Theology
SJT	Scottish Journal of Theology
SNTSM	Studiorum Novi Testamenti Societas Monograph series
SNTSMS	Society for New Testament Studies Monograph Series
ST	*Systematic Theology*. By W. Pannenberg. 3 vols. Grand Rapids: Eerdmans, 1992-1998. 『판넨베르크 조직신학』(새물결플러스).
Summa	*Summa Theologiae*. By Thomas Aquinas. 60 vols. Blackfriars ed. New York: McGraw-Hill; London: Blackfriars, 1964-1973. 『신학대전』(비오로딸).
TDNT	*Theological Dictionary of the New Testament*. Edited by G. Kittel

TDOT	and G. Friedrich. 10 vols. Grand Rapids: Eerdmans, 1964-1976 *Theological Dictionary of the Old Testament*. Edited by G. J. Botterweck, H. Ringgren, and H.-J. Fabry. 15 vols. Grand Rapids: Eerdmans, 1974-
WBC	Word Biblical Commentary. 『WBC 성경주석』(솔로몬).
WUNT	Wissenschaftliche Untersuchungen zum Neuen Testament

1장

방법과 진리

주로 방법을 다루는 서론으로 한 책을 시작한다는 것은 여러모로 애석한 일이다. '서론'이 삶 및 실제와 연결된 내용으로 주제의 핵심에 다가가지 못하여 사람들이 떨어져 나가는 강의 시리즈가 많다. 이 책은 실천 및 신앙과 관련된 내용을 담아내는 것을 목표로 삼지만, '방법'을 다루는 논의에서는 보통 이런 목표를 권장하지 않는다. 실제로 제프리 스타우트(Jeffrey Stout)와 새라 코클리는 본론을 말하기 전에 단지 "목이나 가다듬는" 정도에 그치는 서론은 쓰지 말라고 우리에게 경고했다.[1] 일부 독자는 이번 장을 뒤로 미루는 쪽을 더 좋아할지도 모르겠으나, 방법과 진리를 다루는 서론은 여기 서두에 있는 것이 논리상 맞으며, 특히 이 주제의 가치에 회의를 품는 이들을 생각할 때 여기서 그것을 다룰 정당한 이유가 있다.

1. '체계'에는 일관성과 반론이 필요하다

많은 이가 '조직신학'(systematic theology, 체계적 신학)이라는 말에 주저하는 마음을 표명하는 것 같다. 이 말은 교회가 '교의'(dogma)로 '받아들인'(그리스어

---

[1] Sarah Coakley, *God, Sexuality, and the Self: An Essay "On the Trinity"* (Cambridge: CUP, 2013), p. 33.

*dechomai*에서 나왔다) 기독교 교리를 가리키는 '교의신학'(dogmatic theology)을 대신해 왔다. '조직신학'은 웹스터가 말하듯이, 대학과 학계에서 '교리'(doctrine)를 가리키는 말로 으레 사용하는 용어가 되었다.[2] 조직신학은 성경, 역사, 철학의 자료에서 나온 내용을 포괄한다. 나아가 조직신학은 일관성 내지 일치성을 강조한다.

바로 이 마지막 점이 가장 많은 비판을 불러일으킨다. 첫째, '체계'(system)는 신학을 고정시켜 '얼어붙게 만듦'을 암시하는 것 같다. 하지만 오늘날 대다수 신학자는 조직신학이 살아 있는 유기적 성격을 가졌음을 인정하려 한다. 둘째, '체계'는 교리 정리가 다 끝나서 마무리되었음을 암시하는 것 같다. 이는 마치 기존 문화에서 사용하는 개념에 생긴 변화는 말할 것도 없고 성경에서 얻은 새로운 통찰이나 하나님 체험도 배척하는 것 같은 인상을 풍긴다. 그러나 신학은 살아 있고 자라 가는 학과다. 웹스터와 코클리가 이런 틀에 박힌 비판을 언급하긴 하지만, 동시에 웹스터는 이것이 다만 종말에 보게 될 온전한 것을 잠시 미리 엿보는 일에 불과하다는 콜린 건튼(Colin Gunton)의 답변도 함께 언급한다.[3] 실제 요점을 하나 제시해 보면, 우리의 믿음 체계가 오랜 세월이 흘렀어도 늘 똑같은 상태를 유지해 왔다면 뭔가 문제가 있는 것이다. 성령의 역사, 성령에 관한 늘어나는 이해, 그리고 심지어는 의심과 비판적 성찰과 개선의 경험은 모두 성장에 이바지한다.

체계에 맞선 가장 유명한(혹은 악명 높은) 공격 중 하나가 사람들이 종종 실존주의의 아버지라 부르는 쇠얀 키르케고르(Søren Kierkegaard, 1813-1855)가 제기한 공격이었다. 그리스도인인 키르케고르는 단지 **추상적** 사유 체계에 불과

---

2 John Webster, "Systematic Theology", in *The Oxford Handbook of Systematic Theology*, ed. John Webster, Kathryn Tanner, and Iain Torrance (Oxford: OUP, 2007), pp. 1-15, 특히 pp. 1-3.
3 Webster, "Systematic Theology", p. 13, 그리고 Colin Gunton, *Intellect and Action: Elucidations on Christian Theology and the Life of Faith* (Edinburgh: T. & T. Clark, 2000), p. 36.

한 진리가 아니라 **삶으로 살아 낸** 진리에 깊이 천착했다. 그는 "**무엇을** 말하는가"뿐 아니라 "**어떻게** 말하는가"에도 관심을 쏟았다.⁴ 기독교 진리는 하나님에 **관한** 신리일 뿐 아니라, 하나님에게서 **나온** 말씀이기도 하다. 칼 바르트(Karl Barth)와 루돌프 불트만(Rudolf Bultmann)은 이 점을 서로 아주 다른 각도에서 강조했다. 진리는 종종 어떤 구체적 상황에서 나타난다. 진리는 단지 동의에 그치지 않고 순종을 불러일으킨다. 키르케고르는 그가 살던 시대에 추상적 **체계**를 옹호하는 고전적 인물이 G. W. F. 헤겔(Hegel, 1770-1831)이라고 생각했다. 헤겔은 그의 철학에서 실재(Reality)의 '전체'(the Whole)를 파악하려고 시도했다. 키르케고르는 이 '실재'에 "체계"라는 이름을 붙였는데, 그는 이 실재가 일상생활과 동떨어져 있다고 보았다. 그는 비꼬는 투로 이렇게 썼다. "내가 체계라는 것을 어떻게든 발견할 수 있다면, 누구 못지않게 기꺼이 체계 앞에 무릎 꿇고 예배해야 한다."⁵ 그러나 그는 이 체계란 것이 결국 완결되지 않았음을 곱씹는다. 위대한 체계를 건설하는 사상가들은 종종 이런 체계에 관하여 그저 사색만 한다. 인간은, 심지어 철학자조차도, 유한하며 죄로 가득하기에, 이런 이들이 무한한 존재의 전체를 파악하기는 불가능하다. 설령 하나님에게서 온 계시가 있다 해도, 인간은 실재를 '영원히 혹은 하나님 중심으로' 바라보지 못한다. 키르케고르는 이렇게 결론짓는다. "논리 체계는 가능하다.… 실존 체계(즉, 진짜 삶의 체계)는 불가능하다."⁶

키르케고르는 체계를 공격하는 고전적 논거를 제시했다. 명제들로 이루어진 완결된 체계 안에 무한한 진리를 담으려는 시도에 회의를 표명한 사람은 그 혼자만이 아니었다. 일찍이 5세기와 6세기에 디오니시오스[Dionysius, 위(僞)디오니시오스(Pseudo-Dionysius)로 알려져 있다]는 **부정신학**(否定神學, theology of negation)을 뒷받침할 논거를 주장했는데, 여기서는 하나님을 인간의 모든 개

---

4 Søren Kierkegaard, *Concluding Unscientific Postscript to the Philosophical Fragments* (Princeton: Princeton University Press, 1941), p. 181.
5 Kierkegaard, *Concluding Unscientific Postscript*, p. 97.
6 Kierkegaard, *Concluding Unscientific Postscript*, pp. 99 and 107.

념과 언어를 초월하는 분이라 말한다. 이 신학은 무념신학(無念神學, apophatic theology)으로도 알려져 있다. 그는 하나님이 초월자이시므로 모든 유비와 인간의 말을 초월하신다고 주장했다. 이런 접근법은 늘 신비주의 전통이 들어설 자리를 마련해 주었다.

현대 사상가 중에서는 블라디미르 로스키(Vladimir Lossky)가 러시아 정교회 전통을 일부 따르면서 이런 흐름을 대변한다. 폴 틸리히(Paul Tillich)는 개신교 전통을 일부 따르면서 이런 흐름을 대변한다. 틸리히는 우리가 서술 개념을 초월하는 **상징**을 사용하지 않으면 하나님을 서술하는 데 사용하는 최상급도 사실은 우리가 그를 인간 언어의 지평 속에 놓는 지소사(指小詞)가 될 수 있다고 주장했다.

이런 논쟁에 더 큰 전환을 가져온 것이 초기 바르트와 초기 불트만이 주장한 변증법 신학, 그리고 미하일 바흐친(Mikhail Bakhtin, 1895-1975)이 "다성" 담론(polyphonic discourse)과 관련하여 제시한 문학 비평이었다. 키르케고르처럼 바흐친도 실재는 너무 복잡하여 하나에 모든 것을 담아 놓은 "독백"(monologic) 진리로 묘사하기는 불가능하다고 주장했다. 바흐친은 도스토옙스키(Dostoevsky)가 진리는 오직 "진리를 찾는 사람들이 집단으로" 계속하여 나누는 대화로, 혹은 몇몇 "목소리"가 서로 다른 시각을 제공하는 내러티브로 표현할 수 있을 뿐임을 보여 주었다고 주장했다.[7] 도스토옙스키가 쓴 『카라마조프가 형제들』(The Brothers Karamazov)과 욥기에서 울려 퍼지는 서로 다른 말들은 그 예를 제공한다. 가장 좋은 사례는 우리 성경 혹은 정경을 구성하는 다양한 책 혹은 '목소리'다.

반면, 이것은 사실의 오직 한 측면만 표현할 뿐이다. 첫째, 키르케고르가 헤겔의 체계를 "일종의 세계사적 넋 빠짐"(a sort of world-historical absent-mindedness)이라 부른 것이 완전히 올바르지만은 않은 것 같다. 헤겔은 역사

---

[7] M. Bakhtin, *Problems of Dostoevsky's Poetics* (Minneapolis: University of Minnesota Press, 1984), p. 110. 『도스또예프스끼 시학의 제문제』(중앙대학교출판부).

와 인간의 유한성을 진지하게 받아들인다. 헤겔 사상에서는 체계가 역사의 철저한 유한성을 배척하지 않는다.

둘째, 현대 신학자 에버하르트 윙엘(Eberhard Jüngel, 1934-)은 그리스도가 하나님의 로고스 내지 말씀이시므로 신학에서 담화나 말을 배제하면 기괴할 것 같다고 지적한다. 말은 예수 그리스도를 통해 존재할 수 있게 된다. 분명 윙엘은 은유 사용의 중요성을 옹호한다. 그러면서도 동시에 예수 그리스도의 성육신으로 말미암아 하나님은 우리가 "생각할 수 있는" 분이자 "상상할 수 있는" 분이 되었다고 주장한다.[8]

셋째, 또 다른 현대 신학자 볼프하르트 판넨베르크(1928-2014)는 신학에서 **일관성과 체계**가 중요함을 설득력 있는 말로 힘주어 주장한다. 그는 특히 『신학과 과학 철학』(Theology and the Philosophy of Science)에서 진리는 대학과 다른 곳에서 사용하는 판단 기준을 따라 틀림없이 "검증할 수" 있다는 주장을 가장 먼저 제시한다.[9] 테르툴리아누스(Tertullian)가 예외라면 예외일 수 있으나, 2세기의 변증가들로부터 시작하여 이후에 등장한 교부들의 절대 다수는 기독교 신앙이 합리적이고 일관성이 있으며 불신앙과 반대 주장에 맞서 변호할 수 있는 것임을 보여 주는 데 열심이었다. 이것 때문에 하나님의 자기계시에 근거한 신학과 자연주의 사상의 구분이 흐려지지는 않는다.

판넨베르크가 인정하는 두 번째 주장은 일관성 및 체계가 진리가 자리한 **역사**의 맥락과 양립 가능하다는 점과 관련이 있다. 판넨베르크는 하나님의 진리에 관한 우리의 경험을 표현할 때 "우연한"(contingent)이라는 철학 용어를 사용한다. 그는 분명 복잡한 말로 이렇게 이야기한다. "모든 것을 결정하는 실재가 역사 현상 속에 존재함은 오직 현상에 내재된 의미의 총체를 분석함으

---

[8] Eberhard Jüngel, *God as the Mystery of the World* (Edinburgh: T. & T. Clark, 1983), pp. 111, 220-221, 229.

[9] Wolfhart Pannenberg, *Theology and the Philosophy of Science* (Philadelphia: Westminster, 1976), pp. 7-14.

로써 조사할 수 있다."¹⁰ 다시 말하면, 하나님은 자신의 행위를 이스라엘 역사 속에서 나타내셨고, 예수 그리스도의 삶과 죽음, 부활 속에서 나타내셨다.

이런 사건들은 하나님의 주권적 계시뿐 아니라 역사의 맥락에 비춰 볼 때 이해할 수 있다는 의미에서 '**우연한**' 사건이다. 판넨베르크는 다른 곳에서 이렇게 언급한다. "역사는 기독교 신학을 가장 폭넓게 아우르는 지평이다."¹¹ 따라서 어떤 역사 사건을 해석할 때는 역사 전체에 걸쳐 나타난 하나님의 목적 및 구원 행위의 틀 안에서 그 사건을 이해하는 일이 반드시 따르기 마련이다. 역사는 그 총체 안에 자리한 실재다. 따라서 판넨베르크가 초월적 실재와 신학의 목적을 일체 언급하지 않으려 하면서 "역사비평 과정의 인간 중심성(anthropocentricity)"을 이야기하는 것은 놀라운 일이 아니다.¹²

판넨베르크도 인정하는 세 번째 주장은 일관성과 진리를 추구할 때도 **합리적 논증이 역할을 한다는 점이다**. 그는 이를 아주 분명하게 밝힌다. "**논증과 성령의 작용은 서로 경쟁하지 않는다. 바울은 성령을 신뢰하면서도 사색과 논증을 아끼지 않았다.**"¹³ 유명한 바울 신학자들도 바울 안에서 신앙과 이성이 경쟁하지 않음을 강조한다. 예를 들면, 귄터 보른캄(Günther Bornkamm)은 바울이 이성과 합리성에 "지나치게 중요한 역할"을 부여하면서, "주가 이르시되"와 같은 "계시 말투"를 피한다고 주장한다.¹⁴ 스탠리 K. 스타우어스(Stanley K. Stowers)는 더 근래에 이와 똑같은 논지를 더 상세히 주장했는데, 이 주장은 다시 언급하겠다.¹⁵

철학에서 지나치게 단순한 진리 '대응설'(correspondence theory)이 일부 소

---

10 Pannenberg, *Theology*. p. 338.
11 Pannenberg, *BQT* 1: p. 15.
12 Pannenberg, *BQT* 1: p. 39.
13 Pannenberg, *BQT* 2: p. 35. 티슬턴 강조.
14 Günther Bornkamm, "Faith and Reason in Paul", in *Early Christian Experience* (London: SCM, 1968), pp. 35 and 36; 참고. pp. 29-46.
15 Stanley K. Stowers, "Paul on the Use and Abuse of Reason", in *Greeks, Romans, Christians*, ed. D. L. Balch and others (Minneapolis: Fortress, 1990), pp. 253-286.

멸하면서, '일관성'을 강조하는 접근법이 훨씬 더 큰 힘을 갖게 되었는지도 모르겠다. 실용주의 노선을 따르는 진리 이론들의 비판에 비춰 보면 이런 판단이 훨씬 더 타당성을 갖는다. 역사의 한 시대에는 '성공한' 것처럼 보일 수도 있는 것이 또 다른 시대에는 실패처럼 보일 수도 있다. 당연히 일관성보다 많은 것이 필요할 수 있다. 그러나 어떤 종류든 일관성은 **진리가 최소한 갖춰야 할 조건**일 수 있다.

따라서 '조직신학'이 삶과 동떨어진 어떤 추상적·정적 체계를 의미해야 하는 것은 아니다. 구약성경에서는 하나님이 주로 세계 안에서 계속 나타나는 어떤 **행위** 유형을 통해 계시됨을 강조하며, 다른 이들 가운데서도 특히 닛사의 그레고리오스(Gregory of Nyssa)가 이 점을 재차 강조했다. 하나님의 진리는 단지 '시간을 초월하신' 존재인 그분의 관점에서만 계시되지 않는다. 키르케고르, 디오니시오스, 바흐친 및 다른 이들의 반론도 조직신학의 필요성을 없애지 못한다. 그들은 다만 그렇게라도 하지 않으면 지나치게 정적이고 추상적이었을 체계 형성 작업에 **갖춰야 할 조건을** 제시하고 이 작업에 **형체를 부여했을** 뿐이다.

마지막 주장이자 가장 중요한 주장은 완전한 체계가 불가능한 근본 이유로 우리의 **종말론적** 상황을 든다. 우리는 여전히 하나님의 영광이 그리스도 안에서 마지막에 나타나기를 기다린다. 앞에서 언급했던 콜린 건튼의 말도 이 점을 간과하지 않는다. 그리스도의 재림 혹은 강림과 더불어 마지막 심판과 죽은 자들의 부활이 있은 뒤에야 우리의 지식과 이해도 완전해질 것이다. 바울은 이를 아주 분명하게 말한다. "우리가 지금은 거울로 보는 것 같이 희미하나 그때에는 얼굴과 얼굴을 대하여 볼 것이요. 지금은 내가 부분적으로 아나 그때에는 주께서 나를 아신 것 같이 내가 온전히 알리라"(고전 13:12).[16]

그리스도인의 제자도라는 관점에서 보면, 이는 곧 기독교 신앙이 요구하는

---

16 이 책에서 직접 인용한 성경 본문은, 달리 말이 없는 한 New Revised Standard Version에서 가져왔다.

진리 이해는 합리적이고 신실하며 자라 가는 이해임을 의미한다. 이것은 우리가 모든 문제의 답을 안다는 뜻도 아니요, 성경이 모든 예술과 학문 혹은 인간의 모든 지식을 총망라한 백과사전으로 만들어졌다는 뜻도 아니다. 그러나 그렇다고 우리가 많은 진리를 자신 있게 주장하지 못하는 것은 **아니다.** 동시에 다른 것들에 관한 판단을 유보하기도 하지만 말이다. 우리의 성장 과정에는 우리가 어떤 주장을 의심하는 때조차도 포함될 수 있다. 하지만 더 깊이 연구하고 경험하다 보면, 나중에 그런 주장을 확인할 수도 있고, 우리의 지평이 넓어지기도 한다. 우리는 믿음의 확신을 가지면서도, 기독교 신앙을 계속하여 더 깊은 이해를 추구하는 순례와 모험으로 여길 수도 있다. 더 깊은 이해는 기도, 연구, 성경 읽기, 우리 지역의 그리스도인 공동체뿐 아니라 시공간 속에 존재하는 더 넓은 범위의 전체 교회가 나누는 사귐을 통해 얻는다. 새라 코클리는 기도, 묵상, 하나님께 참여함, 조직신학의 모든 창조적 연구 속에서 이루어지는 훈련을 요구했던 많은 이 중 한 사람이다.[17] 이 점은 다시 다루겠다.

2. 진리, 신학, 철학: 신약성경과 초기 교회 교부들

우리에게 철학 탐구가 당장 매력이 있든 없든, 철학 탐구가 오랜 세월 동안 기독교 신학을 형성하는 데 중요한 역할을 해 온 것만은 의심할 수 없다. 어떤 이는 이를 좋게 이야기하기도 하고 또 어떤 이는 나쁘게 이야기하기도 하지만, 이것은 지금도 변함없는 사실이다. 신약성경을 들여다봐도, 바울이 아테네 사람들과 "논쟁했는데"(그리스어로 *dielegeto*, 행 17:17), 성경에서는 여기서 "에피쿠로스 철학자들과 스토아 철학자들이 그와 토론했다"(그리스어로 *syneballon autō*, 17:18)고 말한다. 신약성경에서 철학 **용어**와 **개념**을 사용한 또 하나의 분

17　Coakley, *God, Sexuality, and the Self*, pp. 13-27와 책 전반.

명한 사례가 히브리서에 나온다. 히브리서 9:24에서는 "사람 손으로 만든 성소, 곧 참된 것의 단순한 모형"(그리스어로 antitypa tōn alēthinōn)을 언급한다. 독자들은 당장 "모형"이라는 말을 그 시대의 철학이 끼친 영향에 비춰 이해했을 것이다. 이런 영향이 알렉산드리아에서 왔다면, 하늘 영역에 있는 참된 것과 물질계에 존재하는 이 참된 것의 "모형"을 구분하는 플라톤 철학의 구분이 널리 퍼져 있었을 것이다(Plato, Republic 7). 플라톤 사상은 심지어 플라톤을 모르는 사람들 가운데서도 많이 퍼져 있었다.

이와 아주 유사한 내용이 히브리서 8:5에 나온다. 아론 반열의 제사장들은 하늘에 있는 실체의 그림자(그리스어로 hypodeigmati kai skiā)인 성소에서 예배를 드린다. 그러나 신약성경에는 철학 개념만 있지 않다. 히브리서에 있는 이런 철학 용어 외에도, 신약성경의 메시지에는 **종말론 및 기독론과 관련된 내용**이 들어 있다. 수많은 신약 연구서에서는 바울과 세네카(Seneca), 바울과 에픽테토스(Epictetus), 바울과 스토아학파 학자들이 구사한 **용어**를 설득력 있게 비교하여 제시한다. 그러나 이들이 구사한 용어들은 **내용** 면에서 현격한 차이를 보인다.

분명 골로새서 2:8에서는 독자들에게 "철학"(그리스어로 philosophia)과 인간의 전통을 조심하라고 경고하는 것 같다. 그러나 여기서 쓴 "철학"이라는 말은 이 본문에서 다루는 **종류**의 철학을 가리킨다. J. D. G. 던(Dunn) 및 다른 이들에 따르면, "이것은 결코 깔보며 비난하는 말이 아니다."[18] 실제로, 포골로프(Pogoloff)가 일러 주듯이, 고대 수사가들이 진지한 철학자들보다 더 큰 비판을 받는 것 같다.[19]

신약 시대 직후, 초기 기독교 변증가들은 세속 사상가들을 상대로 기독교 신앙의 **합리성**을 변호하는 변증서(apologia)를 지었다. 이 변증가들은 먼저 하

---

[18] James D. G. Dunn, *The Epistles to the Colossians and to Philemon*, NIGTC (Grand Rapids: Eerdmans), p. 147.

[19] Stephen M. Pogoloff, *Logos and Sophia: The Rhetorical Situation in 1 Corinthians* (Atlanta: Scholars Press, 1992), pp. 7-172.

드리아누스 황제가 124년 아테네를 방문했을 때 그에게 청원서를 제출했다. 십중팔구 콰드라투스(Quadratus)는, 그리고 분명 아리스티데스(Aristides)는 철학에서 정의한 하나님 개념을 사용했다. 그런 개념 중 하나는 이렇다. "만물을 지으셨고 유지하시며, 시작도 없고, 영원하며, 불멸인, 부족함 없는 분."[20]

가장 널리 알려진 초기 변증가 중 한 사람이 순교자 유스티노스(Justin Martyr, ?100-?165)다. 그는 안토니누스 피우스 황제에게 『첫 번째 변증』(First Apology)을 써 보냈고(155년경), 로마 원로원에 『두 번째 변증』(Second Apology)을 써 보냈다(161년경). 『트리포와 나눈 대화』(Dialogue with Trypho)에서는 그의 철학 연구를 서술했다. 유스티노스는 이 작품에서 무신론이 그리스도인들에게 하는 비판을 논박했다(1.5.6). 그는, 지혜서에서 강조하듯이, 합리적 관점에서 보면 우상 숭배는 바보짓이라고 주장했다(1.9). 유스티노스는 "우리가 그(그리스도)를" 참 하나님의 아들로 "예배하는 것이 타당하다"고 주장했다(1.13). 유스티노스는 1.69.1에서 플라톤이 모세에게서 하나님이 형체가 없는 물질을 지어 세계를 만드셨다는 관념을 빌려 왔다고 주장했다. 그는 1.60에서 하나님과 함께 계시는 로고스를 다루면서 플라톤을 파고들었다(ANF 1: pp. 182-183). 1.13에서는 하나님이 "영원하신 하나님이요 만물의 창조주"시므로 하나님을 섬김이 타당하다는 주제를 다시 다루었다(ANF 1: p. 167). 유스티노스는 『두 번째 변증』에서 운명에 관한 스토아학파의 가르침을 거부하고(2.7), 그 대신 그리스도와 소크라테스를 비교했다(2.10; ANF 1: p. 191).

안디옥 주교(2세기 말)였던 테오필로스(Theophilus)는 코모두스 황제에게 자신의 변증서를 써 보냈다. 그는 하나님을 창조주로 믿고 성령을 생명을 주시는 능력으로 믿는 기독교 교리를 자세히 설명했다.[21] 변증서 1.13-26에서는 섭리의 작용과 '영혼'의 본질을 이해하지 못하는 철학자들의 잘못을 공격했다. 그는 72-83에서 참되고 눈에 보이지 않는 하나님에 관한 교리를 자세히 설명

---

20 Robert M. Grant, *Greek Apologists of the Second Century* (London: SCM, 1988), p. 37.
21 Theophilus, *To Autolycus* 2.13.

했다. 이 설명을 할 때, 성경 본문과 더불어 유대교의 언어와 중기 플라톤주의의 언어도 함께 사용했다.[22] 테오필로스는 창조를 믿는 것이 도덕성이 결여된 그리스-로마의 다신론 신화보다 타당하다고 주장했다.

교부들의 글을 살펴보면, 알렉산드리아의 클레멘스(Clement of Alexandria, ?150-?215)가 늘 철학과 *gnōsis*(지식)를 논한 것은 잘 알려져 있다. 그는 "설령 철학이 쓸모가 없을지라도…[다른 의미에서 보면] 아직도 쓸모가 있다"고 주장했다.[23] 그는 우리가 단지 전해 들어 아는 이들을 저주하거나 비판할 수는 없다고 주장했다. 그러나 이런 차원을 넘어, 좋은 철학은 신앙을 갖게 해 줄 '준비 훈련'일 수 있다. "철학은 준비였으며, 그리스도 안에서 완전해지는 사람이 갈 길을 닦아 주었다."[24] 철학은 진리로 나아가는 길의 일부일 수도 있다. 그는 바울이 아레오파고스에서 벌인 사도행전 17장의 논쟁을 인용하면서, 플라톤의 『국가』(*Republic*)와 같은 철학도 진리의 일부를 반영한다고 주장했다. "철학은 진리를 찾는 것이므로 진리를 이해하는 데 이바지한다."[25] 아울러 그는 독자들에게 철학이 자만으로 이끌 수 있다고 경고했다.[26] 그리스도인에겐 신앙이 있어야 한다. 철학에도 진리의 싹이 들어 있으나 그 진리는 보통 반쪽 진리일 뿐이라는 것이 그의 주장이었다. 플라톤은 신과 하나가 되는 것이 지복(至福)이라고 가르쳤지만, 가장 고상한 지혜의 근원은 성경이다.[27] 철학은 하나님을 불완전하게 알려 주는 지식만 전해 줄 뿐이다.[28]

하지만 교부들의 증언이 언제나 동일하지는 않다. 중년에 회심한 테르툴리아누스(?150-?225)가 그리스 철학을 공격했으면서도, 인간의 '영혼'을 다룬 그의 작품에 스토아 철학을 빌려다 쓴 일은 유명하다. 그가 던진 이 질문은 유

---

22 Grant, *Greek Apologists*, pp. 165-174를 보라.
23 Clement of Alexandria, *Stromata* 1.2.1.
24 Clement of Alexandria, *Stromata* 1.5.1 and 7.
25 Clement of Alexandria, *Stromata* 1.19-20; *ANF* 2: p. 323.
26 Clement of Alexandria, *Stromata* 2.2.
27 Clement of Alexandria, *Stromata* 2.22; *ANF* 2: p. 375.
28 Clement of Alexandria, *Stromata* 6.17; *ANF* 2: p. 515.

명하다. "예루살렘이 아테네와 무슨 상관이 있으며, 교회와 학당이 무슨 상관이 있는가?…나에게는 스토아식이나 플라톤식의…변증적 기독교가 필요하지 않다."[29] 사람들은 종종 이레나이우스(Irenaeus, ?130-?200)를 교회에서 가장 먼저 등장한 조직신학자로 본다. 그는 사도 전통 및 신앙 규칙과 비교하여 철학의 역할은 최소에 그쳐야 한다고 보았다.

이와 달리, 오리게네스(Origen, ?185-?254)는 철학 탐구가 그리스도인을 위하여 하는 역할을 철저히 탐구했으며, 이 문제의 복잡성을 이해했다. 그는 철학이 꼭 있어야 하는 것은 아니라면서, 철학이 필수 불가결한 것이라면 예수가 배움이 적은 어부들을 고르시진 않았으리라고 썼다.[30] 그러나 철학은 (1) 소크라테스의 주장처럼 자아를 이해하는 도구로서, (2) 성경을 이해하는 데 필요한 준비로서, (3) 신앙을 변호하고 검증하는 데, (4) 창조와 윤리에 귀중한 가치를 가질 수 있다. 오리게네스는 비지성인들의 비판에 대항하고자 테르툴리아누스의 경구만큼이나 유명한 경구를 만들어 냈다. 철학은 "이집트인에게서" 금과 보석을 "빼앗아 오는 것"(출 12:36), 곧 이교 문화에서 가장 좋은 것을 활용하는 것이다.[31]

오리게네스는 철학을 추구하는 열정과 지혜로운 신중함 사이의 중도(中道)를 취하자고 주장했다. 그는 철학이 대체로 "유신론을 따른다면" 하나님이 곧 창조주시라는 데 철학도 동의하는 것이라고 강조하면서, 하나님이 로고스를 통해 만물을 지으셨다고 강조했다. 아울러 그는 겹치는(기독교와 철학 모두 인정하는―옮긴이) 윤리의 원리와 내용을 강조했다. 그러나 그는 일상의 일 속에 역사하는 하나님의 섭리를 부인하는 철학, 하나님의 섭리를 "별들의 운동"이나 점성술로 바꾸는 철학, "세계는 영원하고 끝이 없을 것이다"라고 주장하는 철

---

29 Tertullian, *Prescription against Heretics* 7; S. L. Greenslade, ed., *Early Latin Theology*, LCC (London: SCM, 1956), p. 36. 『초기 라틴 신학』(두란노아카데미).
30 Origen, *Against Celsus* 1.62. 『켈수스를 논박함』(새물결).
31 Origen, *Philocalia* 13; 참고. J. W. Trigg, *Origen: The Bible and Philosophy* (Atlanta: John Knox, 1983), p. 172.

학에 동의하지 않았다.³² 그는 에피쿠로스학파의 논리적 원자론과 스토아학파의 유물론을 거부했지만, 스토아학파에서 말하는 목적론(teleology) 및 선악 개념에서는 어느 정도 가치를 발견했다. 그는 일부 철학 탐구는 그리스도인에게 도움이 된다고 여겼지만, 다른 것들은 그리스도인을 그릇된 길로 인도한다고 보았다. 가장 넓은 의미로 보면, 철학은 모든 인류가 본디 갖고 있는 합리적 의문을 실제로 캐묻는 일이다. 이 점을 가장 분명하게 보여 준 것이 그의 켈수스 논박이었다. 클레멘스처럼 오리게네스도 철학 연구를 "성경의 더 깊은 신비를 탐구하기 위한 준비로" 여겨 독려했다.³³

아돌프 폰 하르낙(Adolf von Harnack, 1851-1930)은 기독교 역사 첫 네 세기를 "헬레니즘…과 기독교의 가르침이 결합"하던 시대로 묘사하면서, 이 네 세기가 만들어 낸 결과를 크게 과장했다.³⁴ 요 근래 많은 학자가 제시한 것과 달리, 철학을 신중하게 사용한다 하여 꼭 "그리스화"(hellenization)라는 결과가 따라 나타나지는 않는다. 에드워즈(Edwards)가 요 근래 내놓은 그의 저작 『플라톤에 맞선 오리게네스』(*Origen against Plato*)에 썼듯이, 오리게네스 및 다른 이들은 사도들이 전해 준 복음에 성실하면서도, 영지주의에 맞서 싸울 때처럼 특별한 목적을 위해서는 철학에 의지하기도 했다.³⁵ 하르낙의 문제는 그가 예수의 복음을 19세기 자유주의의 중심 원리 정도로 깎아내린 점뿐 아니라, '교리'를 헬레니즘의 영향을 받은 것으로 의심한 점이다.

이곳은 교부들을 차례로 한 사람씩 살펴보는 자리가 아니다. 교부들은 철학을 아주 신중하게 사용할 때가 잦았다. 그러나 닛사의 그레고리오스(?330-395)와 아우구스티누스(Augustine)는 여기서 언급할 만한 가치가 있다. 그레고리오스는 성부와 성자와 성령의 "**존재**"보다 "성부와 성자와 성령의 **활동**"에 관

---

32 Origen, *Homily on Genesis* 14.3.
33 Origen, *Against Celsus* 3.58.
34 Adolf von Harnack, *What Is Christianity?* (London: Benn, 1958), p. 159. 『기독교의 본질』(한들).
35 M. J. Edwards, *Origen against Plato* (Aldershot, UK, and Burlington, Vt.: Ashgate, 2002), pp. 1-86 and 159-161.

하여 이야기하길 좋아했다.³⁶ 이는 철학 개념보다 성경의 개념을 좋아했음을 보여 준다. 그러나 그레고리오스는 성 삼위일체를 표현할 때 사용하는 '3'이 결코 '숫자'가 아님을 강조하고자 오늘날에는 철학적 개념 분석이라 부를 법한 것도 사용했다. 숫자는 피조물이나 사람에 적용되는 것이지 하나님께 적용되는 것이 아니다.³⁷

히포의 아우구스티누스(354-430)는 교회에 방대한 기록을 유산으로 남겼다. 그는 자신이 회심하기 전이었던 생애 초기를 돌아보면서, 이때의 철학 연구가 자신이 "마니교의 지루한 우화를 내버리는 데" 도움을 주었다고 회상한다.³⁸ 아울러 철학은 그가 하나님이 창조주로서 하신 일을 이해하는 데 도움을 주었다.³⁹ 그는 심지어 소크라테스를 따라서, 우리에게 모든 것을 의심하라고 가르치는 철학자들도 웬만큼 믿었다. 이 모든 것에는 분명 거짓 교리도 들어 있다.⁴⁰ 반면, 그는 신플라톤주의 철학을 거부했다.⁴¹ 그의 완숙한 사상을 살펴보면, 반(反)펠라기우스주의를 표방하는 많은 기록이 하나님의 주권과 인간 자유의 본질을 나타내는데, 이것들은 철학에서 끊임없이 탐구하는 주제다. 사람들은 종종 그의 작품 『신국론』(City of God)을 역사철학 작품이라고 묘사한다. 이 작품의 저작 목적에는 410년에 고트족이 저지른 로마 약탈의 여파 속에서 악과 고난이라는 문제를 다루어 보는 것도 들어 있었다.

아우구스티누스는 이 주제와 관련하여 악을 "선의 결핍"(*privatio boni*, 또는 *deprivatio, defectus*, 또는 *negatio*)이라고 빈번히 정의했다. "우리가 악이라 부르는 것이 선의 결핍이 아니면 무엇일까?"⁴² 그가 쓴 『신앙안내서』(*Enchiridion*)에서는 악이라는 문제를 제기한다(3-4장). 아우구스티누스는 "선이 없는 곳에

---

36 Gregory of Nyssa, *On the Trinity* 6.
37 Gregory of Nyssa, *On the Holy Spirit* 18 and 19, 그리고 *On "Not Three Gods."*
38 Augustine, *Confessions* 5.3.3. 『고백록』(경세원).
39 Augustine, *Confessions* 5.3.5.
40 Augustine, *Confessions* 5.10.19.
41 Augustine, *Confessions* 7.1.1.
42 Augustine, *Enchiridion* 3.11. 『어거스틴 신망애 편람』(에세이퍼블리싱).

악이 있을 리 없다"고 주장했다.⁴³ 그는 물었다. "지진이 왜 생기는가?" 그는 하나님이 악을 지으신 이가 아니라고 결론지었다. 아울러 그는 철학자들이 "충만의 원리"(principle of plenitude, 있을 수 있는 모든 형태의 존재가 우주 안에 들어 있다는 원리—옮긴이)라 부르는 것을 상세히 설명하면서 세계와 인간 삶의 다양성과 복잡성도 함께 다루었으며, 아퀴나스도 그의 뒤를 따라 이 문제를 다루었다. 그는 이 다양성과 복잡성으로 말미암아 '불평등'이라는 부산물이 생김을 인정했다. 그러나 아우구스티누스는 "온 피조물이 함께할 때가 더 고상한 것들이 홀로 있는 것보다 낫다"고 강조했다.⁴⁴ 아울러 그는 동물의 고통이라는 문제도 고찰했다.

이 모든 것이 오늘날에는 종교철학이나 철학적 신학(philosophical theology)으로 분류할 법한 문제들이나, 이전에는 아마도 조직신학 속에 포함시켰을 것이다. 토마스 아퀴나스(Thomas Aquinas, 1225-1274)는 분명 이런 문제들을 『신학대전』(Summa Theologiae)에서 탐구했다. 그는 아리스토텔레스(Aristotle)에게도 의지했지만, 아우구스티누스에게 크게 의존했다.⁴⁵

계몽주의는 신학 탐구의 기초를 많이 바꿔 놓았지만, 그래도 종교철학에서 늘 토론하는 문제들은 계속하여 조직신학 속에서 그에 합당한 자리를 차지했다. 프리드리히 슐라이어마허(Friedrich Schleiermacher, 1768-1834)는 자유, 악이라는 문제, 하나님 뜻에 따른 인과 관계(divine causality), 이와 비슷한 다른 문제들을 논했다. 슐라이어마허와 아주 다른 전통에 속한 찰스 하지(Charles Hodge, 1797-1878)는 합리론, 하나님을 아는 지식, 하나님의 존재 논증, 무신론과 유물론, 범신론, 오늘날 종교철학의 범주에 들어갈 법한 모든 문제를 논했다.⁴⁶

---

43 Augustine, *Enchiridon* 4.13.
44 Augustine, *Confessions* 7.13.
45 Aquinas, *Summa* I, qu. 48-49. 『신학대전』(바오로딸).
46 Charles Hodge, *Systematic Theology*, 3 vols. (Grand Rapids: Eerdmans, 1946), 1: pp. 34-60, 204-240, 241-334, 그리고 다른 곳. 『조직신학 1』(CH북스).

20세기 말과 21세기 초에는 철학자들이 이런 문제들을 별개의 책으로 자주 다루었지만, 조직신학자들도 이런 문제들을 고찰하는 것 같다. 기독교 철학자 네 사람이 생각난다. 우리가 앨빈 플랜팅가(Alvin Plantinga, 1932-), 니콜라스 월터스토프(Nicholas Wolterstorff, 1932-), 리처드 스윈번(Richard Swinburne, 1934-), 빈센트 브뤼머(Vincent Brümmer, 1932-)의 훌륭한 논의를 잃어버리면, 신학은 무한히 빈곤해질 것이다. 많은 조직신학자가 이런 철학적 문제들에 정면으로 부닥치며 씨름하고 있다. 가장 중요한 두 사례가 가톨릭교회 출신인 한스 큉(Hans Küng, 1928-)과 개신교 루터교회 출신인 볼프하르트 판넨베르크다. 아울러 여기에 칼 라너(Karl Rahner, 1904-1984) 및 다른 많은 이를 추가할 수 있겠다.

  다른 각도에서 보면, 분명 지성주의자의 시각인 이 시각에도 그리스도인의 제자도에 주는 교훈이 있으며 그것이 무엇인지 짐작하는 이도 있을 것 같다. 독실한 그리스도인은 성경을 연구하는 동안에 기도하고 묵상하며 하나님의 임재를 구하는 것이 보통이다. 그러나 보통 교부들과 경건한 안셀무스(Anselm) 같은 사상가들이라면 기도하고 묵상할 때 자신들이 행한 철학 읽기와 철학 탐구 결과를 하나님 앞에 가져오길 더 이상 주저하지 않았을 것이다. 루터(Luther)도 신성한 것과 우리가 오늘날 '세속'이라 여기는 것을 예리하게 구분하지 않았을 것이다. 신학 탐구는 생각(mind)을 확장시키는 활동이다. 신학 안에서 이루어지는 철학적 성찰도 진리와 해석학 자료를 탐구하는 성경 연구 못지않게 하나님을 영예롭게 할 수 있다. 새라 코클리라는 주목할 만한 예외가 있긴 하지만, 많은 학자가 조직신학은 가치 있는 경건한 사상 혹은 기도와 관련된 사상을 불러일으키지 못하고 도리어 메마르고 학문성만 추구하는 모습을 드러내는 것으로 유명할 때가 왕왕 있다고 불평했다.

3. 역사의 맥락 속에 자리한 진리, 신학, 성경

우리가 초기 교부들이 진리와 신학에 다가갔던 접근법을 아주 간단히 살펴보았을 때, 이들이 철학을 대하는 태도에 양면성이 있음을 보았다. 심지어 철학 탐구에 가장 열린 태도를 가졌던 사람 중 하나인 오리게네스도 사도의 증언과 성경 기록이 '더 고상하고' 더 근본적인 진리를 체현했다고 강조했다. 유스티노스가 플라톤을 귀중히 여긴 이유는 플라톤이 모세와 양립 가능하다고 여겼기 때문이다. 클레멘스는 철학이 진정한 복음 및 진리를 계시하는 유신론으로 나아가는 길을 닦아 준다고 여겼다. 그는 철학이 '반쪽 진리'로서, 하나님에 관하여 불완전한 지식만을 전달한다고 말했다. 오리게네스 역시 철학의 유익한 특징과 무익한 특징을 꼼꼼히 열거했지만, 철학을 "성경의 더 깊은 신비에 이르기 위한…준비"에 불과하다고 보았다.[47]

이레나이우스는 성경 전통 혹은 사도 전통을 '신앙 규칙'의 바탕으로 여겼다. 그는 구약과 신약이 동방 교회와 서방 교회를 아울러 모든 교회에 공통 기초를 제공한다고 역설했다. 오리게네스는 이렇게 강조했다. "신성한 책들은 [단지] 인간들이 구성한 저작에 그치지 않는다.…이 책들은 성령의 영감으로 저술되었다."[48] 이곳은 성경의 권위에 관하여 방대한 논평을 제시하는 자리가 아니다. 하지만 우리는 이전에 '가톨릭'에서 주장했다고 하는 관념, 곧 성경과 전통을 서로 경쟁하는 권위의 두 근원으로 보는 관념이 이제는 완전히 신뢰를 잃어버렸으며, 오늘날에는 가톨릭에서도 이런 교리를 분명 주장하지 않는다는 점만은 언급해 둘 수 있겠다. '전통'에는 성경 기록도 포함된다.[49]

성경이 기독교 신학의 주된 원천임을 고려할 때, 성경의 내용은 구체적 역사 맥락 속에서 등장하는 그대로 사용하고 적용해야 한다. 모든 조직신학이

---

47 Origen, *Against Celsus* 3.58.
48 Origen, *De principiis* 4.1.9. 『원리론』(아카넷).
49 Yves Congar, *The Meaning of Tradition* (San Francisco: Ignatius, 1964), pp. 1-8, 9-33.

이렇게 하지는 않았다. 19세기와 20세기 전반에 일부 학자들은 성경을 흑백 풍경처럼 다루었다. 그러나 **일관성과 체계가 역사와 우연을 배제하지는 않았다.** 이런 주장을 제시한 많은 사례 가운데 J. C. 베커(Beker)의 작품인 『사도 바울』(*Paul the Apostle*)을 들 수 있다. 베커는 바울이 "그가 섬긴 여러 교회에 무심코 우연히 생각난 말을 급하게 써 보내지 않았다.…그의 서신은 계기가 있어 쓴 것이지만, 아무 생각 없이 쓴 것은 아니다"라고 주장한다.[50] 오히려 바울이 쓴 서신들은 "일관된 중심"과 "교리의 통일성"을 갖고 있다.[51] 이것은 다양한 구체적 청중과 분리된 '추상물'이 아니다. 바울의 메시지는 일관된 중심과 메시지를 갖고 있지만, '얼어붙은' 개념 체계는 아니다.

심지어 몇몇 신약학자와 역사가도 무심결에 이런 주장을 제시하는 것 같다. 가령 F. C. 바우어(Baur)는 바울을 철저히 반(反)유대교 논쟁이라는 관점에서 바라보았으며, 이 때문에 이런 관점을 중심 주제로 담고 있지 않은 서신은 어떤 것도 '바울이 쓰지 않은 서신'으로 여겨 무시했다. 알베르트 슈바이처(Albert Schweitzer)는 "종말론적 신비주의"를 바울의 중심 주제로 꼽았다. 요새 일어나는 더 건설적 흐름은 바울과 신약성경의 다양성을 강조하면서도 그 통일성을 아예 무시하지 않는다. 베커는 각 측면을 그 반대편에 자리한 또 다른 측면에 비춰 수정해야 한다는 점을 인정한다.

이런 점이 가장 명확하게 드러나는 곳이 바로 많은 성경 전문가와 많은 조직신학자를 갈라놓은 비통한 틈새다. 미국의 한 신학대학원에서 진행할 해석학 강의를 준비할 때, 그 학장 사무실에서 이런 전갈을 받은 게 기억난다. "우리는 당황스럽습니다. 이것이 신약 강의인가요 아니면 조직신학 강의인가요? 아니면 철학 강의인가요? 어느 분과에서 이 강의를 발표하고 수업 준비를 하며 필요한 자금을 대야 합니까?" 결국 그 강의는 내가 미국에서 가르친 수업

---

50 J. Christiaan Beker, *Paul the Apostle: The Triumph of God in Life and Thought* (Edinburgh: T. & T. Clark, 1980), p. 23. 『사도 바울』(한국신학연구소).

51 Beker, *Paul the Apostle*, pp. 24 and 27.

중 가장 수강 학생이 적은 수업이었다. 한 학생이 이렇게 설명했다. "우리는 우리 과목만 충실히 다루는 것을 좋아합니다. '여러 분야를 통섭하는' 과목을 수강하는 것은 겁납니다!"

이런 분열이 다양한 차원에서 점점 더 심해지고 있다. 많은 성서학자는 오로지 역사의 특수성, 그리고 역사의 제약에 매인 성경 본문이라는 관점에서만 생각한다. 많은 신학자, 특히 적어도 50년 전의 신학자들은 위계 구조 혹은 흑백만 있는 체계에 비춰 생각하곤 했다. 철학과 언어학은 우리가 앞에서 언급한 경우를 제외하면 별개 과목으로 여기곤 했다.

하지만 조직신학은 **구체적 본문을 주해한 결과** 그리고 성경에 있는 대다수 진술의 **역사 맥락 및 이 진술을 제약하는 역사 조건**을 아주 진지하게 고려하지 않으면 조직신학의 성경적 기초에 충실할 수가 없다. 성경의 내용은 보통 **특정 성경 저자가 특정 청중**을 대상으로 말한 것이다. 이를테면, A. H. 스트롱(Strong)은 1907년에 내놓은 『조직신학』(*Systematic Theology*)에서 예수 그리스도의 인성에 관하여 쓰면서 요한복음 8:40을 가장 먼저 인용했다. "너희가 진리를 너희에게 말한 사람(*anthrōpos*)인 나를 죽이려 하는도다."[52] 그러나 이 주제는 이 구절에서 당장 관심을 갖는 문제가 아니다. F. 댕커(Danker)는 *anthrōpos*가 영어에서 의미하는 22개 뉘앙스를 제시하며, R. E. 브라운(Brown)과 많은 주석가는 이 본문에 기독론이 아니라 "아브라함과 유대인"이라는 제목을 붙인다.[53]

하지만 오늘날 이렇게 서로 갈라져 있는 현대의 분과 양쪽에서 여러 서곡이 울려 퍼지고 있다. 예를 들면, 로마 가톨릭교회의 교황청 성경위원회(Pontifical Biblical Commission)에서는 『교회의 성경해석』(*The Interpretation of the Bible in the Church*)이라는 문서를 펴냈다. 이 문서에서는 역사비평 방법과

---

52 A. H. Strong, *Systematic Theology*, 3 vols. in one (London: Pickering and Inglis, 1907, 1965), p. 673.
53 BDAG pp. 81-82; Raymond E. Brown, *The Gospel according to St. John*, 2 vols. (London: Chapman; New York: Doubleday, 1966), pp. 361-363. 『요한복음』(기독교문서선교회).

해석학의 방법을 포함하여 신약 프로테스탄트 사상에서 사용하는 거의 모든 종류의 접근법을 권장한다.[54] **성서학** 쪽을 보면, 북미의 크리스토퍼 사이츠(Christopher Seitz)와 영국의 월터 모벌리(Walter Moberly) 모두 주로 구약학을 다루면서도 오늘의 조직신학에 생생한 관심을 보인다. 조직신학 쪽을 보면, W. 판넨베르크가 자신이 살펴본 사실상 거의 모든 성경 본문의 특수성을 관찰할 때 늘 꼼꼼한 자세를 견지했다. 설교자들은 여기서 **해방**을 발견할 것이다. 신학자들이 성경을 흑백 풍경 같은 자료로 다루는 모습만 보인다면, 설교자들은 '완결된' 사상 저장소인 성경의 각 교리를 이내 다 써 버리고 말 것이다. 거꾸로 성경 전문가들이 오로지 고대 세계에만 늘 갇혀 있으면, 설교자들은 그들 나름대로 아주 억지스러운 '다리'를 찾아내 이를 오늘에 적용하려고 시도할지도 모른다.

판넨베르크가 성공을 거둔 이유에는 그가 **역사**를 하나님이 자기를 계시하신 주된 통로로 보아 크게 존중했다는 점과 더불어, 성경과 계시가 본질상 역사와 관련이 있음을 크게 존중했다는 점이 있다. 판넨베르크는 게르하르트 폰 라트(Gerhard von Rad)에게 영향을 받아, 역사가 "이전에 한 번 일어난 일들을 다룬다"고 인식했다.[55] 그는 성경 기록이 보편 진리가 아니라 "특별한 사건들, 곧 성경 기록이 하나님의 행위임을 증언하는 사건들"을 다룬다고 말했다. 그는 사실과 가치를 구분하는 신칸트주의와 불트만의 입장을 거부했다.[56] 판넨베르크는 신학이 "만물의 창조주이신…하나님에 관하여 이야기한다는 사실과 불가피하게 결합해 있기" 때문에 보편성을 가질 수밖에 없다고 주장했다.[57] 그러나 보편성이 역사의 우연을 배제하지는 않는다. 이스라엘은 하나님을 역사의 변화 그 자체 안에서 경험했으며, "창조 전체를 역사 속으로 끌어들였다.

---

54 Joseph A. Fitzmyer, ed., *The Biblical Commission's Document "The Interpretation of the Bible in the Church"* (Rome: Pontifical Biblical Institute, 1994), p. 26.
55 Pannenberg, *BQT* 1: p. 83.
56 Pannenberg, *BQT* 1: p. 86.
57 Pannenberg, *BQT* 1: p. 1.

역사는 그 전체가 현실이다."[58]

그리스도인의 제자도라는 관점에서 봐도, 아주 성급하게 하나의 좁은 영역만 파고드는 것은 어리석은 일일 수 있다. 나는 성경 연구와 신학을 두루 폭넓게 섭렵하는 학위를 먼저 마치지 않은 사람을 문학석사 혹은 철학박사 후보생으로 받아들이지 않았다. 더 위험한 일은 아주 편협한 사고방식을 보여 주는 학회나 '길드'에 너무 성급히 가담하는 것이다. 학문 이력이나 학문의 진보를 소망하는 사람이 이런 태도를 취한다면, 이는 분명 흘러가는 시간의 압력에 맞서는 것이다. 나는 내가 초기에 강의하고 지도해야 했던 분야에 신약성경과 종교철학이 모두 들어 있었음을 잘 기억한다. 종교철학을 지도한 일은 내가 평생 열정을 품고 비트겐슈타인을 연구하게 만드는 계기가 되었다. 그러나 동시에 나에게 만물박사가 되지 말라고 경고했던 한 동료도 기억난다. 이전 시대 사람들은 나보다 훨씬 많은 출판물을 펴낸 것 같지만, 그 시대는 그 때문에 '더디 발전하는 사람'이 되는 위험을 감내하는 대가를 치렀다. 그러나 돌아보면, 나는 내가 이 분야에 몸을 담은 게 기쁘다. 기독교 학자에게 필요한 두 조건은 인내와 폭넓은 관심이며, 겸손과 자아 관여(self-involvement)와 기도 더 명백히 필요한 조건이다. 진리를 판단하려면 가능한 한 많은 각도에서 큰 그림을 살펴봐야 한다.

4. 철학의 더 심오한 측면: 개념 '문법'

현대 철학은 루트비히 비트겐슈타인(Ludwig Wittgenstein, 1889-1951)의 후기 철학으로 말미암아, 그리고 그가 **정확성과 특수성**을 요구하면서 아주 중대한 전환점을 맞았다. G. W. F. 헤겔 및 F. H. 브래들리(Bradley) 같은 철학자들이 '전체'에 관심을 갖긴 했지만, 비트겐슈타인은 "우리가 일반성(generality)을 열망하는

---

[58] Pannenberg, *BQT* 1: p. 21.

것"을 잘못하여 "과학의 방법에 정신이 팔린 것"으로 여겼다. 그는 그런 열망을 "특수한 경우를 경멸하는 태도"라 불렀다.[59] 그는 우리가 "언어란 무엇인가?"와 "명제란 **무엇인가?**" 같은 일반적 질문을 물으려는 유혹에 넘어간다고 주장했다.[60] 도리어 우리는 언어나 명제가 발생하는 삶의 자리에서 언어나 명제의 구체적 용법(비트겐슈타인의 용어를 사용하면, "언어 놀이")을 탐구해야 한다.

비트겐슈타인은 서로 다른 이런 삶의 자리들이 언어와 언어의 용법이 퍼뜨리는 개념을 철저히 바꿔 놓을 수 있다고 지적했다. "우리 개념을…결정하는 것은…인간의 행동이라는 대소동 전체이며, 우리는 어떤 행동도 이 배경에 비춰 본다."[61] 그는 사랑, 두려움, 기대, 믿음 같은 개념을 아주 훌륭하게 밝혀 주었으며, 이 중 많은 개념이 신앙 언어의 기초를 이룬다(그뿐만 아니라 우리가 성경을 사용할 때 조심해야 할 단어들을 제공한다).

한 사례를 골라 보면, 비트겐슈타인은 누군가가 "나는 당신을 영원히 사랑해"라고 말하는 구체적 삶의 자리를 상상했지만, 이어 이런 말을 덧붙인다. "오, 그걸로 됐어. 이제 그건 사라져 버렸거든!" 그는 **고통**의 경우에는 이런 일이 일어날 수도 있으나, **사랑의 경우에는 그렇지 않다**고 주장했다. "사랑은 느낌이 아니다. 사랑은 검증받지만, 고통은 그렇지 않다. '그것은 참 고통이 아니었어. 그렇지 않았다면 이렇게 빨리 사라지지 않았을 거야'라고 말하는 이는 아무도 없다."[62] 우리 역시 성경을 주해한 결과를 토대로 사랑은 감정이 아니라고 결론지었을지 모른다. 사랑은 우리가 받은 계명(誡命)이기 때문이다. 그러나 비트겐슈타인은 이런 개념들이 일상 속에서 가지는 더 심오한 의미를 제시한다.

---

59 Ludwig Wittgenstein, *The Blue and the Brown Books*, 2nd ed. (Oxford: Blackwell, 1969), p. 18. 『청색책·갈색책』(책세상).
60 Ludwig Wittgenstein, *Philosophical Investigations*, 2nd ed. (Oxford: Blackwell, 1958), sect. 92. 『철학적 탐구』(아카넷).
61 Ludwig Wittgenstein, *Zettel* (Oxford: Blackwell, 1967), sect. 567. 『쪽지』(책세상).
62 Wittgenstein, *Zettel*, sect. 504.

우리는 이 모든 것이 1960년대와 1970년대에 벌어진 종교 언어 관련 논쟁에서 가지는 중요한 의미를 가벼이 여겨서는 안 된다. 이 접근법은 A. J. 에이어(Ayer, 1910-1989)와 논리실증주의가 문제라 여겨 제시한 것에서 유신론자들을 해방시켜 주었다. 사람들은 이 접근법을 새로운 언어 이론 내지 논리학 이론으로 위장한 낡은 실증주의 내지 유물론에 불과하다고 보았다. 순전히 우연으로, 의도치 않게, 비트겐슈타인과 길버트 라일(Gilbert Ryle, 1900-1976)은 사람들이 때로 신학 분야의 개념 다툼으로 여겨 왔던 것이 사실은 마치 동일한 개념인데도 서로 모순을 빚는 경우처럼 삶의 자리가 달라지면 개념도 달라진다는 것을 혼동하여 빚어진 일임을 보여 주었다.

라일은 『딜레마들』(*Dilemmas*, 1954)이라 이름 붙인 그의 논문집 첫머리를 이런 지적으로 시작한다. "서로 모순으로 보이는…이론끼리 자주 다툼이 일어난다."[63] 그러나 각 사상이나 이론의 줄기는 종종 그 사상이나 이론과 어울리지 않는 삶의 자리와 탐구 유형에서 자주 발생하곤 했다. "때때로 사상가들은 그들의 명제가 실제로 충돌하기 때문에 싸운다기보다…서로 이야기를 나누다 상대방의 의도를 오해하여 싸움을 벌인다"(p. 1). 그는 이어 이런 경우에 해당하는 여섯 사례를 논한다(p. 11).

이 사례 중 가장 유명한 것이 아킬레우스와 거북이에 관한 제논의 역설이다. 아킬레우스는 거북이 바로 뒤에서 출발하여 거북이와 경주를 벌이기 시작한다. 그러나 아킬레우스가 거북이보다 빠르기 때문에, 상식대로 한다면 아킬레우스는 거북이를 쉽사리 따라잡을 것이다. 그러나 수학자나 논리학자가 각 주자의 경주 과정을 여러 단계로 나누어 한 번에 한 단계씩 측정해 보면, 아킬레우스가 영원히 거북이를 따라잡지 못하는 것처럼 보일 수도 있다. 아킬레우스가 "거북이의 출발선에 도착하면, 거북이는 이미 이 출발선에서 **좀더 앞으로 나갔기** 때문이다.…각 출발선 앞에는 아킬레우스가 따라잡아야 할 거

---

63 Gilbert Ryle, *Dilemmas* (Cambridge: CUP, 1954), p. 1. 본문에 적어놓은 페이지 숫자는 이 작품의 페이지 숫자를 가리킨다.

리가 있으며, 그가 여전히 따라잡아야 하는…더 먼 거리가 항상 남아 있다"
(p. 36). 이렇게 경주로를 나누면, 아킬레우스는 결코 거북이를 따라잡지 못한
다. 상식의 명령대로 경주로를 나눈다면, 아킬레우스는 틀림없이 거북이를 따
라잡을 것이다(pp. 38-52. 티슬턴 강조).

나는 내 책 『죽음 뒤의 삶』(Life after Death)에서, 가령 바울이 사람이 죽으
면 곧장 그리스도의 임재 안으로 들어간다는 점과 그리스도의 재림 곧 그의
강림 때까지 기다리는 시기가 있다는 점 모두 모순 없이 가르칠 수 있었음을
보여 주고자, 라일의 논리적 개념 해명을 인용했다. 나는 서로 모순되지 않는
이것을 서로 모순되지 않는 두 성탄절 접근 방법과 비교했다. 첫째, 우리는 아
이에게 "네가 일찍 잘수록 성탄절도 빨리 올 거야"라고 말할 수 있다. 둘째,
우리는 그와 동시에 어른들이 성탄절 아침을 준비하고 성탄 예배에 갈 수 있
는 시간 여유도 마련할 수 있다.[64] 어떤 접근법도 거짓말이 아니며, 다른 접근
법과 충돌하지도 않는다.

아울러 비트겐슈타인의 유산은 믿음을 **성향으로** 바라보는 중요한 설명
이 들어설 길을 닦았는데, 이런 설명을 표현한 고전적 사례가 H. H. 프라이
스(Price)의 『믿음』(Belief)이다.[65] 비트겐슈타인은 이렇게 말한다. "믿는다는 것
은…믿는 사람이 드러내는 일종의 성향이다. 이 믿음은 (어떤 사람의) 행위를
통해 내게 보인다."[66] 믿는 자는 잠이 들면 믿기를 그치는가? 믿음은 분명 의
식 있는 '정신 상태'만이 아니다. 비트겐슈타인은 이렇게 강조한다. "우리는 결
코…어제부터 중단 없이 믿었다고…말하지 않는다."[67] 비트겐슈타인과 프라이
스는 **믿음**이 행동 및 늘 하는 **행위**와 결합해 있다는 데 의견을 같이한다. "나
는 그것을 믿지만, 그것은 그르다"라고 선언하는 것은 논리상 불가능하다. "나

---

64 Anthony C. Thiselton, *Life after Death: A New Approach to the Last Things* (Grand Rapids: Eerdmans, 2012); *The Last Things*라 달리 이름 붙인 책(London: SPCK, 2012), pp. 68-88.
65 H. H. Price, *Belief* (New York: Humanities Press; London: Allen and Unwin, 1969).
66 Wittgenstein, *Investigations* II. x, 191.
67 Wittgenstein, *Zettel*, sect. 85.

는 믿는다"는 오스틴(Austin) 이후의 철학자들이 "수행 표현"(performative)이라 불러 온 것이기 때문이다. 그것은 약속(commissive, 말하는 이가 자신이 무언가를 한다고 공언하는 것—옮긴이)이다. 말하는 이는 이런 말을 **맹세로서 말하면서** 말한 것을 **행한다**. 프라이스는 이를 믿음이라는 말로 이렇게 설명한다. "그(신자)는 어떤 입장을 취하고 있다.…'나는 믿는다'는 J. L. 오스틴이 수행 특성(performatory character)이라 부른 것을 갖고 있다."[68]

프라이스는 "나는 믿는다"라는 선언이란 "그(신자)가 이런저런 상황이 생기면 말하거나 행하거나 느낄 가능성이 높은 무언가를 묘사하는 일련의 조건부 선언과 같다"고 주장한다.[69] 믿음은 신자에게 어떤 식으로 **행동할 의무를 지운다**. 신자는 사람들이 믿음을 부인해도 그 믿음을 인정하려는 경향을 가질 것이요, 병을 앓았다가 건강을 회복하면 감사로 보답하려는 경향을 가질 것이다. 이것이 기독교 신학에서 말하는 믿음의 본질에 심오한 영향을 미친다.

나는 프라이스가 **반쪽 믿음**을 다룬 장을 보면서, 특별히 요나를 다룬 설교를 해야겠다는 마음이 일었다. 프라이스는 반쪽 믿음을 "어떤 경우에는" 신자처럼 **행동**하다가 "또 어떤 경우에는" 불신자처럼 **행동**하는 것이라고 정의한다.[70] 요나가 그랬다. 그는 믿음이 없는 뱃사람들을 청중 삼아 이렇게 외친다. "나는 히브리 사람이요 바다와 육지를 지으신 하늘의 하나님 여호와를 경외하는 자로라"(욘 1:9). 그러나 그는 정작 하나님이 어떤 명령을 내리시자 "여호와의 얼굴을 피하려고 일어나 다시스로 도망"갔다(1:3). 그는 물고기 뱃속에서 리듬이 살아 있는 시편의 히브리 시를 떠올려 주는 스타일로 자기 신앙을 이렇게 고백했다.

"내가 고통스러워 여호와를 불렀더니,

---

68 Price, *Belief*, p. 30.
69 Price, *Belief*, p. 20.
70 Price, *Belief*, p. 305.

그가 내게 대답하셨네.…

내가 주의 성전을

어찌 다시 보겠는가?"(욘 2:2, 4)

요나는 니느웨와 니느웨 왕이 참회하는 모습을 보자, 삐쳐서 '재에 앉아' 이렇게 말했다. "그러므로 내가 빨리 다시스로 도망하였사오니 주께서는 은혜로우신…하나님이신 줄을 내가 알았음이니이다"(3:6, 4:2). 요나는 자신을 보호해 주던 넝쿨이 죽자 이렇게 선언했다. "사는 것보다 죽는 것이 내게 나으니이다"(4:8). 요나서는 하나님의 질문으로 끝난다. "너는 넝쿨을 염려한다.…내가 십이만 명도 넘는 사람과 많은 가축이 있는 큰 도시 니느웨를 염려하는 것은 당연하지 않느냐?"(4:10-11) 오직 어떤 상황에서만 작동하고 다른 상황에서는 작동하지 않는 믿음은 '반쪽 믿음'에 불과하다는 것이 드러날 뿐이다. 그런 믿음은 하나님이 당신의 피조물에 쏟으시는 염려를 공유하지 않는다. 야고보가 그의 서신에서 역설하듯이, 믿음의 진정성을 증명해 주는 것은 **일관된 행동**이다.

나는 몇 차례에 걸쳐 개념 설명이 기독교 신앙의 여러 교리에 여전히 아주 중요하다는 점을 보여 주려고 노력했다. 예를 들면, 나는 이를 『두 지평』(The Two Horizons, 1980)에서 믿음을 통한 은혜로 말미암아 의롭다 하심을 얻음에 적용했다.[71] 의로우면서도 여전히 죄인이라는 것은 모순이 아니다. 하나님이 우리를 **인과 법칙이 지배하는 역사와 율법**의 틀 안에서 보시면 우리는 죄인이다. 그러나 하나님은 심판이 속한 **미래의 종말론**, 그리고 은혜로 말미암아 '그리스도 안에 있는' 우리의 생명이라는 틀 안에서 우리를 의롭다고 판단하신다.

---

[71] Anthony C. Thiselton, *The Two Horizons: New Testament Hermeneutics and Philosophical Description* (Grand Rapids: Eerdmans; Carlisle: Paternoster, 1980), pp. 415-427. 『두 지평』(IVP).

5. 화행, 해석학, 사회학, 문학 이론

1) **화행**. 존 L. 오스틴(John L. Austin, 1911-1960)은 존 R. 설(John R. Searle) 및 F. 르카나티(Recanati)와 더불어 언어철학에서 새 단계를 열었는데, 이것이 신학에도 유익하다는 것이 밝혀졌다. 이 새 단계는 오스틴이 말하는 수행 발화, 그리고 결국엔 설 및 다른 이들이 말하는 **화행 이론**(speech-act theory)과 관련이 있다. 오스틴은 "발화수반행위"(illocutionary act)를 "무언가를 말하는 **가운데**(*in* saying something, 즉 말을 하는 행위 자체로) 어떤 행동을 수행하는 것으로서, 무언가를 말함**이라는**(*of* saying something) 행위와 대비되는 것"이라고 정의했다.[72] 이에 해당하는 고전적 사례 가운데 혼례식 때 말하는 "예"(I do)가 있다. 이 말은 바로 그 상황에서는 혼인 **행위**를 구성한다. 마찬가지로, "나는 임명합니다"(I appoint)는 역시 바로 그 상황에서 이 말을 받는 이의 지위를 바꾸는 **행동을 수행한다**. 이때 동사는 꼭 1인칭 직설법이 아니어도 된다. 배심원단을 대표하여 말할 때처럼, "유죄!"(Guilty!)라는 한 단어 말로도 대신할 수 있다.

일부 신학자들이 주장하듯이, 발화와 그 발화의 맥락이 인식과 상관없다(noncognitive)고 주장하는 것은 옳지 않다. 오스틴은 이렇게 썼다. "어떤 수행 발화가 행복하려면, 어떤 진술이 **참이어야 한다**."[73] 대륙의 신학자들은 발화수반행위나 관습이나 규칙과 아무 관련이 없는 언어를 '수행 표현'이라 부르는 경우가 많았다. 신학에서 세속 사회의 관습과 같은 것을 든다면, 당연히 언약을 들 수 있겠다.

오스틴은 수행 표현들이 불완전하거나 깨졌는데도 이런 수행 표현들이 작동하게 해 주는 조건들의 예를 많이 제시한다. 그는 임명받은 어떤 사람(그가

---

72 John L. Austin, *How to Do Things with Words* (Oxford: Clarendon, 1962), p. 99. 『말과 행위』(서광사).
73 Austin, *How to Do Things*, p. 45.

든 예에서는 대주교)이 "열쇠가 자물쇠에 들어맞는" 순간에 "이 도서관을 엽니다"라고 선언하는 경우를 상상한다.[74] 그는 혼인이라는 상황에서 "예, 맞이하겠습니다"라고 말하는 이가 이미 혼인한 사람이라면 이 말은 무의미하다고 주장한다.

우리가 특히 종교개혁 때 윌리엄 틴들(William Tyndale)이 화행을 예측했던 것을 떠올려 보면, 이 문제가 신학에 아주 중요함을 알 수 있다. 틴들은 그와 거의 같은 시대 사람인 루터에게 큰 영향을 받았으며, 하나님 말씀(Word of God)이 성경에서 **약속**을 했다는 루터의 믿음을 공유했다. 바르트도 이 견해를 올바로 제시한다. **약속은 화행의 패러다임 사례**(paradigm case)**다**. 약속은 그 약속을 말하는 자에게 어떤 식으로 행동할 **의무를 지운다**.

틴들은 하나님 말씀이 이런 화행을 많이 수행한다고 주장했다. 하나님 말씀은 "약속을 전한다.…사람의 마음을 기쁘게 한다.…기쁜 소식을 선포한다."[75] 그는 이 말을 한 뒤 대략 열두 페이지에 걸쳐 열여덟 가지 화행을 인용했다. 약속하기, 이름 붙이기, 임명하기, 무언가를 주기, 비난하기, 저주하기, 죽이기, 다치게 하기, 축복하기, 병 고치기, 치료하기, 잠 깨우기, 또 다른 것들. 이 모든 것이 말로 표현하는 행위이며, 이를 보통 발화수반행위라 부른다. 이런 수행 표현의 차원은 성경이 삶 속에서 행하는 권위와 기능이라는 맥락 속에서 확실한 역할을 수행한다.

오스틴의 연구 결과는 존 R. 설이 먼저 『언화행위』(*Speech Acts*, 1969, 한신문화사)에서, 그리고 뒤이어 『표현과 의미: 화행 이론 연구』(*Expression and Meaning: Studies in the Theory of Speech Acts*, 1979)에서 발전시키고 변형시켜 받아들였다. 존 설은 화행에 담긴 행동이 "세계를" 수행 발화인 "말과 결합시켜 줄" 수 있다고 설명한다. 이것은 실재나 세계를 표현하거나 반영하려 한다는 점에서

---

74 Austin, *How to Do Things*, p. 37.
75 William Tyndale, *A Pathway into the Holy Scripture* (Cambridge: CUP/Parker Society, 1848), pp. 8-9; 참고. pp. 7-29.

"말을…세계와 결합시켜 주는" 서술 명제와 대조를 이룬다.[76]

설은 이를 설명하고자, 철학자 G. E. M. 앤스콤(Anscombe)에게서 나온 게 분명한 한 유비를 빌려 쓴다. 이 유비는 장보기 목록이 **부엌**이라는 세계와 **가게**라는 세계를 **실제로 결합시켜 주는** 원인이 될 수 있음을 보여 준다. 이 장보기 목록은 마치 수행 **"지시"**(performative *"directive"*, 설의 용어)와 같다. 하지만, 가게를 조사하는 이가 장 보는 사람이 하는 행동을 알려 주는 **보고**만 제시한다면, 그의 보고는 단지 사실을 진술하여 가게라는 세계를 보여 줄 뿐이다. 그는 **가게라는 "세계"** 자체와 **어울리는 말**을 사용한다.

이 원리를 신학에 적용한 사례는 수없이 많다. 이런 사례 중 몇 가지를 지적해 보려는 내 첫 시도는 **죄를 용서하신다는 예수의 선언**에 초점을 맞췄다. 예수는 마태복음 9:2에서 "네 죄가 용서받았다"라고 선언하신다. 이 죄 용서가 실제로 유효한가는 **이 말을 한 이의 지위 및 권위**에 달려 있다. 따라서 예수의 어떤 화행 사용을 인정한다는 것은, 심지어 그를 비판하는 바리새인들도 진술했듯이, 예수가 **기독론에서 말하는 지위**(christiological status)에 있음을 암시한다. 예수는 하나님의 자리에서 행동하고 계신다.[77]

하나님은 **언약에 따른 약속**을 하실 때 자신의 자유를 제한하신다. 하나님은 당신이 약속하신 일에 **헌신하시며**, 당신의 약속을 무르실 수도 없고 무르시려고 하지도 않는다. 이 화행은 주권자이신 하나님이 당신의 주권을 제약하시지 않으면서도 당신 자신의 화행으로 말미암아 '제한받거나' 제약받을 수 있음을 보여 준다. 나는 『해석학에 관한 티슬턴의 주장』(*Thiselton on Hermeneutics*, 2006)에서 화행이 신학에 암시하는 다양한 것들을 고찰했으며,

---

76　John R. Searle, *Expression and Meaning: Studies in the Theory of Speech Acts* (Cambridge: CUP, 1979), p. 3.

77　Anthony C. Thiselton, *New Horizons in Hermeneutics* (Grand Rapids: Zondervan, 1992, 2012), pp. 295-300 and 597-600. 『해석의 새로운 지평』(SFC출판부); 이 중 일부는 *Thiselton on Hermeneutics* (Grand Rapids: Eerdmans; Aldershot, UK: Ashgate, 2006), pp. 75-98에 실려 재출간되었다.

리처드 브릭스(Richard Briggs)도 『행동하는 말』(Words in Action)에서 이런 일을 했다.[78] 화행 이론이 신학에 미치는 영향을 상세히 설명하는 작업은 계속 이어지고 있으며, 성서학은 물론 조직신학에서도 풍성한 결과들이 나오고 있다.[79]

2) **해석학.** 해석학은 조직신학의 핵심 부분을 이루며, 화행 이론보다 훨씬 중요하다. 실제로 해석학은 오늘의 관점에서 **성경**을 해석하는 데도 아주 중요하지만, **역사신학**이 과거의 성공과 실패를 다룬 지루한 기록으로 전락하거나 심지어 과거의 단순한 사실들로 전락하는 것을 막아 주기도 한다. 우리는 이미 **해석학도 여러 학문 분야를 통섭하는**(interdisciplinary) 연구를 구성하는 한 축임을 보았다.

20세기 중반 이후부터 이 분야가 회복된 것은 "**전이해**"(pre-understanding)와 **해석학적 순환**에 관한 인식이 커진 데도 일부 원인이 있었다. 프리드리히 슐라이어마허, 마르틴 하이데거(Martin Heidegger), 루돌프 불트만, 한스게오르크 가다머(Hans-Georg Gadamer), 폴 리쾨르(Paul Ricœur)를 포함하여 이 주제를 다룬 주요 저자는 모두 이를 강조했다.

처음에 성서학자들은 해석자의 사전 이해라는 관념을 심히 무시하거나 평가 절하했다. 그러나 근래에는 이 관념을 과장하거나 지나치게 강조했으며, 독

---

[78] *Thiselton on Hermeneutics*, pp. 51-150; 그리고 Richard S. Briggs, *Words in Action: Speech Act Theory and Biblical Interpretation* (Edinburgh and New York: T. & T. Clark, 2001), pp. 147-298.

[79] 더 나아가 Roger Lundin, Clarence Walhout, and Anthony C. Thiselton, *The Promise of Hermeneutics* (Grand Rapids: Eerdmans, 1999); Nicholas Wolterstorff, *Divine Discourse: Philosophical Reflections on the Claim That God Speaks* (Cambridge: CUP, 1995); Donald D. Evans, *The Logic of Self-Involvement* (London: SCM, 1963); Kevin Vanhoozer, *Is There a Meaning in This Text? The Bible, the Reader, and the Morality of Literary Knowledge* (Grand Rapids: Zondervan, 1998), pp. 208-214. 『이 텍스트에 의미가 있는가?』(IVP); Kevin Vanhoozer, *The Drama of Doctrine: A Canonical-Linguistic Approach to Christian Theology* (Louisville: Westminster John Knox, 2005); 『교리의 드라마』(부흥과개혁사); Terence W. Tilley, *The Evils of Theodicy* (Washington, D.C.: Georgetown University Press, 1991); Dieter Neufeld, *Reconceiving Texts as Speech-Acts: An Analysis of 1 John* (Leiden: Brill, 1994); Alexandra R. Brown, *The Cross and Human Transformation: Paul's Apocalyptic Word in 1 Corinthians* (Minneapolis: Fortress, 1995); 그리고 Jim W. Adams, *The Performative Nature and Function of Isaiah 40-55* (New York and London: T. & T. Clark, 2006)를 읽어 보라.

자 반응 이론, 해방신학, 페미니스트 해석학에서는 특히 더 그랬다. 때로는 해석자와 독자의 사전 관심사가 성경 저자와 직접 닿아 있는 맥락의 관심사를 가리기 시작했다 싶을 정도다. 나는 내 첫 주저 『두 지평』에서 성경 본문의 **소통 행위가 텍스트의 지평뿐 아니라 독자의 지평까지 모두** 겨냥한 것임을 보여 주려 했다. 그러나 사람들은 때로 이런 교훈을 지나치게 학습했다. 독자 반응 이론이 보여 준 극단의 사례들은 이를 잘 보여 준다. 스탠리 피쉬(Stanley Fish)와 데이비드 블레이크(David Bleich)처럼 신학자가 아니거나 '문학을 다루는' 많은 이론가는 저자가 쓴 텍스트를 현재의 독자 공동체가 마주하는 텍스트보다 권위가 덜하거나 덜 명확한 본문으로 여겼다.

하지만 전이해는 단지 많은 중요한 강조점 중 **하나**일 뿐이다. '**타자**'에 민감하게 귀를 기울이는 것이 아주 중요하다. 이 타자는 텍스트일 수도 있고 목사나 설교자가 말을 건네는 상대방처럼 다른 독자일 수도 있다. W. 딜타이(Dilthey)는 상호 이해(mutual understanding, Einverständnis, 공통 이해)에 바탕을 둔 이런 유대 관계를 "공감"(empathy)이라 불렀다. 나는 『해석의 새로운 지평』(*New Horizons in Hermeneutics*, 1992)에서 마지막 두 장의 제목을 "목회 신학의 해석학"(The Hermeneutics of Pastoral Theology)이라 붙였다. 나는 이 책 전체에서 구체적이고 다양한 해석 과정을 구체적 유형의 텍스트 및 청중과 조화시키려고 노력했다. 하지만 『해석의 새로운 지평』에서는 오로지 **성경 텍스트**에만 관심을 기울였다. 그때만 해도 나는 해석학에서 **교리와 전통**이 행하는 역할을 아직 고찰하지 않았다. 이 때문에 나중에 이 문제를 다루고자 『기독교 교리와 해석학』(*The Hermeneutics of Doctrine*, 2007)을 내놓았다.[80] 나는 이 책에서 우리가 살펴본 두 차원, 곧 **일관성**과 역사의 **우연**이라는 차원을 결합하려고 했다. 나는 우선 가다머가 "질문"과 자유로이 떠다니는 "문제"를 대조한 것부터 탐구하기 시작했다. **질문**은 구체적인 **역사 정황과 목회 정황**에서 생겨난

---

[80] Anthony C. Thiselton, *The Hermeneutics of Doctrine* (Grand Rapids: Eerdmans, 2007). 『기독교 교리와 해석학』(새물결플러스).

다. 문제는 자유로이 떠다니는 고정된 문제로 쉬이 바뀌었다. 이것이 바로 아주 많은 이가 조직신학, 성서학, 매일 대하는 목회 문제 사이에서 어떤 틈새를 발견하는 한 이유다.

성경을 다룬 문헌 중에는 자유로이 떠다니는 논문이 하나도 없으며, 있더라도 아마 극소수일 것이다. 한 분야, 곧 성 삼위일체라는 분야에서 한 예를 들어 보면, A. W. 웨인라이트(Wainwright)가 쓴 『신약성경에서 말하는 삼위일체』(The Trinity in the New Testament, 1962)에는 목회 관련 내용이 상당히 희소하다. 반면 폴 S. 피디스(Paul S. Fiddes)가 쓴 『하나님께 참여함: 목회 관점에서 본 삼위일체 교리』(Participating in God: A Pastoral Doctrine of the Trinity, 2000)에서는 목회와 교리를 연계한 몇몇 드문 사례를 제공한다.[81] 정황과 관련된 질문의 가치를 옹호한 이는 가다머만이 아니다. R. G. 콜링우드(Collingwood)와 F. 바이스만(Waismann), M. 바흐친 역시 언급할 만한 가치가 있다.

아울러 나는 해석학 접근법은, 한 개인의 의견을 혼잣말로 선언하는 것과 달리, **여럿이 혹은 둘이 함께 나누는 대화**를 수반할 수밖에 없으며, 인간 삶 속의 여러 자리와 관련을 맺을 수밖에 없다고 주장했다. 우리가 가진 공교회 신경 셋은, 공동체가 만든 것이요(종종 주교들이 만들었다) 구체적 상황에 부응할 목적으로 만든 것이라는 점에서 혼잣말로 한 신앙고백이 아니다. 성육신을 삶으로 살아 내는 섬김(ministry)은 믿음을 성향이라는 관점에서 설명하는 것과 서로 관련이 있다. 만일 어떤 교리를 믿을 수 있다면, 그 교리는 필시 **행위와 삶으로 나타나는 결과**를 가질 수밖에 없다. 그렇지 않다면 그 교리는 야고보가 그의 서신에서 강조하듯이 이론을 주장한 것에 불과할 뿐이다.

3) **사회학**. 믿음이 **인간의 삶과 사회**와 중요한 관계를 맺고 있다는 것은 **사회학**을 무시할 수도 없고 무시해서도 안 된다는 점을 시사한다. 첫째, 이 영역은 두 가지 경로를 통해 해석학 안에서 저절로 발생한다. 한 경로는 사람들이

---

81 Paul S. Fiddes, *Participating in God: A Pastoral Doctrine of the Trinity* (Louisville: Westminster John Knox, 2000).

오랜 세월에 걸쳐 내려온 성경 텍스트와 신학 텍스트를 어떻게 해석하고 사용해 왔는지 연구하는 것이다. 이것을 보통 "수용사"(reception history)라고 부른다. 한스 로베르트 야우스(Hans Robert Jauss)는 그의 문학 이론을 통해 수용사를 개척한 선구자였으나, 성서학 분야에서는 누구보다도 브레버드 차일즈(Brevard Childs)와 울리히 루츠(Ulrich Luz)가 수용사를 두드러지게 연구한 사람이 되었다. 와일리-블랙웰에서 펴내고 (신약학 분야의) 크리스 롤런드(Chris Rowland)와 주디스 코바취(Judith Kovacs) 그리고 (구약학 분야의) 존 소여(John Sawyer)와 데이비드 건(David Gunn)이 편집하는 "세기를 가로지르는"(through the centuries) 주석 시리즈에서는 수많은 예를 제시한다. (나는 2011년에 이 시리즈에 데살로니가전서와 데살로니가후서 주석을 기고했다.) 두 번째 방향은 내가 위르겐 하버마스(Jürgen Habermas)와 칼오토 아펠(Karl-Otto Apel)에게서 나타나는 해석학과 사회학의 상호 작용을 논할 때 "사회비평적" 해석학이란 이름을 붙였던 것에서 등장했다. 이들은 기존 사회학 사상학파를 이끌고 있으며, 하버마스는 해석자가 텍스트에 끌어들이는 "인간의 관심사"라는 해석학의 기본 요인을 탐구한다.[82] 이에 더하여, 우리가 앞에서 해석학이라는 이름 아래 언급했던 "독자 반응" 해석학이라 불리는 해석학도 성경 텍스트에 보이는 능동적 반응을 탐구한다.

새라 코클리는 완전히 방향을 달리하는 또 다른 관련성을 열심히 옹호한다. 그녀는 이렇게 썼다. "나는 사람들이 과소평가해 왔던 그의(트뢸취의) 『기독교회가 사회에 주는 가르침』(*The Social Teaching of the Christian Churches, Die Soziallehren der christlichen Kirchen und Gruppen*)이 가진 **신학적** 민감성을 처

---

82 Thiselton, *New Horizons in Hermeneutics*, pp. 379-410; Jürgen Habermas, *Knowledge and Human Interests* (London: Heinemann, 1978)와 *The Theory of Communicative Action*, 2 vols. (Cambridge: Polity Press, 1984, 1987). 『인식과 관심』(고려원), 『의사소통행위이론』(나남출판); 그리고 Karl-Otto Apel, *Understanding and Explanation: A Transcendental-Pragmatic Perspective* (Cambridge: MIT Press, 1984).

음으로 이해하게 되었다."[83] 코클리는 인간의 삶 전체가 지닌 사회학적 측면들과 더 폭넓은 통합을 이루어야 한다고 줄기차게 호소한다. 신학은 결코 삶과 단절되어서는 안 된다.

4) **문학 이론**. 근래에 해석학이 발전하면서, 또 다른 두 영역이 점점 더 떠올랐다. 이 두 영역은 **언어학** 및 **문학 이론**과 관련이 있다. 언어학은 단순히 사전학(辭典學) 및 문법과 관련이 있는 데 그치지 않는다. 창조적 해석학은 **내러티브**와 **은유** 혹은 상징이라는 두 영역을 받아들여 제 것으로 삼았는데, 이 두 영역은 언어학과 **문학 이론**에서 중요한 역할을 한다.

여태까지는 내러티브를 단순한 **서술** 내지 역사 **보고**로 다룰 때가 허다했다. 이는 종종 재앙 같은 결과를 낳았다. 분명 **일부** 내러티브는 서술 보고다. 그러나 이런 내러티브조차도 신학적 본질을 지닌 해석을 담고 있다. 예를 들면 많은 오순절 신학에서는, 성서학자들이 무슨 말을 하든, 사도행전 내러티브가 오늘날에도 되풀이되는 사건의 모델을 명료하게 제시한다는 것을 **증거로 논증하지 않고** 대개 그냥 **당연하게 여긴다**. 그러나 또 다른 이해도 가능하다. 누가는 신약 시대에 교회가 초창기 모습을 넘어 더 발전했음을 보여 주고 싶지 않았을까? 많은 이가 주장했듯이, 누가는 되풀이될 수 없는 초기의 모습을 묘사했는지도 모른다. '서술 보고'라는 제목 아래 담을 수 있는 것은 오직 특별한 부류에 속하는 소수 내러티브뿐이다. 폴 리쾨르는 이 점을 강조한다.[84] 분명 내레이션 속도, 플래시백, 인물, 플롯은 말하려 하는 주제들을 더 부각하는 데 기여하며, 이런 것들은 (리쾨르의 용어를 사용하면) 내러티브의 모습을 다시 만들어 이 내러티브가 더 이상 단순한 연대기 보고에 그치지 않게 만들어 준다.

사람들은 과거 수 세기 동안 플래시백을 사용해 왔다. 만일 찰스 디킨스

---

83 Coakley, *God, Sexuality, and the Self*, p. 186; 아울러 pp. 1-2 and 186-188도 참고하라.
84 Paul Ricoeur, *Time and Narrative*, 3 vols. (Chicago: University of Chicago Press, 1984-1988). 『시간과 이야기』(문학과지성사).

(Charles Dickens)가 이야기 끝까지 핍(소설의 주인공—옮긴이)의 시혜자가 누구인지 그 정체를 감추지 않았다면, 『막대한 유산』(Great Expectations, 흔히 "위대한 유산"이란 제목으로 옮겨 왔으나, 이 표현이 소설의 의미를 제대로 반영하지 못한다는 비판이 있어 "막대한 유산"으로 옮겼다—옮긴이)의 긴장과 플롯은 무너져 버렸을 것이다. **성경**에서 한 예를 들면, 마가는 분명 자신의 내러티브에서 세 유형의 템포를 사용한다.[85] 마가의 내러티브는 마가복음 8:29에 이르기까지 무시무시한 속도로 전진하면서, 보통 '즉시, 곧'을 의미하는 그리스어 *euthys*를 자주 사용한다. 이 그리스어는 베드로의 고백이 나올 때까지 적어도 32회 등장한다. 이어 내러티브는 속도를 늦춰 중간 속도로 진행한다. 마지막으로, 수난 사건에 이르러서는 슬로 모션으로 묘사한다. 이것은 보고를 왜곡하려는 것인가? 천만에! 이는 십자가와 수난이 전체 내러티브에 의미를 부여하는 것임을 보여 주려는 것이다. 몇몇 성서학자는 이 점을 강조했다.

우리가 만일 아무 생각 없이 복음서에서 추정했던 목적 외에 다른 목적을 더 밝혀냈다면 많은 근심을 덜었을지도 모른다. 예수가 메시아로서 받은 시험의 순서, 또는 성전 정화의 순서를 그런 예로 들 수 있을 것 같다. 구약에서는 로버트 알터(Robert Alter)가, 하나님이 다윗에게 기름을 부으심을 다룬 두 내러티브가 함축한 서로 다른 목적들을 추적했다. 그는 하나님의 명령에 초점을 맞춘 사무엘상 16:4-13의 짧은 내러티브와 사무엘상 16:14에서 사무엘하 5:5까지 이어지는 긴 내러티브를 비교한다. 그는 어설픈 편집자가 서로 모순인 두 자료를 결합했다는 생각을 무시하고, 유명한 내러티브 및 '관점'이라는 문학 자원을 지지한다. 그는, 짧은 내러티브에서는 다윗이 하나님의 목적이라는 관점에서 기름부음을 받았음을 자세히 이야기한다면, 긴 내러티브에서는 다윗이 기름부음을 받은 일을 다윗과 골리앗의 싸움처럼 인간의 삶과 상황 속에서 일어나는 "요란한 혼돈"이라는 관점에서 자세히 이야기한다고 결론짓

---

[85] Wesley A. Kort, *Story, Text, and Scripture: Literary Interests in Biblical Narrative* (University Park: Pennsylvania State University Press, 1988), p. 44와 책 전반.

는다.[86]

근래 비중 있고 존경받는 구약학자로서 현대 기독교 신학에도 관심을 보이는 월터 모벌리는, 존경받는 또 다른 구약학자 로버트 캐롤[Robert Carroll, 원서에서 티슬턴은 로버트 캐롤을 미국의 신약학자 존 캐롤(John Carroll)로 잘못 썼다—옮긴이]이 성경 속에 들어 있는 "모순들"을 과장하여 논박한다며 캐롤을 비판했다.[87] 그런가 하면, 그는 우리에게 정경 안에 있는 성경의 많은 증인 사이에 존재하는 모든 긴장에 관하여 부드러운 '설명'을 기대하지 말라고 경고한다. 이를테면, 어떤 이는 역설을 사용할 수도 있다. 그는 적절하게도 믿음과 당혹이 뒤섞인 경우를 논하는데, 이런 경우에는 구약에 있는 많은 "목소리"가 언제나 "아주 타당해" 보이지만은 않을 수도 있다.[88] 의심과 당혹이 뒤섞이면 가끔은 신선한 탐구와 성장을 자극할 수 있다. 우리는 일관성을 다룬 첫 절에서 다중음성을 다룬 바흐친의 중요한 작업을 언급했다.

이 모든 특징은 내러티브 이론과 문학 비평에서는 익숙한 것들이다. 내러티브 이론에서 또 하나 중요한 자원은 **"낯설게 하기"**(defamiliarization)다. 이것은 분명 아주 친숙한 이야기를 신선하거나 놀라운 방식으로 제시하려 할 때 활용한다. 많은 설교자는 늘 성경을 읽는 회중에게 이런 자원들을 사용하고 싶어 하는데, 이것도 해석학과 내러티브 이론에서 배울 수 있는 것 중 일부분이다.

독자 반응 이론도 독자가 적극 반응을 보이게끔 내러티브나 사건을 제시한다. 이것도 많은 설교자에게 필요한 또 하나의 도구이며, 우리가 해석학이라는 제목 아래 인용했던 것이다. 내러티브나 비유를 일부러 '다 채우지 않고' 남겨 둠으로써, 독자가 이미 아는 것들로 '빈틈'을 채우게끔 자극하거나 유혹

---

[86] Robert Alter, *The Art of Biblical Narrative* (New York: Basic Books, 1981), pp. 147-153. 『성서의 이야기 기술』(아모르문디).

[87] R. W. L. Moberly, *Old Testament Theology* (Grand Rapids: Baker Academic, 2013), pp. 111-116.

[88] Moberly, *Old Testament Theology*, pp. 211-242.

할 수도, 아니면 그냥 권할 수도 있다. 이 이론을 주장한 주요 이론가 중 한 사람이 볼프강 이저(Wolfgang Iser)다. 그의 접근법을 잘 아는 성직자와 목사도 일부 있을 것이다. 그는 이렇게 썼다. "텍스트는 읽는 과정에서 실현될 수 있는 잠재 효과를 표현한다."[89] 다시 말해, 성경 내용이 전달하려 할 법한 의미를 독자 스스로 **실현하지** 않는다면, 우리가 모든 장의자에 성경책을 구비해 놓아도 이는 반쪽 자리 일에 그칠 수 있다. 로버트 파울러(Robert Fowler)는 예수가 수많은 사람을 먹이신 기적을 다룬 마가복음의 두 기사가 그런 예일 수 있다고 주장했다.[90] 마가복음 6장을 보면, 예수가 오천 명을 먹이신다. 두 장 뒤로 가면, 예수가 사천이나 되는 무리와 마주하신다. 그러나 제자들은 분명 이렇게 묻는다. "이 광야 어디서 떡을 얻어 이 사람들로 배부르게 할 수 있으리이까"(막 8:4). 파울러는 마가가 이 두 내러티브를 제시한 목적은 독자들의 기독론과 제자들의 기독론을 멀찌감치 떼어 놓으려는 것이라고 주장한다. 이는 이런 질문을 일으킨다. "제자들은 정말 예수가 누구이신지 **그토록** 이해하지 못했을까?"

내러티브 이론의 또 다른 특징은 **내러티브 세계**다. 매일 밤 허다한 사람이 연속극 혹은 멜로드라마의 '세계'로 끌려들어 간다. 이들은 **참여자들**(연속극이나 드라마에 나오는 이들—옮긴이)이 보는 대로 보고, 참여자들이 느끼는 것을 느낀다. 따라서 독자도 포도원 품꾼 비유에 나오는 일꾼들의 '세계'로 들어갈 수 있다(마 20:1-16). 독자는 다수 일꾼이 보인 "그건 공정하지 않아요!"라는 반응을 공유한다. 이 때문에 고용주의 뭐가 공정하지 않느냐는 반응에 충격을 받는다. 모든 이가 종일 일한 품삯을 받는다. 신학 용어로 표현하면, **은혜와 관용이 정의를 가려 버린다**. 예수의 가르침은 바울의 가르침에 가깝다. 신약학자 에른스트 푹스(Ernst Fuchs)는 여기서 예수가 "생명력 없는 은혜 설교"보다

---

89 Wolfgang Iser, *The Act of Reading: A Theory of Aesthetic Response* (Baltimore: Johns Hopkins University Press, 1978, 1980). 『독서행위』(신원출판사).

90 Robert Fowler, *Loaves and Fishes: The Function of the Feeding Stories in the Gospel of Mark* (Chico, Calif.: Scholars Press, 1975).

훨씬 큰 일을 이루었다고 주석했다. 가르침의 핵심은 독자들의 골수까지 뚫고 들어오며, 이런 일이 없었으면 단지 무관심이나 적대감만 있었을 법한 곳에 만남의 자리를 제공한다.

구약에 나오는, 나단이 다윗왕에게 들려준 부자와 가난한 자 비유가 이런 사례에 해당한다. 오리엔트 세계에서 왕에게 대놓고 간음을 저질렀다고 비판했다간 위험할 것이다. 다윗은 가난한 자의 양을 훔친 부자 이야기에 푹 빠져 분노를 표출하는 반응을 보인다. "그런 놈은 채찍으로 후려쳐야 하오!" 그제야 나단은 대범하게 "당신이 그 사람이라" 하고 말할 수 있었다(삼하 12:1-7).

내러티브 세계는 문학 범주이자 철학 범주다. 마르틴 하이데거와 한스게오르크 가다머는 이 내러티브 세계를 두드러지게 사용한다. 이 철학자들은 내러티브 세계를 픽션의 도구가 아니라 지식에 이르는 진정한 도구로 여긴다. 하이데거는 이것을 예술 세계에 없어서는 안 될 것으로 여기며, 가다머는 이것을 놀이 '세계' 혹은 게임에 비춰 묘사한다. 가다머는 이렇게 평한다. "놀이하는 자는 그 놀이에 몰두한다.…여기서 본질상 **놀이가 놀이하는 자의 의식보다 위에 있음**을 인정하게 된다.…모든 게임은 자기…행위의…목표를 변화시키는…임무를 갖고 그 놀이를 하는 사람을 표현한다."[91] 가다머도 하버마스처럼 **단순한 성찰은 거짓일 수 있음**을 잘 안다. 이것이 바로 가다머가 계몽주의를 비판하는 한 이유다. 그는 이렇게 썼다. "주관성의 초점은 왜곡하는 거울이다." 전이해가 있고 역사와 전통에 뿌리내리는 것이 진리를 이해하는 데 더 유익할 수 있다.[92]

해석학에서 큰 비중을 갖기 시작한 또 다른 영역이 **은유와 상징**의 역할이다. 이것 역시 아주 큰 주제다. 이전의 몇몇 연구서에서는 은유가 가진 창조력에 주목하라고 요구했다. 막스 블랙(Max Black)은 C. S. 루이스(Lewis)와 오언

---

91 Hans-Georg Gadamer, *Truth and Method*, 2nd ed. (London: Sheed and Ward, 1989), pp. 102, 104, 107. 『진리와 방법』(문학동네).
92 Gadamer, *Truth and Method*, p. 276.

바필드(Owen Barfield)가 필진으로 참여한 『언어의 중요성』(*The Importance of Language*, 1963)을 편집했다. 이 책에서는 은유가 단순히 명제로 표현할 수 있는 것들을 대신하는 것도, 단순한 묘사나 수식도 아님을 반복하여 주장했다. W. 판넨베르크가 늘 우리에게 되새겨 주듯이, 우리에겐 **우리 지평을 넓혀 줄** 방법이 필요한데, 은유는 이런 일을 이뤄 줄 수 있다. J. 마틴 소스키스(Martin Soskice)가 『은유와 종교 언어』(*Metaphor and Religious Language*, 1985)에서 주장하듯이, 은유는 진정으로 인지할 수 있는 진리를 담은 주장을 제시한다.

폴 리쾨르는 해석학에서 내러티브뿐 아니라 은유와 상징을 옹호한 핵심 인물 중 한 사람이다. 리쾨르는 이 세 주제를 모두 긍정하는 견해를 취하면서도 은유를 진리에 관한 주장의 핵심 이슈로 삼았다. 한편에서는, F. 니체(Nietzsche)가 "진리"는 "은유와 환유와 신인동형 표현들로 이루어진 기동군(機動軍)"이었다고 주장하지만, 자크 데리다(Jacques Derrida)는 우리가 이른바 철학적 은유에 매혹될 수 있다고 주장한다.[93] 다른 한편에서는, E. 윙엘이 "은유는 발견한 것들을 명확히 천명한 것이다"라고 주장하면서, 니체의 언어를 더 긍정하는 쪽으로 해석할 수 있다고 역설한다.[94] 윙엘은 은유가 두 어의(語義) 영역 내지 언어 영역뿐 아니라 "두 지평"도 결합시켜 준다고 단언한다. 무엇보다 "이 세계의 지평이 넓어진다."[95] 폴 아비스(Paul Avis)는 이런 탐구를 더 발전시킨다.[96]

윙엘은 은유가 조직신학에 아주 중요하며, 특히 우리를 자아몰두, 자아도취, 앞서 존재하는 이전의 지평들이 지닌 한계에서 해방시키는 데 아주 중요하다고 주장한다. 분명 은유는 성경의 시(詩)도 포함한다. 존 골딩게이(John

---

[93] Jacques Derrida, *Margins of Philosophy* (London: Harvester, 1982), p. 213.
[94] Eberhard Jüngel, *Theological Essays*, 2 vols. (Edinburgh: T. & T. Clark, 1989), 1: pp. 51 and 28.
[95] Jüngel, *Essays*, 1: pp. 60 and 71.
[96] Paul Avis, *God and the Creative Imagination: Metaphor, Symbol, and Myth in Religion and Theology* (New York: Routledge, 1999).

Goldingay)는 이렇게 말한다. "산문의 진수는 사물을 분명하게 밝혀 줄 수 있는 힘이다. 시의 진수는 사물을 모호하게 만들 수 있는 힘이다.…시에 담긴 말은…사람을 생각하게 만든다.…시는 생각을 에둘러 공격하여 뒤집어 버린다."[97] 성경의 시, 상징, 은유는 모두 특별하게 다뤄야 한다. 이것은 종종 교리에 특별한 방식으로 영향을 미친다. 예를 들면, 요한계시록의 상징과 시를 하늘에서 일어난 사건을 순서대로 서술한 것으로 해석하는 것은 대개 잘못일 것이다. G. R. 비슬리머리(Beasley-Murray)가 말하듯이, "하늘의 말들"은 하늘의 마구간에 살지 않으며, "황금 도로"는 높이와 길이, 폭이 몇 마일에 이르고 입방체 모양을 한 어느 도시의 가로(街路)가 아니다(계 6:2-8; 21:15-21). G. B. 케어드(Caird)도 마가복음 13장에서 구사하는 언어를 "은유 표현과 문자적 표현의 흥미로운 상호 작용"으로 봄으로써 마가복음 13장을 주로 세상의 종말에 관한 담화로 보는 견해에서 구해 낸다.[98]

우리는 내러티브와 은유에 더하여, 바흐친이 **다성 담론**(polyphonic discourse)과 공동체 대화에 보인 관심을 언급했다. 해석학과 조직신학에서는 모두 이것을 발전시키고 충실히 고려해야 한다. 나는 이를 『기독교 교리와 해석학』에서 아주 간결하게 시도했다.[99]

그러나 또 다른 발전은 우리가 이미 언급한 H. R. 야우스(1921-1997) 및 **수용사** 혹은 **수용 이론**과 관련이 있다. 얼마나 다양한 해석자들이 저자와 텍스트를 이해했는가를 아는 것도, 죽 이어져 온 공동체들이 텍스트를 어떻게 '받아들였고' 해석했는지 아는 것도 가치 있는 일이다. 최악의 경우에는 이것이 다양하긴 해도 그저 뒤죽박죽인 이해를 일러 줄 수도 있으나, 최선의 경우에

---

[97] John Goldingay, "Poetry and Theology in Isaiah 56-66", in *Horizons in Hermeneutics: A Festschrift in Honor of A. C. Thiselton*, ed. S. E. Porter and M. R. Malcolm (Grand Rapids: Eerdmans, 2013), p. 29.

[98] George B. Caird, *The Language and Imagery of the Bible* (London: Duckworth, 1980), p. 246.

[99] Thiselton, *The Hermeneutics of Doctrine*, pp. 43-80, 98-118, and 119-144.

는 성경 텍스트를 포함하여 여러 텍스트에 관한 주요 이해의 연속성을 잘 보여 준다. 야우스도 해석에서 **자극**이 행하는 역할, 그리고 "**기대하는** 지평들"을 강조한다.[100] 야우스는 어떤 작품이 어떻게 "첫 청중의 기대를 만족시키거나 능가하거나 실망시키거나 논박하는가"를 보여 준다.[101]

이 모든 문학 자원이 **현대 해석학**의 일부가 되었다. 이런 자원들은 특별히 성경에 토대를 두고 있긴 해도, 성서학은 물론 조직신학에도 이바지한다. 이것이 우리가 방법론과 관련하여 방법과 진리, 철학 탐구가 행하는 역할을 논의한 내용의 결론이다. 우리는 특별히 일관성과 체계, 철학 탐구, 우연과 맥락 속에 자리한 성경의 내용, 개념 해명, 해석학, 사회학, 문학적 신학을 살펴보았다. 오늘날의 조직신학에는 이 모든 영역이 반드시 있어야 하며, 우리의 신학 탐구와 진리 탐구에 활력을 불어넣으려면 이 모든 영역을 활용해야 한다. 아울러 이 모든 영역은 그리스도인의 제자도가 추구하는 목표에 이바지하는 것으로 볼 수 있으며, 성찰과 기도, 성령을 통해 우리가 하나님을 더 깊이 이해하게 하고 하나님과 더 깊은 사귐을 나누도록 도와줄 수 있다.

---

100 H. R. Jauss, *Towards an Aesthetics of Reception* (Minneapolis: University of Minnesota Press, 1982). 아울러 A. C. Thiselton, "Reception Theory, Jauss, and the Formative Power of Scripture", *SJT* 65 (2012): pp. 289-308를 보라.
101 Jauss, *Aesthetics of Reception*, p. 25.

2장

하나님: 인격, 삼위일체, 거룩한 사랑, 은혜

1. 하나님: 비인격체인가 인격체인가 초인격체인가?

철학 탐구자에게 "하나님은 인격체인가?"라는 질문은 종종 민감한 관심사일 수 있다. 그리스도인이나 유대교 신자나 이슬람교 신자는, 마치 키르케고르가 하나님의 존재에 관한 전통적 논증을 "부끄러움도 모르는 뻔뻔한 모욕"으로 여긴 것처럼, 그런 질문을 우스운 질문으로 치부할 것 같다. 바르트가 말했듯이, 하나님이 말씀을 하신다면 이는 곧 그 말씀이 인격체라는 특질을 갖고 있음을 암시한다. "하나님의 말씀은 말씀하시는 하나님을 뜻한다."[1] 더구나, 바르트는 이것이 삼위일체를 믿는 믿음과 결합해 있다고 덧붙인다. 요한은 그리스도를 두고 이렇게 말한다. "처음에 로고스(말 혹은 **명확한 언어**)가 있었다. 말씀이 하나님과 함께(그리스어로 *pros*) 계셨으니, 그 말씀이 하나님이셨다"(요 1:1). '사물'은 말하지 못하며, 사물이 말한다는 것은 오직 고도의 은유를 함축한 의미일 뿐이다. 바르트는 "우리가 예수 그리스도가 하나님의 말씀이심을 기억한다면, 하나님 말씀을…인격화"할 수밖에 없다고 설명한다.[2] 이 '말씀'은 목적을 지향하는 특성을 갖고 있다. 오직 인격체만이 목적이나 지향하는 의도

---

1 Barth, *CD* I/1, p. 136.
2 Barth, *CD* I/1, p. 138.

를 결정할 수 있으며, 사랑을 품고 이런 목적이나 지향하는 의도를 이야기할 경우에는 특히 더 그렇다. 바르트는 하나님의 말을 그의 사랑이 담긴 **행위**로 여긴다. "하나님의 말씀 자체가 하나님의 행위"이며, "성령은…말씀과 분리할 수 없다."[3]

이런 접근법이 그리스도인에게는 명백해 보일지 모르나, 하나님의 말에 관하여 이런 믿음을 공유하지 않은 이들에게는 아마 거의 효과가 없을 것이다. 라너와 판넨베르크 모두 "**하나님**이…오늘 우리에게는 무표정한 얼굴처럼 수수께끼 같은 존재가 되었다"고 인정한다.[4] 하지만 인간의 삶 위에 있고 또한 이를 능가하는 어떤 초월적 '존재'를 기꺼이 인정하려는 이들이 많다. 반면, 인간사에 개입하지 않거나 개입하지 못하는, 인격체보다 못한 존재(subpersonal being)는 우리가 뒤에서 더 충실히 고찰할 이신론(Deism)의 모습과 일치한다. 이 스펙트럼의 반대쪽에는 범신론에서 말하는 '만물'(All)이 자리해 있다. 범신론에서는 **하나님**의 임재와 행위가 모든 실재에 두루 퍼져 있지 어느 특정 '인격체'에 집중되어 있지는 않다고 이해한다. 이것 역시 더 살펴봐야 한다.

과학자들이 그 시공간의 거대함을 밝혀낸 우주 속에서 우리가 '하나님'을 인격체의 지위로 축소하기는 더 이상 불가능하다는 점을 우려하는 이가 많다. 어쩌면 바로 여기가 하나님을 '인격체'라 부르는 신학자들이 많은 잘못을 저지르는 지점인지도 모른다. '인격체를 초월한'(suprapersonal)이라는 말을 사용하는 것이 더 지혜롭고 정확할 것이다. 이는 하나님이 한 인격체보다 **많으면서도** 한 인격체보다 **적지 않기** 때문이다. 단순히 하나님이 인격체**이시거나** 인격체**가 아닌** 분이라고 주장하는 것은 (앞에서 라일을 다룰 때 보았듯이) 서로 엇갈린 말을 하는 셈이 될 것이다. 제3의 대안이 있다. 하나님은 인격체를 초월한 분이다. 이 때문에 디오니시오스 때부터 줄곧 부정신학 전통 전체가 기독

---

3 Barth, *CD* I/1, pp. 143 and 150.
4 Karl Rahner, *Foundations of Christian Faith: An Introduction to the Idea of Christianity* (New York: Crossroad, 1978, 2004), p. 46. 『그리스도교 신앙 입문』(분도출판사); Pannenberg, *ST* 1: p. 64. 『판넨베르크 조직신학』(새물결플러스).

교 신학과 신비주의에 심오한 영향을 미쳤다. 분명 폴 틸리히는 하나님의 인격성을 축소한다는 비판을 받고 있지만, 이는 그의 의도가 아니었다. 대다수 공평한 독자는 틸리히가 어린 시절에 혹은 어릴 때 주일학교에서 배웠던 포근하고 친숙한 하나님 개념을 넘어 궁극의 존재인 하나님을 찾아야 한다고 선언함으로써 타당한 주장을 했다고 인정할 것이다. 틸리히는 이렇게 설명했다. "하나님께 적용하면 최상급도 지소사(diminutive)가 된다. 이것들은 하나님을 다른 것들과 같은 차원에 놓으면서도, 하나님을 그 모든 다른 것 위로 들어올린다."[5] 이런 이유 때문에, 틸리히는 하나님을 '한 존재'(a being)이나 심지어 '가장 높은 존재'(the highest being)로 부르려 하지 않고, '존재 자체'(Being-itself)로 부르려 한다. 이것은 범신론 쪽으로 너무 멀리 간 것 같지만(뒤를 보라), 대체로 보아 의도 자체는 옳다. 철학자 C. A. 캠벨(Campbell)은 "주체와 객체 구분을" 포기하는 것을 "진리를 과장하는 것"이라 여기면서도, "인격체를 초월한"이라는 용어를 고집했다.[6]

하나님을 인격체로 보는 관념에 반대하는 많은 견해는 **인격체란 인간에게 적용되는 말**이라는 개념을 그 근거로 삼고 있다. 어떤 한 지성이 모든 시간을 통틀어 온 세상에 존재하는 은하와 별, 남자와 여자를 속속들이 다 알고 있다는 생각은 일부 사람들의 정신에 경련을 일으킨다. 우리는 인간 사유의 한계에 부닥쳐 온 것 같다. 칸트는 우리가 인간 이성의 한계 때문에 '우주의 끝'조차도 생각하지 못한다고 주장했다. 우리가 만일 우주를 **무한까지** 이르는 것이라 생각하려 하면, 우주의 경계를 아예 생각할 수가 없다. 만일 우리가 우주의 경계를 생각할 수 있다면, 이 경계 너머에 있는 '또 다른 우주'를 생각해야만 한다. 마찬가지로, 우리는 '시간의 시작'도 생각할 수가 없다. '시간의 시작'을 생각하려고 애쓰는 순간, 우리 지성은 이 '시작' 건너편에 있는 시간

---

5   Paul Tillich, *Systematic Theology*, 3 vols. (London: Nisbet, 1953, 1959, 1964), 1: p. 261. 『조직신학』(한들출판사).
6   C. A. Campbell, *On Selfhood and Godhood* (New York: Macmillan; London: Allen and Unwin, 1957), pp. 312, 411.

을 떠올린다. 칸트는 이런 난제를 **이율배반**(antinomies)이라 불렀으며, 이를 토대로 인간의 지성이 우리의 사유에 한계를 긋는다고 주장했다. 그러나 잠시만 깊이 생각해 보면, 이런 '한계'가 시공간을 인간 중심으로 혹은 '인간의 관점으로' 생각하는 관념 때문임을 알게 될 것이다. 우주 **전체**를 아는 지식은 이럴 것 혹은 이만할 것이라는 인간의 개념 속에 '하나님'을 집어넣기는 불가능하다.

그리스도인들이 볼 때, 아니 사실은 유대교 신자와 이슬람교 신자를 포함한 모든 유신론자의 입장에서 볼 때, 비록 우리가 '더 큰'(greater) 같은 말을 지극히 신중하게 써야 하긴 하지만, 그래도 원리상 지성이 더 크면 **그 지성이 세부 사항에 관하여 가진 지식과 이해도 더 클 수밖에 없다**. 예수가 가르치신 것처럼, "너희 아버지가 허락하지 않으시면 [참새] 한 마리도 땅에 떨어지지 아니하리라. 심지어 너희 머리털도 다 헤아리신다"(마 10:29-30).

우리는 이제 '지성'이라는 관념을 도입했다. 인격성은 '지성'을 동반하며, 초인격성은 초지성(supramind)을 동반한다. 다시 이 지성은 자아 인식(self-awareness), 자의식(self-consciousness), 지식, 의지를 암시한다. 우주의 첫 원인이자 창조주가 단지 인격체가 아닌 '사물'이라면, 의미 있는 우주를 캐는 탐구는 막다른 골목에 이를 것이다. 그리되면 우리는 틀림없이 목적에서 우연으로 퇴보할 것이다. 앞으로 보겠지만, 하나님은 말 그대로 '당신 자신의 뜻을 따라' 우주를 창조하기로 결정하셨다. 즐기거나 가지고 놀 어떤 장관을 만드는 것이 하나님의 동기가 아니었다. **하나님은 오로지 사랑 때문에 우리를 지으셨다**. 하나님은 인류가 당신과 의미 있는 **관계**를 맺는 벗이 되길 원하신다. 이는 우리를 '지성'의 더 심오한 측면으로 인도한다. 지성은 다른 이들과 소통하며 적극 관계를 맺을 수 있다. 따라서 하나님을 인격체로 인식한다는 점은 하나님의 형상으로 지음 받은 인류에 관하여 무언가를 일러 줄 것이다. 하나님은 인류가 당신의 자아 인식, 자의식, 지식, 의지, 목적, 어떤 관계를 맺으며 이런 관계를 즐길 수 있는 능력(그리고 하나님의 사랑과 그 성품에서 연유한 다른 특질들. 뒤에서 하나님의 형상을 논한 내용을 보라)을 공유하고 이를 세상에 **표현**케 하려고 인류를 지으셨다. 나중에 창조를 그리고 목적론의 관점에서 하나님의 존재를 증명한 논증을 고찰할 때에 이 모든 것이 '우연'일까라는 문제를 다시 살펴보겠다. 하나님의 자기계시와 그리스도 안에서 이루어진 하나님의 성육신은 하나님을 인격체를 초월하신 분으로, 혹은 한 인격체보다 '적지 않은' 분으로 이해하는 논거다.

우리가 앞서 부정신학을 논한 내용을 되새겨 볼 필요가 있다. 많은 기독교 신자는 하나님을 표현한 신인동형 언어(anthropomorphic language)로 달려들기를 주저했는데, 옳은 태도였다. 실제로 그리하는 것은 위험하다. 야고보는 아브라함이 "하나님의 친구라 불렸다"고 말한다(약 2:23). 아주 독실한 사람들은 때로 아무 감흥 없이 혹은 관심 없다는 식으로 '친구'를 이야기하지만, 우리는 오히려 지나친 친숙함이 하나님의 독특한 타자성을 축소하는 것처럼 보일 수 있음을 고민해 봐야 할지 모른다. 하나님은 실제로 '친구'가 되셨을 수도 있다. 그러나 대다수 그리스도인은 이런 말을 경외심을 품고 조심스럽게 사용하면서 지나친 억측을 두려워한다. 하나님과 세계 사이에는 거리가 있지만, 사랑도 있고 서로 불화를 빚은 사건이 일어났을 때 화해할 가능성도 있다. 세계는 **하나님의 발산물이 아니다**. 실재가 이층으로 이루어졌다고 보는 이원론, 곧 '몸'을 영보다 낮게 여기는 이원론도 실재와 부합하지 않는다. 하나님은 인류를 몸을 가진 존재로 창조하기로 하셨다. 에른스트 케제만(Ernst Käsemann)은 이 사실이 일상 세계의 여러 조건 속에서 우리에게 눈으로 볼 수 있음, 인식, 공적 세계에서 나누는 소통이라는 선물을 베풀어 준다고 지적한다.[7] 다시 말하자면, **소통, 정체, 관계**는 우리에게 인격성의 핵심을 가져다준다. 이것도 역시 자아 인식, 자의식, 생각, 의지를 동반한다.

---

7 Ernst Käsemann, *New Testament Questions of Today* (London: SCM, 1969), p. 135.

2. 삼위일체이신 하나님: 골칫거리인가 확증인가?

하나님이 본질상 삼위일체이심은 그리스도인들의 중대한 관심사다. 하지만 이것은 하나님의 인격성에 관한 우리의 논증을 복잡하게 만들지 않는가? 하지만 얼핏 보면 이것이 문제를 복잡하게 만드는 골칫거리처럼 보일지 몰라도, 사실은 하나님의 인격성이 우리가 인간을 **인격체**라 부를 때 떠올리는 의미의 인격체를 초월한다는 것을 확증해 준다. 성 삼위일체이신 하나님은 **인격체를 초월하신 분**이지, 인간과 비슷한 세 인격체가 아니다.

우선 아주 기본이 되는 몇몇 개념부터 분석해 보면 되겠다. 이런 개념 분석은 4세기에 활동했던 닛사의 그레고리오스(?330-395)와 나지안조스의 그레고리오스(Gregory of Nazianzus, ?330-390)까지 거슬러 올라간다. 이 분석은 독특하게도 클로버 잎, 토끼풀 따위를 포함하여 어떻게 '하나'가 동시에 '셋'일 수 있는가를 설명해 주는 유비들을 제시하려 한 모든 담화 혹은 설교를 다룬다. 이것이 이 주제에 다가가는 가장 훌륭한 길은 **아니다**. 나지안조스의 그레고리오스는 '셋'과 숫자는 아무 관련이 없다고 주장했다. 그는 하나님은 한 분이라고 썼지만(On the Holy Spirit 14), 동시에 "'셋'(그리스어로 treis)이 '세 베드로'나 '세 요한'처럼 숫자를 가리키지는 않는다"고 강조했다(19). 닛사의 그레고리오스도 이 점을 『'세 하나님이 아님'에 관하여』(On "Not Three Gods")에서 자세히 강조했다. 그는 이렇게 단언했다. "성부, 성자, 성령의 활동은 어떤 것도 다르거나 변하지 않으며, 이들의 활동이 지닌 정체를 보면 이들의 본질이 하나라고 추론할 수밖에 없다"(On the Trinity 6). 닛사의 그레고리오스는 『'세 하나님이 아님'에 관하여』에서 "베드로, 야고보, 요한"을 가리키려고 숫자를 사용하는 것과 "성 삼위일체의 '세' 인격", 혹은 세 객체나 세 사물은 아주 다르다고 주장했다.[8] 그는 이렇게 결론지었다. "성부는 성자가 함께 일하시지 않는 어

---

8   Gregory of Nyssa, On "Not Three Gods" 3; NPNF, ser. 2, 5: p. 331.

떤 일도 혼자서 하시지 않으며, 혹은 성자도 성령과 따로 특별한 활동을 하시지 않는다.…모든 활동은…그 기원이 성부지만 성자를 통해 나와 성령 안에서 완성된다."[9] 하나님을 이루는 인격(위격)은 "셋"이지만, 그는 이것이 금 조각이나 "주화"처럼 "셀" 수 있거나 "복수(複數)라고 생각할" 수 있는 의미의 셋이 아니라고 썼다. 철학의 관점에서 보면, 숫자는 오로지 우연인 객체에만 적용할 수 있지 **"필연인 존재"**의 범주에는 적용하지 못한다.

이것이 하나님의 인격성에 관한 우리의 논의에 시사하는 바는 무엇인가? 이는 하나님의 본질이 **인간이** 인격체라는 것과 같은 의미의 '인격체'가 아니라, 도리어 우리가 주장했듯이 하나님이 '인격체를 초월하신' 분임을 확실히 일러 준다. 하나님께는 '셋' 혹은 어떤 숫자도 수학이나 숫자 세기에서 이야기하는 식으로 적용하지 못하는 것처럼, **성**(gender)도 하나님을 표현하기에 부적절한 범주다. 로고스이신 성자는 남성이나 히브리어로 *rûach*인 성령은 여성이라는 낡아 빠진 논증이 있다(히브리어에서 *rûach*는 여성이기도 하고 남성이기도 하다―옮긴이). 그러나 그리스어 *pneuma*(영)는 중성이다. 육신으로 태어나신 상태의 예수 그리스도는 분명 남성이다. 그리고 예수의 가르침을 따르면 하나님도 사실 기도할 때는 '아버지'(남성)시다. 판넨베르크가 주장하듯이, 하나님을 가리키는 이 칭호에는 타협할 여지가 없다. "예수가 입에 올리신 '아버지'는 하나님을 가리키는 고유 명사가 되었다. 따라서 이것은 더 이상 다른 많은 명칭 가운데 하나가 아니다."[10] 그는 이렇게 덧붙인다. "'하나님'과 '아버지'라는 단어는 그저 시간에 매인 개념이 아니며, 우리는 이 단어에서 메시지의 참된 내용을 분리할 수 있다."[11] 분명 성경 내용에서도 두 성과 관련된 비유와 은유를 사용한다. 마태복음 6:7-11에서는 하나님이 빵을 구하는 당신 자녀들을 아버지처럼 돌보신다고 이야기한다(9-11절). 시편 103:13에서도 그런 비유

---

9   Gregory of Nyssa, *On "Not Three Gods"* 3; *NPNF*, ser. 2, 5: p. 334.
10 Pannenberg, *ST* 1: p. 262.
11 Pannenberg, *ST* 1: p. 263.

를 사용한다.

아버지가 자식을 긍휼히 여김같이
여호와께서는 자기를 경외하는 자를 긍휼히 여기시나니

그러나 이사야 66:13에서는 이렇게 말한다.

어머니가 자식을 위로함같이
내가 너희를 위로할 것인즉

제임스 바(James Barr)는 한 단어에 부여된 **문법상**의 성이 십중팔구 **언어 관습**의 문제임을 설득력 있게 증명했다. 터키어에 성이 없다는 점이 터키인은 금욕주의자임을 일러 주지 않듯이, 프랑스인들이 단어에 수도 없이 성을 부여했다고 프랑스인들을 성에 환장한 인간들이라 추정할 수는 없다.[12] *teknon*(아이)이 중성이라는 이유만으로 그리스인이 아이를 성이 없다고 여기지는 않는다. 히브리어에서 영 혹은 성령은 여성이나, 그리스어에서는 성령(*pneuma*)이 중성이다. 그런가 하면, 요한은 성령을 *ekeinos*(그 사람)와 *paraklētos*(보혜사, 변호인)로도 언급한다(문법상 남성이며, 요 16:7-8에 두 단어 모두 나온다).

하나님은 수(數)로 '헤아릴' 수 없는 분이듯이 엄밀히 말해 성을 **초월하신** 분이라고 주장한다 하여, 이것이 곧 성육신하신 예수가 남성으로서 온 인류를 대표하신다는 점을 소홀히 여기는 것은 아니다. 실제로 "한 하나님이 계시다"라는 고백(고전 8:6)은 숫자를 세는 것보다 오히려 하나님의 통일성 그리고 하나님의 성품 및 완전성과 더 관련이 있다. 한 하나님을 예배한다는 것은 마음과 생각이 단일 초점과 연합한다는 말이다.

---

12   James Barr, *The Semantics of Biblical Language* (Oxford: OUP, 1961), pp. 39-40.

성 삼위일체 교리에 다가가는 두 번째 접근법은 더 적극성을 띤다. 이 접근법은 **관계**, 아니 **관계성**이라 표현하는 것이 더 나은 것, 그리고 **내러티브**와 관련이 있다. 이 접근법을 가장 독특하게 설명한 이가 J. 몰트만(Moltmann), W. 판넨베르크, 유진 F. 로저스(Eugene F. Rogers)다. 몰트만은 그의 책 『삼위일체와 하나님의 나라』(*The Trinity and the Kingdom of God, Trinität und Reich Gottes*)에서 '삼위일체 중심의 해석학'을 펼친 끝에 이런 결론에 이른다. "**신약성경에서는 사귐의 관계인 성부와 성자와 성령의 관계를 내러티브로 선포함으로써 하나님에 관하여 이야기한다.**"[13]

예수 그리스도의 메시아 사명을 하나님 아버지께 '**보냄을 받았다**'는 예수 자신의 의식과 분리하여 이해하기는 불가능하다. 이 점은 요한복음 3:16 같은 유명한 본문은 물론이요 특히 네 복음서에서 모두 자세히 설명하는 예수가 세례를 받으신 일(막 1:9-11; 마 3:13-17; 눅 3:21-22; 요 1:32-34)에서 분명하게 드러난다. 하지만 이 세례는 **성령**이 내려오심과 마가복음 1:11에 있는 아버지의 말씀, 곧 "너는 내 사랑하는 **아들**이라 내가 너를 기뻐하노라"라는 말씀이 없으면 이해할 수가 없다. 마태, 마가, 누가는 성령이 예수를 광야로 "내몰아"(막 1:12, *ekballei*), 혹은 "그를" 광야로 "이끌어"(마 4:1, *anēchthē*) 메시아로서 시험을 혹은 검증을 받게(*peirazō*) 한 것을 예수가 세례를 받으실 때 메시아로서 기름 부음을 받으신 결과로 본다. 다시 말하면, 내러티브가 펼쳐지면서, **예수의 정체는 삼위일체 틀과 결합한다**. 예수는 나라를 선포하시는데, 이 나라는 **하나님 나라다**. 요한복음에서는 특히 기독론을 강조하지만, 공관복음에서는 예수가 주로 예수 자신보다 하나님을 선포하신다. 예수는 자신의 사명과 인격을 확인하는 일을 하나님께 맡기며, 자신의 사역에 역사하는 성령의 능력을 신뢰하신다(히 2:4, 13에서도 같은 말을 한다).

몰트만은 마태복음 11:27 같은 복음서 본문뿐 아니라 '하나님이 보내심'을

13　Jürgen Moltmann, *The Trinity and the Kingdom of God: The Doctrine of God* (London: SCM, 1981), p. 64. 『삼위일체와 하나님의 나라』(대한기독교서회).

말하는 로마서 8:3-4 및 갈라디아서 4:4 같은 신약 서신서의 본문들도 덧붙인다. 그는 이렇게 결론짓는다. "성부는 성령을 통해 성자를 보내신다. 성자는 성령의 능력으로 성부에게서 나오신다. 성령은 사람들을 성자가 성부와 나누는 사귐으로 이끄신다."[14] 그는 신약성경의 내러티브를 공들여 꼼꼼히 읽는 것이 니케아 이후의 교부에서 시작하는 것보다 성 삼위일체를 덜 복잡하게 이해하는 방법이라고 주장한다.

판넨베르크도 이후 계속하여 비슷한 방법을 채택한다. 예수는, 세례를 받으실 때와 부활하실 때, "성령을 **받으신 분임이** 드러난다"(롬 1:4과 8:11).[15] 우리가 예수 그리스도를 온전히 이해하려면 예수가 가지신 삼위일체 틀도 바로 인식해야 한다. 그러나 유진 로저스는 내러티브 중심의 삼위일체 접근법 중 가장 길고도 상세한 설명을 제시한다.[16] 첫째, 로저스도 다른 많은 저술가처럼 **내러티브**가 한 인격체를 어떤 추상 개념이나 범주가 아니라 한 인격체로 독특하게 드러낸다고 주장한다. 그는 나지안조스의 그레고리오스, 바실레이오스(Basil), 아우구스티누스를 원용한다. 이어 그는 몰트만과 마찬가지로 예수 세례 내러티브에서 성령과 하나님 아버지가 행하신 역할을 원용한다. 그는 이렇게 단언한다. "성부, 성자, 성령을 묘사하는 신약성경의 내러티브는 우리가 삼위일체 내부의 삶을 희미하게나마 들여다볼 수 있게 해 준다.…가장 중요한 것은 로마서 8장에 나오는 예수의 부활이다."[17] 여기서 바울은 예수를 부활시키신 이의 영에 관하여 이야기한다(11절). 예수 그리스도의 정체뿐 아니라 부활 개념 자체도 성령의 능력, 성부의 행동, "우리 안에 계신 그리스도"라는 관념에 의존한다.[18] 그가 수태 고지 및 예수의 변형과 관련하여 제시하는 내러티

---

14 Moltmann, *Trinity and the Kingdom*, p. 75.
15 Pannenberg, *ST* 1: p. 5.
16 Eugene F. Rogers Jr., *After the Spirit: A Constructive Pneumatology from Resources outside the Modern West* (London: SCM, 2005; Grand Rapids: Eerdmans, 2006), pp. 52-175.
17 Rogers, *After the Spirit*, p. 75.
18 Rogers, *After the Spirit*, p. 82.

브 및 독법에는 분명 더 논쟁할 여지나 생각해 볼 여지가 많을 지도 모르지만, 이 가운데 수태 고지를 삼위일체 사건으로 보는 주장이 더 강력하고 존중할 만한 가치가 있다.

아울러 신약성경의 이 내러티브들은 예수 그리스도의 사역이 **관계**라는 본질을 갖고 있어 하나님 아버지 및 성령과 맺은 관계 속에서 이루어졌음을 보여 준다. 그레고리오스 및 다른 교부들이 주장하듯이, 이것은 오직 육신이 되신 주 예수 그리스도만 홀로 고독하게 행한 활동이 아니다. 실제로 우리는 뒤에서 속죄를 살펴볼 때, 바울의 말처럼 하나님의 은혜와 사랑이 "하나님께서 그리스도 안에 계시사 세상을 자기와 화목하게 하시는"(고후 5:19) 원천을 제공한다고 주장할 것이다. 폴 피디스는 이것이 주로 목회와 관련된 삼위일체 교리의 가르침이라고 주장한다.[19] 삼위일체는 목회와 직접 연관이 있다. 하나님 안에서는 자아가 **고립된 자아 중심의 존재**가 아니라 다른 이들과 맺은 관계 속의 **자아**이기 때문이다. 아우구스티누스는 이를 자신이 사랑에 부여한 역할, 곧 성 삼위일체나 한 하나님을 함께 묶어 주는 끈으로 표현했다. 삼위일체의 '인격'(위격)은 **인격적 존재로서 상호 작용하며**, 자아 안에 갇혀 있거나 자족하지 않고 늘 **서로 상대를 향해 열려 있다**. 그리스 정교회 신학자 존 지지울라스(John Zizioulas, 1931-)는 이를 아주 훌륭하게 표현한다. 그는 이렇게 썼다. "하나님은 관계의 존재다. 교제라는 개념이 없으면 하나님의 존재를 이야기하기가 불가능할 것이다.…교제와 분리된 '하나님'은 아무런 존재론적 내용도, 아무런 참된 존재도 갖고 계시지 않다."[20] 따라서 지지울라스가 "교회적 존재"(ecclesial being)라고 부르는 그리스도인은 "하나님의 존재 자체"와 결합해 있다. "그는 하나님의 '존재 방식'을 취한다."[21] 이 책 뒤에서 이 접근법이 교회에

19　Paul S. Fiddes, *Participating in God: A Pastoral Doctrine of the Trinity* (Louisville: Westminster John Knox, 2000), pp. 15-28.
20　John D. Zizioulas, *Being as Communion: Studies in Personhood and the Church* (New York: St. Vladimir's Seminary Press, 1985), p. 17. 『친교로서의 존재』(삼원서원).
21　Zizioulas, *Being as Communion*, p. 15.

관한 교리에 대단히 중요함을 논증하겠다.

폴 리쾨르는 그의 걸작 『타자로서 자기 자신』(Oneself as Another, Soi-même comme un autre)에서 인간의 자아와 관련되어 있다는 점이 암시하는 의미들을 면밀히 연구한다. 그는 자아의 안정성, 정체, 계속성, 책임이 우리와 타자의 관계에 의존한다고 주장한다. 그는 350페이지에 걸친 복잡한 논증에서 데카르트(Descartes), 로크(Locke), 흄(Hume), 심지어 스트로슨(Strawson)조차도 자아를 부적절하게 설명했음을 보여 준다. 데카르트는 결국 자아도취에 빠졌으며, 로크와 흄은 놀라울 정도로 개인주의에 치우쳤다. 인간은 '누구'이지 '무엇'이 아니다. 리쾨르는 딜타이가 말하는 삶의 "**상호 연관**"(Zusammenhang)이라는 관념을 인정하며, 가다머와 판넨베르크도 이 관념을 받아들여 발전시킨다.[22] 흄이 말하는 인식의 연속이라는 관념은 어디에도 이르지 못한다. 그러나 약속이라는 화행은 어딘가에 이른다. 우리는 우리 자신은 물론 **다른 이들**에게도 약속한다. 이런 약속은 일정한 기간에 걸쳐 실현된다. 이런 약속 역시 실천적 지혜(phronēsis) 및 미덕처럼 다른 이들 혹은 '타자'를 동반한다. 리쾨르는 **타자성**(otherness)이 "**상호주관성**(intersubjectivity)이라는 관념에 내재해 있다"고 결론짓는다.[23] 그는 이렇게 썼다. "타자성은 바깥에서 자아성에 더해진 것이 아니며", "타자는 전제되어 있다."[24]

피디스는 "관계 안에 있는 존재"와 "타자에게 열려 있음"을 강조하면서, 이것들이 목회와 관련하여 삼위일체 교리를 적용한 경우 중 첫 번째 경우라고 말한다. 세속의 유명한 단점은 신약 시대 스토아학파 사람들의 단점과 같다. '독립'과 '자족'이라는 목표가 그것이다. 심지어 하나님도 삼위일체 안에서 이루어지는 당신의 삶 속에서 자신이 서로 의존하는 이가 되게 하신다. 피디스는 독립과 자족의 반대편에 자리한 또 다른 잘못인 탐닉과 지나친 의존

---

22   Paul Ricoeur, *Oneself as Another* (Chicago: University of Chicago Press, 1992), pp. 115-116. 『타자로서 자기 자신』(동문선).
23   Ricoeur, *Oneself as Another*, p. 318. 티슬턴 강조.
24   Ricoeur, *Oneself as Another*, pp. 317, 332.

을 논하면서, 이것들도 지나치게 심해질 수 있다고 말한다. 그는 일부 사람들이 목사(pastor)에게 지나치게 의존하는 모습을 보이면, 결국 사람들과 목사들(ministers)에게 모두 해로운 결과를 가져온다고 주장한다. 아울러 그는 자아의 완전성과 타자에게 열려 있음, 다양성과 통일성, '사인'(私人, person)과 사인보다는 공인에 가까운 '명사'(personage) 사이의 균형을 탐구한다. 그는 우리 삶을 "삼위일체 하나님의 시각이 만들어야 한다"고 주장한다.[25] 그러나 앞서 하나님을 '인격체를 초월한' 분이라 말했던 우리 주장이 일러 주듯이, 피디스는 우리에게 하나님과 인생의 유사점을 너무 지나치게 강조하지 말라고 경고한다. 바르트 및 다른 이들은 유비, 심지어 '인격'이라는 단어를 사용하는 것도 망설인다. 그러나 그레고리오스가 표현했듯이, 삼위일체의 모든 인격이 모든 구속 행위에 관여하신다는 사실은 우리에게 아주 친숙한 '독립'(going it alone)이라는 자세에 관하여 뭔가를 우리에게 일러 준다. 몰트만은 성부가 성자를 '보내심' 안에서는 하나님이 갈보리에 그냥 서 계신 구경꾼이 아님을 설득력 있게 주장했다. 하나님은 갈보리의 고통과 고뇌에 깊이 관여하신다. 어느 인간 부모도 하나님이 십자가의 고난에 참여하시는 것만큼 '자기 자식'의 아픔을 느끼지'는 못할 것이다. 예수를 갈보리로 인도하신 이는 바로 성령이셨으며, 성령이 예수에게 그가 당할 고난을 견뎌 낼 힘을 주셨다.

삼위일체를 목회와 관련지어 적용할 수 있는 또 하나의 사례가 기도 체험이다. 허다한 사람이 정말 하나님이 '인격체'이심을 의심한다면, 그토록 많은 이가 위기가 닥치거나 절박한 순간에 실제로 기도에 의지할 이유가 없지 않은가? 하지만 삼위일체 교리는 우리를 더 깊은 경지로 데려간다. 주기도('우리 아버지')에서 증언하듯이, 예수는 우리에게 기도는 보통 아버지이신 하나님께 올리는 것이라고 가르치셨다(마 6:9-13; 눅 11:2-4), 바울은 성령이 우리 안에서 기도하게 자극하신다는 것을 분명히 일러 준다. 그는 이렇게 썼다. "성령도 우

---

25 Fiddes, *Participating in God*, p. 28.

리의 연약함을 도우시나니 우리는 마땅히 기도할 바를 알지 못하나 오직 성령이 말할 수 없는 탄식으로 우리를 위하여 친히 간구하시느니라. 또 하나님은…성령의 생각을 아시나니 이는 성령이 하나님의 뜻대로 성도를 위하여 간구하심이니라"(롬 8:26-27; 참고. 8:9, 15). 마지막으로, 신약성경에서는 모든 기도가 '우리 주 예수를 통해' 혹은 '예수의 이름으로' 이루어진다고 가르친다. 예수가 우리 중보자요 변호자이시기 때문이다. 다시 말해, **기도는 성령으로 말미암아 성자를 통해 성부께 올린다.** 기도는 철저히 삼위일체 성격을 띤다.[26]

우리는 삼위일체 신학에 실제 목회와 관련된 중요한 의미가 가득 들어 있음을 보여 주려고 노력했다. 우리가 신약성경을 굳게 따를 때 앞서 제시한 자료를 따른다면 삼위일체 신학도 설명하기가 상당히 쉽다. 4세기 들어 삼위일체 교리는 복잡해졌다. 이런 교리가 종종 도움을 주기도 하지만 때로는 오해를 낳을 가능성도 있다. 아리우스(Arius, ?250-336) 이후로 주류 교회 밖의 사상가들은 그릇된 체계를 세웠으며, 교부들은 이 체계에 맞서 정통 신앙을 변호했다. 로완 윌리엄스(Rowan Williams)가 보여 주었듯이, 아리우스도 십중팔구는 사람들이 자주 묘사하는 것만큼 완전히 실수하지는 않았을 것이다.[27] 어쩌면 그는 하나님이 '기원이자 근원'(그리스어로 *agenētos archē*)으로서 유일무이성과 초월성을 갖고 계심을 보여 주려 했는지도 모른다. 이 때문에 그는 그리스도를 **하나님과 함께 계신** 분이 아니라, **창조와 더불어** '시작을 가지신'(having a beginning) 분으로 여기는 진짜 잘못을 저질렀을지도 모른다. 이 때문에 정통에서는 예수 그리스도 및 하나님 아버지를 이야기할 때 '똑같이 영원하신'(coeternal) 같은 더 큰 차원의 철학 용어를 사용하기 시작했다. 니코메디아의 에우세비오스(Eusebius of Nicomedia)와 콘스탄티우스 황제(재위 ?337-361)는 '종속' 기독론, 곧 그리스도가 성부 아래에 있다 혹은 성부께 종속한다

---

26 아울러 Sarah Coakley, *God, Sexuality, and the Self: An Essay "On the Trinity"* (Cambridge: CUP, 2013), pp. 130-131를 보라.
27 Rowan D. Williams, *Arius: Heresy and Tradition* (Grand Rapids: Eerdmans, 2001), pp. 95-116, 247-268.

는 믿음을 지지했다. 아리우스 이후에 '형상론자'(Tropici) 혹은 '성령이단론자'(Pneumatomachians)가 나타났는데, 이들은 성령의 인격성을 '그것'(it) 혹은 '사물'(thing)로 떨어뜨렸다(오늘날에도 일부 이런 사람들이 있다). 이 때문에 아타나시오스(Athanasius)와 나지안조스의 그레고리오스가 콘스탄티노폴리스 공의회(381년)의 초석을 놓았으며, 이 공의회는 우리가 보는 신경에서 나타나는 많은 공식을 제시했다. 칼케돈 공의회(451년경)는 그 뒤를 이었다.

정통의 핵심 용어는 '같은 존재인'을 뜻하는 그리스어 *homoousios*였는데, 이는 종종 라틴식 개념인 '공통 실체인'(consubstantial)으로 번역하곤 했다. *ousia*('존재' 혹은 '실체'), *hypostasis*['인격'(person, 위격), 존재 내 구분을 가리키는 말], *perichōrēsis*(상호 침투) 같은 용어들이 아마도 철학적 성격이 덜 두드러진 신약성경의 가르침을 설명해 주는 말이었을지도 모른다. '경륜적 삼위일체'(economic Trinity, 세상에서 행하시는 활동이라는 관점에서 바라본 하나님), '내재적 삼위일체'(immanent Trinity, 본질상 세상에서 행하시는 활동과는 **분리된** 분으로 바라본 하나님), '사회적 삼위일체'(social Trinity, 성부, 성자, 성령의 관계) 같은 이후의 공식들도 대체로 보면 **나중에 나온 설명이며, 이 개념들을 완전히 이해해야 삼위일체를 이해할 수 있는 것은 아니다.** 이 설명들은 부차적인 신학적 성찰로 쓸모가 있다.

사실 사람들은 신학 논의와 설명 때문에 이런 용어들을 폭넓게 사용하며, 이런 용어들이 어떤 목적을 충족시켜 주기도 한다. 예를 들면, '사회적 삼위일체'라는 용어는 장점과 단점을 모두 갖고 있다. 몰트만은 이 용어를 적극 활용하여 두 가지 점을 강조한다. 첫째, 이 용어는 성부, 성자, 성령이 **똑같이 동등하심**을 잘 보여 준다. 둘째, 이 용어는 성부, 성자, 성령 사이의 **관계성**이 가장 중요함을 주목하게 한다. '사회적 삼위일체'라는 이름표를 비판하는 사람들은, 우선, **하나님 아버지**가 창조와 구속의 기원이자 주도자로 여김을 받으신다는 것과 바울이 고린도전서에서 '종속'(그리스도가 성부 하나님보다 아래에 있음—옮긴이)을 이야기하는 본문을 둘 제시한다(고전 11:2-3; 15:24-28)는 점을 강조한다.

이 견해에는 고린도전서에서 '종속'을 이야기하는 구절들이 등장한 것은 오로지 고린도의 어떤 독특한 상황 때문이라는 반론이 있다. 모파트(Moffatt) 및 다른 이들은 고린도에서는 '주' 숭배하기를 더 멀리 계시다고 생각했던 하나님보다 더 강조했을지도 모른다고 주장한다. 둘째, '사회적 삼위일체'를 비판하는 자들은 인류가 1970년대부터 21세기 초에 이를 때까지인 '평등한' 시대에 살았음을 주장한다. 아울러 이들은, 일찍이 포이어바흐(Feuerbach)가 주장했듯이, 인류가 '하나님'을 너무 지나치게 **인류 자신의 이미지로** 만들어 내는 경향이 있다고 주장한다. 어쩌면 몰트만이 자유주의 신학에 보이는 공감이 이런 주장에 설득력을 더해 주는지도 모르겠다. 하지만 이런 문제들은 신약성경 저자들을 괴롭히지 않았을 것이다.

'경륜적 삼위일체'와 '내재적 삼위일체'라는 용어도 장점과 한계를 동시에 갖고 있다. 많은 교부는 성 삼위일체가 창조와 구속 활동을 하실 때 **한뜻으로 함께 활동하신다**고 일러 주었다. 그럼에도 사람들은 오랜 세월 동안 성부 하나님, 성자 하나님, 성령 하나님의 독특한 활동을 구분해 왔다. 예수 그리스도는 성육신과 십자가를 통해 홀로 독특하게 고난과 죽음을 겪으셨다. 그렇지만 몰트만이 주장하듯이, 성부 하나님과 성령도 동시에 예수 그리스도의 고난에 동참하셨다. 성령은 홀로 모든 하나님의 백성을 성결하게 하신다. 그러나 성령은 **성부 하나님의 뜻을** 따라 모든 하나님의 백성을 **그리스도와 닮은** 이로 만드신다. 바울은 이런 긴장을 고린도전서 12:4-7에서 훌륭하게 표현한다. "은사는 여러 가지나 성령은 같고 직분은 여러 가지나 주는 같으며 또 사역은 여러 가지나 모든 것을 모든 사람 가운데서 이루시는 하나님은 같으니 각 사람에게 성령을 나타내심은 유익하게 하려 하심이라." 우리는 내러티브 접근법과 교부들이 쓴 개념 분석에 기초한 접근법을 기초로서 제시했다. 사실 다른 모델과 용어는 성 삼위일체 이해에서 나중 단계에 가서야 이루어진 발전들이다.

3. 정말 살아 계신 하나님인가 그냥 '유신론'인가?

목사들과 신학생들은 조직신학이 목회 사역과 무관할 때가 잦다고 불평한다. 이럴 때면 이들을 가르치는 이들이 살아 계시고 활동하시는 구약과 성경의 하나님을 '유신론'에서 말하는 하나님으로 바꿔 놓은 게 아닌가 하는 의심이 생긴다. '유신론'이라는 용어를 이신론과 범신론, 또는 무신론 및 불가지론과 반대인 말로 사용할 때는 이 용어를 무시해서는 안 된다. 이런 맥락에서 보면, 이 용어는 인격체로서 혹은 인격체를 초월한 존재로서 세계와 관계를 맺으시는 한 분 하나님을 믿는 견고한 믿음을 가리킨다. 그러나 '유신론'은 성경에서 말하는 살아 계신 하나님, 특히 구약에 나오는 하나님을 믿는 믿음보다 추상적이고 정적이며 이론적일 수 있다. 이런 차이를 대강 요약하는 말로, 때로 유신론은 하나님의 **존재**를 통해 하나님을 알려고 하는 반면 살아 계신 하나님을 믿는 믿음은 하나님의 **활동**을 보고 하나님을 안다고 말할 수도 있다.

구약에 있는 한 출발점은 하나님이 출애굽기 3:13-15에서 자신을 모세에게 나타내신 일이다. 이것이 유일한 출발점은 아니다. 창세기와 시편 및 다른 곳에서 나타나는 창조 교리에서도 출발할 수 있을 것이다. "그의(하나님의) 이름이 무엇입니까?"(13절)라는 모세의 질문은 하나님에게서 이런 답을 끌어낸다. "나는 나인 자다"(I am who I am, 14절). 이 대답을 증폭시켜 주는 것이 그가 "아브라함의 하나님, 이삭의 하나님, 야곱의 하나님"(15절)으로서 보여 주시는 연속성과 활동, 그리고 이에 덧붙인 이 말씀이다.

"이는 나의 영원한 이름이요
대대로 기억할 나의 칭호니라." (15절 하반절)

하지만 이곳은 NRSV에서 우리가 '나다'(I AM)로 번역한 히브리어의 정확한 의미를 전달하지 못했을 수도 있는 드문 사례 중 하나다. 히브리어 본문은

'ehʸyeh ᵃsher 'ehʸyeh다. B. S. 차일즈는 그의 탁월한 주석에서 이렇게 주석한다. "구약 전체에서 이렇게 열띤 논쟁과 이토록 아주 다양한 견해를 만들어 낸 구절은 거의 없다."[28] 그는 히브리어 'ehʸyeh와 14절에 들어 있는 다른 요소를 다룬 책이나 논문을 스물 넘게 인용한다. 일부 사람들은 'ehʸyeh가 하나님을 가리키는 말인 'YHWH'를 이용한 언어유희일 수 있다고 주장한다. 그러나 차일즈 및 다른 사람들은 이 미완료를 **미래**를 가리키는 미완료로 해석한다. "하나님이 모세에게 말씀하셨다. '나는 나일 자일 것이다'(I will be who I will be)."[29]

이것은 마치 "너는 나인 자 혹은 나일 자를 발견할 것이다"라고 말하는 것처럼, 순수한 인간의 언어로 자세한 답을 제시하길 거부한 것일 수도 있다. 그러나 차일즈가 일러 주듯이, 이 말은 십중팔구 이런 의미일 것이다. "사람들은 **미래에 하나님이 하시는 일을 보고 하나님의 목적을 체험할** 것이다."[30] 신약성경 저자들은 마가복음 12:26, 마태복음 22:32, 그리고 이 본문들의 평행 본문에서 이 구절을 인용하면서, 특별히 "아브라함의 하나님, 이삭의 하나님, 야곱의 하나님"을 언급한다. 이 문구에서 직접 언급하는 대상은 부활의 하나님이신 살아 계신 하나님이지만, 이 문구에서는 그와 동시에 하나님이 하나님이심을 일러 주는 **행동의 연속성**을 강조한다. 하나님은 산 자의 하나님이시요, 인류가 역사 속에서 그분의 행동을 통해 체험하는 하나님이시다. 이는 "이제도 있고 전에도 있었고 장차 올" 하나님을 내다본다(계 1:8). 이 구절에서 많은 오해가 생기는 이유는 헬레니즘의 영향을 받은 70인역의 번역 때문이다. 70인역에서는 이를 "나는 나인 자다"(I am who I am, 70인역 본문을 그대로 적으면 Ἐγώ εἰμι ὁ ὤν이다—옮긴이)로 번역했는데, 이는 다시 '존재'(being)와 '본질'(essence), 혹은 라틴어로 '실체'(substance)라 표현하는 것에 관하여 더 철학적이고 정적

---

28 Brevard S. Childs, *Exodus: A Commentary* (London: SCM, 1974), p. 61.
29 Childs, *Exodus*, p. 76.
30 Childs, *Exodus*, p. 76.

인 성격이 강한 사색을 하게 만들었다. 그러나 라틴어 '실체' 같은 말은 히브리어에서 먼 개념이다. 루터는 이 구절을 "나는 너희가 온전히 의지해야 할 하나님이다"로 해석했다(루터 역본의 본문은 "Ich werde sein, der ich sein werde", 곧 "나는 나일 자일 것이다"다—옮긴이). 이 본문 전체의 취지는 하나님의 자기계시를 인간이 행하는 발견과 대조하여 강조한다. 차일즈의 말을 한 번 더 인용해 본다. "하나님의 본질은 정적 존재도, 영원한 임재도 아니다. 이스라엘의 하나님은 자신의 존재를 역사의 구체적 순간 속에서 알려 주신다."[31]

출애굽기 3:14에 나오는 하나님의 자기계시가 미래성을 가진다고 강조하는 이는 차일즈만이 아니다. M. A. 그리산티(Grisanti)는 *NIDOTTE*에서 히브리어 동사 *h-y-h*(היה—옮긴이)를 철저히 논한 뒤, 이 구절에서 "나일 것이다"(I will be)는 언약에 따라 빈번히 제시하는 약속들, 가령 "내가 너희와 함께 있을 것이다"(I will be with you)와 평행을 이룬다고 결론짓는다. 모세는 비단 하나님의 정체에만 관심을 갖지 않고, 오히려 무엇보다 하나님의 **성품**에 관심을 갖는다.[32] 그리산티도 차일즈처럼 상당히 많은 문헌을 참조하여 자기 결론을 내린다.

구약성경에는 "살아 계신 하나님"이라는 문구가 빈번히 등장한다. 사무엘상 17:26에서는 "살아 계신 하나님의 군대"를 이야기하며(36절에서 같은 말을 되풀이한다), 열왕기하 19:4에서는 아시리아 왕이 "살아 계신 하나님"을 조롱한다. 여호수아는 이스라엘에게 "너희가 이로써 살아 계신 하나님이 너희 가운데 계심을 알리라"라고 말하며(수 3:10), 예레미야는 이렇게 선언한다.

여호와는 참 하나님이시요
　살아 계신 하나님이시요 영원한 왕이시라. (렘 10:10)

31　Childs, *Exodus*, p. 88.
32　M. A. Grisanti, "*h-y-h*", in *NIDOTTE* 1: pp. 1023-1025.

'살아 계신 하나님'(히브리어로 *ēl chay*)은 단지 죽은 우상이나 인간이 지은 것과 대조를 이루는 데 그치지 않는다. 성경 전체에서 나타나는 '산 물'(Living water, 生水)은 움직이는 물, 신선한 물, 샘에서 흘러나오는 물이다. 이 물은 물통이나 주전자에서 나온 정체된 물과 다르다. 보통 이스라엘 사람들은 성막을 하나님이 당신 백성과 함께 이동하시면서 계속하여 이 백성과 함께 계심을 상징하는 것으로 여겨 존중했다. 이스라엘은 "광야에서 증거의 장막(tent of testimony)을" 갖고 있었다. "이것은 하나님이 명한 대로 만든 것이었다.…그러나 그를 위하여 집을 지은 이는 솔로몬이었다. 하지만 지극히 높으신 이는 사람 손으로 지은 집에 계시지 않는다"(행 7:44-48). 대부분 그리스어로 말했던 디아스포라 유대인은 스데반이 한 말을 되풀이했을 것이다. 구름과 불기둥은 하나님이 광야에서 이스라엘과 함께 움직이시며 함께하심을 상징했다. 하나님은 특정 장소에 국한된 하나님 안에 머물러 계실 수 없었으며 그럴 수도 없다.

이것은 철학 성격이 더 강한 개념인 **유신론**과 성경에서 말하는 하나님 개념의 많은 차이점 중 하나를 보여 준다. 잠정적이나마 어떤 일반론을 제시해 본다면, 적어도 구약의 살아 계신 하나님 개념과 대비해 볼 때 '유신론'은 시간을 초월하고 추상적이며 정적일 때가 잦다. 게르하르트 폰 라트는 이렇게 썼다. "이스라엘은 추상적 시간, 구체적 사건과 단절된 시간을 생각하지 못했다. 이스라엘은 특정 사건이 없으면 시간이란 것을 도저히 상상할 수 없다는 개념을 발견했다."[33] 계속하여 폰 라트는 이스라엘의 하나님 체험 속에서 사건들은 어떤 궁극의 경험을 향해 나아간다고 말한다. 그러나 폰 라트는 유신론 안에는 "골수가 빠져 버린 어떤 종말론적 시간 개념이 여전히 살아 있다"고 암시한다.[34] 에드몽 자콥(Edmond Jacob)도 폰 라트 못지않게 같은 점을 강조한다. 그는 "삶이 야훼를 다른 신들과 구별하게 만든다"라고 썼다.[35] 그러나 프리젠

---

33 Gerhard von Rad, *Old Testament Theology*, 2 vols. (Edinburgh: Oliver and Boyd, 1962, 1965), 2: p. 100. 『구약성서신학』(분도출판사).
34 von Rad, *Old Testament Theology*, 2: p. 101.
35 Edmond Jacob, *Theology of the Old Testament* (London: Hodder and Stoughton, 1958), p. 39.

(Vriezen)은 이렇게 말한다. "불행히도 신학자들은 역사화 과정을 종종 무시해 왔다."[36]

오늘날 조직신학자 중에는 주목할 만한 예외들이 있다. 판넨베르크는 자신이 폰 라트의 역사 관념에 빚졌음을 철저히 인정한다. 그는 이렇게 썼다. "이스라엘의 역사 인식은 늘 종말을 지향했다.…이스라엘은, 약속을 토대로 그리고 역사 속에서 이루어진 모든 성취를 초월하여, 더 완전한 성취를 기대했다."[37] 덧붙여 그는 이렇게 말한다. "이스라엘의 신앙고백이…그들(곧 약속과 성취, 이스라엘과 그리스도인 공동체)을 함께 묶어 주는 하나님의 유일한 역사를 굳게 믿는다는 점은 신학적으로 아주 큰 의미가 있다."[38]

몰트만은 '유신론'을 성경에서 말하는 믿음이 취하는 접근법과 아주 다른 접근법이라고 말한다. 하지만 판넨베르크는 이런 경고를 덧붙인다. "하나님의 구속 행위는 보편적 상관성을 지닌 인간 역사의 여러 연관 속에서 일어났지, 구속사라는 어느 게토 속에서 일어나지 않았다."[39] 이를 다른 말로는, "성경 기록은…종교의 일반 진리를 다루지 않는다"로 옮길 수 있겠다.[40] 성경의 하나님은 유비할 대상이 전혀 없다. 구약성경과 신약성경 모두 우리에게 하나님의 활동을 직접 본 목격자 증언을 제공한다.

목회 관점에서 보면, 이것은 많은 흑인 교회와 오순절 교회에 널리 퍼져 있는 증언과 증인의 역할이 하나님의 실재를 일러 주는 방법으로서 철저히 유효함을 일러 준다. 그럼에도 우리는 **성경의 기록도** 하나님의 활동에 관한 **직접 증언이자 1차 증언을 제공한다**는 점을 잊지 말아야 한다. 근래 리처드 보컴(Richard Bauckham)은 공관복음에서 증인이 수행하는 1차 역할을 강조했

『구약 신학』(CH북스).
36 Th. C. Vriezen, *An Outline of Old Testament Theology* (Oxford: Balckwell, 1962), p. 13. 『구약 신학 개요』(CH북스).
37 Pannenberg, *BQT* 1: p. 23.
38 Pannenberg, *BQT* 1: p. 25.
39 Pannenberg, *BQT* 1: p. 41.
40 Pannenberg, *BQT* 1: p. 83.

다.[41] 그는 꼼꼼한 논거를 구축하면서, 베드로가 마가와 관련하여 행한 역할을 검토하고, 파피아스(Papias)가 목격 증인에 관하여 들려주는 보고를 고찰했다. 뒤에서 성례와 관련하여 제시할 주장을 미리 귀띔해 보면, 유월절은 출애굽의 구원 사건들이 늘 현재 삶 속에 생생히 살아 있는 것이 되게 하려고 제정한 것이었으며, 주의 만찬은 그리스도의 유월절 사건들이 늘 현재 삶 속에 생생히 살아 있는 것이 되게 하려고 제정한 것이었다.

4. 거룩하신 생명 수여자요 사랑을 베푸시는 창조주이신 하나님

기독교에서 제시하는 하나님에 관한 교리에서는 하나님의 거룩함, 하나님의 사랑, 은혜의 근원인 하나님의 성품을 사실상 분리할 수 없다. 이런 점은 하나님의 진노에도 어느 정도 적용된다. 내가 이전에 가르친 학생 중 하나는 우리가 하나님의 거룩함과 진노를 하나님의 사랑 및 은혜와 '균형 있게 조화시킬' 수 있는 방법이 뭔지 묻는 글을 보내 왔다. 그러나 하나님은 거룩하신 사랑으로서, 우리에게 가장 좋은 것을 베풀어 주려 하신다. 하지만 자기를 파괴하는 혹은 자기를 멸망시키는 목표에 푹 빠진 인류를 향해 쏟아 내시는 하나님의 진노조차도 무엇보다 하나님이 우리를 얼마나 많이 염려하시며 인류를 얼마나 많이 사랑하시는가를 보여 준다. 이 점은 14장에서 더 자세히 논하겠다. 요한에 따르면, 사랑과 거룩함 혹은 사랑과 진노의 큰 차이점 중 하나는 '하나님은 사랑이시다'에 아무런 조건이나 단서가 붙지 않는다는 것이다. 이 사랑은 **영원한** 사랑을 포함하나, 진노와 거룩함은 '성향'(dispositions)으로 **특정한 경우에** 분명히 드러나거나 행동으로 나타나게 된다. O. R. 존스(Jones)가 올바로 주장하듯이, 거룩함은 어떤 특질이 아니다. 그것은 어떤 상황이 벌어졌을

---

41   Richard Bauckham, *Jesus and the Eyewitnesses: The Gospels as Eyewitness Testimony* (Grand Rapids: Eerdmans, 2006).『예수와 그 목격자들』(새물결플러스).

때 "어떤 식으로 행동하는 성향"이다.[42]

'살아 계신 하나님'이 구약에서 사실상 하나님을 가리키는 칭호이듯이, '거룩하신 하나님'도 사실상 하나님께 늘 붙이는 칭호다. 호세아 11:9을 보면, 선지자가 하나님의 말씀을 이렇게 일러 준다.

나는 하나님이요 죽지 아니하며,
네 가운데 있는 거룩한 이다.

신약성경에서는 베드로가 이 용어를 그리스도께 적용한다. "당신은 하나님의 거룩하신 이입니다"(요 6:69). '거룩함'과 '거룩하다'를 가리키는 히브리어 단어는 $q\bar{a}d\bar{o}sh$와 $q\bar{a}desh$이며, 그리스어로는 $hagios$와 (동사) $hagiaz\bar{o}$다. 이것들은 평범한 것 혹은 매일 사용하는 것(히브리어로 $ch\bar{o}l$, 그리스어로 $koinos$)과 반대다. 예컨대 BDB(1980)에서는 나뉘어 있음, 따로 떨어져 있음, 혹은 신성함이라는 주제를 강조한다.[43] 프리젠은 "**완전히 타자인 분**"(the "Wholly Other One")을 제시한다.[44] 이사야가 성전에서 부름받는 모습을 담은 환상은 거룩하신 하나님께 다가가지 못한다는 점을 강조한다. "내가 본즉 주께서 높이 들린 보좌에 앉으셨는데…스랍들이 모시고 섰는데…자기의 얼굴을 가리었고…서로 불러 이르되 거룩하다 거룩하다 거룩하다 만군의 여호와여 그의 영광이 온 땅에 충만하도다 하더라. 이같이 화답하는 자의 소리로 말미암아 문지방의 터가 요동하였다"(사 6:1-4). 프리젠은 이 본문이 $q\bar{a}d\bar{o}sh$의 내용을 분명하게 보여 준다고 말한다. 그는 덧붙여, 이 본문에서는 주로 장엄함($majestas$)이나 위엄($gravitas$)에 초점을 맞추지만 다른 본문에서는 도덕이나 윤리 측면을 펼쳐 보이려 한다고 말한다. 출애굽기 15:11에서는 하나님을 일컬어 "거룩함이 장엄

---

42 O. R. Jones, *The Concept of Holiness* (London: Allen and Unwin, 1961), p. 41.
43 BDB pp. 871-874.
44 Vriezen, *Old Testament Theology*, p. 149.

하다"고 말한다. '분리'라는 관점에서 보면, 지성소는 성전에서 가장 뒤쪽에 있는 곳으로 심지어 제사장들도 드나들지 못하는 곳이다. 성전은 거기에 속한 다섯 뜰을 통해 접근과 배제를 함께 나타낸다.

자콥은 '거룩하다'를 성향의 관점에서 분석하는 오언의 견해를 몇몇 측면에서 확인해 준다. 그는 이렇게 썼다. "거룩함은 하나님의 여러 특질 중 하나가 아니다.…그것은 하나님이 독특하게 가지신 것을 표현하기 때문이다."[45] 이사야 40:25에서는 "거룩하신 이"를 하나님과 동일시한다. 그러나 자콥은 하나님의 거룩함 역시 구원 및 구출과 연결되며, 특히 언약의 맥락에서는 더 그러하다고 덧붙인다. 이사야 10:7에서는 하나님의 거룩함을 분명 하나님의 진노와 결합한다. 그러나 이미 언급했듯이, 진노는 자식이나 손자가 계속하여 자신에게 해가 되는 일에 몰두하거나 자기중심으로 행동하려 할 경우에 부모나 조부모가 분노하는 경우처럼 사랑의 부산물로 나타날 수도 있다. 무엇보다도 **거룩하신 하나님**에 관하여 이야기한다는 것은 하나님과 인류를 냉큼 혹은 쉬이 비교하기가 불가능함을 우리에게 되새겨 준다. 성경 저자들이 괜히 하나님이 범속한 곳에서 '떨어져 계심'을 강조하는 게 아니다.

거룩한 사랑은 우리에게 가장 좋은 것을 원하신다. 그 사랑이 가장 먼저 추구하는 것은 우리의 행복과 쾌락 자체가 아니라 우리의 거룩함 및 우리가 하나님과 구원의 사귐을 나눌 수 있는 능력이다. 존 힉(John Hick)은 이것이 악과 고난이라는 문제와 어떤 관련이 있는지 보여 준다. "인간 본질의 *telos*(목적)는 하나님과 나누는 사귐에 있다.…그와 반대로, 우리 인간의 본질에 닥칠 수 있는 가장 깊은 비참함은 그런 행복을 상실하고 그 대신 우리 존재의 근원에서 돌이킬 수 없을 정도로 끝없이 증가하는 멀어짐 속으로 뛰어드는 것이다."[46] 하나님은 우리가 잠시 행복하기보다 거룩하기를 훨씬 더 원하신다.

45　Jacob, *Theology of the Old Testament*, p. 86.
46　John Hick, *Evil and the God of Love* (London: Macmillan, 1966), p. 16. 『신과 인간 그리고 악의 종교 철학적 이해』(열린책들).

G. 크벨(Quell)은 '사랑'(히브리어 동사는 *āhēb*, 명사는 *'ahăbāh*, 그리스어 동사는 *agapaō*, 명사는 *agapē*)을 "자신도 모르게 일어나는, 자신을 내주도록 쫴쳐 대는 느낌"이라고 정의한다.[47] 그러나 우리는 이 정의에서 "자신도 모르게 일어나는 느낌"이라는 말에 물음을 제기할 수 있겠다. 비트겐슈타인이 늘 말하듯이, "자신도 모르게 일어나는 느낌"을 통제할 수 있는 이는 아무도 없다. 이것은 마치 "이 농담을 듣고 웃어라"라는 명령만큼이나 말이 되지 않는 소리다. 그러나 성경에는 **사랑하라는 명령**이 있다. 사랑은 **의지와 뿌리 깊은 습관에서 나오는 행동**이다. 비트겐슈타인은 이렇게 말한다. "사랑은 느낌이 아니다. 사랑은 검증을 받으나 고통은 그렇지 않다. '그것은 참 고통이 아니었어. 그렇지 않았다면 이렇게 빨리 사라지지 않았을 거야'라고 말하는 이는 아무도 없다."[48] 하지만 우리는 사랑을 놓고 그렇게 말할 수 있었다. 사랑하라는 성경의 명령은 "가서 한 여자를 사랑하라"라는 호세아 3:1에서 "너는 마음을 다하고 뜻을 다하고 힘을 다하여 네 하나님 여호와를 사랑하라"라는 신명기 6:5에 이르기까지 폭넓게 퍼져 있다. 신약에서 예수는 우리에게 주 우리 하나님을 사랑하고 우리 이웃을 우리 자신처럼 사랑하라고 독려하신다(막 12:30-31; 마 22:37-39). 크벨의 정의 중 "사랑은 자신을 내주도록 쫴쳐 대는 느낌"이라는 부분은 옳다. 사랑은 자신을 내줌을 암시한다.

하나님의 사랑을 살펴보면, 이 사랑에도 하나님이 자신을 내주심이 들어 있다. 몰트만은, 창세기에서는 하나님만이 독특하게 하시는 행동을 가리킬 때 '창조하다'라는 뜻을 가진 동사 *bārā*'를 사용한다는 점을 우리에게 되새겨 준다. 아울러 그는 세계와 우주가 "하나님의 자유의지를 통해 창조되었으며", "하나님의 본질에서 나오는 발산물"로서 창조되지 않고 "창조하시겠다는 의지에 따른 하나님의 결단에 근거하여" 창조되었음을 함께 되새겨 준다.[49] 그

47　G. Quell, "*Agapē*", in *TDNT* 1: p. 22.
48　Ludwig Wittgenstein, *Zettel* (Oxford: Blackwell, 1967), sect. 504.
49　Jürgen Moltmann, *God in Creation: A New Theology of Creation and the Spirit of God* (London: SCM, 1985), p. 75. 『창조 안에 계신 하느님』(한국신학연구소).

러나 동시에 그는 이것이 "사랑에서" 나왔으며, "이 사랑은 곧 선(善)의 자기전달을 의미한다"고 덧붙인다.[50] 몰트만은 바르트를 따라 애초부터 영광이 아니라 언약이 창조의 기초였다고 주장한다.[51] 무(無)에서의 창조(*creatio ex nihilo*)는 "전능하시고 무소부재하신 하나님이 당신의 임재를 거두시고 권능을 제약하심"을 암시한다.[52] 이는 하나님이 하나님 아닌 실재가 '들어설 자리를 만드셨기' 때문이다. 하나님은 단지 아퀴나스가 주장하듯이 "움직이지 않는 동자(動者)"가 아니라, '자기를' 깊이 '관여시켜' 창조하신 분이다. 몰트만은 하나님의 자기제약이라는 신학 전통의 근원을 니콜라우스 쿠자누스(Nicholas of Cusa), J. G. 하만(Hamann), F. 외팅어(Oetinger), 바르트, 브루너(Brunner)에게서 찾는다. 창조는 하나님이 첫 '자기 비하' 행위이며, 이런 자기 비하 행위는 그리스도의 십자가에서 절정에 이르렀다. 따라서 몰트만은 이렇게 단언한다. "하나님은 당신의 임재를 거두심으로 당신의 창조가 들어설 자리를 만드신다. 존재하게 된 것은 무(*nihil*)다." 이 무가 구속이 들어설 공간을 만든다.[53] 창조는 5장에서 더 고찰해 보겠다.

이런 점에 비춰 볼 때, **하나님이 사랑 때문에 인류를 창조하셨다**는 것이 거듭 분명해진다. **창조 때 자신을 내주신** 하나님의 행동과 **십자가에서 자신을 내주신** 하나님의 행동 사이에는 긴밀한 평행 관계가 있다. 관절염을 앓던 한 나이 든 교회 지체가 성공회 기도서(Book of Common Prayer)에 나온 "주일 감사성찬례" 때 자신은 하나님이 자신을 '보존해 주심'에 감사했지만 우리가 하나님이 우리를 지으심에 감사할 때는 조용히 있었다고 말한 일이 기억난다. 하지만 그녀는 분명 **이 둘 모두**가 하나님의 귀중한 선물임을 바로 이해하지 못했다. 둘 모두 '하나님이 우리를 사랑하시기 때문에' 이루어진 일이기 때문이다. 우선 우리의 실존과 출생, 이어 우리가 들이마시고 내뱉는 모든 숨이 똑

---

50   Moltmann, *God in Creation*, p. 77.
51   Moltmann, *God in Creation*, p. 81.
52   Moltmann, *God in Creation*, p. 87.
53   Moltmann, *God in Creation*, p. 87.

같이 하나님의 사랑으로 말미암아 주어진 선물이다.

창조는 이런 사랑을 '사서 얻거나' 공로로 얻지 못함을 증명한다. 우리가 존재하고 생명을 갖기 전에는 호의를 얻는 어떤 일도 하지 않았기 때문이다. 유명한 본문인 신명기 7:7-8에서는 하나님이 당신 백성에게 베푸시는 사랑을 설명하며 이 점을 분명히 밝힌다. "여호와께서 너희를 기뻐하시고 너희를 택하심은 너희가 다른 민족보다 수효가 많기 때문이 아니니라. 너희는 오히려 모든 민족 중에 가장 적으니라. 여호와께서 다만 너희를 사랑하심으로 말미암아." 아모스 선지자는 자기 청중에게 이를 되새겨 주었다. "내가 땅의 모든 족속 가운데 너희만을 알았나니"(암 3:2). 하나님이 이렇게 사랑을 베푸시는 이유는 오로지 측량할 수 없는 그분의 뜻 때문이다. 이것이 모든 선택 교리의 출발점이자 종착점이다. 우리는 주권자요 사랑을 베푸시는 하나님의 결단보다 더 뒤로 갈 수 없다. 이와 비슷하게, 대다수 사람은 심지어 혼인할 때도 자기가 배우자를 사랑하는 '이유'를 담은 목록을 줄이려 한다. 그들은 종종 그냥 "내가 사랑하기 때문입니다"라고 대답한다.

사람들은 종종 이런 사랑에 고상한 신학 전문 용어를 입힌다. 안데르스 뉘그렌(Anders Nygren)은 그의 고전 『아가페와 에로스』(*Agape and Eros, Eros och Agape*)에서 하나님의 사랑은 "아무런 동기가 없고, 저절로 생긴 것이며, [이전에 존재하던] 가치와 무관하다"고 주장한다. 실제로 하나님의 사랑은 "가치를 창조해 내는" 것이다. 하나님의 사랑은 한 인간이나 인류에게 가치를 **부여하기 때문이다.**[54] 대체로 뉘그렌의 논증은 옳지만, 그가 *agapē*와 *erōs*라는 단어에 올려놓은 짐을 짊어지고 있는 것은 정작 이 **단어들**이 아니라 신약성경에 나오는 이 단어들의 **용례다.**

아울러 우리는 사랑이 명백히 드러나는, 구체적이고 특별한 많은 형태를 과소평가하지 말아야 한다. C. 스피크(Spicq)는 사랑을 다룬 그의 세 권짜리

---

54   Anders Nygren, *Agape and Eros* (London: SPCK, 1957), pp. 75-81. 『아가페와 에로스』(CH북스).

작품에서 사랑이 만들어 내는 '효과' 내지 '활동'을 백 개도 넘게 열거한다.[55] 바울은 고린도전서 13:4-7에서 사랑이 만들어 내는 많은 효과를 열거한다. 이것들은 고린도에 있는 바울의 대적들이 보여 주던, 사랑과 정반대인 태도들을 은연중에 꼬집은 것이다. 이 본문이 바울이 평소에 잘 구사하지 않는 언어를 써서 리듬 있는 문체로 지어진 것으로 보아, 이 본문은 바울이 고린도에 있는 어떤 친구에게서 빌려 왔을 수도 있고 혹은 다른 본문과 따로 지은 것일 수도 있다. J. 모파트가 올바로 주장하듯이, 고린도가 잘못하고 있는 수많은 일이 이 본문이 나오게 된 근원이기 때문이다.[56] 바울은 "사랑은 시기하거나 자랑하거나 교만하지 않는다"고 썼다(4절). 이 구절과 고린도에 있는 많은 사람이 시기하고, 자랑하며, 교만하거나 무례하다고 말하는 3:4 및 8:1(참고. 11:21-22; 14:26-27)을 대조해 볼 수 있겠다. "[사랑은] 자기 방식만을 고집하지 않는다. 사랑은 쉬이 성내거나 분을 내지 않는다"(13:5. 이는 1:12-13; 3:3-4과 대조를 이루는데, 이 본문에 나오는 고린도 사람들은 자기중심이며 편 가르기를 좋아한다). 하지만 바울은 자기 독자들에게 확실한 정의를 내놓는다. **사랑은 포기하지 않는다** (13:7), **사랑은 결코 끝나지 않는다**(13:8), 사랑은 성숙과 하늘의 실존을 보여 주는 지울 수 없는 표지다(13:11-13). 뉘그렌의 말을 빌리면, 사랑은 우리에게 **새 창조**로 다가온다.

5. 은혜를 베푸시는 분이신 하나님

'은혜'라는 단어 역시 저절로 생기고, 아무 동기가 없으며, 창조를 행하게 하는 하나님의 사랑에 관하여 말한 모든 내용을 표현한다(은혜는 히브리어 명사로 *chēn*이며, 히브리어 동사 곧 '은혜를 베풀다'는 *chānan*이다. 특히 언약이라는 맥락에서

---

55 C. Spicq, *Agape in the New Testament*, 3 vols. (London and St. Louis: Herder, 1963), 2: pp. 139-181.
56 James Moffat, *Love in the New Testament* (London: Hodde and Stoughton, 1929; New York: Richard Smith, 1930), p. 182.

는 은혜를 *chesed*라 한다. 그리스어로는 *charis*다). 출애굽기 34:6-7에서는 이렇게 말한다.

> 여호와께서 그(모세)의 앞으로 지나시며 선포하시되,
> "여호와라 여호와라.
> 자비롭고 은혜롭고
> 노하기를 더디하고
> 인자와 진실이 많은 하나님이라.
> 인자를 천대까지 베풀며
> 악을 용서하리라."

출애굽기 33:19, 곧 "나는 은혜 베풀 자에게 은혜를 베풀고 긍휼히 여길 자에게 긍휼을 베푸느니라"는 하나님께 받을 자격이 없는데도 받은 사랑과 선택 사이에 긴밀한 연관이 있음을 분명히 보여 준다. 두 본문에서는 히브리어 *chānan*과 *chesed*를 사용한다. 구약성경에는 히브리어 *chēn*이 67회 정도 등장하는데, 이는 '은혜'나 '호의'를 뜻한다.[57] 그러나 종종 '사랑이 담긴 친절'로 번역하는 *chesed*는 *chēn*과 같은 의미와 결합할 수 있으며, 언약 맥락에서는 특히 더 그렇다. 시편에서는 *chesed*가 *chēn*보다 훨씬 많이 나오는데, 127회나 등장한다. 시편의 시인은 이렇게 기도한다. "당신의 견고한 사랑(*chesed*)을 따라 나를 구하소서"(시 109:26).

신약성경에서는 *charis*를 종종 사용한다. 요한은 말씀(*Logos*)이신 예수 그리스도를 "은혜와 진리가 충만한 분"이라고 말한다(요 1:14). 요한은 이렇게 말한다. "우리가 다 그의 충만한 데서 받으니 은혜 위에 은혜러라(그리스어로 *charin anti charitos*, 곧 은혜 위에 쌓인 은혜, 혹은 한량없는 은혜)"(요 1:16). 은혜는

---

[57] D. N. Freedman and J. R. Lundbom, "*Chēn*", in *TDOT* 5: p. 24.

첫 세 복음서에 나오는 이 비유들, 즉 포도밭 일꾼 비유(마 20:1-16), 바리새인과 세리 비유(눅 18:9-14), 탕자 비유(눅 15:11-32)의 주제이기도 하다. 첫 비유를 보면, 군중이 화를 낸다. 낮부터 뙤약볕에서 종일 일한 이들과 열한 시에 일을 시작하여 서늘한 해름 참에 일한 이들에게 모두 똑같이 하루 품삯을 준 고용주가 '옳지 않다' 혹은 '불공정하다'고 생각했기 때문이다. 군중은 이런 불공정함을 뼛속 깊이 느낀다. 에른스트 푹스는 이런 점 때문에 예수의 방식이 "생명력 없는 은혜 설교"보다 훨씬 효과가 있다고 주장했다. 이 비유의 내러티브 세계에서는 **은혜와 관용**이 '공정함'과 인간의 기대를 **가려 버린다.** 예수의 말씀은 "개인을 콕 집어 그 마음 깊은 곳까지 꿰뚫어 보신다."[58] 누가복음 18:9-14에서는 **은혜**가 청중의 기대를 뒤집어 버린다. 청중은 바리새인의 경건이 보상을 받으리라고 예상했을 것이다. 그러나 결국 "하나님이여, 불쌍히 여기소서. 나는 죄인이로소이다"라는 세리의 간구는 사람들이 예상했던 정의가 아니라 은혜를 부른다. 이전에 내가 가르쳤던 한 학생은 아일랜드 회중 앞에서 이 비유에 나오는 각각의 역할에 해당하는 이로 가톨릭 사제와 오렌지 당원(북아일랜드 신교도—옮긴이)이라는 인물을 사용했다가 거의 린치를 당할 뻔했다.[59] 탕자 비유는 맏아들이 자신의 '권리'에 관하여 가지는 기대와 사람들이 추정하는 정의를 아버지가 작은 아들에게 베푸는 은혜 및 관용과 비교한다.

은혜를 특히 잘 보여 주는 일이 하나님이 바울에게 사명을 맡기신 것이다. 바울 자신이 말하듯이, 그는 "[내가] 하나님의 교회를 박해하였으므로 사도라 칭함 받기를 감당하지 못할 자니라. 그러나 내가 나 된 것은 하나님의 은혜로 된 것"(고전 15:9-10)임을 늘 잘 알았다. 따라서 다시 말하지만, 은혜는 **순전히 받을 자격도 없고 내세울 공로도 없는 이에게 거저 베푸는 사랑으로, 하나님의 주권적 의지에서 나온다.** 이것이 바로 바울이 "내가 나기 전에…그의 은

---

58 Ernst Fuchs, *Studies of the Historical Jesus* (London: SCM, 1964), pp. 33-37.
59 더 나아가 Anthony C. Thiselton, *The Two Horizons: New Testament Hermeneutics and Philosophical Description* (Grand Rapids: Eerdmans; Carlisle: Paternoster, 1980), pp. 12-17를 읽어 보라.

혜로" 자기가 부르심을 받았다고 강조하는 이유다(갈 1:15). 마찬가지로 바울은 고린도의 그리스도인들에게 이렇게 물었다. "네게 있는 것 중에 받지 아니한 것이 무엇이냐? 네가 받았은즉 어찌하여 받지 아니한 것 같이 자랑하느냐?" (고전 4:7) 로마서 4:16에서는 "약속은 은혜에 [의존한다]"고 말한다. '은사'(free gift, NRSV)라 번역하는 하나님의 *charisma*는 죄의 '삯'(*opsōnia*)과 대조를 이룬다. 바울은 아이러니하게도 "죄의 삯"을 행위에 따른 합당한 보상이라고 이야기한다(롬 6:23). 마지막으로 에베소서 2:8-9에서는 이렇게 말한다. "너희는 그 은혜에 의하여…구원을 받았으니 이것은 너희 자신이 행한 일이 아니요 하나님의 선물이라. 행위에서 난 것이 아니니 이는 누구든지 자랑하지 못하게 함이라."

은혜의 경우에는 하나님의 **사랑**이 가진 따뜻함과 인격적 본질이 더 '신학적'이 되어 버리는 것처럼, 다시 말해 더 추상성을 띠는 것처럼 보이는데 이는 불행한 일이다. 올리버 데이비스(Oliver Davies)는 하나님의 긍휼(히브리어로 *r-ch-m*, 그리스어로 *splanchna*)을 검토하여 사랑이라는 개념을 설명한다.[60] 사랑과 은혜는 융합한다. 빈센트 브뤼머는 이렇게 결론짓는다. "나는 당신의 이익을 나 자신의 이익으로 여김으로써 나와 당신을 동일시한다. 당신을 이롭게 하는 헌신은 무조건이다. 이는 곧 내가 당신의 이익에 이바지할 때 당신도 그 답례로 내 이익에 이바지할 것을 조건으로 삼지 않는다는 뜻이다."[61] 한스 큉은 하나님이 나를 "구속을 베푸시는 사랑으로서, 예수 안에서 자신을 나와 동일시하신 하나님, 내게 사랑을 요구하지 않고 오로지 사랑을 주시는 하나님, 즉 **그 자신이 전부 사랑이신 하나님**으로서" 만나실 때, 하나님의 사랑이 예수의 고난 속에 자리한 새 빛으로 등장한다고 주장한다.[62] 마지막 세 인

---

60 Oliver Davies, *The Theology of Compassion: Metaphysics of Difference and the Renewal of Tradition* (London: SCM, 2001), pp. 240-249.
61 Vincent Brümmer, *The Model of Love: A Study in Philosophical Theology* (Cambridge: CUP, 1993), p. 239. 『사랑의 모델』(SFC출판부).
62 Hans Küng, *Does God Exist? An Answer for Today* (New York and London: Collins, 1980), p.

용문 가운데 바로 여기서는 은혜가 사랑과 융합하며, 사랑보다 차갑거나 멀리 떨어져 있지 않다. 은혜는 하나님이 사랑으로 인류를 향해 품고 계신 목적들을 이끌어 간다.

분명 은혜를 다룬 교리의 역사는 복잡해지고 때로는 장황하게 꼬인다. 아우구스티누스는 펠라기우스(Pelagius)에게 자극을 받아 '저항할 수 없는' 은혜에 관하여 썼고, 토마스 아퀴나스는 '주입된' 은혜를 이야기한다. 반면 '은혜'는 더 넓게 사용해야 할 단어다. 미로슬라브 볼프(Miroslav Volf)는 은혜를 다룬 그의 책에 『베풂과 용서』(*Free of Charge: Giving and Forgiving in a Culture Stripped of Grace*)라는 제목을 붙였다.[63] 그럼에도 아우구스티누스의 목표는 하나님이 만유이심을, 곧 그리스도인의 삶이 시작할 때부터 마칠 때까지 모든 것이 하나님에게서 나옴을 보여 주는 것이었다. 그가 펠라기우스에게 분개한 점은 펠라기우스가 어떤 식으로든 인간이 만물의 존재를 바로잡는 데 '기여'한다고 예상한 점이었다. 아우구스티누스는 사람이 단순히 최선을 다한다고 죄를 적절히 처리할 수 있는 것은 아니라고 주장했다. 하지만 그런 그도 펠라기우스의 경건과 도덕적 정결, 성실함만은 인정했다.

아우구스티누스의 말 가운데 많은 이를 당혹케 하는 유명한 말이 있다. "하나님, 당신이 명령하시는 것을 제게 주시고, 당신이 뜻하시는 것을 명령하소서."[64] 그러나 이것은 은혜에 관하여 동방 교회나 서방 교회에서 주로 제시하는 견해와 충돌하지 않는다. 요한 크리소스토모스(John Chrysostom)는 그리스도인의 삶에 존재하는 모든 것을 은혜의 역사요 심지어 하나님의 법이라고 보았다. 그는 이렇게 썼다. "이는 우리가 무에서 창조된 것 자체는 물론 법에 속한 것 자체가 은혜의 역사였기 때문이다.…하나님의 은혜는 모든 곳에

---

695. 『신은 존재하는가』(분도출판사).

[63] Miroslav Volf, *Free of Charge: Giving and Forgiving in a Culture Stripped of Grace* (Grand Rapids: Zondervan, 2005). 『베풂과 용서』(복있는사람).

[64] Augustine, *On the Spirit and the Letter* 22.13; *NPNF*, ser. 1, 5: p. 92. 『성령과 문자』(한들출판사).

서 앞서 있다."⁶⁵ 아우구스티누스 및 다른 이들도 "앞서 있는 은혜"라는 말을 사용했는데, 이를 가리키는 신학 명사가 "선행(先行) 은혜"다. 닛사의 그레고리오스(?330-395)는 하나님의 은혜가 "선하고 공정한 모든 것의" 근원이라고 말한다(On the Holy Spirit 23). 은혜는 사실상 성령의 역사와 같다.⁶⁶ 바실레이오스(?330-379)도 "모든 것은 성령을 통해 이루어진다"고 쓰면서, "하나님이 불어넣으신 숨에서 나온 은혜"⁶⁷를 복원한다.

교부들의 이런 말에 비춰 볼 때, 토마스 아퀴나스(1225-1274)가 "주입된 은혜"를 이야기한 것은 놀라운 일이 아니다. 그러나 이런 견해에는 한 가지 문제가 있다. 하나님이 은혜를 베푸시는 행위는 늘 새롭게 갱신되는데도 요한, 바울, 아우구스티누스는 은혜를 종종 뭔가를 주도하는 단일 행위로 인식한다는 점이 바로 그것이다. 불트만은 신약성경에 나오는 은혜를 한 "사건", 곧 그리스도 안에서 나타난 하나님의 사랑과 같은 것으로 여겼다.⁶⁸ 아퀴나스 역시 가끔은 은혜를 지식이나 계시의 관점에서 이야기하면서도, 바울이 로마서 9:16에서 한 말을 인용한다. "원하는 자로 말미암음도 아니요…오직 긍휼히 여기시는 하나님으로 말미암음이니라."⁶⁹ 아울러 그는 아우구스티누스를 인용한다. "은혜가 없으면 인간은 생각할 때나 바랄 때나 사랑할 때나 행동할 때 선한 일을 전혀 하지 못한다." 그는 같은 글에서 "주입된 미덕"을 이야기하면서, "인간의 본질 전체가 죄 때문에 타락하지는 않았다"고 주장한다. 이런 말은 칼뱅(Calvin)이 하는 말과 다르며, 아우구스티누스가 하는 말과 비교해 봐도 일부 다르다. 그러나 그는 더 나아가 이런 아우구스티누스의 말도 인용한다. "인간의 의지는 하나님의 은혜로 말미암아 준비되어야 한다."⁷⁰ 게다가 그

---

65 Chrysostom, *Homily on John*; *NPNF*, ser. 1, 14: p. 49.
66 Gregory of Nyssa, *On the Holy Spirit*; *NPNF*, ser. 2, 5: p. 328.
67 Basil, *On the Holy Spirit* 16.39; *NPNF*, ser. 2, 8: p. 25. 『성령에 관하여』(올리브나무).
68 Rudolf Bultmann, *Theology of the New Testament*, vol. 1 (London: SCM, 1952), pp. 288-292. 『신약성서신학』(성광문화사).
69 Aquinas, *Summa* II/I, qu. 109, art. 2.
70 Aquinas, *Summa* II/I, qu. 109, art. 5, 답.

는 하나님의 은혜가 없으면 인간이 죄의 노예인 처지에서 벗어나지 못한다는 아우구스티누스의 말도 인용한다.

루터는 '은혜'가 대중이 점점 더 이해하지 못하는 용어가 되어 간다는 것을 깨달았다. 그래서 그는 종종 은혜를 "하나님의 호의", "하나님의 친절", "하나님이 값없이 베푸시는 친절", 혹은 "하나님의 은혜로운 능력"으로 바꿔 쓴다. 그러나 그도 은혜를 하나님이 믿음을 통해 베풀어 주시는 그리스도의 의라는 선물과 같다고 보았다. 그는 이렇게 강조했다. "인간을 의롭다 하시는 하나님의 은혜가 없으면 하나님은 인간을 받아들이시지 못한다."[71] 은혜는 늘 하나님을 기쁘게 해 드릴 수 있는 가능성의 기초가 된다. "하나님의 은혜가 없으면 의지는 악하고 그릇된 행동을 만들어 낼 수밖에 없다."[72] 루터는 그의 분명한 논박에서 은혜가 "하나님의 호의"임을 강조하면서, 그 자신이 은혜를 "영혼의 특질"로 바꿔 놓았다고 인식했던 둔스 스코투스(Duns Scotus)와 오컴의 윌리엄(William of Ockham)을 반박했다. 은혜는 단번에 하나님께 돌아갈 수 있게 해 준다. 루터는 은혜가 일부씩 "분할 제공"된다는 관념을 거부했다.[73]

칼뱅은 루터보다 훨씬 더 강하게 은혜를 강조했다. 그는 에베소서 2:10을 인용하며 이렇게 강조한다. "의지 속에 있는 모든 선한 것은 전부 은혜의 결과물이다."[74] 거꾸로 이렇게 말하기도 한다. "의지가 죄의 노예로 묶여 있을 때는 선을 향해 나아가지 못한다."[75] 자랑의 근거가 될 수 있는 것은 아무것도 없다. 칼뱅은 특히 견인(堅忍)하게 하시는 은혜에 주목한다. "견인은 틀림없이 하나님이 은혜로 베풀어 주신 선물로 여겨졌을 것이다."[76] 그는 이 대목에서 이런 말

---

71 Luther, *Disputation against Scholastic Theology* 56.
72 Luther, *Disputation against Scholastic Theology* 7.
73 Heinrich Hermelink, "Grace in the Theology of the Reformers", in *The Doctrine of Grace*, ed. William Thomas Whitley (Edinburgh and London: Oliver and Boyd, 1948), p. 180; 참고. pp. 176-227.
74 Calvin, *Institutes* 2.3.6. 『기독교 강요』(CH북스).
75 Calvin, *Institutes* 2.3.5.
76 Calvin, *Institutes* 2.3.11.

을 덧붙인다. "의지에는 자기 것이라고 속여 주장할 수 있는 것이 아무것도 없다." 칼뱅은 "모든 것이 하나님에게서 나온다"는 것을 인정하는 아우구스티누스의 관심사를 공유하면서, 특히 "인간 의지의 박약함"에 주목한다.[77] 칼뱅의 주장에 한 가지 모호한 점이 있다면 아마도 그가 한편으로는 모든 사람을 지탱해 주시는 하나님의 "일반 은혜"를 이야기하면서도 다른 한편으로는 "하나님의 은혜는 모든 사람에게 주어지지 않는다"고 썼다는 점일 것이다. 후자는 십중팔구 '특별' 은혜 혹은 '구원을 베푸시는' 은혜를 가리킬 것이다. 분명 E. 수아지(Choisy)는 세상에 미치는 '일반 은혜'와 신자들 가운데 미치는 '특별 은혜'를 꼼꼼히 구분했다.[78]

동방 정교회에서는 은혜를 특히 성례의 작용 속에서 바라본다. 사람들은 이런 견해가 요한 크리소스토모스, 바실레이오스, 닛사의 그레고리오스, 알렉산드리아의 키릴로스(Cyril of Alexandria)를 포함한 동방 교회 교부들의 전통 속에 자리해 있다고 주장한다. 이런 견해는 사랑을 표현한 언어보다 덜 '인격적'으로 보일지도 모르겠다. 그러나 감리교 사상에서는 은혜와 사랑이 더 긴밀하게 결합한다. 존 웨슬리(John Wesley)는 값없는 은혜에 관하여 설교하면서, "자기 아들을 아끼지 아니하시고 우리 모든 사람을 위하여 내주신 이가 어찌 그 아들과 함께 모든 것을 우리에게 주시지 아니하겠느냐?"라는 로마서 8:32 본문을 자기 사상의 근거로 삼았다. 웨슬리는 하나님의 은혜와 사랑이 "우리에게 모든 것을 주신다"고 단언했다. 분명 19세기에 들어오면 슐라이어마허는 은혜를 더 인격적 언어로 표현하는 입장에서 멀어지는데, 이는 아마도 신인동형 언어를 사용하는 데 따른 두려움도 한 이유였던 것 같다. 자유주의에서는 더 약한 은혜 교리를 제시했다. 죄와 관련하여 더 약한 교리를 취하기 때문이다. 그러나 이런 움직임은 우리가 바울, 아우구스티누스, 루터, 그리고 실은 공관복음에서도 떠나가게 만들었다. 우리는 예수가 말씀하신 몇몇

---

77 Calvin, *Institutes* 2.3.13.
78 Eugène Choisy, "Calvin's Conception of Grace", in *The Doctrine of Grace*, pp. 228-234.

비유, 특히 포도밭 일꾼 비유, 바리새인과 세리 비유, 탕자 비유를 곱씹어 봐야 비로소 사랑이 은혜에서 나오며 은혜가 사랑에서 나옴을 알 수 있다. 모든 좋은 선물은 하나님에게서 나온다. 하나님이 우리를 사랑하시기 때문이다. 하나님의 목적은 사랑이다. 그 목적을 이끌고 지탱하는 것이 하나님의 은혜이기 때문이다.

3장

하나님과 세계

1. 사랑의 하나님과 악이라는 문제

목회에서 악과 고난이라는 문제만큼 민감한 문제는 거의 없다. 하나님이 주권자요 사랑을 베푸시는 분이라면, 어찌하여 이 세상에서 악과 고난이 일어나게 허용하시는가? 비극이나 고난이 삶을 엄습하면 "왜 나한테 이런 일이 생깁니까?"라고 절규하지만, 정작 삶에 건강과 번성의 복이 넘칠 때 "우리가 이런 것을 받을 자격이 있나요?"라고 묻지는 않는 것이 인간 본성 중 일부 같다. 어떤 이들은 우리가 선이라는 문제를 물을 때만 악이라는 문제를 다룰 수 있다고 주장한다. 앞 장에서는 이 문제를 '은혜'와 '사랑'이라는 제목 아래 많이 논했다. 때로는 기독교 목회의 관점에서 악과 선에 관한 경험들에 한 '대답'을 제시하기도 한다. 일부 사람들은 악이란 개인이 받는 벌이요 선이란 개인이 받는 보상이라고 주장한다. 그러나 이것은 우리가 하나님의 사랑 및 순전한 은혜에 관하여 언급한 내용을 깎아내리는 주장일 것이다. 이런 대답은 실로암 망대가 무너지는 바람에 숨진 사람들을 두고 예수가 하신 대답에도 어긋난다(눅 13:2-5). 아울러 이런 대답은 그리스도인답지 않은 '자랑'을 부추길 뿐이다. 욥기에서는 욥의 고난이 그의 죄책에 비례하여 혹은 심지어 그도 모르는 죄에 비례하여 주어진 것이라는 주장을 무시한다.

성경의 내용은 욥기, 전도서, 시편에서 예수의 고난과 죽음에 이르기까지 깊은 고난 체험을 보여 주는 몇몇 사례를 우리에게 제시한다. 욥은 아이러니하게도 "비참한 처지에 있는 자…영혼이 아픈 자, 곧 죽기를 바라는 자에게" 생명이 선물로 주어졌음을 곱씹는다(욥 3:20-21). 전도서 저자는 "내가 사는 것을 미워했다"고 시인한다(전 2:17). 시편의 시인은 이렇게 말한다. "사망의 줄이 나를 두르고…내가 환난과 슬픔을 만났을 때에"(시 116:3). 예수는 "나의 하나님, 나의 하나님, 어찌하여 나를 버리셨나이까?"라고 소리쳤다(막 15:34). 빈센트 브뤼머는, 이런 상황이 닥쳤을 때 아무 생각 없이 그냥 예로부터 학자들이 악이라는 문제에 제시한 "답변들"을 갖고 이런 상황에 대응하는 것은 "목회자로서 민감하지 못한 일"이라고 말한다.

그럼에도, 기독교 신학자들은 이 문제가 사실은 하나님의 사랑과 선하심을 손상하지도 않고 하나님의 주권과 전능하심을 손상하지도 않는다는 것을 보여 주는 데 늘 관심을 기울여 왔다. 그러나 여기에는 딜레마가 있다. 이런 딜레마를 맨 처음 공식으로 정립한 이들 가운데 하나가 그리스 철학자 에피쿠로스(Epicurus, 기원전 341-271)지만, 보통 이 딜레마는 데이비드 흄(David Hume, 1711-1776)에게서 빌려 온 형태로 표현하곤 한다. 흄은 이렇게 묻는다. "(하나님은) 악을 막으려는 의지는 갖고 있는데 못 막으시는 건가? 그렇다면 하나님은 무능하다. 하나님은 막으실 수 있는데 일부러 막지 않으시는가? 그렇다면 하나님은 악의를 지닌 분이다. 하나님은 막으실 수도 있고 막을 의지도 갖고 계신가? 그렇다면 왜 악이 존재하는가?"[1] 성경에서는 어쩌면 우리가 생각하는 하나님의 전능과 사랑이라는 개념을 깎아서 무너뜨리든지 철저히 제약하든지, 그렇지 않으려면 악의 처참한 본질을 제약해야 한다고 주장하는 건지도 모른다. 이슬람교와 유대교도 그렇지만, 분명 기독교에서도 이 문제를 어떤 이

---

1   David Hume, *Dialogue concerning Natural Religion* (New York: Harper, 1948; orig. 1779), part 10, 66. 『자연종교에 관한 대화』(나남출판).

원론적 세계관에 맡겨 처리할 수는 없다. 그런 세계관에서는 악이 마치 영지주의에서 말하는 '데미우르고스'(Demiurge)나 또 다른 하나님처럼 선에 맞서는 어떤 세력에게서 나왔다는 식으로 얼버무리기 때문이다. 목회의 관점에서 볼 때, 악을 사탄 탓으로 돌리며 사탄은 마치 하나님의 통제 아래 있지 않은 것처럼 시사하는 것은 이 문제를 해결하지 못한다. 사탄이 하나님 통제 아래 있지 않다면, '유일신론'은 유일신론을 의미하지 못할 것이다. 어쩌면 플라톤 사상이나 신플라톤주의에는 그런 암시가 있을지 모르나, 악이 어쨌든 물질이나 물질세계 자체에서 생겨났다는 암시는 전혀 없다.

하지만 '하나님의 주권'에 따를 수밖에 없는 것이 무엇인지 정의하는 것은 중요하다. 리처드 스윈번(1934-)이 강조하듯이, 분명 하나님의 주권은 **논리상** 자기모순인 행동을 촉진할 수가 없다. 하나님은 (경험상이 아니라 **논리상**) 사각형인 원을 만드실 '수 없고', 거짓말을 하시지 못하며, 과거를 바꾸시지 못한다.[2] 나는 이전에 독실한 신자들이 어떤 사건이 '일어날 수 있기를' 기도하던 기도회에 참석한 적이 있다. 하나님은 거짓말을 '하시지 못한다.' 거짓말을 하실 수 있다면 이는 신실하고 참된 하나님 자신의 성품이 부과한 제약과 모순을 빚기 때문이다. (뒤에서 정의한) 이신론자의 관점에 비춰 보면, 하나님은 자연계의 의학적 상태와 관련된 '법칙'이나 규칙성에 간섭하실 '수 없다.' 그러나 그리스도의 부활처럼, 특별한 경우에는 보통 사람들이 예견하는 법칙을 바꿀 목적으로 일어나는 사건들이 있다. 따라서 식견이 있는 대다수 그리스도인은 하나님이 이런 자연 규칙을 바꾸시지 **못한다**고 주장하지 않고, 다만 **보통 때는** 그리하시지 않는 쪽을 택하신다고 주장할 것이다. 기적에 관한 토론은 별개 사안이지만, 이런 기적 역시 하나님 나라의 완성 혹은 미완성, 곧 하나님 나라가 현재의 나라 혹은 미래의 나라라는 것은 무슨 의미인가라는 문제와 큰 관련이 있다. 만일 예수의 메시지로 보건대 하나님 나라가 여전히 완성되어 가

---

2   Richard Swinburne, *The Coherence of Theism* (Oxford: Clarendon, 1977), pp. 149-158.

는 과정에 있다면, 오스카 쿨만(Oscar Cullmann)이 주장했듯이 현재 "그리스도인은…여전히 죽는다."³

이런 의학 관련 사례 혹은 치료 사례는 자연적 악(natural evil)과 도덕적 악(moral evil) 사이에 큰 차이가 있음을 우리에게 되새겨 준다. 자연적 악은 세계에서 일어나는 여러 자연 과정에서 발생한다. 도덕적 악은 인간 의지에 따른 행동을 통해 어떤 행위 과정을 시작하려는 결정에서 발생한다. J. S. 밀(Mill)은 이렇게 썼다. "인간이 서로에게 행한 일 때문에 교수형을 당하거나 옥에 갇히는 일들은 거의 전부 자연에서 매일 벌어지는 일이다."⁴ 이것은 과장일 수도 있고 과장이 아닐 수도 있다. 그러나 50년 전에는 "사실과 믿음"(Fact and Faith) 필름들이 보통 자연 속에 들어 있는 하나님의 목적을 상세히 전하는 메시지를 보여 주곤 했지만[〈꿀벌의 도시〉(City of the Bees) 같은 것이 그런 예다], 오늘날 데이비드 애튼버러(David Attenborough)가 만든 필름 같은 것들은 하나같이 다른 것들을 먹이로 잡아먹는 새와 짐승과 곤충을 보여 줄 뿐이다. 알프레드 로드 테니슨(Alfred Lord Tennyson, 1809-1892)은, 인간은 하나님을 사랑이라 믿지만 "자연은 이와 발톱이 붉게 물든 채…인간의 신앙고백에 맞서 비명을 질렀다"고 썼다[테니슨이 친구 아서 헨리 할람(Arthur Henry Hallam)을 기려 쓴 "A. H. H.를 기리며"(In Memoriam A. H. H.)에 있는 시구다 — 옮긴이].

사람들은 이 문제에 몇몇 '대답'을 제시했다. 가톨릭 신비주의자인 시몬 베유(Simone Weil, 1909-1943)는 바다에서 일어나는 폭풍의 거칠고 컴컴한 아름다움을 기뻐하면서도, 이런 폭풍이 배를 난파시킬 수 있음을 인정했다. 아우구스티누스와 토마스 아퀴나스는 아서 러브조이(Arthur Lovejoy)가 "충만의 원리"라 불렀던 것을 더 고전적 철학 형태로 원용했다.⁵

---

3 Oscar Cullmann, *Christ and Time: The Primitive Christian Conception of Time and History* (London: SCM, 1951), pp. 69-93. 『그리스도와 시간』(나단출판사).

4 John Stuart Mill, *Three Essays on Religion* (London: Longman Green, 1875), p. 28. 『종교에 대하여』(책세상).

5 Arthur Lovejoy, *The Great Chain of Being: A Study of the History of an Idea* (Cambridge:

러브조이는 창조된 우주가 가장 높은 단계의 피조물에서 가장 낮은 단계의 피조물에 이르기까지 지극히 다양한 피조물을 담고 있으며, 이것이 오직 더 높은 단계의 피조물로만 이루어진 우주보다 풍성하고 낫다고 주장했다. 아우구스티누스는 이렇게 물었다. "무엇이 불보다 아름다우랴? 무엇이 열과 안락함보다 쓸모가 있으랴?…그러나 불이 입힌 화상보다 큰 고통을 안겨 줄 수 있는 것은 없다."[6] 이런 의미에서 보면, '다름'이 악의 뿌리일 수 있다. 마찬가지로 토마스 아퀴나스는 이렇게 단언했다. "하나님의 지혜가 사물을 구별한 원인이요…사물을 똑같지 않게 만든 원인이다.…종(種)은 등급에 따라 정돈된 것 같다."[7] 그는 이것을 보여 주는 예가 창세기 1:4, 7에서 하나님이 빛과 어둠을 '나누셨을' 때라고 주장했다.

아퀴나스는 계속하여 "서로 반대인 것은 자신과 반대인 것을 통해 알려진다"고 주장했다.[8] 어둠은 빛을 통해 알려지고, 악은 선에 비춰 알게 된다. 태양은 밝은 언덕 꼭대기와 어두운 골짜기를 모두 비춘다. 이어 그는 아우구스티누스를 인용하여 "악은 오직 선 안에만 존재한다"고 말한다.[9] 악은 선은 전혀 파괴하지 못하고, 도리어 전체의 선에 이바지한다. 그는 다시 아우구스티누스를 인용한다. "선을 제외하면 악의 근원일 수 있는 것이 없다."[10] 우리 우주는 빛과 그늘, 삶과 죽음을 즐긴다.[11] 이는 다시 고트프리트 라이프니츠(Gottfried Leibniz, 1646-1716)의 주장과 연결된다. 라이프니츠는 일련의 논리적 삼단 논법 관점에서 바라본 신정론을 만들어 냈다.[12] 그는 하나님이 "존재할 수 있는 세계 가운데 가장 좋은 세계"를 창조하셨다고 결론지었다.

    Harvard University Press, 1936). 『존재의 대연쇄』(탐구당).
6 Augustine, *City of God* 12.4. 『신국론』(분도출판사).
7 Aquinas, *Summa* I, qu. 47, art. 2, 답.
8 Aquinas, *Summa* I, qu. 48, art. 1.
9 Aquinas, *Summa* I, qu. 48, art. 3, 답, Augustine, *Enchiridon* 14를 인용한다.
10 Aquinas, *Summa* I, qu. 49, art. 1, Augustine, *Against Julian* 1.9를 인용한다.
11 Aquinas, *Summa* I, qu. 49, art. 2.
12 Gottfried W. Leibniz, *Theodicy: Essays on the Goodness of God, the Freedom of Man, and the Origin of Evil* (London: Routledge, Kegan Paul, 1952). 『변신론』(아카넷).

이는 때로 쓸데없이 하나님의 전능성을 억누르는 것처럼 보일 수도 있는 한 논증과 관련이 있다. J. S. 밀은 이렇게 썼다. "우주를 지으신 이는 여러 제약 아래에서 일하셨으며…자신의 의지와 상관없는 여러 조건을 따르실 수밖에 없었다."[13] 에드거 S. 브라이트먼(Edgar S. Brightman, 1884-1953)도 밀을 따라 "유한한 하나님"을 이야기했다.[14] 20세기에 윌리엄 H. 밴스톤(William H. Vanstone, 1923-1999)은 하나님을 자신이 가진 재료의 "성질 및 한계와 동행할" 수밖에 없는 예술가에 비유했다.[15] 아우구스티누스와 칼뱅이라면 하나님의 주권을 이렇게 보는 견해를 결코 주장하지 않았을 것이다. 그럼에도 이 접근법, 특히 밴스톤이 취하는 접근법은 무엇보다도 하나님의 사랑이 지닌 '값진' 본질을 꿰뚫어 볼 수 있는 통찰을 제시하기 때문에 많은 이가 악과 고난이라는 문제를 마주할 수 있게 도와주었다.

아우구스티누스, 아퀴나스, 칼뱅은 **도덕적** 악이라는 문제를 대담하게 다루면서, 이 악과 연관된 죄라는 속박과 인간의 곤경을 특별히 강조했다. 아우구스티누스와 아퀴나스는 철학자들이 '자유의지 변호 논증'이라 부르는 것을 펼쳤는데, 여기서는 악이 생길 수 있는 가능성을 무언가를 선택할 수 있는 인간의 자유와 결합시킨다. 아우구스티누스는 악이 "자아가 욕심에 빠져 지극히 높은 선에서 자기 의지로 돌아섬으로 말미암아" 생겼으며 "의지가 지닌 흠이 악"이라고 보았다.[16] 그는 『고백록』(*Confessions*)에서 이를 자신의 삶과 연계하여 강력하게 설명했다. 그는 "자아의 의지"가 악을 만들어 내고 악은 "이기심에서 생겨나며 이기심은 싸움과 경쟁을 만들어 낸다"고 말했다. 그는 심지어 어린이도 "누군가가 자신에게 순종하길 바라는 소원"을 갖고 있다고 말했다.[17]

---

13 Mill, *Three Essays on Religion*.
14 Edgar Brightman, *A Philosophy of Religion* (New York: Skeffington and Prentice-Hall, 1940), pp. 157-158.
15 W. H. Vanstone, *Love's Endeavour, Love's Expense: The Response of Being to the Love of God* (London: DLT, 2007; orig. 1977).
16 Augustine, *City of God* 12.7.
17 Augustine, *Confessions* 1.6.8.

하나님이 주신 선물이 선하다고 가정한다면, 악은 우리가 그것들을 잘못 사용할 때 생긴다. 마니교도들이 주장한 것과 달리, 분명 악은 그 자체로 좋은 힘도, 좋은 실체도 아니다. 모든 창조는 선하나, 인류는 창조를 악용할 수 있으며 그 기능과 목적을 오해할 수도 있다. 아우구스티누스는 이렇게 썼다. "악한 의지(라틴어로 *improba voluntas*)는 모든 악의 원인이다."[18] 아우구스티누스는 『고백록』에서 이렇게 단언했다. "자유의지는 우리가 악을 행하는 원인이요… 당신[하나님]의 정의로운 심판은 악을 행함에 따른 결과를 감내해야 할 원인입니다."[19] 아울러 그는 이렇게 회고했다. "나는 (나) 자신의 의지로 어긋난 길로 나아갔으며 잘못에 빠졌습니다."[20] 인류는 그 자신의 사사로운 이익을 하나님의 의지에서 나온 가장 고귀한 선과 바꿔 버린다.

분명 이것은 인간의 자유가 악의 원인임을 암시하는 게 아니라, 다만 **생길 수 있는** 악의 원인임을 암시할 뿐이다. 인류가 자유의사로 죄를 짓는다면, 도덕적 악도 불가피할 **수 있다**. 그렇지 않다면 하나님은 (이론상) 로봇 같은 인간을 만들어 이 인간이 늘 **오직** 올바른 것이나 선한 것만 선택하게 프로그램을 입력하셔야 할 것이다. 아퀴나스도 이런 논증을 인정했다. 악은 그 자신만의 독특한 인과 관계를 갖지 않는다. 아퀴나스는 성육신의 필연성을 다루면서 이렇게 썼다. "하나님은 악에서 더 큰 선이 생겨나게끔 악이 발생하게 허용하신다. 그러기에 성경에서는 '죄가 더한 곳에 은혜가 더욱 넘쳤나니'라고 기록한다(롬 5:20)."[21] 그도 아우구스티누스를 인용하여 이렇게 말했다. "오 행복한 잘못이여. 그토록 큰 구속주를 얻을 만하도다."[22]

---

18 Augustine, *On Free Will* 3.17.48. 『자유의지론』(분도출판사).
19 Augustine, *Confessions* 7.3.5; in *Confessions and Enchiridon*, ed. Albert Cook Outler, LCC 7 (Philadelphia: Westminster, 1955), p. 137. 『아우구스티누스: 고백록과 신앙편람』(두란노아카데미).
20 Augustine, *Confessions* 4.15.26; in Outler, p. 91.
21 Aquinas, *Summa* III, qu. 1, art. 3, obj. 3에 대한 답.
22 Aquinas, *Summa* III, qu. 1, art. 3, obj. 3에 대한 답; 라틴어로 "O Felix culpa, quae talem ac tantum meruit habere redemptorem."

하지만 현대 철학에서는 이런 '자유의지 변호' 논증에 의문을 제기해 왔다. 예를 들면, J. L. 맥키(Mackie)는 "모든 형태의 자유의지 변호는 실패하고 만다"고 강조한다.[23] 그는 하나님이 늘 옳은 일을 행하는 쪽을 **자유의지로 선택하**는 인간을 창조하셨을 수도 있다고 주장한다. 이런 논증은 자유 및 예측 가능성과 유사한 사례에 의존하는 경우가 많다. 우리는 다음과 같은 상황을 가정하여 만들어 볼 수 있다. 톰은 상당히 따분한 동네에 산다. 이 동네에서는 그 또래 젊은이들이 대부분 기회만 생기면 학교를 그만두었으며, 만나면 오로지 텔레비전 드라마, 스포츠, 노는 날, 옷 이야기만 한다. 하지만 옆집에는 메리가 산다. 톰처럼 메리도 고등 교육을 받고 고전 음악을 즐기며 정치를 논한다. 관심사가 같다 보니 둘은 점점 가까워졌다. 어느 날 톰은 자기 의지로 청혼하기로 했으며, 메리는 자기 의지로 청혼을 받아들이기로 한다. 양가의 부모를 포함하여 모든 이가 이렇게 말했다. "이런 일이 일어날 줄 알았다." 맥키 및 다른 이들은, 불가피한 일을 인간이 자유의지로 선택했다고 주장한다.

사람들은 대개 맥키에게 가장 훌륭한 '대답'을 제시한 이가 기독교 철학자 앨빈 플랜팅가라고 인정한다. 플랜팅가는 처음에 둘 다 부정(否定)인, 경험적 혹은 현실적 **필연성**이 아니라 **논리적 필연성**과 관련이 있는 논증을 정립한다. 그는 이렇게 주장한다. "하나님이 설령 전능하실지라도 결코 악을 택하지 않는 자유로운 피조물로 가득한 세계를 창조하지 못하셨을 수[논리상 '못하셨을 수]도 있다."[24] 하지만 "도덕적 선이 자유로운 도덕적 피조물을 요구한다면", "언제나 선을 행하시는" 하나님이 악을 담고 있는 세계를 창조하시는 것도 **논**

---

23 J. L. Mackie, *The Miracle of Theism: Arguments for and against the Existence of God* (Oxford: Clarendon, 1982), p. 176.
24 Chad Meister, *Introducing Philosophy of Religion* (New York and London: Routledge, 2009), p. 133; 참고. Alvin Plantinga, *God, Freedom, and Evil* (Grand Rapids: Eerdmans, 1977), pp. 29-55. 『신, 자유, 악』(SFC출판부); Alvin Plantinga, "Free Will Defence", in *Philosophy in America*, ed. Max Black (Ithaca, N.Y.: Cornell University Press; London: Allen and Unwin, 1965); 그리고 Alvin Plantinga, *The Nature of Necessity* (Oxford: Clarendon, 1974), pp. 165-190.

리상 가능하다. 플랜팅가의 관심사는 참인 것이 아니라 **논리상 가능**하거나 **논리상 불가능**한 것이다. 그는 사람들이 자유롭게 행동하는 세계가 자유가 존재하지 않는 세계보다 가치 있다고 주장한다. 사람들의 자유가 사람들이 도덕적 선을 행할 수 있는 능력의 **전제 조건**이다. 이것은 설령 인간이 잘못된 쪽을 택하더라도 여전하다. 도덕적 악을 저지를 **가능성**이 없는데 도덕적 선을 창조한다는 것은 전능하신 하나님에게도 **논리상 불가능**한 일이다.

설령 하나님이 사람들이 늘 자유롭게 옳은 것을 택하는 일이 가능한 세계를 (논리상) 창조하실 수 있다 해도, 이것이 플랜팅가가 "온 세계에 만연한 타락"(transworld depravity)이라 부르는 것 때문에 어떤 가능한 세계가 고통을 겪는 경우를 말하지는 않는다. 이런 세계에서는 하나님도 늘 올바른 것이나 선한 것을 택하는 자유를 "강력하게 실현"하실 수 없다. '타락'이라는 용어는 플랜팅가도 속해 있는 개혁파 신학 전통에서 나온 말이다.

채드 마이스터(Chad Meister)는 대다수 철학자, 혹은 적어도 많은 철학자가 논리를 활용한 플랜팅가의 자유의지 변호 논증을 받아들인다고 본다.[25] 혹자는 "플랜팅가가 이 문제를 풀었다"고 말한 로버트 애덤스(Robert Adams)의 말을 인용하기도 한다.[26] 윌리엄 앨스톤(William Alston)도 좋은 평가를 내린다. 반면, 일부 사람들은 플랜팅가가 **오직 맥키의 논증을 반박하는 데** 성공했을 뿐이라고 주장한다. 실제로 맥키 자신과 앤터니 플루(Antony Flew)는 플랜팅가가 성공을 거두는 경우는 우리가 자유에 관하여 '양립 불가론자'의 견해를 주장할 때뿐이라고 주장한다. 그러나 양립 불가론(incompatibilism)은 보통 자유와 결정론이 모두 참일 수 없다는 주장이다. 하지만 플랜팅가가 다른 의미에서 '양립 가능론'(compatibilism)을 공격하긴 해도, 플랜팅가는 '강경한 결정론자'도 '자유의지 옹호자'도 아니라고 불릴 가능성은 거의 없어 보인다. 실제로

---

25 Meister, *Introducing Philosophy of Religion*, p. 134.
26 Daniel Howard-Snyder and John O'Leary-Hawthorne, "Transworld Sanctity and Plantinga's Free Will Defense", *International Journal for Philosophy of Religion* 44 (1998): pp. 1-28.

그는 자유와 하나님의 주권이라는 개념을 설명하는 데 상당한 시간을 쓴다.

브뤼머가 "목회자의 민감함"에 관하여 강조한 점으로 돌아가 보면, 이런 논증은 논리가 지나치게 복잡하여 현재 이 순간에 악으로 말미암아 고난을 당하는 이들에게 도움이 되지 않을 수도 있다. 그럼에도 이런 논증은 나중에 발생할 고초를 잘 대비하게 해 주며, 이런 사건이 더 이상 현재 순간에 아주 혹독한 혹은 아주 중대한 영향을 끼치지 않게 되면 이런 사건을 곱씹어 볼 수 있는 좋은 바탕이 된다. 사람들이 양립하지 못한다고 주장하는 세 실재, 곧 하나님의 주권, 하나님의 사랑, 이 세상에 악이 존재한다는 사실은 각각 논리상 제약을 받기 때문에, 결국 현저한 역설이 최소로 줄어들게 된다. 악은 여전히 현실로 존재하지만, 이런 악 역시 더 큰 그림의 일부로 보인다. 하나님의 선하심과 사랑도 현실로 존재하지만 **논리상** 제약을 경험했다. 플랜팅가는 우리가 악이라는 문제에 **즉시 제시할 수 있는** '답'을 알지 못한다 하여 이것이 곧 **도무지 알 수 없는 하나님의 경륜 속에도** 아무런 답이 존재하지 않음을 암시하는 것은 아니라고 주장한다. 하나님의 자기계시가 하나님과 우주에 관하여 **모든 것**을 우리에게 일러 준다고 추정해야 할 이유는 없지 않은가?

'논리적' 설명들이 거칠다는 주장이 있다. 이 때문에 일부 사람들은 자신들의 접근법을 실존 혹은 실제와 관련된 고찰에 국한했다. 테렌스 틸리(Terrence Tilley)는 그의 책 『신정론의 해악』(*The Evils of Theodicy*)에서 신정론 혹은 하나님의 방식을 정당화하는 주장이 결코 도움이 되지 않음을 논증하려고 한다.[27] 놀랍게도 그는 심지어 아우구스티누스가 형식상 신정론을 제시한다는 것마저도 부인한다. 거의 유일한 예외라 할 『신앙안내서』(*Enchiridon* 또는 *Handbook*)를 제외하면, 아우구스티누스의 저작은 거의 전부 특정한 오류에 맞서 싸울 목적으로 쓴 것이라는 게 그 이유다. 이런 오류 중에는 마니교(이원론을 다룬 저작), 도나투스주의(교회의 순결을 다룬 저작), 펠라기우스주의(은혜를 다

---

[27] Terrence W. Tilley, *The Evils of Theodicy* (Washington, D.C.: Georgetown University Press, 1991).

룬 저작), 그리고 다른 '이단들'이 있다. 그렇더라도 분명 신정론을 포함하고 있는 『신국론』을 역사철학으로 보지 않기는 힘들 것이다. 틸리는 그리스도인들이 고난을 당할 때 내놓은 많은 신앙고백을 "명제"가 아니라 "**화행**"이요 화자에게 어떤 태도와 믿음과 실천을 가지라고 의무 지우는 말로 여기는데, 유익한 주장이다. 사실 그의 주요 논지는 이렇다. "신정론은 **기독교 신학 속의 실천이다**."[28] 그는 우리가 하나님을 이해하려면 우리가 욥의 고난 속으로 들어가 욥의 세계를 공유해야 한다고 주장한다.[29]

앞에서 언급했듯이, 시몬 베유의 증언은, 비록 그녀가 인간의 억압에 따른 '굴욕'에 반발하는 말을 토해 내긴 했어도, 대체로 보면 하나님의 방식을 있는 그대로 받아들이는 태도 중 하나였다.[30] 이렇게 더 실존적 성격이 강한 접근법을 채택한 다른 저술가 중에는 F. 도스토옙스키가 있으며, 엘리 위젤(Elie Wiesel)은 『나이트』(Night, 1969)에서 자신이 직접 겪은 홀로코스트를 자세히 서술했다. 몰트만은 위젤의 체험 중 일부를 자세히 설명하면서, 죽음의 고통에 시달리던 한 청년이 던진 이 질문을 인용한다. "하나님은 어디에 있는가?" 몰트만은 "그는 교수대에 달려 있다"라는 대답을 "하나님이 십자가에 달려 있다"라는 그리스도인의 대답에 상응하는 랍비의 대답으로 여긴다.[31]

우리는 어쩌면 '논리적' 접근법과 '실존적' 접근법 사이의 스펙트럼 어딘가에 자리한 작품으로 존 힉의 저작 『악과 사랑의 하나님』(Evil and the God of Love)을 인용할 수 있을 것 같다. 하지만 힉은 아우구스티누스, 아퀴나스, 그리고 다른 이들을 관통하는 주류 전통에서 제시하는 논리적 논증과 더불어 맥키, 플루, 흄이 이런 논증을 비판한 내용까지 충실하게 논한다. 그는 자신

28　Tilley, *The Evils of Theodicy*, p. 85. 티슬턴 강조.
29　Tilley, *The Evils of Theodicy*, pp. 94 and 105.
30　Simone Weil, *Waiting for God* (London: Routledge, 1974; orig. 1939). 『신을 기다리며』(이제이북스).
31　Jürgen Moltmann, *The Crucified God: The Cross as the Foundation and Criticism of Christian Theology* (London: SCM, 1974), pp. 273-274. 『십자가에 달리신 하나님』(대한기독교서회); 참고. Elie Wiesel, *Night* (New York: Hill and Wang, 1960, 1969), pp. 75-76. 『나이트』(예담).

의 접근법을 기독교 신학 내 "소수의 보고서"(minority report)라 묘사한다. 그는 스스로 여러 접근법을 곱씹어 보고 이레나이우스와 슐라이어마허의 접근법에 확신을 갖게 되었다. 힉은 아우구스티누스와 아퀴나스처럼 **뒤로 눈을 돌려** 타락을 돌아보지 않고, **앞을 내다보면서** 성숙과 거룩함의 목적지인 끝(the End) 혹은 종말(the eschaton)을 바라본다. 그는 이렇게 단언한다. "인간 본질의 telos[끝 또는 목적]는 하나님과 나누는 사귐에 있다."[32] 악은 성숙한 인격을 얻는 데 일정한 역할을 한다. 힉은 키츠(Keats)에게서 "영혼을 만들어 내는"(soul-making) 신정론이라는 말을 빌려 쓴다(키츠는 그의 누이와 형제에게 쓴 편지에서 세계를 "영혼을 만들어 내는 골짜기"에 비유했다―옮긴이).

이레나이우스(?130-?200)는 인류 안에 있는 하나님의 형상(그리스어로 eikōn)과 하나님의 모양(그리스어로 homoiōsis)을 구분했다.[33] 대다수 히브리어 전문가는 이 두 용어를 히브리 시의 평행법을 보여 주는 사례요 따라서 동의어라고 여기지만, 이레나이우스는 '형상'을 인간이 소유한 합리성 같은 특질을 나타내는 것으로 보고, '모양'은 아직 더 완성되어야 할 영적·도덕적 목표로 보았다.[34] 우리는 여러 단계 혹은 과정을 밟아 배우고 연단받는데, 이런 단계 혹은 과정에서 악에 맞서 싸워야 할 수도 있다. 힉은 그다음 장에서 '이레나이우스가 말하는' 이런 신정론의 요소들을 F. 슐라이어마허(1768-1834) 안에서 발견한다. 슐라이어마허의 핵심 용어는 "하나님 의식"(God-consciousness, Gottesbewußtsein)인데, "삶의 훼방거리"와 고통은 우리 안에서 이 의식을 자극할 수도 있다.[35] 슐라이어마허의 접근법은 19세기의 진화론을 따라 대체로 **발전을 인정하는** 접근법이었다. 그는 악(독일어로 Übel)을 인간에게 필요한 발

---

32 John Hick, *Evil and the God of Love* (London: Macmillan, 1966; 2nd ed. 1977), p. 16. 본문에서는 한국어판 제목(『신과 인간 그리고 악의 종교 철학적 이해』)을 쓰기보다 원서 제목을 그대로 옮기는 게 문맥에 맞다―편집자.
33 Irenaeus, *Against Heresies* 5,6,1; *ANF* 1: p. 532.
34 Hick, *Evil*, pp. 217-221.
35 Friedrich Schleiermacher, *The Christian Faith* (Edinburgh: T. & T. Clark, 1989; Ger. 2nd ed. 1830), sect. 59, 240. 『기독교신앙』(한길사); Hick, *Evil*, pp. 226-241.

전을 가로막는 것으로 여겼다. 이런 악은 사회악일 수도 있고 자연의 악일 수도 있다. 따라서 악은 "죄의식"을 우리에게 줄 수 있으며, 이 의식 또한 은혜의 일부를 이룬다.[36] 힉은 악이 "도구가" 된다고 주장한다.[37]

힉은 F. R. 테넌트(Tennant)의 접근법과 19세기에 나온 진화론 경향의 접근법들을 포함하여 이런 접근법에 해당하는 또 다른 사례들을 제시한다. 평범한 그리스도인들이 볼 때, 이것은 곧 악과 고난을 **자라고 거룩해질 수 있는 좋은 기회**로 여겨 그것들을 인내할 수 있음을 의미한다. 어떤 가톨릭 신학에서는 이 원리가 연옥의 기능으로 이어지기도 한다. 힉은 고교회파 성공회 신학자 오스틴 패러(Austin Farrer)가 『전능한 사랑과 제한 없는 악』(*Love Almighty and Ills Unlimited*)에서 이런 견해를 편다고 지목한다.[38] 패러는 하나님의 섭리와 은혜가 본질상 구속 및 종말과 관련이 있음을 강조한다. 하지만 힉은 그가 주장한 "영혼을 만들어 내는 신정론이라는 골짜기"라는 입장을 견지한다.[39] 이뿐 아니라, 그의 종말론은 보편구원, 그리고 "사후(死後)의 점진적 성화"와 관련이 있다.[40]

우리가 과연 이른바 아우구스티누스식 접근법과 이레나이우스식 접근법을 이처럼 예리하게 나누어야 할지 어쩌면 의문이 들지도 모르겠다. 목회 관점에서 보면, 앞에서 논의한 각 접근법은 고난 혹은 악과 벌이는 싸움을 통과하고 있거나 통과한 이들에게 뭔가 건설적인 것을 일러 준다. 아무튼 플랜팅가와 스윈번 같은 저술가는 악이라는 문제가 스윈번이 "유신론의 일관성"이라 부르는 것과 충돌하지 않음을 보여 준다. 지면에 제약이 있어 이 문제의 모든 측면을 살펴보지는 못한다. 이 주제는 여전히 문제로 남아 있지만, 해답을 일러 주

---

36 Schleiermacher, *The Christian Faith*, sect. 84, 347.
37 Hick, *Evil*, pp. 237-240.
38 Austin Farrer, *Love Almighty and Ills Unlimited* (New York: Doubleday; London: Collins, 1962), 특히 7장.
39 Hick, *Evil*, pp. 289-297 and 328-400.
40 Hick, *Evil*, p. 383.

는 힌트도 있다. 우리는 악이나 고난과 관련된 목회 상황에 처한 이들에게 도움을 줄 수 있거나 실제로 도움을 주는 접근법에 초점을 맞추려고 노력했다. 논리학자요 수학자인 G. W. 라이프니츠가 남긴 유명한 말들은 사람들이 종종 주장하는 것과 달리 어쩌면 심히 낙관적이지는 않을지도 모른다.

2. 우리가 '원인'에서 하나님의 존재를 논증할 수 있을까?
하나님의 초월성

사람들은 종종 가장 인기 있는 하나님의 존재 논증이라면 십중팔구 **세계에는 하나님이라는 '원인'이 필요하다**고 추론하는 논증일 것이라고 생각한다. 오랜 세월 동안 이 추론은 하나님의 존재를 증명하는 **우주론적 논증**으로 널리 알려져 왔다. 상식 수준에서 보면 이 논증이 유효하게 작동하는 것 같지만, 더 자세히 검토해 보면 이 논증은 무너지고 만다. 우리가 일상생활에서 익히 알고 있는 '원인들'은 모두 **'다른 원인에서 생긴 원인들'**(caused causes), 다시 말해 **인과 사슬 안에서** 기능하기 때문이다. 이와 달리, **초월자이신 하나님은 유일무이한 첫 원인 혹은 다른 원인에서 생기지 않은 원인이다**. 우주론적 논증에 곧장 "그럼 하나님이 있게 한 원인은 누구예요?"라고 묻는 어린이는 사실이 논증의 흠을 콕 집어낸 것이다. 우리가 일상생활에서 경험하는 모든 '원인'은 다시 다른 어떤 객체 혹은 작용이 **원인이 되어** 일어난 것이다. 어린이가 당황한 것도 그 때문이다. 하나님도 무한한 인과 사슬의 일부인가? 그렇다면 하나님의 원인은 누구인가?

우리는 하나님을 '**다른 원인에서 생기지 않은 원인**'이나 '첫 원인'으로 묘사하여 원인 모델에 **일정한 제약을 가한** 경우에만 **원인**이란 것을 하나님께 적용할 수 있다. 이언 램지(Ian Ramsey)는 어떤 모델을 하나님께 사용할 때 '수식어'가 필요한 주요 사례들을 제시하는데, 이것도 그런 사례 중 하나다. 가령 하나님은 단지 "지혜로운" 분(단순한 신인동형 혹은 인간과 닮은 모델)에 그치지 않고 "무한히 지혜로운" 분(수식어를 붙인 모델)이시다.[41] 하나님은 인간의 특질을 초월한다.

앨빈 플랜팅가는 '상식에 따른' 논증과 논리가 치밀한 논증 사이에 존재하는 이런 차이를 하나님의 존재를 목적론 관점에서 증명하는 논증과 관련지어 상세히 설명한다. 상식 차원에서 보면, 세계 안에 목적이나 설계가 있음을 근거로 내세우는 논증들도 여전히 작동하는 것처럼 보일 수 있으며, 설령 그 논증의 논리를 엄격히 검토한 결과가 다른 방향을 암시한다 할지라도 그러하다. 그러나 플랜팅가는, 비록 엄격한 논리를 적용하면 오직 "유아론"(solipsism, 오직 '나'만 존재한다는 견해)만이 논리상 유효하고 타당해 보일지 모르지만, 하나님의 존재를 증명하는 이런 논증들도 사실은 "다른 지성"이 존재한다는 우리의 가설보다 결코 약하지 않다고 지적한다.[42]

하나님이 첫 원인 혹은 다른 원인에서 생기지 않은 원인이라는 이런 수식어는 하나님 개념을 우리가 살아가는 이 땅의 혹은 우리 경험 속의 인과 사슬에서 논리상 떼어 놓는다. 이는 곧 신학의 관점에서 보면 세계를 초월하신 혹은 세계 '위에' 계신 분인 하나님의 초월성을 가리킨다.

우리는 신학과 철학의 기본 용어인 '초월'은 물론 그 반대말인 '내재'도 아직 설명을 시작하지 않았다. '인격체를 초월한'이라는 말은 분명 초월을 암시한다. '초월'은 인간의 생각 및 역사 속 인간의 유한성을 뛰어넘는 혹은 능가하는(라틴어로 *transcendere*) 것을 가리킨다. 신학 언어가 아닌 말로 표현하면, 이는 인류 및 세계와 구별되는 하나님의 타자성을 가리킨다.

하지만 그리스도인은 보통 이런 말을 들으면, 초월이라는 말을 축소하지 않으면서도 하나님은 또한 세계 안에서 활동하시는 분이라는 말을 덧붙여 그 말을 수식한다. 하나님의 임재는 모든 생명을 지탱한다. 사도행전을 보면 바

---

41 Ian T. Ramsey, *Religious Language: An Empirical Placing of Theological Phrases* (London: SCM, 1957), pp. 49-89.
42 Alvin Plantinga, *God and Other Minds: A Study of the Rational Justification of Belief in God* (Ithaca, N.Y.: Cornell University Press, 1967, 1991), pp. 245-272. 『신과 타자의 정신들』(살림).

울과 스토아학파 사람들이 한목소리로 이렇게 말한다. "우리가 그(하나님) 안에서 살며 기동하며 존재하느니라"(행 17:28. 물론 이 구절이 정말 바울의 생각을 반영하는 구절인가에 대해서는 다소 논쟁이 있다). 바울은 다른 본문에서 그리스도의 임재를 이야기한다. 그는 골로새서 1:17에서 이렇게 강조한다. "그(그리스도)가 만물보다 먼저 계시고 만물이 그 안에 함께 섰느니라"(그리스어로 sunestēken). 바울은 영(*pneuma*)을 '세계 영혼'으로 보는 스토아학파의 이해를 거부하고 성령 하나님의 **초월성**을 변호하면서 이렇게 단언한다. "우리가 세상의 영을 받지 아니하고 오직 하나님으로부터 온 영을 받았으니"(고전 2:12). 이를 강조하려고 쓴 그리스어가 *to pneuma to ek tou Theou*인데, 이는 '하나님으로부터 온 영'[the Spirit who comes forth (or proceeds) from God]으로 충분히 번역할 수 있겠다.

다양한 신학자들은 여러 상이한 방식으로 하나님의 초월성을 강조했다. 루돌프 오토(Rudolf Otto)는 이것을 그의 책 『성스러움의 의미』(*The Idea of the Holy, Das Heilige*, 1917)에서 현상학과 관련지어 자세히 설명했다. 그는 하나님을 체험하는 것을 "누미노제"(numinous)라는 단어를 사용하여 장엄한 신비(*mysterium tremendum*)이자 매력 넘치는(*fascinans*) 일이라고 설명한다. 하나님은 측량할 수 없고, 거룩하시며, 신비이시다. 키르케고르는 하나님과 인간의 유한성을 대조하여 설명했다. 칼 바르트는 "하나님은 하나님을 통해 알려지며, 오직 하나님을 통해서만 알려진다"라고 강조했다.[43] 그는 하나님을 가리켜 "이해할 수도 없고 표현할 수도 없으며…규정되지 않는다"라고 단언한다.[44] 그러나 이것이 전부는 아니다. E. 윙엘은 하나님이 예수 그리스도와 십자가 안에서 "생각할 수 있고" "상상할 수 있으며" "말할 수 있는" 분이 되셨다고 강조했다.[45] 이사야서에서는 스랍들(seraphim)이 그들의 얼굴과 발을 가리며, 하나

---

43 Barth, *CD* II/1, p. 179.
44 Barth, *CD* II/1, pp. 186-187.
45 Eberhard Jüngel, *God as the Mystery of the World* (Edinburgh: T. & T. Clark, 1983), pp. 220-221, 229.

님은 "높이 들린" 보좌에 앉아 계신다(사 6:1-2). 그러나 하나님이 "내 생각은 너희 생각과 다르"며 "내 길은 너희 길보다 높다"고 선언하시는 이유는 이스라엘이 죄를 지었어도 이들이 **돌이켜** "가까이 계실 때에 그를 부르길" 원하시기 때문이다(사 55:8-9, 6). 하나님의 은혜와 **내재된 행동**은 그분의 순전한 **초월**에 비춰 설명된다.

이제 우리는 더 깊은 **이해**를 갖고 **우주론적 논증**을 **다시 살펴볼** 수 있다. 엄밀히 말하면, 이 논증은 논리적 삼단 논법으로는 실패작이다. 삼단 논법에서는 각 명제에 들어 있는 각 용어를 같은 의미로 사용해야 하기 때문이다. 그러나 사실 '모든 사건에는 어떤 **원인**이 있다'라는 대전제는 '**다른 원인에서 생긴 원인**'을 가리키는 말로 '원인'이라는 말을 사용한다. 반면, '따라서 세계에는 어떤 **원인**이 있다'라는 결론에서는 '원인'을 '**다른 원인에서 생기지 않은 원인**'이라는 **다른 의미**로 사용한다. 그렇지 않다면, 이는 무한한 인과 사슬을 가정하는 데 불과할 것이다.

토마스 아퀴나스는 이런 논증의 고전적 설명을 제시한다. 그는 이런 난점을 단번에 직시한다. 그는 이렇게 썼다. "이제 우리는 어딘가에서 멈춰야 한다. 그렇지 않으면 변화의 첫 원인이 존재하지 않을 것이며, 결국 이후의 원인들도 존재하지 않을 것이다.…관찰할 수 있는 세계에서는 원인들이 순서대로 질서를 이뤄 나타난다. 우리는 그 자신이 자신의 원인이 되는 무언가를 관찰한 적도 없고 관찰할 수도 없었다. 만일 그런 것이 있다면 자신이 그 자신보다 앞서 있다는 뜻이 되겠기 때문이다.…하지만 이런 인과 연쇄는 틀림없이 어딘가에서 멈출 수밖에 없다."[46] 그러나 우리는 이것이 이 논증의 근거를 옮겨 놓았음을 즉시 간파한다. 철학과 아리스토텔레스의 용어로 표현하면, 이것은 논거를 **우연인 원인**(혹은 다른 원인에서 생긴 원인)에서 **필연인 원인**(혹은 **다른 원인에서 생기지 않은 원인**)으로 옮겨 놓았다. 아퀴나스는 이들의 차이를 제시한다. 이것은

---

46 Aquinas, *Summa* I, qu. 2, art. 3, 답(Blackfriars ed., 2: pp. 14-15).

더 이상 세계 **안에 있는** 원인들에 관한 '상식의' 논증이 아니다. 이것은 애초부터 초월자이신 하나님이 논리상 **필연인** 원인이어야 함을 요구한다. 실제로 아퀴나스가 하나님의 존재를 논증하는 '다섯 방법'은 그의 다섯 방법 중 첫 세 방법에서 세 버전의 '인과 법칙'을 제시한다. 전문 용어로 표현하면, 첫 번째는 **운동**과 관련이 있으며, 두 번째는 **가능태**(potentiality) 및 작용인(efficient cause), 세 번째는 **논리적 필연성**(logical necessity) 혹은 '**자존성**'(aseity), 곧 자신이 자기 자신의 존재 근거인 점과 관련이 있다.

이런 입장은 60권으로 이루어진 표준판인 블랙프라이어스판(Balckfriars edition)에 들어 있는 편집자 서문 및 부록과 궤를 같이한다.[47] 블랙프라이어스판 편집자들은 아퀴나스가 이 논증을 하나님이 존재하심을 증명하는 "증거"가 아니라 하나님이 존재하신다는 "확신을 얻는" 방법으로 여긴다고 주장하며, 이런 믿음이 **이성에 어긋나지 않는**다고 주장한다. 아울러 이 편집자들은 아퀴나스가 제시하는 '다섯 방법'(하나님의 존재를 증명하는 세 가지 전통적 논증과 같다) 전부가 동일한 방향을 가리킨다고 주장한다. 목회와 신학의 관점에서 보면, 이것들은 우리의 눈을 **일상 세계에서 세계의 기초인 실재로** 인도한다. 편집자들이 세 번째로 제시하는 주장은 아퀴나스가 아리스토텔레스의 개념을 사용한 것이 그의 시대를 지배한 사상을 훌륭히 활용한 예라는 것이다. 아리스토텔레스를 활용했다는 것은 더 이상 이론의 여지가 없는 확실한 '증명'이란 것이 어디서 그 수명을 다했는지 보여 주지만, 동시에 무한한 원인의 사슬로 나아가는 경향이 어떤 최종 원인이 존재한다고 믿는 믿음보다 더 합리적이지 않다는 것도 함께 보여 준다. 아퀴나스는 경험할 수 있는 세계에서 끌어낸 논증(곧 철학자들이 귀납적 논증이라 부르는 것)에서 수집할 수 있는 것들을 극대화하지만, 결국에는 그도 선험적(곧 순수하게 논리 혹은 이성에 근거한) 가설에 의지한다. 아리스토텔레스는 '하나님'을 말 그대로 세계가 작동하게 만드는 '작

---

47 Aquinas, *Summa*, Blackfriars ed., 2: pp. xx-xxvii and 188-390.

용'인으로 여길 수 없었지만, 그래도 그는 지극히 높은 하나님이 세계의 '최종' 원인으로서 활동한다고 주장하는 것 같다.

유신론을 지지하는 종교에 속한 다른 사상가들도 이런 입장을 견지했다. 이슬람 철학자 알 킨디(al-Kindi, ?801-?873)와 알 가잘리(al-Ghazali, ?1058-1111) 도 아리스토텔레스 및 아퀴나스와 마찬가지로 다른 원인에서 생긴 원인이 무한히 이어지는 사슬은 불가능하다고 보았다. 사람들은 때로 이것을 이슬람의 칼람(kalam) 전통이라 부른다(칼람은 아랍어로 '말씀'을 뜻하며, 칼람 전통에 속한 이들 가운데 가장 유명한 학파가 이성에 근거한 믿음을 주장한 무타질라다—옮긴이). 에스파냐의 유대인 철학자 마이모니데스(Maimonides, 1135-1204)도 우주론적 논증, 그리고 세계가 유한한 지위를 갖고 있음을 폭넓게 인정했다. 아퀴나스는 그의 '세 번째 방법'을 다룰 때 우리가 "그 본질상 필연인 어떤 것을 가정할" 수밖에 없다고 썼다.[48]

역사를 살펴보면, 새뮤얼 클라크(Samuel Clarke, 1675-1729), 존 로크(1632-1704), 아이작 뉴턴 경(Sir Isaac Newton, 1642-1727), G. W. 라이프니츠(1646-1716) 는 모두 이 논증의 **합리성**을 인정했다. 반면, 데이비드 흄(1711-1776)은 세계를 관찰하면(경험과 귀납법에 입각하여 추론해 보면) 하나님을 믿는 믿음에 늘 도달할 수 있다는 생각에 이의를 제기했다. 그는 **원인**이란 것을 철저히 검토하면서, 원인과 결과가 사실은 현실에서 **관찰되지** 않는다고 주장했다. 우리가 경험을 통해 **관찰**할 수 있는 것은 모두 '끊임없이 이어지는 연관', '연속', 혹은 규칙성이다. 그는 원인과 결과가 이어지는 것은 단순히 습관 혹은 **관습** 때문이라고 생각했다. 그는 이렇게 결론지었다. "검토 결과에 비춰 볼 때…어떤 원인이 필요하다는 것은 잘못이요 궤변이다."[49] 임마누엘 칸트(Immanuel Kant, 1724-1804) 는 이런 견해를 더 강하게 밀어붙이면서, 인과 법칙과 시간이라는 관념은 지

---

48 Aquinas, *Summa* I, qu. 3, art. 3, 답.
49 David Hume, *A Treatise of Human Nature* (Oxford: OUP, 1978; orig. 1739), pp. 79-94. 『인간 본성에 관한 논고』(서광사).

성이 실재에 강요한 것이라고 주장했다. 이것들은 단지 지성이 세계 안에 있는 질서와 목적을 해석하고자 사용하는 '규제' 원리에 불과하다. 그러나 아퀴나스도 이것을 '증거'로 여기지 않고, 다만 **합리성이 있다**고 여겼을 뿐이다. 이런 점에서 상식과 유아론의 근거, 혹은 다른 지성의 존재에 관한 플랜팅가의 언급은 적절한 것 같다.

근대 혹은 현대 철학자들의 입장은 거의 예측할 수 있다. 예를 들면, J. L. 맥키는 우주론적 논증의 몇몇 측면을 공격하지만, W. L. 크레이그(Craig)는 『플라톤에서 라이프니츠에 이르는 우주론적 논증』(*The Cosmological Argument from Plato to Leibniz*, 1980)에서 칼람 전통을 되살린다. 가톨릭 철학자 G. E. M. 앤스콤은 확실하고 정교한 논의를 제시하는데, 이 논의에는 『분석』(*Analysis*) 34호(1974)에 실린 논문 "흄의 논증을 밝히다"(Hume's Argument Exposed)도 들어 있다.[50] 19세기 보수 개신교 신학자 찰스 하지는 이 논증이 유신론자가 하나님에 관하여 주장하는 모든 것이 진리임을 증명해 주지는 못하나 "우리가 어떤 영원하고 필연인 존재를 인정해야 한다는 것은…충분히 보여 준다"고 결론짓는다.[51]

더욱 근래에 우주론적 논증을 변호하는 두 인물이 퍼듀 대학교의 윌리엄 로우(William Rowe, 1931-)와 로체스터 대학교의 리처드 테일러(Richard Taylor, 1919-2003)다. 로우는 원인을 "의존하는"(dependent)이라는 단어로 바꾸고 첫 원인은 "자존하는"(self-existent)으로 바꾸어 자신의 논리적 삼단 논법을 수립한다. 그는 이렇게 주장한다. "모든 존재가 의존하는 존재는 아니다. 따라서 자존하는 존재가 있다."[52] 아울러 그는 "충족이유율"(principle of sufficient reason), 곧 모든 것은 틀림없이 설명할 수 있다는 원리에 호소한다. 테일러도

---

50   G. E. M. Anscombe, "Hume's Argument Exposed", in her *Collected Philosophical Papers*, 3 vols. (Oxford: Blackwell, 1981).
51   Charles Hodge, *Systematic Theology*, 3 vols. (New York: Scribner, 1871), 1: p. 215.
52   William Rowe, "An Examination of the Cosmological Argument", in *Philosophy of Religion: An Anthology*, ed. Louis Pojman (Belmont, Calif.: Wadsworth, 1994), pp. 16-25.

충족이유율에 호소하면서, 설명을 요구하는 신비한 대상을 찾는 경험에서 시작한다. 그의 다음 논증은 세계 안에 있는 모든 것은 그 존속 기간이 유한하며, 세계를 포함한 모든 것에는 시작이 있다는 것이다. 그 자신 외에 아무것에도 의존하지 않는 존재(곧 그 자신이 자신의 원인인 존재)만이 세계를 존재하게 하는 원인이 될 수 있다.[53] 일부 저술가들은 현대 물리학에서 말하는 엔트로피 원리(혹은 우주의 수명이 다해 간다는 원리)를 토대로 논증하려고 한다. 그러나 이것은 이 논증에는 덜 중요하다.

성경과 기독교에서 말하는 제자도의 관점에서 볼 때, 가령 시편 속 시인이,

여호와는 나의 반석이시요 나의 요새시요…
나의 하나님이시요 내가 그 안에 피할 나의 바위시요
나의 방패시요…나의 산성이시로다. (시 18:2)

라고 외치거나 혹은 회중이 "만세 반석이 내게 열리니"라고 노래할 수 있는 것은 그 나름의 이유가 있다. 이는 우리가 하나님께 끊임없이 의지한다는 것과 하나님이 스스로 존재하는, 자존성을 지닌 분임을 우리에게 되새겨 준다. 이처럼 다른 원인에서 생기지 않은 혹은 (로우의 말을 사용하면) 스스로 존재하는 하나님은 절대 신뢰할 만한 분이요, 어떤 경우에도 변함이 없는 신실함을 보여 주시는 분이다. '다른 원인에서 생겨났다'는 것은 우리를 (로우의 말을 다시 사용하면) 의존하는 존재로 만든다. 그리스도인은 슐라이어마허가 하나님께 절대 의존이라 불렀던 것을 즐긴다. 그러나 하나님은 내재자이시자 초월자이시다. 그는 거룩하시며 '타자'이시다. 그러나 동시에 사랑이시며, 우리에게 당신을 신뢰하고 당신과 사귐을 나누라고 권면하신다. **하나님은 "만유 안의 만유" 시다**(고전 15:28).

---

53 Richard Taylor, "The Cosmological Argument: A Defence", in Taylor, *Metaphysics* (Englewood Cliffs, N.J.: Prentice-Hall, 1983), pp. 91-99. 『형이상학』(서광사).

3. 설계를 근거로 한 논증, 그리고 현대 과학

칸트는 설계를 근거로 한 논증을 상식 수준에서, 하나님의 존재를 증명하는 논증 가운데 가장 오래되고 분명한 논증으로 존중했다. 그러나 그는 이 논증이 철학의 관점에서 보면 치밀하다거나 연역법에 비춰 봤을 때 타당하다고 생각하지 않았다. 인간이 이 세계에서 느끼는 목적과 설계와 질서를 인간의 지성이 이 세계를 이해하려고 인간에게 강요한 것이라 보았기 때문이다.[54] 어떤 이들은 이 논증이 기원전 5세기 그리스 사람인 아낙사고라스(Anaxagoras)에게서 나왔다고 보며, 십중팔구는 플라톤, 아리스토텔레스, 아우구스티누스도 이 논증을 했으리라고 본다. 이 논증은 아퀴나스가 제시한 '다섯 방법' 중 다섯째 방법이다. 아퀴나스는 이렇게 썼다. "다섯째 방법은 자연의 인도를 기초로 삼았다(ex gubernatione rerum)." 그는 이렇게 덧붙인다. "어떤 목적(*finem*)으로(을 향하여) 주어진 질서대로 나아가는 행동들은⋯어떤 목표를 지향하는 경향이 있다." 이것은 우연이 아니다. 그러나 "지각하고 이해하는 어떤 이의 인도를 받지 않으면" 어떤 것도 이런 일을 할 수 없다. "예를 들면, 화살은 궁수가 있어야 한다. 따라서 자연 안에 있는 모든 것은 이해하는 누군가가 그 목표로 인도하며, 우리는 이 누군가를 '하나님'이라 부른다."[55] 이 접근법은 '목적'(end) 혹은 '목표'(goal)를 뜻하는 그리스어 *telos*를 기초로 삼은 탓에 보통 **목적론적 논증**(teleological argument)이라 불린다.

이 논증을 대변하는 공식 가운데 가장 유명한 것이 칼라일 대주교였던 윌리엄 페일리(William Paley, 1743-1805)가 제시한 공식이다. 『자연 신학』(*Natural Theology*)으로도 알려져 있는 그의 저서 『신의 존재와 속성을 증명하는 증거들』(*Evidences of the Existence and Attributes of the Deity*, 1802) 첫 장에서는 설계

---

54 Immanuel Kant, *Critique of Pure Reason* (London: Macmillan, 1933; 2nd ed. 1787), chap. 3, sect. 6. 『순수이성비판』(아카넷).
55 Aquinas, *Summa* I, qu. 2, art. 3, 답(Blackfriars ed., 2: p. 17).

에 근거한 논증을 정립한다.[56] 이 논증은 한 일화로 시작한다. 그는 황야를 지나다가 **돌**에 걸려 넘어지는 것을 상상한다. 돌의 기원과 목적에서는 어떤 심각한 문제도 발생할 리가 없다. 그는 계속하여 이렇게 말한다. "그러나 내가 땅 위에서 **시계**를 발견했다고 상상해 보라." 그는 자신이 돌을 발견했을 때와 아주 다른 해답을 찾을 수도 있다고 말한다. "몇몇 부품이 어떤 목적을 위해 틀을 갖추고 결합된다. 즉, 이 부품들은 이렇게 만들어지고 조정되어 결국 한 날의 시간을 가리키는…동작을 만들어 낸다." 시계의 스프링, 체인, 톱니바퀴의 이는 이런 목적을 가능케 한다. 이 때문에 페일리는 이렇게 주장한다. "시계에는 분명 이것을 만든 이…기술자나, 이것이 어떤 목적을 수행하게끔 만든 기술자들이 있을 것이다." 그는 (1) 우리가 설령 그 시계 제조자를 모른다 할지라도, (2) 그 시계가 고장이 날지라도, (3) 우리가 설령 그 시계의 모든 부품을 이해하지 못했을지라도, 이런 결론이 무효가 되지는 않는다고 지적한다. 페일리는, 가령 인간과 동물의 눈 메커니즘을 포함하여, 이런 메커니즘이 피조물 안에 풍성하게 존재한다고 결론지었다. 따라서 우리는 **설계자이신 하나님**을 가정 혹은 추론할 수밖에 없다.

흄은 페일리가 이 논문을 쓰기 전에 죽었다. 그러나 흄이 제시한 논증 중에는, 비록 흄 자신이 창안한 논증이 아닌 것이라도, 페일리의 논증을 일부나마 미리 보여 주는 것들이 많았다. 흄이 쓴 『자연종교에 관한 대화』(Dialogues)를 보면, 허구 인물인 클레안테스가 자연 신학을 지지하는 주장을 펴자 필론(살짝 변장한 흄)이 이에 반대한다. 첫째, 필론은 하나의 설계가 여러 설계자를 가리킬 수도 있다고 주장한다. 둘째, 더 심각한 문제인데, 설계에 근거한 논증은 결국 우주론적 논증의 유효성에 의존한다. 설계된 결과는 그 결과를 설계한 원인이 있음을 암시한다. 그러나 흄은 원인과 결과를 **경험 현상으로 관찰하기는 엄밀히 말해 불가능하다**고 주장했다. 그는 끊임없이 이어지는 연관도

---

56 William Paley, *Natural Theology; or, Evidences of the Existence and Attributes of the Deity* (London: Rivington, 1802), chap. 1, sect. 2.

오로지 그것을 '원인'으로 해석해 주는 습관과 관습에 의존한다고 주장한다. 페일리 및 흄과 거의 같은 시대 사람인 칸트는 대다수 문제에서 흄과 의견을 달리했으나, **인간의 지성**이 사물을 이해하고 사물에 질서를 부여하고자 인과관계를 강요한다는 흄의 주장에는 동의한다.

흄과 칸트가 제시한 반대 의견도 설득력이 있긴 하지만, 그래도 우리는 플랜팅가가 '다른 지성'의 존재에 관하여 강조한 점, 곧 상식은 순수한 논리가 완전하게 설명하지 못하는 무언가를 시사하는 것 같다는 주장을 여전히 유지해야 한다. 이 때문에 칸트는 비록 이 논증이 엄격한 논리를 초월해도 이 논증을 존중하는 뜻을 표시했다. 하지만 설계에 근거한 논증에 가장 큰 도전을 던진 것은 찰스 다윈(Charles Darwin, 1809-1882), 허버트 스펜서(Herbert Spencer, 1820-1903), 그리고 19세기의 다른 진화 사상가들이 주창한 진화론이었다. 다윈이 쓴 『종의 기원』(Origin of Species)은 1859년에 출간되었다. 스펜서는 이 논증을 "적자생존"이라 부르면서, 눈이란 무언가를 보게 하려고 "설계된" 것이 아니라 유기체들이 발전하면서 **발전된 눈**을 가진 것들이 볼 수 있어 **살아남게** 된 것이라고 주장했다. 회의론자들은 시편의 시인이 "만물을 풍성함으로 채우시는"(시 144:15, 기도서 번역) 하나님을 신뢰할 수 있었던 것은 다만 그렇게 채워지지 않은 이들이 죽었기 때문이라고 주장했다.

생물학적 과정이 피조물 하나하나가 설계되었다는 개념을 경쟁에 따른 생존이라는 개념으로 바꿔 놓은 것 같았다. 설계보다 오히려 유전자에서 발생한 돌연변이가 생존하는 데 필요한 것들에 확실히 적응하게 해 준 것 같았다. 심지어 인류의 경우만 봐도, 인류학자들은 하나님이 당신 손으로 만든 작품들을 '지배할 권리'를 인류에게 주신다는 하나님 자신의 명령(시 8:6)보다 오히려 도구, 무기, 언어가 인간의 생존을 좌지우지하는 자원이라고 여기곤 했다.

다윈이 쓴 『종의 기원』은 그가 나중에 쓴 『인간의 유래』(The Descent of Man, 1871)보다 대중에게 더 큰 영향을 미쳤다. 『종의 기원』은 모든 생물이 자연에서 우연히 일어난 과정을 통해 진화했다는 견해를 대중 사이에 널리 퍼떠렸다. 이 책은 엄청난 논쟁을 불러일으켰다. 그러나 순전히 과학 문제인 생물이 **어떻게** 진화했는가라는 문제를 이보다 큰 신학적 문제인 **왜** 생물이 발생했으며 진화 자체가 자주 일어났는가라는 문제와 혼동하지 말아야 했다. F. R. 테넌트는 이렇게 주장했다. "구성의 점진성 자체가 설계가…존재하지 않음을 증명하는 증거는 아니다."[57] 그들은 "근거 없는 우연" 혹은 우발보다 목적이 **합리성이 있다**고 주장했다.[58] 다윈 자신은 자기가 명백한 무신론자임을 부인했으며, 유신론과 이신론의 중도에 해당하는 견해를 주장했다. 아우구스티누스와 칼뱅은 창세기 1장을 결코 **연대기 차원**이나 **생물학 차원**에서 창조를 다룬 기사로 여기지 않았다. 데이비드 리빙스턴(David Livingstone)은 그리스도인들, 특히 19세기와 20세기 초에 복음주의자들이 다윈의 이론에 보인 다양한 반응을 꼼꼼하게 도표로 제시한다.[59] 가령 그는 A. A. 하지(Hodge)가 우주 안에 질서가 존재함을 강조하면서도 "진화를…무한히 지혜로운 어떤 인격체의 계획을 따라…모든 곳에 존재하는 그 인격체의 에너지가 통제하는 가운데 이루어진 것"으로 여겼다고 설명한다.[60] 리빙스턴은 B. B. 워필드(Warfield)와 P. T. 포사이스(Forsyth)도 하지의 견해를 인정했다고 주장한다. 그러나 나중에, 1925년 무렵에는 다윈을 향한 총공격이 시작된다. 리빙스턴은 이렇게 평한다. "얼추 20년도 되지 않아, 점잖던 이전의 복음주의는 미쳐 날뛰는 근본주의의 혹독한 비판에 밀려나고 말았다."[61]

이후 50년이 넘는 세월이 흘러 21세기에 들어올 때까지, 리처드 스윈번, A. R. 피코크(Peacocke), 존 폴킹혼(John Polckinghorne), 이언 바버(Ian Barbour), 말콤 지브스(Malcolm Jeeves), R. J. 베리(Berry)는, 우리가 **개별** 유기체에 관하여

---

57 F. R. Tennant, *Philosophical Theology*, 2 vols. (Cambridge: CUP, 1930), 2: p. 84.
58 Tennant, *Philosophical Theology*, 2: p. 79; 참고. pp. 92-93.
59 David N. Livingstone, *Darwin's Forgotten Defenders: The Encounter between Evangelical Theology and Evolutionary Thought* (Grand Rapids: Eerdmans, 1987).
60 Livingstone, *Darwin's Forgotten Defenders*, p. 114에서 인용.
61 Livingstone, *Darwin's Forgotten Defenders*, pp. 165-166.

무슨 결론을 내리든, "자연에는 인간이 확실하게 **인식할 수 있고** 서술할 수 있으면서도 **인간과 무관하게 독립하여 존재하는 어떤 질서가** 있어 왔으며 앞으로도 계속 있을 것"라고 주장했다.[62] 스윈번은 덧붙여 "우주를 규정하는 특징은 방대하고 모든 것에 널리 퍼져 있는 시간 질서"라고 말한다.[63] 이언 바버는 오늘날 학계 전반의 변화를 이런 말로 요약한다. "다시 정립한 새로운 버전의 공식에서는, **목적 있는 설계가** 생명과 지성이 등장하는 통로가 된 **법칙과 구조 속에서** 그리고 전체 과정이 보여 주는 **방향성 속에서** 드러났다."[64]

폴킹혼, 바버, 그리고 다른 이들은 더 나아가, 탄소에 기초한 생명체와 인류가 창조되려면 **기간과 시간이** 아주 많이 **필요하다고** 강조했다. 폴킹혼은 이런 긴 과정이 우연히 인류 창조라는 결과에 도달할 수 있는 확률을 "1조분의 1"이라고 계산한다.[65] 그는 그 전에 내놓은 한 책에서 이렇게 썼다. "우리는 우연과 필연, 우발성과 가능성이 실제로 균형을 이루고 있다고 인식하는데, 나는 이런 균형이, 긴 과정을 펼쳐 보임으로써 자신의 목적을 달성하는 데 만족하고 이런 과정에서 사랑으로 베푸는 자유라는 선물을 늘 규정하는 특징인 취약성과 불안마저 어느 정도 감내하는 끈기 있고 명민한 창조주의 의지와 일치한다고 본다."[66]

아울러 폴킹혼은 양자 이론을 다룬 슈뢰딩거(Schrödinger) 방정식과 전자기를 다룬 맥스웰(Maxwell) 방정식을 논한다. 이것들은 분자 복제, 나아가 결국 생명체 복제와 관련이 있다. 폴킹혼은 이것들이 "설계에 근거한 논증을—하나님의 존재를 확고하게 증명하는 논증이 아니라…세계가 어떻게 존재하는가

---

62 Richard Swinburne, *The Existence of God* (Oxford: Clarendon, 1979), p. 137. 티슬턴 강조.
63 Swinburne, *The Existence of God*, p. 138.
64 Ian G. Barbour, *Religion and Science: Historical and Contemporary Issues* (London: SCM, 1998), p. 73. 티슬턴 강조.
65 John Polkinghorne, *Quarks, Chaos, and Christianity: Questions to Science and Religion* (London: SPCK, 2005), p. 27.『쿼크, 카오스 그리고 기독교』(SFC출판부).
66 John Polkinghorne, *One World: The Interaction of Science and Theology* (Princeton: Princeton University Press, 1987), p. 69.

를 꿰뚫어 보는 통찰로서—되살리는 것과 같다"고 말한다.[67] 마찬가지로, 이언 바버도 이렇게 썼다. "하나님의 목적은 불변하는 삶의 구조적 조건들에서도 나타나지만, 변하는 상황 및 유형과 관련하여 더 자세하게 나타난다. 이런 견해에 비춰 볼 때, 계속 이어지는 창조는 늘 이미 존재하는 것을 토대로 이루어지는 시행착오 '실험'이다."[68]

이것은 우리가 설계에 근거한 논증이 지닌 가치와 한계들을 어느 정도 간파하게 도와줄 뿐 아니라, 많은 그리스도인이 표현하듯이 '우리 삶을 향한 하나님의 목적'을 인식한다는 것이 가질 수 있는 의미를 밝히 설명해 준다. 하나님은 그리스도인들에게 '시간을 초월한' 어떤 인생 청사진에 응답하기를 요구하시지 않는다. 그리스도인들은 순종할 때도 있지만 가끔은 실수하기도 한다. 이 때문에 하나님의 목적은 '이미 존재하는 것을 그 토대로 삼는다.' 어떤 이들은 "하나님의 뜻을 알아차리지 못하겠다"며 쓸데없이 우울해한다. 그러나 하나님은 자연스러운 성찰과 결단 과정을 활용하신다. 판넨베르크도 강조하지만, 이것이 실제 성령 체험을 축소하지는 않는다. 사실, 끊임없이 혼돈에서 생명을, 죽음에서 부활을 이끌어 내시는 이는 바로 창조를 행하시는 하나님의 영이다. 우리와 세계를 향한 하나님의 목적에는 사랑과 주권이 담겨 있다. 하나님은 큰 인내심을 품고 우리의 유익을 위해 일하시면서, **존재**하는 것을 활용하시거나, 우리가 다다른 지점에서 우리를 들어 올리신다. 폴킹혼, 바버, 그리고 다른 많은 이가 주장하듯이, 오래전부터 늘 그랬다.

아울러 우리는 이 사상가들이 '설명의 차원'에 관하여 말하는 것에도 주목해야 한다. 이것은 세계 또는 개개인의 삶에도 적용할 수 있다. 장엄한 교향곡을 오실로스코프로 관찰할 수 있는 음향의 주파수나 진동으로 설명할 수도 있다. 물리학 차원에서 보면 이것도 한 설명이 될 것이다. 아니면 우리는 이

---

67 John Polkinghorne, *The Way the World Is: The Christian Perspective of a Scientist* (London: SPCK/Triangle, 1992), p. 12.
68 Barbour, *Religion and Science*, p. 240.

런 교향곡을 음악학자가 택한 차원에서 '설명'할 수도 있을 것이다. 이 설명에는 조를 알리는 표시, 멜로디와 화음, 시간, 크레셴도 같은 것들이 들어갈지도 모른다. 마찬가지로 우리는 우주를 설명할 때 물리학에서 말하는 입자에서 시작하는 환원론자의 설명을 활용할 수도 있지만, 예술이나 음악이나 도덕이나 신학의 접근법을 포함하여 더 높은 차원의 '설명'을 함께 활용할 수도 있다. 폴킹혼은 에릭 마스칼(Eric Mascall)의 말을 인용한다. "물리학자는 오직 감각의 중개를 통해 객관적 세계를 알지만, 객관적 세계의 본질을 이루는 특성은 감각으로 지각할 수 있느냐가 아니라 지성으로 설명할 수 있느냐다."[69] 버나드 로너건(Bernard Lonergan)도 주장하듯이, 객관적 세계를 설명할 수 있으려면 더 높은 수준의 **이해**가 필요하다. 바버의 말로 표현하면, "하나님은 과학에서 밝혀내는 자연계의 과정 '속에서' 그 과정'을 통해' 창조하신다."[70]

이것은 그리스도인에게 현대 과학에서 취하는 많은 접근법을 확인시켜 준다. 우리는 창조성을 발휘하며 과학과 의학 연구에 몰두하고 있는 그리스도인들에게 감사하며 그들을 위해 기도해야 한다. 더 친밀하게 이야기하면, 우리는 하나님이 자연(5장 3절을 보라)과 역사 속에서도 큰 목적을 갖고 계시지만, 특정한 공동체 및 개인의 삶을 향한 목적도 갖고 계신다고 확신할 수 있다. 우리는 초월의 신비도, 내재되어 지성으로 알 수 있는 섭리도 모두 갖고 계신 하나님을 송축할 수 있다.

4. 필연성을 근거로 한 논증: 존재론적 논증

이 하나님의 존재 '논증'은 하나님을 믿는 신자들에게 중요하다. 이 논증은 이 논증 자체가 하나님이 존재하신다는 것뿐만 아니라 초월은 물론 전능, 전지, 모든 이에게 자비를 베풂이라는 하나님의 성품 내지 '존재'를 가리키는 것이

---

69 Polkinghorne, *The Way the World Is*, pp. 10-11.
70 Barbour, *Religion and Science*, p. 101.

라고 주장하기 때문이다. 이 존재론적 논증은 캔터베리 대주교였던 안셀무스가 그의 작품 『프로스로기온』(*Proslogion*, ?1077-1078)에서 처음으로 명확하게 공식으로 정립했으며, "이해를 추구하는 믿음"이라는 그의 주제를 대변한다. 이 논증은 **하나님께 기도하고 묵상하는** 맥락에서 처음 등장했다.[71] 칼 바르트가 힘주어 강조하듯이, 이것은 애초 어떤 '철학적 증거'로 제시하려 한 게 아니라, 안셀무스가 올린 기도의 맥락 속에서 등장했다. "'그의 얼굴을 찾으라!' 주여, 내가 당신 얼굴을 찾나이다"(시 27:8).[72] 그러나 세월이 흐르는 사이에 이것은 가장 정교한 철학적 논쟁을 불러일으키는 것이 되었으며, 사람들은 양상논리(modal logic, 즉 **명제**나 '사실'에 관한 논리라기보다 **가능성**에 관한 논리)에 해당하는 문제로 자주 이것을 꼽는다. 앨빈 플랜팅가는 가장 정교한 철학적 검토를 거친 뒤에도 이런 결론을 내린다. "그것(이 논증)은 유신론이 진리임을 확증한다기보다 오히려 유신론이 **이성에 비춰 받아들일 수 있음**을 확증한다."[73]

안셀무스는 이 논증을 두 단계 혹은 두 형태로 정립했다. 그는 『프로스로기온』 1-26장에서 하나님이 진실로 "존재하시되", 그만의 독특한 방식으로 존재하신다고 고백한다. 그는 2장에서 이렇게 선언한다. "우리는 당신이 더없이 크신 존재임을 믿습니다."[74] 어쩌면 시편 14:1에 나오는 "어리석은 자"만이 "하나님은 없다"고 감히 말할지 모른다. 안셀무스는 계속하여 이렇게 말한다. "더없이 큰 것은 오직 이해 속에 존재한다. 이는 그것이 실제로 오직 이해 속에만 존재한다면, 그것은 **현실** 속에도 존재한다고 생각할 수 있기 때문이요, **이것이 더 크기 때문이다.**"[75] 만일 하나님이 현실 속에 존재하지 않는다면, 하나님

---

71 Anselm, "An Address (Proslogion)", in *A Scholastic Miscellany: Anselm to Ockham*, ed. Eugene R. Fairweather, LCC (London: SCM; Philadelphia: Westminster, 1956), pp. 69-93. 『스콜라 신학 선집』(두란노아카데미).
72 Karl Barth, *Anselm: Fides Quaerens Intellectum* (London: SCM, 1931; Richmond, Va.: John Knox, 1960), pp. 35-40를 보라. 『이해를 추구하는 믿음』(한국문화사).
73 Louis Pojman, "The Ontological Argument", in his *Philosophy of Religion*, 3rd ed. (Belmont, Calif.: Wadsworth, 1998), p. 55에서 인용. 티슬턴 강조.
74 Anselm, "An Address (Proslogion)", p. 73.
75 Anselm, "An Address (Proslogion)", p. 74. 티슬턴 강조.

은 내가 **생각할** 수 있는 것 혹은 내 생각의 내용'보다 크지' 않을 것이다. 안셀무스는 계속하여 '더 크다'는 것 안에 긍휼, 불변성, 의, 자비, 진리, 영원성이 포함된다고 이해한다(7-13장).

안셀무스와 같은 시대 사람인 수도사 가우닐로(Gaunilo)는 이런 논증을 거부했다. 그는 헤아릴 수 없는 부, 풍성한 진미, 그 섬을 인간이 상상할 수 있는 섬 가운데 '가장 위대한' 섬으로 만들어 주는 모든 것을 가진 한 섬을 예로 인용했다. 그러나 그는 이 섬의 탁월함이 이 섬이 **현실** 속에 존재한다는 근거를 제공하지 않으며 이런 섬은 오로지 **생각** 속에만 존재할 뿐이라고 주장했다.

이 때문에 안셀무스는 자신의 논증을 다시 정립했다.[76] 그는 한 섬 유비를 철회하고 자신의 논증이 "하나님에게만 독특하게 적용되는" 것임을 인정했다. 사실 그는 이미 이런 점을 『프로스로기온』 4장에서 암시했다. 앨빈 플랜팅가가 표현하듯이, 일부 특질들은 **유일무이하여 도저히 능가할 수 없는 최대치들**이다. 오늘날 플랜팅가는 "최대치의 위대함"을 이야기한다.

칸트의 이 논증 비판은 훨씬 더 진지하다. 아이러니하게도 이 문제를 풀 실마리는 르네 데카르트(René Descartes, 1596-1650)가 이 논증을 철학의 방법으로 변호하고 재정립하고자 시도하는 과정에서 나왔다. 수학자요 합리론자였던 데카르트는 확실성 혹은 **확실한 지식**을 추구했다. 그는 **경험에 근거한** 혹은 귀납적 논증을 개연성만 제공하는 논증이라며 내버렸다. 선험적 진리는, 특히 이 진리가 분석적이고 자명한 진리라면, 논리상 확실하다. "2+2=4"라는 명제와 "총각은 모두 미혼이다"라는 명제가 이 범주에 들어간다. 마찬가지로, 데카르트는 "영원한 존재는 그의(하나님의) 본질에 속한다"고 주장했다. 그가 말했듯, 한 삼각형의 세 각은 두 직각과 틀림없이 같다는 사실을 "삼각형의 본질에서 떼어 놓지 못하듯이", "존재도 하나님의 본질에서 떼어 놓지 못

---

[76] Anselm, "An Excerpt from the Author's Reply to the Criticisms of Gaunilo", in *A Scholastic Miscellany*, pp. 94-96.

한다."⁷⁷

데카르트의 의도는 확실했지만, 데카르트도 결국 칸트에게 자신의 속내를 드러내고 말았다. 논리상 필연인 명제가 단지 (삼각형의 각들처럼) **자명한 진리**일 뿐이라면, 이것이 과연 실속 있는 내용을 전달하는가? 칸트의 독특한 논증에 따르면, 선험적 접근법에서는 '존재'와 '파랗다' 혹은 '무겁다' 같은 **술어를 혼동한다**. 우리는 "차 주전자는 갈색이며, 그것은 존재한다"라고 말하지 않는다. 그렇게 말하면 마치 이 두 말이 똑같이 정보를 일러 주는 말 같기 때문이다. 첫 번째 명제는 두 번째 명제를 **전제한다**. 칸트는 이렇게 단언했다. "존재는 분명 현실로 존재하는 술어는 아니며…어떤 사물을 가리키는 개념에 덧붙일 수 있는 것이다."⁷⁸ 단지 형식적 개념을 분석한 결과에서 존재를 추론하기는 불가능하다.

그 개념이 독특한 하나님 개념이면 뭔가 달라질까? 헤겔은 이런 생각을 변호하려고 했다. 그러나 헤겔 이후 사상가들은 첨예하게 나뉘었다. 버트런드 러셀(Bertrand Russell, 1872-1970)은 **존재 기호**(existential quantifier)라는 개념을 사용하여 칸트의 비판을 더 발전시켰다. 그는 철학에서 오랫동안 써온 낡은 예인 "프랑스 왕은 대머리다"를 "적어도 한 x를 놓고 보면, x(프랑스 왕)가 대머리인 x가 있다"라는 명제로 옮기거나, 혹은 **논리 기호**(logical notation)로 옮겨, (∃x) (Fx): **실제로** "한 왕을 놓고 보면, 그 왕은 대머리다"로 옮긴다. 다시 말하면 '존재'는 다른 명제 규칙으로서 **괄호 안에 묶이게 된다**.

리처드 스윈번은 우주론적 논증과 목적론적 논증은 꼼꼼히 설명하지만, 존재론적 논증은 대체로 무시할 뿐 아니라 이 존재론적 논증은 결국 "시간을 초월하고" 성경과 들어맞지 않는 하나님으로 끝날 수 있다며 우려를 표한다.⁷⁹ 대다수 사상가는 이 논증이 하나님의 유일무이한 위대하심을 '형식을 갖추지

---

77 René Descartes, *Meditations* 5 (1641), in *The philosophical Works of Descartes*, ed. E. S. Haldane and G. R. T. Ross (Cambridge: CUP, 1911). 『성찰』(나남출판).
78 Kant, *Critique of Pure Reason*, 특히 초월적 변증법을 다룬 부분.
79 Swinburne, *The Coherence of Theism*, pp. 210-280.

않고도' 혹은 직관으로 '추론해 낸다'는 것을 인정하면서도 이 논증의 **논리**는 거부한다.

주목할 만한 예외 중에는 노먼 맬컴(Norman Malcolm)과 특히 양상 논리를 다룬 앨빈 플랜팅가가 있으며, 다른 방향으로 나아간 이로서, 스피노자(Spinoza), 라이프니츠, 볼프(Wolff), 피히테(Fichte), 헤겔이 이 논증을 변호한 것들을 추적한 한스 큉이 있다. 아울러 이 논증은 신(新)토마스주의 혹은 신(新)스콜라주의에서 두드러진 역할을 한다. 큉과 플랜팅가는 모두 이 논증이 "증거"임을 부인하면서도, 이 논증이 하나님은 존재한다고 믿는 믿음이 합리적일 수 있음을 보여 줄 만한 능력을 갖추고 있다고 변호한다.[80]

라이프니츠는 오직 하나님 안에서만 모든 종류의 '완전함'이 존재한다고 주장함으로써 데카르트의 논증을 발전시키려 했다. 찰스 하츠혼(Charles Hartshorne, 1897-2000)과 노먼 맬컴은 모두 양상 논리에 의존했다. 맬컴은 안셀무스의 첫 번째 공식을 거부하고, "필연인 존재"가 완전함의 한 형태라고 주장했다.[81] 플랜팅가는 맬컴의 논증을 하나님의 가지신 "최대치의 위대함"이라는 말로 다시 진술한다.[82] 그는 논리상 최대치의 위대함을 가진 어떤 존재(a Being)를 가정한다. 이 존재는 **있을 수 있는 모든 세계 안에** 존재하며, 따라서 논리상 **적어도 있을 수 있는 한 세계**에서는 최대치의 위대함을 가진다. 그는 이것이 논리상 가능하다는 대전제에서, 전지(全知)하고 전능하며 완전히 선한 어떤 존재가 존재한다는 것이 실제로 필연인 진리라는 소전제를 이끌어 낸다. 다시 말해, 이런 존재는 최대치의 위대함을 가진 존재다. 그는 이런 전제들을 **증명할** 수 있다고 주장하지 않고, 다만 이런 전제들이 **이성에 어긋나지 않**

---

80 Hans Küng, *Does God Exist? An Answer for Today* (New York and London: Collins, 1980), pp. 529 and 535-551.
81 Norman Malcolm, "Anselm's Ontological Arguments", *Philosophical Review* 69 (1960): pp. 41-62.
82 Alvin Plantinga, *The Ontological Argument* (New York: Doubleday, 1965); Plantinga, *God, Freedom, and Evil*; 그리고 James E. Sennett, ed., *The Analytic Theist: An Alvin Plantinga Reader* (Grand Rapids: Eerdmans, 1998).

는다고 주장한다. 플랜팅가는 복잡한 논증을 간명하게 표현해 보고자, 안셀무스가 말하는 개념인 "생각할 수 있는"(conceivable)을 양상 논리 안에서 '논리상 가능한' 것으로 바꿔 놓은 것 같다.

가톨릭 신학자 한스 큉(1928-)은 이 논증 전체의 가치를 인정한다는 점에서 플랜팅가와 대체로 의견을 같이한다. 그는 이렇게 썼다. "이런 존재가 실제로 존재한다는 것을 증명할 수는 없다.…그렇긴 하지만 여기에도 역시 생각할 거리가 있다."[83] 그는 이 논증이 하나님을 "완전히 타자"로 아는 지식을 암시하며, 이런 지식은 하나님에 관한 생각이 지닌 매력에 이바지한다고 주장하는데, 옳은 주장이다. 안셀무스처럼 한스 큉도 이 논증이 "신뢰의 선험적 측면"을 암시한다고 여긴다. 이 논증은 "안셀무스 자신이 표현했듯이, 신뢰하는 믿음을 표현한 것"이다.[84] 우리가 주요 논증 셋 모두 합리성이 있음을 부인한다면, 우리에게 남는 것은 "만물에는 아무 근거, 만물을 지탱하는 것도, 아무 목적도 없다는 것"뿐이다.[85] 이것을 보통 허무주의라 부른다.

또 다른 탁월한 가톨릭 신학자 한스 우르스 폰 발타사르(Hans Urs von Balthasar, 1905-1988)도 존재론적 논증에서는 "세계에서 가져온 논증으로 하나님께 도달하기란 불가능하다"고 주장한다. "하나님은 본질상 생각될 수 없는 분이시기 때문이다.…이것은 어떤 개념 구조에나 적용되는 전제요…모든 존재…그리고 모든 사상에 적용되는 전제다."[86] 결국 세 주요 논증은 (논증들이 다양한 형태를 띠고 있어도) 모두 하나님의 철저한 초월성과 유일무이성을 가리킨다. 하나님은, 다른 원인에서 생긴 이든, 도구적 목적이든, 아니면 인간의 지성에서 나온 개념이든, 단순히 세계 안에 있는 실체에 그치는 존재가 **아니다**. 하나님께 이런 유일무이한 초월성이 있음을 인정하는 것은 전혀 언어도단이 아

---

83 Küng, *Does God Exist?*, p. 535.
84 Küng, *Does God Exist?*, p. 535.
85 Küng, *Does God Exist?*, p. 536.
86 Hans Urs von Balthasar, *The Glory of the Lord: A Theological Aesthetics*, vol. 2 (Edinburgh: T. & T. Clark, 1984), p. 231.

니다. 키르케고르가 단언했듯이, "증명할" 수 있는 하나님은 실상 **하나님**이 아닐 것이다. 바르트가 강조하듯이, 우리는 하나님께 "올라가지" 못한다. 우리에겐 그분의 계시와 은혜가 필요하다.

이것이 그리스도인의 제자도에 일러 주는 교훈은 명약관화하다. 그리스도인이 예배하는 하나님은, 세계 안에 있는 것이든 세계를 초월한 것이든 존재하는 모든 것의 기초요 전제다. 그는 초월자이신 우리 창조주로서, 경이와 예배와 두려움을 불러일으키시는 분이다. 그러나 이것이 곧 하나님을 믿는 믿음이 합리적이지 않음을 의미하지는 않는다. 이 믿음은 논리에 입각한 증명의 범위를 벗어나긴 해도 비합리적이지는 않다. 이런 하나님을 알려면 계시와 은혜가 필요하며, 합리적 성찰, 예배, 순종이 이런 계시와 은혜에 적합한 반응이다.

5. 전능, 전지, 편재: 이 말들의 의미

니케아 신경은 "나는 전능하신 한 하나님 아버지를 믿습니다"로 시작하며, 사도신경은 "나는 전능하신 하나님 아버지를 믿습니다"로 시작한다. 전통에 따르면, 하나님은 **능력**의 하나님이시다. 하지만 근래에는 자신들의 자리를 힘으로 유지하려는 권위주의 독재자들과 절대 군주들을 향한 반발 때문인지, 이 '능력'이라는 말이 많은 영역에서 사라진 것 같다. 반면 완전히 다른 각도에서 바라보면, **하나님은** 능력이 충만하기 때문에, **예배자가 그 스스로 될 수도 없고 할 수도 없는 것을 예배자를 위하여 되실 수도 있고 하실 수도 있다.** 이것이 바로 그리스도의 속죄 사역을 지배하는 주제다. 우리는 속죄에서 하나님이 '우리가 우리 자신의 힘으로 이루지 못할 일을 우리를 위해 행하심'을 본다. 따라서 C. S. 루이스 및 다른 이들이 하나님은 더 힘센 '골목대장'(bully) 정도에 그치는 분이 아니라고 바르게 한 소리 하긴 했지만, 그래도 우리 역시 '능력의 하나님'을 깎아내리는 못난 움직임에 맞서야 한다. 이는 경건하다 하는 일부 사람들이 가끔씩 사악하게 '권력 놀이'에 빠지는 일이 있어도 변함없이 적용된다.

우리는 악이라는 문제를 논할 때, 전능하다(almighty)는 것이 원 모양의 사각형을 만들거나 거짓말을 하는 능력을 포함하여 어떤 일이라도 할 수 있는 능력을 동반해야 하는 것은 아니라고 말했다. 우리가 사용하는 '만능'(omnipotence)이라는 말은 **논리의 모순**을 극복하거나(가령 원 모양의 사각형을 만드는 것) 인격 **내면의 제약**을 극복하는(가령 거짓말을 하거나 약속을 깨뜨리는 것) 능력을 동반하는 말이 아니다. 우리가 하나님을 비합리적 우주를 창조하신 분으로 여기지 않는 이상, 논리에 어긋나는 능력을 하나님께 부여하여 얻는 것은 전혀 없을 것이다.

라틴어식 단어인 'omnipotent'라는 말보다 'almighty'가 성경에서 하나님이 주권자로서 가지신 힘을 표현할 때 보통 쓰는 말이다. 고린도후서 6:18; 요한계시록 1:8; 4:8; 11:17; 15:3; 19:6, 15; 21:22에서는 *pantokratōr*('전능한', '전능한 자'라는 뜻이다—옮긴이)라는 그리스어를 사용한다. G. 판 덴 브링크(van den Brink)는 성경에서 사용하는 그리스어가 라틴어에서 유래한 'omnipotent'보다 몇 가지 이점을 갖고 있음을 설득력 있게 논증했다. 아울러 그는 하나님의 경우에는 이 말이 보통 **잔인한 위력**을 사용한다는 의미의 "**누군가를 위압하는 힘**"이라기보다 **무언가를 가능케 한다**는 의미의 "**누군가를 위하는 힘**"을 가리킨다고 주장한다. 이런 정의 역시 이미 언급했던 순수한 논리상의 제약들을 여전히 갖고 있다. 예를 들면, 아우구스티누스는 하나님이 "죽을 수 없다"는 것, 혹은 하나님이 이미 이루어진 일을 이루어지지 않은 일로 "만드시지 못한다"는 것을 강조했다. 피터 기치(Peter Geach)도 마찬가지로 전능함과 만능을 구분한다. 그는 "어느 것이든 할 수 있는 능력"은 대중이 생각하는 만능과 관련된 제약들을 고려해야 한다고 주장한다.

그럼에도 판넨베르크는 "'하나님'이라는 말이 존재하는 모든 것을 결정하는 능력을 의미할 때만 '하나님'이라는 말을 의미 있게 사용하는 것이다"라고

3장 하나님과 세계

썼다.[87] 아퀴나스는 "만일 당신이 원하시지 않으면, 어떤 것이 존속할 수 있겠습니까?"(지혜서 11:25)라는 말을 인용한다. 아울러 그는 하나님의 주권적 의지에 종종 "중간 원인"도 포함된다고 강조한다.[88] 가령, "자연스러운 치유" 자체도 하나님의 특별한 개입이라는 하나님의 전능한 의지를 반영한다. "모든 영역에 주권을 행사하는"이라는 의미를 가진 *pantokratōr*는 신약성경뿐 아니라 교부들의 글에서도 빈번히 나타난다.[89] 클레멘스, 유스티노스, 이레나이우스, 오리게네스, 니케아 이후의 많은 교부가 이 용어를 사용한다.

구약성경에서도 하나님의 주권을 강조하지만, 특히 '하나님 나라'라는 용어도 하나님의 주권을 강조한다. 하나님 나라라는 용어는 보통 하나님이 **왕으로서 다스리신다**는 의미를 갖고 있다. 구약성경에서는 하늘 군대를 배치하시는 분인 "만군의 여호와(Lord, 주)" 같은 문구를 사용하여 하나님의 초월적 주권을 강조한다. 이 문구는 구약성경에서 279회 등장한다. 하나님 나라는 예수의 가르침에서 아주 중요한 위치를 차지한다. 하나님 나라는 인간의 완전한 순종을 암시하며, 이는 하나님 나라를 틀리기 쉽고 심지어 죄로 가득한 교회와 구분해 준다. 하나님이 당신의 뜻을 표현하려고 어떤 부차적 수단을 사용하시든, 그리스도인은 하나님의 주권 영역 밖에 있는 것은 아무것도 없다는 사실을 기뻐해도 된다.

하나님의 **전지**(全知, omniscience)는, 특히 인간이 "부분적으로만 알기" 때문에(고전 13:9), 어쩌면 더 상상하기가 어려울지도 모르겠다. 키르케고르에서 시작하여 가다머를 거쳐 많은 포스트모던주의자에 이르는 사상의 흐름을 살펴보면, 인간은 오직 '어떤 주어진 관점에 비춰' 알 뿐이라는 데 대체로 의견을 같이한다. 하이데거의 말을 빌리면, **인간이 철저히 역사 속에 갇혀 있다는 유한성**이나 "역사성"이나 "상황성"(situatedness)이 인간을 제약한다.

---

87 Pannenberg, *BQT* 1: p. 1.
88 Aquinas, *Summa* I, qu. 19, art. 8, 답.
89 Lampe p. 1005.

가장 어려운 문제는 하나님이 **미래**를 아시는가, 또는 하나님이 **미래**를 아신다는 게 무슨 의미인가를 물을 때 생긴다. 세계 안에서 일어나는 모든 사건이 예정되어 있으며 인간의 자유는 단지 환상일 뿐이라고 믿는 이들에게는 문제가 되지 않을 수도 있다. 하나님이 인간에게 제시하시는 것으로 보이는 수많은 '선택지'는 관두고라도, 이런 견해가 일으키는 도덕적 질문은 엄청나게 많을 것이다.

대다수 사상가는 이런 엄격한 결정론을 거부한다. 그러나 다른 쪽을 보면, 비록 가설이라 할지라도, 하나님이 완벽하시고 '완전하시면' 미래에 벌어질 모든 상황을 아시는 것은 당연하다고 생각하는 이들이 많다. 그런 하나님은 '상대'가 취할 수 있는 모든 수와 당신 자신이 이런 수에 응수할 것까지 다 읽고 있는 하늘의 체스 기사일 것이다. 인간이나 컴퓨터는 아무리 간단한 문제도 어떤 '해답'에 이르려면 시간이 걸리지만, 하나님은 당연히 이런 인간이나 컴퓨터와 똑같은 방식으로 '추론하시지는' 않을 것이다. 이런 경우에 하나님의 사유는 유비 대상이 없다.

대다수 사상가는 하나님이 미래를 아신다는 이런 주장에 극복할 수 없는 반론들이 있다고 본다. 단지 미래는 **아직 일어나지 않았고**, 따라서 **현실의 일부가 아니라는 것이 그 이유다**. 하나님은 **이루어지지 않은** 수많은 가설을 아신다고 주장하는 일은 논리에 어긋나는 것 같다. 이 가설들이야말로 대부분 이루어지지 않을 것이기 때문이다. R. 스윈번은 우리가 어떻게 하면 '참' 혹은 '거짓'이라는 말을 아직 일어나지 않은 일들에도 적용할 수 있는지 묻는다.[90] 실제로 그는 이렇게 주장한다. "하나님의 예지(豫知, foreknowledge)는 (설령 그 안에 실속 없이 그럴싸해 보이기만 한 일들이 들어 있더라도) 인간의 자유의지와 양립하지 않는 것 같다."[91]

토마스 아퀴나스는 더 심오하고 다른 이유를 내세워 하나님의 예지를 거

---

[90] Swinburne, *The Coherence of Theism*, p. 173.
[91] Swinburne, *The Coherence of Theism*, p. 173.

부한다. 그는 하나님이 우리가 아는 시간 **밖**에 계신 분인데도 예지라는 개념을 인정하면 **하나님께 어떤 연대(年代) 개념 혹은 인간의 시간 관념을 강요하는** 셈이 된다고 주장한다. 하지만 미래라 하는 것이 현재의 실재가 된다면, 설령 인간의 관점에서는 모든 일이 과거나 현재나 미래일지라도 하나님은 모든 실재를 '동시에' 아시는 것이다. 하나님은 모든 일을 현재에 일어나는 일로 아신다. 아퀴나스는 하나님은 "그분이 현재 **조종하실 수 있는** 일들", 곧 그분이 현재 관여하실 수 있고 움직이실 수 있는 것들을 "당연히 아실 수밖에 없다"고 썼다.[92] 그러나 어쨌든 하나님은 "실제로 일어난 일뿐 아니라 일어날 수 있는 일도" 아신다. "하나님은 미래의 우연한 일도 아신다."[93]

스윈번은 하나님의 전지하심과 목적은 어쨌든 '고정되어 있다'는 주장에 반대하며, 구약성경에서 많은 예를 원용한다. 한 예가 아브라함이 소돔을 위해 올리는 도고(intercession)다. 이때 하나님은 의인 오십 명(창 18:24)이나 삼십 명(18:30)이나 심지어 열 명(18:32)만 있어도 소돔을 파멸시키려는 당신의 계획을 '바꾸려' 하신다. 두 번째 예는 모세가 이스라엘을 위해 올리는 도고다(출 32:7-10, 12-14). 세 번째 예는 하나님이 니느웨에 내리시려는 심판과 하나님이 이 도시를 살려 주시는 데에 요나가 드러내는 분노다(욘 4:1-11). **하나님은 조건부 약속을 하신다.** 하나님이 결과를 미리 아시는 분이라면 어떻게 이런 조건부 약속을 하실 수 있을까?[94] 스윈번이 그리스도인에게 제시하는 교훈은 하나님이 당신의 성품 때문에 혹은 이 세계의 합리성 때문에 당신 자신을 제약하는 쪽을 택하려 하신다는 것이요, 이는 논리의 모순을 일으키지 않는다는 것이다.

하나님의 전지하심과 전능한 능력을 가장 현실성 있게 적용한 경우는 특별히 하나님이 당신의 말씀을 **약속**으로 선언하신 경우다. 이 경우에 하나님

---

92 Aquinas, *Summa* I, qu. 14, art. 16, 답.
93 Aquinas, *Summa* I, qu. 14, art. 13, 답.
94 Swinburne, *The Coherence of Theism*, p. 177.

은 당신이 약속하신 것을 행하시겠다고 맹세하시고 그것을 행하는 데 헌신하신다. 이를 통해 **하나님은 당신이 지금도 행하실 수 있는 일들의 선택 범위를 제약하신다.** 그리스도인은 이런 약속들을 신뢰하며 자신 있게 자기 것으로 삼을 수 있다. 화행 이론은 이런 약속들을 더 깊이 설명해 준다. 약속은 우리가 성례를 고찰할 때 더 깊이 탐구해 보겠다.

성경 몇 곳에서는 **하나님의 편재**(遍在, omnipresence)를 설명한다. 그 가운데 가장 유명한 것이 아마도 시편 139편일 것이다. 여기엔 이런 구절이 있다.

> 내가 주의 영을 떠나 어디로 가며
> 　주의 앞에서 어디로 피하리이까?
> 내가 하늘에 올라갈지라도 거기 계시며
> 　스올에 내 자리를 펼지라도 거기 계시니이다.…
> 　바다 끝에 가서 거주할지라도
> 거기서도 주의 손이 나를 인도하시리이다. (시 139:7-10)

바르트는 이렇게 썼다. "편재는 분명 하나님의 자유에 따른 결정이다. 그것은 곧 주권이며, 이 주권 안에서 하나님은 그 자신이신 분으로서 당신의 본질에 상응하는 방식으로 존재하고 행동하시면서 다른 모든 것을 상대로 존재하신다."[95] 예레미야는 하나님이 "나는 천지에 충만하지 아니하냐?"(23:24)라고 말씀하신다고 이야기한다. 이것의 신앙적 의미는 분명하다.

여기서 등장하는 철학 원리는 하나님이 바로 **공간의 조건**, 공간의 근거시라는 것이다. 따라서 하나님을 어떤 공간에 계신 분이나 공간의 제약을 받는 분이라고 생각하는 것은 사리에 맞지 않을 것이다. 구약성경에서는 이것이 하나님과 **우상들**을 구분하는 한 요소다. 신약성경에서는 실제로 이런 점

95　Barth, *CD* II/1, p. 461.

이 하나님을 그리스나 로마의 지역 신들과 구분해 준다. 몰트만은 심지어 자신이 이전에 의지했던 모든 대들보가 무너지고 지독한 지옥 같은 절망에 빠졌을 때 하나님의 임재를 체험했던 일을 자세히 이야기한다.[96] 우리가 악이라는 문제를 논할 때 언급했듯이, 몰트만은 그의 책 『십자가에 달리신 하나님』(*The Crucified God*)에서 아우슈비츠 생존자인 위젤의 이 글을 인용한다. "그(하나님)는 어디에 있는가? 그는 거기 교수대에 달려 있다."[97] 우리는 이 문제를 더 솔직하게 표현할 수도 있겠다. 한 개인이 혹은 하나님의 백성으로 이루어진 공동체가 기쁨과 풍족함의 세월을 보내고 있든, 아니면 암흑과 절망과 핍박의 시간을 보내고 있든, 하나님의 사랑과 임재에서 그들을 떼어 놓을 수 있는 것은 아무것도 없다. 로마서 8:39에서는 우리와 떨어질 수 없는 하나님의 사랑이 우리와 떨어질 수 없는 하나님의 임재를 가져온다고 말한다. 그 어떤 것도 "우리를 우리 주 그리스도 예수 안에 있는 하나님의 사랑에서 끊을 수 없으리라." 다시 말하지만, 신학적 성찰이 가장 **실제와 관련 있고 실제 삶**과 연결된 **관심과 확신**을 불러일으킨다.

---

[96] Jürgen Moltmann, *A Broad Place: An Autobiography* (London: SCM, 2007), pp. 29-31. 『몰트만 자서전』(대한기독교서회); 그리고 "My Theological Career", in *History and the Triune God: Contributions to Trinitarian Theology* (London: SCM, 1991), pp. 166-167. 『삼위일체와 하나님의 역사』(대한기독교서회).

[97] Moltmann, *The Crucified God*, p. 274; Wiesel, *Night*, p. 76에서 가져온 말.

4장

무신론의 도전: 그리스도인들에게 주는 교훈

1. 무신론의 기원: 인류를 바라보는 유물론자의 단순한 견해

고대 세계에서 후기 종교개혁 시대까지만 해도 사람들은 하나님(God)이나 신들(gods)을 믿는 믿음을 꽤 '당연하게' 여겼다. **명백한**(explicit) 무신론은 대체로 예외였다. 분명 데모크리토스(Democritus, 기원전 5세기 중엽에서 4세기)는 **은근한**(implicit) 무신론을 자신의 원자 이론 중 일부로 가르쳤던 것 같다. 에피쿠로스(Epicurus, 기원전 341-271)도 비슷한 관점을 공유했다. 이들의 철학이 영향을 미치긴 했어도, 이들의 견해가 규범은 아니었다.

토머스 홉스(Thomas Hobbes, 1588-1679)도 대중 종교를 비판했지만 명백한 무신론을 철저히 따르지는 않았다. 하지만 홉스는 유물론 세계관을 주장했다. 그는 원인력(原因力)이나 인간의 욕구 및 열정이 모든 것을 만들어 낸다고 주장했다. '종교'는 대개 이차 원인들을 몰라서 생긴 것이다. 홉스의 정치 논문인 『리바이어던』(Leviathan, 1651, 나남출판)에서는 최고 권력이 국가, 특히 군주라고 말한다. 무엇보다 이기심에 근거하여 수립된 사회 계약은 문명이 먼 과거로, 곧 사람들이 종종 인용하듯이 삶이 "고독하고, 가난하며, 더럽고, 잔인하며, 짧았던" 그때로 추락하는 것을 막아 준다.

데이비드 버만(David Berman)은 무신론의 역사를 다룬 그의 책에서 1677-1678년과 1697년에 이뤄진 영국 정부 입법이 명백한 무신론을 지하로 내몬 경향이 있었음을 보여 주었다. 그럼에도 분명 잉글랜드에서는 많은 사람이, 적어도 상류층에서는, 홉스의 철학이 자신들이 받아들인 무신론을 **암시한다**고 여겼다.[1] 버만은 로체스터 백작인 존 윌모트(John Wilmot)를 비롯하여 많은 '자유사상가'를 인용하는데, 실은 윌모트 자신도 어떤 최고 존재를 믿었으며, 이 세계가 단지 우연히 존재하게 되었다는 생각을 하지는 못했다. 그는 이런 존재가 비록 "인격체"는 아니지만 "어떤 거대한 힘"이라고 규정했다. 홉스 자신은 모호한 태도를 취했다. 대니얼 스카길(Daniel Scargill)은 그의 저작 『취소』(Recantation, 1669)에서 홉스보다 먼저 무신론을 훨씬 더 분명하게 표현했다. 그는 이 작품에서 자신이 이전에 하나님을 "위험하고 심술궂은" 이로 여기며 부인했던 것을 취소한다. 스카길은 자신이 과거에 "무신론자…임을 자랑스러워했다"고 설명했다. 버만은 이를 홉스가 가졌던 "심중(心中) 무신론"(speculative atheism)과 대비하여 "공언(公言)한 무신론"(avowed atheism)이라고 묘사했다. 홉스의 신중한 모호함이 진심인지 가식인지 확실히 알 수는 없으나, 그는 적어도 무신론의 이론적 기초를 제공했다. 17세기에 사람들이 대개 **공언한** 무신론을 기존 질서를 뒤집어엎는 것으로 여기며 두려워했던 것만은 분명한 사실이다.

앤터니 콜린스(Anthony Collins, 1676-1729)는 거의 모든 이가 이신론자라고 말한다(이 점은 뒤에서 논하겠다). 그는 그의 작품 『이성 활용론』(Essay concerning the Use of Reason, 1707)과 『자유로운 사고에 관한 담화』(A Discourse of Freethinking, 1713)로 유명세를 얻었다. 헤닝 그라프 레벤트로우(Henning Graf Reventlow)는 대다수 저술가처럼 콜린스를 '이신론의 전성기'와 관련짓지만, 버만은 '이신론자'라는 용어를 콜린스에게 붙이길 거부하고 그를 "심중 무신론

---

[1] David Berman, *A History of Atheism in Britain from Hobbes to Russell* (London and New York: Routledge, 1990), pp. 48-69.

자"라고 부른다.² 버만은 이렇게 주장한다. "콜린스는 여러 조심스러운 이유 때문에…자신의 무신론을 책으로 펴내길…삼갔다."³ 버만의 다음 주요 이정표는 십중팔구 데이비드 흄(1711-1776)일 것이다. 기록에 따르면, 흄은 두 번이나 '무신론'을 부인했다고 알려져 있다. 분명 그의 철학은 회의론 쪽을 가리키는데, 이 회의론은 필시 무신론일 것이다. 그러나 그의 '무신론'은 돌바크 남작(Baron d'Holbach, 1723-1789)이나 드니 디드로(Denis Diderot, 1713-1784)의 무신론만큼 명백하거나 공언한 무신론임이 뚜렷이 드러나지는 않는다. 두 저자는 모두 **공언한** 무신론자였으며 프랑스 계몽운동의 정신을 대변했는데, 이는 특히 돌바크가 쓴 『자연 체계』(System of Nature, Le Système de la nature, 1770)에서 분명하게 드러난다.

영국에서는 18세기의 마지막 10년 동안에 공언한 혹은 명백한 무신론이 등장했다. 낭만파 시인인 퍼시 셸리(Percy Shelley, 1792-1822)는 19세기 초의 무신론을 대변하는 예다. 사람들은 셸리의 무신론 체계를 "흄의 무신론이 명백히 드러난 경우"라 불렀다. 흄처럼 셸리도 감각 경험에 집중했으며, 세계는 신을 배제하고 자연주의 관점으로 설명할 수 있다고 주장했다. 프랑스의 일부 무신론자처럼 셸리도 세계에는 셸리 자신이 하나님에 관한 가설이라 부른 것이 '필요하지' 않다고 주장했다.

유물론은 프랑스 계몽주의 저술가들의 작품에서 가장 잘 나타난다. 쥘리앙 드 라 메트리(Julien de la Mettrie, 1709-1751)는 1747년에 『인간이라는 기계』 (Man the Machine, L'Homme Machine)를 썼다. 그는 인간이 다만 생리학적 과정을 반영할 뿐이라고 주장했다. 말은 몸에서 나는 소리일 뿐이다. 인간의 생각도 뇌 속의 뉴런으로 환원할 수 있다. 마찬가지로, 돌바크도 세계 전체를 하나의 기계요, 물질 입자로 이루어진 거대한 체계로 보았다. 흄도 그랬지만 이

---

2   Henning Graf Reventlow, *The Authority of the Bible and the Rise of the Modern World* (London: SCM, 1984), p. 354; Berman, *History of Atheism*, pp. 70-92.
3   Berman, *History of Atheism*, p. 75.

들 역시 지식을 감각을 통한 지각이나 감각 경험에서 유래한 것으로 본다. 생각은 몸을 가진 유기체가 점점 복잡해지면서 생긴 '부수 현상', 부산물이라고 설명한다. 이는 많은 점에서 지극히 소박한 무신론이다. 이는 만물을 기계처럼 바라보는 설명에 의존하며, 더 정교한 무신론인 포이어바흐, 마르크스(Marx), 프로이트(Freud)의 무신론과 대조를 이룬다. 이런 무신론은 헤겔이나 사회 이론이 아니라 경험론의 축소판을 그 근거로 삼는다.

    포이어바흐를 따라 나타난 무신론 형태들을 관찰해 보면, 기독교 신자들이 얻을 교훈이 더 정교하게 드러날 것이다. 한편, 그리스도인은 **하나님이 인류에게 주신 선물인 이성**의 의미를 더 높이 평가해야 한다(인간을 다룬 6장을 보라). 만일 이런 무신론 형태가 참이라면, 무신론자들은 **그들 자신의 주장이 합리적이라거나** 심지어 **타당하다고 주장할 근거가 전혀 없을** 것이다. 어쩌면 그들의 주장은 단지 뇌 속에 존재하는 물리적 원자나 입자나 뉴런이 **제멋대로 형성하고 있는 어떤 유형**에서 생겨난 것에 불과할 것이기 때문이다. 무신론자는 **예술이나 음악을** 오실로스코프로 관찰할 수 있는 파장을 가진 음성 유형이 아닌 다른 것으로 이야기하거나 설명해 보려고 노력할 것이다. 우리는 이를 3장에서 설계에 근거한 논증을 다룰 때 논했다. 그리스도인들은 **인간 이성을 깔보고 폄훼하려는** 경향을 공유하기 전에 자신들이 한 번 더 생각해야 한다는 것을 발견할 수도 있다. 오늘날 언론 매체에서 주로 보도하는 세속 세계 이야기가 "이것을 어떻게 **생각하세요?**"라는 전통적 질문을 "이건 어떤 **느낌이 들어요?**"로 바꿔 놓은 것은 우연이 아니다. 뒤에서 언급하겠지만, 합리성은 '하나님의 형상' 중 일부다. 부와 안전, 교육의 혜택을 누린다 싶은 나라에서는, 많은 그리스도인이 주로 물질 중심 사회에서 중시하는 가치들을 아무 저항 없이 받아들이는 경우가 잦을 것 같다.

2. 인간의 투사인 '하나님': 포이어바흐와 프로이트

헤겔의 제자인 루트비히 포이어바흐(1804-1872)의 영향으로 환원론이나 유물론 자체보다 훨씬 교활한 무신론 형태가 등장했다. 포이어바흐는 젊은 시절 하이델베르크에서 신학을, 베를린에서 철학을 공부했다. 다비트 F. 슈트라우스(David F. Strauss)와 브루노 바우어(Bruno Bauer)를 비롯한 다른 '젊은 헤겔 좌파'처럼 포이어바흐도 헤겔의 사상에 환멸을 느끼게 되었다. 포이어바흐는 자신이 이전에 품었던 사상의 발전 내력을 연대기와 유사한 유명한 경구로 이렇게 요약한다. "내 첫 사상은 하나님이었고, 내 두 번째 사상은 이성이었으며, 내 세 번째 사상이자 마지막 사상은 인류였다." 그가 처음에는 신학에, 그다음에는 헤겔에 느꼈던 환멸을 간파하면, 세 부분으로 이루어진 이 변화 과정을 이해할 수 있다. 그는 신학이 종교의 진정한 기원이 인간임을 은폐한다고 믿었으며, 헤겔 철학은 인간과 삶을 희생시키고 이성을 신으로 만들었다고 주장했다. 이 때문에 그는 그의 주저인 『기독교의 본질』(*The Essence of Christianitys, Das Wesen des Christentums*, 1841)에서 이렇게 썼다. "신은 인간, 아니 각 사람 곧 현실 속에 존재하고 몸을 지닌 사람의 한계에서 정결해지고 자유로워져 객관성을 갖게 된—다시 말해, **다른 존재이자 인간과 구별된 어떤 존재라** 생각하며 공경하는—인간 본질일 뿐이다."⁴ 그는 종교란 "무한자를 의식하는 것"이지만, 이 의식은 인간이 가정하는 어떤 대상을 향하며, 이 대상은 사실 "유한하지 않고" 도리어 "무한한 본질"을 가진 인간이라고 주장했다.⁵ 그는 "하나님이 전부가 되게끔 인간은 아무것도 아니어야 한다는 것"이 종교의 목표라고 결론지었다.⁶

이는 두 관점에서 바라볼 수 있다. 포이어바흐의 관점에서 보면, 인간이 축

---

4   Ludwig Feuerbach, *The Essence of Christianity* (New York: Harper, 1957), p. 14. 티슬턴 강조. 『기독교의 본질』(한길사).
5   Feuerbach, *The Essence of Christianity*, p. 2.
6   Feuerbach, *The Essence of Christianity*, p. 26.

소되어야 '하나님'을 창조할 수 있다. 기독교의 관점에서 보면, 포이어바흐는 인간을 신으로 만들며 무한자로 높이는 이다. 포이어바흐가 말하는 인간은 **피조물**이 가지는 제약들을 받아들이지 않는다. 이 두 번째 관점을 보면, 포이어바흐의 사고는 오만(*hubris*)과 우상 숭배를 표현한다. 인간을 하나님 자리에 놓기 때문이다. **신학은 인간론이 되어 버린다.** 이 점은 포이어바흐의 다른 주저인 『종교의 본질에 대하여』(*The Essence of Religion, Das Wesen der Religion*, 1845, 한길사)에서 훨씬 더 분명해진다. 인간은 인간 자신의 본질(nature)이 지닌 형상을 '하나님'에게 '투사' 혹은 강요한다. 이 **투사**(projection)라는 관념을 더 발전시키는 데는 니체도 일부 기여하지만 주로 프로이트가 크게 기여한다.

포이어바흐는, 심지어 헤겔이 아직 살아 있는데도, 그의 작품 『죽음과 불멸에 관한 사유』(*Thoughts on Death and Immortality, Gedanken über Tod und Unsterblichkeit*, 1830)에서 관념론을 비판하기 시작했다. 그는 니체의 '경구들'을 미리 내다보기라도 하듯, 통찰이 넘치면서도 매서운 냉소를 담고 있는 '짧은 경구들'을 만들어 냈다. 많은 경구가 풍자를 담고 있었는데, 그는 "풍자—그것은 현미경이다—는 사물을 크게 확대해 준다"는 것을 그 이유로 들었다.[7] 그는 비꼬는 투로 이렇게 썼다. "그리스도인과 다른 훌륭한 사람들을 구분해 주는 것이 무엇인가? 고작해야 경건한 얼굴과 가르마 탄 머리뿐."[8] 그는 같은 맥락에서 이렇게 단언했다. "나는 당신이 선포하는 기독교가 순수하다고 인정한다. 그러나 바로 그런 이유 때문에 기독교는 아무 색깔도, 아무 향기도, 아무 맛도 없다."[9] 포이어바흐는 기독교를 단지 **인간 현상**으로, 종교 사회학이나 심지어 '종교학' 속에 존재하는 어떤 과정과 흡사한 것으로 여겼다. 여기에는 비단 그리스도인뿐 아니라 특히 기독교 신학자들에게 주는 교훈이 있다. **신학은** 빈번히 **인간 현상**을 서술하는 것으로 축소된다. 사람들은 종종 "내 믿음이

---

7   Ludwig Feuerbach, *Thoughts on Death and Immortality: From the Papers of a Thinker* (Berkeley: University of California Press, 1980), p. 175, epigram 1.
8   Feuerbach, *Death and Immortality*, p. 205.
9   Feuerbach, *Death and Immortality*, p. 234.

내 닻이었습니다"라고 말하는데, 이는 진실이었을지도 모를 "**그리스도가 내 닻이었습니다**"보다 덜 어리석어 보인다. 포이어바흐의 관점에서 보면, 그는 인간을 고귀한 존재로 드높였다. 그러나 그 반대 관점에서 보면, 그는 인간이 무한자를 '저기 밖에' 만들어 놓은 어떤 대상 속에 투사한 것으로 '하나님'을 축소해 버렸다.

포이어바흐의 관점에서 보면, 그는 해방의 철학을 가르쳤다. 기독교의 관점에서 보면, 그는 인간의 자족을 가르침으로써 우상 숭배를 가르쳤다. "인간은 곧 그가 먹는 것이다"라는 그의 경구는 그의 유물론을 분명하게 보여 준다. 이것이 실제로 인간을 고귀하게 높인 것인가?

그리스도인은 하나님을 인간 자신의 형상으로 만들어 내는 데서 자유롭지 않다. 가톨릭 신학자 캐런 킬비(Karen Kilby)는 지나친 평등을 주창하는 '사회적 삼위일체' 개념이 너무 성급하게 포이어바흐를 추종하면서 20세기 후반의 평등 민주주의를 삼위일체 신학에 강요한다고 주장했다. 우리의 하나님 개념에도 이와 비슷한 경고를 할 수 있다. 우리가 하나님에 관하여 주장하는 교리는 우리 교회나 사회의 특정 문화를 너무 가벼이 반영하지 않는가?

또 다른 가톨릭 신학자 발터 카스퍼(Walter Kasper)는 포이어바흐와 헤겔의 연관성을 탁월하게 설명한다. 그는 이렇게 설명한다. "결국 종교적 투사는 소외(疎外)와 소원(疎遠)에, 인간을 부정(否定)함에 이른다. 이런 시각에서 볼 때, 무신론은 부정의 부정이요, 따라서…하나님을 '부정'하고 인간을 '긍정'하는 것이다.…하나님을 믿는 믿음은 인간 자신을 믿는 믿음이 된다.…정치가 종교와 교회를 대신하고, 행위가 기도를 대신한다."[10]

더구나, 포이어바흐의 무신론 주장은 꼼꼼한 비판을 동반한 논증이라기보다 그냥 주장일 뿐이다. 한스 큉은 이렇게 평한다. "이성과 성경, 정치와 종교,

---

10 Walter Kasper, *The God of Jesus Christ* (New York: Crossroad, 1991; orig. 1982), p. 29. 『예수 그리스도의 하느님』(수원가톨릭대학교출판부).

행위와 기도, 땅과 하늘이 꼭 서로 배척할까?"¹¹ 우리는 하나님을 원할 수도 있고 원하지 않을 수도 있으나, **소원이 실재를 결정하지는 않는다.** 우리가 어떤 것을 원한다고 그것이 존재하거나 존재하지 않는 일이 일어나지는 않는다.

지크문트 프로이트(Sigmund Freud, 1856-1939)는 생애 초부터 무신론자였다. 그는 의식 상태를 "서로 돕거나 억제하는 힘들의 상호 작용"으로 여겼다. 한스 큉이 말했듯이, "인간의 정신(*psyche*)은 일종의 기계로 이해됐다."¹² 큉과 폴 리쾨르는 프로이트가 신경 활동이나 정신 활동을 나타낼 때 사용하는 용어가 대부분 **생리학**이나 **경제학**의 의미 영역에서 가져온 은유들을 구성한다고 말했다. 프로이트의 가장 독특한 관심사는 무의식을 탐구하는 것이었다. 그는 종종 이 무의식을 억눌린 소원, 또한 억눌린 금지 사항과 죄책이 모여 있는 저수지로 보았다. 무의식 안에서 일어나는 날카로운 충돌이 **노이로제**의 원인일 수 있다. 의사는 이런 충돌을 의식이 인식하는 쪽으로 끌어가려 할 것이다.

프로이트는 특히 동시에 일어나는 심판과 사랑, 금지와 용서, 혹은 보호와 친절의 근원인 아버지라는 형상에 초점을 맞췄다. 아버지라는 형상이 끼치는 이런 이중의 영향은 특히 인간의 발전 단계에서 유아기에 강한 영향을 주었다. 프로이트는 정령 신앙(animism)이 태동하는 종교의 기초를 이룬다는 E. B. 타일러(Tylor)의 이론, 그리고 '정령 신앙 이전' 단계를 다룬 R. R. 마레트(Marett)의 이론에서 영향을 받았다. 프로이트는 인간의 어린 시절과 사람들이 인류 역사 속에 존재했다고 상상하는 토템 신앙(totemist) 단계 사이에 여러 유사점이 있다고 보았다. 프로이트는 토템이 아버지라는 형상을 대신하는 역할을 더 이상 하지 않게 되자 "두려움의 대상이자 미움의 대상, 존경의 대상이자 질시의 대상이었던 최초의 아버지가 하나님 자신의 원형이 되었다"고 썼다.¹³ 그는 종교가 "어린 시절의 무력한 상태를 지켜 줄 방어자인…아버지를

---

11 Hans Küng, *Does God Exist? An Answer for Today* (New York and London: Collins, 1980), p. 208.
12 Küng, *Does God Exist?*, p. 268.
13 Sigmund Freud, "An Autobiographical Study", in *Complete Psychological Works of Sigmund*

향한 갈망"에서 생겨났다고 보았다. 이런 "환상"은 어처구니없는 "착각"이 아니라, "[종교를 만들어 내는] 동기 중 가장 두드러진 요소인 소원 충족"이다.[14] 프로이트는 종교가 인류 "전체를 사로잡고 있는 노이로제"라고 강조했다.[15]

프로이트의 이론에서는 이것이 그의 "오이디푸스 콤플렉스" 사용과 뒤섞이게 된다. 오이디푸스 전설을 보면, 주인공이 자기 아버지를 죽이고 자기 어머니와 혼인한다. 프로이트는 『토템과 터부』(Totem and Taboo, Totem und Tabu, 1913)에서 이렇게 썼다. "정신 분석은 한 소년이 맨 처음에 그의 사랑 대상으로 택한 이가 근친이라는 것, 그리고 이런 대상이 금지된 대상—그의 어머니와 누이—이라는 것을 우리에게 가르쳐 주었다."[16] 그는 같은 책에서 이렇게 단언했다. "요컨대 하나님은 높이 받드는 아버지일 뿐이다."

프로이트가 "투사"를 자세히 다룬 작품은 그가 **편집증**(paranoia)을 연구한 결과에서 나온 것이다. 그는 편집증이 "핍박을 받는다는 망상"을 수반하며, 이 망상 속에서 "투사" 메커니즘이 작동한다고 설명한다. 그는 이렇게 썼다. "내면의 인식은 억압을 받으며…외부의 인식이라는 형태로 의식 속으로 들어간다. 핍박을 받는다는 망상이 들면…내면에서 사랑이라고 느꼈어야 할 것을 외면에서는 증오로 인식한다."[17] 하지만 폴 리쾨르는 이렇게 평한다. "투사 메커니즘은 유독 이 투사가 하는 역할보다 모호하다."[18] 결국 유아에게는 요람 속을 들여다보는 얼굴이 "무한에 이르도록 커진다." 리쾨르의 언어로 표현하면, 자아도취(narcissism)가 만들어 내는 자아의 생각들이 지닌 전능성

Freud, ed. James Strachey (1959; reprint, London and Toronto: Hogarth Press, 1989), 20: p. 94.
14   Sigmund Freud, *The Future of an Illusion* (New York: Norton, 1961), p. 40.
15   Freud, *Future of an Illusion*, p. 55.
16   Sigmund Freud, *Totem and Taboo: Points of Agreement in Mental Life between Savages and Neurotics* (London and New York: Routledge, 2004; orig. 1913), pp. 7-20. 『토템과 터부』(지식을만드는지식).
17   *Complete Psychological Works of Sigmund Freud*, 12: p. 66.
18   Paul Ricoeur, *Freud and Philosophy: An Essay in Interpretation* (New Haven: Yale University Press, 1970), p. 239. 『해석에 대하여』(인간사랑).

이 "이런 전능성을 현실 속에 투사한다."[19] 따라서 프로이트가 오이디푸스 전설을 사용한 것은 "자신을 아버지-신의 자리에 놓으려는 아들의 노력"을 시사한다. 이러면 참회와 화해가 시작된다. 프로이트는 역사 판타지로 가득한 책, 곧 『인간 모세와 유일신교』(Moses and Monotheism, Der Mann Moses und die monotheistische Religion, 부북스)에서 유대교와 기독교의 등장을 추적한다. 그 책에서는 모세를 유일신이 돌아오길 요구한 선지자들이 따랐던 아톤(Aten, 이집트 신화에 나오는 태양신으로, Aton이라고도 적는다—옮긴이)을 예배한 이집트의 지체 높은 인물로 묘사한다. 이어 법과 희생 제사, 구속을 통한 억압 행위가 이어진다. 하나님은 인간의 **초자아**(superego)가 투사한 심판자요, 인간의 **이드**(id)나 **리비도**(libido)가 투사한 사랑이다. 이 지점에서 프로이트와 관련하여 다음과 같은 설명을 제시할 수 있겠다.

1) **"명백히 유아기의 것"인 종교.** 프로이트는 종교란 "명백히 유아기의 것"이라고 결론지었으며, 특히 그의 작품 『환상의 미래』(The Future of Illusion, Die Zukunft einer Illusion, 1927)에서 이런 주장을 제시했다. 종교는 죄책감 및 도움과 위로를 갈구하는 마음을 조장한다. 종교는 이런 갈구를 밖으로 드러내 환상 속의 형상을 만들어 낸다. 종교는 어린아이 같은 **과도한 의존**을 암시한다. 다른 이들도 있으나, 특히 본회퍼는 믿는 **그리스도인**들에게 주는 가르침에서 이 점을 주제로 다루었다. 그는 『옥중서신』(Letters and Papers from Prison)에 우리가 죄책감과 수치심, 의존하려는 자세를 부풀리고 "하나님"을 "투사"하는 것을 포함한 유아적 태도를 조장함으로써 성숙한 어른을 다시 어린이로 **되돌리려** 애쓰기를 밥 먹듯이 한다고 썼다. 비록 본회퍼가 과장하는 경향이 있긴 하지만, 그의 이런 비판에는 어느 정도 진실이 들어 있다.

2) **기계론적 세계관을 거부함.** 반면, 큉과 리쾨르는 프로이트가 제시한 많은 통찰을 받아들이면서도, 프로이트가 그 연구의 기초로 삼은 세계관, 곧 기

19　Ricoeur, *Freud and Philosophy*, p. 241.

계론적 세계관을 철저히 거부한다. 볼니 게이(Volney Gay)는 프로이트가 많은 결론에 도달할 때 기초로 삼았던 임상 사례들을 잘 선별하여 제시했다.[20] 게이는 프로이트의 진리 탐구가 "과학이 내건 주장들에 올린 찬사"이며, 마치 임상 증거에서 얻은 **가설**들이 실제로 **진리**를 보장해 줄 수 있는 것처럼 이야기한다고 말한다.[21] 큉은 이렇게 결론짓는다. "프로이트는 포이어바흐와 그 추종자들에게서 프로이트 자신의 무신론에 꼭 있어야 할 논증들을 '넘겨받았다."[22] 나아가 큉은 이렇게 썼다. "우리는 오랫동안 과학이 이룩한 모든 진전을…하나님을 믿는 믿음과 정반대 것으로 여기지 않아 왔다."[23] 그리스도인은 늘 과학의 **방법**이 이룬 성과와 과학의 **세계관**이 내세우는 주장을 구분해야 한다.

3) **해석학의 필요성.** 리쾨르는, 특히 프로이트가 쓴 『꿈의 해석』(Interpretation of Dreams, Die Traumdeutung)을 가지고, 텍스트는 물론 인간의 삶에도 해석학이 필요함을 탁월하게 보여 주었다. 무의식에 관한 프로이트의 주장 가운데 여전히 의문이 드는 것이 많지만, 인간의 삶과 의사소통에는 해석학이 필요함을 일러 주는 **모호한 구석들**이 분명 존재한다. 건전한 주의가 필요하긴 하나, '프로이트의 말실수'(Freudian slips, 무심코 속마음을 드러내는 말―옮긴이), '자유 연상', 무의식중에 '비밀을 토로하는 행위'는 종종 의식 속에 존재하는 사고의 표면 아래에 어떤 '텍스트'가 있음을 일러 준다. 도널드 E. 캡스(Donald E. Capps)가 『목회돌봄과 해석학』(Pastoral Care and Hermeneutics)에서 보여 주었듯이, 목회 상담에서는 '치유' 모델과 임상 모델에 의존하는 일을 줄이고, 깊이 있는 내면 이해와 의사소통을 위해 해석학을 더 활용할 필요가 있다.[24] 찰스 V. 거킨(Charles V. Gerkin)은 『살아 있는 인간문서』(Living Human Document)에

---

20 Volney P. Gay, *Reading Freud: Psychology, Neurosis, and Religion* (Chico, Calif.: Scholars Press, 1983).
21 Gay, *Reading Freud*, p. 101.
22 Küng, *Does God Exist?*, p. 299.
23 Küng, *Does God Exist?*, p. 303.
24 Donald E. Capps, *Pastoral Care and Hermeneutics* (Philadelphia: Fortress, 1984; Eugene, Ore.: Wipf and Stock, 2012). 『목회돌봄과 해석학』(MCI).

서 바로 이 점을 설득력 있게 강조한다.[25] 폴 리쾨르는 프로이트와 해석학의 관계에 불멸성을 불어넣었다.

가정만 봐도 그렇다. 나는 종종 학생들에게 가족 구성원들끼리 갑자기 화를 내는 것은 사소하고 겉으로 드러난 순간의 위기 때문이 아니라, 다른 일과 관련하여 긴 세월 동안 형성되어 온 깊고 오랜 분노가 원인일 수 있음을 일러 주었다. 모든 그리스도인은 다툼이 꼭 바로 직전에 한 말에서만 생기는 게 아니라, 이전의 태도나 역사나 깊이 뿌리박힌 억측에서도 생기는 경우가 잦다는 것을 이해해야 한다. 이것이 프로이트의 **종교** 이론을 변호해 주지는 않지만, 그의 한두 통찰에는 주의를 기울일 필요가 있다.

3. '하나님'과 사회 조종: 니체와 마르크스

프리드리히 니체(1844-1900)는 몇 가지 점에서 포이어바흐의 철학을 계승한 사람이었다. 그는 허무주의자였고 공언한 무신론자였다. 그는 1870년에 바젤에서 교수가 되었으나, 건강이 나빠져 1879년에 교수직을 그만두었다. 니체는 1880년대에 몇몇 유명한 작품을 내놓았는데, 그중에는 『즐거운 학문』(The Gay Science, Die fröhliche Wissenschaft, 1882), 『차라투스트라는 이렇게 말했다』(Thus Spoke Zarathustra, Also sprach Zarathustra, 1883-1885), 『선악의 저편』(Beyond Good and Evil, Jenseits von Gut und Böse, 1886), 『우상의 황혼』(The Twilight of the Idols, Götzen-Dämmerung, oder, Wie man mit dem Hammer philosophirt, 1889)이 들어 있었다. 그가 반(反)유신론을 가장 매섭게 표명한 책 『안티크리스트』(The Antichrist, Der Antichrist)는 1895년에 나왔다. 1889년부터 1900년에 세상을 떠날 때까지 그의 정신 건강은 극도로 쇠약해졌다.

니체의 첫 책 『비극의 탄생』(The Birth of Tragedy, Die Geburt der Tragödie aus

---

25 Charles V. Gerkin, *The Living Human Document: Re-visioning Pastoral Counseling in a Hermeneutical Mode* (Nashville: Abingdon, 1984). 『살아 있는 인간문서』(한국심리치료연구소).

dem Geiste der Musik, 1872)은 에우리피데스(Euripides)의 비극 『박코스 여신도들』(*The Bacchae*)에서 묘사한 추진력과 생생한 에너지를 상찬했다. 그는 처음부터 박코스 여신도들이 대변하는 원리, 곧 삶을 긍정하는 힘과 의지라는 "디오니소스" 원리를 펜테우스가 대변하는 원리, 곧 절제와 조화와 질서라는 "아폴론" 원리와 대립하는 원리로 제시했다. 니체가 말한 삶을 긍정하는 원리는, 적어도 초기에는 리하르트 바그너(Richard Wagner)와 공통된 주장을 담고 있었다. 하지만 나중에 니체는 바그너와 결별했다.

니체는 모든 **합리적** 체계를 압도하는 **순전한** 의지를 강조했다. 그는 『즐거운 학문』에서 서양의 철학과 종교가 "허구"요 "거짓말"이라고 선언한다. 아울러 『즐거운 학문』에서는 그가 내세운 "광인"(狂人)이 하나님은 죽었다고 선포한다. 그는 어쩌면 하나님의 "그림자"가 보이는 동굴이 있을 것이라고 덧붙인다. 같은 책의 다른 곳에서 광인은 이렇게 외친다. "하나님은 어딨냐고?…내가 말해 주지. 우리가 **그를 죽였어**. 당신과 내가 죽였다고. 우리는 다 그를 죽인 자야."²⁶ "하나님은 죽었다"고 짐작되니, 뭐든 다 해도 된다. **진리나 윤리나 합리성의 기초가 될 만한 것은 이제 어떤 것도 존재하지 않는다.**

그래서 니체는 1873년 『노트』(*Notebooks*)에 이렇게 썼다. "무엇이 진리인가? 은유와 환유와 신인동형 표현들로 이루어진 기동군(機動軍)이다."²⁷ 니체는 프레더릭 코플스턴(Frederick Copleston)이 "니체의 진짜 속내"라고 부른 『힘을 향한 의지』(*Will to Power, Der Wille zur Macht*)에 이렇게 썼다. "**진리란 그것이 없으면 어떤 종(種)이…존재하지 못하는…오류 같은 것이다.**"²⁸ "존재하는 모

---

26   Friedrich Nietzsche, *The Gay Science* (London: Vintage, 1974), sect. 125; 참고. sect. 108(독일어판 원제는 *Die Fröhliche Wissenschaft*). 『즐거운 학문, 메시나에서의 전원시, 유고(1881년 봄~1882년 여름)』(책세상). 아울러 *The Complete Works of Friedrich Nietzsche*, 18 vols. (London: Allen and Unwin, 1909-1913)를 보라.
27   Friedrich Nietzsche, "On Truth and Lie", in *The Portable Nietzsche*, ed. W. Kaufmann (New York: Viking, 1968; orig. 1954), p. 46. 『들어라 위대한 인간의 조용한 외침을』(청하).
28   Friedrich Nietzsche, *The Will to Power*, vol. 2; 아울러 *The Complete Works*, vol. 12, aphorism 481을 보라; 참고. F. Copleston, *A History of Philosophy*, vol. 7 (London: Burns and Oates, 1968), p. 395. 『18·19세기 독일철학』(서광사).

든 것은 **해석**으로 이루어져 있다." 아울러 그는 이렇게 썼다. "진리란 그것이 진정 환상임을 잊어버린 환상이다."²⁹ 니체의 무신론은 종교에서 사용하는 언어에 관한 그의 의심과 일부 관련이 있다. 그는 이렇게 선언한다. "나는 우리가 여전히 문법을 믿는다는 점에서 하나님을 결코 제거하지 않을까 봐 두렵다."³⁰ 그는 『인간다운, 너무나 인간다운』(*Human, All-Too Human, Menschliches, Allzumenschliches*)에서 그의 비판을 이렇게 되풀이한다. "말은…감춰진 철학적 신화는…우리를 늘 그릇된 길로 인도한다."³¹ 그가 언어에 보이는 의심은 홉스의 전통을 따른 것이며, 나중에 프리츠 마우트너(Fritz Mauthner)가 발전시켰고, 비트겐슈타인과 라일은 또 다른 방향으로 발전시켰다.

니체는 종교와 지식을 **권력과 조종의 도구**로 보았다. 아이러니하지만 그 전형이랄 수 있는 사례가 이런 것이다. "'하나님은 참회하는 이를 용서한다.' 이를 쉬운 말로 표현하면, 자신을 사제에게 바치는 자를 용서한다는 말이다."³² 아니, 니체는 이보다 더 신랄하게 이렇게 주장한다. "'영혼 구원.' 이를 쉬운 말로 표현하면 '세상은 나를 중심으로 돈다'는 말이다."³³ 언어는 종교의 조종 능력을 **위장할** 수 있다.

그리스도인에게 일러 주는 교훈은 분명하다. 우리는 대부분 기독교 교리나 성경을 다른 이들을 조종하거나 자신의 의지와 통제력을 다른 이들에게 강요하는 힘의 도구로 악용한 경우를 읽어 봤고 심지어 목격하기도 했다. 고대 고린도에서 일어난 '분열'(그리스어로 *schismata*) 이후로(고전 1:10), 교회는 분명 기독교의 가치들을 권력 투쟁에서 우위를 차지할 목적으로 사용해 왔다.³⁴ 바울

---

29 Nietzsche, in *The Portable Nietzsche*, p. 46.
30 Friedrich Nietzsche, *The Twilight of the Idols*, in *The Complete Works*, 12: p. 22. 『우상의 황혼』(아카넷).
31 Friedrich Nietzsche, *Human, All-Too-Human*, in *The Complete Works*, 7: pp. ii, 192, aphorism 5. 『인간적인 너무나 인간적인』(책세상).
32 Friedrich Nietzsche, *The Antichrist*, in *The Complete Works*, 16: p. 131, aphorism 26. 『안티크리스트』(아카넷).
33 Nietzsche, *The Antichrist*, 16: p. 186, aphorism 43.
34 Anthony C. Thiselton, *The First Epistle to the Corinthians: A Commentary on the Greek Text*,

은 고린도에서 일어난 분열이 결코 교리와 관련된 원리 때문이 아니라 자신이 선호하는 것들을 교회 안의 다른 이들에게 강요하려고 행사하는 힘을 보여 주는 것임을 분명히 밝혔다.[35] 과거에는 많은 이가 '하나님의 뜻'을 내세워 다른 이들이 자신의 뜻을 따르게 조종했다. 디트리히 본회퍼는 특히 그의 『옥중서신』에서 이를 경고했다.

니체의 프로그램에는 그가 『힘을 향한 의지』에서 말한 "모든 가치의 재평가"가 들어 있다. 이런 의미에서 보면 그는 허무주의자이나, 다른 의미에서 보면 그는 이를 넘어 뭔가 새로운 것을 가리킨다. 그러나 이 '새로운' 세계 질서가 어떤 모습을 띨지는 니체 자신도 모른다. 그가 말하려는 것은 오로지 "삶은 힘을 향한 의지"라는 것뿐이다.[36] E. 윙엘은 은유에 관한 니체의 견해가 '무'(無) 너머에 어떤 실재가 있음을 부정하기보다 긍정하면서 그 실재를 가리키고 있을지도 모른다고 생각하며, 큉도 이럴 가능성을 시사하는 것 같다.[37] 포이어바흐의 경우처럼 니체의 무신론도 **증명된** 무신론이라기보다 **증명 없이 주장하는** 무신론이다. 니체는 기독교가 인간을 약하고 평범하며 복종하는 이로 만드는 데 기여한다고 믿었다. 위르겐 몰트만은 바로 이런 배경에 비춰 성령을 "삶을 긍정함"이나 "보편적 긍정"이라고 부른다.[38] 그는 이렇게 평한다. "삶을 도덕의 강고한 속박에서 해방시키고 '힘을 향한 의지'를 통해 삶을 강하게 만들자는 것이 니체의 『차라투스트라는 이렇게 말했다』에서 던진 메시지였다. 삶이 도덕의 도구가 되게 하는 대신, 삶의 창조적 표현을 통해 삶을 자유롭고

NIGTC (Grand Rapids: Eerdmans, 2000), pp. 120-133.
35   L. L. Welborn, "On Discord in Corinth: 1 Cor. 1-4 and Ancient Politics", *JBL* 106 (1987): pp. 85-111; 아울러 Welborn, *Politics and Rhetoric in the Corinthian Epistles* (Macon, Ga.: Mercer University Press, 1997), pp. 1-42.
36   Nietzsche, *The Will to Power*, p. 254.
37   Küng, *Does God Exist?*, pp. 394-403; 그리고 Eberhard Jüngel, *Theological Essays*, vol. 1 (Edinburgh: T. & T. Clark, 1989).
38   Jürgen Moltmann, *The Spirit of Life: A Universal Affirmation* (London: SCM, 1992). 『생명의 영』 (대한기독교서회).

강하게 만들어야 했다."³⁹ 그러나 몰트만이 보기에 우리를 자유롭게 하는 것은 하나님을 죽이는 것도, 자아도취에 빠진 디오니소스식 황홀경도 아니라 하나님에게서 나오는 생명의 영이다.

칼 마르크스(1818-1883)도 종교를 대중을 만족시키며 약하고 유순하게 만들기 위한 도구로 보았다는 점에서 니체와 일부 닮았다. 그는 지배 계급이 종교를 활용하여 프롤레타리아트의 복종을 조장한다고 보았다. 이런 의미에서 그는 종교를 "민중의 아편"이라 불렀다. 이는 유명한 말이지만, 본디 마르크스가 한 말이 아닐 수도 있다.⁴⁰ 마르크스는 같은 작품에서 이렇게 썼다. "민중을 정말 행복하게 해 주려면 민중에게 허상에 불과한 행복을 안겨 주는 종교를 철폐해야 한다." 종교는 가난한 이들에게 허상에 불과한 판타지를 만들어 주고 가난한 자들이 늘 복종케 하며 그들이 지닌 몫에 만족케 하는 기능을 한다. 따라서 종교는 사회를 교묘히 속인다.

마르크스가 유물론자였음은 의심할 여지가 없다. 그는 노동력과 생산력이라는 경제적 힘이 '관념'보다 더 근본이라고 보았다. 그는 이렇게 말했다. "철학자들은 세계를 다양한 방식으로 **해석**만 해 왔다. 중요한 것은 세계를 **바꾸는 것이다**."⁴¹ 분명 초기, 그러니까 파리 초고[Paris Manuscript, 1844년에 발표했으며, 『경제학 철학 초고』(Ökonomisch-philosophische Manuskripte)가 정식 명칭이다—옮긴이] 시대 때만 해도, 마르크스는 자신을 휴머니스트라고 여겼다. 그는 이렇게 썼다. "무신론은 사유 재산의 억압을 통해…전해진 휴머니즘이다."⁴² 1960년대에 유고슬라비아에서 일어난 이른바 프락시스학파(마르크스주의에 바탕을

---

39   Moltmann, *The Spirit of Life*, p. 85.
40   Karl Marx, *Critique of Hegel's Philosophy of the Right* (Cambridge: CUP, 1970; orig, 1843), 서문. 『헤겔 법철학 비판』(이론과실천).
41   Karl Marx, "Eleventh Thesis on Feuerbach" (1845), in *Marx: Early Writings* (London: Pelican, 1975), p. 423.
42   Karl Marx, *Economic and Philosophical Manuscripts* [Moscow: Progress Publisher, 1959; orig, 1832; Ger. 1844. 『경제학-철학 수고』(이론과실천)], 그리고 *Critique of Hegel's Philosophy of the Right*.

둔 휴머니즘 철학 운동—옮긴이)에서는 마르크스의 이런 **초기** 측면을 강조했으며, 라틴아메리카의 많은 해방신학자도 무신론은 제외하면서 이 측면을 강조했다. 하지만 주류 마르크스주의자들은 1844년 이후의 후기 마르크스주의의 '과학적'이며 '역사적'인 측면에 집중한다.

1847년, 마르크스는 짧은 작품인 『공산당 선언』(Communist Manifesto, Manifest der Kommunistischen Partei)을 내놓았다. 그와 엥겔스(Engels)는 『공산당 선언』 서두에서 이렇게 주장했다. "여태껏 존재한 모든 사회의 역사는 자유인과 노예, 귀족과 평민, 지주와 농노, 장인(master)과 직인(journeyman)이 계급 투쟁을 벌인 역사이며, 한마디로 늘 서로 대립했던 억압자와 피억압자의 계급 투쟁 역사다."[43] 마르크스는 이어지는 페이지에서 역사를 살펴보면 봉건 사회가 물러가고 자본주의가 등장했다고 주장하면서, 자산을 소유한 부르주아지가 억압받는 프롤레타리아트에게 도전을 받게 되리라고 예견한다. 마르크스와 엥겔스는 "변증법적 유물론"(dialectical materialism)이라는 말을 사용했다. 어떤 이들은 마르크스가 헤겔과 헤겔이 관념을 강조한 것에 반발했다고 이해한다. 다른 이들은 마르크스가 주로 자본주의에 반발했다고 여긴다. 십중팔구는 둘 다 옳을 것이나, 마르크스는 분명 헤겔의 역사 이성과 변증법을 빌려 썼다.

혁명의 결과로 국가 사회주의가 들어서나, 마르크스주의 종말론은 다시 이 국가 사회주의가 물러가고 공산주의가 들어서리라고 내다보았다. 공산주의 시대가 열리면, 각 사람은 '그 능력에 따라' 노동과 생산을 제공하고 각기 '그 필요에 따라' 공급을 받게 된다. 하지만 혁명 단계에서는 마지막 왕과 마지막 사제가 파멸을 맞을 것이다. 일찍이 마르크스는 이렇게 썼다. "인간은 종교를 만들지만, 종교는 인간을 만들지 않는다."[44]

---

43 Karl Marx and Friedrich Engels, *Communist Manifesto* (London: Pluto Press, 2008), p. 79. 『공산당 선언』(도서출판b).
44 *Marx: Early Writings*, p. 244.

1917년에 혁명이 일어난 뒤, 러시아 마르크스주의는 블라디미르 레닌(Vladimir Lenin, 1870-1924)과 이오시프 스탈린(Joseph Stalin, 1879-1953) 치하에서 크게 자라났다. 레닌은 마르크스가 종교에 보였던 적대감을 더 부풀려, 종교가 현존 기득권 집단의 계급 투쟁 도구 역할을 하고 있다고 재차 강조했다. 흐루쇼프(Khrushchev)가 등장하면서, 특히 1956년 이후에는 이처럼 엄격하게 도그마 관점에서 종교를 바라보는 접근법이 누그러지기 시작했다. 중국에서는 마오쩌둥(Mao Tse-tung, 1893-1976) 치하에서 마르크스주의가 변화된 형태로 등장했다. 반면 독일에서는 죄르지 루카치(Georg Lukács, 1885-1971)가 특히 『역사와 계급의식』(History and Class-Consciousness, Geschichte und Klassenbewußtsein, 1923, 지식을만드는지식)이라는 책에서 마르크스주의자라는 이름표를 그대로 유지했다. 프랑스에서는 장폴 사르트르(Jean-Paul Sartre, 1905-1980)와 루이 알튀세르(Louis Althusser, 1918-1990)가 마르크스주의의 변형을 발전시켰다.

신학자 헬무트 골비처(Helmut Gollwitzer)는 모든 종교 유형이 마치 다 똑같은 것처럼 다루려 한다는 이유로 마르크스주의 무신론을 비판했다.[45] 나아가 **인간은 한 생산 단위에 그치지 않고 그것을 넘어서는 존재다**. 이른바 유물론의 역설은 여전히 남아 있다. 즉 인간이 단지 기계 같은 존재라면, 무신론에서 내세우는 논증도 **합리적**이라고 여겨야 할 이유가 없지 않은가? 포이어바흐, 니체, 마르크스도 모두 이 문제 때문에 골치를 앓는다. 한스 큉이 결론짓듯이, 유물론자의 세계관은 "증명할 수 없다."[46] 이런 점 때문에 그리스도인이 사회 정의라는 문제를 더 등한시하지도 않을뿐더러, 기독교와 성경이 다른 이들을 조종하거나 단지 권력 놀음을 펼치는 데 악용될 수 있음을 인정해야 할 필요성이 줄어들지도 않는다.

---

45 Helmut Gollwitzer, *The Existence of God as Confessed by Faith* (London: SCM, 1965), pp. 82-87.
46 Küng, *Does God Exist?*, p. 244.

4. 계시에 대한 공격

다른 누구보다 특히 칼 바르트는 기독교가 하나님의 자기계시를 믿느냐에 따라 서거나 무너진다고 강조했다. 하나님의 계시는 인간이 발견한 것이 아니다. 인간은 인간에게서 '위로 올라가는' 사고를 통해 '하나님'을 구성하지 않는다. 이는 우상 숭배다. 신앙 혹은 믿음은 하나님의 자기계시와 은혜에 보이는 반응이다. 은유로 표현하면, 이는 인간을 향해 '내려간다.' 여기에는 하나님이 말씀하심, 하나님이 부르심, 하나님이 구속하심이 포함된다. 따라서 계시를 공격하는 것은 하나님께 반응하고 귀 기울이며 순종하는 그리스도인들이 딛고 서 있는 땅을 잘라 내는 것이다.

바르트는 계시가 "하나님의 행위"라고 강조한다.[47] 하나님이 우리에게 주시는 계시는 "약속이요 심판이며 주장"이다.[48] 따라서 계시는 역동성을 지니며, 사건이라는 형태를 띤다. 바르트는 이렇게 말한다. "나는 하나님의 말씀을 **우연히 일어난 일**로 여기지, 어떤 사물이나…사건이나…살아 있는 실체로 여기지 않는다."[49] 그는 또 이렇게 덧붙인다. "하나님은 하나님을 통해서 알려지며, 오직 하나님을 통해서 알려진다."[50] 하나님을 '알 수 있음'은 날 때부터 자연히 가지는 능력이나 권리가 아니라, 하나님의 '기쁜 뜻'에 달려 있다. 많은 기독교 신학자가 주장하듯이, 하나님이 그 안에 '감춰져 있는' 어떤 의미가 여전히 존재한다. "하나님이 감춰져 있다는 것은 성부, 성자, 성령을 상상조차 할 수 없다는 것이다."[51] 하나님이 자신을 드러내시거나 보여 주시는 것은 그분이 사랑이시기 때문이다. E. 윙엘의 표현을 따르면, 하나님은 그리스도를 통해

---

47   Barth, *CD* I/1, p. 143.
48   Barth, *CD* I/1, p. 150.
49   Barth, *CD* I/2, pp. 26 and 42.
50   Barth, *CD* I/2, p. 179.
51   Barth, *CD* I/2, p. 197.

"상상할 수 있는" 혹은 "생각할 수 있는" 분이 되신다.[52]

이런 식으로 이야기하는 것이 단지 루터와 바르트의 전통만은 아니다. 저명한 가톨릭 신학자 칼 라너는 이렇게 썼다. "존재는 빛난다. 그것은 로고스[말씀 혹은 담화]다. 그것은 말 안에서 드러날 수 있다." 인간에겐 "영원하신 이의 입에서 나올 수도 있는 모든 말을 들을 수 있는 열린 귀가" 필요하다.[53] 그의 가톨릭 동역자인 이브 콩가르(Yves Congar)도 그와 비슷하게 "자기를 계시하시는 하나님"을 설명하는데, 이 하나님은 "역사 속에 계시를" 가져오시고 "말씀하신다."[54] 라너와 콩가르는 함께 제2차 바티칸 공의회 문서 중 계시 교리를 다룬 부분인 『하나님의 말씀』(Dei Verbum)을 준비했다. 데니스 파르카스팔비(Denis Farkasfalvy)는 이렇게 평한다. "제2차 바티칸 공의회 이후의 분위기는 대다수 가톨릭 주해가들이" 이 주제에 관하여 "그들의 개신교 친구들과 같은 길을 걷게 만들었다."[55] 제2차 바티칸 공의회에서는 "하나님 말씀을 공경하는 자세로 들음"에 관하여 이야기하면서, 로마서와 히브리서 1:1-2의 "하나님이 아들을 통하여 우리에게 말씀하셨다"라는 본문에서 드러내는 성경의 계시 개념을 원용한다.[56]

판넨베르크는 그의 『조직신학』에서 계시를 논하는 데 약 70페이지를 할애한다. 판넨베르크는 바르트를 따라 이렇게 말한다. "하나님은 그분이 자신을 알게 해 주실 때만 알 수 있다. 하나님이라는 실체가 자신을 알게 해 주지 않으면 우리는 그 실체의 지고함에 다가가지 못한다."[57] 아울러 판넨베르크는 루

---

52 Eberhard Jüngel, *God as the Mystery of the World* (Edinburgh: T. & T. Clark, 1983), p. 111; 참고. pp. 229 and 226-298.
53 Karl Rahner, *Hearer of the Word* (London: Bloomsbury, 1994), chap. 5.『말씀의 청자』(가톨릭대학교출판부).
54 Aidan Nichols, *Yves Congar* (London: Chapman, 1989), pp. 14-15.
55 Denis O. Farkasfalvy, *Inspiration and Interpretation: A Theological Introduction to Sacred Scripture* (Washington, D.C.: Catholic University of America Press, 2010), p. 5.
56 Austin P. Flannery, ed., *Documents of Vatican II* (Grand Rapids: Eerdmans, 1975), pp. 750-751.『제2차 바티칸 공의회 문헌』(한국천주교중앙협의회).
57 Pannenberg, *ST* 1: p. 189.

터와 바르트가 하나님이 감춰져 있음에 관하여 이야기한 내용에 동의한다. 판넨베르크는 성경에 있는 기사들 안에 하나님이 노아(창 6:13), 아브라함, 모세, 이스라엘의 언약 백성에게 주신 특별 계시가 들어 있음을 강조한다. 언어학의 관점에서 보면, 계시는 하나님의 행위와 결합한다. 판넨베르크는 이렇게 결론짓는다. "설령 말과 사고 형태가 다양해도 성경의 증언이 하나님의 계시를 분명히 이야기한다는 데는 다툼의 여지가 없다."[58] 그는 계시를 전달하는 수단이 심지어 성경 안에서도 여러 형태를 띰을 인정한다. 그중 하나가 묵시의 의미를 지닌 '신비' 계시다(고전 2:7-9). 어쩌면 그 무엇보다 그리스도를 통한 자기계시가 분명하게 나타나는 곳은 요한복음의 프롤로그(요 1:14)와 히브리서 서두의 구절들(히 1:1-2)일 것이다.

소수의 기독교 사상가는 계시 관념에 그다지 중요하지 않은 몇몇 비판을 가했다. 제임스 바(James Barr)는 "전달"(communication)이라는 용어가 "계시"라는 말보다 성경의 사상을 더 정확히 반영한다고 주장했다. 그는 "계시"에 상응하는 용어들이 "제한되고 특화되어 있다"고 말한다.[59] 그러나 이런 견해는 여전히 하나님의 전달 행위가 지닌 중요성을 인정한다. 이보다 심각한 비판은 "계시"를 가리키는 용어가 상당히 적으며, 단순히 헌신을 표현하는 수행의 의미만을 갖고 있을 때가 잦다는 F. 제럴드 다우닝(Gerald Downing)의 주장일 것 같다.[60] 그러나 자기를 관여시키는 차원을 끌어들인다 하더라도 이 때문에 계시가 효력을 잃지는 않는다. J. L. 오스틴 및 다른 이들이 아주 분명하게 밝히듯이, 수행 표현(performatives)은 늘 진리를 담은 진술을 **전제한다.**[61] 게르하르트 에벨링(Gerhard Ebeling), 에버하르트 윙엘, 그리고 대다수 현대 신학자는 계시라는 개념을 꼼꼼히 검토하며 적극 설명한다. 에벨링은 우리가 "하나님

---

58   Pannenberg, *ST* 1: p. 195.
59   James Barr, *Old and New Interpretation: A Study of the Two Testaments* (London: SCM, 1966), p. 88.
60   F. G. Downing, *Has Christianity a Revelation?* (London: SCM, 1964), pp. 179 and 20-125.
61   John L. Austin, *How to Do Things with Words* (Oxford: Clarendon, 1962), pp. 45-56.

의 말씀"과 "계시"를 서로 대립시켜 어떤 이득을 얻으려 해서는 안 된다고 역설한다.

존 웹스터는 그의 책 『성경』(Holy Scripture)에서 성경이 그리스도인이 하는 모든 사고의 중심 근원임을 자세히 논증한다.[62] 요 근래에는 그의 책 『말의 영역』(The Domain of the Word)에서 하나님의 말씀이 인간의 말을 매개체 삼아 전달되어도 이 때문에 "하나님의 섭리에 따른 만물의 질서"가 훼손당하지 않으며, 성령을 통한 성화가 성경이 바로 "거룩한 책"임을 확실히 보장한다고 주장한다.[63] 그는 이렇게 말한다. "성경의 권위를 인정하는 것은…어떤 규범을 따른다고 고백하는 것이요 자신을 그 규범의 판단에 복종시키는 것이다. 그러나 동시에 그것은 구속받은 지성이 행할 기본 행위를 하겠다고, 곧 본문을 듣고, 본문을 순서대로 따르며, 영광스러운 사도들이 남긴 말과 선지자들의 선한 교제를 존중함으로써 성경이 우리에게 행하라고 가르치는 일을 하겠다고 맹세하는 것이다."[64] 이런 점에 비춰 볼 때, "기독교 신학은 성경에 근거한 추론이다."[65]

N. T. 라이트(Wright)는 교회가 처음 시작했을 때부터 종교개혁 및 후기 종교개혁 시대까지만 해도 교회 안에는 계시와 성경이 차지하는 위치에 관하여 굳건한 공감대가 존재했다고 본다. 계시 개념은 계몽주의가 합리론을 주창하기 시작한 시대에 들어와서야 비로소 진정한 도전에 부닥치게 되었다.[66] 계몽주의는 '이성'을 인간의 가장 중요한 능력이라고 여겼기 때문에, '이성'을 계시의 중재자로 보게 되었다. 칸트의 작품 『이성의 한계 안에서의 종교』(Religion within the Limits of Reason Alone, Die Religion innerhalb der Grenzen der bloßen

---

62 John Webster, *Holy Scripture: A Dogmatic Sketch* (Cambridge: CUP, 2003).
63 John Webster, *The Domain of the Word: Scripture and Theological Reason* (London and New York: Bloomsbury, 2012), pp. 14-17.
64 Webster, *Domain of the Word*, p. 19.
65 Webster, *Domain of the Word*, p. 115.
66 N. T. Wright, *The Last Word: Scripture and the Authority of God-Getting beyond the Bible Wars* (New York: HarperOne, 2005), pp. 3-105.

Vernunft)에서는 이런 논지를 집약하여 제시한다.[67] 이런 견해를 주장한 많은 사상가는 무신론을 택하거나 하나님은 멀리 떨어져 있는 분이라는 개념을 동반한 이신론을 택했다. 칼 라너는 계시를 우리가 어떤 관계를 맺을 수 있는 분인 인격체 하나님을 믿는 믿음의 전제로 본다. 성경 자체에서도 '지식'이나 '이성'에 관한 어떤 고찰보다 **지혜**에서 나온 자원이 훨씬 풍성한 열매를 안겨 준다고 말한다.

지혜는 우리가 일상생활에서 부닥치는 복잡한 현실 문제들에 맞서며 뚫고 나갈 수 있게 해 준다. 구약성경에서는 지혜를 **교육, 훈련, 공동체**와 결합시킨다. 구약성경에서는 히브리어 단어 *chokmāh*(지혜)가 200회 등장하며, 특히 잠언, 욥기, 전도서에서 이 단어를 사용한다. 구약 정경이 완성된 뒤에 나온 책을 보면, 지혜라는 말이 벤 시락(집회서)과 솔로몬의 지혜서에서 빈번히 등장한다. 성경 시대 이후의 사상에서, 비코(Vico)와 가다머는 지혜가 공동체에 기반을 두고 있는 점을 이성의 편협한 개인주의와 대립시킨다.[68] 지혜는 종종 일상생활의 미묘하고 복잡한 문제를 다룰 때 에둘러 말하는 전달 방법을 사용한다. 신약성경에서는 예수, 바울, 야고보가 지혜를 담은 말을 들려준다.[69]

헤닝 그라프 레벤트로우는 이를 더 자세히 파고든다. 레벤트로우는 존 톨런드(John Toland)가 특히 『신비하지 않은 기독교』(*Christianity Not Mysterious*, 1696과 1702)에서, 그리고 앤터니 콜린스가 『이성활용론』(*Essay concerning the Use of Reason*, 1707)에서 천명한 이신론자의 이론을 살펴본다.[70] 이 저자들도 이론 차원에서는 기독교에서 말하는 계시가 존재한다고 인정했긴 하지만, '이성'

---

67 Wright, *The Last Word*, p. 83.
68 Hans-Georg Gadamer, *Truth and Method*, 2nd ed. (London: Sheed and Word, 1989), pp. 19-30, 『진리와 방법』(문학동네), 그리고 G. B. Vico, *On the Study Methods of Our Time* (Indianapolis: Bobbs-Merill, 1965).
69 Anthony C. Thiselton, "Wisdom in the Jewish and Christian Scriptures", *Theology* 114 (2011): pp. 163-172; 그리고 vol. 115 (2011): pp. 1-9; 참고. Ben Witherington III, *Jesus the Sage: The Pilgrimage of Wisdom* (Edinburgh: T. & T. Clark, 1994), 특히 pp. 155-208.
70 Reventlow, *Authority*, pp. 294-308 and 354-369.

안에 인류가 필요로 하는 모든 것이 들어 있다고 주장했다. 두 저자가 각기 제시하는 논지의 방향은 같았다. 그러나 레벤트로우는 이들의 작품을 깊이 연구한 뒤, 명민하고도 탁월한 결론을 내린다. 그는 이 두 저자가 이성에 근거한 "자연" 종교와 기독교 계시의 유사성을 증명하려 했지만 "사실은 정반대 것을 증명했다"고 결론짓는다.[71] 이들은 "계시된 종교는 과잉"이라고 결론지었다.[72]

18세기부터 오늘에 이르기까지 신학에서 계시 개념이 발전해 오는 동안 겪은 변화들을 요약하기는 불가능하다. 이런 변화들을 요약하려면 한 권짜리 조직신학 책이 아니라 이 주제만을 전문으로 다룬 책이 필요할 것이다. H. D. 맥도널드(McDonald)는 잇달아 펴낸 두 책에서 1700년부터 1960년까지 전개된 계시 이론을 추적했다.[73] 두 번째 책에서 맥도널드는 유물론, 다윈주의, 급진적 성경 비평의 영향을 언급한다. 그러나 성경의 유일무이한 권위에 대한 일부 비판은 계시의 필연성 자체보다 오히려 계시의 **양식**(mode)과 관련이 있었다. 심지어 계시를 하나님의 행위이자 자기계시라고 주창하는 바르트마저도 "성경과 계시의 연관성을 고정하는 것"에 관하여 여러 의문을 표명했다. 브루너도 "하나님의 계시란 어떤 책이나 교리가 아니다"라고 주장한다.[74] 반면, 제임스 오어(James Orr)는 "계시에 관한 지식을 **영구성과 권위가 있는 어떤 형태로 보존**할 준비가 이루어졌으리라고 예상하는 것이 타당하다"고 주장한다.[75] 오어는 계시가 "하나님이 인도하신 이스라엘 백성의 역사 전체, 그리고⋯교회가 세워질 때 사도들이 한 행위"를 포함하고 있다고 덧붙인다.[76] 오늘날 존 웹스터도 이와 비슷한 논지를 설득력 있게 제시한다.

71　Reventlow, *Authority*, p. 388.
72　Reventlow, *Authority*, p. 383.
73　H. D. McDonald, *Ideas of Revelation, 1700-1860* (New York and London: Macmillan, 1959), 그리고 *Theories of Revelation, 1860-1960* (London: Allen and Unwin, 1963).
74　McDonald, *Theories of Revelation*, p. 168; Emil Brunner, *Revelation and Reason: The Christian Doctrine of Faith and Knowledge* (Philadelphia: Westminster, 1946), p. 8.
75　James Orr, *Revelation and Inspiration* (London: Duckworth, 1910), p. 155.
76　Orr, *Revelation and Inspiration*, p. 157.

교회와 신학에서는 계시의 **양식**에 관하여 계속해서 토론해 왔다. 하지와 워필드의 전통 안에 서 있는 일부 신학자는 계시의 양식이 보통 '명제 형태'를 띤다고 주장한다. 다른 많은 이, 예컨대 루터, 틴들, 바르트 같은 이들은 하나님 말씀이 **약속임**을 더 강조한다. 현대 신학에서 이것은 화행을 강조하는 것과 결합한다.[77] 그러나 **화행**은 명제를 **전제할** 수도 있다.[78] 근본적으로 로마 가톨릭교회에서는 성경이 "하나님이 역사 속에서 자신을 계시하신 일련의 개입들을 적은 증언"이라고 공식적으로 강조했다(1995년).[79]

5. 무신론과 유신론 사이: 이신론, 범신론, 불가지론

1) **이신론**. 대체로, 이신론자는 하나님이 존재하시긴 하지만 하나님이 **인격체로서** 이 세계를 다루시지는 **않는다고** 믿는다. 계시는 역사 속에서 잇달아 펼쳐진 하나님의 행위 속에서 발생하지 않는다. 이신론은 하나님이 세계를 창조하셨음을 인정하지만, 세계는 스스로 자신을 규율하는 기계처럼 하나님과 상관없이 그 나름의 방식대로 움직인다. 하나님은 초월자이실 수는 있으나, 이 세계 안에는 결코 계시지 않는다. 어떤 이들은 하나님을 가리키는 말로 분명 비인칭 용어를 사용하는데, F. H. 브래들리가 사용하는 용어인 "절대자"(the Absolute)가 그런 예다. 하나님이 기적 같은 것을 통해 개입하신다고 믿는 것은 하나님의 창조가 불완전하여 늘 보완이 필요하다는 인상을 풍기는 것처럼 보일 것이다. 기도와 예배는 인간의 마음을 이롭게 해 주는 것을 제외하면 불필요하고 부적절하다. 어떤 이들은 아리스토텔레스가 이신론의 전조(前兆)였다

---

77 예를 들자면 Kevin Vanhoozer, *Is There a Meaning in This Text? The Bible, the Reader, and the Morality of Literary Knowledge* (Grand Rapids: Zondervan, 1998), pp. 197-280. 『이 텍스트에 의미가 있는가?』(IVP).

78 Anthony C. Thiselton, *Thiselton on Hermeneutics* (Grand Rapids: Eerdmans; Aldershot, UK: Ashgate, 2006), pp. 51-150.

79 J. A. Fitzmyer, ed., *The Biblical Commission's Document "The Interpretation of the Bible in the Church"* (Rome: Pontifical Biblical Institute, 1995), p. 191.

고 주장하는데, 그는 『형이상학』(Metaphysics) 12권에서 신이 물질 및 무상한 사물과 영원히 분리되어 있다고 말했다.

더 정확히 말하면, 이신론에는 서로 다른 여러 버전이 있다. 하지만 대체로 보면, 이신론은 본질상 **합리론**이다. 이신론은 이성의 시대인 17세기 말과 18세기 초에 잉글랜드에서 발생했다. 토머스 칼라일(Thomas Carlyle, 1795-1881)은 알레고리와 풍자를 담은 그의 소설 『의상철학』[Sartor Resartus("The Tailor Re-tailored"), 1836]에서 이신론의 "하나님"을 "첫 안식일 이후로 계속하여 우주 밖에서 편안히 앉아 우주가 제 맘대로 돌아가는 것을 지켜보는 부재자 하나님"으로 묘사한다.[80] 이 책 제목에서는 언어라는 개념을 사상이라는 옷에 빗대 풍자한다. 이신론자는 계시를 과잉이라 여겼다. 인간은 **이성**을 사용하여 '자연 종교'의 모든 진리를 측량할 수 있기 때문이다.

이신론은 아이작 뉴턴(1642-1727) 및 다른 이들에게서 시작된 이른바 과학혁명과 폭넓게 결합해 있다. 그 시대 유신론자들은 이신론자들을 종종 '무신론자'라 불렀다. 이신론자들은 하나님을 보통 '더 높은 힘'이라고 생각했다. 이신론의 등장은 1621년에 로버트 버튼(Robert Burton)과 더불어 예견되었으나, 사람들이 한목소리로 "잉글랜드 이신론의 아버지"라 인정하는 이는 처버리의 에드워드 허버트(Edward Herbert of Cherbury, 1583-1648) 경이다. 그는 『진리론』(On the Truth, 1624)에서 분명하게 이신론을 선언했다. 이신론은 잉글랜드에서 프랑스로 확산되었고, 나중에는 미국으로 퍼져 나갔다. 레벤트로우는 에드워드 허버트를 "잉글랜드 땅의 첫 (이신론) 대표자"라고 말한다.[81] 그러나 이신론의 발전 과정에서 이 초창기만 놓고 보면, 에드워드 허버트는 '외로운 인물'이었다. 그가 표방하는 철학의 기본 입장은 아리스토텔레스, 키케로(Cicero), 스토아학파의 입장이었다. 근본적으로 그는 모든 사람이 이성에 기초하여 진리

80　Thomas Carlyle, *Sartor Resartus: The Life and Opinions of Herr Teufelsdrockh* (Project Gutenberg e-book, #1051), bk. 2, chap. 7. 『의상철학』(한길사).
81　Reventlow, *Authority*, p. 186.

에 다가갈 수 있다고 믿었다. 그러나 그는 이런 입장을 늘 일관되게 유지하지는 않았으며, 그가 남긴 글에는 기도 그리고 경건한 신앙심을 담은 표지들이 들어 있다. 그가 주로 다룬 주제는 '자연 종교'와 도덕성이었다. 대체로 그는 이신론 시대 앞의 사람이었다.

이신론에 더 독특한 시대는 1690년에서 1740년에 이르는 기간이었다. 매튜 틴들(Matthew Tindal)이 쓴 『창조만큼 유구한 기독교』(Christianity as Old as Creation, 1730)는 종종 '이신론자의 성경'으로 불렸다. 틴들보다 앞서 등장한 찰스 블라운트(Charles Blount, 1654-1693)는 몇몇 저작에서 자연 종교를 옹호했다. 블라운트는 허버트와 바로 이어져 있었으며, 당시에 사람들 사이에서 상당한 소동을 일으켰다. 예를 들면, 그는 선지자 엘리사를 "성질이 불같고 화를 잘 내서, 자신을 대머리라 불렀다는 이유만으로 불쌍한 어린이들을 저주하여 곰에게 찢기게 했던 선지자"(왕하 2:23-24)라고 비난했다.[82]

존 톨런드(1670-1722)는 더 중요한 인물인데, 이는 특히 그가 쓴 『신비하지 않은 기독교』(1696) 때문이었다. 톨런드는 이성을 다룬 존 로크의 작품을 칭송했지만, 로크가 이런 칭송에 답례했는지는 의문이다. 그렇다 해도, G. 가블릭(Gawlick)은 톨런드가 기독교에서 말하는 계시를 전제했으며 다른 많은 이신론자보다는 유신론을 긍정하는 태도를 취했다고 주장했다. 그럼에도 톨런드는 이렇게 썼다. "신비라 말할 수 있는 것은 없다. 우리에겐 신비를 알맞게 표현할 개념이 없기 때문이다."[83] 그는 이성이 만물의 긴요한 판단 기준이며, 분명하고 명확한 개념을 전달한다고 주장했다. 그는 신비라는 평을 들을 만한 기독교 교리는 없다고 주장했다.

매튜 틴들(1657-1733)은 중요한 책을 몇 권 저술했다. 『언론의 자유』(The Liberty of the Press, 1698), 『교회의 권리』(The Rights of the Christian Church, 1706-1709)가 그런 책이며, 그의 삶을 마칠 무렵에 『창조만큼 유구한 기독교』(1730, 4

---

82 Charles Blount, *Philostratus* (1680), p. 37.
83 John Toland, *Christianity Not Mysterious* (New York: Garland, 1702), p. 75.

판은 1733년에 출간)를 내놓았다. 다른 이신론 저술가들처럼, 그가 주로 다룬 주제도 인간 이성과 자연 종교였다. 그의 마지막 작품은 1741년에 독일어로 번역되었다. 틴들은 기독교가 **시간을 초월한 자연 종교**와 같다고 주장했다. 이 책은 이신론과 기독교 유신론 사이에서 벌어진 논쟁의 초점이 되었다. 톨런드처럼 틴들도 기독교가 로크의 경험론과 유사성이 있음을 주장했다. 아울러 책의 부제에서 일러 주듯이, 틴들은 기성 교회와 기성 교회의 종교, 특히 '고교회'와 '교황파' 사제들을 비판했다. 그러나 그는 로크를 따라 성공회 반대자들에게 관용을 베풀기를 주장했다. 틴들은 특히 "사제의 술수"(preistcraft, 보통 사제가 되는 데 필요한 지식이나 훈련을 가리키나, 사제가 자신의 지위를 남용하여 사용하는 나쁜 술수를 가리키기도 한다—옮긴이)와 "미신"을 비판했다.

 틴들이 '이신론의 성경'을 제공했다면, 앤터니 C. 콜린스(1676-1729)는 이신론의 절정이자 전성기를 대표한다는 것이 레벤트로우의 견해다. 콜린스는 그의 저서 『자유로이 생각하며 나눈 담화』(*Discourse in Free Thinking*, 1713)에서 **이성과 증거**를 활용하기를 강조했다. 콜린스를 비판하는 이들은 콜린스가 너무 뻔한 것을 이야기한다고 혹평했다. 하지만 그의 목표는 권위를 주장하는 것들의 근본을 허무는 것이었으며, 그 대상에는 특별 계시도 있었다. 그가 유신론을 배척하는 것은 때때로 니체의 전조 같은 인상을 풍기는데, "모든 사제는…사람을 잘못으로 이끌려고 고용된 자들이다"라는 주장이 그런 예다.[84] 아울러 콜린스는 예언에 대해서도 썼는데(1724년), 이는 특히 W. 휘스턴(Whiston), A. A. 사익스(Sykes), E. 챈들러(Chandler)와 논쟁을 불러일으켰다. 실제로 이신론에 반대하는 논박이 상당히 크게 일어났다. 그 많은 예 중 하나가 존 코니비어(John Conybeare)의 『계시 종교 변호』(*A Defence of Revealed Religion*)다. 코니비어는 자연 종교와 계시 종교가 오직 그 범위에서만 다르다고 주장했다.

---

84 Anthony Collins, *Discourse in Free Thinking* (London, 1713; New York: Garland, 1978), p. 109.

2) **범신론.** 범신론은 신의 초월이 아니라 신의 **내재**를 강조하기 때문에, 스펙트럼에서 이신론의 정반대 쪽에 자리해 있다. 범신론이 가진 큰 문제는, 하나님을 세계나 '만물'과 동일시한다면 하나님이 어떻게 하여 온전히 **인격체 혹은 초인격체**로 존속할 수 있는지 알기가 어려워진다는 것이다. 그리스-로마 세계에서는 세계정신과 우주의 로고스라는 관념을 이야기했던 스토아주의가 범신론을 대표했다. 바울은 "우리가 세상의 영을 받지 아니하고 하나님으로부터 온 영(그리스어로 *to pneuma to ek tou Theou*)을 받았다"고 선언하는데(고전 2:12), 이로 보아 그는 스토아주의에서 말하는 세계정신이라는 관념을 거부했을 개연성이 아주 높다.

하지만 근대 철학 시대에는 대다수 사상가가 바뤼흐 스피노자(Baruch Spinoza, 1632-1677)를 범신론 혹은 일원론 철학의 최고 대변자로 지목한다. 그는 하나님에 관하여 정통이 아닌 견해를 주장한다는 이유로 1656년에 암스테르담의 유대교 회당에서 쫓겨났다. 스피노자는 자신의 유대식 이름인 "바뤼흐"(Baruch)를 라틴식 이름인 "베네딕트"(Benedict)로 바꾸었다. 그는 주로 데카르트에 연구 초점을 맞췄지만, 정신과 몸을 나눠 보았던 데카르트의 이원론을 논박하고 일원론, 곧 모든 실재가 하나라는 믿음을 지지했다. 스피노자가 자신의 범신론과 관련하여 남긴 가장 유명한 경구가 "하나님이냐 자연이냐"(*"Deus sive Natura"*)인데, 이는 **하나님과 자연을 서로 동일시한** 것으로 보인다.[85] 하나님은 '인격체의' 의지나 욕구를 갖고 있지 않다. 스피노자는 이렇게 썼다. 하나님은 "절대 무한한 존재, 곧 무한한 속성들로 이루어진 어떤 '실체'이며, 이 속성들 하나하나가 영원하고 무한한 본질을 표현한다." 사실 그의 철학은 이보다 훨씬 복잡하며, 일부 사람들은 그가 자연 종교를 믿는 자라기보다 유신론자라고 주장했다. 그러나 스피노자를 바라보는 주류 견해는 그가 '하나님'을 세계와 자연을 포함한 '만물'(그리스어로 *pan*)과 동일시했다는 것이다. 윤

---

85 Benedict de Spinoza, *Theological-Political Treatise* (Leiden: Brill, 1991), pp. 71-79. 『신학정치론』(비홍).

리는 '하나님'에게서 나오지 않고 인간 이성을 활용하는 데서 나온다. 스피노자는 그가 자신의 뿌리인 히브리 전통, 곧 "하나님은 한 분이시다"라는 전통에 충실했다고 주장했다.

많은 이는 종교적 **신비주의**가 범신론의 일종이며 만유 안에 통합된다는 느낌을 낳는다고 주장한다. 힌두교의 많은 사상가는 정밀한 범신론 형태를 정립했다. 이는 보통 우파니샤드 안에 들어 있는 비(非)이원론 전통에서 나온다. 가장 높은 존재는 종종 브라만이라 불린다. 그러나 **기독교** 신비주의에서는 대부분 하나님을 인격체로 보는 더 심오한 견해를 주장하며, 이런 주장은 늘 예수의 수난과 십자가라는 역사 사건 속에 닻을 내리고 있다. 서구에서는 일부 사람들이 헤겔을 범신론자로 인용하지만, 다른 이들은 헤겔 사상이 갖고 있는 독특한 복잡성을 내세우기도 한다. 기독교 유신론은 하나님을 세계와 동일시하는 견해에 맹렬히 반대한다. 창조가 무(無)에서 이루어졌다(*creatio ex nihilo*)는 기독교 교리는 하나님이 어딘가에서 나왔다는 식의 영지주의식 개념을 일체 거부한다. 유신론자는 하나님이 **인격체** 혹은 **초인격체**시라는 것, 하나님이 초월자이시자 내재자시라는 것, 다시 말해 세계와 다른 데, 혹은 세계 '위에' 계시면서도 동시에 세계 안에서 일하신다고 믿는다.

3) **불가지론**. 불가지론자들은 하나님을 믿는 믿음이 옳은지 그른지 알 수 없다고 믿는다. 얼핏 보면, 불가지론은 열려 있고 너그러운 것처럼 보이지만, 이를 **공언한 무신론**이나 **명백한 무신론**이나 **교조적 무신론**과 동일시해서는 안 된다. 불가지론이라는 말은 '앎이 없음'을 가리키는 그리스어 *a-gnosis*에서 나온 말이다. 그러나 불가지론은 이른바 '회의론의 역설', 곧 '우리는 알지 못한다면서 우리가 **알지** 못한다는 것은 어떻게 **알 수 있다**는 말인가?'라는 반응을 불러일으킨다.

그런가 하면, 불가지론을 **의심**과 혼동해서도 안 된다. 많은 기독교 신자가 의심의 시기를 통과한다. 이런 의심은 건설적 질문, 개혁, 성장으로 이어질 수도 있다. 폴 틸리히는 우리가 아주 어릴 때 배웠던 '하나님' 뒤에 계신 더 진정한 하나님, 곧 '신 너머에 계신 하나님'을 발견하도록 이끌고자 전통으로 내려오는 몇몇 공식에 의심을 품어 보라고 독려했다.[86] 키르케고르가 그리스도인으로서 보낸 삶도 의심과 끊임없이 벌인 씨름을 동반했다. 한편에서 보면, 의심은 그냥 만족하고 넘어가거나 단순하게 생각하거나 검토해 보지도 않고 받아들인 믿음에 대해 마땅히 물음을 제기할 수 있다. 의심에서 나온 이런 물음이 더 나은 무언가로 인도할 수도 있다. 다른 편에서 보면, 일부 신학자 및 다른 이들은 의심을 반기고 우상으로 만들어 버릴 수도 있으며, 아예 사람들을 뒤흔들어 소명이라 상상하는 데 빠뜨리려 할 수 있다.

그러나 **정적**(靜的) 불가지론은 자만이 낳은 열매일 수도 있다. 믿음을 시각과 연계하여 단지 인식할 수 없는 어떤 '관점'으로 보는 견해는 수백만이 남긴 증언, 특히 역사 속에 존재했던 목격자들의 증언을 깎아내리려는 것이요, 믿음과 믿지 않음이 **똑같이** '합리적'이라고 주장하려는 것이다. 신학과 변증학의 역사에서는 믿음의 합리성을 주장하는 일련의 축적된 논증을 모으려 한다. 앨빈 플랜팅가 같은 철학자들은 이런 논증을 인터넷과 책에서 훌륭하게 제시했다. 이와 다른 전통에 속한 슐라이어마허도 『종교론: 종교를 멸시하는 교양인을 위한 강연』(*On Religion: Speeches to Its Cultured Despisers*, *Über die Religion: Reden an die Gebildeten unter ihren Verächtern*)에서 많은 이가 믿음과 관련된 문제에 관하여 전문 식견과 경험을 갖춘 이들의 목소리보다 대중 신화의 목소리에 귀 기울일 때가 허다하다고 탄식했다. 그는 어떤 무신론자나 불가지론자가 종교를 경멸할지라도 "당신이 이런 경멸을 잘 알고 철저히 헤쳐 나가기를…요청하겠다"고 썼다.[87] 그는 이렇게 강조했다. "수많은 사람이…그것의(신앙의) 의상을 거짓으로 꾸미는 데 만족해 왔다.…세계 저편에 존재하는

---

86   Paul Tillich, *The Shaking of the Foundations* (New York: Scribner, 1948, 1962), pp. 49-50. 『흔들리는 터전』(뉴라이프).
87   Friedrich Schleiermacher, *On Religion: Speeches to Its Cultured Despisers* (London: Kegan Paul, Trench and Trübner, 1893), p. 12. 『종교론』(대한기독교서회).

영원하고 거룩한 존재가 들어설 자리는 이제 남아 있지 않다."[88] 슐라이어마허는 사람들이 "자신들의 삶을 그것(종교)에 헌신한 이들에게 가르침을 받아야" 한다고 결론짓는다.[89]

우리는 그리스도인 유신론자로서, 성경이라는 닻, 성례, 십자가를 주시고 이레나이우스가 "신앙 규칙"이라 불렀던 것 혹은 사도 전통을 허락해 주신 하나님께 감사해도 된다. 그러나 이런 일들이 그저 과거 바라보기는 아니다. 바르트 및 다른 이들이 강조하듯이, 성령의 증언은 성경, 사도 전통, 십자가의 메시지를 날마다 현실이 되게 해 준다. 판넨베르크의 말대로, 이것들은 "하나님의 진리를 새롭게 증명해 준다."[90] 다음 장에서 확인하겠지만, 합리적 성찰도 하나님이 주시는 선물이다. 우리는 이런 진리를 우리 스스로 공공연히 검증해 봤다. 우리가 살펴봤듯이, 초기 교부들은 다양한 문제 앞에서 **성경**에 근거한 **합리적 믿음**의 본보기를 제시했다. 결국 하나님 자신이 그가 주신 진리와 약속의 보증인이시다. 하지만 이것 때문에 믿음, 순종, 신뢰의 필요성이 배제되지는 않으며, 특히 긴장과 시련의 시대에는 더욱 그렇다. 우리가 순례 길을 가는 동안 늘 확신을 품게 해 주는 원천은 단순히 '우리의 믿음'이 아니라 삼위일체 하나님이시다.

---

88 Schleiermacher, *On Religion*, p. 1.
89 Schleiermacher, *On Religion*, p. 2.
90 Pannenberg, *BQT* 2: p. 8.

5장

인간이 아닌 피조물, 그리고 인간 복리를 위한 법령

1. 주로 정경에 비춰 살펴본 천사 창조와 천사의 사역

하나님이 우리를 사랑하시기에 인류를 창조하시고 말 그대로 당신 자신에게서 나와 당신 자신이 아닌 '다른' 존재들을 창조하사 이들과 교제하시고 이들과 사귐을 나누길 즐기기로 하셨음을 여러 차례에 걸쳐 강조했다. 다음 두 장에서는 인류가 어찌하여 하나님에게서 멀어지고 하나님과 나누는 사귐을 포기하게 되었는지 살펴보겠다. 그런 다음, 하나님이 그리스도를 통해 이런 사귐을 회복시키는 일을 어떻게 주도하셨는지 추적해 보겠다.

한편, 하나님이 오직 인간만 창조하셨다고 생각하는 것은 철저히 인간 위주의 생각이다. 이번 장에서는 하나님이 인간 이외에 다른 종류의 존재들, 곧 천사와 동물은 물론 은하, 별, 나무, 식물, 다른 수많은 것을 창조하셨음을 다룬다. 그러나 성경에서는 혹은 주요 기독교 신학자들은 **이원론을 암시하지 않는다**. 천사들도 하나님이 지으신 **피조물**이다. 인간과 마찬가지로 그들이 지음받고 계속 존재하는 것도 하나님이 좌우하신다. 기독교의 모든 주요 자료에서는 이를 분명히 한다.

분명 하나님은 천사 자체로 말미암아 즐거움을 누리시려고 천사를 지으셨다. 하지만 창세기 1장과 2장의 **창조 기사에는 천사 창조를 다룬 기사가 없다**. 그래도 고대의 많은 저술가는 천사를 '천지' 창조에 포함시켰으며, 화염검을 가진 그룹들(*cherubim*)도 창세기 3:24에서 등장한다. 특히 요한계시록을 포함한 성경 기록에서는 우리에게 하늘 궁정 모습을 어렴풋이나마 많이 보여 주는데, 이 장면을 보면 천사들과 천상의 존재들이 **하나님을 예배하고 어린양이신 그리스도를 찬송하는** 데 열중한다.

그렇지만, 천사가 (그리고 어쩌면 동물이) **인간을 섬기고 보호하며 보존하는**, 더 의미심장한 기능을 갖고 있다고 강조하는 것은 인간 위주의 생각이 아니다. 실제로 천사를 가리키는 히브리어(*mal'āk*)와 그리스어(*aggelos* 혹은 *angelos*)의 1차 의미는 '사자'(使者, messenger)다. 히브리서 1:14에서는 천사를 이처럼 명확하게 정의한다. "모든 천사는 **하나님을 섬기는 영으로서, 구원을 상속할 이들을 섬기려고** 보내진 이들이 아니냐?" 시편 34:7에서는 이렇게 말한다.

> 여호와의 천사가 주를 경외하는 자를
> 둘러 진 치고, 그들을 건지시는도다.

마태복음 4:6에서 일부 인용한 시편 91:11-12에서는 이렇게 말한다.

> 그가 너를 위하여 그의 천사들을 명령하사
>   네 모든 길에서 너를 지키게 하심이라.
> 그들이 그들의 손으로 너를 붙들어
>   발이 돌에 부딪히지 아니하게 하리로다.

그러나 성경 본문에서는 천사가 예배 때 하는 역할도 **함께** 보여 준다. "하나님의 모든 천사는 그를 **예배**할지어다"(히 1:6). "내가…들으매…많은 천사의 음성이 있으니…큰 음성으로 이르되 '죽임을 당하신 **어린양은** 능력과…존귀와 영광…을 받으시기에 **합당하도다**'"(계 5:11-12).

이 세 유형의 본문은 천사의 세 주요 기능과 목적을 압축하여 제시하며, 기독교회에서도 천사의 기능과 존재 목적을 이렇게 인식한다. (1) **동방 정교회**에서는 이 셋을 모두 받아들이나, 천사를 **천상**에서 끊임없이 하나님을 **예배하는** 이로 보는 관념에 중점을 둔다. 인간이 지상에서 올리는 예배는 진정하긴 해도 천상에서 천사가 올리는 예배의 희미한 반영이다. (2) **로마 가톨릭교회**에서는 세 기능을 모두 받아들이며, 정교회처럼 섬김(ministry)에서는 **하늘의 영역이라는 실체**를 강조한다. 하지만 특히 대중 신앙에서는, 천사가 **수호자** 혹은 **수호천사** 역할을 한다고 강조하기도 한다. 이는 마태복음 18:10, 곧 "그들(작은 자들—옮긴이)의 천사들이 하늘에서 내 아버지의 얼굴을 항상 뵈옵느니라"라는 본문을 포함하여 성경에 기초한 한 유명한 전통을 그 근거로 삼는다. 실제로 가톨릭 신자들이 널리 믿는 신화에서는 세례받은 각 그리스도인마다 **하나씩** '수호천사'가 있다고 하지만, 칼뱅과 바르트는 '수호'라는 것이 모든 천사가 함께 한 몸으로 짊어지는 책임이라고 주장한다. (3) 모든 전통에서는 천사가 **사자**요 '섬기는 영'이라는 데 동의하며, **개신교회**에서는 이것이 천사의 1차 임무라고 특히 강조한다. 천사는 '사자' 역할을 할 때 때로 인간의 형태를 띨 수도 있다.

일단 이 주제를 다루기 시작하면 많은 질문이 떠오른다. 예를 들면, 천사와 악한 천사의 이름과 숫자가 그렇다. 앤드루 앤젤(Andrew Angel)을 포함한 많은 저자는 천사의 이름에 관하여 깊이 생각한다.[1] 그러나 칼뱅과 바르트는 '변두리' 문제를 너무 세세히 연구하지 말라고 강하게 충고한다. 우리엘(Uriel)과 라파엘(Raphael)이라는 이름은 에녹1서 9-10장과 20:1-8에 나오지만, 미가엘(Michael)과 가브리엘(Gabriel)은 정경 본문에 나온다. 칼 바르트는 천사가 충분히 중요하다고 여겨 『교회교의학』(*Church Dogmatics, Kirchliche Dogmatik*)에

---

1   Andrew Angel, *Angels: Ancient Worshipers of Another World* (Eugene, Ore.: Wipf and Stock, Cascade Books, 2012), pp. 30-34.

서 천사를 다루는 데 150페이지가 넘는 분량을 할애하며, 천사에 관하여 **너무 많은 말을 하며** 지나치게 세세한 부분까지 신경 쓰지 않으면서도 천사를 아예 부인하거나 **너무 소홀히** 다루지도 않는 "둘 사이의 길을 가야" 한다고 주장한다.² 바르트는 천사가 "하나님과도 사람과도 구별되는 어떤 실체를 가리키며", "하늘에 속한 하나님의 사자로 존재하고 활동"한다고 표명했다.³ 어떤 의미에서 보면, 천사는 "단지 하나님과 인간의 종… (또한) 본질상 중요하지 않은 형체"이며, 하나님의 목적 속에서 종속 역할을 부여받은 이이기 때문에 우리가 그들에 관하여 말할 때는 단지 '말 나온 김에', 그리고 '아주 약하게' 이야기해야 한다. 바르트는 키르케고르가 쓴 말을 사용하여 천사를 "속삭이는 자"라고 지칭하며, 이 용어는 근해 앤드루 앤젤도 사용했다.⁴ 그러나 천사는 성경의 수많은 본문에서 등장할 뿐 아니라, 오리게네스, 나지안조스의 그레고리오스, 아우구스티누스, 위(僞)디오니시오스, 아퀴나스, 그리고 이들보다는 적게 언급했지만 루터와 칼뱅의 작품에서도 등장한다.

이를테면, 칼뱅은 "하나님의 명령을 집행할 일꾼으로 임명받은 천사도 당연히 하나님이 지으신 것으로 인정해야 한다"고 말했다.⁵ 천사는 분명 **창조된** 존재다. 그러나 칼뱅은 바르트를 예견하기라도 하듯, 성경에서 천사에 관하여 분명히 말하는 것을 넘어서 우리 호기심을 만족시키지 말아야 한다는 말을 덧붙였다. 칼뱅은 우리가 "참되고 확실하며 유용한 가르침에" 주목하고 "호기심[과] 시시한 질문…헛된 잡담"을 피해야 한다고 주장했다.⁶ 천사는 사자이기도 하지만, "군대로 부름받은 이들이다. 제왕을 시위하는 자들로서 제왕을 에워싸고 제왕의 위엄을 꾸미며 펼쳐 보이기 때문이다."⁷ 그렇긴 해도, 우리는 **성**

---

2 Barth, *CD* III/3, pp. 418-531.
3 Barth, *CD* III/3, p. 370.
4 Barth, *CD* III/3, p. 371. 앤드루 앤젤 책의 부제를 참고하라.
5 Calvin, *Institutes* 1.14.4; in *The Institutes of the Christian Religion*, 2 vols. (London: James Clarke, 1957), 1: p. 144.
6 Calvin, *Institutes* 1.14.4; 1: p. 144.
7 Calvin, *Institutes* 1.14.4; 1: p. 145.

경 본문에서 이 주요한 혹은 확실한 세 주제를 모두 발견할 수 있다고 자신 있게 확언할 수 있다.

1) **천사가 올리는 예배.** 요한계시록 4:8-11을 보면, "네 생물"(날개를 가졌고 보는 눈이 가득한 생물들)과 "이십사 장로"가 "보좌에 앉으신 이" 앞에 엎드려 "영원히 살아 계시는 이를 **예배하며**…우리 주 우리 하나님, 당신은 영광과 존귀와 능력을 받으시기에 합당하나이다"라고 말한다. 요한계시록 5:11-13에서는 더 분명하게 말한다. "내가 들으매 보좌와 생물들과 장로들을 둘러선 많은 천사의 음성이…큰 음성으로 이르되 죽임을 당하신 어린양은 능력과 부와 지혜와 힘과 존귀와 영광과 찬송을 받으시기에 합당하도다 하더라. 내가 또 들으니 하늘과 땅의 모든 피조물이…노래하되 보좌에 앉으신 이와 어린양에게 찬송과 존귀와 영광과 권능을 세세토록 돌릴지어다 하니." 정교회 및 다른 모든 기독교 전통에서도 이 주제를 공통으로 주장하는데, "하늘에서 이루어진 것 같이 땅에서도"(마 6:10)라는 말로, 또는 더 분명하게 "수많은 천군이 그 천사들과 함께 하나님을 찬송하여 이르되, 지극히 높은 곳에서는 하나님께 영광"(눅 2:13-14)이라는 말로 천명한다.

2) **수호천사.** 이 주제는 특히 가톨릭 전통에서 강조하긴 하지만, 기독교의 모든 전통에서 공통으로 다룬다. 마태복음 18:10이 핵심 구절이다. "삼가 이 작은 자 중의 하나도 업신여기지 말라. 너희에게 말하노니 그들의 천사들이 하늘에서(그리스어로 *hoi angeloi autōn en ouranois*) 하늘에 계신 내 아버지의 얼굴을 항상 뵈옵느니라." 하지만 칼뱅과 바르트는 이렇게 강조한다(바르트의 말이다). "칼뱅도 그렇게 주장했지만, 이 표현은 이 작은 자들 각자가 수호천사라는 책임을 진 자신만의 천사를 갖고 있다는 말이 아니다."[8] 그렇지만 칼뱅은 천사들이 **한 몸으로 다 함께** '수호자' 역할을 한다고 생각하려 한다. 신약성경에서 '수호'천사를 언급하는 곳은 거의 없으며 여기 말고는 분명히 언급하는

---

8 Barth, *CD* III/3, p. 518.

곳도 없다. 하지만 출애굽기 14:19; 23:20, 23; 33:2은 수호천사를 암시하는 곳일지도 모른다(뒤를 보라).

인기 있는 가톨릭 신앙에서는 엉뚱하게도 천사 하나하나가 각각 부여받은 임무가 있다는 더 기괴한 관념으로 빠져든다. 그러나 칼 라너는 기본 개념을 그대로 유지한다. 그는 천사에 관한 한 설교에서 이렇게 언명한다. "한 사람이 삶이라는 길을 걸어갈 때는…늘 둘이 같은 길을 함께 걸어갑니다. 그 둘은 수호천사와 인간이며, 둘은 모두 하나님을 바라봅니다."[9] 이것은 마태복음 18:10을 아주 간결하게 주석한 내용의 일부분이다. 그는 곧 히브리서에 나오는 "섬기는 영"으로 옮겨 가, 심지어 이렇게 주장한다. "사람 하나하나가 다른 사람에게 수호천사가 되어야 합니다." 라너는 다른 곳에서 아퀴나스의 작품도 "한 사람이 자유로이 가지거나 가지지 않을 수 있는 한 의견"이라고 썼다.[10]

3) **사자인 천사.** 천사가 **하나님에게서 온 사자**라는 전승은 모든 기독교 신학에서 공통으로 갖고 있으나, 특히 개신교 신자들에게 해당한다. 이 측면은 가장 이른 시기와 가장 늦은 시기에 나타난 성경 기록에서 늘 반복하여 나타난다. 창세기 18장을 보면, 하나님에게서 온 메시지가 아브라함에게 당도한다. 이때 아브라함은 눈을 들어 보다가 "세 사람이 그 옆에 서 있는 것을" 본다(창 18:2). 창세기 19:1에서는 이들 가운데 둘을 "천사"라 밝힌다. 이어 아브라함은 "기름지고 좋은 송아지를 잡아 하인에게 주었고, 하인은 이를 급히 요리했다"(18:7). 천사들은 이 요리를 먹은 뒤, 자신들이 갖고 온 메시지를 전했다. "사라에게 아들이 있으리라"(10절). 그리고 여호와는 이렇게 말씀하셨다. "내가 하려는 것을 아브라함에게 숨기겠느냐?"(17절) 히브리서 13:2에서는 이를 이렇게 설명한다. "손님을 대접하라. 이로써 부지중에 천사들을 대접한 이들이 있었느니라." 분명 '천사'는 사람처럼 보이게 할 수 있다.

---

9   Karl Rahner, "The Angels: A Homily", www.thevalueofsparrows.com에 있다.
10 Karl Rahner, *Encyclopedia of Theology: A Concise Sacramentum Mundi* (London: Burns and Oates, 1975), pp. 11-12.

창세기에서는 이렇게 천사가 사자로 찾아오는 경우가 적어도 일곱 차례는 나타난다. 하나님의 사자가 하갈을 불렀다(창 16:7-8). 모리아산에서는 아브라함을 황급히 불렀고(창 22:11과 15), 아브라함의 종을 돕고자 이 종에게 나타났다(창 24:40). 야곱의 환상에서는 주인공으로 등장했고(창 28:12), 야곱의 꿈에서도 그리했다(창 31:11). 야곱의 행로에서 야곱과 만나거나 마주쳤다(창 32:1). 그리고 야곱은 요셉에게 사자가 "그를 모든 위해에서 구해 주었다"고 말한다(창 48:16). 출애굽기에서는 여호와의 사자가 불타는 덤불에서 모세에게 나타났다(출 3:2).

마태복음과 누가복음의 예수 탄생 내러티브에서도 **사자**의 역할이 분명하게 나타난다. 주의 사자가 꿈에서 요셉에게 나타나(마 1:20) 마리아를 아내로 맞으라는 은밀한 전갈을 전한다. 마태복음 2:13에서는 사자가 다시 요셉에게 나타나 이집트로 피신하라고 경고한다. 2:19에서는 주의 사자가 요셉에게 나타나 이스라엘로 돌아가도 된다고 일러 준다. 누가복음 1:11-13에서는 "주의 사자"가 사가랴에게 나타난다. 이 사자는 두려워하는 사가랴에게 엘리사벳이 잉태했다는 전갈을 전한다. 누가복음 1:19에서 사자는 이렇게 말한다. "나는 하나님 앞에 서 있는 가브리엘이라. 이 좋은 소식을 전하여 네(사가랴)게 말하라고 보내심을 받았노라." 이어 가브리엘은 마리아에게 나타나 이런 전갈을 전한다. "은혜를 받은 자여, 평안할지어다. 주께서 너와 함께 하시도다.…네가 잉태하여 아들을 낳으리니 그 이름을 예수라 하라.…성령이 네게 임하시리라"(눅 1:26-37). 이어 사자가 목자들에게 나타나 "큰 기쁨의 좋은 소식"을 전했다(눅 2:9-12). 이 본문은 이렇게 맺는다. "홀연히 수많은 천군이 그 천사들과 함께 하나님을 찬송하여 이르되 **지극히 높은 곳에서는 하나님께 영광이요**"(2:13-14). 천사의 역할은 **우선 사자요, 그다음은 하늘에서 예배를 올리는** 이다.

4) **수호자 혹은 전사인 천사.** 천사의 역할을 세분했을 때 등장하는 또 한 가지 역할이 수호자라는 주제, 곧 수호자 혹은 전사인 천사다. 출애굽기 14:19을 보면, 하나님의 사자가 행하는 역할은 이스라엘 군대를 앞뒤에서 **보호하는**

것이다. 출애굽기 23:20에서도 이를 분명히 이야기한다. "내가 사자를 네 앞서 보내 **너를 보호하리라**"(참고. 23:23; 32:34). 33:2에서는 하나님의 사자가 **수호자**이자 전사다. "내가 사자를 너보다 앞서 보내어 가나안 사람과 아모리 사람과 헷 사람…을 쫓아내리라." 창세기에서는 사자로 등장했던 천사들이 출애굽기 후반부에서는 수호자가 되었다. 이런 역할은 민수기 20:16에서도 되풀이된다.

민수기 22:23-24, 26, 31에 나오는 발람 기사를 보면, 천사가 **수호자**이자 **사자**로 등장한다. 22:34-35도 참고해 보라. 이와 마찬가지로 사사기 2:1을 보면, 여호와의 천사가 사자이자 전사 겸 수호자로 등장하며, 이는 사사기 2:4; 5:23; 6:11에서도 마찬가지다. 사사기 6:20-22에서는 환대라는 주제를 되풀이한다. 사사기 13:3에서는 훗날 마리아에게 임할 잉태 소식을 미리 보여 준다. 천사의 등장은 "두려움을 품게 했다"(13:6). 13:16-17을 보면, 마노아는 천사를 접대할 준비를 하면서도 그가 천사임을 알아차리지 못한다. 하나님의 천사는 사무엘상과 사무엘하, 열왕기상과 열왕기하, 역대기, 욥기, 시편, 이사야, 다니엘, 스가랴에서도 등장한다.

하지만 구약성경에서는 다른 몇몇 측면을 묘사한다. 창세기 6:1-4에서는 "하나님의 아들"(히브리어로 *bᵉnê hā'ᵉlōhîm*)이라는 수수께끼 같은 말을 언급하며, 어쩌면 시편 82:1과 6에서도 이를 언급하는 것 같다. 창세기 6:1-4을 보면, 이들이 "사람의 딸들"과 혼인한다. 이것이 두 번째 버전의 타락인데, 윌리엄스(Williams)가 주장하듯이, 이것이 십중팔구는 에녹서에 들어 있는 사유의 토대가 되었을 것이다.[11]

5) **다양한 중복 임무를 지닌 천사.** 복음서에서는 예수의 사역에서 천사와 관련된 다양한 에피소드를 자세히 이야기한다. 요한복음 1:51에서는 창세기 28:12의 '야곱의 사다리' 기사에 나오는 천사들을 자세히 이야기한다. 이 천사들은 씨 뿌리는 자 비유 속에 나오는 추수꾼(마 13:39, 41)이요, 좋은 물고기

---

11 Norman P. Williams, *The Ideas of the Fall and of Original Sin* (London: Longmans, Green, 1929), pp. 20-29.

와 나쁜 물고기 비유에 나오는 **심판** 도구(마 13:49)다. 이들은 인자의 시인(是認, 눅 12:8-9)과 회개하는 죄인의 시인(눅 15:10)을 목격한다. 우리는 마태복음 22:30과 마가복음 12:25을 보며 이들이 혼인하지 않는다는 것을 거의 우연히 알게 된다.

마태복음 24:31과 마가복음 13:26-27을 보면, 천사가 또 다른 유명한 임무를 수행한다. 이들은 강림(parousia), 곧 그리스도의 재림을 알리는 마지막 나팔이 울릴 때 인자와 함께 나타난다. 이때 "그들은 **그가 택하신 자들을** 하늘 이 끝에서 저 끝까지 사방에서 **모을 것이다**"(마 25:31도 보라). 마태복음 24:36과 마가복음 13:32에서는 천사도 그리스도가 다시 오실 정확한 때를 모른다고 말한다. 마태복음 25:41은 "마귀와 그 사자들을 위하여 예비된 영원한 불"을 언급한 몇 곳 중 하나다. 천사는 겟세마네에서 예수의 힘을 북돋우며(눅 22:43), 한편 마태복음 26:53에서 예수는 천사 군단을 불러 당신을 돕게 할 수 있다고 말씀하신다. 천사는 부활 내러티브에서도 등장한다(마 28:2-3; 눅 24:23; 요 20:12).

복음서에서 천사를 주로 **사자**로 묘사하긴 하지만 천사에겐 다른 임무도 있다. 그리스어 *angelos*(그리고 AV/KJV의 "angel")는 사도행전에서 약 21회, 바울 서신과 히브리서를 합쳐 12회, 요한계시록에서 약 60회 등장한다. 사도행전을 보면, 천사가 감옥 문을 열어 베드로를 풀어 주고(행 5:19), 스데반의 설교 속에 등장하며(7:30, 35, 38), 빌립에게 말하고(8:26), 고넬료에게 말하며(10:7), 옥에 갇힌 베드로에게 두 번째로 나타난다(12:7, 9-11). 로마서 8:38에서는 천사들이나 권세자들이 우리를 그리스도 안에 있는 하나님의 사랑에서 떼어 놓지 못한다고 말하고, 고린도전서 4:9에서는 바울이 천사에게 구경거리가 되었다고 말하며, 고린도전서 13:1에서는 천사가 하는 "말"을 이야기한다. 고린도후서 11:14에서는 사탄이 천사로 변장할 수 있다고 말한다. 갈라디아서 3:19에서는 율법이 "천사들을 통해 베풀어졌다"고 말한다. 골로새서 2:18에서 바울은, 천사들이 마치 하나님이 지으신 것이 아닌 양 **천사들을 예배하는 것을** 인정하지 않는다.

정경 기록을 살펴보는 일을 마무리하기 전에 다른 두 주요 전통을 다시 살펴보겠다. 게르하르트 키텔(Gerhard Kittel)은 신약성경에 관하여 이렇게 썼다. "천사가 **수호자**라는 생각, 아니 인도하고 섬기는 천사라고 표현하는 것이 더 나은 이 개념은 유대교에서 넘겨받았다."[12] 그는 자신의 그런 생각을 암시하는 예로 사도행전 12:15, 천사가 베드로를 감옥에서 끌어낸 경우를 인용한다. 그는 요한계시록 1:20에 나오는 일곱 교회의 천사들이 수호자일 수 있음을 논하는데, 일부 사람들은 이 천사들이 일곱 교회의 주교를 가리킨다고 본다. 키텔은 전자를 지지한다. 특히 요한계시록의 다른 곳에서는 초자연적 형상 혹은 인간이 아닌 형상을 지닌 '천사'를 활용하기 때문이다. 게르하르트 폰 라트는 천사가 사자 역할을 할 뿐 아니라 이스라엘의 원수를 쳐부수고(왕하 19:35) 홍해에서 이스라엘을 보호하며(출 14:19) 이스라엘 백성을 인도함으로써(출 23:20) 이스라엘을 지키는 역할을 한 사례를 많이 인용한다.[13] 실제로, "미가엘은 **이스라엘의 수호천사**이며, 하늘에서 온 **수호천사들**을 언급한 곳들(단 4:13, 17, 23)과…보좌를 에워싸고 하나님을 섬기는 허다한 종들을 언급하는 곳들이 있다."[14] 남은 주제는 **예배**인데, 이 주제는 요한계시록에서 두드러진 위치를 차지한다. 요한계시록 7:11-12에서는 이렇게 말한다. "천사들이 보좌를 에워싸고 서서…하나님께 예배하며 이르되, 아멘! 찬송과 영광과 지혜가…우리 하나님께 세세토록 있을지어다!"

그렇지만 요한계시록을 보면, 천사들이 다른 몇몇 역할도 수행한다. 이 역할에는 **온 우주를 아우르는 심판**의 도구가 되는 것(계 8:7-8), 별이 떨어지게 하고 해를 치는 것(8:10, 12), 그리고 무저갱의 열쇠를 받는 것(9:1)이 들어 있다. 또 천사들은 용에 맞서 싸운다. "미가엘과 그의 천사들이 용에 맞서 싸웠으

---

12 Gerhard Kittel, "Angelos", in *TDNT* 1: p. 86. 티슬턴 강조.
13 Gerhard von Rad, "*Mal'āk* in the OT", in *TDNT* 1: p. 77.
14 Von Rad, "*Mal'āk* in the OT," 1: p. 79. 티슬턴 강조.

며", "옛 뱀"이 아래로 내던져졌다(계 12:7, 9). 천사들은 심판하는 활동을 하고 (14:19), 역병을 일으키며(15:6-8), 하나님의 진노를 쏟아낸다(16:1, 3). 이 모든 것은 분명 요한이 본 이미지와 상징의 일부이나, 이런 것들은 다른 성경 본문들을 되비쳐 주는 기능을 하기도 한다. 아울러 성경 본문에서는 스랍들(사 6:2, 6-7)과 그룹들(출 25:20; 26:1, 31; 36:8, 35; 겔 10:2, 15)을 언급하는데, 이들은 무섭고 불이 이글거리며 날개 달린 생물이다. 로마서 8:38에서 바울은 "천사들"과 "권세자들"을 함께 묶어 이야기하는데, 에베소서 6:12에서 언급하는 "우주의 권세들"과 "영의 세력들"은 이것들을 가리키는 말일 수도 있다. 분명 이 구절들은 약한 인간보다 힘센 능력들을 일컫는다. 그러나 케어드, 쿨만, 윙크(Wink)는 이것들을 우리를 억누르고 있을지도 모르는 국가나 사회의 억압 구조로 여긴다. 천사는 이런 세력들의 하위 범주일 수도 있다. 이와 마찬가지로 신약성경에서는 '사탄'이 등장하지만, 구약성경에서는 사탄이 빈번하게 등장하지 않는다. 마가복음 3:22에서는 사탄을 "귀신의 왕"이라 하며, 요한복음 12:31에서는 그를 "이 세상의 임금"이라 한다. 그러나 신약성경 저자들은 한목소리로 그리스도가 이런 세력들을 다스리는 주권을 갖고 계시며 이들을 무찌르고 승리하신다는 점을 강조한다(참고. 고전 8:4-8; 골 1:15-20; 2:8-15, 20-23). 이런 능력에는 억압 구조 뒤편에 자리한 악한 영들이 **포함될** 수 있으나, 그리스도는 이들에게 확실한 승리를 거두셨다.

2. 구약 정경이 완성된 뒤 유대교와 역사 속 기독교 사상에서 말하는 천사

1) **유대교.** 구약 정경이 완결된 뒤, 그리스어를 사용하는 유대교에서는 구약의 주제들을 발전시켜 완성된 천사론(angelology)을 만들어 냈다. 사두개인 사이에서는 천사에게 별 역할이 없거나 천사가 전혀 역할을 하지 못했다. 그러나 묵시 문헌 저자들은 창세기 6장과 다니엘서 곳곳에 흩어져 있는 언급에서 많은 것을 발전시켰다. 토비트서에서는 천사를 20회 넘게 언급하지만, 벨

과 욥에서는 단 4회, 마카베오1서에서는 4회, 마카베오4서에서는 2회만 언급한다.[15] 토비트 5:4-8, 15-16을 보면, 천사 라파엘이 토비트의 여정을 인도하는데, 여기서 라파엘은 사람의 형태를 띠었다. 6:1을 보면, "한 젊은이"(그리스어로 *paidarion*)가 그와 함께 갔으며, 그의 개도 함께 갔다. NRSV에서는 6:4-5에서 이 말을 "angel"(천사)로 번역했다가, 6:6에서는 다시 "young man"(젊은이)으로 번역한다. 8:3에서는 라파엘이 자신을 훼방하는 귀신을 묶어 버렸다. 12:6에서는 라파엘이 토비트에게 하나님을 예배하라고 요구하지만, 12:15에서는 라파엘 자신을 "주의 영광을 시중들며 그 앞에 드나드는 일곱 천사 중 하나"로 묘사한다. 로마 가톨릭과 정교회에서는 외경을 그들의 정경에 포함시키는데, 이는 **그들의 천사론과 개신교의 천사론이 많이 다른 이유를 설명해 준다.**

앞서 언급했듯이, 이것 역시 앤드루 앤젤이 천사들의 이름을 일찍 언급한 연유를 설명한다. 그는 에녹1서 1-36장을 자유로이 활용하는데, 에녹1서 9:1-11:2에서는 네 천사장(archangel), 곧 **미가엘, 사리엘, 라파엘, 가브리엘**을 언급하며, 에녹1서 88:1-3에서는 이 천사들이 심판을 행한다.[16] 에녹1서 6-11장에서는 창세기 6:1-4에 나오는 수수께끼 같은 '지켜보는 자들'을 설명한다. 이들의 지도자를 *Shemihazah*(타락한 천사들의 우두머리—옮긴이)라 부르며, 이들은 자신들의 신부에게 주술과 마술을 가르쳤다. 그러나 이 혼인에서 태어난 자식들은 '거인'(히브리어로 *gibbōrîm*, '강한 전사')이 되었으며, 땅을 파괴하고 말았다. 네 천사장은 이런 혼돈을 (마치 전능자가 모르시기라도 한 것처럼!) 전능자께 알렸다. 하나님은 이들을 보내 노아가 홍수를 대비하게 하시고, *Shemihazah*를 결박하여 심연 속에 가둬 벌하신다. 에녹1서 86:1-89:1(아마도 기원전 160년경)에는 이 내러티브가 다른 버전으로 기록되어 있다.

희년서 5:1-11; 7:21-24; 10:5-14(기원전 2세기 말)에서도 비슷한 내러티브를

---

15 Hatch-Redpath 1:8.
16 Angel, *Angels*, pp. 24, 60, 64-65, 99, 그리고 다른 본문들; Williams, *Ideas of the Fall*, pp. 24-26.

자세히 이야기한다.[17] 본디 창세기 6장에서 제시하는 기사에서는 타락한 천사를 "신들의 아들들", 혹은 신 같은 존재들이라고도 부른다. 윌리엄스는 에녹1서를 "모든 위경 작품 가운데 가장 흥미로운 작품"이라 말한다.[18] 그는 이 주제를 다루는 것으로 기원전 3세기에서 1세기에 이르는 시기에 나온 여섯 개 개별 문서에서 뽑아낸 단편들을 탐구한다. 이 중에는 에녹1서 12-36장(기원전 200년경), 노아서에서 가져온 단편들, 에녹의 환상(기원전 165년경, 마카베오 가문을 중심으로 안티오쿠스 에피파네스에 맞서 싸우던 때에 나온 작품), 에녹의 비유(기원전 ?94-64)가 있다. 에녹1서 9-10장에서는 네 천사장이 타락한 천사들을 벌하리라고 말한다.

아퀴나스가 타락한 천사와 악의 기원에 관하여 전개한 사색처럼, 사색에서 우러나온 이 천사 내러티브에서는 대홍수가 있기 전, 곧 노아 이전 시대에 이 땅에 가득했던 악을 설명하며, 방주에 들어가 구원받은 이들을 제외한 모든 피조물이 홍수로 멸망당한 이유를 설명한다.

요셉의 기도에서는 우두머리 천사를 이스라엘의 **우리엘**이라 밝힌 반면(1:7-8), 아브라함묵시록에서는 우두머리 천사를 **이아오엘**(Iaoel)이라 밝힌다(10:1-17). 그런가 하면, 정경 기록과 마찬가지로, 사해 사본, 바룩서, 에녹2서에서는 우두머리 천사를 **미가엘**이라 밝힌다(1QM 17:6-8; 에녹2서 22:6, 3; 바룩3서 11:4; 아브라함의 유언 14:5).[19] 희년서에서도 천사들을 우주를 조직할 때 특별한 임무를 수행하게끔 창조된 이들이라고 묘사한다. "존재를 맡은 천사, 성화를 맡은 천사, 불의 영을 맡은 천사, 바람의 영을 맡은 천사, 구름과 어둠과 눈과 우박과 서리와…천둥과 번개와…추위와 열기를 맡은 천사"(희년서 2:2; 참고. 15:27). 사해 사본에도 이런 언급이 많다(1QS 1:1-15; 8:5-16; CD 3:14; 6:2-11; 1QM 12:1-2; 1QH 1:21).[20]

---

17   Williams, *Ideas of the Fall*, p. 28에서는 희년서에서도 창 3:1-24을 인용한다고 주장한다.
18   Williams, *Ideas of the Fall*, pp. 23-24.
19   Angel, *Angels*, p. 31.
20   참고. Angel, *Angels*, pp. 32-34.

키텔은 랍비 사상에서는 천사 교리를 구약성경의 정당한 전개로 인식한다고 주장한다. "천사 교리가 천사를 독립된 신으로 숭배하는 결과를 수반하지는 않았기" 때문이다.[21] 천사는 이스라엘의 하나님이신 여호와의 말씀과 뜻을 섬기고 대변한다. 미가엘은 *Shekīnāh*(하나님의 임재―옮긴이)의 영광을 대변한다(출 3:2; 출애굽기 라바 3:2). 이스라엘의 원수인 천사들도 여호와의 뜻에 복종해야 한다. 구약성경에서도 그렇지만, 랍비들도 천사가 피조물임을 강조했다. "수호천사"는 "하나님의 보살핌과 보호를 대변하고 집행하는 이"다.[22] 그러나 오늘날 많은 개신교 신자는 이 많은 언급을 단지 헛된 공상으로 여기려 한다. **개신교 정경이 아우르는 범주가 다른 전통과 다름을 생각하면 당연한 일이겠으나**, 가톨릭과 정교회에서도 이 중간기 문헌 전부를 '정경'으로 인정하지는 않는다.

2) **역사 속 기독교**. 사람들은 종종 천사를 하나님과 인간을 이어 주는 중개자로 여겼으며, 특히 모세 율법이 주어지기 전에 그런 역할을 한 존재로 여겼다. (1) **아우구스티누스**는 창세기의 창조 기사가 천사 창조를 암시한다고 주장했다. "하나님이 **하늘**을 창조하셨"기 때문이다(창 1:1). 그는 "천사 창조가 완전히 생략되었다는 것을 믿을 수 없다"라고 썼다.[23] 그는 신경에 들어 있는 "눈에 보이는 것과 보이지 않는 것을 포함한 모든 것을 지으신 이"라는 문구, 그리고 "그의 모든 천사가 그를 찬미하고 그의 모든 천군이 그를 찬미하도다"라는 말을 포함하고 있는 세 자녀의 노래(Song of Three Children), 곧 베네디키테(*Benedicite*, 식사 전 축복 송가―옮긴이)를 원용했다.[24] 하지만 그는 현대 개신교 신자들처럼 오직 그리스도만이 하나님과 인간의 중개자이며 천사는 결코 그런 중개자가 아니라고 강조했다.[25] 천사는 우리가 그들을 예배하지 **않고** 오직

---

21 Kittel, "Angels in Judaism", in *TDNT* 1: p. 81.
22 Kittel, "Angels in Judaism", 1: p. 82.
23 Augustine, *City of God* 11.9; *NPNF*, ser. 1, 2: p. 209.
24 Augustine, *City of God* 11.9; *NPNF*, ser. 1, 2: p. 210.
25 Augustine, *City of God* 9.15; *NPNF*, ser. 1, 2: pp. 173-174.

하나님만 예배하길 원한다.[26] 선한 천사는 "하나님께 굳게 붙어 있어서" 이런 선함의 대의를 찾지만, 악한 천사는 "하나님을 저버렸다."[27] 타락한 천사와 마귀에게 속한 모든 것은 멸망할 것이다.[28] 하지만 아우구스티누스는 천사들의 "위계질서"를 제시하지는 않았다.[29]

(2) 위(僞)디오니시오스는 아레오파고스 의원 디오니시오스(Dionysius the Areopagite)라고도 하는데, 5세기 말이나 6세기 초에 활동한 시리아 수도사로 신비주의 전통에 큰 영향을 미쳤다. 천사를 다룬 그의 작품에는 『천상의 위계 구조』(The Celestial Hierarchy)라는 제목이 붙어 있었다. 이 위계 구조는 "하늘에 속한 초(超)지성들"로 이루어져 있다(1장). 디오니시오스는 에스겔서와 요한계시록에서 "불 바퀴", "여러 색깔을 가진 말들, 군대 사령관들"을 인용했다. 천사는 상징어로 "빛나고 번개처럼 번쩍거리는 사람들"일 수 있다. "거룩한 관상"의 대상일 수 있다. **이것이 성경에 입각한 교리에서 중세의 사변으로 옮겨 가는 출발점이다.** 디오니시오스는 "나는 위계 구조가 거룩한 질서요 지식이며 행위라고 보며, 이 구조는 도달할 수 있는 범위에서 신성에 참여한다고 본다"고 말했다.[30] 그는 이런 말을 덧붙인다. "이 위계 구조의 목표는 할 수 있는 범위에서 하나님과 가장 큰 연합을 이루는 것이다"(3.2). 더구나 그는 이렇게 썼다. "우리는 천사의 위계 구조를 존중하는 쪽으로 나아가야 한다."

디오니시오스는 천사를 하나님의 율법을 수여하는 자라 이야기함으로써 갈라디아서를 재차 언급하고, 가브리엘이 사가랴와 마리아를 방문한 일을 언급함으로써 복음서를 재차 인용한다(4.4). 이어 그는 천상의 존재들로 이루어진 삼중 질서에 관하여 서술했는데, 이 질서에 속한 천사들은 9개 계급으로 이루어져 있으며, 이 중에는 "많은 눈과 많은 날개를 갖고 있고 히브리어로

---

26 Augustine, *City of God* 10.7 and 10.16; *NPNF*, ser. 1, 2: pp. 184 and 190.
27 Augustine, *City of God* 12.6; *NPNF*, ser. 1, 2: p. 229.
28 Augustine, *Enchiridon* 29; *NPNF*, ser. 1, 3: p. 247.
29 Augustine, *Enchiridon* 58; *NPNF*, ser. 1, 3: p. 256.
30 Pseudo-Dionysius, *Celestial Hierarchy* 2.1-2. 이 작품 참조 표시는 본문 안에 기록했다.

그룹과 스랍이라는 이름을 가졌으며…하나님을 가장 가까이서 에워싸고 있는 천군"도 들어 있다(6.1과 7.1). 여섯 "날개"를 가진 스랍은 이사야 6:2, 6-7에 나온다. 그룹(출 25:20; 겔 10:2, 15)은 구약성경에서 90회 등장하는데, 날개 있고 무서운 모습을 띤 피조물로 지극히 높으신 이를 돋보이게 한다(출 26:1, 31; 36:8, 35). 디오니시오스는 이렇게 썼다. "천상에 있는 피조물 가운데 1위는…하나님을 가장 가까이서 에워싸고 있으며, 상징 없이…지극히 기뻐하고 영원히 움직이며 하나님의 영원한 지식 둘레에서 춤을 춘다"(7.4; 참고. 8.1). 그는 이렇게 결론지었다. "그들(천사들)은 천천이요 만만이며, 불어나고 늘어나는지라.…(그리고) 우리는 그 수를 헤아리지 못한다"(14.1). 15장에서 디오니시오스는 훨씬 더 나아가 천사를 해부하는 것까지 생각하여, 천사의 눈, 코, 귀, 입, 눈꺼풀, 눈썹 등을 거론한다. 이런 중세의 천사론을 전하는 데 주로 기여한 이가 바로 디오니시오스이며, 이 천사론은 대중 사이에 널리 퍼진 가톨릭의 천사 신화에 큰 영감을 불어넣었다.

(3) **토마스 아퀴나스**(1225-1274)는 디오니시오스보다 합리적인 접근법을 제시했지만, 그의 접근법 역시 중세 스콜라 사상에 굳건히 뿌리박고 있다. 그는 『신학대전』 I부 50-64문에서 이 주제를 길게 다루었다. 그는 먼저 "그의 천사들을 영으로 만드신 이"(시 104:4)라는 말을 인용하여 모든 천사가 물질로 이루어진 몸은 없으나 영 혹은 **지식을 가진** 존재라고 주장한다.[31] 천사는 물질이 아닐 뿐만 아니라, "그 수는 어마어마하게 많다"(qu. 50, art. 3). 그는, 다니엘 7:10에서는 "그를 섬기는 자는 천천이요 그 앞에서 모셔 선 자는 만만"이라고 말한다고 주장한다. 아퀴나스는 54문에서 '반대 의견', 곧 스콜라 사상에서 논하는 내용의 반대쪽을 대변하는 견해로서 디오니시오스의 견해를 몇 차례 인용했다.

아퀴나스는 천사의 '의지'라는 문제와 관련하여, 천사 안에는 "저절로 선을

---

31 Aquinas, *Summa Theologiae* I, qu. 50, arts. 1 and 2. 이 작품 참조 표시는 본문 안에 기록했다.

지향하는 성향이 있다"면서도 "천사 역시 자유의지를 갖고 있다"고 지적하는 것 같다(qu. 59, arts. 2과 3). 이 점에서 그는 사랑하고 하나님과 연합하려는 천사의 의지를 인정한 디오니시오스와 견해를 같이했다(qu. 60, art. 3). 사실 천사는 자신보다 하나님을 사랑한다(qu. 60, art. 5). 그는 하나님이 천사를 지으셨음을 재차 강조했다. "천사도 당연히 하나님이 지으셨다"(qu. 61, art. 1). 아퀴나스도 아우구스티누스를 따라 "태초에 하나님이 천지를 창조하시니라"라는 창세기 1:1이 천사 창조를 암시한다고 본다(qu. 61, art. 3). 그렇긴 하지만, 타락한 천사와 귀신(demons)은 "질시와 자만"이라는 죄를 범할 수 있다(qu. 63, art. 2). 마귀(devil)는 하나님을 질시했다. "마귀는 패역하고 완고한 의지를 갖고 있다. 그는 죄악을 범하고도 송구스러워하지 않는다"(qu. 64, art. 4). 아퀴나스는 대체로 디오니시오스보다 조심스럽게 의견을 제시한다.

(4) **장 칼뱅**(1509-1564)은 타당하게도 천사라는 주제를 "세계와 만물의 창조주"라는 제목 아래에서 다루었다(*Institutes* 1.14). 칼뱅은 먼저 하나님이 천사를 "하나님의 명령을 집행하도록 임명받은 일꾼"으로 창조하셨다고 말한다(1.14.4). 그러나 우리는 천사에 관한 지나친 호기심을 자제해야 한다. 천사는 때로 천군이라 불리며, "그분의(하나님의) 위엄을 꾸미고 펼쳐 보인다"(1.14.5). 천사는 군인처럼 하나님의 명령을 받들 준비를 하다가 명령이 있으면 즉시 받든다. 그는 천사의 숫자와 관련하여 다니엘 7:10—"만만"—을 인용했다. 아울러 천사는 "하나님이 우리에게 너그러이 베푸시는 것들", 곧 "우리의 즐거움에 가장 크게" 이바지하는 것들을 "집행하고 나누어 주는 이들"이기도 하다(1.14.6).

칼뱅은 오늘날 케어드가 펼치는 주장을 미리 보여 주면서 이렇게 주장한다. "어떤 천사는 나라와 지방을 다스리는 일종의 행정 책임자로 임명받았다" (단 10:13, 20; 12:1; 마 18:10; 눅 15:7; 16:22; 행 12:15; *Institutes* 1.14.7). 예수가 "작은 자들"의 천사를 언급하신 것은 천사들이 이 작은 자들의 안전을 책임지고 있음을 가리킨다. 마찬가지로 베드로에게도 "수호천사"가 있는 것 같다. 이 천사는 베드로를 감옥에서 풀어 준다. 또 성경에서는 **미가엘**을 천사장 혹은 강한 왕이라 묘사한다(단 12:1; 유 9; 살전 4:16; 마 26:53). 그러나 우리는 "천사의 서열과 숫자에 관한 교리를 정립하려는 생각을 해서는" 안 된다(1.14.8). 날개를 가진 그룹과 스랍을 묘사한 것은 "우리에게 제공된 편의"다. 비록 "스데반과 바울이 천사들의 손을 통해 율법이 집행된다고 말하긴" 하지만, **그리스도가 으뜸인 중개자시다**(1.14.9). 이 주제는 미신을 불러일으키기 쉬우나, 요한계시록 19:10과 22:8-9에서 지적하듯이, 인간은 천사를 예배해서는 안 된다(1.14.10).

칼뱅은 '마귀'를 논하면서, 이런 가르침의 목적은 "우리가 마귀의 간계와 음모를 경계하게 하려는 것"이라고 썼다(1.14.13). 칼뱅은 성경 저자들이 "이 세상의 신과 통치자", "무장한 강한 자", "공중 권세 잡은 왕", 으르렁거리는 사자 같은 언어를 사용할 때, "이 모든 표현이 의도하는 목적은 우리가 더 조심하고 방심하지 않게 하려는 것"이라고 말한다(고후 4:4; 요 12:31; 마 12:29; 엡 2:2). 칼뱅은 막달라 마리아를 사로잡은 "일곱 마귀"를 언급한다. 마귀도 천사처럼 하나님이 창조하셨다. 그러나 "사탄은 하나님의 뜻과 허락을 거스르는 어떤 일도 하지 못한다"(1.14.16-17).

(5) **칼 바르트**(1886-1968)는 『교회교의학』 51절 서두에서 천사를 주(主)이신 하나님께 복종하는 하나님의 사자(使者)라 부른다. 그러나 앞서 언급했듯이, 바르트도 칼뱅이 경고했던 것처럼 헛된 사변을 하지 말라고 경고했다. 그러나 우리는 천사의 "속삭임"에 주의를 기울여야 한다(III/3, pp. 369-378). 그는 "대수롭지 않게 성경에서 벗어나고" "다른 자료"(성경이 아닌 자료―옮긴이)를 인용했던 교부들과 달리, 철저히 "성경을 따르는" 것을 목표로 삼는다(p. 381). **그는 특히 디오니시오스가 말하는 "위계 구조"라는 관념을 비판한다**(pp. 385-390; 참고. pp. 390-401). 이어 그는 J. A. 도르너(Dorner), 아돌프 슐라터(Adolf Schlatter), 에른스트 트뢸취(Ernst Troeltsch)를 포함하여 19세기의 여러 저술가를 비판하며 검토한다. 바르트는 하나님과 피조물의 분명한 구별을 유지해야 한다고 주장한다(p. 421).

인간 사역자들의 경우처럼, 천사도 하나님의 사절 역할을 한다고 강조하는 것이 가장 현명하다. 이것이 51절 3항의 주제를 이룬다. "하나님의 일이 중심이며, 하늘의 일은…이차적일 뿐이다"(p. 477). "특별한 천사 체험"에 지나친 관심을 쏟다 보면, 정작 천사를 당신의 사절로 사용하시는 하나님에게서 멀어질 수도 있다. 때로는 "상상에서 나온 허구"가 "진짜 천사의 대적"이 될 수도 있다. 바르트는 이렇게 단언했다. "하나님은 천사가 나타나고…말하며 일하는 곳에서 몸소 나타나시고…말씀하시며 일하신다"(p. 480).

바르트의 신학을 움직이는 동력원은 성경과 목회를 향한 관심이다. 그의 모든 작품에서 나타나듯이, 그는 **그리스도**를 통해 나타나는 하나님의 영광과 엄위, 그리고 **그리스도**를 통해 하나님께 다가갈 수 있다는 데서 결코 벗어나려 하지 않는다. 바르트는 천사의 사역과 도움을 인정한다. 하지만 그는 실제로 몇몇 대중적 기독교 형태가 우리가 하나님과 전혀 부족함 없는 완전한 중개자이신 그리스도를 더 잘 볼 수 있게 해 주기보다 오히려 흐릿하게 가려 버리는 뜻밖의 결과를 낳는다는 점을 잘 알고 있다.

3. 동물 창조와 동물의 지위: 창조는 인간 중심인가?

1) **쟁점 이슈.** 동물이 하나님의 창조에서 차지하는 위치를 둘러싼 토론만큼 열정과 논쟁을 불러일으키는 주제는 거의 없다. 그러나 두 출발점에 관한 한, 사실상 모든 이가 의견을 같이한다. 첫째, 우리가 **창조를 인간 위주의 시각으로 바라보는 일을 피하려면**, '영(靈)인' 존재 혹은 천상의 존재 및 동물을 포함한, 인간 아닌 하나님의 피조물에도 주목해야 한다. 인간만이 하나님의 사랑, 보살핌, 창조하시고 유지하시는 능력의 대상이 되는 존재는 아니다. 구약성경에서도 동물은 '생명을 가진 존재'로 등장한다[히브리어로 말하면, 동물은 *nepesh chayyāh*(산 영)를 갖고 있다. 창 1:30]. 둘째, 기독교 신학에서는 요 근래 이 주제에 특별한 관심을 쏟아 왔다. 여러 이유가 있으나, 특히 **환경 오염, 지구 온난화, 생태계와 생태학**의 기능이 전 세계인의 생각 속에서 점점 더 중요한 위치

를 차지하게 되고, "하나님의 형상"은 물론 물고기와 동물을 "다스리라 하신" (창 1:27-28) 것도 그 어떤 생물 종들을 **악용하는 것**을 정당화하지도 않을뿐더러 그런 것을 암시하지도 않는다는 인식이 널리 퍼지게 된 것도 그 한 이유다. 이 요소들은 분명 6장에서 자세히 고찰할, 하나님의 형상으로 창조되었다는 말이 가지는 의미에 올바로 주목하게 한다. 하나님의 형상으로 창조되었다는 것이 동물이나 지구를 악용할 구실을 제공하지는 않는다. 나중에 논하겠지만, 하나님의 형상을 지녔다는 것은 **사랑, 주권, 보살핌, 하나님이 세상을 향해 드러내시는 성품을 대변할** 소명을 지녔다는 말이다.

로버트 웬버그(Robert Wennberg)는 18세기 말 이후로 동물을 적대시해 온 사람들의 태도를 추적함으로써 이 주제가 지닌 모호함과 복잡함을 우리에게 보여 준다. 그는 교구 목사 제임스 그레잉어(James Grainger)가 1772년에 한 설교의 줄거리를 이야기한다. 이 설교에서는 말을 채찍질하고 굶기는 행위, 곰 놀리기(bear baiting, 곰을 묶어 놓고 개가 달려들어 괴롭히게 하는 놀이—옮긴이)와 소 놀리기를 포함하여 동물을 학대하는 행위를 비난한다. 그레잉어는 잠언 12:10을 원용한다.

> 의인은 자기의 가축의 생명을 돌보나
>   악인의 긍휼은 잔인이니라.[32]

그러나 웬버그는 곰 놀리기를 **장려하라**는 또 다른 교구 목사 토머스 뉴턴(Thomas Newton)의 주장을 동시에 인용한다. 웬버그는 이 두 사람이 "서로 다른 도덕 세계"에 살았다고 말한다. 거의 20세기가 다 되도록 사람들은 동물이 무엇보다 인간의 이익을 위해 창조되었다고 생각했다. 일찍이 코페르니쿠스(Copernicus)가 지구가 태양계의 중심이 아님을 증명했지만, 근대에 들어와 우

---

[32] Robert N. Wennberg, *God, Humans, and Animals: An Invitation to Enlarge Our Moral Universe* (Grand Rapids; Eerdmans, 2003), pp. 1-3.

주의 거대한 크기를, 우리 은하와 행성이 그 우주 안에 자리해 있음을 인식하게 된 뒤에야 비로소 기독교 신학자들도 인간 중심으로 우주를 바라보는 생각을 점차 포기하기 시작했다. 한편으로는 이런 흐름에도 예외는 있었다. 인간이 천체를 더 자세히 연구한 결과는, 우리가 이제는 더 이상 우주 안에 있는 모든 것이 '인간을 위한 것'이라고 생각할 수 없음을 분명히 보여 주었다.

19세기 후반에 잉글랜드에는 RSPCA(Royal Society for the Prevention of Cruelty to Animals, 왕립동물학대방지협회), 미국에는 SPCA가 세워졌다. 20세기 중엽부터는 생태학적 관심사가 더 주목을 받게 되었다. 그리하여 1975년에 피터 싱어(Peter Singer)는 『동물 해방』(Animal Liberation)을 출간했다.[33] 싱어는 현대가 '동물의 권리'에 관심을 갖기 시작했음을 보여 주었는데, 이를 통해 동물을 의학 연구를 위한 실험 대상으로 사용하는 것에 대한 대규모 반대, 도덕적 근거에 입각한 채식주의 확산, '공장식' 혹은 집약식 농업에 대한 반대, 모피 거래나 화장품 제조 목적을 위한 동물 살해에 대한 반대가 시작되었다. 이전에는 개인들이 이런 행위에 반대했으나, 이제는 개인들이 더 크고 커가는 운동의 일부를 형성했다. 웬버그는 미국에서 "동물을 윤리적으로 대우하는 사람들"(People for the Ethical Treatment of Animals) 같은 조직의 구성원이 50만에서 100만에 이른다고 추산한다.[34]

2) **하나님의 형상, 그리고 동물과 인간 사이에 존재하는 여러 연속성.** 기독교회에서, 특히 교회에서 예로부터 하나님이 인간에게 온 땅을 "다스릴 권리"를 선물로 주신 것(창 1:26-28; 시 8:6-7)을 원용해 온 것이 동물 학대를 가져온 원인이라는 비난이 종종 있었다. 그러나 6장에서 제시하듯이, 이 본문이 남용이나 지배를 암시한다고 해석하면 오해를 낳는다. 라인홀드 니버(Reinhold Niebuhr), 위르겐 몰트만, 다른 많은 성경 전문가도 이 점을 강조한다. 하나님

---

33 Peter Singer, *Animal Liberation* (Berkeley and Los Angeles: University of California Press, 1978). 『동물 해방』(연암서가); 참고. Peter Singer, ed., *In Defense of Animals* (New York: Blackwell, 1985). 『동물과 인간이 공존해야 하는 합당한 이유들』(시대의창).
34 Wennberg, *God, Humans, and Animals*, p. 7.

의 형상은 하나님 자신이 돌보시는 왕이심을, 곧 그의 주권을 대변하는 것이다. 이는 분명 짐승처럼 휘두르는 힘도, 남용이나 지배도 아니다.

생물 관련 학문과 유전학에서 이룩한 여러 발전은 인간과 다른 고등 동물 사이에 얼핏 볼 때 보이는 것보다 더 긴밀한 연관성이 있음을 밝혀냈다. 이런 사실 때문에 인간의 유일무이성이 훼손당하지는 않는다. 근래 말콤 지브스가 『인간성의 등장』(The Emergence of Personhood)라는 제목 아래 편집하여 내놓은 논문집도 이를 설득력 있게 증명한다.[35] 열두 명의 신경과학자, 심리학자, 유전학자가 두세 신학자와 함께 이 논문집에 들어갈 논문을 썼다. 몇몇 과학자는 이를테면 침팬지와 돌고래가 능숙하게 의사를 전달하고 대상을 '인지하는' 솜씨를 갖고 있음을 강조했다. 그렇더라도 이런 능력을 과장해서는 안 된다.

처음에는 이 문제를 다루는 **성경 본문이 상당히 적어** 보여 실망스러워 보일지도 모르겠다. 하지만 창세기 1:26-30은 늘 창세기 9:1-3과 비교, 거론되며, 시편 8:6-9과 이사야 11:1-9은 종종 마태복음 6:26-30, 고린도전서 9:9-10, 그 외 몇몇 본문과 함께 거론되기도 한다.[36] 이 성경 본문들은 숫자만 놓고 보면 적어 보일지 모르나, 로마서 3:25 및 곳곳에 흩어져 있는 다른 성경 본문에서 말하는 **속죄/화해/시은좌**(施恩座)를 기초 삼아 많은 문헌이 집필되었다.

창세기 1:26-30과 시편 8:6-9이 해 온 전통적 기능은 인간과 동물이 각각 가진 지위에 관한 토론의 출발점을 제공하는 것이었다. 핵심 문구는 "하나님의 형상"인데, 아우구스티누스, 아퀴나스 및 다른 이들은 이 말을 인간의 유일무이성과 동물을 다스릴 인간의 '지배권'을 가리키는 말로 보는 것 같다. 클러프(Clough)는 이렇게 결론짓는다. "성경 본문에서는 창조 목적에 관하여 거

---

35 Malcolm Jeeves, ed., *The Emergence of Personhood: A Quantum Leap* (Grand Rapids: Eerdmans, 2014).

36 Ryan Patrick McLaughlin, *Christian Theology and the Status of Animals: The Dominant Tradition and Its Alternatives* (New York: Macmillan/Palgrave, 2014), pp. 87-113, 그리고 David L. Clough, *On Animals*, vol. 1, *Systematic Theology* (London and New York: Bloomsbury, 2012), pp. 15, 18-25, 그리고 다른 곳.

의 말하지 않는다."³⁷ 그러나 그는 주류 전통이 '하나님의 형상'을 말하는 본문인 창세기 1:26-27과 시편 8:1, 5-8에서 시작되었다고 주장한다. 그는 이 전통의 출발점이 플라톤과 필론(Philo)이라고 본다. 성경 시대 이후의 기독교 전통에서는 이런 전통이 오리게네스에서 가장 분명하게 드러나게 된다.

오리게네스는 그의 논문 『켈수스 논박』(*Against Celsus*)에서 켈수스가 사실 "이성이 없는 피조물도 인간을 위해 행하여진 일로 혜택을 누리긴 하지만 섭리는 이성이 있는 피조물에게 필요한 것을 특별히 공급한다"고 말하면서도 "만물이 존재하게 된 것은 이성이 없는 동물 때문이 아닌 것만큼 인간 때문인 것도 아니다"라고 말했다고 묘사한다.³⁸ 그러고는 노점 주인이 기꺼이 개를 이성 있는 인간처럼 돌보는 어리석음을 비유로 든다. 하지만 오리게네스는 이어서 말한다. "하나님은 이것들을…우리뿐만 아니라 우리에게 종속된 동물들을 위해서도…만드셨다."³⁹ 그는 이렇게 결론지었다. "인간은…이성이 없는 동물보다 훨씬 우월한 자신의 우월성을 인식한다."⁴⁰

앤드루 린지(Andrew Linzey)는 특히 아우구스티누스와 아퀴나스가 '지배권설'(the dominant view, 인간이 동물을 지배할 권리를 부여받았다고 보는 견해—옮긴이)을 표명한다는 이유로 이들을 공격한다. 아퀴나스는 『신학대전』에서 식량을 얻으려고 동물을 죽일 권리를 논하면서 아우구스티누스를 인용한다. "아우구스티누스는 이렇게 말한다. '우리가 "죽이지 말라"는 말을 들었으나, 우리는 이것이 나무를 언급하는 명령도 아니요…이성이 없는 동물을 언급하는 명령도 아닌 것으로 받아들인다.'"⁴¹ 아퀴나스는 이렇게 주장하고 설명했다. "사물을 본래 그것이 존재하는 목적에 맞게 사용하는 것은 죄가 될 수 없다.…따라서…식물은 동물이 사용하기 위한 것이요, 동물은…사람이 사용하기 위한

---

37 Clough, *On Animals*, p. 4.
38 Origen, *Against Celsus* 4.74; *ANF* 4: p. 530.
39 Origen, *Against Celsus* 4.75; *ANF* 4: p. 531.
40 Origen, *Against Celsus* 4.79; *ANF* 4: p. 532.
41 Aquinas, *Summa* II/II, qu. 64, art. 1, Augustine, *City of God* 1.20을 인용.

것이다."⁴² 계속하여 그는 이렇게 말한다. "동물과 식물의 생명은 그 자신이 아니라 인간을 위해 보존된다.…이들은 당연히 다른 이들의 쓸모에 매이며 그 쓸모에 맞춰져 있다."⁴³ 이와 더불어 대다수 교부 및 전통을 따르는 신학자들은 인간의 합리성과 지성을 인간의 주요한 특징으로, 즉 동물을 지배하는 존재 혹은 동물보다 우월한 존재로서 인간을 구별해 주는 것으로 여겼다. 하지만 근래의 사상은 이런 '고전적' 가설을 상대로 두 전선에서 도전을 제기했다. 지금까지 보면, 더 중요하고 더 확실한 도전은 '하나님의 형상'에 따르는 것이 무엇인가를 분명히 이해하는 것이었다. 다시 말하지만, 이것은 다음 장에서 자세히 다루겠다. 하나님의 형상을 가졌다는 것은 인간에게 이 세상에 **하나님을 나타내라고**, 특히 하나님이 주권자로서 베푸시는 은혜, 보살핌, 사랑을 나타내라고 요구하는 것이다. 아울러 하나님의 형상을 가졌다는 것은 하나님 및 나머지 피조물과 **친밀한 관계**를 누리며 이 관계를 보살펴 자라게 하는 것이다.

개신교 진영에 속한 데이비드 클러프와 가톨릭 진영에 속한 라이언 맥러플린(Ryan McLaughlin)은 그들이 기독교 신학의 '주류 전통'이라 부르는 것을 탐구하는데, 이 전통에서는 하나님이 **인간을 위해** 세계를 창조하셨다고 주장한다. 두 사람은 이런 견해가 '**인간 위주**'라고 비판한다. 이들은, 이 견해에서는 동물에게 인간을 위한 식량과 복리를 제공하는 **단순한 도구 역할**만을 부여한다고 주장한다.⁴⁴ 클러프는 필론과 칼뱅을 논평하면서, 이들이 고작해야 "인간은 '하나님의 작품을 공연하는 극장과 같은' 피조 세계 안에 놓여 있으며, '이 세계 만물은 인간이 사용하게 정해져 있다'"는 식으로 말한다고 평한다.⁴⁵ 앤

---

42 Aquinas, *Summa* II/II, qu. 64, art. 1; Andrew Linzey, *Animal Theology* (Urbana and Chicago: University of Illinois Press, 1995), p. 13.『동물 신학의 탐구』(대장간).
43 Aquinas, Summa II/II, qu. 64, art. 1, obj. 1 and 2에 대한 답.
44 Clough, *On Animals*, pp. xvi-xxiv, 9-19, 22-24 and 44; McLaughlin, *Christian Theology*, pp. 5-6 and 77-95.
45 Clough, *On Animals*, p. 9; 참고. John Calvin, *Genesis* (Edinburgh: Banner of Truth Trust, 1965), p. 64.

드루 린지도 이 논쟁에서 이 편에 서서 강하게 논박하는 입장을 취한다.[46]

린지보다는 클러프, 맥러플린, 웬버그가 아퀴나스를 덜 매섭게 대한다. 이들도 (비록 히브리어를 부정확하게 옮긴 불가타의 표현을 기초로 삼긴 하지만) 아퀴나스가 "주가 만물을 그 자신을 위하여 지으셨다"(잠 16:4, 불가타 버전)라는 말을 인용했음을 인정하기 때문이다. 보나벤투라(Bonaventure)도 이 구절을 인용하여 창조의 궁극 목적은 "하나님 외에 다른 어떤 것일 수 없다"고 강조했다.[47] 결국 클러프는 아퀴나스가 "하나님 중심의" 견해라는 틀 안에서 "인간 중심의 견해"를 설파한다고 주장한다. 하지만 실리아 딘드러몬드(Celia Deane-Drummond)는 린지의 아퀴나스 해석을 의심하면서, 이 해석이 지나치게 좁고 한쪽에 치우쳐 있다고 말한다.[48] 맥러플린은 균형이 잡혀 있고 양쪽을 모두 고려한 견해를 시도한다.[49]

클러프는 칼뱅의 작품을 살펴보지만, 맥러플린은 제2차 바티칸 공의회, 교황 요한 바오로 2세, 교황 베네딕도 16세, 가톨릭 주교들이 한 말, 가톨릭 교리문답을 검토한다. 린지는 심지어 이 가톨릭 교리문답을 "끊임없이 이어지는 잔인함"이라고 비판한다.[50] 하지만 이 토론에 가장 진지하고 지각 있는 공헌을 끼친 이 중 하나가 웬버그다. 그는 우리에게 동물이 가질 법한 도덕적 지위를 섬세하고 균형 잡힌 태도로 고찰해 보라고 권면한다. 그도 다른 이들처럼 신학, 교회사, 기독교 철학에서 동물에게 윤리적 관심을 쏟아 온 역사를 고찰하면서도, 독자에게 한쪽에 치우친 선전을 퍼뜨리기보다 상당히 신중한 입장을 제시한다.

클러프는 "인간의 자연 지배를 확장하려는 야망을 집요하게 지지한" 예로

---

46 Linzey, *Animal Theology*, pp. 17-155.
47 Clough, *On Animals*, p. 9.
48 Celia Deane-Drummond, *Eco-Theology* (Winona, Minn.: Anselm Academic, 2008), pp. 103-104 and 213-214 n. 23.
49 McLaughlin, *Christian Theology*, pp. 10-20.
50 Andrew Linzey, *Animal Gospel* (Louisville: Westminster John Knox, 1998), p. 57.

프랜시스 베이컨(Francis Bacon)의 작품을 인용한다. 그는 거듭 이렇게 말한다.[51] "따라서 창조 때 하나님이 가지셨던 목표가 인간이라 말하는 이론적 **의견**의 비중과 비슷한 비중을 가진 신학 **논증**은 서로 어울리지 않는다."[52] 아울러 그는 인간이 아닌 동물에게 '영혼'이 있음을 부인하는 이로 철학자 르네 데카르트를 인용한다.

또한 클러프는 세계를 구속이 이뤄지는 "극장"으로 보는 칼뱅의 관념이 동물을 그저 인류 창조의 "장면"쯤으로 치부하는 경향이 있다고 생각하며, 세계를 "은혜 언약 이야기가 펼쳐지는 무대"라 부르며 칼뱅의 접근법을 지지하는 바르트의 입장에도 동의하지 않는다. 하지만 바르트는 이렇게 덧붙인다. "그리스도 안에서 이해해야 하는 땅의 것과 하늘의 것의 전체성(엡 1:10)…만물은 하나님에게서 나왔다."[53]

그런가 하면, 맥러플린은 제2차 바티칸 공의회의 입장에 반대하는데, 특히 이러한 진술에 동의하지 않는다. "하나님은 지구와 지구 안에 있는 모든 것을 모든 인간과 모든 민족이 쓰게 하려 하셨다"(Gaudium et Spes, 1965).[54] 아울러 그는 교황 요한 바오로 2세가 『창조주 하나님과 함께하는 평화』(Peace with God the Creator, 1990)에서 밝힌 입장에도 동의하지 않는다. 요한 바오로 2세는 이 메시지에서 하나님의 형상으로 지음 받은 인간과 "허무에 굴복하여 구속을 기다리는" 피조 세계 자체를 구분했다.[55] 나아가 그는 인간이 아닌 피조 세계를 인간의 안녕보다 후순위인 파생물이라 말하는 교황 베네딕도 16세를 비판한다. 가톨릭 주교들이 한 말과 가톨릭 교리문답도 그리 나은 게 없다. 맥러플린은 가톨릭 교리문답이 "잔인하다"는 린지의 공격이 "좀 세다"는 것을 인

---

51 Clough, *On Animals*, p. xxi; pp. xx-xxiii and 14-15를 보라.
52 Clough, *On Animals*, p. 15. 티슬턴 강조.
53 Barth, *CD* III/1, p. 44.
54 Vatican II, *Gaudium et Spes* 69; reprinted in Austin P. Flannery, ed., *Documents of Vatican II* (Grand Rapids: Eerdmans, 1975), p. 975; 그리고 McLaughlin, *Christian Theology*, p. 25.
55 McLaughlin, *Christian Theology*, p. 26.

정하면서도, 이 교리문답이 "인간 중심주의를 표방하고 동물을 도구로 보는 잘못을 저지르고 있다"는 린지의 비판에는 의견을 같이한다.[56]

3) **창조를 인간 위주, 인간 중심으로 이해하는 개념에 맞선 저항.** 우선 판넨베르크는 창조를 그저 '인간 중심으로' 이해하는 어떤 시각도 거부한다. 그는 『조직신학』 2권에서 40페이지가 넘는 분량을 "하나님의 창조, 보존, 세계통치" 그리고 "피조 세계"에 할애한다.[57] 몰트만도 마찬가지로 『창조 안에 계신 하나님』(God in Creatioin, Gott in der Schöpfung)에서 "생태계의 위기", "창조", "창조주 하나님"을 다룬다. 이들의 주장은 띄엄띄엄 성경 본문을 원용하는 경우보다 훨씬 큰 무게를 지니고 있다. 성경 본문에서는 그저 은유나 유비에 의존하거나, 아니면 이사야 11:1-9, 그중에서도 특히 6-9절처럼 대개 미래에 관한 환상을 시 같은 말로 표현한 경우가 허다하다. 이사야 11:6-9은 이렇게 시작한다.

> 이리가 어린양과 함께 살며
> 　표범이 어린 염소와 함께 누우며
> 송아지와 사자와 살진 짐승이 함께 있어. (11:6)[58]

판넨베르크는 "하나님은 세계를 **보존하시려** 한다"고 주장하면서, "하나님은 **각 피조물 하나하나**를 돌보시고, 각 피조물에게 제때 양식과 물을 공급하신다(신 11:12-15; 렘 5:24; 시 104:13 이하, 27; 145:15-16)"고 말한다.[59] 그는 마태복음 6:25-29과 누가복음 12:24-27을 인용하는데, 이 본문에서 예수는 하나님이 하늘의 새와 들의 백합을 돌보시며, 이와 마찬가지로 각 사람에게 필요한

56　McLaughlin, *Christian Theology*, p. 36.
57　Pannenberg, *ST 2*: pp. 35-76; 아울러 pp. 77-136를 보라.
58　McLaughlin, *Christian Theology*, pp. 96-113; Clough, *On Animals*, pp. 155-157; Linzey, *Animal Theology*, pp. 128-131.
59　Pannenberg, *ST 2*: p. 35. 티슬턴 강조.

것도 헤아리신다고 말씀하신다. 그는 심지어 동물과 우주의 보존을 다룬 아우구스티누스와 아퀴나스의 글을 인용한다.[60] 판넨베르크는 계속하여 이렇게 말한다. "창조를 마치고 쉬었다는 것이 보존하고 세상을 다스리는 일이 끝났음을 의미하지는 않는다.…피조물의 존재는 이들을 창조한 행위에서 시작되었다.…하나님의 신실하심이…계속하여 존재하는 피조물인 실체들의 등장과 존속을…보장하고, 그들이 계속하여 동일성과 독립성을 유지하게끔…보장한다."[61] 판넨베르크는 하나님의 인류 창조가 "그의 사랑을 표현하신 것이다"라고 결론짓는다(2: p. 57).

마지막으로, 판넨베르크는 "피조물인 실체는 세계를 구성하는 복수(複數)의 피조물들이다"라고 단언한다(2: p. 61). 각 피조물은 다른 유한한 것들과 비교하여 독특함을 지닌다. 하나님의 로고스는 "다양한 생산 원리"를 만들어 낸다.…(하지만) "질서와 통일성은 피조물의 외면에만 존재하는 것은 아니다"(2: p. 62). 이런 규칙성과 질서는 "피조물이 독립성을 유지하는 조건"이다(2: p. 72). 동물과 함께 사는 이는 누구나 이 동물이 때로는 "독립성"을 보여 줄 수 있음을 안다. 이는 자발성(self-motivation)이라는 관점에서 피조물 세계에 존재하는, 새롭고 더 복잡한 형태들을 인정한다. 이어 판넨베르크는 종말론으로 넘어간다. 하나님이 그리스도를 통해 이루시려는 목적의 종착점은 "만물이 그 안에서 화해하게 하는 것(골 1:20; 엡 1:10)"이었다. "모든 피조물의 운명이 위기에 빠져 있다(롬 8:19-23).…인간이 아닌 피조물과 이들을 지으신 창조주의 관계는 역시 이를 통해 완성된다"(2: p. 73). 그는 한 단계 더 나아가 이렇게 묻는다. "성육신과 밀접한 관계인 구속과 관련 있는 대상은 오로지 이 땅의 인간뿐일까?"(2: p. 75)

몰트만 역시 인간 중심주의라 비판할 수 없으며, 이런 점은 『창조 안에 계신 하나님』에서 아주 두드러지게 나타난다. 그는 생태계의 위기를 인간

---

60 Aquinas, *Summa* I, qu. 104, art. 1.
61 Pannenberg, *ST* 2: pp. 38 and 40. 이 작품 참조 표시는 본문 바로 뒤에 기록했다.

이 "잘 관리하며 지배하는 것"(dominion)을 "강압을 행사하여 지배하는 것" (domination)으로 오해한 것과 연계한다.⁶² 아울러 그는 피조 세계를 "하나님 이 인간과 함께하신 역사를 보여 주는 극장"으로 보는 은유에 동의하지 않는다.⁶³ 그는 "자연 신학"과 "계시 신학" 중 어느 하나를 평가 절하하는 결과를 가져올 수도 있는 양자의 예리한 구별에도 우려를 표명한다.⁶⁴ 바르트는 비록 "탁월한" 작품을 남기긴 했어도, "개혁파에서 말하는 법령의 질서 (ordo decretorum, 하나님이 여러 법령을 순서를 따라 질서 있게 제정하셨다는 주장—옮긴이)를 이어받지 않은 까닭에, 창조를 논할 때 이 창조를 언제나 올바로 다루지는 않는다."⁶⁵ 다음 절에서는 이 점과 관련하여, 특히 『자연 신학』(Natural Theology)을 둘러싼 논쟁에서 브루너가 바르트와 보인 견해 차이를 언급하겠다. 몰트만은, 비록 논쟁 여지가 있긴 하지만, 이렇게 심오한 말로 단언한다. "창조에서 나타나는 하나님의 사랑은 겸비하고 자신을 낮추시는 하나님의 사랑에 기초한다.…하나님은 단순히 무언가를 존재하게 함으로써 창조하시지 않는다.…더 심오한 의미에서 보면, 하나님은 놓아두심으로써, 여지를 만드심으로써, 그 자신은 물러나심으로써 '창조하신다.'"⁶⁶

4) 동물을 잔인하게 대하는 것과 도덕적 채식주의. 우리는 공장식 농업, 그리고 매매, 의학 연구, 심지어 화장품 제조를 위한 동물 사용 같은 행위에 맞서 광범위한 저항이 벌어지고 있음을 언급했다. 이런 저항 중에는 동물의 '권리'에 관한 피터 싱어의 주장에 호응하여 시작된 것이 많다. 오늘날 올리버 오도노반(Oliver O'Donovan)을 따라 '권리'라는 말이 지나치게 확장되었다고 생각하는 이들이 많지만, 그래도 이런 저항은 수그러들지 않을 것이다. 채식주의

---

62 Jürgen Moltmann, *God in Creation: A New Theology of Creation and the Spirit of God* (London: SCM, 1985), pp. 23-40.
63 Moltmann, *God in Creation*, p. 56; 참고. p. 61.
64 Moltmann, *God in Creation*, p. 59.
65 Moltmann, *God in Creation*, p. 81.
66 Moltmann, *God in Creation*, p. 88.

는 창세기와 관련된 몇몇 주해 및 해석학상의 문제와 관련이 있다. 고든 웬함(Gordon Wenhan)은 하나님이 언어유희일 수 있는 b-r-k(복 주다), p-r-h(열매를 많이 맺다), r-b-h(늘어나다), b-r-'(창조하다)를 사용하여 동물들에게 "복을 주신다"(창 1:22)고 지적한다.[67] 웬버그는 이렇게 썼다. "타락 전에 인간은 풀과 열매를 먹었고, 동물은 풀을 먹었다. 죄가 없는 세상의 모습은 이러하다.…이런 세상에서는 인간이 하나님, 동물, 자연계와 평화로이 공존한다.…여기에는 살육도 없고 고기를 먹는 일도 없다."[68] 그는 창세기가 "산 것을 죽여 식량으로 삼는 일은 옳지 않으며 태초에 창조주가 가지셨던 뜻에도 합치하지 않는다는 깨달음"을 제시한다는 클라우스 베스터만(Claus Westermann)의 말[69]을 인용한다.

맥러플린 및 다른 이들은 창세기 1:28-29과 창세기 9:1-3의 차이를 중요시한다. 그는 창세기 9장이 지배와 공포로 이어지는 반면 창세기 1장은 평화와 조화로 이어졌다고 주장한다. 창세기 9:1-3에서는 분명 이렇게 선언한다. "모든 산 동물은 너희의 먹을 것이 될지라. 채소 같이 내가 이것을 [이제] 다 너희에게 주노라. 그러나 고기를 그 생명 되는 피째 먹지 말 것이니라"(3-4절). 맥러플린은 창세기 1:28-29에서 하나님의 형상이 손상되지 않고 본래대로 존재할 때만 해도 인간의 "지배"는 철저히 평화롭고 폭력 없는 지배였지만, 이 형상이 손상된 뒤에는 인류가 폭력으로 동물을 죽이고 먹을 것으로 삼을 수 있게 허락받았다고 주장한다. 그는 게르하르트 폰 라트를 인용한다. "인간과 동물의 관계는 창세기 1장에서 규율하는 관계와 더 이상 같지 않았다. 동물 세계는 인간을 두려워하고 무서워하는 가운데 살아간다."[70]

근래 R. R. 리노(Reno)는 이 주석을 더 충실하게 전개했다. 리노에 따르면,

---

67 Gordon Wenham, *Genesis 1-15* (Waco: Word, 1987), pp. 24-25. 『창세기 상』(솔로몬).
68 Wennberg, *God, Humans, and Animals*, p. 292.
69 Claus Westermann, *Genesis 1-11: A Commentary* (Minneapolis: Augsburg, 1984), p. 164. 『창세기 주석』(한들).
70 Gerhard von Rad, *Genesis: A Commentary* (Philadelphia: Westminster, 1961), p. 127. 『창세기』(한국신학연구; 비슷한 견해로는 D. W. Cotter, *Genesis* (Collegeville, Minn.: Liturgical Press, 2003), pp. 59-60.

"인간이 동물을 지배하는 범위와 조건이 바뀌었다. 첫 창조 때는 하나님이 동물을 인간이 보호할 대상으로 주시고 식물을 먹을 것으로 주신다. 이제 하나님은 동물을 먹을 것으로도 주신다.…이 새로운 증여에는 대가와 조건이 함께 따른다. 동물이 인간을 두려워하게 되어, 결국 인간이 동물을 발견하고 가축으로 길들이며 인간을 위해 봉사하도록 만들기가 아주 어려워진다."[71] 마찬가지로 브루스 월트키(Bruce Waltke)도 "모든 육"이 홍수 이전에 부패해짐으로 말미암아 이전에는 평화로이 통치를 받았던 동물이 이제는 "통제를 벗어나" 더 이상 인간을 두려워하지 않게 되었다고 주석한다.[72] "부패" 시대와 대비하여 노아의 방주를 "동물과 인간이 조화롭게 더불어 살아가는 일종의 떠다니는 에덴동산"으로 보는 주장도 있다.[73]

이렇게 창세기 9:1-3과 창세기 1:28-30을 대조하는 견해는 종종 도덕적 채식주의 내지 신학적 채식주의를 지지하는 주장을 뒷받침하는 근거를 제공했다. 몇몇 사례 중 하나가 린지의 책에 있는 "성경의 이상인 채식주의"라는 장이다. 이 장에서 린지는 창세기 9장이 창세기 1장을 "뒤집는다"고 주장한다.[74] 하나님은 창세기 1:31에서 채식을 명령하신 뒤에 모든 것이 "아주 좋다"고 선언하신다.[75] 분명 린지는 이렇게 말하는 칼뱅을 인용할 정도로 충분히 공정한 태도를 취한다. "하나님이…우리에게 땅과 하늘을 활짝 여사 마치 당신의 창고에서 양식을 취하듯이 거기에서 양식을 취하게 하셨는데도 이것들이 우리에게 닫혀 버린 것은…견딜 수 없는 포학 행위다."[76] 그러나 린지는 재차 창세기 9:1-3에서 제시한 조건들을 강조한다. 그는 이사야 11:6-9을 단순히 시 같

---

71 R. R. Reno, *Genesis* (Grand Rapids: Brazos, 2010), p. 124.
72 Bruce K. Waltke, with C. J. Fredericks, *Genesis: A Commentary* (Grand Rapids: Zondervan, 2001), p. 144.
73 W. S. Towner, *Genesis* (Louisville: Westminster John Knox, 2001), p. 85.
74 Linzey, *Animal Theology*, pp. 125-137.
75 Linzey, *Animal Theology*, p. 126.
76 John Calvin, *Commentaries on the First Book of Moses*, vol. 1 (Edinburgh: Calvin Translation Society, 1847), p. 291. 『구약성경주석 창세기 I, II』(성서교재간행사).

은 환상으로 보지 않고, 창세기 9장이 완성된 평화로운 종말의 시대를 묘사한 것으로 본다.[77] 이는 알베르트 슈바이처가 묘사했던 것과 같은 비폭력을 지지하는 주장의 일부이기도 하다. 더군다나, 예수 그리스도는 평강의 왕이시며, "들짐승들과 함께"하셨던 분이었다(막 1:13). 이 점에서는 클러프도 린지와 견해를 같이한다.[78]

동물의 지위를 옹호하는 이들이 자신들을 지지하는 근거로서 강력히 제시하는 본문들이 또 있다. 그런 본문 중 하나가 요나 4:11이다. 이 본문을 보면, 하나님이 니느웨에 베푸시는 긍휼이 "많은 동물"에게도 미친다. 출애굽기 20:10에서는 안식일의 쉼을 대비한 양식이 비단 인간에게만 주어지지 않고, "너희 가축"에게도 주어진다. 시편 50:10에서는 이렇게 말한다.

> 삼림의 짐승들이 내 것(하나님 것)이요,
> 뭇 산의 가축이 다 내 것이로다.

오늘날 마치 개가 서구인에게 그런 존재인 것처럼, 고대 유대인에게는 어린양이 친근한 벗이었다(삼하 12:3). 이 주장의 온건한 버전에서는 현대 경제 프로그램에서 도살이나 고통을 최소로 사용해야 한다고 주장한다. 더 강한 논조를 제시하는 버전에서는 엄격한 채식주의를 주장한다.

그런가 하면, 우리는 하나님이 제정하신 희생 제사 제도(예를 들면, 레 16:2-34; 히 9:6-10:4)를 무시하지 못한다. 예수가 물고기를 잡고 이를 먹는 일에 참여하신 일을 무시하지 못한다(막 6:38-41; 8:7-8; 특히 요 21:6-13). 희생 제사 제도는 일정 기간만 존속한 제도였다는 반론도 가능할 수 있으나, 이 제사 제도도 하나님이 정하신 제도였다. 또 예수는 부활 뒤에도 제자들이 계속하여 물고기를 음식으로 섭취하게 하셨다.

77　Linzey, *Animal Theology*, p. 129.
78　Clough, *On Animals*, pp. 55 and 155.

5) 동물 그리고 미래의 삶이나 미래의 구원에 관한 주장. 클러프는 성육신과 속죄의 효과에 장차 회복될 동물을 포함한 "만물의 회복"을 포함시킨다.[79] 무작위로 한 사례를 골라 인용해 보면 이렇다. "죄를 뒤틀린 욕망으로 규정하는 아우구스티누스의 죄 개념과 죄를 관계의 몰락으로 묘사하는 페미니즘의 죄 이미지 모두 침팬지의 새끼 살해를 분명 적절히 표현해 주는 것들이다.… 죄로 가득한 피조물은 하나님과 화해해야 할 처지에 있다"(pp. 116, 119). 예수는 **"육을 가진 피조물성"**을 취하셨다(참고. 요 1:14; 참고. 요 3:16-17). "그리스도 안에서 만물이 하나로 합쳐졌다"(p. 130). 클러프는 하나님의 구속 목적이 모든 이를 향하며, 하나님이 만물에게 필요한 것을 공급하신다는 점에 호소한다(시 104편; 145편; 147편; Clough, pp. 133-137). 이레나이우스, 오리게네스, 닛사의 그레고리오스, 바르트를 암시하듯, 클러프는 회복이 **온 우주에서** 일어나리라고(엡 1:10) 주장한다(pp. 149-153). 회복이 이루어지면, 피조물들 사이에 평화가 있을 것이다(pp. 158-162).

"만물의 회복"은 15장에서 더 자세히 논하겠다. 동물도 미래의 구원 혹은 미래의 삶에 참여하리라고 믿었던 기독교 사상가들을 인상에 남을 정도로 나열하며 인용해 볼 수 있다. 웬버그는 리처드 딘(Richard Dean)이 쓴 『짐승이 미래에 누릴 삶에 관하여』(Essay on the Future Life of Brutes, 1767), 성경 주해가 매튜 헨리(Matthew Henry, 1662-1714), 조지프 버틀러(Joseph Butler, 1692-1752) 주교, 찬송시인 오거스터스 토플레이디(Augustus Montague Toplady, 1740-1778), 존 웨슬리(1703-1791), 새뮤얼 테일러 콜리지(Samuel Taylor Coleridge, 1772-1834), 보다 근래 인물인 C. S. 루이스와 키스 워드(Keith Ward)를 인용한다. 웨슬리는 이것이 로마서 8:21을 통해 "분명하게" 암시된다고 보았다.[80]

클러프의 주장은 존중할 만하나, 속죄는 인류가 아니라 오히려 육을 가진 모든 존재와 관련이 있다는 그의 믿음은 사변처럼 보일지도 모르겠다. 많은

79　Clough, On Animals, pp. 81-176. 이 작품 참조 표시는 본문 바로 뒤에 기록했다.
80　Wennberg, God, Humans, and Animals, pp. 319-320.

주해가는 **교의에 갇힌** 어떤 결론에도 신중한 태도를 보인다. 우리가 언급했듯이, C. F. D. 몰(Moule)은 이렇게 썼다. "하나님과—생물과 무생물을 막론한—모든 것을 화해하게 한다는 개념은 현대 독자들에겐 어려운 개념이다." 그러나 몰은 이사야 11:6-9과 로마서 8:19-21에 나타난 자연의 조화를 함께 지적한다.[81] 칼뱅은 한편으로 지나친 사변을 피하고 다른 한편으로는 지나친 교의 중심주의를 피하는 신중함을 옹호했다.

4. 인간의 질서 정립: 정치 공동체, 혼인, 정의

대다수 저술가는 우리가 "**정치 공동체**"라 불러온 것을 단지 **국가**를 가리키는 말로 여긴다. 하지만 올리버 오도노반은 이렇게 주장한다. "'국가'라는 말은 자신들이 역사 속의 모든 정치 공동체에 국가라는 말을 사용할 수 있다고 믿는 신학자들을 끊임없이 현혹해 왔다."[82] 그는 한 예로 우리가 나중에 논의할 오스카 쿨만의 『국가와 하나님의 나라』(*The State in the New Testament, Der Staat im Neuen Testament*)를 언급한다. 그는 고대 세계를 염두에 둔다면 '국가'보다 나은 말이 라틴어 *civitas*이며, 이 말을 정확하게 번역하면 '정치 공동체'일 거라고 주장한다. 사실은 이것이 에밀 브루너가 하나님의 창조 "법령"이라고 바르게 여기는 것을 구성한다. 오도노반은 "정치적 권위가 인간 사회의 본질을 이루는 **존재다**"라고 썼다.[83] 그는 이것이 기독교 세계(Christendom)에서는 이념상 위로 올라가신 그리스도의 법을 전제한다는 칼뱅의 견해에 동의한다. 헬무트 틸리케(Helmut Thielicke)는 이렇게 단언한다. "국가는 단지 **질서를 세우라는 하나님의 명령**을 제도로 구현한 형태요…우리의 부패한 본성에 필요한

81　C. F. D. Moule, *The Epistles to the Colossians and to Philemon*, CGTC (Cambridge: CUP, 1962), p. 71.
82　Oliver O'Donovan, *The Desire of Nations: Rediscovering the Roots of Political Theology* (Cambridge: CUP, 1996).
83　O'Donovan, *The Desire of Nations*, p. 233.

치료약이다." 이는 피조 세계를 보존할 목적으로 "타락한 세계의 자멸을 중단시키는 것이다."[84]

이것은 우리가 제목에서 제시한 두 단어를 설명해 준다. 국가, 혹은 이와 같은 것은 하나님이 인간이라는 피조물을 보존하시고자 제정하신 법령을 구성한다. 그렇다면 우리가 제목에 '혼인'을 추가한 이유는 무엇인가? 브루너는 두 "법령"이 하나님의 "보존 은혜"를 증명함을 올바로 강조한다. "혼인과 국가는 모두 하나님이 제정하셨다."[85] 혼인과 국가가 없으면, "어떤 식으로든 인간답다는 말을 붙일 수 있는 공동체 생활을 생각할 수 없다."[86] 브루너는 더 나아가 이렇게 언급한다. "일부일처제 혼인은…국가보다 존귀하다. 이 혼인은…죄와 무관한…제도요 법령이기 때문이다."[87] 그는 이런 말을 덧붙였다. "혼인은 창조주가 '본성에 정해 주신'(natural) 법령이다. 이를 현실화할 가능성, 이를 현실화하려는 욕구가 인간 본성 안에 존재하기 때문이다."[88] 사람이 믿는 그리스도인이 되어야 혼인하게 되는 것은 아니다. 혼인은 **창조**를 보존하기 위한 **하나님의 법령**으로 남아 있다. 바르트가 브루너의 "자연 신학" 이해에 맞서 내놓은 반론도 이를 무너뜨리지는 못한다.

예수의 말씀을 보면, 혼인에 관한 법령은 마가복음 10:11-12(혼인과 이혼을 다룸), 마태복음 5:32, 19:9, 누가복음 16:18에서 두드러지게 나타난다. 바울은 우리 주의 말씀을 고린도전서 7:10에서 언급하고, 이보다 에둘러 언급하긴 하지만, 7:1-7(7:1 하반절은 분명 "너희가 쓴 문제"에서 인용한 말이다), 골로새서 3:18-19, 에베소서 5:21-33(이 내용이 이른바 '가족법'과 관련이 있건 그렇지 않건)에서도 언급한다. 히브리서에서는 혼인을 적극 긍정하는 말을 이렇게 표현한다. "모든

---

[84] Helmut Thielicke, *Theological Ethics*, vol. 2, *Politics* (Grand Rapids: Eerdmans, 1979), p. 17.
[85] Emil Brunner, in dialogue with Karl Barth, *Natural Theology* (Eugene, Ore.: Wipf and Stock, 2002; orig. 1948), p. 45. 『자연신학』(한국장로교출판사).
[86] Brunner, *Natural Theology*, p. 29.
[87] Brunner, *Natural Theology*, p. 29.
[88] Brunner, *Natural Theology*, p. 30.

사람은 혼인을 귀히 여기게 하라"(히 13:4). 기독교나 성경에서는 '육신의' 관계 자체를 폄하한다는 어떤 신화도 분명 이런 관계를 긍정적으로 평가하는 견지에서 보면 완전히 그릇되다.

이는 우리를 우리가 세 번째로 살펴볼 말인 '정의'로 인도한다. 정의는 하나님이 국가에 명하신 목적에 봉사하며, 이를 볼 때 정의가 국가에 특별히 주어진 명령이라는 데는 사실상 모든 저술가가 동의한다. 오도노반의 말을 다시 인용해 본다. "정부의 권위는 본디…정의로운 자에게 보상하고 악한 자를 처벌하는…심판 행위에 있다"(롬 13:4).[89] 심판은 "선과 악을 갈라놓는 도덕적 구별 행위다."[90] 이것은 본질상 "질서", "정치 공동체", "창조"와 밀접한 관련이 있다. 오도노반은 앞서 쓴 책에서 이렇게 썼다. "우리는 '창조'를 우리가 아는 세계를 구성한 원재료일 뿐 아니라, 세계가 그 **안에서** 구성된 **질서**이자 일관성으로 이해해야 한다."[91] 정의는 결국 갈보리에서 그리스도를 통해 하나님에게서 나온다.[92] 정의는, 국가 전체주의가 되었든 문화 전체주의가 되었든, 전체주의에서 나오지 않는다. 정의는 하나님의 정의로운 행위(*dikaiōma*, 롬 5:18)에서 유래하며, 구약에 나오는 히브리어 *mishpāt*에서 유래한다.

오도노반은 '인간의' 자족성 있는 몇몇 체계를 검토한다. 이 체계에는 시장 이론, 상호성을 지닌 주고받기, 양자택일 모델이 들어 있다. 아리스토텔레스는 "보복적" 정의에 "배분적" 정의를 추가하려 했지만, 오도노반은 결국 이것은 자멸임이 판명되었다고 논평한다.[93] 그는 프란치스코가 '가난한' 자들에게 쏟았던 관심, 휴고 그로티우스(Hugo Grotius)가 아리스토텔레스의 주장을 수정한 것, '평등'에 관한 끝없는 논의를 탐구하며 추적하지만, 이 중 '정의'의 핵심

89　Oliver O'Donovan, *The Ways of Judgment* (Grand Rapids: Eerdmans, 2005), p. 4.
90　O'Donovan, *The Ways of Judgment*, p. 7.
91　Oliver O'Donovan, *Resurrection and Moral Order: An Outline for Evangelical Ethics* (Grand Rapids: Eerdmans; Leicester: IVP, 1986), p. 31. 첫 번째 강조는 티슬턴, 두 번째 강조는 오도노반.
92　O'Donovan, *Resurrection and Moral Order*, p. 74.
93　O'Donovan, *The Ways of Judgment*, p. 37.

에 도달한 것은 아무것도 없다.

해방신학에서 제시한 통찰 가운데 하나가 바로 호세 P. 미란다(José P. Miranda)가 이신칭의(justification by faith)가 사회에 암시하는 의미들을 강조한 것이다. 미란다는 그의 책 『마르크스와 성서』(*Marx and the Bible, Marx y la Biblia*)에서 바울이 칭의와 정의, 의, 억압에서 벗어나 자유를 누림에 관하여 말하는 내용이 서로 어떻게 긴밀한 연관을 맺고 있는지 면밀하게 보여 준다. 그는 히브리어 용어 *mishpāt*가 "약한 자를 변호하고, 억눌린 자를 해방시키며, 가난한 자들을 정당히 대우함"을 뜻한다고 주장한다(참고. 출 21:1; 15:25).[94] 미란다는 로마서 1:18-3:20을 놓고, 하나님이 드러내신 정의는 불의를 처벌함과 동시에 사법 심판과 종말의 구원을 가리킨다고 주장한다.[95] '하나님의 의'(그리스어로 *dikaiosynē ek theou*, 빌 3:9)를 나타냄은 더 이상 **사사로운**, '**내면의**' 일에 **그치지 않는**다. 그의 주장은 불트만, 오토 미헬(Otto Michel), 에버하르트 윙엘의 작업과 그 궤를 같이한다. 여기서 우리 관심사는 그가 초기 마르크스 이론을 사용한 것을 변호하는 것도, 그가 때로 성경 본문을 선별하여 사용하는 것을 변호하는 것도 아니다. 우리 관심사는 다만 **정의**가 복음의 중심 관심사와 맺는 긴밀한 관계를 추적하는 것뿐이다.

새라 코클리는 이와 사뭇 다른 방향에서 새롭고, 더 조심스러우며, 더 비판적인 페미니즘 신학 접근법을 제시한다. 한편으로, 코클리는 정의를 확립하려는 페미니스트 저술가들의 기본 관심사를 철저히 긍정하고 변호한다. 그녀는 특히 서구 세계 바깥 세계에서 여성이 억압받고 있음을 아주 잘 알고 있다. 코클리는 이렇게 썼다. "인간의 '권리', '정의', '평등'에 호소하는 일은 **전략상** 계속되어야 한다."[96] 하지만 동시에 코클리는 이렇게 강조한다. "진짜 페미니스

---

94   José P. Miranda, *Marx and the Bible: A Critique of the Philosophy of Oppression* (London: SCM, 1977), p. 137; 참고. pp. 109-192. 『마르크스와 성서』(일월서각).
95   Miranda, *Marx and the Bible*, pp. 172-173.
96   Sarah Coakley, *God, Sexuality, and the Self: An Essay "On the Trinity"* (Cambridge: CUP, 2013), p. 80; 참고. Sarah Coakley, *Powers and Submissions: Philosophy, Spirituality, and*

트의 자유는 하나님의 은총 및 능력과 경쟁하며 대립하는 자리에 있다기보다 틀림없이 그 은총 및 능력의 밑받침을 받을 것이다."[97] 코클리는 "부성"(父性)을 거부하려 하고 정의라는 이름으로 몇몇 신학 진리를 오해했던 이전의 페미니즘에 강한 우려를 표명한다.[98] 코클리 책의 1차 관심사는 기도와 묵상으로 '하나님께 참여하는 일', 그리고 정의와 '욕구'가 가지는 중요성이다.

이 4절의 나머지 부분에서는 성경, 교부, 중세에서 칼뱅에 이르기까지 통설이었던 견해를 살펴보겠다. 이 견해에서는 단지 **하나님이 법령을 제정하셨으니 그리스도인은 이 법령에 복종해야 한다고 강조한다.** 5절에서는 이 논쟁의 반대쪽을 살펴보겠다.

로마서 13:1-7은 이 맥락에서 고전처럼 인용하는 본문이다. "각 사람이 다스리는 권세들에게 복종하게 하라. 권세는 하나님으로부터 나지 않음이 없나니 모든 권세는 다 하나님께서 정하신 바라.…다스리는 자들은 선한 일에 대하여 두려움이 되지 않고 악한 일에 대하여 되나니…[권세는] 하나님의 사역자가 되어 네게 선을 베푸는 자니라.…권세들은 하나님의 일꾼이니라.…모든 자에게 줄 것을 주라." 마찬가지로 베드로전서도 바울을 뒷받침한다. "인간의 모든 제도를 주를 위하여 받아들이되, 최고 권위에 있는 황제나 그가 악행하는 자를 징벌하고 선행하는 자를 포상하기 위하여 보낸 총독에게 하라.…하나님을 두려워하며 황제를 존대하라"(벧전 2:13-17).

이 본문은 액면 그대로 받아들여야 할 것처럼 보일 수도 있다. 이 두 본문에서는 로마 제국의 권위를 언급한다. 두 본문은 예수의 말씀과 들어맞는 것처럼 보인다. "가이사의 것은 가이사에게, 하나님의 것은 하나님께 바치라"(막 12:17; 마 22:21; 눅 20:25). 그러나 때로 신약성경 저자들은 국가 권위를 억압으로 본다. "베드로와 사도들이 대답하여 이르되 사람의 권위보다 하나님께 순

Gender (Cambridge: CUP, 2002).
97 Sarah Coakley, God, Sexuality, and the Self, p. 98.
98 Sarah Coakley, God, Sexuality, and the Self, pp. 74 and 75.

종하는 것이 마땅하니라"(행 5:29)가 그런 예다. 요한계시록 13:5-18을 보면, 우상을 숭배하고 하나님을 모독하는 짐승이 "각 족속과 백성을 다스리는 권세를 받았으니…이 땅에 사는 자들은 다 그 짐승에게 경배할 것이다.…성도들의 인내와 믿음을 구하는 요구가 여기 있다"(7, 8, 10절). 분명 로마서 13장과 베드로전서 2장에서는 국가가 혼란을 제어하고 정의와 질서를 강제할 권위를 갖고 있다고 말하나, 요한계시록 13장에서는 전체주의의 억압과 제약받지 않는 권력을 경고한다.

기독교 사상가들이 때로는 한쪽에 치우쳐 분별없이 국가를 긍정하거나 부정하는 견해를 제시하면서 종종 자신들이 더 두려워하는 어떤 위험을 그 근거로 내세우는 일이 있었지만, 이런 일이 새삼 놀랍지는 않다. 대다수 교부는 로마서 13:1-7과 베드로전서 2:13-17을 긍정하는 주장을 따르곤 한다. 오리게네스는 켈수스에게 이렇게 쓴다. "우리는 군왕의 진노를 불러일으킬 정도로 미치지 않았다.…이는 성경에서 우리에게 '각 사람이 다스리는 권세들에게 복종하게 하라. 권세는 하나님으로부터 나지 않음이 없나니'(롬 13:1-2)라고 말하기 때문이다."[99]

이런 취지를 가장 분명하고 가장 힘주어 말한 이 중 하나가 요한 크리소스토모스다. 그는 영역본 기준으로 일곱 칼럼을 로마서 13:1-7을 다루는 데 할애한다.[100] 우선 그는 바울의 글을 통째로 인용한 뒤, 통치자들에게 복종하라는 말을 옹호한다. "만사가 혼란스럽게 진행되면 안 되기 때문이다." 브루너처럼 그도 하나님이 혼인을 "제정하심"(잠 19:14, 70인역)을 "하나님이 혼인을 만드셨다"는 것(마 19:4-5; 창 2:24)과 비교한다. 그는 "무정부 상태는…악이요 혼란을 낳는 원인이기 때문이다"라고 말한다. 그는 로마서 13:3을 다루면서, 권위를 "왜 두려워하느냐?"라고, 권위가 "바로 행하는 사람을 벌"하겠느냐고 묻는

---

99   Origen, *Against Celsus* 8.14; *ANF* 4: p. 664.
100 Chrysostom, *Homilies on the Epistle to the Romans*, Homily 23; *NPNF*, ser. 1, 11: pp. 511-514. 『로마서 강해』(지평서원).

다. 국가는 "군인처럼 지킨다." 그는 또 6-8절을 다루면서, 세금을 내야 한다고 말한다. 통치자들이 "선한 질서와 평화"를 보장하기 때문이다.

락탄티우스(Lactantius)는 이렇게 선언한다. "모든 공물, 모든 관세, 모든 영예, 선물, 세금을 받아야 할 모두(권위)를 두려워하라."[101] 에우세비오스는 심지어 폴리카르포스(Polycarp)가 이렇게 말했다고 믿는다. "우리는 하나님이 세우신 군왕과 권위가 우리를 해치지 않는 한, 그들이 마땅히 받아야 할 존경을 그들에게 바치라고 배웠다."[102] 아타나시오스는 로마서 13:7에서 "모든 자에게 줄 것을 주라"라는 말을 두 번이나 인용한다.[103] 바실레이오스는 로마서 13:4에 비춰 자신이 지사(知事)에게 진 의무들을 판단한다.[104] 아우구스티누스는 도나투스파가 "하나님의 법령에 저항해서는" 안 된다고 쓰면서 로마서 13:2과 4절을 인용한다.[105] 암브로시우스(Ambrose)는 이렇게 선언한다. "나는 '마땅히 존경할 자를 존경하고 세금을 낼 자에게 세금을 내라'(롬 13:7)고 기록된 그대로, 권위에 복종하겠다."[106] 교부들을 살펴본 결과, 로마서 13:1-7을 진지하게 받아들인 이는 여덟이었으며, 이들은 이 본문에 사실상 아무런 단서도 달지 않았다.

중세는 교부들의 의견을 반영했다. 로마의 그레고리오(Gregory of Rome) 시대부터 종교개혁 시대의 시작에 이르기까지 교회와 국가는 사실상 단일 권위였다. 교회와 국가의 관계가 딱히 시급한 문제를 일으키지는 않았다. 아퀴나스는 이 문제를 그저 지나가며 다루는 문제쯤으로 여긴 것 같다. 그는 『신학대전』에 이렇게 썼다. "한 사람이 가정의 일부이듯, 한 가정은 국가의 일부이며, 국가는 완전한 공동체다.…[국가]는 공동선을 위해 세워졌다."[107] 그는 자식

---

101 Lactantius, *Constitutions of the Holy Apostles* 2.13; *ANF* 7: p. 436.
102 Eusebius, *Ecclesiastical History* 4.15.22; *NPNF*, ser. 2, 1: p. 190. 『유세비우스의 교회사』(은성).
103 Athanasius, *Letter* 6.5 and *Letter* 10.1.
104 Basil, *Letter* 289; *NPNF*, ser. 2, 8: p. 314.
105 Augustine, *The Letter of Petilian the Donatist* 2.45; *NPNF*, ser. 1, 4: p. 540.
106 Ambrose, *Letter* 40.12; *NPNF*, ser. 2, 10: p. 454.
107 Aquinas, *Summa* II/I, qu. 90, art. 3, obj. 3에 제시된 답.

을 때릴 부모의 권리를 논하면서 잠언 13:24과 23:13을 인용했으며, 이를 복종을 강제할 국가의 권리와 비교했다.[108] 아퀴나스는 같은 본문에서 자신의 생각이 로마서 13:1-7뿐 아니라 아리스토텔레스의 정치학에서 나왔다고 인정했다. 아울러 그는 몇몇 경우에는 로마서 13:1을 원용했다.[109]

종교개혁 시대에는 교회와 국가의 관계가 긴박할 때가 잦았다. 칼뱅은 국가의 역할을 아주 좋게 평가했으나, 일부 사람들이 주장하길 루터의 접근법은 칼뱅보다 모호하거나 '유순했다.' 틸리케는 "루터주의는 정치 측면에서 수동적이다.…칼뱅주의에서는 정치에 유달리 더 크고 더 적극적인 관심을 보인다"라는 것이 대중 사이에 널리 퍼진 평가라고 보았다.[110] 올리버 오도노반은 이렇게 평한다. "루터는 정치신학이 약하다는 비판을 자주 듣는다."[111] 루터는 분명 "두 왕국 기독교 세계, 그리고 두 정부 기독교 교리"를 이야기했는데, 여기서 그는 "권위의 두 정점"이 교회와 국가라고 말한다.[112] 오도노반은 이렇게 썼다. "루터와 성공회 종교개혁자들은 모두 이렇게 권위가 서로 완전히 다른 두 종류로 구분된다는 전제 위에서 교회와 국가의 관계에 관한 그들의 견해를 수립했다.…두 왕국은 서로 반대나 공존하는 사회관계", 곧 두 도성"을 구분한 아우구스티누스의 견해를 되살린 것이다."[113] 그러나 루터가 '경건한 제후들'에게 호소한 점을 보거나 그가 '급진' 종교개혁자들에게 맞서 농민 봉기를 진압하는 데 큰 역할을 한 점을 봐도, 루터가 국가를 바라보는 태도가 '부정적'이라고 말하기는 어렵다.

그러나 서구 교회에서는 다른 목소리가 나타나기 시작했다. **국가가 정해진 한계를 넘어가지 않으면, 로마서 13:1-7과 베드로전서 2:13-17의 가르침을 쉬**

---

108 Aquinas, *Summa* II/II, qu. 65, art. 2.
109 Aquinas, *Summa* II/I, qu. 96, art. 5; II/II, qu. 88, art. 10; II/I, qu. 96, art. 4, obj. 1에 제시한 답.
110 Thielicke, *Theological Ethics*, 2: p. 565.
111 O'Donovan, *The Desire of Nations*, p. 165.
112 O'Donovan, *The Desire of Nations*, p. 196.
113 O'Donovan, *The Desire of Nations*, p. 209.

이 긍정할 수 있다. 하지만 국가가 정도를 넘어가면, 국가 권력에 저항하는 것은 도덕 명령이 된다. 대체로 보면, 종교개혁 이전에는 전자의 견해가 통설이었으나, 현대에는 후자의 견해가 점점 지각 있는 견해로 자리 잡았다. 나치즘, 공산주의, 전체주의 앞에서는 특히 그랬다. 틸리케는 독일 고백교회가 국가 사회주의에 저항할 때 대체로 루터주의보다 개혁파 신학과 칼 바르트에게 많은 신세를 졌다고 주장한다.

5. 현대에서 국가의 한계와 만인을 위한 정의에 보이는 관심

칼뱅은 『기독교 강요』(Institutes) 4.20에서 "시민 정부에 관하여"썼다. 루터처럼 칼뱅도 "광신자" 혹은 재세례파가 국가를 대하는 태도를 공격했다(4.20.1-3). 그는 "주가" 행정관의 기능을 "인정하시고 기뻐하신다"고 말할 뿐 아니라, 그들의 "아주 영예로운 칭호"를 당연하게 여겼다. "그들은 하나님에게서 임무를 받고, 하나님의 권위를 부여받았으며, 실제로 하나님의 인격을 대표하기" 때문이다(4.20.4). 그는 "나로 말미암아 왕들과 귀족들, 심지어 온 땅의 모든 재판관이 다스리느니라"라는 잠언 8:15-16을 인용했다. 그는 계속하여 땅 위의 최고 권력은 "하나님의 섭리로 말미암아… 왕과 정부 관원들에게 있다"고 말한다. 그는 같은 절에서 그들을 *kybernēseis*, 곧 '정부'라고 불렀다(고전 12:28). 그는 "통치자는 하나님의 사역자다"라고 썼다(롬 13:1, 3). 이어 그는 "다윗, 요시야, 히스기야"의 경우에는 하나님이 왕이라는 직위에 임명하셨으며, "요셉과 다니엘…모세, 여호수아, 사사들"의 경우에는 하나님이 "다스리는 자"로 임명하셨다고 말한다(4.20.4).

칼뱅은 일부 사람들이 "무정부 상태를 도입하고자" 통치자들을 무너뜨리려 시도할 수 있으나 이것은 "마귀의 자만"이요 무지라고 썼다(4.20.5). 그는 이사야 49:23과 디모데전서 2:2을 인용했는데, 이 본문에서는 "우리가 고요하고 평화로운 삶을 영위하게끔" 왕을 위해 기도하라고 명령한다. 행정관들이 자기가 하나님께 임명된 자요 하나님 아래에 있는 대행자임을 이해하는 한, 이들은 자신들의 권력이 지닌 한계를 넘어가지 못할 것이다. 이들은 "자신들이 하나님이 보내신 대사임을 들으면 열심히 의무를 다하려 할지 모른다"(4.20.6). 그러나 예수는 "이방인의 주인 노릇을 하며 거만하게 구는 이방인의 왕들"을 꾸짖으셨다(눅 22:25-26). 하나님은 "헛된 야망"과 "전제 정치"를 제한하신다(4.20.7).

칼뱅은 로마서 13:1-7과 베드로전서 2:13-17, 오리게네스와 크리소스토모스의 견해를 따라 국가를 철저히 긍정하는 견해를 강조하기 시작했으나 지혜롭게 균형을 잘 유지했으며, 『기독교 강요』 20.8-25에서는 국가의 과도한 권력 남용에 **반대하는** 주장을 폈다. 칼뱅은 이를 통해 **대체로 아무 비판 없이 국가를 긍정하던 종교개혁 이전의 견해와 국가를 의심하는 눈으로 바라보는 현대의 견해를 이어 주는 '경첩' 혹은 전자에서 후자로 넘어가는 과도기를 이루었다.** 칼뱅은 특정한 정치 문제를 바라보는 견해를 피력할 때는 조심하는 태도를 보였다. "군주정은 독재[프랑스어로 la domination]로 흐르는 경향이 있으며⋯ 대중이 우세하면[프랑스어로 démocratie] 폭동으로 흐르는 경향이 있다[프랑스어로 une domination populaire, en laquelle chacun de peuple a puissance, 대중의 지배, 즉 대중 각자가 권력을 갖는 것—옮긴이]"(4.20.8). 그는 이렇게 단언했다. "나라가 다르면 지배하는 정치 체제도 필시 다를 것이다.⋯이는 하나님이 우리가 사는 곳들에 정해 주신 정치 형태가 어떤 것이든, 왕국에는 왕을 세우고 자유국에는⋯의원들을 세우기를 그분[하나님]이 기뻐하셨기 때문이다." 그럼에도 칼뱅은 "절도 있게⋯자유의 틀을 세운 곳"에 사는 사람들이 가장 행복하다고 생각했다(4.20.8). 칼뱅은 다윗을 기름부음 받은 왕으로서 선을 목표로 삼았던 예로 인용했다. 칼뱅이 오늘날 살았다면 하나님이 자신을 왕으로 불러 기름을 부으셨다는 영국 여왕 엘리자베스 2세의 확신에 아마 공감했을 것이며, 미국 상원의원들과 의회에도 공감했을 것이다. 각 경우에, "죄 없는 자들을 책임지고, 그들을 보호하며 그들의 원한을 풀어 주고, 그들을 자유롭게 해 주는 것이 의(정의)다. 악한 자들의 뻔뻔한 오만에 맞서고, 그들의 폭력을 억누르며, 그들이 저지른 잘못대로 그들을 처벌하는 것이 심판(히브리어로 *mishpāt*)이다"(4.20.9).

칼뱅은 법이 "정부의 가장 강한 힘줄"이라고 말했다(4.20.14). 그는 로마서 13:4을 인용하면서 모든 법이 **정의롭다**는 단서를 단다(4.20.16). 그는 또 바울이 카이사르에게 항소한 것을 인용하여 사법 절차를 받아들이길 거부하는 사람들을 비판하고, 이를 통해 재세례파 전통에 동의하지 않는다는 뜻을 밝힌다(4.20.19, 더불어 4.20.21에서는 균형 잡힌 평을 제시한다). 다시 말하지만, 칼뱅은 권위에 복종하라고 요구하면서도, 폭군이 늑탈하거나 법을 어길 수 있음을 인정했다(4.20.23-25. 티슬턴은 may not pillage or violate라며 not을 붙였지만 문맥상 not을 빼는 것이 옳다—옮긴이). 아울러 칼뱅은 **혼인**을 "하나님이 정하신 제도"로 여겼으나, 혼인을 "그레고리오스 시대까지는 성례"로 결코 여기지 않았다고 덧붙인다(4.19.34). 나아가 그는 분명 **정의**를 통치자에게 주어진 권위가 내포한 법령으로 보았다.

20세기에 들어와 이정표라 할 몇몇 연구 결과가 등장했으며, 이런 결과 덕분에 국가 권력을 제한하는 전통이 정점에 이르렀다. 특히 두 연구 결과는 언급할 만한 가치가 있다. 오스카 쿨만은 『국가와 하나님의 나라』(1955, 영어판은 1956년과 1963년에 출간)를 출간했으며, 조지 B. 케어드는 1956년에 『주권과 권력』(*Principalities and Powers*)을 출간했다.[114] 두 사람은 모두 하나님이 정하신 경계를 넘어선 악한 국가 뒤에 자리한 권력을 악한 "영의" 힘이라고 규정했다. 쿨만은 특히 이런 악한 권력을 사탄의 힘과 같다고 보았다. 그는 요한계시록을 두고 이렇게 썼다. "심연에서 나온 짐승(요한계시록 13장)은 황제 숭배를 요구한다는 점에서 로마 제국이다."[115] 그는 이것이 전체주의인 "어느 시대 모든 제

---

[114] Oscar Cullmann, *The State in the New Testament* [London: SCM, 1963. 『국가와 하나님의 나라』(여수룬)], 그리고 George B. Caird, *Principalities and Powers: A Study in Pauline Theology* (Oxford: Clarendon, 1956).

[115] Cullmann, *The State in the New Testament*, p. 73.

국"에 다 적용된다고 썼다. 사탄이 마태복음 4장과 누가복음 4장에 나오는 메시아 시험 기사에서 던진 유혹은 이 땅의 모든 나라를 지배하는 권력을 쥐는 것이었다.[116]

케어드와 슐리어(Schlier)는 천사를 국가 수호자로 본다는 점에서 비슷한 태도를 보인다. 이 수호천사 가운데 악한 천사들은 악한 체제를 고무하고 유지한다.[117] 분명 웨슬리 카(Wesley Carr)는 『천사와 주권』(Angels and Principalities, 1981)에서 케어드와 슐리어 및 다른 이들에 반대하는 주장을 제시했다.[118] 그러나 던이 말하듯이, "그의 논지는 거의 지지를 얻지 못했다."[119] 많은 저술가는 케어드와 슐리어의 논지를 놓고 여전히 의견이 갈려 있으나, 이 두 사람은 고린도전서 2:8("이 세대의 통치자들")과 로마서 8:38("천사들도 아니요 권세자들도 아니다") 같은 본문들을 원용한다. 월터 윙크도 신약성경에서 제시하는 "힘의 구조"가 오늘날 "폭군" 같은 억압 세력들, 곧 시장, 인종, 민족, 심지어 학교 같은 것들을 상징한다고 주장했다.[120] 현대의 '재세례파' 견해는 존 요더(John Yoder)가 쓴 『예수의 정치학』(The Politics of Jesus)에서 발견할 수 있다.[121]

국가가 정의를 지키고 복리를 증진하는 한, 하나님이 명령하신 질서라는 견해에 반대하는 이는 아무도 없다. 그러나 오도노반이 보여 주었듯이, 정의

---

116 Cullmann, *The State in the New Testament*, pp. 71-74 and 86-87.
117 Heinrich Schlier, *Principalities and Powers in the New Testament* (New York: Herder and Herder, 1961).
118 Wesley Carr, *Angels and Principalities: The Background and Meaning and Development of the Pauline Phrase* hai archai kai hai exousiai, SNTSMS 42 (Cambridge: CUP, 1981).
119 James D. G. Dunn, *The Theology of Paul the Apostle* (Edinburgh: T. & T. Clark, 1998), p. 106 n. 15. 『바울 신학』(CH북스).
120 Walter Wink, *Naming the Powers: The Language of Power in the New Testament* (Philadelphia: Fortress, 1984); Walter Wink, *Unmasking the Powers: The Invisible Forces That Determine Human Existence* (Philadelphia: Fortress, 1986). 『사탄의 가면을 벗겨라』(한국기독교연구소); Walter Wink, *Engaging the Powers: Discernment and Resistance in a World of Domination* (Philadelphia: Fortress, 1992). 『사탄의 체제와 예수의 비폭력』(한국기독교연구소).
121 John Howard Yoder, *The Politics of Jesus* (Grand Rapids: Eerdmans, 1972; 2nd ed. 1994), 특히 pp. 104-107. 『예수의 정치학』(IVP).

의 개념은 다양하며 심지어 '평등'조차도 정의라는 문제의 핵심에 도달하지 못한다. '정의'를 가리키는 히브리어 mishpāt와 '심판'을 가리키는 히브리어 dîn도 그 의미가 다양하다. mishpāt는 '정당성을 확인해 줌', '권리', '규범' 혹은 '관습'이라는 의미로 점차 바뀌어 간다. 하나님이 의롭게 행하신다고 인식할 때라야 비로소 여러 판단 기준이 충족되는 것 같다. 시편 시인은 거의 같은 말을 되풀이하며 이렇게 외친다.

그[하나님]가 의로 세계를 심판하심이여,
　공평으로 만민에게 판결을 내리시리로다. (시 9:8)

그러나 다음 구절에서는 구체적인 말로, 특히 기원전 8세기의 선지자들이 구사한 말로 이렇게 선언한다. "여호와는 압제를 당하는 자의 요새이시다"(시 9:9). 하나님은 출애굽기 18:21-22에서 "진실하며 불의한 이익을 미워하는" 재판관 혹은 행정관을 임명하신다. 신명기 1:16-17에서도 재판관에게 이런 자질을 요구한다.

하나님은 가난한 자, 억압받는 자, 소외당한 자, 고아에게 베푸는 정의에 특별한 관심을 갖고 계신다(시 10:17-18; 82:3-4; 암 2:6-8). 그렇기에 해방신학과 페미니즘 신학으로 방향을 돌려 국가와 정의라는 문제를 해결할 새로운 통찰을 발견하려 한 것은 어쩌면 당연한 일일지도 모른다. 하지만 우리는 예상대로 이 두 전통에서 '해석학적 전이해'를 구실 삼아 성경에서 추려 뽑은 몇몇 본문에만 의존하거나 때로는 심지어 한쪽에 치우친 강령에 의존하는 모습을 종종 발견한다. 여기서 페미니즘의 신학과 역사를 꿰뚫어 보는 새라 코클리의 통찰이 지금도 가장 큰 중요성을 가진다.

앞서 언급했듯이, 코클리는 소외당하거나 억압당하는 이들을 향한 하나님의 정의를 발견하려는 페미니즘의 기본 목표를 철저히 강조한다. 그러나 코클리는 "신학과 사회과학이" 앞서 1970년대와 1980년대에 나온 페미니즘 저술에서 드러나는 것보다 "**창조적이고 비판적인 관계**"를 갖고 있다고 주장한다.[122] 코클리는 우리가 "(분명 가라앉고 있는) 북미의 자유주의 개신교 교파 속에서⋯ 20세기 후반의 다양한 페미니즘 양식의 변형들 속에서도 살아남은 자유주의 신학 형태"를 거의 당연한 것으로 받아들일 수 있다고 썼다(p. 74). 그러나 이런 신학들은 아주 심하게 한쪽에 치우쳐 있고 편협하다. 이런 신학에서는 종종 '부성'(父性)을 금지하거나 억압하면서, 하나님을 연인이나 친구로 '누그러뜨려 묘사한 말'로 성경에서 제시하는 개념을 대체한다. 이런 신학들은 '기성 교회에 속한 중년 지식인들'이 전면에 내세우거나 이런 이들에 국한된 것이다. 이런 신학들은 '여자 및 다른 소외된 사람들의 권리와 명예'에만 지나치게 초점을 맞춘다. 코클리는 이렇게 강조한다. "'하나님'은 실용주의 페미니즘의 목표에 맞춰 자유롭게 재인식된다.⋯[이런 접근법에서는] 하나님을 **그 본래의 형상으로 다시** 만들어 내는 것 외에 페미니스트의 분노와 갇혀 있는 데에서 벗어나는 영원한 길을 제시하지 못한다"(pp. 75-76).

이와 반대로, 코클리는 우리에겐 하나님이 **우리를** 변화시키실 수 있는 방법이 필요하다고 주장한다. 이런 방법에는 특히 기도와 묵상, 그리고 "해결되지 않은 개인의 분노와 증오라는 덫"과 함께 "자아에 빠진 채 자기 내면만 들여다보는" 태도를 포기하는 것이 포함된다(pp. 80-81). 우리에겐 "깊은 묵상을 통한 '지움'"(contemplative 'effacement')이 필요하다. "이런 지움을 받아들이고 심지어 스스로 불러들이는 것, 이런 신성한 참여 속으로 들어가려 하는 것은 변화를 포용하는 것이자⋯새 언어를 말하는 방법을⋯배우는 것이다"(p. 23). 이것은 "여자들의 잘됨"을 무시하는 것이 **아니다**. 여자들의 잘됨은 "부와 특권의 심각한 불평등이 존재하는 세계에서 여전히 절박한 신학적 관심사로 남아있다"(p. 82). 우리는 "박탈, 소외, 억압"을 일으키는 모든 요인을 폭로해야 한다.

나는 이전에 내놓은 연구서에서 필리스 트리블(Phyllis Trible), 로즈메리 래

---

122 Coakley, *God, Sexuality, and the Self*, p. 76. 티슬턴 강조. 이 작품 참조 표시는 본문 바로 뒤에 기록했다.

드포드 루더(Rosemary Radford Ruether), 메리 데일리(Mary Daly), 엘리자베스 쉬슬러피오렌자(Elisabeth Schüssler-Fiorenza)가 쓴 책에 나타난 페미니스트 해석학을 검토했다.[123] 나는 당시(1992년), 하버마스와 아펠을 비롯한 다른 많은 학자의 "사회적-비평적" 해석학과 명백한 대조를 이루는 이 저술가들의 해석학을 가리키는 말로 "사회적-실용적 해석학"이라는 용어를 사용했다.[124] 이는 코클리가 이 맥락에서 사용한 "실용적"이라는 말을 내다본 것이었다. 쉬슬러피오렌자는 예수가 부활 뒤에 **여자들**에게 나타나신 사건과 **베드로**에게 나타나신 사건을 대비한다. 쉬슬러피오렌자도 주장했지만, 나는 이 두 사건의 가장 중요한 차이점이 정말 '**성**'(gender)일지 의문이 들었다. 쉬슬러피오렌자가 묘사한 마리아의 모습에 비춰 볼 때 두 사건의 차이는, 베드로는 겪었으나 마리아에겐 절박한 일이 아니었던 더 심오한 **변화**와 관련이 있지 않을까?[125]

이어 우리는 국가 혹은 정치 공동체와 정의 사이의 인과 관계라는 우리의 주된 관심사를 다시 다뤄 보겠다. 폴 마샬(Paul Marshall)은 이렇게 단언한다. "국가란 하나님이 예수 그리스도를 통해 정의를 유지하시고자 세우신 것이다."[126]

제2차 바티칸 공의회에서도 인정하듯이, 가톨릭 전통에서는 사회 정의가 "자비, 부조, 사회정의에 관한 일들"을 자세히 설명해 주는 역할을 하고 있

---

123 Phyllis Trible, *God and the Rhetoric of Sexuality* (Philadelphia: Fortress, 1978), 그리고 Phyllis Trible, *Texts of Terror: Literary-Feminist Readings of Biblical Narratives* (Philadelphia: Fortress, 1984). 『하나님와 성의 수사학』(대초), 『성서에 나타난 여성의 희생』(전망사); Rosemary Radford Ruether, *Sexism and God-Talk: Toward a Feminist Theology* (London: SCM, 1983). 『성차별과 신학』(대한기독교출판사); Elizabeth Schüssler-Fiorenza, *In Memory of Her: A Feminist Theological Reconstruction of Christian Origins* (New York: Crossroad; London: SCM, 1983). 『크리스챤 기원의 여성 신학적 재건』(종로서적); 그리고 Mary Daly, *Beyond God the Father: Toward a Philosophy of Women's Liberation* (Boston: Beacon Press, 1974). 『하나님 아버지를 넘어서』(이화여자대학교출판부).
124 Anthony C. Thiselton, *New Horizons in Hermeneutics: The Theory and Practice of Transforming Biblical Reading* (London: Harper-Collins, 1992; Grand Rapids: Zondervan, 1992, 2012), pp. 379-470.
125 Thiselton, *New Horizons in Hermeneutics*, pp. 445-448.
126 Paul Marshall, *Thine Is the Kingdom* (London: Marshall, Morgan and Scott, 1984), p. 47. 『기독교 세계관과 정치』(IVP).

다.[127] 가톨릭 전통에서는 혼인을 "인간 사회의 기초"라고 말한다.[128] 그러나 칼뱅이야말로 정치 공동체와 정의에 관하여 가장 독창성 넘치는 사상을 전개한 사상가 중 하나였다. 따라서 수많은 저술가가 개혁파 전통을 정성 들여 다듬은 것은 전혀 놀라운 일이 아니다. 이런 저술가 중에는 니콜라스 월터스토프, 리처드 마우(Richard Mouw), 민종기(Jeong Kii Min)가 포함된다.[129] 앞에서 논한 오도노반의 세 책도 넓게 보면 개혁파 성공회 전통 속에 자리해 있다. 칼뱅에서 시작하여 브루너를 거쳐 오도노반에 이르는 정치신학은 정치 공동체, 혼인, 정의가 논쟁거리이긴 해도 신학적 성찰에 필요한 차원임을 확증해 준다.

---

127 Flannery, *Documents of Vatican* II.
128 Flannery, *Documents of Vatican* II, p. 778.
129 Nicholas Wolterstoff, "Contemporary Views of the State", *Christian Scholar's Review* 3 (1974), 그리고 Nicholas Wolterstorff, *Justice: Rights and Wrongs* (Princeton: Princeton University Press, 2008); Richard Mouw, *Politics and the Biblical Drama* (Grand Rapids: Baker, 1983); 그리고 Jeong Kii Min, *Sin and Politics: Issues in Reformed Theology* (New York: Peter Lang, 2009).

6장

인간의 잠재력과 하나님의 형상

1. 하나님의 형상: 인간이 '인격체'가 되다

하나님은 인간을 당신의 형상으로 창조하시되, 남자와 여자로 창조하셨다(창 1:26; 시 8:6-8). 대중 사이에 퍼져 있는 민속 종교는 이를 신생아에게 적용한다. 이는 마치 하나님의 형상을 지닌 것이 마치 하나님이 주셔서 날 때부터 갖고 태어나는 특질이나 권리인 것처럼 여기는 것이다. 그러나 대중 종교는 성경 기사(記事)에서 철저히 벗어나 있다. 예를 들면, 러시아 정교회 신학자 블라디미르 로스키(1903-1958)는 인간이 소외와 자기 의지로 하나님의 형상에 손상을 입혔기 때문에 하나님의 형상은 오직 **은혜로** 회복할 수 있다고 주장한다.[1]

성경 기사에 따르면, **예수 그리스도만이** 하나님의 완전한 형상이시다(골 1:15; 참고. 히 1:3). 이는 애초에 인간이 다 이루게 하려 하셨던 하나님의 **소명**을 그리스도만이 완전히 이루시기 때문이다. 심지어 이교 신전에서도 신의 형상은 **신의** 특성을 사람이 볼 수 있는 형태로 드러내야만 했다. 그러나 하나님의

---

[1] Vladimir Lossky, *The Mystical Theology of the Eastern Church* (New York: St. Vladimir's Seminary Press, 1976; Cambridge: Clarke, 1991), p. 117. 『동방교회의 신비신학에 대하여』(한국장로교출판사).

성품이 완전히 의롭고 거룩하고 왕답고 은혜롭고 사랑이 넘치신다면 사람이, 설령 신생아라 할지라도 이런 성품을 눈으로 볼 수 있는 하나님의 형상으로서 완전하게 반영한다는 말을 누가 할 수 있겠는가? 그래서 로스키는 하나님의 형상은 틀림없이 은혜로 '얻는' 것임을 올바로 강조한다. 그런가 하면, 그는 "성자이신" 예수 그리스도를 가리켜 "성부의 본질을 집약하여 선언하신 분"이라고 썼다.[2]

로스키는 하나님의 형상이 없으면 인간 자체가 그저 '한 개인'에 불과할 뿐이라고 주장한다. 그런 인간은 **자연** 질서에 속한다. 그는 이렇게 언급한다. "개인과 인격체는 반대되는 것들을 의미한다.…인격체는…그(자아)를 자연과 구별한다."[3] '인격체'는 **관계를 나타내는** 용어다. "인격체로 존재함은 그와 다른 이의 관계를 전제한다.…한 인격체는 그에게 다른 이들을 배제하고…소유하고자 하는 것이 전혀 없을 때에만 비로소 완전히 인격체로 존재할 수 있다.…그렇지 않으면 우리는 개인들의 존재 속에 있을 뿐이다."[4] 하나님, 특히 **사랑**이신 하나님과 관련하여 가장 중요한 점은 그가 인간을 포함한 다른 이들과 깨지지 않는 **관계**를 맺으신다는 것이다. 회복된 하나님의 형상을 가지려면 하나님과 또한 다른 이들과 관계를 맺을 수 있는 능력이 필요하다. 이런 형상의 회복이 은혜로 이루어지면, 우리는 하나님을 또한 자신을 남에게 내주시는 하나님의 사랑을 **나타낼** 수 있다.

하나님이 처음에 인간을 당신 자신의 형상으로 창조하신 것은 바로 이런 목적 때문이었다. 사실, D. J. A. 클라인스(Clines)가 설득력 있게 보여 주었듯이, 창세기 1:26의 히브리어 본문은 "그의 형상**으로**"(*in* his image)로 번역하기보다 "그의 형상**처럼** 창조되었다"(created *as* his image, 히브리어 전치사로는 b^e)로 번역하는 것이 더 정확하다. 클라인스는 이렇게 썼다. "$b^e tsalmēnû$는 전치사 b^e가

---

2 Vladimir Lossky, *The Image and Likeness of God* (London and Oxford: Mowbray, 1974), p. 155.
3 Lossky, *Mystical Theology*, p. 121.
4 Lossky, *Image and Likeness*, p. 106.

본질을 나타내는 *beth*임을 고려할 때 '그의 형상처럼'으로 번역해야 한다."⁵ 이 방신을 나타낸 상징이 나무나 돌로 만든 그들의 형상이나 우상이었던 것처럼, 하나님은 우선 아담이, 그리고 뒤이어 이스라엘이 **당신을 나타내게** 하셨다. 하나님이 '형상'을 금지하신 이유는, 이런 형상이 거짓이라거나 움직이지 않거나 부적절하거나 우상 숭배를 낳기 때문이기도 하지만, **거룩하고 살아 있는 하나님의 백성**이 바로 당신의 형상이 되어야 했기 때문이다. 이스라엘은 나무나 돌로 만든 인공물이나 구조물 형태로 하나님을 대체하는 거짓 형상을 만들지 말아야 했다.

따라서 '하나님의 형상'이라는 말은 하나님이 **의도하셨고** 인간에게 **요구하셨던** 모습의 인간을 보여 준다. 하나님의 형상은 **인간이 미래에 가질 잠재적 모습**을 뜻한다. 그 척도는 **예수 그리스도**다. 예수 그리스도는 히브리서의 선언처럼 하나님의 형상을 실제로 구현하신 인격체다. "하나님의 영광의 반영이요 하나님의 존재 자체를 정확하게 찍어 낸 형상이시라"(히 1:3).

그런가 하면, 대다수 신학자들은 인간이 하나님과 남이 되고 멀어졌어도 인간 안에 들어 있는 하나님의 형상이 **완전히** 파괴되지는 **않았다**고 주장한다. 일부 학자는 '형태' 요소들은 그대로 갖고 있으나 '내용'에 해당하는 형상은 잃어버렸다고 구분한다. 이레나이우스는 하나님의 "형상"(히브리어로 *tselem*)과 하나님의 "모양"(히브리어로 *dᵉmûth*)을 구분하면서(창 1:26), 인간이 하나님의 모양은 잃었으나 하나님의 형상은 잃지 않았다고 결론짓는다.⁶ 하지만 현대의 대다수 주해가는 이 두 단어가 서로 설명해 주는 말이며, 히브리어의 동의 평행법(synonymous parallelism)을 보여 주는 것이라고 본다. 19세기 사람인 찰스 하지는 두 용어를 "하나가 다른 하나를 설명해 주는" 관계로 여기면서, 심지

---

5   D. J. A. Clines, "The Image of God", *Tyndale Bulletin* 19 (1968): p. 75; 참고. pp. 53-103. 엄밀히 말하면, 히브리어에서 *ēnû*는 1인칭 복수를 가리키므로 *betsalmēnû*는 '우리 형상처럼', '우리 형상대로'다―옮긴이.
6   Irenaeus, *Against Heresies* 5.15.4.

어 이 둘을 구분하는 것을 "로마 가톨릭적"이라고 불렀다.⁷ 그러나 토마스 아퀴나스도 형상과 모양을 어떤 점에서는 동일하나 또 어떤 점에서는 다르다고 여긴 것 같다. 아퀴나스는 이렇게 강조했다. "'모양'의 일반 개념을 기준으로 하면 '모양'과 '형상'은 구별되지 않으나, '모양'은…'형상'이라는 개념을 완전하게 만들어 주기도 한다."⁸ 그는 하나님의 형상과 '모양'의 관계를 포함해, 하나님의 형상에 많은 페이지를 할애한다.⁹ 대체로 보면, 아퀴나스는 '하나님의 형상'을 무엇보다 인간이 가진 여러 이성적 능력으로 본다. 그는 아우구스티누스의 말을 인용한다. "사람의 탁월함은 하나님이 사람에게 지적 영혼을 주심으로 당신의 형상을 따라 만드셨다는 사실에 있다."¹⁰

칼뱅은 이미 그의 시대에 이처럼 '형상'과 '모양'을 구분하는 것이 "적지 않은 토론을 불러일으켰다"고 말했다.¹¹ 그는 이렇게 썼다. "하나님의 형상이 있는 주된 자리는 생각과 마음"이지만, 그 형상은 인간의 다른 부분도 "밝게 비춰 주었다." 하지만 그는 곧장 이렇게 덧붙였다. "아담은 첫 상태를 잃어버렸을 때 하나님에게서 멀어져 버렸다.…우리는 하나님의 형상이 완전히 손상되고 파괴되지 않았음을 인정한다.…하지만 그것은…부패하여 기형[이 되었다]."¹² 그는 계속하여 이렇게 말했다. "인간이 타락하기 전에는…하나님의 형상이 인간 본성에서 흠 하나 없이 탁월한 부분을 이루었으나, 인간이 타락한 뒤에는 더럽혀지고 거의 파괴되어, 어지럽고 불완전하며 부정으로 오염된 폐허만 남아 있지만", 하나님의 백성 안에서는 "성령으로 말미암아 되살아났다."¹³

21세기에는 많은 그리스도인이 **이성과 합리성**이라는 하나님의 선물을 평

---

7   Charles Hodge, *Systematic Theology*, 3 vols. (Grand Rapids: Erdmans, 1946; orig. 1871), 2: p. 96.
8   Aquinas, *Summa* I, qu. 93, art. 9, obj. 1에 제시된 답.
9   Aquinas, *Summa* I, qu. 93, arts. 1-9, 특히 9.
10 Aquinas, *Summa* I, qu. 93, art. 2, 답; 참고, arts. 1-3.
11 Calvin, *Institutes* 1.15.3; trans. Henry Beveridge, 2 vols. (Grand Rapids: Eerdmans, 1989), 1: p. 165.
12 Calvin, *Institutes* 1.15.4; 1: p. 165.
13 Calvin, *Institutes* 1.15.4; 1: p. 165.

가 절하하는 위험에 빠진 것 같다. 이들은 2세기에 활동했던 기독교 변증가들, 사실상 모든 교부, 아퀴나스, 칼뱅, 그리고 다른 이들이 이 선물을 높이 평가했음을 잊어버리곤 한다. 루터가 특별히 이성 활용에 의혹을 품긴 했지만, 이 이성은 스콜라 철학에서 말하는 이성이었다. 더군다나, 일부 사람들은 사도 바울이 이성을 공격했다고 생각한다. 이것은 틀린 생각이다. 바울은 데살로니가 사람들에게 바른 **마음**(mind, 지성, 그리스어로 *nous*)을 가져야 한다고 당부하며(살전 5:12, 14; 살후 3:15), 갈라디아 사람들에게는 **그들의 이성을 사용하지 않아서** 꾐에 넘어가는 일이 있어서는 안 된다고 당부한다(갈 3:1-2). 그는 빌립보 사람들이 그들의 지성(mind)을 사용하길 기도하며(빌 4:7), 그의 교회들이 마음(mind)의 갱신을 경험하길 기도한다(롬 12:2; 참고. 엡 4:23). 예전의 G. 보른캄과 로버트 쥬이트(Robert Jewett)는 물론 S. K. 스타우어스도 강력하고 설득력 있는 주장을 제시한다.[14] 칼뱅처럼 바울도 이성만을 강조하지 않고, 이성은 물론 인간의 마음과 의지, 그리고 지혜도 함께 강조한다.

오늘날 세속 언론 매체에서 인터뷰하는 이들은 종종 "x를 어떻게 **생각하세요**(feel)?"라고 묻는다. 이들은 생각과 판단을 묻곤 한다. 이와 달리, 판넨베르크는 이렇게 단언한다. "**바울은** 성령을 신뢰하면서도 **사고와 논증을 전혀 아끼지 않았다**."[15] 오늘날의 플랜팅가와 월터스토프를 포함하여 종교개혁 뒤에 활동한 신학자들은 대부분 '합리성'을 추구한 존 로크의 주장을 받아들이곤 했다. 라너는 '신비'와 '이성'을 결합한다. 그는 신비를 가리켜 "자연 이성"이 아니라 "하나님의 계시가 전달한" 진리라고 말하면서도, 이 신비는 "이성"(*ratio*)에게 일러 준 것이라고 말한다. 신비는 이성의 범위를 넘어서기도 하지만, 그래도 "이성의 범위 안에서 왔다."[16]

기독교 신학의 역사를 보면, 인간 본성을 이루는 요소 중 하나님의 형상과

---

14 Stanley K. Stowers, "Paul on the Use and Abuse of Reason", in *Greeks, Romans, Christians*, ed. D. L. Balch and others (Minneapolis: Fortress, 1990), pp. 253-286.
15 Pannenberg, *BQT* 2: p. 35. 티슬턴 강조; 참고. pp. 28-64.
16 Karl Rahner, *Theological Investigations*, vol. 4 (London: DLT, 1973), pp. 37-47.

동일시한 것은 이성만이 아니었다. 전통을 살펴보면, 특히 시편 8:6-8, 히브리서 2:8-9, 아퀴나스를 보면, 인간이 동물의 왕국을 **지배**하는 것을 하나님의 형상에서 유래한 인간의 독특한 특질이라고 강조했다. '지배'는 하나님이 **왕으로서 통치하심**, 혹은 하나님 나라를 반영한다. 시편 시인은 시편 8:6-7에 이렇게 썼다.

> 주의 손으로 만드신 것을 (인간들이) 다스리게 하시고
>   만물을 그들의 발아래 두셨으니…
>   들짐승이며.

히브리서 2:8에서는 하나님이 "만물을 그들의 발아래" 복종케 하셨다고 말하나, 지금 우리는 이 일이 **오직 예수 그리스도 안에서만** 온전히 이루어졌음을 본다. 그러나 "**지배**"는 자연을 상대로 무지막지한 정복자 노릇을 하는 것이 아니다. 몰트만, 니버, 그리고 다른 많은 이가 지적하듯이, 지배(히브리어로 창 1:26의 *rādāh*, 그리고 시 8:7의 *māshal*)는 늘 땅의 '정복'과 남용을 동반하는 것이 아니라, 하나님과 더불어 세계를 섬기는 **청지기 역할**을 하는 것이다. 몰트만은 "지배의 위기"를 "생태계의 위기" 중 일부분으로 여긴다.[17]

'지배'는 인간 안에 존재하는 하나님의 형상 중 한 측면을 이룬다. 인간이 하나님을 나타낸다면, 어떤 식으로든 **하나님이 왕으로서 가지신 특질**에 틀림없이 **참여하기** 때문이다. 그러나 하나님 나라 혹은 하나님의 통치는 야만스러운 힘의 행사가 아니라 자애로운 아버지가 하시는 일이다. 몰트만은 이렇게 썼다. "하나님이 당신 형상을 지닌 피조물을 이 땅 위에 창조하셨다는 것은 그가 말 그대로 당신 자신의 모습—당신을 닮은 대응자—을 인식하는 거울을

---

17 Jürgen Moltmann, *God in Creation: A New Theology of Creation and the Spirit of God* (London: SCM, 1985), pp. 20 and 23.

당신의 작품에서 발견하신다는 뜻이다."[18] 몰트만은 바르트의 글 속에 기독론 차원의 창조와 언약 차원의 창조라는 주제가 들어 있음을 인정한다. 지배는 복리에 관심을 갖고 보살피는 청지기 직무를 수행하는 것이다. 앞서 언급했듯이, 라인홀드 니버도 이 점을 강조한 많은 신학자 중 한 사람이다. 그의 말을 빌리면, "인간의 자만 그리고 힘을 향한 의지가 하나님의 자리를 찬탈하려고 애쓰다가 피조 세계의 조화를 어지럽힌다."[19]

그렇지만 우리는 예전에 나온 몇몇 교과서처럼 하나님의 형상을 일련의 특별한 자질로 여기려는 꾐에 넘어가서는 안 된다. 하나님의 형상에는 분명 **합리성**, **주권**이나 청지기 정신, **자유**, **무엇보다 관계가 포함된다**. 그러나 하나님의 형상은 이 모든 것을 넘어 **이 세상을 상대로 하나님을 대변할**, 하나님을 특징짓는 이런 자질들을 **눈으로 볼 수 있게 나타낼 소명**을 가리킨다. 바로 그 점 때문에 **오직 그리스도만**이 분명 하나님의 완전한 형상이시며, 그러기에 인간의 잠재력을 표현하신다고 말할 수 있다. 현재의 인간도 이성으로 사고하고, 질서를 세우며, 선택하고, 관계를 맺을 수 있으나, 그 모든 것이 불완전할 뿐이다. 그러나 이 모든 일을 통해 **하나님**을 나타내고 대변하는 것이 인간에게 주어진 운명이다. 그런가 하면, 예수 그리스도는 우리 눈으로 볼 수 있는 하나님 형상의 모델이요 표준이시다. 이런 형상을 이 세상에서 눈으로 볼 수 있게 된 덕분에 하나님이 (인상에 깊이 남는 웽엘의 문구를 사용하면) "생각할 수 있고" "상상할 수 있는" 분이 되셨다. 앞으로 기독론을 논하다 보면, 아주 많은 이가 "성육하신 그리스도는 **정말 인간**이었는가?" 질문하는 모습을 볼 것이다. 그러나 이 질문은 "그리스도에 비춰 볼 때, **우리 '인간'이 정말 인간인가?**"로 바뀌어야 한다. 로스키가 수없이 강조하듯이, 하나님의 형상은 **앞서** 존재했으며, 하나님의 **은혜**로 인해 인간에게 주어지지 저절로 주어지진 않는다.

---

18 Moltmann, *God in Creation*, p. 77.
19 Reinhold Niebuhr, *The Nature and Destiny of Man: A Christian Interpretation*, 2 vols. (London: Nisbet, 1941), 1: p. 191. 『인간의 본성과 운명』(종문화사).

2. 정신-몸 이원론에 대조되는 인간 본성의 통일성

2세기에 아테나고라스(Athenagoras)는 오직 영혼(soul)만이 부활한다고 이야기한다면 이는 잘못일 것이라고 주장했다. '영혼'이 인간 전체를 이루는 것은 아니기 때문이다. 반면, 테르툴리아누스는 이 문제를 다른 관점에서 보면서, 영혼(*anima*)이 없다면 인간은 단지 시체에 불과하다고 주장했다.[20] 3세기에는 오리게네스가 테르툴리아누스의 견해에 동의하면서, 인간 본성을 바라보는 플라톤의 견해와 맥락을 같이한다면 '영혼'은 자연계의 일부일 수 없다고 주장했다.

성경을 따른 전통에서는 우리가 진정 **정신과 몸이 통합된 심신 관계**(psychosomatic relation)라고 불러야 할 것을 전제한다. W. 판넨베르크는 몸과 영혼의 통일성, 그리고 "심신의 통일성을 말하는 성경 개념"을 다루는 글을 썼다.[21] 영혼을 가리키는 히브리어 *nephesh*는 심지어 시체를 가리킬 때도 있으며, 신약학자들은 그리스어 *psychē*가 신학 차원에서 보아 아무 색깔이 없는 단어이며 '생명'이나 '인생'으로도 종종 번역할 수 있는 말이라는 데 대체로 동의한다.[22] 쥬이트는 이렇게 결론짓는다. "이 말은 사람들이 어떤 이가 이 땅에서 행하는 행위를 통해 관찰할 수 있는 그 사람의 생애라는 의미를 가질 수 있다."[23]

분명 초기 그리스도인들은 영지주의자와 달리 몸을 **결코 무시하지 않았으며** 영지주의자에 반대했다. 존 맥쿼리(John Macquarrie)는 "몸"이 인간 본질에 긴요한 요소라고 이야기하면서, 유대인의 사고 속에서는 몸이 미각, 예술, 음악이 자리한 곳이라는 역할을 했으며, 고난과 질병이라는 더 좋지 않은 경

---

20 Tertullian, *Against Praxeas* 5; *On the Flesh of Christ* 12. 『그리스도의 육신론』(분도출판사).
21 Pannenberg, *ST* 2: pp. 181-202.
22 Robert Jewett, *Paul's Anthropological Terms: A Study of Their Use in Conflict Settings* (Leiden: Brill, 1971), pp. 334-357, 448-449.
23 Jewett, *Paul's Anthropological Terms*, p. 448.

험이 자리한 곳이라는 역할도 했다고 지적한다.[24] 그는 덧붙여 이렇게 말한다. "따라서 인간의 물질적 안녕을 옹호하는 주장이 이 전통의 일부가 되었다."[25]

플라톤, 데카르트, 현대의 대중 사상 속에서 몸과 정신 혹은 몸과 영혼의 **이원론**이 엄청난 영향을 미치고 있음을 고려할 때, 인간의 통일성을 이야기하는 성경의 증언은 특히 중요한 의미를 갖는다. 철학자 길버트 라일은 이른바 "기계 안에 유령이 있다는 신화"라는 말로 데카르트의 이원론을 무자비하게 공격했다. 데카르트(1596-1650)는 플라톤(기원전 428-348)에게서 "영혼이…죽음의 몸에서…해방됨"이라는 관념을 물려받았다.[26] 라일은 심지어 이를 "공식 교리"라 부르면서, 이 교리에서는 "모든 인간이…서로 평행을 이루는 두 역사로…함께 매인…한 몸과 한 정신을 갖고 있다"고 말한다.[27] 그러나 그는 이런 이원론이 "범주 오류"에 근거하고 있다고 주장한다.[28] 정신과 몸은 "파도가 솟아오른다"의 "솟아오르다"와 "희망이 솟아오른다"의 "솟아오르다"처럼 완전히 다른 방식으로 "존재한다."[29] 정신은 "혼령의 생기(生起)"가 아니라 "성향, 혹은 여러 성향의 복합체"다.[30] 이는 "그녀는 눈물을 쏟았으며 가마로 왔다"(She came in a flood of tears and a sedan chair) 같은 글의 액어법(zeugma)처럼 사람들에게 오해를 불러일으킨다.[31]

바울 신학은 확실히 인간 본성의 통일성을 암시한다. J. D. G. 던은 바울이 *psychē*('영혼' 혹은 '생명')를 13회만 사용했으며, 히브리어 "*nephesh*가 전인(全人)을 가리킨다"고 지적한다.[32] D. E. H. 와이틀리(Whiteley)는 훨씬 더 나아가,

---

24 John Macquarrie, *In Search of Humanity: A Theological and Philosophical Approach* (London: SCM, 1982), p. 55; 참고. pp. 47-58.
25 Macquarrie, *In Search of Humanity*, p. 52.
26 Plato, *Republic* 611E. 『국가』(서광사).
27 Gilbert Ryle, *The Concept of the Mind* (London: Penguin, 1949, 1963), p. 13. 『마음의 개념』(문예출판사).
28 Ryle, *Concept of the Mind*, p. 17.
29 Ryle, *Concept of the Mind*, p. 24.
30 Ryle, *Concept of the Mind*, p. 33.
31 Ryle, *Concept of the Mind*, p. 23.
32 James D. G. Dunn, *The Theology of Paul the Apostle* (Edinburgh: T. & T. Clark, 1998), p. 76.

바울이 말하는 "몸"과 "영혼"을 "서로 별개임을 나타내는" 용어가 아니라 "한 존재의 서로 다른 측면을 나타내는" 용어라고 여긴다.[33] N. T. 라이트는 이를 다른 식으로 바꿔 조심스럽게 표현한다. "인간의 몸, 곧 *sōma*(이 단어는 인간의 전 존재를 **가리키며**, 인간이…세계…안에서 공적이며 볼 수 있고 만질 수 있는 몸을 갖고 존재함을 **암시한다**)는 하나님이 지으신 것이다."[34] 데살로니가전서 5:23의 의미에 비춰 볼 때, '몸, 혼, 영'(body, soul, spirit)은 인간이 '3요소로 구성되어 있다는' 견해를 지지하는 말일 리가 없다. 여기서 쓴 이 말은 다만 '완전히' 혹은 '철저히'를 뜻한다.

"내 혼이 주를 찬양하며,

　　내 영이 하나님을 기뻐하나이다." (눅 1:46-47)

에서 마리아가 말하는 '일부'는 인간의 '일부'를 가리키지 않는다. 이것들은 비록 그리스어로 표현하긴 했으나, 히브리어에서 사용하는 동의 평행법(synonymous parallelism)의 한 예다.

여기가 '몸'이라는 말을 독특하게 사용하는 바울의 용법을 소개할 지점이다. 분명 이 말은, "너희 몸으로 하나님께 영광을 돌리라"(고전 6:20)처럼, **좋은 의미를 지닌** 말이다. 영역 성경에서는 이것이 특히 유익한 정보를 일러 주는 구절이다. 영역 성경 KJV/AV에서 이를 "in your body and in your spirit"(너희 몸과 너희 영으로)로 번역하는 쪽을 택했기 때문이다. 그러나 이것은 다만 조악한 사본의 그리스어 본문, 곧 C^3, D^2, 1739 난외에 있는 본문의 독법을 반영한 것으로, p^{46}, A, B, C*, D*, F, 33, 1739*, 콥트어 텍스트, 이레나이우스, 테르툴리아누스, 오리게네스, 키프리아누스(Cyprian)가 따르는 본문을 포함한 진정

33　D. E. H. Whiteley, *The Theology of St. Paul* (Oxford: Blackwell, 1964, 1971), pp. 34-39. 『바울신학』(나단).
34　N. T. Wright, *Paul and the Faithfulness of God*, 2 vols. (London: SPCK, 2013), 1: p. 491. 『바울과 하나님의 신실하심』(CH북스).

한 본문(곧 '영'이 없는 본문)과 다르다. 뒤의 사본들은 바울의 인간관에 관한 오해를 폭로한다. AV/KJV에서는 잘못하여 표준 본문(Textus Receptus)이라는 이름을 갖게 된 사본들만 따랐다. 브루스 메츠거(Bruce Metzger)는 이 사본들을 "진짜라 주장할 수 없는 난외주"라 부른다.[35] 여기서는 십중팔구 어떤 경건한 필사자가 당시에 통설을 이루고 있던 신화를 바탕으로 바울을 '바로잡으려' 한 것 같다.

아마도 바울이 사용하는 독특한 **몸** 개념을 다른 누구보다 잘 정의하는 이는 에른스트 케제만이 아닐까 싶다. 그는 이 몸이 하나님이 주신 좋은 선물이라고 지적하며 이렇게 일러 준다.

> **세계**의 일부인 이 몸은 우리 자신이 존재하는 곳이요 우리가 책임을 지는 곳이다. 이는 우리 창조주가 우리에게 가장 먼저 주신 선물이기 때문이다. 무엇보다 '몸'을…개인이라는 관점에서 바라봐서는 안 된다. 사도가 보기에 몸은 그의 세계성 안에 있는[즉, 세계의 일부인] 사람을 나타내며, 따라서 **소통할 수 있는** 그의 **능력** 속에 존재하는 사람을 나타내기 때문이다.…**그리스도가 곧 주이심**은 그리스도인이…일상의 세계 속에서…**몸으로 하는** 순종 속에서 **눈으로 볼 수 있게 표현되며**, 눈으로 볼 수 있는 이 표현이 우리 안에서 인격적 형체를 갖출 때에 비로소 모든 것이 복음의 메시지로서 **믿을 수 있는** 것이 된다.[36]

인용한 케제만의 글에서 말하는 주제는 이렇다. (1) '몸'과 '정신'의 차이는 무엇보다 '물질 대 비물질'의 차이가 아니라, **볼 수 있는 것 대 볼 수 없는 것**의 차이다. (2) 따라서 몸은 **제자도**가 눈으로 볼 수 있는 공적 세계 속에 자리하게 한다. (3) '몸을 가졌음'에 따른 특별한 자질이 오감을 통한 **소통**이다. (4)

35　Bruce M. Metzger, *A Textual Commentary on the Greek New Testament*, 2nd ed. (New York: United Bible Societies, 1994), p. 488. 『신약 그리스어 본문 주석』(대한성서공회).

36　Ernst Käsemann, *New Testament Questions of Today* (London: SCM, 1969), p. 135. 티슬턴 강조.

몸은 **통합성을 나타내는 용어이자 개별성을 나타내는** 용어다.

J. A. T. 로빈슨(Robinson)은 그의 책 『몸』(*The Body*)에서 특히 그리스도의 몸인 교회와 관련지어 몸이 지닌 통합성이라는 측면을 설명했다. 그러나 이런 의미를 인간 존재의 구조와 동일시해서는 안 된다. 와이틀리는 로빈슨을 비판하면서, "J. A. T. 로빈슨은 이 주제를 복잡하게 만들면서 동시에 밝히 설명했다"고 평한다.[37] 하지만 로빈슨은 바울 서신에 나오는 '몸'(body, 그리스어로 *sōma*)과 '육'(flesh, 그리스어로 *sarx*)을 바로 구분한다. 그는 이렇게 단언한다. "*sarx*는 하나님에게서 멀리 떨어진 채 피조 세계와 연대하여 존재하는 인간을 나타내지만, *sōma*는 피조 세계와 연대하여 존재하면서 하나님을 위해 만들어진 인간을 나타낸다."[38] 그는 "육"이 "약함과 필멸성을 지닌 인간"을 상징한다고 말한다.[39] 이것이 옳긴 하지만, *sarx*에는 더 '신학적'인 용례도 있으며, 이런 용례는 '육의 생각'처럼 하나님을 대적하는 자세를 나타낸다(참고. 롬 8:6). 이런 용례들은 불트만이 "죄 아래 있는 인간"이라 부르는 것을 논하면서 더 깊이 탐구해 보겠다. 불트만에 따르면, "육"은 "인간이 자신의 힘을 신뢰하면서 자신을 의지하는 태도"를 의미한다.[40]

3. 인간 능력의 다양성

'몸'과 '육'에 이어 '마음'(heart, 그리스어로 *kardia*, 히브리어로 *lēbh*)을 살펴보자. 이 마음이라는 단어는 성경의 용어와 신학에서 아주 중요한 역할을 한다. 칼뱅도 '마음'이 하나님과 인간의 관계에서 행하는 역할을 강조하며, 이때 마음은 인간 존재의 핵심을 나타낼 수 있다. 바울 및 다른 저자들은 인간을 **오로**

---

37 Whiteley, *Theology of St. Paul*, p. 192.
38 J. A. T. Robinson, *The Body: A Study in Pauline Theology*, SBT 5 (London: SCM, 1952; Philadelphia: Westminster John Knox, 1977), p. 31.
39 Robinson, *The Body*, p. 19.
40 Rudolf Bultmann, *Theology of the New Testament*, vol. 1 (London: SCM, 1952), p. 240.

지 몸을 가진 **사유자**(思惟者)로만 생각하지 않는다. 그들은 인간을 **깊은 감정**을 지닌 존재, 심지어 **완고**하다 싶을 정도까지 **결정과 결단**을 내릴 수 있는 존재로 여긴다. 성경에서는 '마음'을 이 모든 용법으로 사용한다. 19세기에는 '마음'을 특히 **속사람**을 가리키는 것으로 받아들였는데, H. 뤼데만(Lüdemann)과 K. 홀스텐(Holsten, 티슬턴이 C. Holsten이라고 쓴 사람의 실제 이름은 Karl Holsten이다—옮긴이)이 그런 주장을 폈다. 20세기 초에는 A. 슐라터가 마음을 "사람"(person)과 거의 같은 말로 여겼는데, 이는 사실 칼뱅이 강조한 내용을 재차 강조한 것이었다.

『신약신학사전』(TDNT, 원서는 *Theologisches Wörterbuch zum Neuen Testament*다—옮긴이)은 이 의미가 모두 가능함을 보여 주었다. 프리드리히 바움게르텔(Friedrich Baumgärtel)은 구약에서 *lēbh*가 속사람(삼상 16:7), 용맹과 용기(대하 17:6), 합리성(삿 5:16), 의지와 목적(삼상 2:35), 헌신을 가리킬 수 있음을 보여 주었다.[41]

마음은 슬픔(창 6:6), 공포와 불안(창 45:26; 삼상 4:13), 기쁨이나 즐거움(삼상 2:1)처럼 깊은 감정이 자리한 곳이다. 출애굽기에서는 **마음**이 완고해질 수도 있다고 거듭 말한다(출 7:13, 14, 22, 23 등에 나오는 파라오의 마음). 마음은 순수할 수도 있다(마 5:8). 마음은 성찰이나 사색의 영역일 수도 있고(눅 2:19, 51), 믿음이 자리한 영역일 수도 있다(롬 10:9). 마음이라는 말은 70인역에서 700회 넘게 나오며, 히브리어 구약성경에는 거의 600회 등장한다. 이사야 40:2을 보면 하나님은 "그 마음에 부드럽게"(tenderly to the heart, NIV, 히브리어로 *d-b-r 'al lēbh*) 말씀하심으로 이스라엘을 "위로하신다."[42] 요하네스 벰(Johannes Behm)은 신약성경의 용법을 이렇게 요약한다. "신약성경에서 이 말을 사용하는 방법은 구약성경의 용법과 일치한다.…신약성경에서는 70인역보다 훨씬 강하게 마음이 정신적 삶과 영적 삶을 영위하는 주요 기관이요…몸의 중심 기관이며…

41　Friedrich Baumgärtel, "*Kardia* in the OT", in *TDNT* 3: pp. 606-607.
42　Alex Luc, "*Lēbh*", in *NIDOTTE* 2: pp. 749-754; BDB pp. 523-526; BDAG pp. 508-509.

내면의 삶을 꾸려 가는 중심이라는 데 집중한다."⁴³

쥬이트는 바울 서신에서 *kardia*가 등장하는 구체적 맥락과 이 말의 용법에 꼼꼼히 주목한다. 예를 들면, 데살로니가전서 2:17에서는 이 말이 "바울의 의지와 감정의 중심"을 가리킨다.⁴⁴ 갈라디아서 4:6을 보면, 성령은 인간 속의 가장 깊숙한 자리에서 일하신다. 빌립보서 4:7에서는 마음이 *nous*, 곧 '정신'과 비슷한 기능을 수행한다. 고린도후서 1:22에서는 "마음"을 바울이 사도임을 변호하는 논리의 정점으로 활용한다.⁴⁵

어쩌면 가장 독특하면서도 중요한 접근법은 게르트 타이센(Gerd Theissen)의 작업에서 발견할 수 있을 것이다. 이 접근법은 불트만도 간결하게 암시했었다. 타이센은 『바울 신학의 심리 측면』(*Psychological Aspects of Pauline Theology, Psychologische Aspekte paulinischer Theologie*)에서 고린도전서 14:20-25에 나오는 "마음의 숨은 일들"에 특히 주목하고, 이보다는 덜 주의를 기울이지만, 고린도전서 4:5(참고. 고후 5:10-11)에 나오는 "마음의 뜻"에도 주목한다.⁴⁶ 불트만은 일찍이 이렇게 말했다. "마음이 애쓰는 것들(*boulai*, 고전 4:5)은 의식 속 의지를 통해 현실로 드러나지 않아도 되는 목적이다."⁴⁷ 다시 말해, 프로이트가 등장하기 오래전에 이미 바울이 *kardia*를 **무의식** 혹은 **전의식**을 가리키는 말로 사용했다. 타이센은 바울 서신에 들어 있는 관련 본문들을 길고 체계 있게 주해하여 제시한다. 바울은 심지어 로마서 8:26-27에서 "우리는 마땅히 기도할 바를 알지 못하"지만, 성령이 "말할 수 없는 탄식으로" 우리 마음속에서 기도를 불러일으키신다고 선언한다. 타이센은 이렇게 덧붙인다. "계속 반복하여 등장하는 무지(無知)라는 주제로 보아 무의식 속에 들어 있는 내용이 황홀

---

43 Johannes Behm, "*Kardia* in the NT", in *TDNT* 3: p. 611.
44 Jewett, *Paul's Anthropological Terms*, p. 315.
45 Jewett, *Paul's Anthropological Terms*, p. 331.
46 Gerd Theissen, *Psychological Aspects of Pauline Theology* (Edinburgh: T. & T. Clark, 1987), pp. 96-114, 267-341.
47 Bultmann, *Theology of the New Testament*, 1: p. 224.

경 상태에서 뚫고 나온다고 추측해 볼 수 있다."⁴⁸ 사실 그는 스텐달(Stendahl) 처럼 *glossolalia*(방언)를 성경이 깊디깊은 **무의식** 속에서 행하시는 활동으로 본다. 프랭크 마키아(Frank Macchia)는 오순절주의 시각에서 로마서 8:26-27이 방언으로 말함을 언급한 것이라고 본다.⁴⁹ 그러나 이와 상관없이, 타이센은 바울 서신에 나오는 방언을 사회 환경 속에서 "학습한 행위"로도 여긴다. 아울러 그는 "하나님의" 지혜와 "깊은 속마음"을 언급한 고린도전서 2:6-16을 "이전에는 의식하지 못했던 영역을 통해" 새로운 삶의 세계를 촉진하는 본문으로 여긴다.⁵⁰

세 번째로 중요한 용어가 '양심'(conscience, 그리스어로 *syneidēsis*)이다. 구약성경에는 딱히 이를 가리키는 용어가 없으나, 보통 '마음'(heart)을 가리키는 *lēbb*를 사용한다. '양심'에 가까운 의미를 담고 있는 본문은 이것이다. "사울의 옷자락 벰으로 말미암아 다윗의 마음이 찔려"(삼상 24:5). *syneidēsis*는 보통 '양심'으로 번역하나 때로는, 특히 고린도전서 8-10장에서는, '자의식'(self-awareness)으로 번역하기도 한다. 19세기에 일부 사람들은 바울이 그리스 스토아 철학에서 이를 빌려 왔다고 주장하기도 했다. 그러나 오늘날엔, 비록 불트만과 뒤퐁(Dupont) 또한 바울과 스토아 철학의 용례가 유사한 점이 있다고 언급하긴 하지만, 대다수 사람들이 바울과 그리스 스토아 철학의 확실한 차이점을 인정한다.

C. A. 퍼스(Peirce)가 『신약성경에서 말하는 양심』(*Conscience in the New Testament*, 1955)을 내놓고 J. N. 세벤스터(Sevenster)가 『바울과 세네카』(*Paul and Seneca*, 1961)를 내놓으면서 새 시대가 시작되었다. 여기서 핵심은 바울 서신이나 신약성경에서는 **양심**이 '하나님의 음성'과 무관하다는 것이다. 퍼스는 양심을 "사람들이 잘못이라 믿는 행동으로 말미암아 생겨난 고통"이라고 정

---

48 Theissen, *Psychological Aspects*, p. 287.
49 Frank D. Macchia, "Groans Too Deep for Words", *Asian Journal of Pentecostal Studies* 1 (1998): pp. 149-173.
50 Theissen, *Psychological Aspects*, p. 392; 참고. pp. 345-393.

의한다.⁵¹ 고린도전서 8:7-12을 보면, '강한' 자는 나쁜 양심으로 말미암아 고통을 겪는 일이 거의 없다고 말한다. 이런 이들은 누가 감히 해치지도 못하고, 자신만만하며, 둔감하기 때문이다. 퍼스는 또 '약한' 자는 마태복음 18:3-4에 나오는 "어린아이들"처럼 지나치게 민감하므로 양심이 과도하게 작동하지 않도록 보호할 필요가 있다고 주장한다. 퍼스에 따르면, 양심은 어떤 행위 뒤에 이를 **되돌아보는 것이다**.

1967년에 마가렛 스롤(Margaret Thrall)은 퍼스의 결론에 몇 가지 변경을 가한 주장을 제시했다. 스롤은 바울이 양심을 언제나 나쁘게만 이야기하지는 않는다고 지적했다. 스롤은 심지어 앞날을 내다보며 낙관하는 본문도 일부 있다고 주장했다.⁵² R. A. 호슬리(Horsley, 1978)와 P. W. 구취(Gooch)는 연구의 네 번째 단계이자 마지막 단계에서, **"자기인식"**이 고린도전서 8-10장에서 실제로 말하는 의미라고 주장했다. 구취와 더불어, H. J. 에크슈타인(Eckstein)과 폴 가드너(Paul Gardner)도 이와 연속성을 지닌 통찰들을 더 제시했다.⁵³

고린도전서 외에도 '선한 양심'을 증언하는 본문이 몇 있다(행 23:1; 24:16; 롬 9:1; 고후 1:12; 벧전 3:16). 다른 몇몇 본문에서는 중립을 표방하나, 또 다른 본문에서는 분명 뒤틀린 양심을 증언한다(딛 1:15; 히 10:22). 이처럼 양심은 **잘못을 범하기 쉬우며, 따라서 적어도 신약성경에서는 선한 행동이나 악한 행동에 관한 안정된 기준을 가르치기보다** 오히려 양심이 **연단을 받고 가르침을 받아야 한다**는 입장을 보인다.

토마스 아퀴나스는 『신학대전』 안에 양심을 다룬 대목을 하나 포함시켰

---

51 C. A. Pierce, *Conscience in the New Testament* (London: SCM, 1955), p. 22; 참고. pp. 13-22 and 111-130; 그리고 J. N. Sevenster, *Paul and Seneca* (Leiden: Brill, 1961), pp. 84-102.
52 Margaret Thrall, "The Pauline Use of *Syneidēsis*", *NTS* 14 (1967): pp. 118-125.
53 P. W. Gooch, "'Conscience' in 1 Cor. 8 and 10", *NTS* 33 (1987): pp. 244-254; Paul D. Gardner, *The Gifts of God* (Lanham, Md.: University Press of America, 1994), pp. 42-54; H. J. Eckstein, *Der Begriff Syneidēsis bei Paulus* (Tübingen: Mohr, 1983); Anthony C. Thiselton, *The First Epistle to the Corinthians: A Commentary on the Greek Text*, NIGTC (Grand Rapids: Eerdmans, 2000), pp. 607-661.

다.[54] 그는 이렇게 주장한다. "*syneidēsis*는 선을 독려하고 악에 불평한다고 한다.…양심은 정신이 표명하는 어떤 견해요…으뜸 원리들의 습관이다."[55] 퀘이커 신자들은 양심을 '내면의 빛'과 결합하나, 새뮤얼 클라크는 토마스주의에서 말하는 양심이라는 관념을 이성이라 설명했으며, 조지프 버틀러는 양심을 정신이 지닌 어떤 능력이나 사람이 날 때부터 지닌 상식, 그리고 하나님이 주신 본능적 선물이라고 보았다. 현대에는 교황 베네딕도 16세(요제프 라칭거)가 양심에 관한 존 헨리 뉴먼(John Henry Newman)의 가르침을 "그의 신학적 인격주의(theological personalism)—성실, 용기, 내면의 고요—를 밑받침하는 중요한 기초"로 여겨 중요시했다. 그는 양심이 우리가 진리를 알게 자극한다고 주장했다. 그는 또 바울과 그리스 철학자들 사이에, 그들이 자유를 사랑한 점을 포함하여 공통 지반이 있음을 강조했다.

이 때문에 *nous*(정신, 생각) 및 다른 용어들을 살펴볼 수밖에 없다. 우리는 몸과 정신의 통일성 내지 인간의 본질을 다룬 대목에서 바울 서신과 신약성경의 나머지 부분이 이야기하는 이성을 논했다. 아울러 '영혼'이나 '생명'이라는 뜻을 가진 *psychē*도 고찰했다. 우리는 *psychē*가 흐릿한 신학적 윤곽을 갖고 있으며, *nous*나 *sōma*라는 말을 바울이 몸과 영혼 혹은 몸과 정신을 둘로 나눠 보는 이원론을 주장했음을 암시하는 것으로 받아들일 수 없다고 결론지었다. 또 우리는 바울이 성령을 신뢰하면서도 사고와 논증을 결코 등한시하지 않았다는 판넨베르크의 평도 언급했다. 바울은 종종 합리적 생각에 호소했다. 그가 갈라디아 사람들에게 충고하면서 명료한 합리적 추론과 연역으로 그들의 지각을 깨우친 것이 그 예다(갈 3:1-5). 성령에서 시작하여 다시 율법과 육으로 돌아가는 것은 완전히 '바보짓'이다. 성령에서 시작하여 율법의 "행위"로 돌아가려는 그들은 분명 "제정신이 아니었다"(3:1). '이성'은 독실함을 결코 약화시키지 않는다. "내가 영으로 기도하나 또 마음으로 기도하리라"(고전

---

54 Aquinas, *Summa* I, qu. 79, arts. 12-13.
55 Aquinas, *Summa* I, qu. 79, arts. 12 and 13에 제시한 답.

14:15). 성령은 "그리스도의 마음"을 가져다주신다(고전 2:16). 데살로니가에 보내는 서신에서는 바울이 회심케 한 이들이 "바른 마음을 가져야"(nouthetein) 한다고 말한다(참고. 살전 5:12, 14; 살후 2:2; 3:15). 쥬이트는 이렇게 말한다. "*nous*는 합리성을 실행하는 자다."[56] 아울러 그는 로마서와 고린도후서에서 말하는 **마음**(mind, 정신)을 논한다. 그는 *nous* 혹은 합리성이 모든 바울 서신에서 두드러지게 나타난다고 결론짓는다.

우리는 이 주제를 마무리하기 전에 **예수 그리스도가 무엇이 인간 존재를 구성하는가**를 완벽하게 보여 주는 보기 혹은 **패러다임 사례**라는 위치에 계심을 재차 강조할 수밖에 없다. 제롬 머피오코너(Jerome Murphy-O'Connor)는 이렇게 썼다. "바울의 인간론은 기독론을 기초로 삼는다. 그는 인간의 참된 본질을 발견하고자 할 때, 당시 시대를 살펴 인간 본질을 찾으려 하지 않았다. 그는 자신과 **같은 시대 사람들**을 살피지 않고 **그리스도**를 살폈다. 오직 그리스도만이 인간의 진정한 모습을 구현하셨기 때문이었다."[57] 예수 그리스도의 경우를 봐도, 하나님의 형상에는 **관계**를 형성할 수 있는 능력이 필수 불가결한 요소다. 지지울라스가 강조하듯이, "사귐이 없으면 참된 존재가 되지 못한다."[58] 결국 **화해, 교제, 사랑**을 경험할 수 있는 능력이 인간 본질을 규정하는 특징이며, 이런 특징들은 그리스도 안에서 새로워졌다. 그리스도는 하나님의 형상이시며, 이 형상이 하나님의 은혜로 말미암아 인간이 도달해야 할 목표다.

4. 죄와 소외의 개입: 성경의 용어

그릇된 방향으로 나아간 의지 혹은 인간의 죄를 주로 개인 차원의 행위로 봐

56　Jewett, *Paul's Anthropological Terms*, p. 379.
57　Jerome Murphy-O'Connor, *Becoming Human Together: The Pastoral Anthropology of St. Paul* (Wilmington, Del.: Glazier, 1984), p. 45. 티슬턴 강조.
58　John D. Zizioulas, *Being as Communion: Studies in Personhood and the Church* (New York: St. Vladimir's Seminary Press, 1985, 1997), p. 18.

서는 **안 된다**. 교회 안에서 이루어지는 수많은 가정 사역에서는 '죄'를 이런 식으로 묘사한다. 죄 혹은 그릇된 방향으로 나아간 욕망은 분명 어떤 행위를 **포함한다**. 그러나 성경 기록에서는 죄가 가져온 **결과들**, 특히 **하나님에게서 소외당하고 같은 인간에게서 소외당하는 것**을 크게 강조한다. 인간이 창조된 목표가 하나님과 **사귐을 나누는 데** 있다면, 인간이 자족에 빠져 하나님을 떠난 것이야말로 신학자들과 성경 저자들이 죄라 부르는 것의 핵심을 이룬다. 오늘날 대중의 생각을 살펴보면, 사람들은 '잘못된 행동'에 관한 이야기는 선뜻 해도 죄나 소외는 좀처럼 이야기하지 않는다.

하지만 '잘못된 행동'은 **태세, 자세, 습관, 형편, 마음 자세나 마음 상태**를 이야기하는 게 아니다. 바울은 "육에 마음을 두는 것은 죽음이다"(롬 8:6)라고 선언한다. 그는 "이 때문에 육에 둔 마음은(그리스어로 *to phronēma tēs sarkos*) 하나님을 대적한다(그리스어로 *echthra eis Theon*)"(8:7)고 덧붙인다. 그런 마음은 하나님을 기쁘게 해 드리지 못한다(8절). 크랜필드(Cranfield)는 "육에 속한 마음"을 "타락한 본성의…견해, 추측, 가치, 욕구, 목적"이라고 바르게 설명한다.[59]

곧이어 인간의 타락에 관한 문제들을 고찰해 보겠다. 첫째, 성경이 경건치 않음, 악함, '잘못된 행동', 죄와 관련하여 사용하는 단어를 고찰해 보겠다. 구약성경에서는 **죄**를 가리키는 주요 단어로 최소한 셋을 사용한다. 신약성경에서는, 특히 바울 서신에서는, 많은 단어를 사용한다. 히브리어에서는 주로 *chāṭā'*, *pāshaʻ*, *ʻāwôn*을 사용한다. 하지만 이와 관련이 있거나 연관된 단어를 모두 합치면 열두 단어에 이른다.

히브리어 *chāṭā'*는 아마도 현대 세계와 뜻이 가장 잘 통하는 단어일 것이다. 이 말은 무언가에 미치지 못하다, 실수나 잘못을 저지르다, 목표나 과녁에서 벗어나다, 혹은 길을 잃다라는 뜻이다. 이 동사의 동족 명사인 *chaṭṭā'th*는 보통 무언가를 빠뜨리는 잘못이나 죄를 가리킨다(때로는 속죄제를 의미할 수도 있

---

[59] C. E. B. Cranfield, *The Epistle to the Romans*, 2 vols., ICC (Edinburgh: T. & T. Clark, 1975, 1979), 1: p. 386. 『국제비평주석. 로마서』(로고스).

지만). 현대 세계에서는 많은 사람이 흔쾌히 자신들의 '실패'를 인정한다. 실패라는 말이 아주 나쁘게 들리지는 않는다. BDB(히브리어 사전)에서, 그리고 『구약학 사전』(TDOT, 원서는 *Theologisches Wörterbuch zum Alten Testament*다—옮긴이)에 들어 있는 코흐(Koch)의 글에서는 모두 이 동사가 "잘못된 길로 가다, 죄를 짓다…실수나 잘못을 범하다…과녁에서 벗어나다…가야 할 길을 가지 않다"라는 의미라는 데 의견을 같이하지만, 코흐는 이 단어에 어떤 '기본 의미'가 들어 있다는 생각에는 반대한다.[60] 이 단어는 더 독특한 의미인 "과녁에서 벗어나다"(삿 20:16) 외에도, 때로는 반역(창 40:1), 혹은 왕이나 형제를 상대로 저지른 죄(창 42:22; 50:17)를 가리킬 수도 있으며, 심지어 살인을 가리킬 수도 있다(왕하 21:17). 사사기 20:16에서 언급하는 말은 돌을 던졌다 하면 과녁을 놓치지 않고 맞추는 군인과 관련이 있지만, 욥기 5:24, 잠언 8:26, 19:2을 보라. 레위기 4:2에서는 "어떤 이가 고의 없이 죄(*chāṭā*')를 저질렀을 때"라는 말을 사용하는데, 레위기 4:13, 22, 27; 5:15, 18; 22:14; 민수기 15:22에서도 같은 의미로 사용한다. 반면, '고의 없이'는 '실수로'라는 의미일 수 있다. 이 말은 구약에서 다양하게 번역된 채로 200회 정도 등장한다.

pāsha'라는 동사는 주로 '반역하다'나 '배반하다'라는 뜻인데, 열왕기상 12:19과 이사야 1:2에서 그런 의미로 사용한다.[61] 열왕기상 12:12-33에서는 이스라엘이 '다윗의 집'에 맞서 반역한 일을 언급한다. 이사야 1:4-6에서는 이스라엘이 하나님께 저지른 반역을 언급한다. 이런 반역은 자기주장 혹은 독립하려는 행위에 따른 **관계 단절**을 가져온다. 이사야는 하나님이 이스라엘의 반역을 이유 삼아 이스라엘을 상대로 제기하신 소송을 자세히 이야기한다. *mārād*와 *pārāh*를 포함한 다른 히브리 단어들도 '반역하다'를 뜻할 수 있다. 예레미야 2:8, 29; 3:13; 33:8; 예레미야애가 3:42; 에스겔 2:3; 호

---

60 BDB pp. 306-310; K. Koch, "*Chāṭā*'", in *TDOT* 4: pp. 309-319; 참고. Alex Luc, "*Chāṭā*'", and R. E. Averbeck, "*Chāṭā*'", in *NIDOTTE* 2: pp. 87-103.

61 BDB pp. 833-834; 그리고 E. Carpenter and M. A. Grisanti, "*Pāsha*' and *pesha*'", in *NIDOTTE* 3: pp. 706-710.

세아 7:13; 스바냐 3:11에서는 하나님을 거스른 반역(*pāsha'*)이 등장한다. 때로는 다른 단어들을 사용한다. *mā'al*을 사용하는 경우가 몇 있다(대하 26:16). 이 단어는 신학상 중요한 의미가 있는데, **어떤 인격체가** 하나님께 충성하는 **관계를 거부하는 것**과 관련이 있기 때문이다. BDB에서는 *pāsha'*를 "rebel"(반역하다)과 "transgress"(죄를 범하다)로 번역하고, *pāsha'*의 명사인 *pesha'*는 "transgression"(범죄)으로 번역했다. 이 단어는 그리스도인의 신앙고백과 제자도에 특별한 도전을 제기한다.

주로 쓰는 히브리어 세 단어 중 세 번째 단어가 *'awôn*이다. 이는 때로 "iniquity"(악, 불법, KJV/AV에는 200회가 넘게 등장한다)나 "sin"(동사, *'āwen*)으로 번역한다. BDB에서는 *'āwôn*을 "trouble"(골칫거리), "sorrow"(슬픔), "wickedness"(악)라고도 번역한다. 그러나 '악'이 죄의 **상태**나 **지향점**을 나타낼 수 있듯이, '슬픔'과 '비참함'이라는 의미는 **죄**의 **결과**를 나타내는 것일 수 있다. 잠언 22:8에서는 "누구든지 불의를 뿌리는 자는 재앙(*'āwen*)을 거두리라"라고 말한다(참고. 신 26:14; 잠 12:21; 암 5:5). 아울러 이 말은 구약성경에서 죄의 결과로 여기는 '우상 숭배'를 의미할 수도 있다. 이 말은 종종 "악"을 뜻한다(욥 22:15).

*'āwen*이라는 단어는 74회 등장하는데 대부분 시편, 잠언, 욥기에 나오며, 주로 시로 된 본문에 나온다. 이 단어는 널리 재앙이나 슬픔이라는 의미에서 **해악이나 파멸을 불러오는 태도나 상태**라는 의미에 이르기까지 폭넓은 의미로 사용된다. 이는 우발 행위나 우연한 행위가 아니다. 이 단어는 악한 계략을 꾸미는 마음을 가리킬 수도 있다(시 36:4; 사 59:7).[62] H. 빌트베르거(Wildberger)는 이를 "파괴적 힘으로…악한 마음에서 나오고, 재앙을 일으키는 음모를 꾸미는 데로 이어지는 힘(잠 6:18)"으로 여긴다.[63]

---

62   BDB pp. 19-20; E. Carpenter and M. A. Grisanti, "*āwen* and *'āwôn*", in *NIDOTTE* 1: pp. 309-315; 그리고 Alex Luc, "*āwon*", in *NIDOTTE* 3: p. 351; 그리고 *TDOT* 1: pp. 140-146.

63   Hans Wildberger, *Isaiah 1-12*, Hermeneia/Continental Commentary (Philadelphia: Fortress, 1991), p. 45.

판넨베르크는 이 셋 혹은 더 많은 단어가 한데 결합했을 때 가지는 의미를 꼼꼼히 고찰한다. 그는, 과녁에서 빗나감이나 심지어 부주의함을 가리키는 chattā'th와 달리, "āwôn이라는 단어 자체는 일부러 과녁을 맞히지 않은 탓에 그에 따른 책임을 져야 하는 경우를 의미한다"고 썼다.[64] 이는 pāsha'의 경우에 훨씬 더 예리하게 적용된다. 이것은 "규범 자체에 맞서, 곧 그 규범의 밑바탕에 자리한 권위에 맞서 반기를 든다는 성격을 갖고 있다.…이사야 1:2에서는 모든 하나님의 백성이 그들의 하나님께 맞서 배교하고 반역을 저지르는 상태에 있다."[65] 그는 계속하여 "마음의 악"은 개별 행위를 넘어선 차원을 가리킨다고 말한다.

신약성경 그리고 특히 아우구스티누스의 경우에는 이런 주장이 분명 옳다. 신약성경에서 **그릇된 방향으로 나아간 욕망**이나 **죄**를 가리키는 그리스어 단어들은 이런 그룹에 속하지 않는다. 바울은 보통 **죄들**(복수형)이라고 말하기보다 **죄**(단수형)라고 말한다. 공관복음은 **회개하라**는 요구로 시작한다(마 3:2; 막 1:4; metanoeō). 이는 돌이켜 바뀌어야 할 필요성을 제시한다는 점에서 죄라는 문제를 전제한다. 많은 설교자가 이 말이 그리스어에서 본디 '새롭게 바뀐 사고방식을 가지다'라는 의미라고 언급하는 점은 불행한 일이다. 신약성경에서는 이 말이 '돌아서다', '돌이키다', 혹은 '되돌아오다'를 뜻하는 히브리어 shûbh를 반영한다. 이는 새로운 방향 감각과 변화를 암시한다. 이를 통해 대중들이 생각하는 '행함이나 행하지 않음'이라는 관념을 넘어 더 차원이 높은 개념 체계를 제시한다. 세례 요한과 예수는 심판을 언급하는데, 이는 최소한 **책임**을 시사한다. 폴 리쾨르의 사상에서는 책임이 안정된 "자아"나 인격체를 구성할 때 핵심 요소가 된다.[66]

그릇된 방향으로 나아간 욕망을 가리키는 용어가 다양하다는 것은 이 욕

---

64 Pannenberg, *ST* 2: p. 239.
65 Pannenberg, *ST* 2: p. 239.
66 Paul Ricoeur, *Oneself as Another* (Chicago: University of Chicago Press, 1992), pp. 169-296.

망의 본질이 복잡함을 일러 준다. 이 다양한 용어 중에는 '범죄' 혹은 '규범에서 벗어남'을 가리키는 *parabasis*가 있다(롬 2:23; 4:15; 5:14; 갈 3:19; 히 2:2). 이 말의 의미에는 정도를 "넘어서는 것"도 포함될 수 있다.[67] 로마서 2:23에서는 이 말이 '하나님을 욕보임, 하나님을 영예롭게 해 드리지 못함'을 뜻한다. 이것이야말로 죄를 다룬 설명 가운데 모든 세대를 통틀어 교회 예배에서 자주 등장하는 설명들보다 훨씬 더 호소력 있는 설명일 것이다. 죄를 가리키는 또 다른 그리스어 단어는 *paraptōma*다(마 6:14-15; 막 11:25-26; 롬 4:25; 5:15-18, 20; 11:11-12; 고후 5:19; 갈 6:1; 엡 1:7; 2:1, 5; 골 2:13). *paraptōma*라는 단어는 "범죄, 비행, 죄", 특히 **하나님께 맞서는 죄**를 가리킨다.[68] 지혜서 10:1에서 이 말이 쓰이는데, 이와 마찬가지로 바울은 로마서 5:15, 17, 18에서 아담의 죄를 가리킬 때 이 말을 사용했다. 바울은 갈라디아서 6:1에서 "범죄한 일이 드러난…사람"에 관하여 썼다.

동사 *hamartanō*, 명사 *hamartēma*와 *hamartia*, 형용사 *hamartōlos*는 죄를 가리킬 때 가장 널리 쓰는 말이며 어쩌면 가장 빈번히 쓰는 말일 것이다(마 18:15, 21; 27:4; 눅 15:18, 21; 17:3-4; 요 5:14; 9:2-3; 행 25:8; 롬 2:12; 3:23; 5:12, 14, 16; 6:15; 고전 6:18; 7:28, 36; 8:12; 15:34; 히 3:17; 10:26; 벧전 2:20; 요일 1:10; 2:1; 3:6; 그리고 다른 구절들). 댕커는 이 동사를 "to commit a wrong"(잘못을 범하다), 이 명사를 "transgression"(범죄)과 "sin"(죄), 이 형용사를 "sinner"(죄인)로 번역한다.[69] 죄를 가리키는 또 다른 말에는 '속임, 사기, 잘못, 길에서 벗어나 방황함'을 뜻하는 *planē*(마 27:64; 살전 2:3; 살후 2:11), '하나님을 욕보임'이나 '경건치 않음'을 뜻하는 *asebeia*(롬 1:18; 유 18절), '의롭지 않음', '불의', 혹은 '악함'을 뜻하는 *adikia*(눅 13:27; 16:8-9; 롬 2:8; 6:13; 살후 2:10)가 있다. 이 말은 마카베오1서 3:6에서도 사용한다. 마태와 바울도 '무법'을 뜻하는 *anomia*를 사용한다(마

---

67 BDAG p. 758.
68 BDAG p. 770.
69 BDAG pp. 49-52.

23:28; 롬 6:19; 고후 6:14).[70] 이들은 일곱 내지 여덟 단어를 추가로 제시하며, 경우에 따라 가끔씩 등장하는 단어들을 더 제시할 수도 있겠다.

이렇게 성경에서 제시하는 단어들을 연구해 본 결과는 죄가 주로 하나님의 규범을 **따르지 않은 개인의 행위** 문제가 **아니라는** 견해를 확인해 준다. 죄는 그보다 근본적 차원으로 들어가 **하나님을 향한 태도**, 곧 **예배와 신뢰와 순종과 사귐이 아닌 다른** 것으로 하나님을 대하는 태도를 나타낸다. 판넨베르크는 이를 강조한다. 이런 상태는 무엇보다 **경건함이 없는**(godlessness) **상태**다. 이는 무엇보다, 오늘날 많은 이(꼬박꼬박 교회에 다니며 가르침을 받는 사람들 이외의 사람들)가 종종 주장하는 것과 달리 '아무에게도 해를 끼치지 않는 것'과 관련된 차원이 **아니다**. 그보다 중요한 측면은 **죄가 가져오는 파괴적 결과**다. 죄는 하나님의 형상을 손상시킨다. 이런 죄가 하나님의 속을 긁어 진노케 한다면, 그건 마치 자기 삶을 망치고 있어서 그들을 지켜보는 부모나 조부모의 속을 긁는 것과 같은 셈이다. 하지만 죄는 **한 가지 것**(one thing)이 아니다. 다음 장에서는 신학자들이 죄를 해석하는 20여 가지 방식을 비교해 보겠다. 대다수 학자는 해석학의 통찰들을 활용하여 죄라는 개념을 설명한다. 몇몇 학자만이 죄를 순전히 도덕의 관점에서 바라보는 것 같다.

5. 바울 서신에서 두드러지게 나타나는 죄와 타락의 보편성에 관한 이해

앞서 보았듯이, 바울은 개인의 죄뿐 아니라, **단체의 죄**, **공동체의 죄**, **구조적 죄**도 이야기한다. 와이틀리는 바울 서신에 들어 있는 세 본문을 바울이, 말하자면, 창세기의 타락 기사를 그 나름대로 각색한 버전이라고 부른다.[71] 바울은 로마서 1:18-32에서 유대인과 이방인이 똑같이 **보편성을 띤** 저주를 짊어지고 있다고 주장한다. 이 본문은 분명 회당의 표준 설교가 담고 있던 의미를 반영

---

70 BDAG, 각각 pp. 822, 141, 20, and 85.
71 Whiteley, *Theology of St. Paul*, pp. 50-53.

한다. 여기서 가장 중요한 점은 "하나님이 그들을 내버려 두셨다"(롬 1:24과 26)는 것이다. 슈텔린(Stählin) 및 다른 이들이 표현했듯이, 죄 자체가 죄의 **결과**다. 예를 들어, 죄가 눈멂이나 속박을 초래한다면, 이는 더 심오한 행동을 가로막는 제약들을 더해 준다. 로마서 2:1은 "그러므로 네가 누구든 핑계하지 못하리라"라는 말로 시작한다. 이방인은 그들이 저지르는 우상 숭배와 부도덕한 행위로 말미암아 정죄를 받을 수 있으며, 이는 솔로몬의 지혜서 13:8-9과 14:8-14을 쓴 이도 강조했다. 그러나 유대인은 더 이상 핑계하지 못한다. "네가 다른 이를 판단하면서 네 자신을 정죄하기" 때문이다. 던은 이렇게 설명한다. "우리는 십중팔구 이[솔로몬의 지혜서 13장] 뒤에 숨은 채, 하나님이 내리신 한 명령에 순종하길 거부함으로써(창 2:17) 자신이 하나님께 마땅히 이행해야 할 것을 일부러 거부한 인간 원형인 아담이라는 인물을 지켜봐야 할지도 모른다. 그러나 로마서 1:22에서는 그 메아리가 더 강해진다."[72]

와이틀리가 두 번째로 든 예에서는 로마서 5:12을 다루는데, 그는 이 구절을 "바울의 근본 가르침"이라 부른다. 한 사람으로 말미암아 죄가 세상에 들어왔고, "죽음이 죄를 통해 왔으며, 결국 모든 이가 죄를 범했기 때문에 죽음이 모든 이에게 퍼졌다." 아우구스티누스는 그리스어 *eph' hō*를 '때문에'로 번역하지 않고, 라틴어 역본인 불가타를 따라 '그 안에서'로 번역했다. 오늘날 학자들은 라틴어 역본이 그리스어 본문을 충실히 번역하지 않았다는 것을 사실상 아무 이의 없이 받아들인다. 더군다나, 던은 로마서 5:12-21에 나오는 '아담'을 십중팔구 **인류**를 가리키는 말로 이해한다. 그는 이렇게 설명한다. "바울이 아담을 역사 속에 실재한 이로 생각했는가는…그리 분명치 않다."[73] 던은 바울이 로마서 7:7-11에서 바룩2서 54:19과 아주 비슷한 말을 하며 이는 필시 '아담'을 모든 사람의 원형으로 사용한 것이라고 주장한다.

72　Dunn, *The Theology of Paul*, p. 91; 참고. James D. G. Dunn, *Romans*, 2 vols., WBC (Dallas: Word, 1988), 1: p. 60. 『로마서』(솔로몬).
73　Dunn, *The Theology of Paul*, p. 94.

바울이 익히 알았을 구약과 신약 중간기의 유대교 전통에서는 분명 '아담'이 후세에 대해 갖는 의미가 있음을 논했다. 에스라4서 7:118에서는 이렇게 탄식한다. "오, 아담, 대체 무슨 일을 한 것이오? 이는 죄를 지은 이가 바로 당신이기 때문이요, 당신 하나만 타락하지 않고 당신 자손인 우리도 타락했기 때문이오"(참고. 3:7-10). 하지만 바룩2서 54:18-19에서 우리는 이런 내용을 본다. "아담이 가장 먼저 죄를 저질러 모든 이에게 죽음을 가져다주었으나…우리 각자가 **우리 자신의** 아담이 되었다." 따라서 아담의 역할에는 어떤 불확실성과 모호성이 존재한다. 그럼에도 바울은 죄의 **기원**을 이야기하면서, "한 사람으로 말미암아 죄가 세상에 들어오고 죄로 말미암아 사망이 들어왔나니 이와 같이 모든 사람이 죄를 지었으므로 사망이 모든 사람에게 이르렀느니라"라고 말한다(롬 5:12). 바울은 이렇게 되풀이한다. "죄가 사망 안에서 왕 노릇 한 것 같이 은혜 또한 왕 노릇 하리라"(5:21).

와이틀리가 세 번째로 다루는 본문은 로마서 7:7-13이다. 이 본문에서는 잘못된 욕망 혹은 탐심을 **죄의 뿌리**라고 이야기하는데, 아우구스티누스도 이렇게 말하곤 했다. 모세묵시록 19:3에서는 "욕망(그리스어로 *epithymia*)이 모든 죄의 근원이다"라고 강조한다. 던은 이렇게 단언한다. "아담 이야기를 한 번 더 사용하여 인간의 일반 상태를 이야기하는 게 논란의 여지없이 분명해 보인다."[74] 이 본문에서는 "율법으로 말미암지 않고는 내가 죄를 알지 못하였으리라"(롬 7:7)라고 말한다. "율법은 거룩하다"(12절). 그러나 생명을 가져다줄 능력이 있지는 않다(13절). 이어지는 구절들—가령 "나는 내가 원하는 것을 행하지 않는다"(15절)—은 아마도 바울의 자전(自傳)으로 해석해서는 안 될 것이다. 이는 십중팔구 이스라엘 공동체의 체험을 언급한 말일 것이다.[75] 반면, 훌륭한

---

74 Dunn, *The Theology of Paul*, p. 99.
75 Cranfield, *Epistle to the Romans*, 1: pp. 354-361; N. T. Wright, *Paul and the Faithfulness of God*, 2: pp. 10, 16-21; Dunn, *The Theology of Paul*, pp. 472-477; 그리고 Joseph A. Fitzmyer, *Romans*, AB 33 [New York: Doubleday, 1992, 『앵커바이블 로마서』(기독교문서선교회)], pp. 472-479에서 제시하는 균형 잡힌 논의를 보라.

주해가들은 이 본문을 놓고 다른 견해들을 취한다.

하지만 바울 서신에서 인간의 타락과 죄의 보편성을 다루는 본문은 이 세 본문에 국한되지 않는다. 바울은 로마서 3:9에서 "유대인과 그리스인이 모두 죄의 힘 아래 있다"고 선언한다. 그는 또 이렇게 덧붙인다. "기록된 바 의인은 없나니 하나도 없으며"(3:10). 그는 로마서 5:10에서 하나님에게서 **멀어짐**을 이야기한다. "우리가 원수였을 때, 하나님과 화해하게 되었다." 복음서를 봐도 세례 요한과 예수가 회개를 요구할 때 죄의 보편성을 전제한다(마 3:2; 막 1:4, 15; 눅 3:7-9). 다른 서신에서도 그들 나름의 목소리를 더한다. "너희는 범죄와 죄[로] 죽었다"(엡 2:1). "우리가 죄 없다고 말하면 스스로 속이는 것이다"(요일 1:8).

성경에서 제시하는 단어, 특히 바울 및 다른 성경 저자들의 신학은 죄에 관하여 풍부하고 복잡한 개념들을 제공하며, 이 개념들은 오늘날 사용하는 많은 개념과 연속성을 가지면서 상이함도 갖고 있다. **죄는 '아무에게도 해를 끼치지 않는 것' 정도의 차원이 아니라, 자기를 파괴하면서까지 하나님과 관계를 끊음으로 말미암아 결국 하나님께 소외당한 것이다.** 이 원리는 일부 교회와 특히 대중의 생각과 관련이 있다. 하지만 우리는 역사신학에서 때로 다양하게 표명했던, 그릇된 방향으로 나아간 욕망, 소외, 죄 개념들의 강점과 약점을 비교해 볼 때까지는 전체 그림을 완성하지 못한다. 다음 장에서 제시하는 설명은 단순히 역사 사실을 제시하는 게 아니다. 제시할 설명은 부적절하거나 잘못된 견해를 향한 경고, 무엇보다 특히 해석학 탐구가 될 것이다. 많은 이가 성경에서 다루는 주제들을 더 훌륭하게 이해하거나 설명할 수 있는 지점을 찾아보고, 유익한 해석학적 가교들을 당대의 세계 내지 현대 세계에 제시할 수 있는 지점을 찾아보는 작업이 될 것이다.

7장

그릇된 방향으로 나아간 욕망과 소외:
역사 속 사상가들에 대한 해석학적 비교

9장에서 다시 언급하겠지만, 이번 장에서 우리 목적은 두 가지다. 첫째, 역사 속에 존재했던 사상가들을 비교해 보면, 해석자들이 '죄'를 얼마나 다르게 보았는지 드러날 것이다. 이들의 견해는 종종 성경의 통찰을 반영하기도 하나, 때로는 중요한 점을 과소평가하기도 한다. 둘째, 많은 사람이 이런 개념들에 관한 우리 이해를 촉진시켜 주거나, 그들 시대는 물론 현대 세계와 이어 줄 해석학적 가교를 제시하는 성경 내용의 여러 측면을 탐구한다. 이것은 단지 역사 보고에 그치지 않는다. 두 요인 모두 해석학과 관련이 있다. 이 해석학은 첫째로 더 깊은 이해, 둘째는 이해 가능성, 셋째로 오늘날 다른 이들과 더 원활한 소통을 나누는 일과 관련이 있다.

1. 니케아 이전의 교부들

1) **이레나이우스**(?130-?200). 어쩌면 그의 가장 두드러진 기여는 그릇된 방향으로 나아간 욕망, 이기심, 혹은 죄를 무엇보다 **인간의 성장과 성숙을 가로막는 방해물**로 본 점이었을지도 모르겠다. 이레나이우스는 동방 교회와 서방 교회 양쪽에 뿌리를 두었으며, 신약성경 기록이 완결된 지 얼마 되지 않은 때 집필 활동을 했다. 그는 특히 악과 죄를 물리적 몸 및 물리적 세계와 결합하

곧 했던 영지주의를 비판했다. 이 영지주의의 견해는 성경의 가르침을 철저히 바꿔 놓았다.

아담, 그리고 인간의 '타락'에 관한 이레나이우스의 가르침은 여전히 논쟁거리이며, 어떤 점은 심지어 의문이 들기도 한다. 그는 '아담'을 **성숙하지 않은 어린이 같은** 이라고 여겼다. "인간은 작고, 그저 어린이에 불과하다. 이 어린이는 자라서 완전한 성숙에 이르러야 했다.…인간의 정신은 아직 완전히 무르익지 않았기에, 속이는 자가 꾀어 그릇된 길로 빠뜨리기 쉬웠다." 그는 아담을 아담과 대조되는 인물인 그리스도와 비교하며 더 견실한 근거를 제시했다. 그는 그리스도가 그의 자람과 성숙을 통해 "진실로 [하나님의] 형상을 제시했다"고 썼다.[2] 그리스도는 하나님을 가장 충실하게 나타내신다. 히브리서 5:8에서 말하듯이, 그리스도는 "받으신 고난으로 순종함을 배우셨다." 그런가 하면, 이레나이우스도 애초에 아담은 틀림없이 하나님을 거의 몰랐으리라고 암시했다.

존 힉은 『악과 사랑의 하나님』에서 이레나이우스의 이런 측면을 인용한다. 힉은 악에 맞서 싸움으로써 인격을 성숙시킬 수 있다고 주장한다. 하나님이 우리에게 부여하신 목표에 이르려면 이렇게 악에 맞서 싸우는 것이 필요하다. 많은 교부와 현대 사상가가 그러하듯이, 이런 주장도 성경 본문의 핵심에 이르지 못하긴 했지만 죄의 중요한 부차적 특징을 보여 준다. 죄는 **하나님의 완전한 목적이 우리 안에서 열매를 맺지** 못하게 방해한다. 본회퍼 및 다른 이들이 우리에게 경고하듯이, **심지어 그리스도인이 하는 행위도 어린아이 같은 흔적을 보여 줄 수 있다.** 가령 다른 사람에게 지독할 정도로 심하게 의존하는 것이 그런 예인데, 이런 것만으로도 죄가 된다.

2) **테르툴리아누스**(?150-?225). 이 교부는 그와 같은 길을 간 많은 이와 행

---

1 Irenaeus, *Demonstration of the Apostolic Teaching* 12, in M. Froidevaux, ed., Sources chrétiennes 62 (Paris: Cerf, 1965), p. 52; 아울러 pp. 13-14, 그리고 *Against Heresies* 4,64,1을 참고하라.

2 Irenaeus, *Against Heresies* 5,16,2; 참고. 3,32,1.

보를 달리했다. 테르툴리아누스의 문제는 자기모순이었다. 그는 철학에서 어떤 중대한 영향을 받는다는 생각을 공격했지만, 정작 그의 인간론과 죄에 관한 견해를 지배한 것은 그가 스토아학파에게서 빌려 온 '영혼'관이었기 때문이다. 그는 이렇게 주장했다. "존재하는 모든 것은 몸을 지닌 실존이다.…몸으로 실존하지 않는 것은 아무것도 없다.…영혼도 눈에 보이지 않는 몸이 있다."³ 그의 주장을 그대로 옮겨 보면, 그는 예수 그리스도가 인성을 가지신다는 점은 그리스도가 몸으로 실존하신다는 점을 수반한다고 주장하려 한다. 그러나 그는 이에서 더 나아간다. 그는 **죄를 더러운 얼룩**으로 여긴다. 이는 아담에게서 전해지고, 부모에게서 자식으로 전해진다. 그는 이를 근거로 "죄라는 얼룩은 **유전된다**"는 이론을 정립했으며, 이는 당연히 아우구스티누스가 생각했던 원죄 개념에 기초를 제공했다.⁴ 신학에서는 이 물리적 전달 이론이 전문 용어로 영혼유전설(*Traducianism*)이라 알려져 있다.

얼핏 보면, 이것이 죄에 관한 성경의 설명에 어떤 유익한 도움을 주는지 알기 어려울 수도 있다. 성경을 기록한 이들은 죄와 몸 사이에 어떤 연관이 있음을 받아들이지 않는다. 그러나 더 깊이 고찰해 보면, 성경의 많은 본문과 기록자가 **한 몸**(corporate)을 강조한다는 점에서 **유전이라는** 차원이 하찮은 문제가 아님을 알게 된다. 하지만 성경을 살펴보면, 이런 한 몸이라는 것이 꼭 '물리적' 측면만을 가리키지는 않으며, 분명 **환경** 측면도 포함한다. 예를 들어, 우리는 이런 본문을 인용해 볼 수 있다. "부모의 악으로 말미암아 자녀들을 벌하되, 나를 거부하는 자들의 삼사 대까지 이르게 하느니라"(출 20:5). 우리가 집안의 불신앙이나 약물 중독 혹은 부도덕을 생각해 봐도, 이런 문제가 자주 자녀들에게 전해지는 비극이 일어난다. **죄는 단순히 개인의 일이 아니다.**

개인의 죄라 하는 것도 사실은 집안과 사회 환경에 영향을 미칠 수 있다. 테

---

3   Tertullian, *On the Flesh of Christ* 11; *ANF* 3: p. 531.
4   참고. Reginald S. Moxon, *The Doctrine of Sin* (London: Allen and Unwin, 1922), pp. 41-43; Norman P. Williams, *The Ideas of the Fall and of Original Sin* (London: Longmans, Green, 1929), pp. 233-245.

르툴리아누스는 영혼 유전과 죄 유전의 유사성을 깔끔하게 표현한 문구를 제시했다. "영혼이 유전되듯, 죄도 유전된다"(Tradux animae, tradux peccati).[5] 윌리엄스는 "'영혼유전설', '씨의 동일성', '원죄'는 명백히 필요한 일련의 개념들을 이룬다"고 주장한다.[6] 반면, 죄를 **얼룩**으로 보는 생각은 성경에 근거가 없으며, 오늘날 사람들을 잘못된 쪽으로 이끌 수 있다.

3) **오리게네스**(?185-?254)와 **클레멘스**(?150-?215). 오리게네스는 인간 의지의 자유를 강조했다. 그는 창세기에 있는 '아담' 기사를 문자 그대로 해석하거나 역사로 해석하지 않고 알레고리로 해석했다.[7] 그는 "이성을 지닌 모든 피조물은 칭찬을 받을 수도 있고 책망을 받을 수도 있다"고 썼다.[8] 오리게네스 자신이 영지주의에서 말하는 결정론 개념에 끈덕지게 반대한 것도 그가 이렇게 말한 이유 중 하나다. 클레멘스도 소크라테스처럼 죄를 무엇보다 무지와 비합리성의 문제로 보았다. 그는 아담의 경우에서도 **무지와 약함**이 죄를 짓게 했다고 썼다.[9] **배우기를 거부한 것이 죄의 원인이다.**[10] 오늘날에도 분명 배우기를 거부하는 것은 죄로 곧잘 **이어진다.** 윌리엄스는 클레멘스와 오리게네스의 두 접근법이 "현격히 다르며", 아담과 타락이라는 문제에서는 특히 그러하다고 말한다.[11] 어쩌면 오리게네스가 인간 경험의 다양성을 더 흔쾌히 인정했을지도 모른다.[12]

이 때문에 오리게네스는 '타락' 자체가 **시간이 존재하고 창조가 있기 전에** 일어났다고 주장했다. 타락으로 말미암아 나타난 삶의 **여러 불평등**은 죄가 **이전의** 실존 속에, 혹은 앞서 존재한 생명 속에 존재했음을 암시한다. 사실 오리

---

5   참고. Tertullian, *On the Soul* 36.
6   Williams, *Ideas of the Fall*, p. 237.
7   Origen, *De principiis* 4.1.16; *ANF* 4: p. 365.
8   Origen, *De principiis* 1.5.2; *ANF* 4: p. 256.
9   Clement, *Stromata* 2.14.
10 Clement, *Stromata* 7.16; *ANF* 2: p. 553.
11 Williams, *Ideas of the Fall*, p. 208.
12 Origen, *De principiis* 2.9.

게네스는 '영혼의 재생'(reincarnation)을 깊이 생각했던 유일한 교부로 보이는데, 그가 이를 생각한 이유는 정의로운 창조주가 이런 불평등을 야기한 책임을 면하게 하기 위해서였다. 그는 죄가 본디 **도덕 차원의 문제**라고 보았다. 그는 실제로 '원죄'를 태어나기 전의 비행(非行)이라는 말로 바꿔 쓴다. 그러면서도 유아세례를 원죄에서 구원받는 것과 결합한다. 그는 이렇게 썼다. "유아에게 용서를 받아야 할 것이 전혀 없다면…세례라는 은혜는 필요하지 않을 것이다."[13] 그는 창세기 3장과 시편 51:5 같은 성경 본문을 근거로 원용했다.

> 내가 죄악 중에서 출생하였음이여,
> 어머니가 죄 중에서 나를 잉태하였나이다

그러나 다음 절에서 언급하겠지만, 악의 기원을 해석하는 **다른** 방법들이 있다.

2. 니케아 이후의 교부들

1) **아타나시오스**(?296-373). 이 교부는 이레나이우스가 아담을 '타락' 이전의 어린이처럼 묘사한 것을 분명하게 거부했다. 요컨대, 아담은 **계속하여 하나님과 사귐을 나누고 교제를 가졌으며**, 하나님의 형상을 갖고 있었다.[14] 아타나시오스는 나중에 나온 교리인 '원의'(original righteousness) 교리를 거의 가르친 셈이지만, 이 교리를 완전하게 천명하지는 않는다. 죄와 타락은 **부패나 분열**(그리스어로 *phthora*)을 가져온다.[15] 로스키의 견해를 미리 보여 주기라도 하듯이, 아타나시오스는 타락과 죄의 결과를 **자연으로 돌아가는 것**, 그리고 은혜에

---

13 Origen, *Against Celsus* 7.50; ANF 4: p. 631; 참고. Tatha Wiley, *Original Sin* (New York: Paulist, 2002), p. 46.
14 Athanasius, *Against the Heathen* 2; NPNF, ser. 2, 4: pp. 4-5.
15 Athanasius, *Against the Heathen* 3-5; NPNF, ser. 2, 4: pp. 5-6; 그리고 *Against the Arians* 2,49-50; NPNF, ser. 2, 4: p. 375.

서 떨어져 나가는 것으로 보았다. 죄는 본질상 **자신을 하나님의 자리에 놓는 것**이요, 부패의 길을 택하는 것이다.¹⁶ 『하나님 말씀의 성육신에 관하여』(*The Incarnation of the Word*)를 보면, 타락에서 회복되는 것이 **완전히** 그리스도의 사역과 연관되어 있다는 것이 글의 맥락이다. 아타나시오스는 죄를 '악함', '부패', 사회악을 아우르는 **집합** 현상으로 본다. 그는 지혜서 2:23-24과 로마서 1:26-27을 인용한다. 죄는 "하나님이 창조하신 작품을 엄청나게 파괴했다."¹⁷ 무엇보다 죄는 **하나님과 나누는 사귐을 깨뜨리는** 일이요, 인간 속에 존재하는 **하나님의 형상을 부패케 하는** 일이다. 오늘날 기독교의 가르침에서는 죄가 자신을 하나님의 자리에 놓는 일이며 우리와 하나님의 관계를 손상시키거나 파괴하는 일임을 강조함으로써 분명 많은 것을 얻을 수 있을 것이다.

둘째, 아타나시오스도 죄의 도덕적 차원을 인정했다. 그러나 그 차원은 무엇보다 개인이 **하나님과 그분의 선하심을 모욕**하는 것이었다. 이런 차원 때문에 오늘날 대다수 사람은 자신과 성경의 전통을 **대중이 생각하는** '내 이웃에 해를 입히지 않음'이라는 개념에서 떼어 놓는다. 죄와 그릇된 방향으로 나아간 욕망은 단순히 윤리와 도덕 차원의 문제가 아니다. 이 **'경건치 않음'** (godlessness)이라는 측면은 오늘날 원래 상태로 회복되어야 한다.

2) **암브로시우스**(?339-397). 암브로시우스는 서방 교회 혹은 라틴 교회에서 아우구스티누스에 이르는 중요한 디딤돌을 놓았다. 무엇보다 그는 인간의 죄를 **"행동이라기보다 상태"**로 여겼다.¹⁸ 아타나시오스처럼 암브로시우스도 죄가 인간이 하나님의 형상을 잃어버린 것, 혹은 적어도 이 형상의 부패를 의미한다고 강조했다.

---

16   Athanasius, *The Incarnation of the Word* 1.3-5; *NPNF*, ser.2, 4; p. 38; 그리고 *St. Athanasius on the Incarnation* (London: Mowbray, 1953), pp. 29-30; 그리고 Edward R. Hardy, ed., *Christology of the Later Fathers: On the Incarnation of the Word*, LCC (Philadelphia: Westminster, 1964), pp. 58-60. 『후기 교부들의 기독론』(두란노아카데미).
17   Athanasius, *The Incarnation of the Word* 6.
18   Moxon, *The Doctrine of Sin*, p. 44. 티슬턴 강조.

암브로시우스는 아담의 타락이 **인류 전체와 관련된**(corporate) 본질을 갖고 있음을 강조한 것으로 가장 잘 알려져 있다. 그는 로마서 5:12을 논하면서, "[우리가 태어나기 전에] 아담이 먼저 존재했으나, [그럼에도] 우리가 모두 아담 안에 존재했다. 아담이 멸망함으로 모든 이가 그 안에서 멸망했다"라고 주장했다.[19] 그는 오늘날에는 이해하기 어려워진 생각, 곧 아담 후대의 인간이 아담의 죄에 참여했다는 생각을 제시했다. 하지만 아담이 하나님과 나누는 사귐을 깨고 반역한 일이 **아담 후대로 대대손손** 이어진 죄를 규정하며 이에 따른 결과가 '낙원' 상실이자 하나님에게서 소외되는 것임은 많은 이가 더 쉬이 안다.

남아 있는 '얼룩'이라는 것을 고려할 때, 암브로시우스는 라틴 교회 안에서 테르툴리아누스와 아우구스티누스를 이어 주는 연결 고리를 형성하는 것 같다. 그는 라틴 교부 가운데 아담의 '원의' 혹은 완전함을 분명하게 가르친 첫 인물이다.[20] 그는 낙원에 있었던 아담을 "천상의 존재", "천사 같은 이"이자 "하나님과 얼굴과 얼굴을 마주하여 말하는 데 익숙했던 이"라고 부른다. 이와 달리, 현시대를 사는 "우리 인간은 모두 죄 아래서 났으며, 우리의 기원은 바로 악이다."[21] 그렇지만 오직 암브로시우스만이 바울이 그리스도와 관련하여 쓴 '전환' 언어를 사용했다. 그는 로마서 5:19을 인용했다. "한 사람이 순종하지 아니함으로 많은 사람이 죄인 된 것 같이 한 사람이 순종하심으로 많은 사람이 의인이 되리라."[22] 그는 "단 한 사람의 죄로 말미암아…모든 이에게 똑같이 죽음이 임했다"고 말했다.[23] 타락으로 말미암아 자유의지가 약해졌으며, 타락의 결과는 시대를 따라 앞으로 나아갔다.

---

19 Ambrose, *On Original Sin* 41, 그리고 *On the Belief in the Resurrection* 2.1.6 (*NPNF*, ser. 2,10: pp. 174-175).
20 Williams, *Ideas of the Fall*, p. 300.
21 Ambrose, *Concerning Repentance* 1.3.13; *NPNF*, ser. 2, 10: p. 331.
22 Ambrose, *On the Christian Faith* 5.8.109; *NPNF*, ser. 2, 10: p. 298.
23 Ambrose, *On the Belief in the Resurrection* 2.6; *NPNF*, ser. 2, 10: p. 175.

3) **히포의 아우구스티누스**(354-430). 아우구스티누스는 인간이 타락하면서 선과 악 사이에서 선택할 수 있는 균형을 잃어버렸다고 믿었다. 그는 『고백록』에서 이렇게 단언했다. "원수가 나를 사로잡았고, 그때부터 그것이 내게 사슬이 되어 나를 묶어 버렸다."[24] 하지만 우리는 그도 바울처럼 그리스도의 인격과 사역 그리고 은혜와 구속의 본질에 가장 큰 관심을 기울였음을 강조할 수밖에 없다.

이 부분에서는 주로 타락 그 자체보다 죄를 바라보는 역사적이고 해석학적인 견해를 다루지만, 아우구스티누스의 경우에는 이 둘을 분리할 수 없다. 그는 바울이 로마서 7:18-20에서 하는 말에 크게 의존했다. "내 속 곧 내 육신에 선한 것이 거하지 아니하는 줄을 아노니…옳은 일을 원할 수는 있으나 행하지는 못하는도다. 내가 원하는 바 선은 행하지 아니하고 도리어 원하지 아니하는 바 악을 행하는도다.…이를 행하는 자는 내가 아니요 내 속에 거하는 죄니라."[25] 이것이 곧 아우구스티누스가 "아담 안에서 모든 사람이 죽게"(고전 15:22) 한 "**원죄의 사슬**"과 "내가 나 자신과 다른 이들을 거슬러 행한 모든 악" 곧 나라는 개인이 지은 죄를 구분했음을 부인하는 것은 아니다.[26] 헨리 채드윅(Henry Chadwick)은 이것이 필시 '원죄'를 맨 처음 언급한 말(398년경)일 것이라고 우리에게 말한다.[27] 하지만 아우구스티누스는 이렇게 인정한다. "내 스승은 키프리아누스다.…내 스승은 암브로시우스다. 나는 그가 쓴 책들을 읽었고 그 자신이 한 말을 직접 들었다."[28]

암브로시우스와 아우구스티누스는 라틴어 역본 불가타에서 로마서 5:12의 그리스어 *eph' hō pantes hēmarton*을 잘못 번역해 놓은 바람에 잘못된 견해

---

24 Augustine, *Confessions* 8.10.11.
25 Augustine, *On Free Will* 3.51; 참고. Wiley, *Original Sin*, p. 57.
26 Augustine, *Confessions* 5.9.16.
27 Augustine, *Confessions: A New Translation by Henry Chadwick* (Oxford: OUP, 1992), p. 82 n. 13.
28 Eugene TeSelle, *Augustine the Theologian* (New York: Herder, 1970), p. 265에서 인용.

를 갖게 되었다. 이 부분은 NRSV처럼 "모든 사람이 죄를 범했으므로"로 번역해야 한다. 불가타 본문의 라틴어는 in quo인데, 이 때문에 "그 안에서 모든 이가 죄를 범했다"라는 말이 되어 버렸다. 아우구스티누스는 『펠라기우스파의 두 서신 논박』(Against Two Lettters of the Pelagians)에서 이 구절 주해를 논했다.[29] 크랜필드는 이 복잡한 본문과 관련하여 여섯 가지 가능한 해석을 제시한다.[30] 암브로시우스와 암브로시우스를 따르는 이들처럼, 아우구스티누스도 이 구절은 모든 인간이 아담 안에 포함되어 있음을 암시한다고 보았다. 하지만 바울은 필시 아담으로 말미암아 죄가 세상에 들어왔다고 강조한다. 그런가 하면, 바울은 **사람이 한 몸처럼 연대하여** 그리스도 안에서 **은혜를 누린다**는 것도 강조한다. 유추해 보건대, 이런 은혜의 연대성은 죄의 연대성을 상쇄하고도 남는다. 확실히 아우구스티누스는 **죄를 인간 전체의 문제이자 개인의 문제로 본다.**

아우구스티누스에게 영향을 미친 이는 키프리아누스와 암브로시우스만이 아니다. 아우구스티누스의 많은 저작은 그가 펠라기우스, 아울러 도나투스파에 반대하는 데 깊은 관심을 기울였음을 보여 준다. 당시 도나투스파는 북아프리카에서 사실상 다수를 차지하고 있었다. 기독교가 박해를 받을 때 신앙에서 떨어져 나간 이들은 자주 그들의 실족을 후회하게 되었으며, 교회로 되돌아갈 길을 모색하게 되었다. 도나투스파는 이런 회복에 반대하면서, '순수한' 교회를 주장했다. 아우구스티누스는 인간 본성을 이렇게 '완벽주의자'의 관점에서 설명하는 것은 그것이 심지어 구속받은 인간 본성을 설명하는 경우라도 성경에 적힌 말씀에 어긋난다고 보았다. 그가 죄에 관하여 주장한 교리에서도 모든 인간은 그가 그리스도인인지 아닌지 여부와 상관없이 잘못을 저지를 수 있으며 죄를 짓는 경향을 갖고 있다고 강조했다. 그는 교회도 '잘못을

29　Augustine, *Against Two Letters of the Pelagians* 4.4.7; *NPNF*, ser. 1, 5: p. 419.
30　C. E. B. Cranfield, *The Epistle to the Romans*, 2 vols., ICC (Edinburgh: T. & T. Clark, 1975, 1979), 1: pp. 274-281.

저지를 수 있음'을 믿었다. 이처럼 그가 죄라는 실재와 아담의 타락을 강조한 것은 그가 도나투스파에 맞서 싸움을 벌일 때(406년경) 활용한 자원 목록 중 일부가 되었다. 오늘날 사람들은 아우구스티누스와 칼뱅의 경우처럼 죄의 처절한 심각성을 폭로하는 것이 목회에 유익한 측면이 있음을 종종 잊어버린다. 그런 폭로가 유익한 것은, 종종 그리스도인들이 품는 헛된 기대와 그리스도인들이 실패할 때 느끼는 환멸을 방지해 주기 때문이다.

아우구스티누스 역시 인간의 자유의지를 강조하는 펠라기우스의 견해가 예수 그리스도 안에서 나타난 **은혜**와 구속의 근본 본질을 뿌리부터 침해하리라고 굳게 믿었다. 그는 요한일서 1:8, "만일 우리가 죄가 없다고 말하면 스스로 속이고 또 진리가 우리 속에 있지 아니할 것이요" 같은 본문들을 깊이 우려했다. 키프리아누스처럼 그도 인간이 죄가 없기는 불가능하기 때문에 유아세례가 필요하다고 주장했다. 아우구스티누스는 브리타니아 수도사인 펠라기우스의 경건과 도덕성을 칭송하면서도 415년경부터 펠라기우스가 세상을 떠난 420년까지 자신이 보기에 펠라기우스가 은혜의 역사를 훼손한 것들을 비판했다. 아우구스티누스는 하나님이 모든 일을 하셨다고, 또한 그리스도가 모든 일을 하셨다고 보았다. 펠라기우스는 실제로 도덕적 악과 사회악도 원칙상 **훈육과 인간의 노력**으로 바로잡을 수 있다고 보았다. 아우구스티누스는 그**리스도와 하나님의 은혜**만이 이런 악을 바로잡을 수 있다고 여겼다. 아우구스티누스는 율법은 무능하여 인간을 구하지 못한다는 것이 바로 바울의 주장이라고 강조했다.

펠라기우스 자신은 죄의 '유전'을 인정하는 어떤 견해도 거부했다. 죄는 다만 자유로운 선택으로 아담의 예를 따르는 바람에 생긴 결과였다. 그는 인간에게 선을 행할 능력이 없다는 아우구스티누스의 생각을 거부했다. 펠라기우스와 반대로, 아우구스티누스는 무지, 정욕(concupiscence), 약함, 고난, **하나님께 관심 없음, 죽음의 불가피성**이 보편성을 가진다고 지적했다. 예수 그리스도와 성령이 행하신 역사는 그야말로 값없이 주어진 하나님의 은혜를 통해 인간이 홀로 극복할 수 없었던 것들을 극복할 수 있었다.

앞으로 언급하겠지만, 판넨베르크는 아우구스티누스가 인간과 죄를 논한 신학을 좋게 평가한다. 그러나 사변성이 더 강한 세 요소에는 여전히 의문의 여지가 있다. 첫째, 아우구스티누스는 **유아세례**를 인간의 타락과 연계하며, 종종 '얼룩'을 제거한다는 주장과 연계하기도 한다. **사회적 오염이나 영향**을 더 중립적 의미로 사용한다면, 이런 표현을 더 쉬이 받아들일 수 있을지도 모른다. 유전과 환경이라는 말도 이런 의미를 전달할 수 있다. 그러나 이 용어는 테르툴리아누스, 키프리아누스, 암브로시우스가 분명히 사용했던 의미의 **물리적 오염**을 상당히 자주 암시한다. 어떤 이들은 이들의 견해를 주로 유전 혹은 생물학과 관련된 견해로 여기곤 한다. 많은 이는 이 견해를 사변에 더 치우친 견해로, 유전으로 전해진 죄의 **물리적** 양식과 더 관련 있는 견해로 본다.

둘째, 아우구스티누스는 분명 아담의 '원의'를 가르친다. '아담'은 본디 하나님과 친밀했기 때문에 아우구스티누스의 이런 견해가 지지를 받을 수도 있다. 그러나 현대의 많은 신학자는 '원의'가 있었다고 추측하려 하지 않는다. 아우구스티누스는 아담이 하나님과 사귐을 나눌 때는 죄를 짓지 않을 능력을 (*posse non peccare*) 갖고 있었다고 주장한다.[31] 아담은 "선한 의지"를 갖고 있었으며, 하나님은 "그를 올곧게 만들어 주셨다.…아담에게는 선을 받아들이는 은혜가 필요하지 않았다. 그는 아직 그것을 잃어버리지 않았기 때문이다. 그러나 그에겐 그것을 계속 유지할 은혜가 필요했다."[32] 이런 주장은 아담이 타락한 뒤에 그 결과로 고통, 죽음, 약함, 무지, 불순종을 겪게 된 사실과 어긋난다. 아담은 이런 형벌들을 자기 자손에게 전해 주었다. 우리도 물리적 차원에서 '아담 안에' 있었기(라틴어로 *in lumbis Adam fuimus*) 때문이다. 윌리엄스는 이렇게 말한다. "아우구스티누스의 믿음은…(낙원에 있던 상태를) '원의'의 최고점

---

31 Augustine, *On Rebuke and Grace* 12.33; *NPNF*, ser. 1, 5: p. 484.
32 Augustine, *On Rebuke and Grace* 11.32; *NPNF*, ser. 1, 5: pp. 484-485.

으로 드높이려는 경향의 정점을 보여 준다."³³ 이 주제는 논란거리지만, 창세기 내러티브가 원의를 분명하게 이야기하지는 않아도 암시한다고 여기는 이들이 많다. 요컨대, '아담'은 타락하기 전에는 하나님과 아무 거리낄 것이 없는 사귐을 나누었다. N. P. 윌리엄스는 이런 생각을 비판하지만, 찰스 하지는 '원의'를 변호한다.³⁴

아우구스티누스의 주장에서 여전히 의문이 남는 세 번째 요소이자 가장 심각한 의문이 드는 요소는 그가 죄를 **성**행위와 연계한 점이다. 그는 꾸준히 '정욕'을 이야기한다. 그는 저주스러운 욕정(lust)이 본성적 선(善)인 혼인을 훼손하지 않는다고 분명하게 이야기한다.³⁵ 혼인은 죄가 아니다.³⁶ 그러나 욕정은 인간이 타락한 뒤에 주어진 "사망의 몸"(롬 7:24)의 일부분이다.³⁷ 슬픈 일이지만, 아우구스티누스는 그리스도인들이 죄와 부도덕한 성생활에 자주 집착한다는 그릇된 생각이 오랜 세월 동안 널리 퍼지게 된 것에 책임을 져야 한다. 반면, 어떤 이들은 이에 대응하는 반작용이라 할 수 있는 것이 오늘날에는 너무 멀리 가 버린 것이 아닌지 의아해할지도 모르겠다.

앞으로 보겠지만, 현대의 많은 학자는 원죄와 죄의 보편성이라는 **개념**을 받아들이면서도, 이 **용어**가 잘못된 관념을 연상하게 할 수 있다는 이유로 이 용어를 바꾸려 한다. 칼 라너는 한 예를 제시한다. 심지어 아우구스티누스가 주장한 사상을 대부분 비판하면서 펠라기우스에 공감하는 N. P. 윌리엄스조차도 원죄와 타락에 관하여 무언가 설명을 제시해야 한다는 점만은 인정한다. 그렇다 해도 "의지의 연약함"을 인간의 보편적 경험으로 보는 주장 같은 것을 흔쾌히 받아들이기는 어렵다.³⁸

---

33 Williams, *Ideas of the Fall*, p. 360.
34 Charles Hodge, *Systematic Theology*, 3 vols. (New York: Scribner, 1871), 2: pp. 99-102.
35 Augustine, *On Marriage and Concupiscence* 1.5.6. 『아우구스티누스의 결혼론』(야훼의말씀).
36 Augustine, *On Marriage and Concupiscence* 1.16.18.
37 Augustine, *On Marriage and Concupiscence* 1.21.35.
38 Williams, *Ideas of the Fall*, p. 460; 참고. pp. 395-486; Moxon, *The Doctrine of Sin*, pp. 78-108; 그리고 Wiley, *Original Sin*, pp. 56-75.

로마 교황 레오 1세(Leo I, -461)와 그레고리오 1세(Gregorius I, ?540-604)도 죄의 **본질과 보편성**에 관한 아우구스티누스의 견해를 사실상 인정했다. 중세 시대에 재로우의 베다(Bede of Jarrow)와 요크의 앨퀸(Alquin of York) 역시 아우구스티누스의 그런 견해를 인정했다. 예정을 아주 확고하게 강조한 아우구스티누스의 견해를 견지한 극소수 인물 중 하나가 베네딕도수도회 수도사였고 아우구스티누스를 열렬히 추종했던 고트샬크(Gottschalk, ?804-?869)였다. 그는 '이중 예정' 교리를 앞서 주창하기까지 했다. 하지만 스코투스 에리우게나(Scotus Erigena, ?815-?877) 및 다른 몇몇 사람은 고트샬크의 견해에 반대했다.

3. 중세와 종교개혁 시대

1) **안셀무스**(?1033-1109). 중세에 두드러진 두 신학 지성은 안셀무스와 아퀴나스다. 안셀무스는 인간의 죄를 하나님을 향한 우리의 태도와 꼼꼼하고 올바르게 연관 지었다. 그는 『하나님은 왜 인간이 되셨는가?』(*Why God Became Man*)에 이렇게 썼다. "**죄란 하나님께 마땅히 드려야 할 것을 드리지 않는 것과 같은 것이다.**"[39] 그는 이렇게 덧붙였다. "죄를 지은 이는 누구나 자신이 하나님에게서 빼앗은 영예를 하나님께 되갚아 드려야 한다. 이것이 곧 모든 죄인이 하나님께 이행해야 하는 배상이다."[40] 안셀무스의 천재성은 죄와 구속, 그리고 그리스도의 인격과 사역이 떼려야 뗄 수 없는 관계에 있음을 보여 준 것이었다.[41] 그는 뒤이어 **하나님이신 그리스도만이** 인간의 죄라는 **무한한** 빚을 갚으실 수 있고, **인간이신 그리스도만이 인류를 대신하여** 그 빚을 갚으실 수 있음을 보

---

[39] Anselm, *Why God Became Man* 1.11, in *A Scholastic Miscellany: Anselm to Ockham*, ed. Eugene R. Fairweather, LCC (London: SCM; Philadelphia: Westminster, 1956), p. 119. 티슬턴 강조. 『인간이 되신 하나님』(한들).
[40] Anselm, *Why God Became Man* 1.11.
[41] Anselm, *Why God Became Man* 1.5; 1.9; 그리고 25; 아울러 2.67을 보라.

여 주었다. 하나님을 향한 죄를 마치 악처럼, 단지 어떤 **부정적** 결핍에 불과하다고 여겨 단순한 "불의"와 동일시할 수는 없다.[42]

안셀무스는 별도로 원죄를 다룬 논증을 포함시켰다. 인간은 아담이 지은 죄 때문에 '벌을 받지는' 않아도 된다. 그건 마치 "아담 자신이 죄를 지었듯이 인간 자신이 직접 죄를 범했다"는 말이기 때문이다. 그러나 이렇게 되면 훨씬 더 심각한 문제가 생긴다. "아담으로부터 모세까지 사망이 왕 노릇했기"(롬 5:14) 때문이다.[43] 원죄는 "모든 이에게 동일하며", 어쨌든 "유아에게 전해진다."[44] 안셀무스는 "자유"를 "죄를 짓거나 짓지 않을 능력"으로 보는 관념을 철저히 거부했다. 죄는 보편성을 지니며, 이는 필연성을 암시한다. **인간은 죄의 종이 되었다**. 그러나 이것도 인간 자신의 결정에 따른 결과다. 안셀무스는 분명 달리 말하긴 하지만 그래도 **죄의 심각성**과 **죄가 속박임**을 강조한다는 점에서 사실상 아우구스티누스 및 루터와 의견을 같이한다. 거듭 말하지만 오늘날에도 죄를 하나님께 마땅히 드려야 할 것을 드리지 않는 것으로 보는 관념이 '다른 사람에게 해를 끼치지 않는 것'으로 보는 어떤 막연한 도덕주의보다 훨씬 건전하고 성경에 합당하다. 이 점은 8장에서 속죄를 논할 때 더 자세히 살펴보겠다.

2) **토마스 아퀴나스**(1225-1274). 아퀴나스는 『신학대전』 II/I부 71-80문에서 죄를, II/I부 81-84문에서 원죄를, II/I부 85-89문에서 죄의 결과를 고찰했다. 아퀴나스는 키케로를 따라 죄는 "평생 자아 자체와 불화하고 일치하지 않는 **자아의 습관 내지 성정이다**"라고 주장한다.[45] 죄는 **자아 내부**에서 벌어지는 투쟁 그리고 **약함**을 동반한다. 죄에는 "행위를 하지 않는…부작위죄"도 들어갈 수 있다.[46] 칸트의 주장을 미리 일러 주기라도 하듯, 그는 죄의 원인을 인간의

---

42 Anselm, *The Virgin Conception and Original Sin* 5.
43 Anselm, *The Virgin Conception and Original Sin* 22.
44 Anselm, *The Virgin Conception and Original Sin* 23 and 27.
45 Aquinas, *Summa* II/I, qu. 71, art. 1, 답. 티슬턴 강조.
46 Aquinas, *Summa* II/I, qu. 71, art. 5, 답.

의지 속에서 찾는다.[47]

토마스는 『신학대전』 II/I부 81문에서 죄를 인간 **본성 전체**와 관련된 것으로 여긴다. 그는 로마서 5:12을 검토하고 이렇게 주장한다. "첫 인간의 죄가 혈통을 통해 그 자손들에게 전해졌다."[48] 그는 암브로시우스와 아우구스티누스에게서 인간 본성이 "이 본성을 오염시킨 얼룩"을 갖고 있다는 생각을 가져온다.[49] 아울러 그는 "원죄는 무지라기보다 정욕이라 불린다"는 아우구스티누스의 견해도 인용한다.[50]

아퀴나스는 85문부터 **죄의 결과**를 제시한다. 이 결과에는 죽음, 행복 상실, 부패가 포함된다.[51] 그는 **죄가 죄에 따른 벌일 수도 있다**는 것이야말로 무엇보다 심각한 죄의 결과라고 주장한다. 예를 들어 그는, 로마서 1:24에서도 "하나님이 그들을 마음의 정욕대로 내버려 두사"라고 말하듯이 "한 죄가 다른 죄의 원인일 수 있다"고 이야기한다. 둘째, 죄는 상처, 고통, 손해를 일으킬 수 있다. 셋째, 죄는 나아가 그 자체가 죄에 따른 벌일 수도 있다.[52] 토마스는 이런 개념을 주장할 때 로마의 그레고리오가 제시한 주장을 원용한다. 더욱이 그는 이렇게 말한다. "죄는 영원한 형벌을 초래한다."[53] 그는 분명 속박의 "미끄러운 경사면"을 죄에서 찾는다. 그는 이렇게 썼다. "영혼은 일단 죄를 지으면 더 쉬이 다시 죄를 짓는 방향으로 기운다."[54]

N. P. 윌리엄스 및 다른 이들은 아퀴나스와 아우구스티누스의 관계를 살펴본다.[55] 윌리엄스는 토마스가 거의 이전 사상가들의 판박이일 뿐이며, 단지 이

---

47 Aquinas, *Summa* II/I, qu. 71, art. 6, 반론 2에 대한 답.
48 Aquinas, *Summa* II/I, qu. 81, art. 1, 답; 아울러 art. 3도 참고하라.
49 Aquinas, *Summa* II/I, qu. 81, art. 1, 반론 2에 대한 답.
50 Aquinas, *Summa* II/I, qu. 82, art. 3, 답.
51 Aquinas, *Summa* II/I, qu. 85, art. 5와 6.
52 Aquinas, *Summa* II/I, qu. 87, art. 2, 답.
53 Aquinas, *Summa* II/I, qu. 87, art. 5, 반론 2에 대한 답.
54 Aquinas, *Summa* II/I, qu. 87, art. 3, 답.
55 Williams, *Ideas of the Fall*, pp. 400-408; 참고. Wiley, *Original Sin*, pp. 83-88; 그리고 Moxon, *The Doctrine of Sin*, pp. 155-161.

전 사상가들의 주장을 몇 가지 점에서 완화했을 뿐이라고 결론짓는다. 이런 아우구스티누스 전통은 프란치스코수도회 수도사로 파리에서 신학 지도 교수로 일했던 둔스 스코투스(?1266-1308)가 일부 뒤집었다. 윌리엄스는 이를 "이레나이우스가 타락에 관하여 피력했던 견해로 거의 돌아간 것"이라고 인식한다.[56] 트리엔트 공의회(1545-1563)에서는 '원죄'라는 말을 공식 인정했다. 그렇지만 **오늘날을 위한 해석학**의 관점에서 보면, 죄가 죄에 따른 한 벌일 수 있다는 관념은 몹시 필요하며, 바울의 글에서도 볼 수 있듯이(롬 1:18-32과 7:14-25), 죄를 철학의 관점에서 죄의 '내면적' 결과라고 설명할 수 있다.

3) **마르틴 루터**(1483-1546). 여기저기 흩어져 있는 수많은 문헌 가운데, 루터가 쓴 『로마서 서문』(Preface to the Letter of St. Paul to the Romans, 1522)은 죄를 바라보는 그의 견해를 이해하는 데 도움을 주는 고전 자료이자 훌륭한 출발점이다. 이 작품은 Christian Classics Ethereal Library 사이트에서 영어로 쉬이 만날 수 있다.[57] 루터는 로마서를 "매일 영혼의 양식"으로 삼아야 할 "가장 순수한 복음"으로 여겼다. 곧이어 가장 중요한 진술이 등장한다. "하나님은 마음 깊은 곳에 자리한 것을 심판하신다." 이런 말을 하는 것은 그가 이를 강조하기 때문이다. "성경에서 **죄**는 겉으로 드러난 몸의 행위뿐 아니라, 우리를 움직여 외부로 드러나는 일들을 하게 만드는…우리 안의 모든 움직임, 곧 갖가지 힘을 지닌 마음 깊은 곳도 의미한다"(p. 5). 우리가 율법을 완전히 이행할 수 없는 우리의 무능력을 이야기할 때, 율법을 완전히 이행한다는 말은 "율법이 강제하지 않아도 율법의 행위를 열심히, 사랑하는 마음으로, 자유롭게 행한다"는 의미를 포함할 것이다.

예수 그리스도는 요한복음 16:9에서 **믿지 않음**을 분명 "죄"라 부르신다. 이는 믿는 자들을 의롭다 하시겠다는 신약성경의 약속과 일치한다. 믿음은 그

---

56 Williams, *Ideas of the Fall*, p. 409.
57 Martin Luther, *Preface to the Letter of St. Paul to the Romans* (Christian Classics Ethereal Library, online). 참조한 페이지는 본문 안에 기록했다.

저 복음에 동의하는 것이 아니라 죽음도 마다하지 않을 정도로 "사랑하는 마음으로 하나님의 은혜를 굳건히 신뢰하는 것"이며, 믿는 자가 "희락과 확신과 행복"을 누리게 하는 것이다(p. 6). 루터는 로마서 3장을 다루면서 이렇게 썼다. "바울은 은밀한 죄인과 만인 앞에 드러난 죄인을 한데 묶어서 다룬다.…그들은 모두 죄인이며, 하나님을 영화롭게 하지 못한다"(pp. 7-8). "바울은 인간이" 죄의 속박 아래 있기 때문에 "인간 자신의 행위로 죄에서 의에 이르기는 불가능함을…증명한다"(p. 9). 이것은 바울이 아담과 그리스도를 대조한 내용에서 분명하게 드러난다. 그는 이렇게 결론짓는다. "죄는 인간의 본질이다. 인간은 본질상 죄가 아닌 방식으로 행하지 못한다"(p. 10). 로마서 1-8장에서도 죄에 맞서 끊임없이 벌이는 싸움을 기록한다. 신자에게 '죄 없는 완전함'이란 존재하지 않는다. 신자는 다만 하나님이 보시기에 '의로울' 뿐이다.

루터는 『로마서 강의』(Lectures on Romans, 1515-1516)에서, 의사에게 건강해지리라는 약속을 받은 병자를 유비로 제시한다. 이런 상황에 있는 "인간은 병들어 있다. 그러나 그는 의사에게 건강해지리라는 약속을 받았기에 건강하다.…의사가 그를 고쳐 주리라고 확신하기 때문이다." 루터가 쓴 『의지의 속박에 관하여』(On the Bondage of the Will)에서는 그의 죄 교리를 살펴볼 수 있는 또 다른 주요 자료를 제공한다. 루터는 에라스무스가 주장했던 균형 잡힌 '자유'라는 관념이 죄의 보편성으로 말미암아 훼손당했다고 주장한다.[58] 유대인과 이방인은 모두 '죄 아래' 있으며, 이를 바울은 이런 언어로 표현한다. "유대인이나 이방인이나 다 죄의 힘 아래 있다"(롬 3:9; Bondage, p. 278). 바울은 이렇게 덧붙인다. "의인은 없나니…선을 행하는 자는 없나니 하나도 없도다"(롬 3:10-12). 루터는 이런 말을 덧붙였다. "인간이 하나님을 모른다는 말을, 또한 하나님을 무시한다는 말을 듣는 것은 결코 작은 일이 아니다. 이것이 모든 죄악의 근원이요…악의 소굴이기 때문이다.…여기에 믿지 않음, 불순종, 신성 모독,

---

[58] Luther, On the Bondage of the Will (London: James Clarke, 1957), pp. 278-284. 참조한 페이지는 본문 안에 기록했다.

하나님을 욕보임, 잔인함, 무자비함이 있다"(p. 282). 죄는 "우리 마음을 우둔하고 완고하게" 만든다(p. 283). 바울은 로마서 8:6에서 이런 태도를 "육신의 생각(mind)"이라 요약한다(참고. 롬 8:9; *Bondage*, p. 299).

1530년, 필립 멜란히톤(Philipp Melanchthon)은 아우크스부르크 신앙고백을 편찬했다. 이 신앙고백은 루터와 멜란히톤의 공동 선언으로 삼으려고 펴낸 『합의서』(*Book of Concord*)의 일부였다. 이 신앙고백은 여전히 루터교회의 주요 신앙고백으로 남아 있다. 2조에서는 원죄를 다룬다. 2조에서는 이렇게 선언한다. "아담이 타락한 뒤로 모든 인간은…죄를 갖고, 곧 하나님을 두려워하지 않고, 하나님을 신뢰함 없이, 정욕을 품은 채 태어난다." 19조에서는 죄의 원인을 고찰하고 이렇게 선언한다. "죄의 원인은 악인, 곧 마귀 같고 경건치 않은 사람의 의지다."

루터는 분명 바울과 아우구스티누스에게 영향을 받았다. 죄를 바라보는 루터의 견해는, 안셀무스의 견해처럼, 구원과 그리스도의 사역을 바라보는 그의 견해와 본질상 연결되어 있으며, 루터의 경우에는 은혜로 말미암아 의롭다 하심을 받음과 연결되어 있다. 죄는 본디 **경건치 않은 것**이며 **보편성을 지닌다**. 루터가 **마음**을 강조한 것은 칼뱅의 중심 주제와 철저히 일치한다. 루터가 죄에 맞선 그리스도인의 투쟁을 강조한 것 역시 아우구스티누스와 일치한다. 루터가 쓴 『스콜라 신학 논박』(*Disputatuion against Scholastic Theology*)에서는 이렇게 요약한다. "자연인은 하나님이 하나님이심을 원하지 못한다. 오히려 그는 자신이 하나님이길, 그리고 하나님이 하나님이 아니길 원한다."[59] 다시 말하지만, 죄를 **매일 속박을 자초하는 것**으로 볼 뿐만 아니라 **하나님을 두려워하지 않는 것, 하나님이 하신 약속들을 신뢰하지 않는 것**, 전혀 **경건치 않은 것**으로 보는 관념은 **오늘날의 해석학에도** 필요한 주제지만, 사람들은 흔히 이 주제들

---

[59] Luther, *Disputation against Scholastic Theology*, in *Luther: Early Theological Works*, ed. James Atkinson, LCC 16 (London: SCM, 1962), p. 267. 『루터: 초기 신학 저술들』(두란노아카데미).

을 무시한다.

4) **장 칼뱅**(1509-1564). 칼뱅도 아우구스티누스가 주장한 교리를 강조했다. 그는 죄에 대해 이렇게 썼다. "유전으로 전해지는 부패로서 초기 기독교 저술가들은 여기에 원죄라는 이름을 붙였는데, 이는 이전에 가졌던 선하고 순결한 본성이 타락했음을 뜻한다."[60] 그는 이 용어가 자신이 살던 당시에도 논쟁거리였다고 말했다. 칼뱅은 『기독교 강요』 2권의 첫 대여섯 장을 이 주제를 다루는 데 할애한다. 칼뱅은 아담이 "아담 자신에게만 해를 입힌" 죄를 지었다는 생각을 펠라기우스가 지어낸 "더러운 허구"라 일컫는다. 칼뱅은 시편 51:5을 인용한다.

> 내가 죄악 중에서 출생하였음이여,
> 어머니가 죄 중에서 나를 잉태하였나이다.

따라서 인간은 "죄의 온상인지라 하나님께는 그저 가증하고 역겨울 뿐"이다 (2.1.8). 그러나 칼뱅은 "하나님이 세상을 이처럼 사랑하셨다"(요 3:16)는 것을 결코 부인하지 않았을 것이다. 그는 그리스도 안에서 새 피조물을 만들어 내시는 하나님의 은혜를 통해 두 개념을 결합한다. 그런가 하면 그는 또 이렇게 말한다. "아담이 의의 근원에 반기를 든 뒤로 죄가 영혼은 모든 부분을 차지해 버렸다"(2.1.9).

루터와 바울처럼 칼뱅도 인간이 "죄의 지배" 아래 있으며 "인간 자신 속에는 선한 것이 전혀 남아 있지 않다"고 보았다(2.2.1). 그가 쓴 "철저한 타락"이라는 말은 "모든 행위가 타락했다"는 뜻이 **아니라**, "**모든 부분이 타락했다**"는 뜻이었다. 그는 오리게네스, 베르나르(Bernard), 안셀무스, 피에르 롬바르(Peter

---

60 John Calvin, *The Institutes of the Christian Religion* 2.1.5; trans. Henry Beveridge, 2 vols. (Grand Rapids: Eerdmans, 1989), 1: p. 214. *Institutes*에서 참조한 곳은 본문 안에 기록했다. 영문 인용문은 베버리지 역본에서 찾을 수 있다.

Lombard), 아퀴나스까지 두루 살피며 '자유'를 바라보는 이들의 견해를 추적하고, 바울이 '노예'라는 말을 사용한 용례를 들어 루터의 견해를 밑받침한다. 그는 인간이 본디 받은 선물들이 죄로 말미암아 부패했다고 주장했다. 그러나 그는 인간의 **이성**은 여전히 본래대로 손상되지 않고 작동한다고 역설했다(2.2.17). 하지만 그도 역시 루터처럼 부패한 본성에서는 오직 부패한 행실만이 나온다고 보았다. 그는 이렇게 썼다. "의지가 죄의 노예로서 사슬에 묶여 있으면 선을 향해 움직이지 못한다.…악을 행하려 하는 것은 부패한 본성의 일부다"(2.3.5). 반면, "의지 안에 들어 있는 모든 선한 것은 전부 은혜의 결과다" (2.3.6). 인간에게는 '자랑할' 근거가 전혀 없다.

루터의 경우처럼 칼뱅의 경우에도 이 어두운 모습이 **하나님의 은혜가 너그러움**을 보여 주는 데 기여한다. 칼뱅에 따르면, 아우구스티누스가 행한 일은 오로지 "은혜가 크게 늘어난다는 점에 주목한 것뿐이다.…자기 것인 양 취하려는 의지에는 아무것도 남아 있지 않다"(2.3.12). 선은 "안에서 활동하는 하나님의 영으로 말미암는다"(2.5.5).

칼뱅을 놓고 수많은 평가가 있지만, A. 대킨(Dakin)이 그의 구원 신학이라는 더 넓은 맥락 속에서 죄에 관한 견해들을 잘 제시하는 것 같다. 대킨에 따르면, 믿음으로 말미암는 구원은 "단지 선한 행위를 신뢰하지 않는 것뿐 아니라…인간의 모든 능력을 신뢰하지 않음을 암시한다."[61] 대킨이 쓰기를, 바울처럼 "칼뱅도 죄들(sins)이 아니라 죄(sin)를 강조한다.…그는 '얼룩', '부패', '손상된'과 같은 말을 사용한다."[62] 그는 오직 바울에게만 의존하지 않는다. 복음서를 보면, "좋은 나무마다 좋은 열매를 맺고 나쁜 나무가 나쁜 열매를 맺나니"라고 말한다(마 7:17). 우리는 칼뱅도 루터만큼이나 '마음'을 중요하게 여겼다고 말했다. 개혁파 신학자 G. C. 베르카우어(Berkouwer)와 헤르만 바빙크(Herman Bavinck)가 강조하듯이, 주된 관심사는 인간의 죄책이 보편성을 지닌다는 점

---

61 A. Dakin, *Calvinism* (London: Duckworth, 1940), p. 30. 『칼빈주의』(대한기독교서회).
62 Dakin, *Calvinism*, pp. 32 and 33.

과 인간에게 은혜가 필요하다는 것이다.[63]

우리가 루터를 다룰 때 봤듯이, 칼뱅이 죄의 심각성과 죄가 속박임을 강조한 것은 그 자체가 목적이 아니라, **하나님의 은혜가 너그러움**을 보여 주고, 구속받은 그리스도인들도 **현실에서 요구받는 것들이 있음**을 보여 주는 것이다. 그리스도인들도 여전히 옛 아담을 버리는 과정에 있다. 루터를 놓고 이야기했듯이, 이런 해석학 주제들은 오늘날 회복할 만한 가치가 있다.

4. 현대 초기

1) **프리드리히 슐라이어마허**(1768-1834). 사람들은 종종 슐라이어마허를 현대 신학의 아버지라고 부른다. 그는 하나님에 관한 의식의 부적절함을 죄라 여겼다. 그가 죄를 도덕주의로 축소하지 않고 **하나님에 관한 의식과 연계**한 점은 신학적으로 긍정적 의미를 가진다. 그러나 그는 바울, 아우구스티누스, 아퀴나스, 루터, 칼뱅의 전통에서 벗어났다. 그는 죄를 기본적으로 **억제당한 발전**으로 여겼다. 판넨베르크는 슐라이어마허가 죄라는 문제와 상태를 "지나치게 단순화"한 것에 타당한 유감을 표명한다.[64] 이 주제와 관련하여 슐라이어마허가 안고 있는 가장 큰 문제 중 하나는 그가 **진화론을 강조하는** 19세기의 풍조에 너무 성급히 동조해 버렸다는 점이다. 그는 이렇게 썼다. "죄가…하나님 의식(God-consciousness)이 자유롭게 발전하지 못하게 했다."[65] 그는 "점진적 발전의 원리들"을 이야기했다.

슐라이어마허는 타락 이전에 원의가 있었다고 추측하기보다 오히려 "하나

---

[63] G. C. Berkouwer, *Studies in Dogmatics*, vol. 10, *Sin*, 14 vols. (Grand Rapids: Erdmans, 1971), 그리고 Herman Bavinck, *Reformed Dogmatics*, vol. 3, *Sin and Salvation in Christ* (Grand Rapids: Baker Academic, 2006). 『개혁교의학 3』(부흥과개혁사).

[64] Wolfhart Pannenberg, *Anthropology in Theological Perspective* (London and New York: T. & T. Clark, 1985), pp. 352-353.

[65] Friedrich Schleiermacher, *The Christian Faith* (Edinburgh: T. & T. Clark, 1989), p. 171.

님을 의식하려는 성향이 우리 안에서 활발히 나타나지 않았던 때"가 있었다고 썼다.⁶⁶ 그는 개혁파의 견해에 맞서 이렇게 주장한다. "죄는 보통 그에 관한 의식이 있을 때만 존재한다.…죄는…오직 이미 존재하는 선과 연관지어, 그리고 그 선을 통해 드러난다."⁶⁷ **의식**을 언급한 이런 진술에는 논란의 여지가 있는 차원을 넘어 더 많은 문제가 있다. 성향은 의식이 완전히 작동하는 영역 밑에 자리해 있다. 성령은 마음을 거룩하게 한다. 존 힉이 슐라이어마허와 이레나이우스를 결합한 것은 놀라운 일이 아니다. 분명 에밀 브루너는 슐라이어마허의 견해를 "관념적 진화론"이라고 부른다.⁶⁸ 슐라이어마허는 원죄란 단지 "그것을 공유하는 모든 개인이 각기 짊어진 죄책"일 뿐이라고 주장한다.⁶⁹

2) **알브레히트 리츨**(1822-1889). 리츨은 죄가 가진 집단성과 **공동성**을 다시 거론하려 했다. 이런 집단성과 공동성은 특히 19세기 개인주의라는 배경에 묻혀 사라질 위기를 겪었다. 리츨은 하나님 나라가 "개인의 삶이라는 틀 안에서는…완전히 표현되지 못한다"고 주장했다.⁷⁰ 넓게 보면 리츨 역시 고전적 자유주의학파에 속하는데, 해석자들 사이에서는 이 때문에 결국 그가 '펠라기우스의' 관점에서 죄를 바라보는 견해를 내놓게 되었는가 하는 문제를 놓고 논쟁이 있다. 목슨(Moxon)은 이렇게 설명한다. "리츨은 원죄라는 오랜 교리를 부인하고, '선례의 영향'이라는 펠라기우스의 개념을 발전시켜 죄성을 설명하려 하면서, 죄의 기원을 오로지 인간이 처한 환경에서 찾는다."⁷¹ 반면, 제임스 리치먼드(James Richmond)는 리츨을 재평가하는 책을 썼는데, 이는 바르트의 "리츨을…향한 강경한 적대감"에 대항하면서 "신정통의 편견…과 일

---

66 Schleiermacher, *The Christian Faith*, p. 273.
67 Schleiermacher, *The Christian Faith*, p. 277.
68 Emil Brunner, *Man in Revolt: A Christian Anthropology* (London: Lutterworth, 1941; Louisville: Westminster John Knox, 1979), pp. 123-124.
69 Schleiermacher, *The Christian Faith*, p. 285.
70 Albrecht Ritschl, *The Christian Doctrine of Justification and Reconciliation*, 3 vols. (Clifton, N. J.: Reference Book Publishers, 1966; orig. 1870-1874), pp. 10-11.
71 Moxon, *The Doctrine of Sin*, p. 200.

그러진 전형들을 집어 던지는 것"을 목표로 삼고 있다.[72] 많은 이가 그를 하나님이나 그리스도의 자리에 '의식'을 갖다 놓았다고 비판했다. 하지만 적어도 죄를 바라보는 리츨의 견해는 단순한 도덕보다 **인간과 하나님의 관계**와 더 관련이 있다.

3) **프레더릭 R. 테넌트**(1866-1957). 그와 달리, 테넌트는 죄를 **도덕의 관점에서** 보려 한다. 그는 죄를 철학, 경험, 개인 차원에서 설명하려고 하지만, 적절치 않게도 자연에 적용되는 진화 이론들의 영향을 받았다. '아담'은 철저히 신화 속 인물 혹은 상징인 인물이 되었다. 그가 '아담'이 유전과 관련하여 가지는 의미를 거부한다는 것은 우리가 의식하지 못하는 것은 어떤 것이든 죄에 포함될 수 없다는 그의 주장에서 분명하게 드러난다. "죄는, 어떤 도덕적 이상이 하나님이 염두에 두신 것이며 행위자가 문제가 된 행위의 순간에 그 도덕적 이상을 인식할 수 있었는데도 그 이상을…완전히 따르지 못하는 것을 말한다."[73] 이처럼 죄의 윤리적 차원이 무대 중심을 차지하지만, 그래도 그는 분명 이렇게 강조한다. "신학에서 사용하는 죄는…오로지 윤리적 개념만 의미하진 않는다."[74]

테넌트는 하나님의 본질이라는 빛과 대비해 보면 죄의 의미가 드러난다고 주장한다. 예수는 죄가 '마음'에서 나온다고 가르치셨다. 그런가 하면, 테넌트는 때로 "하나님이 보시기에"라는 말을 덧붙이긴 하지만 예수의 가르침을 주로 "범죄"나 "걸려 넘어지는 경우"를 다룬 것으로 축소한다.[75] E. J. 빅넬(Bicknell)은 이 점을 적절히 언급하면서, 테넌트가 신학자가 아니라 철학자처럼 썼다고 주장한다.[76] 테넌트는 죄를 **철저히** 도덕 차원에서 바라보지는 않더

72　James Richmond, *Ritschl: A Reappraisal* (New York: Collins, 1978), pp. 35, 38, and 39.
73　F. R. Tennant, *The Concept of Sin* (Cambridge: CUP, 1912), p. 245, 그리고 F. R. Tennant, *The Origin and Propagation of Sin* (Cambridge: CUP, 1903).
74　Tennant, *The Concept of Sin*, p. 19.
75　Tennant, *The Concept of Sin*, pp. 24 and 28.
76　E. J. Bicknell, *The Christian Idea of Sin and Original Sin: In the Light of Modern Knowledge* (London: Longmans Green, 1923), pp. 32-34.

라도 이에 가까운 태도를 취한다. 무엇보다 그의 논증 중 많은 부분이 **심리와 경험에 의존하기** 때문이다.

4) **칼 바르트**(1886-1968). 바르트는 죄를 **하나님의 은혜와 그리스도의 의**에 관한 그의 인식에 비춰 정의한다. 예수 그리스도는 "하나님이 원하셨고 하나님이 지으셨던 인간과 같은 인간"이다.[77] 이어 바르트는 죄의 본질을 상당히 광범위하게 설명한다. 바르트는, 그리스도에 비춰 보면, 죄는 "개인의 행위이자 죄책, [인간이] 하나님의 은혜와 그의 다스림에서 **소외됨**, 인간이 하나님께 드려야 할 감사를 거부하는 것…인간이 **스스로의 주인, 공급자, 위로자가 되려는 오만한 시도**, 본디 자기 소유가 아닌 것을 탐내는 더러운 욕정, 이웃과 사귐을 가질 때 빠지곤 하는 거짓과 증오와 자만, 정죄를 자초하는 어리석음"이라고 썼다.[78]

이 인용문이 일러 주듯이, 죄는 근본적으로 **자족이라는 의미의 자만**이다. 그러나 죄에는 **감사하지 않음, 소외, 거짓, 어리석음**도 포함된다. 인간은 죄 아래에서 "무(無)…외인과 대적…피조물인 실존이 널리 가진 모순…의 종"이 된다.[79] 이런 말 때문에 바르트가 "모든 물질은 악하다는…영지주의 특유의 비판에 열린 태도를 보인다"는 I. D. 캠벨(Campbell)의 주장이 정당해지지는 않는다.[80] 바르트는 "죄의 본질은 인간의 자만"이라고 분명하게 말하며, 지식(gnosis)은 자만을 가져온다(고전 8:1).[81] 캠벨은 바르트의 아담과 타락 해석에 더 많은 비판을 제시하지만, 바르트는 주로 인간이 **부패 상태**로 들어가는 것이 인간의 타락이라고 묘사한다. 바르트는 속죄를 다룰 때 안셀무스의 견해를 따라 "그(죄인)는 빚을 갚을 수 없는 채무자"라고 주장한다.[82] 덧붙여 바르

---

77 Barth, *CD* III/2, p. 50.
78 Barth, *CD* III/3, p. 305. 티슬턴 강조.
79 Barth, *CD* III/3, p. 306.
80 I. D. Campbell, *The Doctrine of Sin: In Reformed and Neo-Orthodox Thought* (Fearn, Scotland: Mentor, 1999), p. 150.
81 Barth, *CD* IV/1, p. 478.
82 Barth, *CD* IV/1, p. 484.

트는 이렇게 말한다. "인간이 어떤 행위든 그의 자만에서 나온 개개 행위에 변명할 여지없이 책임이 있음을 증명하기란 충분하다."[83]

5) **루돌프 불트만**(1884-1976). 불트만의 『신약성서신학』(*Theology of the New Testament*)을 참조하려고 펼쳐 보면, 처음에는 불트만이 바울의 죄 견해를 서술한 내용과 불트만 자신의 견해를 분리하기 어려워 보인다. 그러나 불트만은 다른 책도 많이 냈기에 그 책들을 통틀어 살펴보면, 그의 견해는 초기 바르트에 가깝다. 분명 바울은 죄가 "육신의 생각"을 표현한다고 말한다(롬 8:8). 이 마음은 본질상 "자신의 힘으로…생명을 확보할 수 있다 여겨 자신을 신뢰하는 것"이요 "하나님과 싸움을 벌이는" 것이다(롬 8:7).[84] 그것은 "자만"이다.[85] 그러나 우리는 이와 동일한 평가를 *Glauben und Verstehen*의 1권과 2권을 영어로 번역한 책인 『신앙과 이해』(*Faith and Understanding*)와 『철학 논문과 신학 논문』(*Essays Philosophical and Theological*)에서 발견한다. 불트만은 『신앙과 이해』에서 이렇게 단언한다. "**인간의 진짜 죄**는 '자신의 의지와 자신의 생명을 자기 손 안에 쥐고 자신을 공고히 다짐으로써, 자신을 신뢰하고 자신을 "자랑"하게 된 것'이다."[86] 그는 『철학 논문과 신학 논문』에서 죄 아래에서는 "**그가(인간이) 그의 행위에 기초하여 산다**"고 말한다.[87] 해석의 관점에서 보면, 이는 믿음을 통한 은혜로 말미암아 의롭다 하심을 얻음과 긴밀한 연관성을 보여 준다.

6) **에밀 브루너**(1889-1966). 브루너는 바르트와 가까운 입장을 취한다. 그는 이렇게 썼다. "인간은 죄를 통해 하나님이 그에게 주신 본성을…잃어버렸다."[88] 바르트처럼 브루너도 죄를 "인간이…하나님 뜻에 매어 있지 않은 것처럼 굴

---

83 Barth, *CD* IV/1, p. 489.
84 Rudolf Bultmann, *Theology of the New Testament*, vol. 1 (London: SCM, 1952), pp. 236 and 239.
85 Bultmann, *Theology of the New Testament*, 1: pp. 242-243.
86 Rudolf Bultmann, *Faith and Understanding* (London: SCM, 1969), p. 228.
87 Rudolf Bultmann, *Essays Philosophical and Theological* (London: SCM, 1955), p. 81.
88 Brunner, *Man in Revolt*, p. 94.

며…**하나님께 맞서 독립을** 주장하는 것"이라고 인식한다.[89] 그는 "주제넘음, 오만"이 "가장 큰 죄"라고 말한다.[90] 아울러 그는 죄가 집단성을 갖는다고 주장한다. "우리는 연대를 통해 하나로 묶인 통일체다.…죄는 하나님과 나누는 친밀한 사귐을 파괴하는 것이다."[91]

7) 폴 틸리히(1886-1965). 틸리히는 특히 죄를 "오만"(hubris)이라 부른다. 틸리히는 『조직신학』 2권에 이렇게 썼다. "오만은 인간이 자신을 신의 영역으로 높이는 것이다.…오만을 '긍지'로 번역해서는 안 된다. 긍지는 도덕적 자질이다.…오만은 인간의 도덕성을 나타내는 특별한 자질이 아니다. 오만은 모든 인간에게 퍼져 있다."[92] 틸리히도 다른 많은 이처럼 죄를 인간이 **"자기의 중심이 되는" 자아도취**로 본다. 이런 자아도취가 "처참한 **자아 파괴**를 동반한다"는 점은 놀라운 일이 아니다. "인간은 자신의 문화적 창조성을 하나님의 창조성과 동일시한다. 그는 자신이 만들어 낸 유한한 문화적 창조물에 무한한 의미를 부여하면서 그 창조물을 우상으로 삼는다"(2: p. 58. 틸슬턴 강조).

틸리히는 아우구스티누스가 말하는 "정욕"이라는 개념을 고찰한다. 그는 프로이트가 말하는 리비도 개념이 적절한 재해석을 만들어 내는지 묻지만, 이 개념이 무엇보다 갈등 배출을 가리킬 때는 이를 받아들이지 않는다(2: pp. 61-62). 니체가 말하는 "힘을 향한 의지"가 더 적절할 수도 있지만, 이것 역시 여러 한계를 극복하지 못한다. 틸리히는 **"소외**가 안고 있는 **보편적 운명**" 같은 요약을 더 좋아하는데, 이런 운명은 자유로운 행위를 통해 구현된다(2: p. 64. 틸슬턴 강조). 소외는 개인 차원은 물론 집단 차원에서도 이해해야 한다. 소외에는 "파멸"과 "붕괴"로 이어지는 내부 갈등이 있다(2: pp. 70-71). 결국, "소외, 고난, 고독"은 죄의 결과를 이루는 부분이다. 사람은 마침내 "소외, 의심, 무의

---

89 Brunner, *Man in Revolt*, p. 129. 틸슬턴 강조.
90 Brunner, *Man in Revolt*, p. 130.
91 Brunner, *Man in Revolt*, pp. 139, 141.
92 Paul Tillich, *Systematic Theology*, 3 vols. (London: Nisbet, 1953, 1957, 1963), 2: p. 57. 참조한 페이지는 본문 안에 기록했다.

미"에 이르고 만다(2: pp. 80-85). 죄 아래 있는 사람 역시 "'하나님의 진노'라는 상징"에 직면한다. 틸리히는 이렇게 강조한다. "인간은 하나님에게서 돌아설 때…자신에게서도 돌아서며", "하나님의 뜻"에서 떨어져 나간다(2: p. 54).

틸리히가 제시한 분석에는 **해석학적 통찰이 풍부한** 곳이 많다. **소외, 자기 파괴, 자기 위주의 자아도취**는 강력한 이미지다. 그러나 이런 이미지들은 종종 심리학 및 실존 차원의 통찰 수준에 머물고 있다. 이는 현상학적 접근법으로서 시사점을 제시하고 유익한 도움을 준다. 하지만 바르트나 니체나 판넨베르크나 라너나 큉에게는 신학 색채가 더 분명히 드러나는 지향점을 요구하는 이들이 많을 것이다.

8) **라인홀드 니버**(1892-1971). 니버는 죄를 **자만**으로 본다는 점에서 바르트, 불트만, 브루너와 견해를 같이한다. 그가 쓴 작은 책 『도덕적 인간과 비도덕적 사회』(*Moral Man and Immoral Society*)에서 니버는 죄가 주로 무너뜨리고 사회를 **파괴하는 결과**를 낳는다는 점을 내세워, 죄가 본질상 **공동체와 관련된** 성격을 갖고 있음을 더 자세히 보여 준다. 예를 들면, 어떤 이가 가령 가족을 위한다며 승진 다툼을 벌이면서 다른 이들을 밀어낸다면, "그 가족이 자기 지위를 높이는 수단이 될 수 있다."[93] 자신의 이해관계가 가장 보편성을 지닌 노력 속으로 기어들어 온다. 니버는 나폴레옹이 "유럽을 피로 목욕시키기"를 "프랑스 애국주의"를 관철하려는 방편으로 삼았을 수도 있다고 주장한다(p. 17). 그는 이와 관련하여 이렇게 썼다. "**국가가 이기적이라는 건 삼척동자도 다 안다.** 국가들이 자신들의 이해관계를 초월하리라고 믿어서는 안 된다는 것이 조지 워싱턴이 남긴 경구였다"(p. 84. 티슬턴 강조). 전부는 아닐지라도 대다수 국가는 "지성보다 강압과 감정을 사용하여 통합을 이룰 때가 훨씬 많다"(p. 88).

니버는 사회 "계급"이 죄를 부추기는 역할을 한다고 말하면서, 엘리트, 중

---

[93] Reinhold Niebuhr, *Moral Man and Immoral Society* (New York: Scribner, 1932; London: SCM, 1963), p. 47. 참조한 페이지는 본문 안에 기록했다. 『도덕적 인간과 비도덕적 사회』(문예출판사).

간 계급, 프롤레타리아트가 각기 갖고 있는 이해관계를 공격한다. 그는 계급과 계급 사이의 장벽이 유럽보다 뚜렷하지 않은 미국조차도 이 점에서는 예외가 아니라고 강조한다. 그는 이렇게 썼다. "마르크스주의와 프롤레타리아주의의 도덕 냉소주의는…특히 민주주의 국가를 평가한 내용에서 분명하게 드러난다"(p. 148). 이는 위장한 채로 힘을 향한 주장을 한다는 점에서 민족주의와 비슷하다. 니버는 "계급 충성심의 고양"을 이야기한다(p. 152).

니버는 그의 두 권짜리 저작 『인간의 본성과 운명』(The Nature and Destiny of Man)에서 더 폭넓은 접근법을 채택했다. 우리는 '유한성'을 죄라는 문제와 연계해야 한다. 그는 이렇게 썼다. "인간의 자만과 힘을 추구하는 의지는 피조 세계의 조화를 헝클어 놓는다.…죄의 종교적 차원은 **하나님께 맞선** 인간의 **반역, 하나님의 자리를 찬탈하려는** 인간의 노력이다."[94] 힘을 추구하는 이런 의지는 이런 불안한 의식을 찾으려 하는데, 인간은 이런 의식을 하나님이 아니라 자신 속에서 찾는다. 인간의 자만은 그가 타고난 제약들을 극복하게끔 이끌어준다. 죄는 "육욕" 그리고 "피조물이 만들어 낸 모든 가치를 향한 터무니없는 사랑"에서도 일부 나타난다.[95] 그러나 죄는 **자신이 하나님의 자리를 대신하려는** 인간의 시도에도 뿌리박고 있다. 니버는 펠라기우스주의를 반대하면서도 인간의 책임을 강조했다. 바울은 인간에게 "핑계하지 못한다"고 강조한다(롬 1:20-21).[96] 니버는 진지한 신학적 성찰을 경험에 입각한 치밀한 사회 관찰과 결합했다. 내게 철학박사 학위 지도를 받은 제자 중 하나인 마크 로바트(Mark Lovatt)는 니버의 신학과 니체가 논하는 힘을 추구하는 의지를 탁월하게 다룬 연구서를 출간했다.[97] 다시 말하지만, 이는 해석학과 관련하여 유익한 시사

---

94 Reinhold Niebuhr, *The Nature and Destiny of Man: A Christian Interpretation*, 2 vols. (London: Nisbet, 1941), 1: p. 191. 티슬턴 강조.
95 Niebuhr, *Nature and Destiny*, 1: p. 247; 참고. pp. 242-255.
96 Niebuhr, *Nature and Destiny*, 1: p. 256; 참고. pp. 256-280.
97 Mark F. W. Lovatt, *Confronting the Will-to-Power: A Reconciliation of the Theology of Reinhold Niebuhr* (Carlisle: Paternoster, 2001; Eugene, Ore.: Wipf and Stock, 2006).

점을 제시한다. 우리가 자주 우리 가족, 우리나라, 심지어 우리 친구를 내세워 행하는 일에 숨어 있는 자기중심성을 간파하는 것은 종종 유익하고 의미심장하다.

5. 20세기 이후

1) **칼 라너**(1904-1984). 라너는 20세기에 가장 탁월한 가톨릭 신학자 중 한 사람이었다. 그는 죄의 본질이 "**하나님 거역**"임을 제대로 간파했다.[98] 그는 '원죄'라는 말 자체는 거부하지 않았으나, 이 **개념**을 유지하더라도 그가 암브로시우스, 아우구스티누스, 그리고 다른 이들에게서 내려온 용어로서 오해 소지가 있다고 여긴 것들을 배제한 개념을 유지하려 했다. 그는 원죄의 생물학적 유전을 인정하길 주저했고, 법적으로 '아담의' 죄가 후손에게 전가된다는 개념을 인정하길 주저했다. 그는 이렇게 강조했다. "원죄는 다만 우리의 자유가 현재 처한 보편적이고 뿌리 깊은 상황을 결정한 **역사의 기원**에는 죄책도 함께 있음을 드러낼 뿐이다." 그는 계속하여 이렇게 말한다. "은혜로 나타난 하나님의 자기전달은 '아담'에게서 나오지 않고…인류 역사의 종착점에서, 하나님이자 사람이신 예수 그리스도에게서 나온다."[99] 라너는 아담 이야기를 역사 속 목격자가 쓴 기사로 이해해서는 안 된다고 본다.

아울러 라너는 죄를 **사사로운 영역에 한정하지 말아야 한다**고 주장했다. 죄를 사사로운 영역에 한정하면 죄를 개인 차원의 도덕주의에 한정하는 일이 될 것이다. 오히려 죄는 **사회 제도도 포함한다**. 그는 성경에 있는 말은 현재 및 현재의 관심사와 관련이 있으므로 우리가 "얼마나 많은 사람이 영원한 멸망을 겪을지" 결정할 필요는 없다고 주장했다. "하나님은 나중에 다가올 일

---

98   Karl Rahner, *Foundations of Christian Faith: An Introduction to the Idea of Christianity* (New York: Crossroad, 1978, 2004), p. 115. 티슬턴 강조.
99   Rahner, *Foundations*, p. 114. 티슬턴 강조.

을 말씀하시지 않는다."¹⁰⁰ 설령 모든 신학자가 이런 평가에 동의하지 않을지도 모르지만, 그는 이를 "종말에 관한 진술을 다룬 해석" 중 일부라 불렀다. 아울러 그는 이렇게 썼다. "교회는 도덕 설교를 늘어놓지 않으면서도 도덕성을 대담하고 확고하게 옹호하는 곳이어야 한다."¹⁰¹ 라너는 아우구스티누스가 도나투스파에 반대하며 강조한 논지에 완전히 만족한다. "하나님과 그분이 보내신 그리스도의 교회는 죄인들의 교회다."¹⁰² 그는 **죄인이 교회의 구성원이라고 썼다**. 사실, 라너의 견해는 그리스도를 믿는 자들이 의롭다 하심을 받은 자이자 동시에 죄인이라는 루터파와 프로테스탄트의 견해와 가깝다.

하지만 정의나 의는 "순전히 고정된 소유물이 아니다.…의롭다 하시는 은혜는 언제나 다시금 새롭게 받아들여야 하고 실현되어야 한다." 그렇지만 이 견해는 "공격을 받고 있다."¹⁰³ "인간은 여전히 '길을 가는' 순례자이며, 우리는 모두 의인이면서 동시에 죄인이다."¹⁰⁴

2) **발레리 세이빙**(Valerie Saiving, 1921-1992)과 **주디스 플래스코**(Judith Plaskow, 1947-). 다른 몇몇 페미니스트 저술가처럼 이 두 사람도 죄가 자만임을 강조하는 바르트, 불트만, 브루너, 니버의 견해를 비판하면서, 죄가 자만임을 강조하는 것은 '남성 측면이' 두드러진 죄만 나타낼 뿐이라는 점을 비판 근거로 제시한다. 세이빙은 혼란과 하찮음이 여성에게서 더욱 두드러진 죄의 특징이라고 주장했다.¹⁰⁵ 하지만 바르트, 불트만, 브루너, 니버, 틸리히는 죄란 인간의 자족을 동반하며, 이것이 **하나님**을 향한 태도를 규정하는 특징이라고 전제했다. 세이빙이 이 문제의 핵심을 얼마나 충실히 파고들었는지 알아내기는 힘들다. 어떤 이들은 대체로 경험적이거나 현상학적인 세이빙의 죄 분석

---

100 Rahner, *Foundations*, p. 103.
101 Karl Rahner, *The Shape ot the Church to Come* (London: SPCK, 1974), p. 64.
102 Rahner, *Theological Investigations*, vols. 1-18 (New York: Seabury Press and Crossroad; London: DLT, 1966-1983), 6: p. 256.
103 Rahner, *Theological Investigations*, 6: p. 227.
104 Rahner, *Theological Investigations*, 6: pp. 229 and 230.
105 Valerie Saiving, "The Human Situation: A Feminine View", *JR* 40 (1960): pp. 100-112.

자체가 어쩌면 **하나님**께 맞춘 초점에서 벗어난 "혼란과 하찮음"일 수도 있겠다고 여길지 모른다. 같은 시대 학자로서 세이빙보다 젊지만 세이빙과 함께 페미니즘 기획을 진행했던 주디스 플래스코 역시 니버와 틸리히를 다룬 책을 썼는데, 플래스코의 작업에서는 죄와 은혜를 더 자세히 다루었다.[106] 플래스코는 남성 성향이 강한 죄인 경쟁과 대비하여 여성의 경우에는 "자신에게서 벗어나려 하는 것"이 죄라고 여긴다. 하지만 이것 역시 인간과 하나님의 관계에 관한 신학적 접근법이라기보다 경험적·심리학적·현상학적 접근법으로 보인다. **해석학**의 관점에서 볼 때, 이 견해는 성(gender)과 관련된 죄 개념을 더 생각해 볼 여지를 제공한다.

3) **볼프하르트 판넨베르크**(1928-2014). 판넨베르크는 『조직신학』에서 인간의 죄를 다루는 데 100페이지를 할애한다. 죄로 가득한 인간은 삶 속에 있는 모든 선한 것의 근원과 관계 맺고 소통하는 일을 잃어버렸다. 따라서 판넨베르크는 이런 현실을 고려하여 죄로 가득한 인간을 단순히 **잃어버린** 상태 혹은 다른 어떤 말로 정의하기보다 **비참한 고통**에 묶인 신세라고 정의하길 좋아한다. 그는 이렇게 썼다. "'**비참한 고통**'이라는 말은 하나님에게서 떨어져 나간 우리 상태를 집약한 말이다.…'**소외**'라는 말도 이와 비슷한 폭을 가진다."[107] 그는 계속하여 이렇게 말한다. "그렇다면 비참한 고통은 하나님과 나누는 사귐 곧 인간의 삶이 본디 누려야 하는 것을 박탈당한 이들의 몫이다"(2: p. 178). 아울러 그는 이 비참한 고통을 죄인이라 여김을 받는 인간의 '괴이한'(ec-centric) 특성이라 묘사한다. 우리는, 마치 당연히 그래야 하는 것처럼, 우리 자신을 "[우리 자신]뿐 아니라 다른 이들을 위해 존재하는" 이들로 여기길 그만두었다(2: p. 194).

판넨베르크는 "타락 이전의 첫 상태에 관한 과도기의 도그마가 거의 남아

---

106 Judith Plaskow, *Sex, Sin, and Grace: Women's Experience and the Theologies of Reinhold Niebuhr and Paul Tillich* (Washington, D.C.: University Press of America, 1979).
107 Pannenberg, *ST* 2: p. 179. 티슬턴 강조. 참조한 페이지는 본문 안에 기록했다.

있지 않다"는 것과 "죄를 통해 각 사람 안에서 왜곡이 늘어났음"을 유감으로 여긴다(2: pp. 214, 216). 죄라는 비참한 고통은 "우리가 자기에게 단단히 잡혀 있음"을 뜻한다(2: p. 251). 그는 이렇게 썼다. "철두철미한 자기중심 의사 결정은…우리를 하나님에게서 소외시킨다"(2: p. 261). 그는 이렇게 덧붙인다. "우리는 아들의 형상이 하나님의 영의 활동을 통해 인생 속에서 구체화될 때 비로소 죄와 죽음에서 해방된다"(2: p. 275).

이와 관련된 판넨베르크의 가장 중요한 진술 중 하나가 그의 이런 설명이다. "원죄 교리가 쇠퇴하면서 죄 개념은 죄에 해당하는 **행위들**에 닻을 내리게 되었고, 마침내 **죄 개념은 개개 행위로 축소되고 말았다**"(2: p. 234. 티슬턴 강조). 잔혹하고 **파멸을 초래하는** 죄의 **결과들**은 죄를 주관하지 못하는 우리의 무능을 명백히 드러낸다. 이 중요한 첫 진술과 함께 성경과 역사를 관찰하여 제시한 또 다른 견해가 나란히 자리해 있다. 판넨베르크는 이렇게 썼다. "아우구스티누스가 기독교 죄 교리에서 고전적 의미를 가지는 것은 그가 바울이 말한 **죄와 욕망의 연관성**을 그때까지 기독교 신학에서 다루었던 것보다 **더 깊이** 관찰하고 분석했기 때문이다. 아우구스티누스의 가르침에는 비판이 필요한 측면이 많지만, 그럼에도 우리는 이 비범한 발전을 무시해서는 안 된다"(2: p. 241. 티슬턴 강조). 세 번째 진술도 앞서 말한 두 진술 못지않게 중요하다. "**아우구스티누스는** 자연 질서를 지키지 않는 데서 **자기를 중심에 두고** 다른 모든 것을 목적인 자기에게 **이바지하는 수단으로** 사용하는 **의지의 자율을 발견했다**"(2: p. 243. 티슬턴 강조).

판넨베르크의 분석이 여태까지 나온 죄 교리 설명 가운데 가장 훌륭하고 탁월한 것이라고 여기지 않기는 힘들다. 앞서 언급했듯이, 그의 설명은 성경 용어와 역사 분석에 크게 의존한다. 오늘날 죄를 어떤 **행위**로 보는 대중의 도덕관념, 그리고 이런 관념과 하나님의 관계에 비춰 볼 때, 판넨베르크의 분석은 철저히 필요하다. 심지어 교회에서 행하는 많은 죄 고백조차도 하나님에게서 소외당하여 자기 파멸에 이르렀음을 진심으로 인정하는 것이 여전히 존

속함을 보여 준다. 어쩌면 많은 신학자 및 다른 이들이 1662년에 나온 성공회 기도서 중 "죄의 고백"(General Confession)이 지닌 가치를 인정하면서, 이를 '같은 시대'의 몇몇 기도문과 대비하는 것도 그런 이유 때문일지 모른다. 해석학적 통찰이라는 관점에서 바라볼 때, **개별 행위**보다 오히려 '잃어버림', '소외', '자기 파멸', 공동체나 사회 '상태' 같은 말에 초점을 맞추면 많은 것을 얻을 수 있다.

4) **한스 큉**(1928-). 많은 이가 판넨베르크를 우리 시대를 이끄는 개신교 신학자로 서술하려 하듯이, 큉을 우리 시대를 이끄는 가톨릭 사상가, 어쩌면 그보다 앞선 이는 오직 라너뿐일 정도의 사상가로 여기는 이가 많을 것이다. 그가 죄 교리를 다룬 내용은 그의 초기 저작인 『칭의』(*Justification*)에 많이 나온다. 그리스도가 행하신 일에 비춰 볼 때, 죄는 세상을 "완전히 지배할 권세를 전혀" 갖고 있지 않다.[108] 그러나 큉은 죽음을 가져오는 죄의 심각함을 지적하고자 구약의 많은 본문과 신약의 몇몇 본문을 고찰한다(예컨대, 시 55:23; 102:24-25; 사 38:10; 신 7:1-2; 20:13-14). 그는 이렇게 썼다. "죄는 언약에서 떨어져 나가는 것, 하나님에게서 떨어져 나가는 것이다. 죄는 **하나님에게서 분리되는 것**이다. 그것이 죄의 본질이다. 인간은 그 존재 전체가 하나님의 사랑에 의지하지만, **죄에 빠져 그 실존의 근원에서 돌아섰다.** 결국 이 근원은 인간을 위한 것이나 인간은 이를 잃어버렸다"(p. 146. 티슬턴 강조).

하지만 죄에 관한 어떤 설명에서도 반드시 **그리스도**를 고려해야 한다. 이 때문에 큉은 "죄의 **비참함**"을 강조하면서도, 동시에 죄가 "처음부터" 그리스도 안에 있는 구원이라는 **더 큰** 힘의 지배 아래 있음을 강조한다(p. 164). 그는 바르트의 보편구원론을 따르는 경향이 있으며, 이사야 48:9을 인용한다.

내 이름을 위하여 내가 노하기를 더디 할 것이며

---

108 Hans Küng, *Justification: The Doctrine of Karl Barth and a Catholic Reflection* (London: Burns and Oates; New York: Nelson, 1964), p. 141. 참조한 페이지는 본문 안에 기록했다.

내 영광을 위하여 내가 너를 참으리라.

그는 은혜가 최종 결정권을 갖는다고 주장한다. 아울러 그는 그런 맥락에서 아타나시오스와 그레고리오스를 인용한다. 이 모든 내용은 결국 "자기 스스로 어떤 의도 얻지 못하는 죄인의 무능"으로 이어진다(p. 171).

큉은 "죄인은 칭의를 통해 잃어버린 자유를 회복한다"고 강조한다(p. 174). 하나님의 **은혜**(히브리어로 *chēn*)가 개입한다. 그는 바르트를 따라 이렇게 말한다. "은혜 안에서는 우선 내가 하나님을 '갖는' 게 아니라 하나님이 나를 '가지신다'"(p. 190). 바르트처럼 큉도 은혜를 **약속** 혹은 보장으로 본다. 큉은 이를 뒷받침하고자 아퀴나스, 피에르 롬바르, 라너를 인용한다. 그는 칭의와 죄에 관한 가톨릭의 설명과 개신교의 설명을 화해시키려고 한다. 우리는 큉 안에서 하나님에게서 분리됨, 우리 근원을 잃어버림, 비참함, 하나님이 우리를 주장하심을 거부함 같은 해석학의 보화를 발견한다.

5) **존 지지울라스**(1931-). 이 사상가는 이 시대 그리스 정교회 신학을 대변한다. 그는 이렇게 썼다. "타락은 진리와 교제가 단절됨으로써 **교제**[곧 하나님 및 다른 이들과 나누는 교제]**에 의지하길 거부하는 것**을 뜻한다."[109] 죄인은 하나님과 나누는 교제라는 기준에서 떨어져 나와 자기를 존재 중심으로 삼는다. 이를 통해 죄인은 자신을 "조각난 실존"으로 만든다.[110] 지지울라스는 계속하여 이렇게 말한다. "아담이 죽은 것은 자신을 하나님으로 만듦으로써, 곧 자신을 실존의 궁극적 준거점으로 만듦으로써 타락했기 때문이다."[111] 관계 혹은 관계성을 거부하는 반역은 하나님과 '인간'을 '객체'로 바꿔 버리며, 이 객체들은 주체와 아무런 실질적 관계를 갖지 않는다. 우리가 하나님의 형상을 논할 때 보았듯이, 이것이 바로 러시아 정교회 신학자 블라디미르 로스키가 설명하

---

[109] John D. Zizioulas, *Being as Communion: Studies in Personhood and the Church* (New York: St. Vladimir's Seminary Press, 1985, 1997), p. 102.
[110] Zizioulas, *Being as Communion*, p. 103.
[111] Zizioulas, *Being as Communion*, p. 105.

는 구분이다. 로스키와 지지울라스 모두 동방 교부들을 폭넓게 인용한다. 이들과 아우구스티누스, 루터, 판넨베르크 사이에는 여러 차이점이 있으나, 이들이 공유하는 지반이 여전히 더 크다. 우리가 아타나시오스나 아우구스티누스를 고찰하든 지지울라스나 판넨베르크를 고찰하든, 이들에게 죄는 본질상 하나님을 거부하는 것, 하나님의 자리에 자기를 대신 앉히는 것이다. 지지울라스는 하나님 및 다른 이들과 맺은 관계를 해석학적 열쇠로 본다.

죄에 관한 이 스물세 가지 설명(테넌트와 펠라기우스의 설명은 아마도 제외해야 할 것 같다)을 모두 살펴본 결과, 죄 개념은 오늘날 세속 세계, 때로는 교회 안에서조차 널리 퍼져 있는 소외 혹은 오도된 욕망이라는 개념과 멀리 떨어져 있다. 오늘날 교회 안에 존재하는 많은 전례, 신앙고백을 담은 기도, 설교는 오늘날의 세계와 신자유주의가 성경 및 역사 속의 많은 신학자가 남겨 준 근본 이해를 얼마나 빈번히 희석시켜 버렸는지 보여 준다. 이런 타협은 종종 우리 삶에서 가장 심각한 문제들을 사실상 아예 건드리지도 않고 방치하며, 이 때문에 복음도 더 **신뢰하지 못할** 것이 되어 버린 것 같다. 잉글랜드에서는 이런 점을 성공회 기도서(Book of Common Prayer, 1662)와 『대안 예식서』(*Alternative Service Book*, 1980)를 비교해 보면 알 수 있다. 다행히도 『공동 예배』(*Common Worship*, 2000)에서는 이런 흐름을 되돌리기 시작했으며, 다른 교회의 기도에서도 이와 비슷한 흐름들을 찾아볼 수 있다.

8장

중보자 예수 그리스도

많은 학자는 우리가 예수 그리스도의 인격과 사역을 자세히 설명하기 **전에** 신학적 인간론, 오도된 욕망, 소외를 고찰하는 일을 더 이상 해서는 안 된다고 주장했다. 바울을 바라보는 '새 시각'에 비춰 볼 때, 요즈음 나오는 이런 주장들은 전통적 순서에 대한 반응으로 이해할 수 있는 반응이다. 디트리히 본회퍼도 사람들이 때로 '싸구려'라 말하는 방식, 곧 사람들에게 먼저 죄책과 부적절함을 느끼게 하고 난 뒤에야 비로소 예수 그리스도의 좋은 소식을 설명하는 방식을 비판했다. 이보다 중대한 일은 바울이 "문제보다 문제의 해결책을 먼저" 생각했다고 여기는 E. P. 샌더스(Sanders)의 주장이 큰 영향력을 발휘해 왔다는 것이다.[1] 불트만, 콘첼만(Conzelmann), 보른캄은 바울이 인간의 비참한 곤경을 강설한 내용에서 시작하고 그 후에 그리스도가 베푸신 구원을 제시하지만, 샌더스는 이렇게 말한다. "바울의 생각은 비참한 곤경에서 해결책으로 달려가지 않고 오히려 해결책에서 비참한 곤경으로 달려간 것 같다."[2] 샌더스는 바울이 먼저 그리스도의 복음을 자세히 설명했다고 주장한다. 바울은 인간이 아니라 하나님에 관하여 설교했다. 이어 바울은 복음이 함축한 내

---

[1] E. P. Sanders, *Paul and Palestinian Judaism: A Comparison of Patterns of Religion* (London: SCM, 1977), pp. 442-447. 『바울과 팔레스타인 유대교』(알맹e).
[2] Sanders, *Paul and Palestinian Judaism*, p. 443.

용으로서 인간론과 죄를 논했다.

그런 말로 표현되어 있다면, 이는 우리에게 다시 생각하길 요구하는 것 같다. 사도행전에 따르면, 베드로의 첫 설교는 이렇게 시작한다. "누구든지 주의 이름을 부르는 자는 구원을 받으리라." 이어 베드로는 "하나님이 너희에게 증언하신 한 사람, 나사렛 예수"를 설교하는 쪽으로 나아간다(행 2:21-22). 바울은 이렇게 선언한다. "우리는 십자가에 못 박힌 그리스도를 선포하노라.…내가 너희 중에서 예수 그리스도와 그가 십자가에 못 박히신 것 외에는 아무것도 알지 아니하기로 작정하였음이라"(고전 1:23; 2:2).

나아가, 샌더스는 하나님이 예수 그리스도를 통해 하신 일과 지금도 행하시는 일이 우주 차원의 사건에 해당함을 올바로 주장한다. 이는 역사의 전환점을 이루며, 우리가 믿음으로 응답하느냐 여부보다 중대한 관심사다. 우리는 샌더스가 틀렸다거나 조직신학에서는 이런 방법이 옳지 않을 것이라고 주장하지 못한다.

하지만 해석학 차원에서 다시 생각해 보면, 우선 첫 독자의 대다수 혹은 많은 이가 유대인이었으며 이들은 이미 오도된 욕망과 하나님에게서 소외당함을 일러 주는 구약성경의 가르침을 알았다는 게 드러난다. 오늘날에는 상황이 다르다. 둘째, 우리는 1세기의 많은 독자가 실존 차원에서 그리고 실제 삶 속에서 품고 있었던 구원을 향한 갈망과 오늘날 세속 세계 안에 존재하는 커다란 무관심을 비교해 봐야 한다. 그러나 오늘 우리는 오도된 욕망과 소외를 이전보다 더 건성으로 혹은 마지못해 다루는 태도를 보이며, 심지어 때로는 일부 교회와 일부 그리스도인도 그런 태도를 보여 준다. 유대인이 아닌 이들은 1세기에 살았던 대다수 유대인이 "새 시대가 동텄다"라는 메시지를 들었을 때 느꼈던 것과 같은 흥분을 전혀 느끼지 못할 것이다. 우리는 우리 자신에게 물어봐야 한다. 하나님에게서 **소외당한 처지**를 꼼꼼히 설명하지 **않은 채** 그리스도를 선포하는 경우와 꼼꼼히 설명하고 그에 비춰 그리스도를 선포한 경우, 그 선포가 우리에게 주는 무게와 흥분과 기쁨이 과연 동일할까? 이런 이유 때문에 우리는 전통적 순서를 따랐지만 다른 많은 이는 이를 다르게 인식할 수도 있겠다는 것을 인정한다.

1. 십자가의 관점에서 정의한 복음과 하나님 은혜의 관점에서 정의한 십자가

바울은 자신의 복음을 "십자가의 도"라 정의했다(고전 1:18). 바울은 고린도전서 2:2에서 "내가 너희 중에서 예수 그리스도와 그가 십자가에 못 박히신 것 외에는 아무것도 알지 아니하기로 작정하였다"고 말한다. 아울러 그는 "우리나 혹은 하늘로부터 온 천사라도 우리가 너희에게 전한 복음 외에 다른 복음을 전하면 [저주]를 받을지어다"라고, 혹은 버림받는 자가 되리라고 강조한다(갈 1:8-9). 그는 갈라디아서 1:4에서 그가 보통 쓰는 문안 인사인 "주 예수 그리스도로부터 은혜와 평강이 있기를 원하노라"에 이런 말을 집어넣는다. "이 악한 세대에서 우리를 건지시려고 우리 죄를 대속하기 위하여 자기 몸을 주셨으니." 바울이 쓴 주요 서신 넷에서는 모두 같은 말을 한다. 로마서 8:3을 보면, "율법이…할 수 없는 그것을 하나님은 하시나니 곧 죄로 말미암아 자기 아들을 죄 있는 육신의 모양으로 보내어 육신에 죄를 정하사"라고 말한다. 또 그는 이렇게 썼다. "그가(하나님이) 죄를 알지도 못하신 이(그리스도)를 우리를 대신하여 죄로 삼으신 것은 우리로 하여금 그 안에서 하나님의 의가 되게 하려 하심이라"(고후 5:21).

몰트만은 이를 이렇게 말한다. "예수가 십자가에서 죽으신 것이 기독교 신학의 **중심**이다."[3] 신약성경에서 이를 강조하는 곳은 바울 서신만이 아니다. 예수는 이렇게 가르치셨다. "인자가 온 것은 섬김을 받으려 함이 아니라 도리어 섬기려 하고 자기 목숨을 많은 사람의 대속물로(그리스어로 lytron anti) 주려 함이니라"(막 10:45). 요한복음 3:16에서는 이렇게 말한다. "하나님이 세상을 이

---

3   Jürgen Moltmann, *The Crucified God: The Cross as the Foundation and Criticism of Christian Theology* (London: SCM, 1974), p. 204.

처럼 사랑하사 독생자를 주셨으니 이는 그를 믿는 자마다…영생을 얻게 하려 하심이라." 요한은 "아들을 믿는 자는 누구든 영생이 있고"(3:36)라고 덧붙인다. 베드로는 사도행전 2:21에서 구약성경을 인용하여 "누구든지 주의 이름을 부르는 자는 구원을 받으리라"라고 말한다. 히브리서 9:12에서는 그리스도가 "자기의 피로 단번에(그리스어로 *ephapax*)" "성소로" 들어가 "영원한 구속을 (그리스어로 *lytrosin*) 얻으셨다"고 말한다. 우리는 베드로전서에서 또 다른 중요한 글을 읽는다. "너희가…대속함을 받은 것은…오직 흠 없고 점 없는 어린 양 같은 그리스도의 보배로운 피로 된 것이니라"(벧전 1:18-19). 요한일서에서는 "그 아들 예수의 피가 우리를 모든 죄에서 깨끗하게 하실 것이요"(1:7)라고 말한다. 마지막으로, 요한계시록 5:9에서는 이렇게 말한다. "당신은 합당하시도다.…죽임을 당하사 당신의 피로 모든 사람 중에서 성도들을 사서 하나님께 드리셨기 때문이라."

신약성경에 들어 있는 이 주요 자료들에서 모두 '죽음'보다 '십자가'나 '그의 피'라는 말을 사용하는 것은 결코 우연이 아니다. 빈센트 테일러(Vincent Taylor)는 이렇게 말했다. "'피'를 언급한 말을 '죽음'과 같은 의미라고 설명하는 것은 잘못이다. '**그의 피로 말미암아** 의롭다 하심을 받다'(롬 5:9) 대신 '십자가에 못 박히신 그리스도 안에서 의롭다 하심을 받다'라고 읽을 때, 어떤 의미가 사라지는 것을 놓치긴 어렵다."[4] 마르틴 헹엘(Martin Hengel)도 1세기에 십자가가 치욕스럽고 불명예스러운 형태의 죽음을 의미했음을 우리에게 되새겨 주었다.[5]

바울과 신약성경의 다른 기록자 안에 존재하는 두 번째 출발점은 그리스도의 십자가가 본질상 (그리스도가 하신 행위일 뿐만 아니라) **하나님**이 하신 행위요, 특히 **하나님의 은혜**에서 나온 행위라는 것이었다. 하나님이 그냥 당신 아들을 '보내' 이 아들이 스스로 감당할 채비도 되어 있지 않았던 큰 희생이 따

---

4 Vincent Taylor, *The Atonement in New Testament Teaching* (London: Epworth, 1940), p. 92.
5 Martin Hengel, *The Cross of the Son of God* (London: SCM, 1986), pp. 93-180.

르는 과업을 감당케 하셨다는 것은 말이 되지 않는다. 도널드 베일리(Donald Baillie)는 이를 그의 책 『그리스도론』(*God Was in Christ*)에서 충실히 주장했다. 그는 십자가가 "예수의 사랑을 보여 줄 뿐 아니라, 하나님의 사랑도 보여 준다"고 썼다.[6] 예수는 무엇보다 자신을 선포하려고 오신 게 아니라, **하나님의 은혜와 나라**를 선포하려고 오셨다. 바울은 로마서 5:8에서 이렇게 강조한다. "우리가 아직 죄인 되었을 때에 그리스도께서 우리를 위하여 죽으심으로 하나님께서 우리에 대한 자기의 사랑을 확증하셨느니라." 이를 잘 보여 주는 고전 같은 구절이 "하나님께서 그리스도 안에 계시사 세상을 자기와 화목하게 하시며"(고후 5:19)이며, 베일리는 이 구절에서 그의 책 제목을 가져왔다. 오래된 한 구호는 그리스도의 사역이 하나님의 은혜의 **뿌리**가 아니라 하나님의 은혜의 **열매**임을 우리에게 일러 준다.

이 점의 중요성을 생생히 보여 준다 할 수 있는 이가 20세기 중반의 가장 보수적인 신약 전문가이자 신학자 중 한 사람이다. 리온 모리스(Leon Morris)는 이렇게 말했다. "복음주의자들은 때로 그리스도가 우리를 위해 하신 일을 적절히 강조하려고 애쓰다 뜻하지 않게 삼위 하나님을 갈라놓는 일을 저지르고 말았다.…강조하건대 이것은 성경에서 취하는 입장이 아니다."[7]

20세기 말에 아버지 하나님이 대속에 개입하셨음을 강조했던 개신교 신학자 중 가장 큰 영향을 미친 이는 아마 위르겐 몰트만일 것이다. 그는 "**그리스도의 십자가가 진정 하나님 자신에게 어떤 의미가 있는가?**"라는 질문을 거듭 던진다.[8] 그는 이렇게 묻는다. "하나님은 정말 예수의 고난 속에 계시지 않았

---

6   Donald M. Baillie, *God Was in Christ* (London: Faber and Faber, 1948), p. 184. 『그리스도론』(대한기독교서회).
7   Leon Morris, *Glory in the Cross: A Study in Atonement* (London: Hodder and Stoughton, 1966), pp. 46 and 47. 『속죄의 의미와 중요성』(생명의말씀사).
8   Moltmann, *The Crucified God*, p. 201; Jürgen Moltmann, *Experiences in Theology: Ways and Forms of Christian Theology* (London: SCM, 2000), pp. 15 and 16; 아울러 Jürgen Moltmann, *History and the Triune God: Contributions to Trinitarian Theology* (London: SCM, 1991), p. 172. 『삼위일체와 하나님의 역사』, 『신학의 방법과 형식』(이상 대한기독교서회).

는가? 아버지 하나님은 당신 아들을 '보내' 당신 대신 고통스러운 과업을 행하게 한 아버지처럼 십자가에 달린 예수 그리스도에게서 멀찌감치 떨어져 세상 가운데 계신 분이 아니다. 그는 '유신론'에서 때로 가정하는 '자신과 사랑에 빠진 하나님'과 같은 하나님이 아니다."[9]

몰트만은 파울 알트하우스(Paul Althaus)가 단언했던 이 말을 인용한다. "예수는 우리를 위해 죽기 전에 하나님을 위해 죽었다." 따라서 몰트만은 이렇게 묻는다. "예수의 죽음이 어떻게 **하나님에 관한 말**일 수 있는가?"[10] 그는 이렇게 단언한다. "예수의 죽음이 하나님 자신에게 의미하는 것이…하나님이 삼위일체 안에서 갖는 긴장과 관계 속으로 들어온다.…십자가 사건 전체를 하나님의 한 사건으로 이해하면 할수록, 하나님을 단순하게 생각하는 개념도 더 많이 무너져 내린다."[11] 몰트만은 십자가 사건을 하나님의 한 사건으로 이해한다면 우리가 생각하는 하나님 개념에 **혁명**이 일어나야 한다고 강조한다.

몰트만 홀로 이런 접근법을 추구하지는 않았다. 우리는 도널드 베일리의 작업을 언급했다. 이 시대의 저명한 두 가톨릭 신학자 한스 우르스 폰 발타사르와 한스 큉, 그리고 저명한 두 개신교 신학자 칼 바르트와 에버하르트 윙엘의 작업은 더 급진적이다. 큉의 주요 저작인 『하나님의 성육신』(*The Incarnation of God*)이 헤겔을 꼼꼼히 연구한 내용을 담고 있음을 떠올려 볼 때, 그가 하나님의 겸비함을 이야기한 것은 놀라운 일이 아니다. 헤겔은 하나님을 추상적이거나 움직이지 않는 존재가 아니라 예수 그리스도 안에서 역사 속으로 들어오는 분이라고 인식했기 때문이다. 큉은 요한복음 프롤로그(요 1:1-14)를 "예수 안에 계신 하나님"을 이해할 길로 여기고 이 프롤로그에 꼼꼼히 주목했다.[12] 요한은 하나님과 세상의 연관 관계가 '생명 없는' 것이 아님을 보여 준다. 아울

---

9 Moltmann, *The Crucified God*, pp. 200-278.
10 Moltmann, *The Crucified God*, p. 200.
11 Moltmann, *The Crucified God*, p. 204.
12 Hans Küng, *The Incarnation of God: An Introduction to Hegel's Thought* (Edinburgh: T. & T. Clark, 1987), pp. 125-127. 참조한 페이지는 본문 안에 기록했다.

러 이 구절들은 **하나님**과 로고스, 곧 예수 사이에 서로 상대 속으로 파고드는 깊은 관계가 있음을 보여 준다. 그것은 "살아 있는 존재들의 살아 있는 관계다.…아버지와 아들은 단지 동일한 생명의 바뀜이지…복수인 존재가 아니다.…하나님이 인간의 생명이라는 형체를 취한다"(p. 127).

여기서 등장하는 "거룩한 신비"는 "무한과 유한, 하나님과 인간의 구분이 없다"는 것이다(p. 127). 모든 운동이 하나님의 영에서 나오기 때문에, 우리는 하나님 안에도 운동이 있으리라고 예상해야 한다. 큉은 이렇게 썼다. "헤겔이 그가 말한 이 '구원론'에서 취한 출발점은 무엇보다 성경이었다"(p. 161). 따라서 그는 "하나님의 성육신"을 분명하게 말한다(p. 162). 따라서 우리는 "하나님이 당신 자신을 비워…역사 속으로, 인간 속으로…들어오신 사건으로" 가능해진 것이 "하나님의 죽음과 부활"(p. 169)임을 깊이 생각해 봐야 한다. 그러나 이런 가능성이 어느 정도 현실로 이루어진다면, **하나님의 자기 내주심은 하나님의 은혜다**. 그리스도가 행하신 속죄는 하나님이 은혜와 겸비와 관용으로 행하신 행위로도 여겨야 하며, 그렇게 여기지 않은 채 그리스도의 속죄를 생각하기는 불가능하다. 헤겔은 "하나님의 생애(독일어로 Lebenslauf)"에 관하여 분명하게 이야기한다(pp. 181-186). 이 생애에는 하나님이 당신의 생명을 내주신 은혜와 희생이 들어 있다. 큉은 헤겔을 활용하며 때로 사변에 치우친 언어가 극단으로 흐르는 모습도 보여 주기도 하지만, 그의 헤겔 활용은 유익하며 시사점을 제공한다.

적어도 이 특정한 문제에서는 칼 바르트가 더 이해하기 쉽다. 그는 "하나님이" 성육신으로 "행하신 행위"는 "그가 **겸비한** 상태 속으로…예수 그리스도 안에서 일어난 하나님의 비하 속으로 들어오신 것이며…하나님은 계속하여 하나님으로 계시면서 이를 행하셨다"고, "그는 드높아진 자신의 지위에 매인 분이 아니라 낮아지실 수도 있다"고 설명한다.[13] 은혜에서 나온 이 행위는 "우

---

13 Barth, *CD* IV/2, p. 42. 틸슬턴 강조.

리가 상상할 수도 없는 하나님의 비하와 겸손과 자기 낮춤을 포함한다.…그것이 은혜의 비밀이다. 하나님은 우리를 위해 이 일을…성육신이라는 비밀을… 행하신다."[14] 바르트는 하나님이 성육신과 십자가를 통해 "아들이라는 당신의 존재 양식 안에서" 행동하시지만, 예수 그리스도는 아버지 없이 이 일을 행하시지 않으며…아버지와 그는 하나임"을 알고 있다.[15]

큉이 헤겔 철학에 너무 의존한다고 비판하는 이들이 일부 있듯이, 바르트가 성 삼위일체의 세 인격이 단지 세 '존재 양태'에 불과한 것처럼 '양태론'을 뜯어 먹고 있다고 비판하는 이들이 있을지도 모르겠다. 이것은 잘 알려진 바르트 비판이다. 그러나 바르트도 이런 위험성을 잘 알고 있다. 바르트도 큉처럼 요한복음을 인용하여 예수가 당신 아버지와 하나이심을 강조한다. 다른 곳에서 바르트는 그리스도의 사명 속에서 나타난 하나님의 뜻에 관하여 서술하는데, 이 뜻 역시 "자신을 인간을 위해 내주시려는 그분의 뜻이다.…하나님의 자기 내주심이 하나님의 영원한 목적이다.…하나님은 자신을 내주셨다.… 자신을 위험에 빠뜨리셨다."[16] 이런 겸비함에서 **우러난 은혜는 성육신 안에 '그분이 감춰져 있음'도 포함한다**. 바르트는 이렇게 썼다. "전능하신 이는 여기서 약하고 무능한 이의 형체를 입고, 영원하나 시간에 매이고 죽는 이로서, 지극히 높으시나 지극히 심오한 겸비함을 입으신 분으로서 존재하시고 행하시며 말씀하신다."[17]

몰트만은 심지어 아버지 하나님이 고독과 버림받음에 따른 예수의 처절한 고통마저 그대로 겪으셨다고 말하기까지 한다. 그는 엘리 위젤의 말을 인용한다. "하나님 자신이 교수대에 달리셨다." 그는 계속하여 이렇게 말한다. "그리스도의 십자가처럼, 아우슈비츠조차도 하나님 자신 안에 있으며…아버지의

---

14 Barth, *CD* IV/2, p. 42.
15 Barth, *CD* IV/2, p. 43.
16 Barth, *CD* IV/2, p. 161.
17 Barth, *CD* IV/1, p. 176.

비통, 아들의 복종, 성령의 능력으로 받아들여졌다."[18] 그는 다른 곳에서 이렇게 썼다. "고통하지 못하는 하나님은 사랑하지도 못한다."[19] 큉과 바르트처럼 몰트만도 경계를 너무 멀리 넓혔다는 비판을 받았는데, 이 경우에는 성부수난론(Patripassianism), 곧 아버지 하나님이 십자가에서 정말로 고난을 당하셨다는 믿음에 빠질 위험이 있다는 비판을 받았다. 그러나 몰트만이 말하려는 것은 아버지가 **그 자리에 계셨고 함께하셨다**는 말이지 아버지의 몸이 십자가에 달리셨다는 말은 아니다.

결국 그리스도의 사역을 주도한 것은 온전히 하나님의 은혜였다. 하나님이 그리스도를 내주실 때 **자신을** 내주셨다. 이는 성육신, 십자가, 그리스도의 부활을 아우른다. 실제로 바울은 방금 말한 점을 놓고 "예수를 죽은 자 가운데서 살리신 이(하나님)의 영"이라고 분명하게 이야기한다(롬 8:11).

2. 구속과 구원의 명료한 의미

1) **구속**(redemption). '구속' 및 이와 관련된 동사인 '구속하다'(to redeem, 개역개정 4판에서는 '속량하다'라는 표현으로 자주 쓰인다—옮긴이)는 두 히브리어 단어 중 하나, 곧 *pādāh*나 *pᵉdûth* 그리고 *gāʾal*이나 *gōʾēl*을 번역한 말이다. 70인역과 신약성경에서는 두 말을 모두 그리스어 *agorazō*로 번역하며, 경우에 따라 *rhuomai*로 번역하기도 하지만, *lytroō*와 *lytron*으로 번역하기도 한다. 히브리어 *pādāh*는 보통 '속전을 받고 풀어 주다'(to ransom)나 '구속하다', '자유롭게 해 주다'(to free)나 '구출하다'(to rescue)를 뜻하는 반면, *gāʾal*은 이 모든 것을 의미할 뿐 아니라, 앞으로 설명하겠지만 '친족으로서 행동하다'나 '관계에 따른 의무를 다하다'라는 뜻도 갖고 있다.[20] 그리스어 *agorazō*는 '사다'(to buy),

---

18 Moltmann, *The Crucified God*, p. 278.
19 Jürgen Moltmann, *The Trinity and the Kingdom of God: The Doctrine of God* (London: SCM, 1981), p. 38.
20 BDB pp. 145 and 804; *TDOT* 2: pp. 344-350; G. V. Smith and V. P. Hamilton, "*Gōʾēl*", in

'구입하다'(to purchase), 혹은 '돈을 치르고(in exchange for money) 재화나 용역을 얻다'를 뜻한다. 그리스어 *rhuomai*는 경우에 따라 그에 상응하는 히브리어의 번역어로 사용하지만, 신약성경에서는 '구출하다'(rescue)나 '구조하다'(deliver)나 '구하다'(save)로도 사용한다.[21] '속전'(ransom, 속량)을 뜻하는 그리스어 *lytron*, '구속하다'(redeem)나 '자유롭게 해 주다'(free)를 뜻하는 *lytroō*, '구속'(redemption)이나 '해방'(release)을 뜻하는 *lytrōsis*도 자주 사용한다.

'구속하다'와 '구속'이라는 단어는 실상 성경의 적절한 맥락 속에서 세 요지의 설교를 제공한다. 이 단어들은 보통 어떤 구속자 같은 행위자로 **인해**(by) 속박이나 위난이나 위험**에서**(from) 구원받아 자유, 안전, 새 삶을 누리거나 새 주인에게 속하는 상태**로**(to) 가는 것을 가리킨다. 금전이라는 측면은 은유일 수 있다. 닛사의 그레고리오스 및 다른 이들은 "누구에게 값을 치렀는가?"를 물음으로써 성경의 관심사가 아닌 엉뚱한 문제로 빠지고 말았다. 이런 질문을 하는 것은 값비싼 희생을 치르고 자유를 얻는 행위가 표상하는 이미지나 은유를 너무 멀리까지 밀어붙이는 것이다.

구속을 나타내는 고전적 패러다임은 **출애굽** 사건이다. 하나님은 이 사건 때 당신의 구원 행위**로** 이스라엘을 이집트에 매인 처지**에서** 구해 내 자유를 안겨 주시고 당신이 소유하신 백성으로서 모세의 인도를 받아 누리는 새 삶**으로**, 그리고 마침내 여호수아의 인도를 따라 약속된 땅**으로** 옮겨 주셨다. 하나님은 이렇게 말씀하셨다. "이스라엘 자손의 신음 소리를 내가 듣고 나의 언약을 기억하노라.…나는 여호와라.…너희를 빼내며…노역에서 너희를 건지며 편 팔로 너희를 속량하여 너희를 내 백성으로 삼고 나는 너희의 하나님이 되리라"(출 6:5-7; 참고. 15:13; 시 74:2; 77:15).

이 출애굽 사건에서 유래한 두 번째 고전적 사건이 **유월절** 제정과 기념이

NIDOTTE 1: pp. 786-789; *TDNT* 4: pp. 330-334와 6: pp. 998-1003; 그리고 R. L. Hubbard, *NIDOTTE* 3: pp. 578-582.

21 BDAG pp. 14, 605-606, and 907-908; *TDNT* 1: pp. 124-128; F. Büchsel and others, *TDNT* 4: pp. 33-356 그리고 6: pp. 998-1003.

다. 하나님은 당신의 천사들을 시켜, 그리고 문 위 인방에 피를 뿌리게 하심으로, 이스라엘 처음 난 아들들이 죽임을 당하는 일에서 구해 내사, 하나님의 언약 백성으로서 약속된 땅으로 안전한 여행을 떠나게 하신다(출 12:1-14, 17). 이스라엘은 이 날을 "기억할 날"로 지켜야 했다. "너희는 이 날을 기념하여…영원한 규례로 대대로 지킬지니라"(12:14). 새 언약 아래에서는 유월절에 이루어진 구속이 십자가와 주의 만찬을 미리 일러 주는 표징이다(이 책 13장을 보라).

출애굽기 6장에서는 줄곧 하나님을 주어로 삼아 히브리어 *gā'al*과 *gō'el*을 사용한다. 그러나 이사야 40-66장에서도 이 단어를 사용한다(가령 41:14-16. "내가 너를 도울 것이라. 네 구속자는 이스라엘의 거룩한 이이니라"). 여기서 "구속자"는 사실상 이스라엘의 하나님을 가리키는 칭호가 된다. 하나님은 이사야 43:14에서 이렇게 말씀하신다.

>   너희의 구속자(*gō'el*)요 이스라엘의 거룩한 이가 말하노라.
>   너희를 위하여 내가 바벨론에 사람을 보내어
>   모든 빗장[곧 감옥 빗장]을 부수리라.

이사야 48:17에서도 비슷한 말로 "너희의 구속자"를 이야기한다. 54:5과 8절에서는 "내 구원"이라는 요소를 사용한다. 이사야 49:26에서는 억압에서 구해 내는 것을 이야기한다. 이사야는 바벨론에서 구속해 내는 이 일을 두 번째 출애굽 구속으로 여긴다. 여호와는 "바다 가운데에 길을, 큰 물 가운데에 지름길을 내시며", 이는 홍해를 통해 이집트를 빠져나갔던 사건과 나란히 두어야만 이해할 수 있다. 이사야 63:9에 나오는 "그의 사랑과 그의 자비로 그들을 구속하셨다"도 이스라엘이 출애굽 뒤에 고향으로 돌아온 일을 가리킨다고 보는 게 타당할 것이다.

시편 시인은 **보호**라는 의미의 구속을 간구한다(시 19:14). 많은 본문에서 '구속하다'라는 말 뒤에 '에서'(from)를 뜻하는 히브리어 *min*을 사용한다(창 48:16;

시 106:10; 107:2-3). 잠언 23:11에서는 법과 관련한 맥락에서 이렇게 말한다.

그들의 구속자(gōʾēl)는 강하시니
그가 너를 대적하여 그들의 소송 이유(cause)를 변론하(plead)시리라.

욥은 유명한 구절에서 이렇게 외친다. "나의 대속자가 살아 계시니…내가 육체 안에서(in) 하나님을 보리라"(욥 19:25-26).

이는 우리에게 pādāh와 대비되는 gāʾal의 독특한 측면을 더 명확히 일러 준다. 이는 근친 복수권자를 뜻하는 gōʾēl haddām과 관련이 있다. 만일 가까운 친족이 살해당하면, gōʾēl haddām이 죽은 피해자와 친족을 대신하여 살해자를 죽일 의무를 질 수 있다. 이를 통해 그는 죽은 자기 친족의 피를 '구속한다.' 그러나 그 죽음이 사고라면, 살해자는 '도피성'으로 피신하여 근친 복수권자를 피할 수 있다. 민수기 35:12에서는 이를 이렇게 설명한다. "이는 너희가 복수할 자에게서 도피하는 성이 되리라"(더 충실한 설명을 보려면 민 35:22-25과 신 19:4-7을 참고하라). 룻기 2:20을 보면, 나오미가 룻에게 이렇게 설명한다. "그 사람(보아스)는 우리 친척, 우리와 가장 가까운 친족 중 하나이니라." gāʾal은 피해자나 스스로 생계를 꾸릴 능력이 없는 사람을 대신하여 '친족이 할 일을 하다'라는 의미를 갖게 된다. gōʾēl은 가족의 재산을 무를(redeem) 값을 치를 수도 있었다(레 25:25-28). 레위기 25:25에서는 이렇게 말한다. "만일 네 친족 중 누가 어려움에 빠져 그의 기업 중에서 얼마를 팔았으면 그에게 가까운 친족이 와서 그가 판 것을 무를 것이요."

하나님이 당신 가족이라 여김을 받는 이들을, 그리고 스스로 살아갈 능력이 없는 이들을 얼마나 기꺼이 구속하실 수 있는지는 금방 알아볼 수 있다. 사실, 신학에서 사용하는 구속함과 **구속**이라는 개념이 현대 세계는 이해할 수 없는 개념이라고 불평할 이유가 없다. 출애굽과 유월절, 아시리아의 위협, 포로 귀환이라는 세 사건은 구속이 무엇이며 구속이 내포하는 것이 무엇인지 일러 주는 명료한 내러티브 내지 언어 묘사를 제시한다. 무언가를 무르는 행위를 함으로써 '친족의 일을 행한다'는 측면조차도 이미 분명한 행위와 과정에 짜릿함을 더한다.

판넨베르크는 **이해 가능성 내지 해석학**에 관하여 기탄없는 말을 사용한다. 그는 이렇게 썼다. "후대에는 전통으로 내려온 개념들을 이해하기가 어려울 수도 있다는 사실이 **그런 개념들을 대체할 충분한 이유는 아니다.** 그건 단지 **그런 개념들을 후대에 활짝 개방하면서도…그 개념들의 의미를 생생하게 보존하는 일**이 얼마나 필요한가를 보여 줄 뿐이다."[22] 당장 그의 관심사는 '속상'(expiation)과 '대표'(representation) 또는 '대속'(substitution, 대체)라는 말이지만, 이는 '구속', '구원', '중보'에도 똑같이 적용된다. 그는 덧붙여 우리가 "이 단어들의 내용을 충분히 설득력 있게 혹은 명료하게 설명"해야 한다고 말한다.[23] **이것이 주해와 해석학이 할 일이다.**

당연히 예상하겠지만, 신약성경 기록은 구약의 명료한 전제들을 그 토대로 삼고 있다. 앞서 언급했듯이, 구속이라는 개념은 적어도 세 그리스어 단어가 제시하며, 복합어도 함께 그 개념을 제시한다. 우리가 가진 복음서 중 가장 먼저 나온 복음서를 보면, 예수가 제자들에게 "인자가 온 것은…섬기려 하고 자기 목숨을 많은 사람의 대속물로 주려 함이니라"(그리스어로 *dounai tēn psychēn autou lytron anti pollōn*, 막 10:45)라고 말씀하신다. 그리스어 *lytron*은 보통 히브리어 *gā'al*의 번역어로 쓴다. 마가복음 10:45에 있는 말씀은 마태복음 20:28에 있는 말씀과 정확히 일치한다. *agorazō*는 일상생활에서 상거래를 통해 뭔가를 살 때 줄곧 쓰는 말이나(마 13:44, 46. 그리스어로 *agora*는 '시장'을 뜻한다), *lytron*은 '속전'을 뜻할 때가, *rhuomai*는 '구해 내다'라는 의미일 때가 더 잦다(롬 7:24; 골 1:13; 살전 1:10). 누가복음 1:68에서는 구약의 용법을 받아들인다. "그 백성을 돌보사 구속하시며"(참고. 2:38).

---

22   Pannenberg, *ST* 2: p. 422. 티슬턴 강조.
23   Pannenberg, *ST* 2: p. 422.

하지만 비록 바울이 이런 단어를 그리스도가 우리를 노예 처지와 속박에서 구속하셨음을 이야기하는 맥락에서 몇 차례 사용하더라도, 이런 단어 무리는 신약성경보다 구약성경과 70인역에서 널리 나타난다. 이를 언급하는 한 고전적 사례가 갈라디아서 3:13이다. "그리스도께서 율법의 저주에서 우리를 구속하셨으니"(그리스어로 *exagorazō*). 마찬가지로 히브리서 기록자는 9:12에서 그(그리스도)가 몸소 흘리신 피로 "영원한 구속을(*lytrōsis*) 이룬다"고 말한다. 베드로전서 1:18에서는 "너희가 너희 조상이 물려준 헛된 행실에서 속함을 받았다"고 말한다. 요한계시록에서는 *agorazō*를 3회 사용한다.

"일찍이 죽임을 당하사 각 족속과 방언과 백성과 나라 가운데에서 사람들을 피로 속하여 하나님께 드리시고." (계 5:9)

땅에서 구속을 받은 십사만 사천. (계 14:3)

사람 가운데에서 구속을 받아 처음 익은 열매로 하나님과 어린양에게 속한 자들이니. (계 14:4)

신약성경에서는 이 단어 무리가 세상이나 사회 속 노예 처지에서 속량받음을 가리킴으로써 신학적 의미가 덜한 개념을 나타낼 때도 종종 있지만, "너희는 값으로 사신 것이니"라고 말하는 고린도전서 7:23은 인간이 노예이면서 또한 하나님을 위해 자유해졌다는 점에서 이중 의미를 가지고 있다. 이를 고린도전서 6:19-20과 비교해 볼 수 있는데, 고린도전서 본문은 온전히 신학적 의미를 담고 있다. "너희는 너희 자신의 것이 아니라. 값으로 산 것이 되었으니 그런즉 너희 몸으로 하나님께 영광을 돌리라."

아돌프 다이스만(Adolf Deissmann)은 이와 비슷한 예로 그리스-로마 신들이 어떤 가상 행위를 통해 노예를 사서 자유를 얻게 하거나 해방시켜 주는 경우를 인용하는데, 이 유비는 잘못된 것인데도 사람들이 많이 인용했다. 데일 B. 마틴(Dale B. Martin)은 그의 중요한 책 『구원을 뜻하는 노예 신분』(*Slavery as Salvation*)에서 이렇게 말한다. "대다수 학자는 '**사다**'(*agorazein*)를 신성한 의식을 통해 노예를 노예인 처지에서 해방시키는 것을 뜻한다고 본 다이스만의 설명을 거부해야 한다는 데 동의했다.…그리스도가 어떤 사람을 사신다고 할 때, 그 은유에 들어 있는 구원의 요소는…더 높은 차원의 노예 신분으로(그리스도의 노예로) 높아진다."[24] 다이스만은, 예컨대 "아폴론이 X라는 이름을 가진 노예를 Z라는 값을 치르고 Y에게서 샀다"라는 글처럼, 델피 및 다른 곳에서 거의 천 개나 되는 명문(銘文)을 인용하여 제시하면서 바울이 누군가를 사서 속량함을 이야기하는 그의 신학을 이런 이방 종교 관습에서 빌려 왔다고 주장했다.[25] 마틴 및 다른 이들은 역사, 사전, 신학의 근거들을 바탕으로 다이스만의 견해가 제 궤도에서 벗어난 엉터리임을 보여 주었다. 이 견해에서 나타나는 것이라곤 오로지 그리스-로마 세계에 사기, 팔기, 속량하기라는 개념이 얼마나 널리 퍼져 있었는가 하는 점뿐이다.

결국 요약하면, 우리가 구약성경을 통해 받는 가르침이 암시하는 바는, '구속'이라는 용어의 배경을 충분히 꼼꼼하게 고찰한다면 이 용어의 의미가 지극히 명료하고 분명하게 드러난다는 것이다. 따라서 이 **역사** 사건들을 해명하고 이 사건들이 오늘날 가지는 의미를 설명하는 것이 우리가 **해석학** 차원에서 가장 먼저 해야 할 과업이다.

2) **구원**(salvation). '구원'도 구속과 마찬가지로 명료한 의미를 갖고 있으며, 특히 구약의 사사들 및 다른 이들의 사례를 살펴보면 이를 잘 알 수 있다. 히브리어 동사 *yasha'*와 히브리어 명사 *shālōm*은 각각 '구원하다', '억압에서 구해 내다', '평화와 번영을 제공하다'라는 뜻과 '구원', '완전함', '평화', 혹은 '안

---

[24] Dale B. Martin, *Slavery as Salvation: The Metaphor of Slavery in Pauline Christianity* (New Haven: Yale University Press, 1990), p. 63.

[25] Adolf Deissmann, *Light from the Ancient East*, rev. ed. (London: Hodder and Stoughton, 1927), p. 323; 참고. pp. 319-332.

녕'이라는 뜻을 갖고 있다. 동사 *shālam*은 '온전하다, 아무 해를 입지 않다, 건전하다, 평화롭다'를 뜻하며, 이 동사의 히브리어 피엘 형태(Piel form, 어떤 행위를 강조하는 히브리어 문법 용어)인 *shillēm*은 '회복하다', '완성하다', '안전하게 지키다'를 뜻한다.[26] 게르하르트 폰 라트는 이렇게 썼다. "구약성경에서 *shālōm*만큼 널리 사용하면서도 평균인의 인식 수준에 비춰 조밀한 종교적 내용으로 가득 채울 수 있는 단어는 거의 찾을 수 없다."[27] 이 단어는 '아주 폭넓은 의미를 포괄한다.' 그는 엄밀히 말해 이 단어가 '평화'나 '안녕'을 의미한다고 주장한다. 따라서 이 말은 매일 벌어지는 상황 속에 자리한 행운이나 안녕을 뜻할 수도 있다. 그러나 이 말은 아울러 이스라엘의 하나님, 그리고 언약에 따른 여러 복과 밀접한 연관이 있다. 하나님은 "내가 그들과 평화의 언약을 맺으리라" 하고 약속하신다(겔 34:25, *shālōm*. 37:26에서 되풀이한다). 여기서 이 말은 비단 안녕뿐 아니라 '하나님과 화평함'을 뜻한다. 그러나 이 말이 안녕이나 구원을 가리키면 이는 하나님이 주신 선물이다. 여호와는 구원, 회복, 평화, 좋은 것을 베푸신다(시 85:4, 7, 8, 12).

이 말의 의미를 가장 명료하게 전달하는 책이 사사기다. 사사기 내러티브에서는 사건들이 되풀이되는 순환 과정을 자세히 설명하는데, 하나님은 이런 순환 과정 속에서 이스라엘을 구할 '구원자들'을 세우신다. 이 순환 과정은 다음과 같다. (1) 이스라엘이 여호와를 거역하는 죄를 짓는다. (2) 하나님은 이스라엘을 블레셋 사람들의 손에 파신다. (3) 이스라엘이 극심한 고통을 겪다 여호와께 부르짖는다. (4) 하나님이 **구원자를**(보통은 사사를) 세워 이스라엘을 **구하여 안전과 평화와 자유를 누리는 상태로 이끄신다.** (5) 이스라엘은 다시 안전과 평화와 번영을 누리며 살다가, 또다시 죄에 빠져 억압을 받는 상태에 빠진다. 예를 들어, 이런 일이 사사기 3:7-11에서 일어난다. 이 본문에서는 이런 일

---

26 BDB pp. 1022-1023; Philip J. Niel, "*sh-l-m*", in NIDOTTE 4: pp. 130-135; 그리고 Gerhard von Rad, "*Shālōm*", in TDNT 2: pp. 402-406.

27 von Rad, "*Shālōm*", 2: p. 402.

이 벌어진다. (1) "이스라엘 자손이 여호와의 목전에 악을 행했다"(7절). (2) "여호와의 진노가 불붙어…그들을 아람 나하라임의 구산 리사다임의 손에…팔 년 동안…파셨다"(8절). (3) "이스라엘 자손이 여호와께 부르짖었다"(9절). (4) "여호와께서 한 구원자를 세우셨으니…옷니엘이었다"(9절). (5) "그 땅이 사십 년 동안 평온했다"(11절).

이어 "여호와께서 그들을 위하여 한 구원자를 세우셨으니, 에훗이라"(3:15) 하는 말이 등장하면서 이런 사건의 순환 과정이 되풀이된다. 4:1-23에서는 세 번째 순환 과정을 자세히 설명하는데, 여기서는 하나님이 드보라와 바락을 세우셨다. 사사기 5장에서는 드보라가 부른 승리의 노래를 자세히 설명한다. 사사기 6:1-8:35에서는 하나님이 기드온을 세우신 일을 자세히 이야기한다. 사사기 9장에서는 아비멜렉을 다루며, 그에 이어 돌라(10:1-2), 야일(10:3-18), 입다(11:1-12:7)가 등장하고, 마침내 삼손이 등장한다(13:24-16:31).

따라서 이 순환 과정은 서로 유사하거나 반복되는 사례를 적어도 여섯 개나 제시함으로써 '구원자'와 '구원'의 의미를 아주 분명하게 그려 보인다. 각 구원 행위 내지 구원 사건마다 구원자가 하나 등장하는데, 하나님은 이 구원자를 통해 구원을 베푸시며, 이는 역시 구원이 이 '구원자'의 역할임을 분명하게 알려 준다. 사사기에서 구원자는 대부분 군사 지도자이지만, 이 사실이 이들이 자기 스스로 모든 일을 해결할 힘을 가졌음을 의미하지는 않는다. 각 '사사'는 그 시대에 지도자의 덕목으로 기대했던 점들에 비춰 보면 **약점이라 인식되는 것**을 갖고 있다. 에훗은 왼손잡이였다(3:15). 드보라는 여자였다(4:4). 기드온은 그가 이끄는 군대를 최소로 줄여야 했고(7:2) 하나님을 의심했다(6:36-37). 아비멜렉은 조롱거리였다(9:27-28). 입다는 깊이 생각하지도 않고 바보 같은 맹세를 하고 만다(11:30-31). 삼손은 쉬이 유혹에 넘어갔고 때로는 바보짓을 한다(16:16-17). 각 경우를 보면, 하나님이 대리자로 부리시는 인간에게 완전하지 못한 점들이 있어도 **하나님**의 손에서는 능력이 나온다. 그러나 이스라엘 역사가 드라마처럼 펼쳐지면서 사울, 다윗, 솔로몬 같은 **왕**, 아론, 발람,

엘리야, 아모스, 호세아 등과 같은 **선지자**, 모세와 아론이 그 역할을 수행했던 **제사장**이 등장한다. 장 칼뱅은 누구보다 예수 그리스도가 선지자, 제사장, 왕이라는 세 직무를 완전히 수행하셨다고 보았다. 히브리서에서는 아론의 피를 이어받은 제사장의 적합성과 예수의 제사장직이 지닌 완전성을 비교한다(히 7:17-28; 8:1-7).

구약성경에서는 구원의 의미를 명료하게 묘사한 그림을 제시했다. '구출', '구원'을 뜻하는 그리스어 *sōtēria*, '구원자', '구출자', '보존자'를 뜻하는 *sōtēr*와 *sōtērios*는 70인역에서 거의 250회 등장하며, 신약성경에서는 64회쯤 나온다.[28] '구원하다'를 뜻하는 동사 *sōzō*는 100회 가까이 나온다. 그리스어 *sōtēr*는 보통 히브리어 *yēshaʿ*의 번역어로 사용하며, *sōtēria*는 보통 *yēshaʿ*나 *yᵉshûʿāh*의 번역어로 사용한다.

푀르스터(Foerster)와 포러(Fohrer)는 그리스-로마 세계의 삶에서는 **구원자**나 **구원**이라는 개념과 닿아 있지 않은 측면이 하나도 없었음을 보여 준다. '구원자'는 평화와 안전을 가져다주었을 로마 제국 시대에 '황금기'라는 개념과 맞물려 나타났다. 헬레니즘 시대의 유대인 혹은 그리스어를 사용하던 유대인은 하나님이 이스라엘을 위험에서 지켜 주신다고 보았으며, 이 하나님이 *pantōn sōtēr*, 곧 '모든 이를 구원하시는 분'이요 구원을 만들어 내시는 분이라고 보았다(지혜서 16:7; 참고. 마카베오1서 4:30; 마카베오3서 6:29, 32; 7:16). 요세푸스는 이 말을 인간 구원자를 가리키는 말로 사용한다. 푀르스터는 이렇게 주장한다. "헬레니즘 시대의 통치자 숭배에서 통치자를 부르는 공식 명칭이 *sōtēres*다.…*sōzō*는 통치자의 특별한 과업이다."[29] 이 용어는 철학자, 정치가, 의사, 이방신들에게도 적용할 수 있었다. 푀르스터는 *TDNT* 7권에서 자료들을 인용한다. 하지만 후기 유대교에서는 이 용어를 하나님에게만 적용했다.

---

28 BDAG pp. 985-986; Hatch-Redpath 2: pp. 1331-1332; Werner Foerster and Georg Fohrer, "*Sōzō, sōtēria, sōtēr, sōtērios*", in *TDNT* 7: pp. 965-1024.
29 Foerster and Fohrer, "*Sōzō, sōtēria, sōtēr, sōtērios*", in 7: p. 1009; 참고. pp. 1012-1014.

천사 가브리엘은 복음서 첫머리에서 목자들에게 "오늘 너희를 위하여…구주가 나셨으니 곧 메시아시니라"(눅 2:11)라고 말한다. 마리아는 "내 영이 내 구주 하나님을 기뻐하나이다"(눅 1:47)라고 말하며 크게 기뻐한다. 여기 있는 말은 주로 도움을 베푸시는 이나 구해 내시는 이로 이해할 수 있다. 베드로는 사도행전에서 "하나님이 그(그리스도)를…지도자요 구주로…높이 올리셨다"(행 5:31)고 선언한다. 바울은 사도행전에 있는 그의 초기 설교 중 하나에서 이렇게 말한다. "하나님이 약속하신 대로 이스라엘을 위하여 구주를 세우셨으니 곧 예수라"(행 13:23). 요한복음에서는 사마리아인들이 이렇게 말하는 모습을 묘사한다. "우리는 그가 참으로 세상의 구주신 줄 앎이라"(요 4:42). 이 말들은 모두 '구해 내는 자'라는 의미임을 믿을 수 있다. 바울이 *sōtēr*라는 말을 거의 사용하지 않음은 주목할 만하다. *sōtēr*는 에베소서 5:23, 빌립보서 3:20, 목회 서신에서만 나타난다.[30]

*sōtēria*는 다르다. 복음서와 사도행전에서는(주로 누가복음과 사도행전에서) 이 말을 11회 사용하며, 대개 바울이 썼다고 인정하는 서신들에서는 16회 사용했다. 로마서 1:16에서는 이 용어의 의미를 더 충실하게 전달한다. "내가 복음을 부끄러워하지 아니하노니 이 복음은 구원을 주시는(*eis sōtērian*) 하나님의 능력이 됨이라." 로마서 10:1도 비슷하다. "내가…하나님께 구하는 바는 곧 그들로 구원을 받게 함이라"(그리스어로 *deēsis…hyper autōn eis sōtērian*). 로마서 10:10도 마찬가지다. 바울이 하는 말들은 주목할 만하다. "구원이 이방인에게 이르렀"고(롬 11:11), "우리의 구원이 처음 믿을 때보다 가까웠음이라"(롬 13:11). 고린도후서 1:6에서는 "너희의 위로와 구원"을 언급하며, 7:10에서는 "구원에 이르게 하는 회개"를 이야기한다.

그러나 동사 *sōzō*는 다르다. 이 말은 목회 서신에서 등장하는 7회를 제외하고도, 네 복음서 전체에서 50회 넘게 등장하며, 사도행전에서는 약 12회, 바

---

[30] Moulton-Geden p. 931.

울 서신에서는 20회 정도 등장한다. 하지만 '구원하다'라는 말이 서로 다른 맥락에서 등장할 때가 많아서, 그 의미를 일반화하기는 불가능하다. 분명한 것은 C. 앤더슨 스코트(Anderson Scott)와 조지 B. 케어드가 바울 서신에서 나타나는 "구원의 세 시제"를 이야기할 수 있을 정도로 '구원'이 바울의 글에서는 틀림없이 전문 신학 용어가 되었다는 것이다.[31]

이 모든 논의의 결론은 우리가 구약성경의 사사기 및 다른 책들에서 나타나는 독특한 용례를 근거로 '구원하다', '구원', '구원자'라는 용어가 **해석학상 명료하다**고 설명한 내용을 되풀이하는 것이다. 신약성경에서도 이를 토대로 삼았다. 그러나 이런 용례가 다른 비(非)유대 정황이나 이방 종교의 정황 속에도 널리 퍼져 있었기 때문인지 바울 서신, 히브리서, 요한 문헌에서는 그렇게 널리 퍼져 있지 않았더라면 사용했을 경우보다 덜 빈번히 사용하는 것 같다. 그럴지라도, 바울의 글에서 이 말은 변함없이 중요한 신학 용어다. 스코트와 케어드가 취한 세 시제 접근법은 **오늘날의 일상생활에 비추어서도** 충분히 설명할 수 있다. 가라앉는 배에 타고 있는 경우를 예로 들어 보면, **과거 사건**으로서 위난에 처한 사람들이 가라앉는 배에서 **구조되었다**거나 **구조되었었다**고 이야기할 수도 있고, **현재 계속되는 과정**으로서 이들이 구명정에 안전하게 탑승하여 **구조되고 있었음**을 이야기할 수 있으며, 나아가 이들이 **미래**에는 결국 **단단한 땅**에 발을 디디리라는 것을 이들이 **구조되리라** 하는 말로 이야기할 수도 있다.

3. 추가로 살펴볼 두 명료한 전제: 중보와 희생

1) **중보자, 중보**(mediator, mediation). '중보자'를 뜻하는 그리스어 *mesitēs*는 말

---

31 C. Anderson Scott, *Christianity according to St. Paul* (Cambridge: CUP, 1927; 2nd ed. 1961); George B. Caird, with L. D. Hurst, *New Testament Theology* (Oxford: Clarendon, 1995), pp. 118-135.

자체가 이미 명료하다. 이 말은 **두 당사자 사이에 서 있는 사람**을 뜻하며, '중간' 혹은 '가운데 자리'를 뜻하는 *mesos*에서 나왔다. 그리스어에는 *mesiteuō*라는 동사 형태가 있으나, 신약성경에서 이는 히브리서에서만 나타난다. 히브리어에는 이와 정확히 일치하는 말이 없는 것 같다. 히브리어의 *biyn*이라는 말이 이 말과 일부 겹치기는 하지만, 이 말은 보통 '지각하다, 분별하다, 깊이 생각하다'를 뜻한다.[32] 그렇다고 구약성경에서 중보나 중보자라는 **개념**이 중요하지 않다는 뜻은 아니다. **낱말**과 **개념**의 중대한 구분을 다룬 제임스 바의 작업을 보면 잘 알 수 있다. 특정 **개념**을 전달할 때 **서로 다른** 일련의 **낱말들**을 사용하는 언어가 많다. 구약성경에서는 중보를 표현하는 말로 '…를 대신하여 간청하다', '…를 대표하여 선언하다', 그리고 다른 문구들을 사용한다. 모세는 이스라엘과 하나님 사이에서 중보를 수행하는 많은 이 가운데 유일한 존재다.

이 말의 의미를 수정처럼 투명하게 혹은 명료하게 그려 보고 싶다면, 모세가 아주 좋은 예를 제공한다. C. 라이더 스미스(Ryder Smith)는 한편으론 "모세가" 특별히 그의 백성들을 위해 기도함으로써 "**그 백성들과 하나**"였지만, 다른 한편으론 특별히 하나님 계명을 그들에게 가르침으로써 **하나님을 대변했다**고 설명한다. 스미스는 이렇게 썼다. "그 산에 올라갔을 때…**그는 둘로 나뉜 한 사람이었다**. 그는 백성을 위해 기꺼이 목숨까지 내놓으려 할 만큼 백성과 하나였지만, 그들 때문에 여호와를 버릴 수는 없었다. 이 두 열정 사이에 존재하는 바로 이런 **긴장**이 구원자[혹은 **중보자**]의 표지다."[33] 중보를 이보다 명료하게 묘사할 수 있을까? 핵심 본문은 출애굽기 32:31-32이다. "모세가…여짜오되 '슬프도소이다. 이 백성이 자기들을 위하여 금 신을 만들었사오니 큰 죄를

---

32 A. Oepke, "*Mesitēs, mesiteuō*", in *TDNT* 4: pp. 598-624; BDAG p. 634; BDB pp. 106-108; G. Abbott-Smith, *Manual Greek Lexicon of the New Testament* (Edinburgh: T. & T. Clark, 1937), p. 285.

33 C. Ryder Smith, *The Bible Doctrine of Salvation: A Study of the Atonement* (London: Epworth, 1946), pp. 32-33. 티슬턴 강조.

범하였나이다. 그러나 이제 그들의 죄를 사하시옵소서. 그렇지 아니하시오면 원하건대 주께서 기록하신 책에서 내 이름을 지워 버려 주옵소서.'" 스미스는 엘리야를 비롯하여 다른 예를 몇 개 더 인용한다. 그는 이렇게 썼다. "호렙산에서 엘리야에게는, 말 그대로 **두 사람이 한 사람 안에** 있었으며, 그 두 사람은 서로 싸웠다."[34]

구약성경에서는 모세와 엘리야가 중보를 가장 잘 보여 주는 본보기이듯이, 신약성경에서는 예수와 바울이 가장 중요한 본보기다. 바울은 분명히 말한다. "나에게는 큰 근심과 마음에 멈추지 않는 고통이 있으니, **나의 동족** 곧 골육의 친척을 위하여 **내 자신이 저주를 받아**(그리스어로 *anathema*) **그리스도에게서 끊어질지라도** 원하는 바로라"(롬 9:2-3). 바울은 이스라엘과 하나이면서도, 사도로서 하나님과 하나를 이루고 있다. 그 역시 하나님과 이스라엘 백성 양쪽 '사이에 서' 있으려 하다 보니, '둘로 나뉘어' 있다.

이것이 우리가 대속을 다루기 전에 죄와 소외 아래 놓여 있는 인간의 상황을 자세히 설명하려 한 또 다른 이유다. 외프케(Oepke)는 이렇게 말한다. "신학적으로 중요한 점은 **하나님이 우리 좋은 대로 다가갈 수 있는 분이 아니라 당신이 사귐을 갖고자 당신 자신을 내주실 때만 다가갈 수 있는 분이라는 것**이다.…하나님이 세우신 중보자는…하나님을 마주 보고 공동체 쪽에 서 있"으면서도, 하나님을 대변하는 대리자다.[35]

히브리서에서는 인간에겐 본디 하나님이 계신 곳에 들어갈 권리가 없음을 분명히 한다. "그러므로 우리가 은혜의 보좌에 담대히 다가가자"는 요구(히 4:16)는 오로지 그리스도가 대제사장으로서 중보해 주시기 때문에 할 수 있는 것이다. 히브리서 저자는 그리스어 *mesitēs*를 세 번 사용한다. "예수는…더 좋은 언약의 중보자시라"(8:6), "이로 말미암아 그(그리스도)는 새 언약의 중보자시니"(9:15), "새 언약의 중보자이신 예수"(12:24). 각 용례는 그리스도가 대제

---

34 Smith, *Bible Doctrine of Salvation*, p. 33. 티슬턴 강조.
35 Oepke, "*Mesitēs, mesiteuō*", 4: p. 614. 티슬턴 강조.

사장이심, 그리스도의 희생, 그리스도가 피 흘리심을 이야기하는 맥락에서 등장한다. 바울은 이 낱말을 두 번 사용한다. 갈라디아서 3:19에서는 천사들을 통해 베풀어진 율법의 중보를 이야기하며, 3:20에서는 "이제 그 중보자는 한편만 위하지 않는다"고 설명한다. 성경 기록 속에 들어 있는 일부 용례는 이렇게 차원 높은 신학 개념까지 이르지는 않는다. 욥이 중보자를 달라고 간청할 때에 이 중보자는 중재자라는 뜻이다.

우리 사이에 양편 모두에 손을 얹을
판결자(70인역에서는 그리스어 *mesitēs*)도 없구나. (욥 9:33)

일부 사람들은 복음서에 *mesitēs*라는 말이 없는 것은 이 말이 중요하지 않음을 시사하는 것이라고 주장했다. 그러나 다시 한번 말하지만, 이것은 바도 주장했듯이 **낱말**과 **개념**을 혼동한 것이다.[36] 우리가 할 일은 다만 '올라가는' 중보자와 '내려가는' 중보자가 각각 하는 역할을 명확하게 설명함으로써 예수가 이 두 역할을 모두 완수하셨음을 아는 것이다. **올라가는** 중보자는 하나님과 인간 사이에 서서 **제사장** 역할을 하면서, 인간을 대신해 하나님께 간청한다. 히브리서에서는 예수를 "자비하고 신실한 대제사장"(히 2:17; 참고. 3:1; 4:14-15; 5:5, 10), "영원한 대제사장"(6:20), "거룩하고 흠이 없고 더러움이 없는 대제사장"(7:26; 참고. 7:27-28; 8:1, 3; 9:7, 11, 25)이라 부른다. 베드로전서 2:9에서는 하나님의 백성을 "택하신 족속이요 왕 같은 제사장"이라 부르며, 베드로전서 2:5에서는 "신령한 제사를 드릴 거룩한 제사장"이라 부른다.

'**내려가는 중보자**'는 하나님과 인간 사이에 서서 **선지자** 역할을 한다. 모세, 엘리야, 아모스, 호세아, 이사야, 그리고 다른 이들은 하나님을 대신하여 백성에게 말했다. 신약에서는 이 역할을 주로 사도가 완수하지만, 다른 많은 이도

---

36 James Barr, *The Semantics of Biblical Language* (Oxford: OUP, 1961), pp. 206-258.

이 역할을 한다. 누가복음 11:49에서는 사도와 선지자를 연계하여 이렇게 말한다. "내가 선지자와 사도들을 그들에게 보내리니." 히브리서 3:1-2에서는 이렇게 말한다. "우리가 믿는 도리의 사도이시며 대제사장이신 예수를 깊이 생각하라. 그는 자기를 세우신 이에게 신실하셨느니라." 우리가 모세, 베드로, 바울을 생각하든, 아니면 열두 제자를 생각하든, 이들은 하나님에게서 내려가는 중보자로서 하나님 말씀을 전했다.

니콜라스 월터스토프는 하나님과 하나님을 대리하는 자들 모두가 대변하는 하나님 말씀에 관하여 긴 글을 썼다. 이는 누군가를 대신하여 서신을 쓰고 거기에 서명하는 비서 및 다른 이들에겐 익숙한 개념이다.[37] 사실, 이 중보라는 개념에는 **해석학적으로** 현대의 삶에 적용할 수 있는 것들이 가득하며, 이 중에는 제대로 탐구가 이루어지지 않은 것도 일부 있다. 월터스토프가 예로 든 대리인이나 비서 사례는 더 적용 가능한 다른 사례들을 암시한다.

2) **희생**(sacrifice). 바울은 이 용어도 예수 그리스도에게 직접 적용하면서 이렇게 쓴다. "유월절 양 곧 그리스도께서 희생되셨느니라"(그리스어로 *etythē Christos*, 고전 5:7). 아울러 히브리서 저자는 이렇게 말한다. "그(그리스도)가 자기를 단번에 제물로 드려(sacrifice) 죄를 없이 하시려고 세상 끝에 나타나셨느니라"(그리스어로 *hapax...dia tēs thysias autou*, 히 9:26), 그리고 "그리스도는 죄를 위하여 한 영원한 제사(sacrifice)를 드리셨다"(그리스어로 *mian hyper hamartiōn...thysian*, 히 10:12).

구약성경에서는 이 개념이 구속이나 구원이나 중보라는 개념만큼 명료하지 않을 수도 있다. 구약성경에는 적어도 다섯 유형의 희생 제사가 있다. 그러나 속상이나 유화와 관련이 있는 희생 제사들은, 한 희생 제물이 죄책을 **대신 짊어짐**을 가리킬 때, 혹은 적어도 희생 제물과 죄책 사이의 **연대**나 **참여**를 가리킬 때에는 그 개념이 거의 명료하다.

---

[37] Nicholas Wolterstorff, *Divine Discourse: Philosophical Reflections on the Claim That God Speaks* (Cambridge: CUP, 1995), pp. 38-51.

첫째, *minchāh*, 곧 '소제'(素祭)는 단지 하나님께 바치는 **선물**을 가리키며, 보통 **감사를 드릴** 때 바쳤다. 이렇게 가장 넓고 가장 약한 의미로 쓸 때에만 그리스도의 희생이 하나님께 드리는 제사였다. 어쨌든 *minchāh*는 피 없는 선물이었다. 둘째, *shᵉlāmîm*은 '화목제'였으며, **하나님과 나누는 사귐**을 표현했다. 규범상 제사장이 제물의 일부를 취하고, 예배하는 자가 일부를 취하고, 하나님께 일부를 드리곤 했다. 이것들은 하나님이 임재하신 성소에서 먹었는데, 이는 하나님과 나누는 **사귐**을 상징했다. 셋째, *'ōlāh*, 곧 '번제'는 **모든 것을 바치고 온 마음을 바치는 것**을 표현했다. 이는 매일 아침과 저녁에 **정기적으로** 올리는 희생 제사의 일부였다. 넷째, 다섯 가지 희생 제사를 그대로 행하는 일이 대속죄일(히브리어로 *yōm kippōrîm*) 의식 중 큰 부분을 이루었다. 이 제사들은 특별한 범주를 형성했는데, 이 희생 제사 제물 중에는 속죄 염소도 있었다(레 16:21). 수송아지는 속죄 제물로 여겼고, 숫양은 번제물로 여겼다. 이 수송아지는 대제사장을 위해 바쳤고(16:6), 두 염소 중 하나는 백성을 위한 **속죄 제물**로 바쳤으며, 다른 하나는 **속죄 염소**로 삼았다(16:8). 아론(혹은 그 후계자들)은 살아 있는 염소 머리에 자신의 손을 얹고 백성이 지은 모든 죄를 고백해야 했다(16:20-22). 이 행위는 희생 제물인 동물의 죽음이 사람들이 지은 죄를 **대속하는 것**이라고 널리 이해되었다. 아울러 이 행위는 **속죄를 이해시켜 주는 강력한 시각 보조 수단 내지 말 그림**(word picture)이다. 히브리서는 9:1-5, 6, 9에서는 이를 그리스도의 희생에 적용한다. 다섯째 범주의 희생 제사인 *'āshām*, 곧 '속건제'도 말 그림으로서 역시 놀라움을 안겨 준다. 많은 학자는 이 제사를 후대에 등장한 것으로 보면서, 이 제사가 이른바 P문서, 곧 구약의 제사장 문서에서만 등장한다는 것을 그 근거로 제시한다. 논쟁할 여지가 있지만, 이는 **보상**(compensation), **대속**(substitution), 그리고 **속상**(expiation) 또는 **유화**(propitiation)를 나타낸다.

넷째 범주와 다섯째 범주에서는 속죄(atonement)가 무엇인지 상당히 명료 쾌하게 묘사한 그림을 제시한다. 그러나 많은 저술가는 이 범주들에 **대속**이라는 관념이 들어 있는지 의문을 표시하기도 하고 심지어 비판하기까지 한다. 첫 번째 반대 의견은 오해에 기초하고 있다. 와이틀리가 그러하듯이, 때로 사람들은 **대속**이 **참여**(participation)와 **동일화**(identification)라는 관념을 **손상시킨다**고 주장한다. 와이틀리는 그리스도의 속죄가 오직 "우리와 그(그리스도)의 연대"에 근거하여 작동한다고 강조한다.[38] 그는 바울이 대속에 관하여 제시하는 세 고전적 해석―로마서 8:3, 고린도후서 5:21, 갈라디아서 3:13-14―을 비판한다. 그러나 그의 주해는 여전히 의심스럽다. 두 번째 반대 의견도 오해에 기초하고 있다. 사람들은 마치 아버지 하나님이 아들을 '보내' 당신 대신 치욕스러운 일을 하게 하신 것처럼 여기며, 이를 고대판 자녀 학대와 비슷하다고 보는 것 같다.[39] 그러나 우리는 하나님의 **은혜**가 속죄의 **열매가 아니라 뿌리**임을 논할 때 이런 반대 의견을 언급했다. 나아가, 우리는 바르트, 몰트만, 큉이 성육신과 십자가라는 치욕과 **하나님의 치욕**의 심오한 연관성을 어떻게 설명하는지 언급했다. 셋째, 존 파이퍼(John Piper), 웨인 그루뎀(Wayne Grudem), 그리고 다른 이들은 초크(Chalke)의 작업을 통렬히 비판하면서, 초크가 속죄의 가장 중요한 진리 중 하나를 경멸했다고 말했다. 그루뎀은 초크가 복음의 핵심을 부인한다고 주장한다. 이는 런던 신학교(London School of Theology)에서 후원하는 속죄 논쟁(Atonement Debate)을 포함하여 인터넷에서 많은 논쟁을 불러일으켰다.[40] N. T. 라이트는 그가 '형벌 대속'(penal substitution)에서 '형벌' 측면만을 비판하고 있다고 주장한다. 그러나 그의 언어에는 적어도 증거가 뒷받침하지 못하고 한쪽에 치우친 것처럼 보이는 부분이 있다. 네 번째 난점은 일부 사람들이 대속이라는 개념을 희생 제사와 속죄를 이해하는 **유일한** 열쇠로 만들려 한다는 점이다. 비록 이것이 여전히 필수 모델이라 하더라도, 우리는 이 모델이 몇몇 **보완** 모델 가운데 하나라고 말하는 쪽을 선호할 수밖에 없

---

38 D. E. H. Whiteley, *The Theology of St. Paul* (Oxford: Blackwell, 1964, 1971), p. 130.
39 Steve Chalke, with Alan Mann, *The Lost Message of Jesus* (Grand Rapids: Zondervan, 2004).
40 Steve Chalke et al., *The Atonement Debate* (London: London School of Theology; Grand Rapids: Zondervan, 2008).

다. 뒤에서 이를, 특히 J. K. S. 리드(Reid)와 관련지어 더 자세히 논한다.

요컨대, '희생'이라는 말이 해석학상 '구속'이나 '구원'이나 '중보'라는 말보다 명료해 보이지 않는 것은, 이 말이 서로 다른 허다한 효과를 전달하기 때문이다. 어떤 측면들은 하나님과 이룬 평화와 화해를 분명히 전달하지만, 다른 측면들은 속죄의 논리를 보여 준다. 모두 유익한 도움을 주지만, 그 측면들이 예시하는 것이 무엇인지 아주 완벽하게 보여 주지는 않는다. 이것이 바로 히브리서에서 유일하고 완전한 희생 제사에 시선을 돌리는 이유다. 구약에서는 이 제사를 그저 미리 보여 줄 뿐이다.

그러나 **대속**은 여전히 **속죄**를 더 명료하게 보여 주는 말 그림 중 하나를 이루는 부분이기도 하다. **대체와 연대**는 오늘날 많은 스포츠 종목, 특히 축구에서 아주 중요한 개념이다. 이 개념을 유지해야 하는 이유가 넷 있다. (1) 이 문맥에 등장하는 그리스어 전치사 셋 가운데, '…대신에'(instead of)를 뜻하는 말 *anti*가 마가복음 10:45과 마태복음 20:28에 나온다.[41] 전치사 *hyper*가 더 넓지만, 이는 보통 '…를 이롭게 하고자', '…를 대신하여'(on behalf of), '…를 위해'라는 뜻도 함께 갖고 있다(요 11:50-52; 18:14; 롬 5:7; 고전 5:7; 고후 1:11; 5:20; 갈 2:20; 살전 5:10; 히 6:20; 벧전 2:21).[42] (2) J. K. S. 리드가 말하듯이, 바울 서신과 신약성경의 다른 책에는 가령 "그가 살아 계시므로 우리도 살리라" 같은 말처럼 "상응 규칙"이 있는가 하면, "그리스도가 **자신에겐 전혀 필요하지 않은** 그 혜택들을 우리를 위해 얻어 내셨다" 같은 말처럼 "**반대 규칙**"이 있다.[43] (3) 루터와 칼뱅이 주장하듯이, 대속은 심지어 동일화보다도 강하게 구원을 **보증**한다. (4) 대속은 동일화나 참여와 **다른 대안**을 제시하는 것이 아니다. 대체는 분명 그리스도와 적극 연대하는 것과도 관련이 있다.

지금까지 살펴본 모든 내용은 '구속', '구원', '중보', '희생'이 현대인이 이미

---

41 *anti*를 살펴보려면, BDAG pp. 87-88를 보라.
42 BDAG pp. 1030-1031.
43 J. K. S. Reid, *Our Life in Christ* (London: SCM, 1963), pp. 89-91. 티슬턴 강조.

사실상 명료하게 이해하고 있는 용어이거나, 구약을 거의 이해하지 않고도 최소한 해석학의 관점에서 충분히 설명할 수 있음을 보여 준다. 이 명료한 용어들이 신약성경에서 말하는 속죄를 이해하기 위한 핵심 **전제**를 이룬다.

4. 속죄를 더 설명해 주는 보완 모델

신약성경 기록자, 특히 바울은 그리스도가 "나를 위하여"(갈 2:20), "우리를 위하여" 또는 "우리 죄를 위하여"(고전 15:3) 자신을 내주셨다고 말한다. 예레미아스(Jeremias)는 이렇게 말한다. "그(바울)는 점점 더 많은 비교와 이미지를 활용하여 그의 청중과 독자에게 이 '우리를 위하여'의 의미, 곧 죄인을 대신한 그리스도의 죽음이라는 개념을 이해시키려고 노력한다."[44] 예레미아스는 구약성경에서 속죄와 관련하여 제시하는 명료한 대전제 넷 외에, **더 명백한 사례 넷**을 고른다. 첫째는 예레미아스가 부활절 아침의 새 생명과 짝짓는 유월절 양의 **희생**(고전 5:7), 그리고 대속죄일과 속죄제(롬 8:3)다.

둘째 주제는 **형법**에서 가져온다. "바울은 둘째 주제를 사용하여 그리스도가 우리를 어떻게 대신하셨는지 설명한다. 그는 이 주제를 형법에서 빌려 온다." 예레미아스는 이사야 53장의 고난받는 종을 인용하는데, 이 종은 "우리 범죄 때문에 부과된 형벌"을 감당한다(롬 4:25; 골 2:14).[45] 골로새서 2:14을 보면, 그리스도는 형 집행을 받으러 가는 죄인이 목에 걸고 있는 빚 문서를 없애 버리신다.

셋째 주제는 **노예제**라는 제도에서 빌려 온다. 예레미아스는 핵심 낱말이 "사다"(고전 6:20; 7:23), "구속하다"(갈 3:13; 4:5), "값을 치르고"(고전 6:20; 7:23)라고 말한다. 그리스도는 당신의 죽음을 통해 우리를 노예 신분에서 속량해 주

---

44 Joachim Jeremias, *The Central Message of the New Testament* (London: SCM, 1965), p. 36. 『신약성서의 중심 메시지』(은성).
45 Jeremias, *Central Message*, pp. 36-37.

셨다.⁴⁶ 우리는 앞서 '구속'이라는 말이 명료함을 지적했다. 덧붙여 예레미아스는 희생에는 사랑에서 나온 자기희생도 포함된다고 말한다(고전 13:3). 노예라는 처지는 죄(롬 3:9), 율법(갈 4:5), 하나님의 저주(갈 3:13)와 관련이 있다. 우리가 "'구속'이라는 멋진 반지"의 진가를 제대로 알려면, 노예로 묶여 있는 삶이 얼마나 무서운지 상상해 봐야 한다.⁴⁷

예레미아스는 네 번째 주제로 "**죄인을 대신한** 그리스도의 **순종** 속에 존재하는 윤리적 대체"(롬 5:18-19과 갈 4:4-5)를 든다.⁴⁸ 그리스도의 순종 행위("이 한 사람의 순종")는 우리 대신 바친 것이며, 아담의 불순종과 대비되는 효과를 갖고 있다. 예레미아스는, 이런 이미지들이 서로 다를 수 있지만 이 네 주제 아래에는 동일한 의도가 깔려 있다고 결론짓는다. 바울은 "'우리를 위한' 자, 곧 죄인들을 대신한 죄 없는 이"를 설명하고 싶어 한다. "그는 경건하지 않은 자(롬 5:6), 하나님의 원수(5:10), 하나님을 대적하는 세상(고후 5:19)이 감당해야 할 자리를 대신 담당하신다."⁴⁹

바울은 우선 구약성경에서 이미지를 샅샅이 찾아낼 뿐 아니라, **형법**, **빚과 재정**, **노예제와 노예 해방이라는 사회 현실**에서도 이미지를 찾아내며, 구속이 갖는 삼중 의미도 찾아낸다. 그는 성전에서 올리는 희생 제사, 도덕적 희생, 대체, 한 실존 영역에서 다른 실존 영역으로 옮겨 감을 나타내는 '이전 언어'(transference language)를 포함시킨다. 이 모든 이미지가 현대 세계에서는 낯설다고 어느 누가 주장할 수 있을까? **노예제**, **빚**, **상업** 세계, **스포츠** 세계, 그리고 현대의 다른 여러 예는, 이런 용어들을 **명료하게** 이해하지 못한다면 그것은 오로지 무지와 독서 결핍 혹은 이해 결핍 때문임을 일러 준다. 바울은 신학만큼 **해석학**에도 많은 에너지와 생각을 쏟았다.

우리는 다만 바울의 **독특하고도** 독창적인 주제인 **화해**(reconciliation), 그리

---

46 Jeremias, *Central Message*, p. 37.
47 Jeremias, *Central Message*, p. 38.
48 Jeremias, *Central Message*, p. 38.
49 Jeremias, *Central Message*, pp. 38-39.

고 화해보다는 전통적 색채가 더 강한 주제인 **속상**(贖償, expiation) 혹은 **유화**(propitiation)에 관하여 몇 마디 덧붙일 필요가 있는데, 이는 우리가 그리스어 단어 *hilastērion*을 어떻게 번역하느냐에 달려 있다. 이 주제들은 복잡하기 때문에, 요한복음과 히브리서를 살펴본 뒤, 5절에 가서 다시 살펴보겠다.

요한은 순전히 **유대인만이 알 법한** 용어를 **이방인**도 이해할 수 있는 용어로 바꾸는 데 열심을 내면서도, 사뭇 다른 용어 세계와 개념 세계를 건설하는 것 같다. 그는 로고스를 그리스도 중심으로 설명하는 말로 그의 프롤로그를 시작한다. 그리스도는 눈에 보이지 않는 하나님을 언어와 행위를 통해 이치에 맞게 전달해 주시는 매체다. "태초에 말씀(그리스어로 *ho logos*)이 계시니라. 이 말씀이 하나님과 함께(*pros ton theon*) 계셨으니 이 말씀은 곧 하나님이시니라(*theos ēn ho logos*)"(요 1:1). 요한도 바울과 히브리서 저자처럼, 그리스어를 사용하는 유대인과 이방인이 그리스도인이든 아니든, 이들이 복음을 완전히 이해할 수 있도록 자신이 활용할 수 있는 모든 개념 도구를 활용한다. 그리스-로마 세계에서는 로고스 사색이, 가령 필론, 요세푸스, 시락(집회서 저자—옮긴이), 솔로몬의 지혜서 저자는 물론 그리스어를 사용하는 많은 헬레니즘 문화권 독자들도 익히 알았을 지혜 사색과 긴밀한 유사성을 갖고 있었다. 그러나 헬레니즘 개념 및 언어와 어떤 연관성이 있더라도 이를 과장해서는 안 된다. 예를 들면, 필론은 '말씀이 육이 되었다'라는 말을 할 수 없었을 것이다. 조지 비슬리머리는 요한복음과 그 프롤로그를 균형 있게 잘 설명한 입문서를 내놓았다.[50] 19세기와 20세기 초에 하르낙은 요한복음 프롤로그의 목적이 "이방인이 이해할 수 있는 길"을 제시하는 데 있으므로 이 프롤로그는 본디 요한복음 본체의 일부가 아니라고 주장했다. 그러나 오늘날 대다수 학자는 요한복음 프롤로그를 생명, 빛, 영광, 진리라는 주제를 통해 요한복음 본체를 이해할

---

50 George R. Beasley-Murray, *John*, WBC (Nashville: Nelson, 1999), pp. xliv-lxvi and 1-17. 『요한복음』(솔로몬); 참고. Raymond E. Brown, *The Gospel according to St. John*, 2 vols. (London: Chapman; New York: Doubleday, 1966), 1: pp. lii-lxxix and 4-37; 그리고 R. Alan Culpepper, "The Pivot of John's Prologue", *NTS* 27 (1980-1981): pp. 1-31.

길을 열어 주는 열쇠로 본다.

성지 바깥에 살면서 그리스어를 사용하던 독자들은 로고스를 여전히 **계시와 관련된** 개념으로 보았는데, 이는 말씀이 육을 입은 일이 예수 그리스도가 하신 행위이자 하나님이 하신 행위였음을 뒷받침하는 것이기도 했다. 결국 "그 말씀이 하나님이었다"(요 1:1). 많은 유대인이 하나님의 지혜라고 생각했던 것이 많은 그리스인에겐 하나님의 로고스를 의미했다. 배러트(Barrett)와 샌더스가 강조하듯이, 필론은 로고스를 중보하는 대리자로 본다. 필론은 이 로고스가 하나님의 '생각'일 수 있고, 창조 때 하나님을 대리한 이가 될 수도 있다고 본다. 로고스는 심지어 '대제사장', '보혜사', 하나님의 형상, 하나님에게서 처음 난 이로 천사 세계를 통제하는 이라고 불린다. T. W. 맨슨(Manson)은 요한이 어떤 사전 설명도 없이 로고스라는 용어를 소개한다는 점을 우리에게 다시금 일깨워 준다. 맨슨은 이를 통해 이 용어가 독자들이 익히 아는 용어였음을 확증한다.[51]

이것은 **바울이 속죄를 보충 설명하려고 제시하는 이미지들**에 무엇을 더해 주는가? 첫째, 이것은 우리의 첫 논지를 뒷받침한다. 속죄가 비록 **그리스도를 통해** 이루어지기도 했다 하더라도 먼저는 **하나님**이 하신 행위요 하나님의 **은혜**에서 나온 행위다. 둘째, 속죄와 그리스도는 빛과 진리는 물론 **생명**도 가져다준다. 이 주제들은 요한복음 프롤로그뿐 아니라, 요한복음 전체에서 나타난다(요 1:4; 3:15, 36; 4:14, 36; 5:24-29, 39, 40; 6:33, 35, 40, 47-48, 51-54, 63, 68; 8:12; 10:10, 28; 11:25; 12:25; 14:6, 17:2-3, 20:31. 그리스어로 zōē). 빛과 진리는 심판 및 자기를 아는 지식과 관련이 있다. 대중들이 보통 생각하는 '밝게 비추다'나 '빛을 비추다'라는 해석과 달리, phōtizō는 보통 **드러내다** 혹은 **심판하다**라는 뜻을 지닌 '빛을 비추다'를 의미한다(1:9). 셋째, 바울처럼 요한도 **그리스도를 중보자로** 묘사한다. 그는 하나님과 당신 제자들 사이에서 제자들을 대신하시

51　T. W. Manson, *On Paul and John* (1963; reprint, London: SCM, 2012), p. 138, 그리고 C. K. Barrett, *The Prologue of St. John's Gospel* (London: Athlone, 1971).

고, 하나님 말씀을 당신 제자들에게 계시하신다(계시에 관해서는 14:8-9; 17:6-8, 중보에 관해서는 1:14; 14:6; 18:37은 물론 17:9-24도 함께 보라). 넷째, 잘 알려져 있듯이, 바울은 그리스도의 죽음과 부활 속에서 그리스도와 연합함을 강조하지만, 이와 달리 요한은 3:3-10에서 새로 태어남, 혹은 위에서 태어남(그리스어로 *gennēthē anōthen*, 3:3)을 이야기한다. 하지만 포도나무라는 이미지(15:1-11)와 생명의 빵을 먹는 것(6:35-58)은 여전히 그리스도와 이룬 연합을 내포하고 있다. 요한이 사용하는 이미지는 아울러 변화를 나타내기도 한다. 이 모든 예는 비단 유대인뿐 아니라 모든 사람이 명료하게 알 수 있는 이미지이며, 때로 구약성경을 그 근거로 삼고 있다.

마찬가지로 히브리서에서도 그리스어를 사용하던 유대인과 구약성경 독자는 물론 특히 알렉산드리아 주민들도 익히 알던 낱말과 개념을 사용한다. 그리스도는 "하나님의 존재 자체를 정확하게 찍어 낸 형상이시다"(히 1:3). 중보, 대제사장직, 사도직, 예언, 희생 제사에 관한 신학은 꼼꼼히 길게 설명된다(4:14-10:18). 이 서신을 볼 때에는 바울 서신이나 요한복음을 볼 때보다 더욱 집중하고 곱씹어 보아야 할 수도 있으나, 끈기 있는 사색자라면 **최종적이고 확정적인 그리스도의 사역**에 관한 히브리서 논지의 명료한 논리와 구조를 파악할 것이다. 아론 반열의 제사장들처럼 그리스도도 합당하게 세움을 받아 그 과업을 감당하신다. 그러나 그리스도는 제사장들과 달리 후임자가 대신하지 못하며, 자신이 지은 죄 때문에 제사를 올릴 필요가 없다(5:1-8:7). 그는 **죄인과 연대하신 분**이자 **하나님과 연대하신** 분이다. 그는 확실한 중보자요 완전한 희생 제사이며 완전한 대제사장이다. 그는 (플라톤의 언어를 빌리면) 우연한 "모사"(模寫)로서 중보하지 않고 '하늘에 계신' 실재로서 중보하신다(9:11-14).

5. 속상 그리고/또는 유화? 바울의 독특한 화해 개념

1) **속상-유화 논쟁**. 바울은 신약성경의 다른 책에는 거의 나오지 않는 단어,

곧 히브리서에서 한 번 언급하는 단어를 사용하는데, 그것이 곧 *hilastērion* 이라는 그리스어다. 현대의 대다수 성경 역본에서는 이 말을 보통 'expiation'(속량, 배상을 통한 면책)으로 번역하지만, KJV/AV 그리고 1662년 성공회 기도서에서는 이를 "propitiation"(유화, 달램, 누그러뜨림, 보상)으로 번역했다(롬 3:25). NRSV와 NIV에서는 이 그리스어 단어를 "a sacrifice of atonement"(속죄 희생)이라 번역하여 논쟁을 피했으며, NJB에서는 "a sacrifice for reconciliation"(화해를 위한 희생)이라 번역하여 역시 논쟁을 피했다. 그러나 REB와 NEB에서는 "the means of expiating sin"(죄를 속상하는 수단)이라 번역했으며, RSV에서는 "expiation"이라 번역했다. 70인역의 그리스어는 히브리 구약성경에서 사용한 동사 *k-pp-r*에서 나온 히브리어 *kappōreth*를 번역 혹은 표현한 말이다. 일상 그리스어에서 보통 사용하는 의미는 '달래다'지만, 배러트는 이 말이 하나님과 인간의 관계에서는 오직 '속상하다'라는 의미만 가질 뿐이라고 주장한다. F. 댕커는 순전히 사전에서 정의하는 말뜻이라는 관점에서 로마서 3:25에서는 '속상 수단'(혹은 '속죄 희생')으로 해석하길 선호하나, 히브리서 9:5과 구약의 다른 많은 본문에서는 '달래는 장소'로 해석하길 선호한다. 그러나 그는 로마서 3:25에서도 '유화'라 주장하는 T. W. 맨슨 및 다른 이들을 원용한다.[52] 그림-다이어(Grimm-Thayer, 1901) 사전만이 조금 다르다.[53]

여기서 의미의 차이는 무엇이며, 관건이 되는 것은 무엇인가? '속상'이 '죄를 처리하는 수단'임은 의심할 나위가 없다. C. H. 도드(Dodd)는 이를 다소 어색하게 얼룩을 제거하는 것과 비교한다. 하지만 데이비드 힐(David Hill)은 두 용어를 종종 서로 바꿔 사용할 수도 있지만 "유화는 주로 어떤 신(a deity)이나 피해자를 직접 염두에 둔다"고 지적한다.[54] 다시 말해, 유화는 **인격체와 관**

---

52 BDAG p. 474. 동사 *hilaskomai*에 관한 설명은 pp. 473-474를 참고하라.
53 Grimm-Thayer p. 301. 여기서는 이 그리스어를 "노여움을 가라앉히거나 속상하는 것과 관련이 있는, 달래거나 속상하는 힘이 있는"으로 번역한다.
54 David Hill, *Greek Words and Hebrew Meanings* (Cambridge: CUP, 1967), p. 23.

련된 용어다. 이방 종교에서는 이 말이 분명 신이 호의를 품게 하거나 그 신을 달랜다는 의미를 갖고 있다. 그러나 힐이 강조하듯이, 이 말의 의미는 **맥락**이 결정한다. 그는 히브리서 9:5에 있는 이 말을 "시은좌"(mercy seat)로 번역하는데, 여기서 히브리어 *kappōreth*는 법궤 덮개, 곧 시은좌를 가리킨다. 로마서 3:25에서는 하나님이 **이미** 은혜를 베푸셨음을 분명히 밝힌다. 따라서 유화는 **진노를 누그러뜨린다**거나 은혜를 베풀게 **만든다**는 의미를 가질 수 없다. 그러나 힐은 *hilastērion*의 전제가 **인격체 사이의 관계**를 전제로 한다는 점을 아주 중요하게 강조한다. 이는 "죄 때문에 하나님과 관계가 단절되었다는 사실이 지닌 인격적 본질"과 관련이 있다.[55] 더구나, 은혜는 물론 심판이라는 주제, 심지어 진노라는 주제도 로마서 3장의 맥락에서 중요한 역할을 한다.

우리는 곧 각 번역이 각기 다른 장점을 갖고 있다는 결론을 내리려 한다. 그러기에 앞서, 적어도 일곱 가지 로마서 표준 주석에서 제시하는 용어들을 간단히 짚고 넘어가겠다. (1) 배럿트는 이 낱말을 "피를 흘린 희생의 죽음"으로 번역하면서, '달래다'라는 말을 거부하고 '속상하다'라는 말에 공감한다.[56] 도드는 '달래다'라는 말을 훨씬 더 강하게 거부한다. (2) 안데르스 뉘그렌은 이 말을 히브리서 9:5처럼 "시은좌"로 번역함으로써 논쟁을 피하려고 한다.[57] (3) 에른스트 케제만은 이 견해를 거부한다. 로마에 있던 공동체는 구성원이 주로 이방인이었기 때문에 구약에서 암시하는 내용을 인식하지 못했을 것이며, 제사를 드리는 장소가 제사 자체는 아니기 때문이다. 그것은 **용서를 받기 위한 속죄**를 가리키며, **인격적** 차원을 그대로 유지한다.[58] (4) F. J. 렌하르트 (Leenhardt)는 바울이 레위기에서 말하는 희생 제사를 원용한다고 주장하면서, (나중에는 뉘그렌과 마찬가지로) 케제만의 비판에도 불구하고 **법궤 덮개**를 언

---

55 Hill, *Greek Words*, p. 37.
56 C. K. Barrett, *The Epistle to the Romans* (London: Black, 1962), pp. 77-78.
57 Anders Nygren, *Commentary on Romans* (London: SCM, 1952), pp. 156-160.
58 Ernst Käsemann, *Commentary on Romans* (London: SCM, 1980), pp. 97-98. 『로마서』(한국신학연구소).

급한다.⁵⁹ (5) 크랜필드는 70인역에서 등장하는 27개 사례 중 21개가 히브리서 9:5과 마찬가지로 시은좌를 가리킨다고 주장한다. 그러나 로마서 3:25에서는 이 말이 '분명' 시은좌를 의미하지 않는다. 이때는 제사장이자 희생 제물이신 그리스도를 통해 달래는 것이 목적이다. 그는 리온 모리스의 연구 결과를 인용하고, 도드의 연구 결과를 받아들이지 않는다. 본문 내용은 "분명 진노를 달래는 희생 제사를 염두에 두고 있음을 나타낼 것이다." 그는 또 마카베오2서 7:30-38과 마카베오4서 6:27-29과 17:20-22을 인용한다.⁶⁰ (6) 던은 이것이 "여러 개념이 뒤섞인 복합체"로, 그리스도의 치욕스러운 죽음을 공중 앞에 드러내 보이는 것이라고 올바로 주장한다. 이는 분명 **희생 제물** 혹은 **희생 제물이 흘린 피**다. "죄인의 죄는 흠 없는 희생 제물에게 이전되었다."⁶¹ (7) 조지프 피츠마이어(Joseph Fitzmyer)는 (모리스와 로제의 논지에 비춰) 이것이 '속죄 수단'이자 '유화'라는 데 공감을 표한다. 그러나 나중에는 케제만과 마찬가지로 로마에서 이 글을 읽었던 이들이 70인역에서 말하는 여러 의미를 알아차렸을지 의문을 표시한다.⁶²

결국, 이런 주장들에 대한 대답은 아주 간단할지도 모른다. 한편으로 보면, '유화'라는 개념이 꼭 있어야 한다. 힐, 모리스, 크랜필드가 지적하듯이, 이 *hilastērion*이라는 단어는 '속상'과 달리 **인격적 관계**와 관련이 있기 때문이다. '속상'은 인격적 관계와 아주 거리가 멀며 기계적 개념처럼 보일 수 있다. 다른 한편으로 보면, '속상'이라는 번역은 이방 종교에서 생각할 법한 누그러뜨림(appeasement)이라는 관념을 막아 주며, 속죄를 **주도하신 하나님의 은혜**를 훼손하는 어떤 것도 막아 준다. 달가워하지 않는 하나님을 그렇지 않은 분

---

59 Franz J. Leenhardt, *The Epistle to the Romans* (London: Lutterworth, 1961), pp. 102-106.
60 C. E. B. Cranfield, *The Epistle to the Romans*, 2 vols., ICC (Edinburgh: T. & T. Clark, 1975, 1979), 1: pp. 214-218.
61 James D. G. Dunn, *Romans*, 2 vols., WBC (Dallas, Word, 1988), pp. 170-174.
62 Joseph A. Fitzmyer, *Romans*, AB 33 (New York: Doubleday, 1992), pp. 348-350; 참고. Leon Morris, *The Apostolic Preaching of the Cross*, 3rd ed. (Grand Rapids: Eerdmans, 1965), pp. 155-157.

으로 '바꾸려는' 게 아니다. 하나님이 속죄의 근원이며 속죄를 당신 목적으로 삼으셨다!

2) **화해.** 하나님에게서 **소외당한**, 혹은 심지어 하나님을 대적하는 **죄인의 상황이 뒤집어졌음**을 나타내고자 '하나님과 이루는 화해'라는 개념을 도입한 것도 바울의 천재성을 보여 주는 한 부분이었다. 그리스어 명사로는 *katallagē* 인데, 이는 '화해' 혹은 '중도에 끊어지거나 깨진 관계를 다시 수립하는 것'을 가리킨다. 반면, 동사 *katallassō*는 "적대 관계를 친한 관계로 바꾸다"나 "화해하다"라는 뜻이다.[63] 바울은 이 단어를 로마서 5:10-11, 11:15, 고린도전서 7:11(부부 사이), 고린도후서 5:18-19에서 사용한다. **오늘날 '화해'는 그 의미가 아주 명료하다.** 이 말은 가족 사이의 다툼이 해결되었을 때, 기업체에서 고용자와 피고용자 혹은 노조 사이의 다툼이 해결되었을 때, 전쟁을 벌인 국가들이 다툼을 해결했을 때, 그리고 일상생활의 많은 영역에서 사용한다. 로마서 5:10은 바울이 제시하는 고전적 사례다. "곧 우리가 원수 되었을 때에 그의 아들의 죽으심으로 말미암아 하나님과 화해하게 되었은즉 화해하게 된 자로서는 더욱 그의 살아나심으로 말미암아 구원을 받을 것이니라."

바울은 고린도후서 5:18-19에서 하나님이 "그리스도를 통해 우리를 당신 자신과 화해시키셨다"고 말하면서, 복음을 "화해 사역"이라 부른다. 5:20에서 전하는 메시지는 '하나님과 화해했다'는 것이다. 바울은 네 주요 서신이 아닌 다른 서신에서도 "하나님이 만물을 당신 자신과 화해시키길 기뻐하셨다"고 말한다. 독자들은 "한때 멀어지고 마음으로 원수가 되었으나", 이제 하나님은 그들과 "화해하셨다"(골 1:20-22).

20세기 초, 제임스 데니(James Denney)는 화해가 "다 끝난 일이요…우리 밖에서 이루어진 일이며, 하나님이 이를 통해 그리스도 안에서 세상의 죄를 처리하심으로써 이제 더 이상 하나님 자신과 인간 사이에는 장벽이 존재하

---

63   BDAG p. 521.

지 않을 것이다"라고 강조했다.[64] 속죄라는 관점에서 화해가 끝난 일임을 강조한 데니의 주장은 옳다. 그러나 화해는 지금도 성령을 통해 삶에 적용되어야 한다. 그러하기에 바울은 이렇게 독려한다. "그리스도를 대신하여 간청하노니, 하나님과 화해하라"(고후 5:20).[65]

우리는 속죄와 관련하여 역사 속에 등장했던 여러 해석을 아직 더 살펴봐야 한다. 그러나 성경 용어의 관점에서 보면, 관건이었던 문제와 그 의미의 여러 전제 및 설명은 사실상 전부 명료하게 밝혔기에, 해석학 차원에서 더 고찰할 필요는 없겠다. 역사 배경, 언어 배경, 신학 배경을 설명하고 나면, 분명 가장 우둔한 자들만이 여전히 이 언어는 현대 세계가 이해할 수 없는 것이라고 주장할지 모른다. 우리는 각 주요 주제가 해석학의 관점에서 보면, 특히 인류가 이전에는 소외당하고 오도된 욕망을 품고 살았음을 고려하며 이 주제에 다가가면, 명료하게 밝혀질 수 있음을 보여 주려 했다.

이 모든 내용을 볼 때, 널리 적용할 수 있는 또 다른 명제가 또 하나 나타난다. 한편으로 보면, 구속, 구원, 대속, 은혜, 속죄처럼 완전히 **하나님**이 하신 행위인 신학적 행위들이 자리해 있다. 이것들이 완전히 하나님이 하신 행위가 아니라면, 하나님의 은혜에서 나온 순수한 선물이 아닐 것이다. 그러나 다른 한편으로 보면, 이런 점 때문에 구속, 구원, 대속, 은혜, 속죄 같은 것이, 우리가 이런 것들을 적용하고 이런 것들에 믿음과 순종으로 응답해야 비로소 현실로 이루어지고 효과를 발휘하는 부족한 선물이 되지는 않는다. 따라서 이런 것들은 **그리스도와 하나가 되는 것**, 그리스도의 사역에 참여하는 것, 중보자이신 그리스도께 응답하는 것까지 포함한다. 신학에서는 이런 점들을 서로 별개이며 서로 배척하는 강조점으로 여기길 밥 먹듯이 해 왔다. 우리는 이것들이 우리에게 보증을 제공하고 하나님의 은혜를 깨닫게 해 주는 순전한 선

64　James Denney, *The Death of Christ: Its Place and Interpretation in the New Testament* (London: Hodder and Stoughton, 1922), p. 145.
65　참고. Murray Harris, *The Second Epistle to the Corinthians*, NIGTC (Grand Rapids: Eerdmans, 2005), pp. 434-452.

물로서 완전한 성격을 갖고 있을 **뿐 아니라**, 동시에 매일 우리 실존 속에서 실천으로 **응답해야** 할 것들임을 강조한다.

9장

역사 속에 나타난 속죄 신학들을 살펴봐야 하는 이유는?
역사 속 사상과 해석학

역사신학은 조직신학의 일부지만, 단순히 과거를 무미건조하게 기록해 놓은 것들로 이루어져 있지 않다. 첫째, 사상가들이 오랜 세월에 걸쳐 탐구한 결과들은 종종 그들이 살던 시대는 물론 심지어 우리 시대에도 들려주는 해석들을 통해 성경 내용을 자세히 설명해 준다. 둘째, 이런 탐구 결과들은 교회가 한목소리로 들려주는 증언을 구성하는 일부분이다. 셋째, 가장 좋은 예들을 든다면, 이런 탐구 결과들은 사람들이 고찰하던 성경 내용을 더 잘 **이해**, **전달**, **적용**, **설명**하는 데 도움을 주는 **해석학적 자원**이 된다. 마지막으로, 그리스도인은 성경만을 인용하지 않는다. 리처드 후커(Richard Hooker) 및 다른 이들이 강조했듯이, 우리가 쓰는 자료는 무엇보다 먼저 **성경**이어야 한다. 그러나 우리 자료에는 교회 안에 있는 형제자매 그리스도인들이 **한목소리로 들려주는 증언**도 포함된다. 아울러, 우리가 쓰는 자료는 때로 시간이 흐르는 동안에, **합리적이고 타당한 믿음**이라 여길 수 있는 것들에 관한 평가와 판단을 제공하기도 한다.

이것은 **참인 것과 거짓인 것**을 구별할 수 있는 시각, 맥락, 공간을 우리에게 제공한다. 이것은 우리 자신의 믿음 체계는 물론 다른 이들, 특히 우리와 같은 믿음을 갖지 않았을 수도 있는 이들과 벌이는 토론에서 중요하다. 그리스도인들은 아둔하여 속기 쉬운 개인주의자가 아니며 그래서도 안 된다. 이를 보여 주는 한 사례를 들어야 한다면, 안셀무스를 들 수 있겠다. 그는 그리스도의 인격과 사역이 어떻게 완전한 전일체를 이루는지, 그리고 속죄(atonement)가 하나님의 세상 통치와 얼마나 밀접한 관련이 있는가를 보여 주었다. 옳을 수도 있고 그를 수도 있지만, 그는 또 하나님의 영예를 나타내는 유비들을 자신이 살던 시대의 봉건 관습에서 빌려 오는데, 이는 그 시대와 이 시대의 관심사를 이어 줄 수 있는 해석학적 가교가 된다. 이런 유비는 일부분 우리 자신의 시대로 이어지는 가교를 형성할 수도 있다.

1. 초기 교회에서 이야기한 속죄

1) **속사도 기록**. 『클레멘스1서』(96년경)에서는 주로 교회 통일과 질서에 관심을 보인다. 그러나 이 책 저자인 로마 주교 클레멘스(Clement)는 다른 여러 문제에도 관심을 가졌으며, 특히 그의 책을 읽는 이들이 받은 구속이 암시하는 도덕적 의미들에 관심을 가졌다. 이 때문인지 그는 이렇게 썼다. "시종일관 흔들림 없이 그리스도의 피를 주목하고, 그 피가 그의 아버지께 얼마나 귀중한지 깨닫자. 우리를 구원하고자 그 피를 쏟으셨기 때문이다."[1] 마찬가지로, 그는 바울이 고린도전서 13장에서 사랑을 이야기한 시 중 일부를 인용한 다음, 이렇게 덧붙인다. "우리를 향한 그(하나님)의 사랑 때문에, 우리 주 예수 그리스도는 우리를 향한 하나님의 뜻으로 말미암아 그의 피를 내주셨고(그리스어로 to haima autou edōken), **우리 육**을 위해(그리스어로 hyper) 그의 육을, **우리 생명을 위해 그의 생명을 내주셨다**."[2] 이어 클레멘스는 우리가 앞 장에서 제시한 첫 번째 논지, 곧 **하나님의 은혜**가 십자가를 주도했음을 확인하면서, 희생인 죽음과 대속을 암시하는 것을 넘어 더 큰 것을 제시했다.

---

1 *1 Clement* 7.4; *ANF* 1: p. 7; 아울러 Kirsopp Lake, *The Apostolic Fathers*, 2 vols. (London: Heinemann; Cambridge: Harvard University Press, 1965), 1: pp. 18-21; 사본들이 조금씩 다르다.
2 *1 Clement* 49.6; *ANF* 1: p. 18; Lake, *The Apostolic Fathers*, 1: pp. 93-95.

안디옥 주교였던 **이그나티오스**(Ignatius, ?35-?108) 역시 10년도 채 지나지 않아 로마로 순교하러 가는 도중에 비슷한 글을 썼다. 그는 그리스도의 죽음과 부활 안에서 그와 하나가 되는 것에 관하여 썼다. 그는 『서머나인에게 보내는 서신』(*To the Smyrnaeans*)을 이렇게 시작했다. "여러분은 마치 육과 영으로 주 예수 그리스도의 십자가에 못 박히듯이 견고한 믿음으로 세워졌으며, 그리스도의 피로 말미암아 사랑으로 확인받았습니다."[3] 이그나티오스는 그리스도의 사역을 해석하면서, "예수 그리스도의 도구, 곧 십자가가 성령을 밧줄로 사용하여" 그리스도의 사역을 "하늘로 끌어올렸다"고 해석했다.[4] 그는 속죄를 이렇게 요약하여 제시했다. 그리스도는 "여러분이 그의 죽음을 믿어 죽음을 피할 수 있게 하려고 우리를 위해(그리스어로 *di' hēmas*)" 죽으셨다.[5]

서머나 주교인 **폴리카르포스**(?69-?155)는 신약성경 본문을 자주 인용했으며, 요한, 이레나이우스, 아시아와 아마도 로마에도 있을 다른 지도자들까지 일직선으로 이어지는 연속성이 있다고 제시했다. 예를 들면, 그는 베드로전서 2:21과 24절을 인용했다. "그리스도 예수, '친히 나무에 달려 그 몸으로 우리 죄를 담당하신 분'은 우리가 그 안에서 살게 하려고 우리를 위해 모든 일을 참으셨다."[6] 폴리카르포스는 이 서신을 빌립보 사람들의 믿음을 언급하는 말로 시작하는데, 이 믿음은 "우리 죄를 위해 심지어 죽음의 고통까지 참으셨고 하나님이 되살리신 우리 주 예수 그리스도께 합당한 열매"를 맺었다.[7] **생명**이 요한이 다루는 한 주제라는 점은 앞서 언급했다.

『바나바 서신』(*Epistle of Barnabas*)의 저작 연대는 여전히 불확실하지만, 대다수 사람은 70년에서 150년 사이라고 본다. '바나바'는 유대교의 희생 제사 체계를 비판하고, 예수 그리스도를 이 희생 제사 체계의 완성으로 여겼다. 이

---

3 Ignatius, *To the Smyrnaeans* 1.1; *ANF* 1: p. 86; Lake, *The Apostolic Fathers*, 1: pp. 252-253.
4 Ignatius, *To the Ephesians* 9.1; *ANF* 1: p. 53; Lake, *The Apostolic Fathers*, 1: pp. 182-183.
5 Ignatius, *To the Trallians* 2.2; *ANF* 1: p. 66; Lake, *The Apostolic Fathers*, 1: pp. 212-215.
6 Polycarp, *Epistle to the Philippians* 8.1; Lake, *The Apostolic Fathers*, 1: p. 293.
7 Polycarp, *Epistle to the Philippians* 8.1; Lake, *The Apostolic Fathers*, 1: p. 293.

서신에서는 이사야 53:5-7을 **우리를 대신한** 그리스도의 죽음이라는 맥락 속에 놓았다. 바나바는 이사야를 암시하며 이렇게 강조했다. "주가 그 육을 썩음에 내주시기까지 참으셨으니…이는 곧 그가 뿌린 피로 죄를 사면하기 위함이었다."[8] 그는 다음 절(5.2)에서 이사야 53:5, 7을 한 단어도 빼지 않고 그대로 인용하여 이렇게 덧붙인다. "성경 중 일부는 이스라엘과, 일부는 우리와 관련이 있다." 뒤에서 그는 이런 말을 덧붙였다. "주는 우리 생명을 위해 고난을 견디셨다."[9] 그는 7장에서 이삭을 제물로 바치려 한 희생 제사를 그리스도를 제물로 바친 희생 제사의 모형(*typos*)으로 여겼다.[10]

순교자 유스티노스(?100-?165)는 넓게 보아 초기 변증가 시대에 속하는 이다. 그는 바울이 갈라디아서 3:13에서 그리스도가 "우리를 위해 저주가 되셔서" 우리를 "율법의 저주"에서 속량하셨다고 말한 것을 붙들고 씨름했다. 그는 바울이 원용한 신명기 본문—"나무에 달린 자는 모두 하나님께 저주를 받았음이니라"(신 21:23)—을 고찰한 뒤, 이 본문과 신명기 27:26을 비교했다. 그는 "모든 인류가 저주 아래(그리스어로 *hypo kataran*) 있다고 밝혀질 것이다"라고 쓴 다음 신명기 27:26을 인용했다. 그의 논지는 그리스도가 우리가 마땅히 받아야 할 저주를 스스로 떠맡으셨다는 것이었다. 와이틀리의 주해와 달리, 유스티노스는 이를 **대속**이라 여겼다.[11]

아울러 유스티노스는 속죄를 다루는 다양한 접근법을 가리키는 은유 혹은 이미지로 "나무"라는 주제를 취했다. 그는 성경에서는 그리스도의 사역을 여러 방식으로 선언한다고 말했다. 창세기에서는 "생명나무"를 말한다. 모세는 "한 나무를 마라의 물, 곧 쓴 물에 던져 [그럼에도] 달게 만들었다"(출 15:23). 그리고 하나님은 "우리 그리스도가 나무 위에 못 박히신 것처럼…마므레에

---

8 *Barnabas* 5.1; Lake, *The Apostolic Fathers*, 1: p. 355.
9 *Barnabas* 5.5.
10 *Barnabas* 7.3; Lake, *The Apostolic Fathers*, 1: p. 365; 참고. 창 22:1-14.
11 Justin, *Dialogue with Trypho* 95.1; 참고. 94; *ANF* 1: pp. 246-247.

있는 상수리나무 근처…한 나무에서 아브라함에게" 나타나셨다.[12] 하지만, 유스티노스가 은유를 사용하지 않고 말할 때도 있다. "그리스도가 그의 피로 그를 믿는 이들을 깨끗케 하신다."[13]

이어 신약성경의 시대가 끝나고 첫 70년 동안, 사도들 자신이 전했던 **복음과 똑같은 속죄의 복음을 기록하고 설교하며 가르쳤다**. 가장 이른 시기에 나온 기록들에서는 특히 대속을 강조했다. 기독교 전통은 처음부터 신약성경이라는 흙에 굳건히 뿌리를 내렸다. 원(原)영지주의 기록들을 인용하는 것은 적절치 않다. 교부들, 특히 이레나이우스와 테르툴리아누스는 이런 원영지주의를 신약성경을 왜곡하는 것이며 주류 기독교회 밖에 있는 것이라고 철저히 논박했다.

『디오그네투스에게 보내는 서신』(*Epistle to Diognetus*)은 저자가 알려져 있지 않으며 저작 연대도 아주 불확실하다(그러나 아마도 2세기 말에 기록되었을 것이다). 이 서신에서는 예수 그리스도가 십자가에서 돌아가신 것을 강조한다. 이 죽음은 분명 죄를 용서하기 위한 것이었다(5.1-3). 저자는 마땅히 유명한 한 본문에서 이렇게 묻는다. "그분(그리스도)의 의가 아니면 다른 무엇이 우리 죄를 덮어 줄 수 있겠는가? 오직 하나님의 아들 안이 아니면 우리 죄인들이 누구 안에서 의롭다 하심을 얻을(그리스어로 *dikaiōthēnai*) 수 있겠는가? 오, 놀라운 교환이요 기대하지 못했던 은덕이로다! 이는 많은 이의 악이 의로운 한 사람 속에 감춰지고, 한 사람의 의로 많은 악한 이를 의롭게 하려 함이다!"[14]

2) **니케아 공의회 이전 교부들**. 리옹의 이레나이우스(?130-?200)는 로마에서 공부했으며, 2세기 교회의 탁월한 신학자가 되었다. 그는 사도 전통을 계속 이어 갔지만 동시에 다른 것들도 가르쳤는데, 이것들은 지금 시대에도 여전히 타당성을 가진다. 그는 동방 교회와 서방 교회에 모두 뿌리를 두었으며, 그가

---

12 Justin, *Dialogue with Trypho* 86; *ANF* 1: p. 242.
13 Justin, *1 Apology* 32; *ANF* 1:173; 참고. *Dialogue with Trypho* 74.
14 *Epistle to Diognetus* 9.2-6. 티슬턴 강조.

"신앙 규칙"이라 불렸던 사도 전통을 확신을 갖고 변호했다. 아울러 그는 사도들이 물려준 신앙의 기초가 하나님이 사도들에게 주신 계시라는 믿음을 변호했다. 그는 하나님이 자신을 그리스도 안에서 나타내셨다는 요한 문헌의 주제를 자세히 설명했다.

이레나이우스는 독특한 한 측면을 추가했는데, 그는 이것도 사도들의 가르침에 합당한 것이라고 여겼다. 그는 이렇게 단언했다. "하나님의 아들이… 육신이 되어 사람이 되셨을 때, 인간의 긴 계보를 새롭게 시작하시고(라틴어로 *in scipso recapitulavit*) 우리에게…구원을 주심으로, 우리가 아담 안에서 잃어버린 것―곧 하나님의 형상과 모양을 따라 존재함―을 **그리스도 안에서 회복할 수 있게 하셨다.**"[15] ("새롭게 시작하시고"라는 번역문은 시리아어를 옮긴 것이다.) 더 독특한 점은, 이 주제가 다른 곳에서 훨씬 더 분명하게 나타난다는 점이다. 이레나이우스는 "그(그리스도) 안에 신성의 모든 충만이 거한다"라고, 또다시 "하나님이 그리스도 안에 만물을 모으셨다"라고 썼다.[16] 분명 이 장 전체에서는 성경 본문을 인용하며, 이 인용문은 각각 골로새서 2:9과 에베소서 1:10에서 왔다. 에베소서 1:10의 "만물을 그 안에(그리스도 안에) 모으다"는 그리스어 *anakephalaiōsasthai ta panta en tō Christō*를 번역한 것이다.

총괄갱신(recapitulation), 곧 *anakephalaiōsis*는 성경과 바울의 사상을 그 기초로 삼고 있다. 댕커는 동사 *anakephalaioō*를 "총괄하다, 집약하다, 통합하다"로 번역하면서, 특별히 에베소서 1:10을 언급한다. 그는 로마서 13:9을 다루면서, "'원장 기입'(ledger entry)을 이해하는 데 필요한 상거래 세계의 준거 기준"을 제시한다.[17] NRSV에서는 "to gather up all things in him"(그 안에 만물을 모으다)으로 번역했고, RSV와 NEB에서는 "unite all things in him"(그 안에서 만물을 통일하다)으로 번역했다. J. B. 필립스(Phillips)는 "should

---

15　Irenaeus, *Against Heresies* 3.18.1; *ANF* 1: p. 446.
16　Irenaeus, *Against Heresies* 1.3.4; *ANF* 1: p. 320.
17　BDAG p. 65.

be consummated in him"(그 안에서 완성되게)로 번역했으며, C. L. 미튼(Mitton)은 "sum up"(집약하다)이나 "bring separate items into a single whole"(분리된 개체들을 단일체로 만들다)로 번역해야 한다고 제안한다.[18] 이레나이우스에 따르면, 아담을 언급한 것은 **그리스도 안에서 이루어진 새 창조가 아담 안의 우리의 비참한 운명을 총괄갱신했다**는 관념을 뒷받침한다. 이것이 동방 정교회에서 다루는 주제인 **신화**(deification)의 뿌리에 자리하고 있다. 그리스도는 **아담의 타락이 낳은 결과들을 뒤집으신다**. 이레나이우스는 바울이 말하는 속죄 사상이 순전히 암시만 하는 주제를 명백히 밝히는 것 같다. 그는 에베소서 1:10을 네 번 언급하고, 하나님의 형상을 꼼꼼하게 고찰한다. 아울러 그는 속죄를 악한 세력들에 거둔 승리로 묘사한다.

테르툴리아누스(?150-?225)도 사도 전통을 굳게 지키는 데 관심을 보이는 이레나이우스와 뜻을 같이한다.[19] 앞서 제시한 논지와 마찬가지로, 테르툴리아누스도 예수 그리스도를 중보자라 이야기한다. 그는 독특한 '라틴' 유형의 신학을 시작했는데, 3세기에는 키프리아누스가, 4세기에는 푸아티에의 힐라리우스(Hilary of Poitiers)와 밀라노의 암브로시우스가, 4세기와 5세기에는 드디어 아우구스티누스가 이 신학을 대변했다. 테르툴리아누스는 『부활론』(*On the Resurrection*)에서 그리스도를 중보자라 부른다. 테르툴리아누스는 이 작품 마지막 장에서 "하나님과 인간을, 그리고 인간을 하나님께 이어 주는 가장 신실한 중보자"를 통해 인간의 정체가 "하나님의 임재 안에 안전히 보존되어 있다"고 썼다.[20] 그는 중보라는 주제를 강조할 뿐 아니라, 화해가 단지 일방적이지 않고 쌍방적임을 주장하는 학자들을 지지한다. 그의 이런 태도는 죄를 심각하게 바라보는 그의 견해에도 일부 원인이 있는데, 이런 견해는 안셀무스와 칼뱅에게서 다시 나타난다. 그는 같은 본문에서 이레나이우스를 따라 그리스

---

18 C. Leslie Mitton, *Ephesians*, NCB (London: Oliphants, 1976), pp. 55-56.
19 Tertullian, *Prescription against Heretics* 16-19.
20 Tertullian, *On the Resurrection* 63; *ANF* 3: p. 593.

도가 하나님을 인간에게 "되돌려 놓으려"(라틴어로 *reddet*) 하신다고 말한다.

사실, 테르툴리아누스는 속죄라는 주제를 다루면서 이레나이우스보다 그리 많은 내용을 추가하지 않았다. R. S. 프랭크스(Franks)는 이렇게 말한다. "테르툴리아누스는 사실 그리스도의 사역에 관한 교리를 이레나이우스를 넘어 더 명확하게 정립하지는 않았다."[21] 하지만 테르툴리아누스는 분명 그리스도의 사역이 새로운 도덕법을 가져다주었다고 여겼으며, 로마법에서 "공로"(*meritum*)와 "만족"(*satisfactio*)이라는 용어를 도입했다.[22] 안셀무스는 하나님을 입법자로 본 테르툴리아누스의 견해와 함께 이 용어들도 받아들인다.

오리게네스(?185-?254). 오리게네스보다 앞서 활동했던 알렉산드리아의 클레멘스는, 하나님이 로고스를 통해 계시하셨음을 강조한 점을 제외하면, 대속과 관련하여 그다지 두드러진 자료를 남기지 않았다. 반면, 오리게네스는 『원리론』(*First Principles*, 라틴어로는 *De principiis*, 그리스어로는 *Peri archōn*)에서 교리 체계를 자세히 설명하고, 그의 주석들과 『켈수스 논박』에서는 속죄를 자세히 설명했다. 이보다 두드러진 두 주제에는 (클레멘스를 따라 논한) 우리를 위한 그리스도의 죽음이 가진 **합리성**, 그리고 **승리**로서 속죄가 포함되며, 이 승리는 특히 악한 세력들에게 거둔 승리를 말한다. 오리게네스는 이렇게 썼다. 영원한 말씀이요 지혜이신 그리스도는, "무슨 고난이든 그들이 마땅히 겪어야 했으나, 지혜롭고 완전하신 분으로서 고난을 당하시고, 인류에게 유익을 주실 모든 일을 행하셨다.…경건을 위해…죽은 사람이 이전에 온 세상을 지배했던 악령, 곧 마귀의 세력을 뒤엎는다는 것은 전혀 불합리하지 않다."[23]

오리게네스는 『원리론』에서 그리스도를 "아버지의 말씀이요 지혜"로서 "아버지와 영광"을 공유하신 분으로 여겼으며, "저자요 창조주이신 그분이 몸

---

21 Robert S. Franks, *The Work of Christ: A Historical Study of Christian Doctrine* (London and New York: Nelson, 1962), pp. 76-77.
22 Tertullian, *Of Patience* 10; *ANF* 3: p. 713.
23 Origen, *Against Celsus* 7.17; *ANF* 4: p. 617.

소…부패하고 더럽혀진 순종을…회복하셔야 했다"고 강조한다.[24] 『켈수스 논박』에서는 예수 그리스도가 하나님 말씀을 말하는 중보자요, "기도하시고 중보하시며, 그(하나님)에게 감사와 간청을 드리는 분"이라 말한다.[25] 오리게네스는 그리스도가 아버지와 함께 계신 분이라고 단언한다(요 10:30; 17:22).[26] 그는 바울이 고린도전서 2:6-8에서 한 말을 분명하게 인용한다. "우리는…이 세상에서 없어질 통치자들의 지혜를 말하지 않는다." 그들이 이해했더라면, "영광의 주를 십자가에 못 박지 않았을 것이다."[27]

하지만 오리게네스의 초기 기록과 후기 기록을 구분해야 한다. 초기 기록은 플라톤의 영향을 더 많이 드러내며, 십중팔구는 그보다 앞서 활동한 클레멘스의 가르침도 드러낸다. 초기 작품에서는 그리스도가 지혜이자 로고스이심을 중심으로 삼았다.[28] 로고스는 아픔을 느끼지 않는, 다시 말해 고난을 겪을 수 없는 경향이 있었다. 클레멘스처럼 오리게네스도 그리스도를 죄인을 고치는 의사라 불렀다. 그러나 그의 후기 저작에서는 성경 내용을 더 많이 사용한다. 구속을 "도로 사들임"이라는 말로 자세히 설명했으며, 희생이라는 주제가 두드러졌다.[29] 그는 골로새서 1:20을 인용하여 구속의 보편성을 주장했다. 그는 그리스도의 죽음이 악한 귀신들을 물리쳤다고 말했다. "그는…인류를 위해 스스로 원하여…십자가에 못 박히사…죽음을 겪으셨으니…이는 악령들을 제거하는 수단이었다."[30] 속전과 승리라는 모티프가 등장하는데, 이는 훗날 20세기에 아울렌(Aulén)이 받아들였다. 사도들이 물려준 신약 전승에서 떠난 것도 몇 가지 있었지만, 그래도 오리게네스는 이 전승을 유지했으며, 이는 적어도 250년까지 사실상 끊어짐 없이 이어졌다. 그보다 뒤에 나온 니케아

24　Origen, *De Principiis* 3.5.6; *ANF* 4: p. 343.
25　Origen, *Against Celsus* 5.4; *ANF* 4: p. 544.
26　Origen, *Against Celsus* 8.12; *ANF* 4: p. 643.
27　Origen, *De Principiis* 3.3.1-2; *ANF* 4: p. 344, and 4.1.13; *ANF* 4: p. 361.
28　Origen, *Commentary on John* 2.29, 33, and 6.15-16, 28.
29　Origen, *Homily on Luke* 14.4; *Homily on Exodus* 6.9.
30　Origen, *Against Celsus* 1.31; *ANF* 4: p. 409.

공의회 이전 사상가인 키프리아누스, 히폴리투스(Hippolytus), 노바티아누스(Novatian), 락탄티우스는 주로 다른 관심사를 갖고 있었다.

2. 니케아 공의회 이후 시대

단순히 과거 역사를 담은 기록을 제시하는 데 그치지 않고 과거와 오늘의 해석학적 연관성을 강조하고자, 오늘날과 여전히 연관성을 가지는 저술가들에게만 특히 초점을 맞춰 보겠다. 사실, 니케아 공의회 이후 교부 가운데 가장 두드러진 인물에는 동방 교회의 아타나시오스, 닛사의 그레고리오스, 나지안조스의 그레고리오스와 서방 교회의 힐라리우스, 암브로시우스, 아우구스티누스가 있다.

1) **아타나시오스**(?296-373). 아타나시오스는 스무 살쯤에 신학 고전인 『하나님 말씀의 성육신에 관하여』를 썼다. 이 책의 주요 주제 중 하나는 그리스도가 악에 거둔 **대승리**(victory and triumph)다. 그는 창세기의 타락 설명을 따르며, 우리가 타락에 따른 결과로 "죽어야 했을 뿐 아니라, 여전히 죽음과 부패 상태에 있다.…그 범죄에 따라 온 죽음의 법이 우리를 지배했으며, 그 법에서 벗어날 수가 없었다"고 결론짓는다.[31] 죽음이 지배하지 않았다면, 하나님은 당신 자신과 당신의 말씀에 진실하시지 않았을 것이다.

아타나시오스는 예수 그리스도가 "우리 몸과 같은 몸을 취하시고…그의 몸을 모든 이를 대신하여 죽음에 내주셨으며, 그 몸을 아버지께 제물로 바쳤다. 그는 우리를 위한 순전한 사랑으로 이 일을 행하셨다"(2.8)고 썼다. 계속하여 그는 이렇게 말한다. "그 말씀(The Word)은 죽음이 아니면 부패를 제거할 수 없음을 인식하셨다.…그는 어떤 흠도 없는 제물이자 희생으로서…죽음에 내주심으로써…그 형제들인 인류와 동등한 사람으로서 제물이 되심으로써

---

31 *St. Athanasius on the Incarnation* (London: Mowbray, 1953), chap 2, sects. 3 and 6 (29 and 32). 이 작품에서 참조한 곳은 본문 안에 기록했으며, 장 숫자 뒤에 절 숫자를 표시했다.

그 형제들을 위해 죽음을 당장 제거하셨다"(2.9). 이는 하나님께 합당하며 하나님께 영예를 돌릴 만한 일이요, 이 일은 죽음의 법을 끝장냈다. 하나님은 인간의 한계를 아셨다. 그렇다면, 하나님은 "이렇게 인간이 인간다움을 잃어버리고" 그들 자신을 아는 지식마저 잃어버림을 "보시면서 무엇을 하셔야 했을까?"(3.13) 이 때문에 하나님은 그리스도 안에서 인성(人性)을 입으셨다. 그러나 그는 여전히 하나님의 능력이요 말씀이다.

아타나시오스는 4장에서 그리스도의 죽음을 자세히 설명하면서, "인간이 갚을 빚을 죽음으로 청산하고, 인간을 처음에 지은 범죄에서 자유롭게 해 주려는" 것이었다고 말한다(4.20). 그리스도는 모든 이를 속량하고자 돌아가셨다. 아타나시오스는 계속하여 이렇게 말한다. "그는…모든 이가 치러야 할 속전인 저주받은 죽음을 받아들이셔서(갈 3:13)…우리에게 지워진 저주를 맡으려고 오셨다." 이것은 "모든 이를 위한 죽음"이다(4.25). 아타나시오스는 부활을 설명하는 것으로 마친다(5.26-32). 부활은 "죽음이 파멸을 맞았고 십자가가 죽음을 정복했음을 보여 주는 아주 강력한 증거"다(5.27). 죽음은 정복당한 폭군과 같다. 부활을 믿지 않는 이들은 "사실의 지지를 받지 못하는" 이들이다. 아타나시오스는 유대인과 이방인을 논박하는 후기를 덧붙였다.

아타나시오스는 **속죄가 철저히** 창조와 타락을 **뒤따르며**, 이 속죄로 죽음을 지배하게 되었다고 주장했다. 따라서 이 책에서 다루는 주제의 순서는 그저 '루터파'에서 말하는 순서가 아니다. 아울러 아타나시오스는 하나님의 은혜와 친절, 그리고 죄인을 대신하는 그리스도의 희생을 철저히 강조했다. 그는 로고스의 성육신과 그리스도의 죽음 사이에 필수 불가결한 관계가 있다고 강조했다. 그는 논증을 전개하는 동안 고린도후서 5:14, 히브리서 2:9-10, 고린도전서 15:21-22을 포함한 성경 자료를 원용한다. 아울러 그는 요한 문헌에서 다루는 주제인 하나님을 아는 지식, 생명, 계시도 다루었다. 이레나이우스에게서 또한 동방 교회에서 그러하듯, 하나님의 형상도 한 역할을 했다. 그는 6장에서 구약 본문을 원용하여 유대인을 비판하고, 7-8장에서는 합리적 증거들을 들어 이방인을 반박한다.

아타나시오스는, 사람들이 보통 동방 정교회에서 말하는 '신화'를 설명하는 데 활용하는 기억할 만한 문장에 이렇게 썼다. "진실로 그는 인성을 취하여 우리가 하나님이 될 수 있게 하셨으며(그리스어로 *autos enēnthrōpēsen, hina hēmeis theopoiēthōmen*), 우리가 보이지 않는 하나님의 생각을 받아들일 수 있게 몸으로 자신을 나타내셨다"(8.54). 프랭크스는 아타나시오스가 쓴 이 작품의 명확함과 신학을 평가하여 이 작품을 "새 시대를 연" 작품이라 묘사했다.[32] 프랭크스는 아타나시오스가 이 주제와 관련하여 "신선한 바울의 관점"을 제시했다고 주장했다. 아타나시오스는 체계 있는 설명을 제시했고, "그 이전에는 뿔뿔이 흩어져 떠다니던 여러 교리 가닥을 한데 모아 하나로 엮었다." 아울러 그는 "마귀에게 치른 값"이라는 관념을 피하는 대신, 그리스도의 죽음이 하나님을 만족시켰다는 교리를 지지했다.[33]

아타나시오스는 그의 위대한 작품 『하나님 말씀의 성육신에 관하여』뿐 아니라, 『아리우스파를 논박하는 네 담화』(?356-360)에도 대속에 관한 설명을 집어넣었다. 하지만 J. K. 모즐리(Mozley)는 그의 가르침이 바뀌었으며, 우리는 그의 후기 작품도 주의 깊게 살펴봐야 한다고 주장했다. 반면, P. J. 라잇하르트(Leithart)는 아타나시오스의 설명을 더 꼼꼼하게 고찰한다.[34] 모즐리의 인상은 과장일 수도 있다. 아타나시오스는 로고스를 점점 더 많이 이야기했으며 요한 문헌 본문을 사용했지만, 그래도 그는 여전히 그리스도의 죽음을 악의 세력을 제압한 구속의 능력으로 여겼다.[35] 그는 이렇게 썼다. "(그는) 말씀이요 하나님의 아들이시며, 몸을 가져 사람의 아들이 되셨으며, 하나님과 인간을 잇는 중개자가 되심으로써 하나님의 일을 우리에게 전하고 우리 일을 하나님께

---

32 Franks, *The Work of Christ*, p. 49.
33 Franks, *The Work of Christ*, p. 51.
34 Peter J. Leithart, *Athanasius* (Grand Rapids: Baker Academic, 2011), pp. 120-146, 그리고 J. K. Mozley, *The Doctrine of the Atonement* (London: Duckworth, 1915), pp. 105-106.
35 Athanasius *Discourse* 1.42 and 43; *NPNF*, ser. 2, 4: p. 331.

전하실 수 있었다."³⁶ 그리스도는 우리를 위해 "연약하시지 않지만 우리의 연약함을 취하셨으며, 굶주리시지 않지만 굶주림을 취하셨다."³⁷ 라잇하르트는 아타나시오스가 '이중 렌즈'를 사용했음을 바로 주장한다. 아타나시오스는 이 렌즈를 사용함으로써 그의 기독론과 속죄를 잘 연결했다.

2) **닛사의 그레고리오스**(?330-395). 이 동방 교부는 그가 쓴 『대교리문답』(Great Catechism)에서 구속을 미끼가 달린 낚싯바늘에 빗댄 그의 악명 높은 유비로 가장 잘 알려져 있다. 추측컨대 이 유비의 성경 속 근거는 고린도전서 2:8일 것이다. 바울은 이 구절에서 "이 세대의 통치자들이" 그리스도의 죽음 안에서 나타난 하나님의 지혜와 목적을 이해하지 못한다고 말하면서, "만일 알았더라면 영광의 주를 십자가에 못 박지 아니하였으리라"라고 말한다. 그레고리오스는 이렇게 썼다. "하나님이 우리 본성이라는 베일 속에 감춰진 것은 우리를 위해 치러져야 할 속전이 그것을 요구하는 이에게 확실히 받아들여질 수 있게 함이요, 그럼으로써 마치 걸신들린 물고기가 그러하듯이 하나님이라는 낚싯바늘을 육이라는 미끼와 함께 꿀떡 삼킴으로…빛이 사라지게 하려 함이다."³⁸ 하나님의 목적은 그리스도가 "우리 본성 전체에 스며들게 하여, 우리 본성 자체가…신의 본성이 되어 죽음에서 구함을 받게 하려는" 것이었다.³⁹

그레고리오스의 출발점은 부패한 인간에겐 의사가 필요하다는 것이었다. 이런 출발점은 복음서와 알렉산드리아의 클레멘스에게서 나왔다. 그러나 그 시대 그리스인 이교도들이 기독교 신앙을 갖는 데 가장 큰 걸림돌이 된 것이 성육신이었다. 이 때문에 그레고리오스는 그리스도가 "사람으로 태어나서 양육받고, 심지어…죽음까지 맛보셨음"을 논한다. "'의사'가 '환부'를 치료하는 일이 어찌 불가능하겠는가?"⁴⁰ 그레고리오스는 인간이 "법률상 노예로 팔렸다"

---

36 Athanasius *Discourse* 4.6; *NPNF*, ser. 2, 4: p. 435.
37 Athanasius *Discourse* 4.7.
38 Gregory of Nyssa, *The Great Catechism* 24; *NPNF*, ser. 2, 5: p. 494.
39 Gregory of Nyssa, *The Great Catechism* 25; *NPNF*, ser. 2, 5: p. 495.
40 Gregory of Nyssa, *The Great Catechism* 17; *NPNF*, ser. 2, 5: p. 489.

고 여겼다."⁴¹ 그레고리오스는 이를 근거로 그리스도가 마귀에게 속전을 '치르셔야' 했으나 마귀는 그리스도의 신적 능력을 얻으려 했다고 추론하는데, 이 추론은 의심스럽다. 프랭크스는 이렇게 설명한다. "따라서 하나님은 그것을 육의 베일 아래 감추셔야 했다."⁴² 이 때문에 그레고리오스는 케이브(Cave)가 "현대 독자들에겐 기괴해 보이는 은유"라 부르는 것, 곧 걸신들린 물고기라는 은유를 만들어 냈다.⁴³ 마귀는 인간을 속였다. 그래서 하나님도 마귀를 속이셨다. 그러나 성경에서는 '속전'이 어떤 이에게 '지급된다'고 암시하지 않는다. 값비쌈은 은유의 일부지만, "**누군가에게 지급함**"은 그렇지 **않다**. 속전을 치르고 풀려난다는 것은 그리스도의 피로 **말미암아** 예속에서 **벗어나** 그리스도 안에 있는 새 창조와 새 생명**으로 옮겨** 가는 것이다.

3) **나지안조스의 그레고리오스**(?330-390). 그레고리오스는 마귀가 인간에게 행사하는 어떤 '권리'를 갖고 있다는 관념에 바로 맞섰다. 그는 『부활절에 관한 두 번째 설교』(*Second Oration on Easter*)에서 이렇게 분명히 묻는다. "우리를 위해 흘려진 피는 누구에게 바쳐졌으며, 우리 하나님이요 대제사장이시며 희생 제물이신 이의…귀중한…피는 왜 흘려졌는가?…만일 그 피가 악한 자에게 바쳐졌다면, 모욕도 그런 모욕이 없다(그리스어로 *pheu tēs hybrōs*)!"⁴⁴ 속전은 그 강도에게 갚을 수도 없었고, 아버지께 갚을 수도 없었다. "바로 그가 우리를 억압하고 있던 이는 아니었기 때문이다." 그럼에도 "인간은 하나님의 인성으로 말미암아 거룩해져야 했다. 그래야 하나님이 우리 인간을 당신 아들의 중보를 통해 당신 자신에게 데려가심으로써…아버지가 영예를 얻으실 수 있기 때문이다."⁴⁵ 따라서 그레고리오스는 중보와 구속을 강조하지만, 그의

---

41 Gregory of Nyssa, *The Great Catechism* 22; *NPNF*, ser. 2, 5: p. 493.
42 Franks, *The Work of Christ*, p. 55.
43 Sydney Cave, *The Doctrine of the Work of Christ* (London: University of London Press and Hodder and Stoughton, 1937), p. 106.
44 Gregory of Nazianzus, *Second Oration* 22 (*Orations* 45); 아울러 *NPNF*, ser. 2, 7: p. 431.
45 Gregory of Nazianzus, *Second Oration* 22.

말 중 일부는 속죄의 주된 수단이 성육신임을 일러 주는 것처럼 보일지도 모른다. 가령 "그가 가장 나쁜 것을 취하신 것은 그의 성육신으로 그 가장 나쁜 것을 거룩하게 하시기 위해서다" 같은 말이 그 예다.[46] 그러면서도 그는 그리스도가 "희생 제물이요 제사장으로서…하나님께 희생 제사를 올리셨다"는 말도 한다.[47] 그는 부활절에 죽임 당한 어린양을 언급했다.[48] 마지막으로, 그는 『네 번째 신학 설교』(Fourth Theological Oration)에서 갈라디아서 3:13을 인용했는데, 이 본문에서는 그리스도가 '저주'가 되었다고 말한다. 그리스도는 이를 통해 "세상의 죄를" 제거하시고 "새 아담이 되어 옛 아담을 대신하셨다."[49]

나지안조스의 그레고리오스가 오늘날에 주는 교훈은 그가 희생, 구속, 성육신이라는 언어로 돌아왔으며, 이 언어에서 모든 오해와 과장을 적절히 씻어냈다는 것이다. 그는 인간이 그리스도를 통해 거듭나야 함을 완전히 이해했다.

4) **암브로시우스**(?339-397). 서방에서는 푸아티에의 힐라리우스(?315-368)와 밀라노의 암브로시우스가 본디 이 교리와 관련하여 아타나시오스가 말했던 내용에 거의 덧붙이지 않았으며, 실제로 그들의 작업도 아우구스티누스에게 흡수되었다. 그렇지만 암브로시우스는 상당히 대담한 접근법을 구사했다. 가령 그는 이렇게 썼다. "그(그리스도)는 그분 자신 때문이 아니라 우리 때문에 죄가 되셨고 저주가 되셨으니…이는 '나무에 달린 자마다 모두 저주를 받았기' 때문이다."[50] 프랭크스는 이렇게까지 썼다. "모든 곳에서 중심이 되는 것은 바로 그리스도의 죽음이다. 이전과 이후를 막론하고 서방 신학자 가운데…십자가를 그보다 크게 강조한 이는 아무도 없다."[51] 그리스도는 육을 통해 "우리

46　Gregory of Nazianzus, *Letter 101 to Cledonius*; NPNF, ser. 2, 7: p. 439.
47　Gregory of Nazianzus, *In Defence of His Flight* 95; NPNF, ser. 2, 7: p. 223.
48　Gregory of Nazianzus, *Oration* 1.1.
49　Gregory of Nazianzus, *Oration* 30.5 (*Fourth Oration*); NPNF, ser. 2, 7: p. 311.
50　Ambrose, *On the Christian Faith* 5.14.178; NPNF, ser. 2, 10: p. 306.
51　Franks, *The Work of Christ*, p. 82.

와 하나가" 되셨으며, "그분은 그 몸의 죽음을 통해 죽음의 사슬을 푸셨다. 그리스도는 죽음을 감당하심으로써 죽음의 죽음이 되셨다"(고전 15:54-55).[52] 암브로시우스는 『기독교 신앙론』(On the Christian Faith) 2권에서 그리스도의 죽음을 길게 설명했다. 그는 빌립보서 2:7-8, "그리스도가 죽기까지 복종하셨으니 곧 십자가에 죽으심이라"라는 본문을 인용했으며, 수난 때 "삼위일체의 능력이 하나였으며…수난 때는 물론 수난 이후에도 그러하다"고 강하게 주장했다.[53] 암브로시우스는 구속이 하나님의 능력이 적나라하게 드러남으로써 오지 않고, 도리어 그리스도가 당한 시험, 그리스도의 가난, 겸손을 통해 왔다고 썼다. "오 탁월한 치유로다. 우리의 상처와 죄를 고쳤도다!"[54] 그는 그리스도가 "우리 저주를 깨시고 당신이 저주가 되셨다"며, 적어도 두 번은 갈라디아서 3:13을 인용했다.[55] 암브로시우스는 공로가 이전될 수 있다고 생각한다.

5) **아우구스티누스**(354-430). 프랭크스가 하는 말에 따르면, 아우구스티누스는 켈리(Kelly)도 인정하듯 "그 이전에 나왔던 것을 자신 안에 모두 모을 뿐 아니라, 거기에 새로운 독창적 요소들을 결합"한다.[56] 이것이 모두 서방 중세 신학에 전해졌고, 루터와 칼뱅에게도 많이 전해졌다. 그는 **하나님의 은혜**가 그리스도의 모든 사역의 뿌리라고 본다. 아우구스티누스는 이렇게 썼다. "타락한 영혼이 그의 타락 상태에서 구원받지 않는 한 무슨 선행을 할 수 있을까?"[57] 그도 다른 교부들처럼 예수 그리스도를 "유일하고 참된 중보자요, 화목제로 우리를 하나님과 화해시키시고…그가 [자신을] 제물로 드린 그분과 우리를 화해시키신 분"으로 여겼다.[58] 그는 『고백록』에서도 같은 주제를 반복하여

---

52 Ambrose, *On the Christian Faith* 3.11.84; *NPNF*, ser. 2, 10: p. 255.
53 Ambrose, *On the Christian Faith* 2.10.84 and 85; *NPNF*, ser. 2, 10: p. 235.
54 Ambrose, *On the Christian Faith* 2.11.92 and 93; *NPNF*, ser. 2, 10: pp. 235-236.
55 Ambrose, *On the Christian Faith* 2.11.94; *NPNF*, ser. 2, 10: p. 236.
56 Franks, *The Work of Christ*, p. 87, 그리고 J. N. D. Kelly, *Early Christian Doctrines*, 3rd ed. (London: Black, 1977), p. 390. 『고대 기독교 교리사』(CH북스).
57 Augustine, *Enchiridon* 8.30, in Augustine, *Confessions and Enchiridon*, ed. Albert Cook Outler, LCC 7 (Philadelphia: Westminster, 1955), p. 356; 아울러 *NPNF*, ser. 1, 3: p. 247.
58 Augustine, *On the Trinity* 4.14.19; *NPNF*, ser. 1, 3: p. 79. 『삼위일체론』(분도출판사).

다루었다.⁵⁹ 아우구스티누스는 화해 및 속박에서 풀려남을 포함한 여러 가지 이미지를 사용하여 속죄를 묘사했다.⁶⁰ 그는 예정을 논하면서, 속죄가 새 창조와 새 생명을 가져다준다고 여겼다.

사실상 신약성경에서 발견할 수 있는 모든 이미지를 아우구스티누스의 글에서도 발견할 수 있다. 요한복음 15:13에서 말하는 것처럼, 아우구스티누스도 "우리 구속주는 '사람이 친구를 위해 자기 목숨을 내려놓는 것보다 큰 사랑이 없다'고 말씀하신다"라고 썼다.⁶¹ 그는 같은 본문에서 이렇게 쓴다. "군주들과 권세들이 우리를 단단히 붙잡고 있는 그곳에서…그는 그 벌에 따른 값을 치르고자…그의 죽음으로 유일무이한 진짜 희생 제사를 우리를 위해 드렸다." 아우구스티누스는 『마니교도 파우스투스에게 주는 답변』(Reply to Faustus the Manichaean)에서 "그리스도가 그 자신은 죄가 없는데도 인간의 죄 때문에 가지셨던 죄에, 죽음에, 인간의 필멸성에 선고된 저주"를 파우스투스가 이상히 여긴다고 공격했다.⁶² 그는 『신앙안내서』에서 그리스도가 "하나님과 인간을 잇는 유일한 중보자"이심을 거듭 이야기한다. 그는 그리스도와 아담을 충실히 논했으며, 그리스도의 삶과 사역이 "하나님이자 사람이신 이가 보인 순종의 모범을 제시함으로써 은혜의 원천이 열릴 수 있었다"고 주장했다.⁶³

성경이 속죄에 관하여 제시한 언어를 수없이 인용한 말들을 다 모으면 지루한 반복이 될 것이다. "아우구스티누스는 다양한 접근로를 택한다"라는 켈리의 말로 마무리해도 될 것 같다.⁶⁴ 우리는 그리스도 안에서 나타난 하나님의 은혜를 적극 강조하면서도 그 보완 모델들을 이야기할 때 이 접근법을 택하려 했다. 이제는 아우구스티누스가 중세 사상과 종교개혁 사상에 얼마나

---

59 Augustine, *Confessions* 10.68.
60 Augustine, *Epistles* 187.20, 그리고 *On the Trinity* 13.15.17; *NPNF*, ser. 1, 3: p. 177.
61 Augustine, *On the Trinity* 4.13.17; *NPNF*, ser. 1, 3: p. 78.
62 Augustine, *Reply to Faustus the Manichaean* 14.4; *NPNF*, ser. 1, 4: p. 208.
63 Augustine, *Enchiridon* 18.108, in *Confessions and Enchiridon*, p. 404; *NPNF*, ser. 1, 3: p. 272.
64 Kelly, *Early Christian Doctrines*, p. 191.

강한 영향을 미쳤는지 언급해도 되겠다.

3. 안셀무스와 아벨라르

아우구스티누스의 신학은 1100년경까지 중세 서방 교회를 지배했다. 안셀무스와 아벨라르(Abélard)는 각각 아우구스티누스가 일찍이 강조했던 다양한 이미지보다 오히려 대속의 '객관적 배상' 측면과 주관적인 '도덕적 영향' 측면을 강조했다.

1) **안셀무스**(1033-1109). 안셀무스는 속죄를 하나님이 그리스도 안에서 인류에게 표현하신 사랑으로만 이해하지 않고, **속죄와 기독론이** 혹은 그리스도의 인격이 아주 **밀접한 관련이** 있으며, 또한 속죄와 **하나님의 세상 통치**가 아주 밀접한 관련이 있음을 간파했다. **인간이자 하나님**이신 그리스도만이 세상 죄를 속하실 수 있었다. 안셀무스가 봉건 제도와 관련된 이미지를 인용한다 하여 그를 무시한다면 실수일 것이다. 모든 신학자는 그 시대 독자들과 연결되는 해석학적 가교들을 고려해야 한다.

안셀무스가 속죄를 다룬 주요 작품은 『하나님은 왜 인간이 되셨는가?』다. 이 책은 다양한 판으로 만날 수 있다.[65] 앞서 죄에 관한 교리를 다룰 때 이 작품을 살펴봤다. 안셀무스는 이레나이우스가 취하는 '총괄갱신' 접근법, 닛사의 그레고리오스가 취하는 '마귀에게서 구속' 접근법, 속죄가 하나님 사랑의 **표현일 뿐**이라는 설명 모두 적절치 않다 여겨 거부했다. 그리스도가 육신이 되고 죽은 **이유**는 그보다 깊으며, **하나님의 세상 통치**, 그리고 **그리스도의 인격**과 관련이 있다. 모즐리는 이렇게 평가했다. "만일 신약 정경 외에 어느 한 작품을 '새 시대를 연' 작품이라 묘사해도 된다면, 안셀무스가 쓴 『하나님은

---

65 Anselm, *Why God Became Man*, in *A Scholastic Miscellany: Anselm to Ockham*, ed. Eugene R. Fairweather, LCC (London: SCM; Philadelphia: Westminster, 1956), pp. 100-193.

왜 인간이 되셨는가?』(Cur Deus Homo)가 그런 작품이다."[66] 데니는 이 작품을 "이제까지 집필된 속죄 관련 작품 가운데 가장 진실하고 위대한 책"이라 불렀다.[67] 하지만 당연히 모든 이가 이런 평가를 공유하지는 않았다. 아돌프 하르낙은 이 작품이 "교회에 치우친"(ecclesiastical) 작품이라며 무시했고, G. B. 스티븐스(Stevens)는 이 책이 죄를 윤리와 무관한 것으로 보는 견해를 주장한다며 비판했다.

안셀무스는 하나님의 은혜와 하나님의 정의를 똑같이 강조하면서 이 둘을 결합하려 한다. 하나님은 당신 영예가 침해당했는데도 배상 없이 벌도 받지 않고 넘어가는 일을 용납하시지 못하나, 당신 은혜로 이런 배상 조치까지 함께 제공하셨다. 안셀무스는 하나님만이 죄가 끼친 손해를 바로잡으실 수 있다고 주장한다. 하나님이 아닌 다른 누군가가 인류를 구속하려 한다면 어떻겠는가? 안셀무스는 이렇게 썼다. "그 경우에는 인간이 이전에 가졌던 존엄, 곧 마치 죄를 짓지 않았던 것 같은 상태로 결코 회복되지 않았을 것이다."[68] 그는 인간이 "죄의 노예가 되었다"(롬 6:20) 혹은 "죄 아래 노예로 팔렸다"(롬 7:14)라는 바울의 말을 인용한다. 그러나 그리스도만이 우리를 구속하실 수 있는 데는 적어도 두 이유가 있다. 하나는 그것이 하나님의 뜻이요 하나님이 우리를 사랑하시기 때문이며, 다른 하나는 그리스도가 인간과 함께 계셨듯이 하나님과 함께 계신 분이기 때문이다. 안셀무스는 그리스도를 **하나님이신 인간**(the God-man)이라 부른다. 그는 "내가 온 것은 내 뜻을 행하려 함이 아니요 나를 보내신 이의 뜻을 행하려 함이니라"라고 말하는 요한복음 6:38과 아버지가 "자기의 유일한 아들을 아끼지 아니하시고 우리 모든 사람을 위하여 내주셨다"고 말하는 로마서 8:32을 인용한다(p. 111).

안셀무스는 그리스도가 자원하여 죽음을 겪으셨다고 강조한다. "하나님은

---

66 Mozley, *Doctrine of the Atonement*, p. 125.
67 James Denney, *The Atonement and the Modern Mind* (London: Hodder and Stoughton, 1903), p. 116.
68 Anselm, *Why God Became Man*, p. 106. 이 작품에서 참조한 곳은 본문 안에 기록했다.

그리스도 안에 죄가 없을 때 그에게 죽으라고 강요하시지 않았지만, 그리스도는 스스로 자원하여 죽음을 겪으셨다"(p. 113). 기독론 관점에서 보면, 속죄는 하나님이자 인간이라는 그리스도의 존재, 그의 죄 없음, 다른 이들을 위해 자원한 그의 죽음이 좌우한다.

안셀무스는 11장에서 그의 중요한 죄 개념을 소개한다. 그는 이렇게 썼다. **"죄란 하나님께 마땅히 드려야 할 것을 드리지 않음과 같은 것이다"**(p. 119. 티슬턴 강조). 이어 그는 다음과 같은 원리를 대부분 봉건 제도를 규율한 법에서 인용한다. "다른 이의 명예를 훼손한 자가 명예를 훼손당한 자가 입은 상처와 모욕 정도에 따라 그를 기쁘게 할 모종의 배상을 하지 않는 한, 명예를 훼손당한 자가 명예를 회복하기에는 충분치 않다"(p. 119). 따라서 죄인은 하나님을 '만족'시켜야 한다.

안셀무스는 바로 이 지점에서 '**적합하다**'라는 문구를 도입한다. 그는 이렇게 썼다. "하나님이 어떤 일을 정당하지 않게 혹은 합당한 질서 없이 행하시는 것이 적합하지 않다면, 그가 빼앗은 것을 하나님께 되갚지 않은 죄인을 벌하지 않고 용서하는 것은 하나님의 자유나 친절에 속하지 않는다"(p. 121). 논쟁할 여지가 있지만, 이것이 논란을 불러일으키는 가장 '객관적인' 이론의 핵심이다. 전통적 혹은 보수적 그리스도인이라면 "하나님은 죄를 벌'하셔야 한다'"라는 말을 심심치 않게 들었을 것이다. '주관적' 접근법으로 속죄를 논하는 이들은 그 말에 "왜?"라고 대답한다. 안셀무스는 답을 제시한다. 그 답은 하나님이 당신 자신의 본성, 당신 자신이 하신 약속, 당신의 세상 통치와 일관성을 유지'하셔야 하기'(**논리적** '**당위**') 때문이라는 것이다. '해야 한다'는 외부의 강요를 나타내지 않는다. 이는 '하나님은 거짓말하시지 못한다'라는 말처럼 내부적·논리적 성격을 갖는다. '적합하다'라는 말은 외부의 강요라는 개념을 모두 배제한다. 하나님은 언제나 변함없는 주권자이시나, 동시에 당신이 하신 말씀과 당신의 성품에 늘 신실하시다.

이 때문에 안셀무스는 (1부를 끝내는) 19장에서 25장까지 '해야 한다'와 '하지 못한다'라는 말을 계속하여 되풀이한다. 안셀무스는 죄에 따른 "배상(satisfaction)이 있어야 한다"고 주장한다(pp. 136-138). 그는 이렇게 단언한다. "하나님은 죄의 크기에 따른 배상을 요구하신다"(p. 139). 이 배상은 "반드시 그리스도를 통해 이뤄질" 수 있다(p. 145).

이것이 안셀무스의 작품 제2권의 바탕이 된다. 다시 말하지만, 그는 5장에서 필연성이 곧 강요는 아니라고 강조한다. 그러나 6장이 핵심이다. "오직 **하나님만이 이런 배상을 하실 수 있다.…인간**이 아닌 어떤 것도 그런 배상을 제공해서는 안 된다.…**하나님이자 인간인 이가 그 배상을 제공해야 한다**"(p. 151. 티슬턴 강조). 예수 그리스도가 바로 이 하나님이자 인간이다. 인간인 예수 그리스도는 아담 족속 속에서 인간의 자리를 취하셨으나, 동정녀에게서 태어나셨다(pp. 152-153). 그러나 안셀무스는 "하나님이자 인간인 분"이 단일 인격체로서 "인격의 통일성"을 갖고 있다고 역설한다(pp. 154-155). 그는 죄가 없으므로 "죽지 않아도 되"지만, "하나님의 명예를 위해, 자유의사로…인간의 죄에 따른 배상을 제공하고자" 자원하여 죽었다(pp. 158, 160). 그의 죽음은 모든 죄의 값을 치르고도 남는다. 그리스도의 죽음은 "당시에 살아 있던 사람들뿐 아니라 다른 이들에게도 은덕을 베푸는 효과가 있었다"(p. 167). 안셀무스는 "하나님이 인성을 취하실 수 있는 확실한 방법을 보여 주었다"(p. 175). 마지막으로, 안셀무스는 이렇게 설명했다. "만일 아들이 자신이 해야 할 일을 다른 이에게 양도하려 했어도, 하나님이 참으로 금지하실 수 있었을까?"(p. 180) 결국 **그리스도의 사역은 정통 기독론을 전제한다.**

예상했을지 모르지만, 자유주의 신학자의 전형인 아돌프 하르낙은 이를 상처받아 화가 난 하나님을 달랜다고 본 테르툴리아누스의 견해에 가까운 것으로 보았다. 다른 이들은 고귀한 명예를 지닌 사람에게 해를 입힘에 따른 '배상'이라는 개념 자체가 말 그대로 봉건 유럽 혹은 로마법에서 나왔다고 주장했다. 이들은 이런 견해가 심지어 **참회**(repentance)에 관한 신약성경과 루터의 견해보다 오히려 중세의 **보속**(penance) 교리와 일치한다고 주장했다. 간단히 표현하자면, 이는 인간의 죄와 하나님의 명예를 수량으로 표시했음을 가리키는 것일지도 모른다.

반면, 안셀무스는 그리스도의 사역, 그리고 세상 통치 속에 **하나님이** 자리하고 계심을 강조했다. 그가 '당위' 혹은 '필연'을 꼼꼼히 분석한 결과는 **외부의** 강요라는 개념을 거부한다. 더구나, 안셀무스의 접근법은 가톨릭교회는 물론 개신교 종교개혁자들도 존중했다. 속죄를 고찰하는 다른 많은 접근법과 마찬가지로, 안셀무스의 접근법도 다른 접근법을 **모두 배척하고** 이 접근법만이 **모든 것을 망라하는** 접근법이라고 여기지 않는 한, 신약성경에 통찰과 풍성한 해석학적 자산을 더해 준다. 안셀무스의 접근법은 지금도 역사신학에서 이 주제를 다룬 가장 중요한 해설 중 하나로 꼽힌다. 콜린 건튼은 이렇게 평한다. "안셀무스의 작품은 조직신학에서 속죄를 다룬 첫 논문들 가운데 하나로서 이전에 많은 무질서가 존재했던 영역에 지식다운 형체를 부여하려고 시도한다."[69] 가톨릭 신학자 발타사르는, 오로지 "정의"나 "죄 없는 자의 피를…기뻐함"에만 집착하는 몇몇 개념들과 반대로, 그리스도 안에서 하나님과 이룬 "존재론적 연합"을 말하는 안셀무스의 개념을 적극 옹호한다.[70]

2) **아벨라르**(1079-1142). 아벨라르는 안셀무스의 접근법과 사실상 반대인 접근법을 대표한다. 아벨라르는 안셀무스의 작품을 비판했다. 사람들은 종종 대속을 '**주관적**' 관점에서 보는 견해나 모범으로 보는 견해나 "**도덕적 영향**"으로 보는 견해의 주된 대표자로 아벨라르를 꼽는다. 나중에 파우스투스 소키누스(Faustus Socinus, 1539-1604), 프리드리히 슐라이어마허(1768-1834), 알브레히트 리츨(1822-1889)은, 일부 바꾼 부분도 있었지만 아벨라르의 견해를 따랐다. 프랭크스는 이렇게 주장한다. "그는 구속 과정 전체를 분명한 단일 원리, 곧 그리스도 안에서 우리에게 향한 **하나님 사랑**의 표현으로 축소해 버렸으며, 이런

---

69 Colin E. Gunton, *The Actuality of Atonement: A Study in Metaphor, Rationality, and the Christian Tradition* (Edinburgh: T. & T. Clark, 1988), p. 87.

70 Hans Urs von Balthasar, *The Glory of the Lord: A Theological Aesthetics*, vol. 2 (Edinburgh: T. & T. Clark, 1984), p. 240.

사랑이 우리 안에서 응답하는 사랑을 일깨운다고 말한다. 아벨라르는 이런 원리에서 출발하여 다른 모든 관점을 설명하려고 애쓴다."[71] 웨인 그루뎀의 말로 표현하면, "그것은 속죄에서 객관적 성격을 강탈하는 일이다. 속죄가 하나님 자신에게는 아무런 영향도 미치지 않는다는 주장이기 때문이다."[72]

반면, 아벨라르는 치밀한 철학자요 신학자로서, 삼위일체를 다룬 글을 썼고, 성경 본문을 주해했으며, 속죄는 물론 윤리도 자세히 설명했다. 더구나, 속죄를 다룬 그의 작품은 주로 그가 쓴 『로마서 주석』(Commentary on Romans), 특히 로마서 3:19-26을 다룬 주석에서 제시한 짧은 설명에 국한되어 있어서, 이 짧은 글이 이 주제에 관한 그의 포괄적 견해를 전달한다고 생각할 수는 없다. 그는 유명론자인 로슬랭(Roscelin)과 실재론자인 샹포의 기욤(William of Champeaux), 라옹의 안셀무스(Anselm of Laon)의 제자였다. 베르나르도 아벨라르가 신앙의 자리에 이성을 놓았다고 비판했다.

아벨라르가 **사랑**에 몰두한 것은, 윤리를 다룬 그의 작품에서도 시사하듯 십중팔구 그와 엘로이즈(Heloise)의 비극 같은 사랑과 관련이 있을 것이다. 페어웨더(Fairweather)가 편집한 『스콜라 신학 선집』(Scholastic Miscellany)에서는 아벨라르의 작품 셋에서 발췌한 글을 영어로 편히 읽을 수 있게 모아 놓았다.[73] 아벨라르는 로마서 3:19-26 강설에서 올바르게도 (1) "의롭다 하심을 받았다"는 "그 이전에 어떤 공로도 없었으며" (2) "하나님이…우리를 먼저 사랑하셨다"는 뜻이요, (3) "은혜"는 "하나님이 거저 주신 영의 선물"을, (4) "그의 피"는 "그의 죽음"을 뜻한다고 말한다.[74] 그러나 설령 만물이 하나님의 사랑에서 나온다 할지라도, "그가 정의를 보이신 것"이 "그의 사랑"을 뜻한다는 그의 다섯 번째 정의는 오히려 의문이 든다. 마찬가지로 그가 "우리의 구속을 위해 치러진 피의 값"을 우리가 아주 크게 강조해야 한다는 점에 의문을 표시한 것

---

71 Franks, *The Work of Christ*, 146. 티슬턴 강조.
72 Wayne Grudem, *Systematic Theology* (Nottingham: IVP, 1994), pp. 581-612. 『조직신학』(은성).
73 Fairweather, *A Scholastic Miscellany*, pp. 276-299; in Latin, Migne, PL 178.
74 Abelard, "Exposition of Romans", in *A Scholastic Miscellany*, p. 279.

은 옳지만, "죄 없는 사람의 피"를 "요구하는 것"을 "잔인하고 사악하다"고 묘사한 데는[75] 여전히 의문이 남는다.

다시 말하지만, 아벨라르가 이렇게 말한 것은 옳다. "그는 사랑으로 우리를 당신 자신에게 더 완전히 묶으셨다. 그 결과, 하나님의 은혜에서 나온 이런 선물로 말미암아 우리 마음이 다시 불타올랐다." 그러나 이런 그의 말에는, 우리가 대속과 관련하여 해야 할 말이 오직 이것뿐이라고 암시하는 것 같아 의문이 남는다.[76] 바로 이런 이유 때문에 모리스 및 다른 이들은 아벨라르의 접근법을 무시하기보다 도리어 "**속죄를 다룬 이론들은 그것들이 긍정하는 것에 관한 한 옳으며, 그것들이 부정하는 것에 관한 한 그르다**"라는 유명한 말을 인용한다.[77] 하지만 그가 안셀무스의 접근법에 반기를 든 것이 분명하다고 해도, 여기저기 흩어져 있는 짧막한 글을 토대로 아벨라르의 광대한 사상을 고찰하기는 불가능하다. 그렇지만, 아벨라르를 '도덕적 영향'이라는 혹은 '주관적' 관점에서 속죄를 다루는 접근법의 아버지인 인물로 여기는 것이 통설이며, 이런 그의 접근법이 속죄를 다루는 접근법을 다 아우르지는 못해도 중요한 한 접근법을 이룬다. 리츨과 그가 이끈 학파에서는, 히브리서에서 제사장직과 희생 제사를 연관 짓는 것을 리츨이 공격하면서 이 접근법이 더 분명하게 드러났다.

4. 종교개혁: 루터와 칼뱅

1) **마르틴 루터**(1483-1546). 루터는 십자가와 관련된 자료를 엄청나게 많이 저술했기 때문에 어떤 일관된 해석을 제시하기가 어렵다. 하지만 가장 중요한 요소는 그가 시종일관 성경에서 기록한 내용을 따른다는 점이다. 이는 특히 그가 1517년부터 1518년까지 쓴 초기 작품, 곧 그의 『히브리서 주석』

---

75 Abelard, "Exposition of Romans", p. 183.
76 Abelard, "Exposition of Romans", pp. 183-187.
77 Leon Morris, *The Cross in the New Testament* (Exeter: Paternoster; Grand Rapids: Eerdmans, 1969), p. 399. 티슬턴 강조. 『신약의 십자가』(기독교문서선교회).

(Commentary on Hebrews)과 『하이델베르크 논쟁』(Heidelberg Disputation)에서 두드러지게 나타난다. 이 작품들은 제임스 앳킨슨(James Atkinson)이 편집한 『루터: 초기 신학 저술들』(Luther: Early Theological Works)에서 영어로 편히 읽을 수 있게 모아 놓았다.[78]

루터는 히브리서 5:1을 다루면서 이렇게 썼다. "그리스도가 십자가에서 우리를 위해 부르짖으셨을 때, 바로 그 속죄 사역 속에서 인간의 모든 가치가 뒤집어지고, 그의 제사장직이 가장 완벽한 최고점에 이르렀다"(p. 102). 그는 8:3을 다루면서, "제사"를 "죄를 씻기" 위한 것이라고 해석한다(p. 149). 9:14을 다룬 것을 보면, "죽은 행위"가 양심을 더럽히지만 "사람은 그리스도의 피를 통해" 이 행위에서 "깨끗해진다"(p. 171). 루터는 이렇게 강조한다. "신약성경에서 말하는 이런 희생 제사는 완전히 이루어졌고 철저히 끝났다.…그리스도가 단번에 죽었다.…한 몸이 유일무이한 방법으로 바쳐졌다"(pp. 185, 187, 191, 히브리서 9:27과 10:4을 다룬 부분).

분명 우리는 루터가 주석에서는 성경 본문을 따르리라고 예상한다. 그러나 『하이델베르크 논쟁』도 같은 특징을 반영한다. 루터는 고린도전서 1:18-25에서 제시하는 '가치의 뒤집어짐'을 다루면서 이렇게 주석한다. "**영광**의 신학자는 나쁜 것을 좋다 하고 좋은 것을 나쁘다 한다. **십자가**의 신학자는 그것들을 그 이름 그대로 부른다"(p. 292. 『하이델베르크 논쟁』 23조. 티슬턴 강조). 다시 말해 그리스도가 십자가에서 하신 일은 **한낱 인간의 가치에 불과한 것들을 완전히 뒤집어 버리며**, 그 결과 죄인은 하나님과 올바른 관계에 놓이게 된다. 루터는 그리스도의 사역이 은혜로 말미암아 믿음을 통해 의롭다 하심을 받음과 언제나 긴밀한 연관을 맺고 있다고 본다. 이어 루터는 같은 페이지에서 갈라디아서 3:13을 인용한다. "그리스도가 우리를 율법의 저주에서 해방시켜 주셨다." 그는 28조에서 **은혜는 사랑에 따른 반응이 아니라 사랑의 원인**이라고 강조한

---

[78] Luther: Early Theological Works, ed. James Atkinson, LCC 16 (London: SCM; Philadelphia: Westminster, 1962), pp. 19-250 and 274-307. 이 작품에서 참조한 곳은 본문 안에 기록했다.

다. "하나님의 사랑이…그 사랑의 대상을 창조하신다"(p. 295). 이처럼 루터는 우리가 앞 장에서 다룬 첫 번째 주요 논지, 곧 하나님의 은혜가 그리스도의 속죄 사역을 **주도했다**는 점을 이미 이야기한다. 다시 말하지만, 이는 은혜로 의롭다 하심을 받음과 관련이 있다. "나는 의인을 부르러 온 것이 아니요 죄인을 부르러 왔노라"(마 9:13).

루터는 그의 후기 저작에서 다른 저자들을 참조하여 자신이 시작한 이 성경 해설의 세부 내용을 채운다. 그는 신경들(creeds)을 깊이 곱씹은 내용이 들어 있는 『대교리문답』(*Large Catechism*, 1530)에 이렇게 썼다. "그는…구속주로서…우리를 사탄에게서 하나님께, 죽음에서 생명으로, 죄에서 의로 이끄셨다.…그는 고난받으시고, 돌아가시며, 무덤에 묻히셔서 나를 위해 배상하시고 내가 빚진 것(라틴어로 *culpa*)을 은과 금이 아니라 그 자신의 귀중한 피로 갚으심으로써…내 주가 되셨다."[79] 이 『대교리문답』은 신경들에서 그리스도의 고난, 죽음, 부활을 언급한 것을 특히 어린이들과 '잘 알지 못하는' 독자들을 위해 설명하려고 지은 것이었다.

이 해설은 "너희가…대속함을 받은 것은 은이나 금…으로 된 것이 아니요…흠 없고 점 없는 어린양 같은 그리스도의 보배로운 피로 된 것이니라"라고 말하는 베드로전서 1:18-19을 포함하여 성경의 많은 본문을 되새겨 준다. 그러나 이것 역시 안셀무스의 신학을 반영하지만, 그 신학에서 분명하게 드러나는 법적 성격은 반영하지 않는 것 같다. 우리가 뒤에서 고찰하는 구스타프 아울렌은 루터가 속죄 신학에서 승리와 패배를 강조했다고 주장한 점에서는 옳았지만, 루터가 희생 제사, 속상, 대속을 강조한 점은 낮게 평가했다는 점에서 잘못을 범한 것 같다. 실제로 루터는 누가복음 24:36-47을 본문 삼아 했던 성금요일 설교에 이렇게 썼다. "하나님의 진노를 제거해야 한다면, 내가 하나님의 은혜와 용서를 얻어야 한다면, 누군가가 이를 이뤄 낼 만한 일을 해

---

[79] Luther, *The Large Catechism* (St. Louis: Concordia, 1921), X, part II of the Creed, art. 2. 『마르틴 루터 대교리문답』(복있는사람).

야 한다. 하나님은…하나님의 아들 자신[이]…갚을 것을 갚고 희생하지 않으면…벌과 진노를 그치실 수 없기 때문이다."[80] 하르낙의 말을 빌리면, 루터는 전통 신학의 모든 도식을 다루었다.

2) **장 칼뱅**(1509-1564). 루터와 칼뱅의 큰 차이는 내용 차이가 아니라 일관성과 체계의 차이였다. 『기독교 강요』 2권 12장에서 17장까지는 그리스도가 중보자로서 하신 사역을 자세히 설명한다. 그는 선지자, 제사장, 왕이셨고, 인성에 참여하셨다. 칼뱅은 성육신이 필요했음을 분명히 강조하고 '형벌 대속'을 분명하게 가르쳤다. 그는 이렇게 썼다. "자신의 불순종 때문에 타락하게 된 인간은…죄에 따른 형벌을 치러야 했다. 이 때문에 우리 주는 아담을 대신하여 아버지께 순종하시려고 참 인간으로 오셔서 인간과 아담이라는 이름을 취하셔서, 우리 육을 배상을 치르는 대가로서 아버지의 의로운 심판에 드렸으며 같은 육으로 우리가 받아야 했던 형벌을 치르셨다."[81] 그는 같은 절에서, "그가 오로지 하나님이셨으면 죽음을 느끼지 못하셨을 것이요, 오로지 인간이었으면 죽음을 이기실 수 없었겠으나, 그는 인성과 신성을 결합하여…죄를 대속하셨다." 예수 그리스도는 안셀무스가 말한 대로 하나님이자 인간이셨다.

칼뱅은 선지자, 제사장, 왕의 직무를 각각 별개의 절에서 논했으나, 이들을 늘 그리스도가 행하신 속죄와 관련지어 논한다. 예수 그리스도는 제사장으로서 **하나님께 다가갈 길을 여신다**. 하나님의 의로운 저주는 우리를 그에게 다가가게 하지만, 그리스도가 이 제사장 직무를 행하시려면 희생 제물을 갖고 나타나셔야 했다. 칼뱅은 같은 절에서, 이 희생 제물을 통해 "그가 우리 죄책을 말끔히 씻으시고 우리 죄에 따른 배상을 치르셨다"고 주장했다(2.15.6). 그는 다른 곳에 이렇게 썼다. "우리에게 형벌을 받아야 할 책임을 지웠던 죄책은 하나님 아들의 머리로 옮겨졌다. 우리가 살아가는 내내 떨지 않고 불안해하지

---

[80] Luther, "Second Sermon in Luke 24:36-47", in *Luther: Sermons of Martin Luther*, vol. 2 (St. Louis: Concordia, 1983), p. 344. 『루터와 신약 1』(컨콜디아사).

[81] John Calvin, *The Institutes of the Christian Religion*, trans. Henry Beveridge, 2 vols. (Grand Rapids: Eerdmans, 1989), 2.12.3. 이 작품에서 참조한 곳은 본문 안에 기록했다.

않으려면, 그가 우리를 대신하셨음을 기억해야 한다"(2.16.5).

칼뱅이 '형벌 대속'을 자세히 설명하는 이유 중에는 이것이 **하나님과 이룰 화해를 경이롭게 보증해 준다**는 점도 있는데, 이것이 이 교리가 가져다주는 것이다. 그는 거듭 이렇게 말한다. "우리 죄가 우리에게 전가되지 않는 것이 그가 피를 흘리신 효과라면, 하나님의 심판은 그 값으로 완전히 이루어졌다"(2.17.4). 칼뱅은 하나님의 자비와 하나님의 정의 사이에 아무 모순이 없다고 본다. 그리스도는 "자신에게 형벌을 지우셨고, 그들(인간)을 하나님께 미움받게 만들었던 죄를 그 자신의 피로 속하셨으며…아버지 하나님의 진노를 합당하게 누그러뜨렸다.…[그리스도는] 이를 기초로 하나님과 인간 사이에 평화를 세우셨다"(2.16.2). 그러나 "하나님께 미움받게"라는 말은 사실상 가설이다. 칼뱅은 바울을 따라 하나님의 **은혜와 사랑이** 구속과 대속의 과정을 **주도했다**고 강조하기 때문이다. 다시 말해, 하나님의 은혜가 개입하지 않았으면 인간은 미움을 **받았을 것이다**. 칼뱅이 인용하는 수많은 성경 본문을 단 몇 줄로 요약하는 것은 타당하지 않다. 그가 인용하는 성경 본문에는 갈라디아서 4:4-5, 마태복음 20:28에서 말하는 "많은 이를 위한 속전", 로마서 3:25에서 제시하는 유명한 (그리스어) *hilastērion*(유화/속상) 구절, 특히 고린도후서 5:21에서 말하는 "하나님이 우리를 위해 그(그리스도)를 죄로 삼으셨다"가 포함된다 (2.16.5; 3.16.5; 2.16.6; 그리고 다른 많은 곳에서 이를 인용한다). 칼뱅은 우리가 그리스도 안에서 "우리 구원의 총합"을 본다고 썼다(2.16.19).

많은 이가 칼뱅의 논리를 오해하고 조롱거리로 삼은 것도 놀랍지 않다. 케이브 같은 저자는 "형벌 이론은…하나님을 사랑을 베푸시는 분이 아니라 복수심에 불타는 분으로 만드는 경향이 있었다"고 주장했다.[82] 앞서 언급했듯이, 스티브 초크는 오늘날 대중에게 더 인기 있는 신학을 살펴보면 복음주의자들이 이런 교리를 고집한다고 호되게 비판했다. 그러나 이런 비판은 칼뱅, J. K.

---

82 Cave, *Doctrine of the Work*, p. 167.

S. 리드, 그리고 다른 많은 이가 하나님의 은혜가 **전 과정을 주도했다**고 여기면서 이 은혜를 꼼꼼히 강조한 점을 무시한다. 더구나 몰트만이 주장하듯이, 아버지 하나님이 속죄의 대가에 철저히 관여하셨다. 앞 장에서 이 문제들을 논했다. 안셀무스, 루터, 칼뱅도 이 속죄 모델에 의존했을 수 있으나, 오로지 혹은 아무 조건도 없이 의존하지는 않았다. 이 모델을 보완 설명해 주는 속죄 모델들이 있는 한, 우리가 이 모델을 배제하고 속죄를 논하기는 불가능하다. 칼뱅이 보여 주듯이, 무엇보다도 다른 모델은 화해와 믿음에 관한 **보증**을 이 모델처럼 충실하게 제공하지 않는다.

후기 종교개혁 시대가 되자마자, **소키누스**(1539-1604)가 아우구스티누스, 안셀무스, 루터, 칼뱅의 접근법을 거부하고 둔스 스코투스로 되돌아갔다. **야코부스 아르미니우스**(Jacob Arminius, 1560-1609)는 많은 사람이 인식하는 것보다 분명하게 개혁 신학을 성실히 따랐지만, 인간의 자유와 예정에 관한 그의 견해 때문에 칼뱅을 비판했다. 화란 법률가인 **휴고 그로티우스**(1583-1645)도, 자신의 사상을 덧붙이긴 했으나, 아르미니우스를 따르는 경향이 있었다.

5. 현대의 다양한 접근법

현대에 고전을 꼽는다면, 다른 책들도 있지만 위르겐 몰트만이 쓴 『십자가에 달리신 하나님』, 볼프하르트 판넨베르크가 쓴 『조직신학』을 비롯하여 구스타프 아울렌이 쓴 『승리자 그리스도』(*Christus Victor*), 콜린 건튼이 쓴 『대속의 실제』(*The Actuality of Atonement*), 그리고 다른 몇 작품을 들 수 있을 것 같다. 현대 시기의 초창기부터 살펴보자면, 슐라이어마허와 리츨을 간단히 요약할 필요가 있다. 그러나 다른 이들도 주목할 만한 가치가 있다. 그들 중에는 도르너(Dorner), 토마지우스(Thomasius), 콜리지, 모리스(Maurice), 데일(Dale), 웨스트코트(Westcott), 모벌리(Moberly), 데니 같은 이들이 포함된다. R. S. 프랭크스가 쓴 『그리스도의 사역』(*The Work of Christ*)에서는 사실상 이 모든 사상가를 논하며, 존 맥쿼리가 쓴 『현대 사상에서 말하는 예수 그리스도』(*Jesus Christ in Modern Thought*)도 이 신학자 중 일부를 고찰한다. 근래에는 리온 모리스(1914-2006)가 『사도들의 십자가 설교』(*The Apostolic Preaching of the Cross*, 1955)와 『신약의 십자가』(*The Cross in the New Testament*, 1965)라는 제목으로 대속을 다룬 책을 내놓았는데, 그는 이 저서에서 보수적·'객관적' 견해를 옹호한다. 위르겐 몰트만의 작품 『예수 그리스도의 길』(*The Way of Jesus Christ, Der Weg Jesu Christi*, 영어판 1990년)을 포함한 다른 작품들도 속죄를 다룬 주요 연구서로 꼼꼼하게 살펴볼 가치가 있다. 나아가 바르트, 브루너, 판넨베르크, 큉, 라너는 탁월한 조직신학 책이나 그리스도의 사역도 함께 다룬 더 폭넓은 연구서를 집필했다.

1) **프리드리히 슐라이어마허**(1768-1834). 슐라이어마허는 경건주의자였던 젊은 시절만 해도 속죄에 관하여 정통 견해를 받아들였다. 나중에 그는 자유주의적 정통 신앙 해석을 칸트 및 낭만주의의 인식과 결합했다. 그는 그리스도의 인격과 사역을 결합하려고 했다. 그는 이렇게 썼다. "구속주의 독특한 활동과 유일한 활동은 서로 상대를 함축하며, 우리는 신자의 자의식 속에서 하나이며 분리될 수 없다."[83] 슐라이어마허는 그리스도와 인간의 연대를 강조했다. 이 때문에, 맥쿼리와 맥그라스가 이 문제에 관하여 서로 다른 평가를 내리긴 하지만, 슐라이어마허가 그리스도를 인간과 **정도에서만** 차이가 있는 이로 여겼다고 주장하는 이가 많다. 슐라이어마허는 이렇게 썼다. "그렇다면 구속주는 인성이라는 정체 때문에 모든 인간과 같지만, 그에게 늘 하나님 의식이라는 잠재성이 있다는 점에서, 곧 진실로 하나님이 그 안에 존재하신다는 점에서 모든 인간과 구별된다."[84] 대체로 그는 대속과 속상이라는 개념을 거부했으며, 예수의 죽음을 모범 혹은 '도덕적 영향'이라는 관점에서 보는 견해

---

[83] Friedrich Schleiermacher, *The Christian Faith* (Edinburgh: T. & T. Clark, 1989; orig. 1821), sect. 92, p. 374.
[84] Schleiermacher, *The Christian Faith*, sect. 94, p. 385.

를 주장함으로써, 사실상 얼추 아벨라르의 견해를 따랐다. 그리스도의 고난은 "철저히 자기를 부인하는 사랑"이었다.[85]

2) **알브레히트 리츨**(1822-1889). 리츨을 19세기 자유주의 신학자의 전형으로 여기는 것이 전통이었다. 그러나 요 근래 제임스 리치먼드는 더 균형 잡힌 그림을 그리려고 노력했다.[86] 리츨은 슐라이어마허보다 더 면밀하게 성경 내용을 고찰하지만, 결국 그가 속죄에 관하여 제시하는 설명은 어쩌면 안셀무스보다 아벨라르와 공통점이 더 많을 것 같다. 그는 **그리스도의 인격과 사역의 상호 연관성**을 강조하면서, 하나님 나라 수립을 주로 윤리의 관점으로 보려 하면서도 무엇보다 그리스도가 선지자, 제사장, 왕으로서 행한 사역을 통해 하나님 나라가 수립되었다고 보려 한다.[87] 이 삼중 소명에는 그의 고난이 함께 따른다.[88] 그러나 그리스도는 **대신 형벌을 받은 이가 아니다**. 그는 제사장으로서 **하나님 나라 공동체**를 대표하며, 선지자이자 왕으로서 인간에게 본이 되는 하나님의 **사랑**을 전달한다.

3) **호레이스 부쉬넬**(Horace Bushnell, 1802-1876), **로버트 데일**(1829-1895), **제임스 데니**(1856-1917). 이 세 사상가는 서로 완전히 다른 신학을 표명하지만, 그래도 모두 속죄의 '객관적' 해석과 '주관적' 해석을 두고 벌이는 논쟁이라는 맥락 속에서 특별한 입장을 채택하는 경향이 있다. 부쉬넬은 **자유주의 전통**에 서 있었지만, 도리어 이 자유주의 전통을 "진보 정통"이라 불렀다. 그는 **은유와 유비**가 속죄를 설명할 때 행하는 역할을 강조했다. 어머니가 자기 자식을 대신하여 고난을 겪는다는 유비가 그 예다. 그는 안셀무스와 칼뱅의 견해에 반발하면서 이렇게 물었다. "십자가형을 집행한들 하나님의 증오를 과연

---

85 Schleiermacher, *The Christian Faith*, sect. 104, p. 458.
86 James Richmond, *Ritschl: A Reappraisal* (New York: Collins, 1978).
87 Albrecht Ritschl, *The Christian Doctrine of Justification and Reconciliation*, 3 vols. (Clifton, N. J.: Reference Book Publishers, 1966; orig. 1870-1874), 특히 3: pp. 428-429.
88 Ritschl, *Justification*, 3: pp. 448-449.

무엇에다 단단히 붙들어 맬 수 있을까?"[89] 그는 슐라이어마허와 콜리지에게 큰 영향을 받았으며, 성경의 희생 제사 체계가 속죄를 가리키는 **상징 내지 유비**를 제시할 뿐이라고 주장했다. 찰스 하지가 '문자적' 의미를 강조한 것은 자유주의 진영에 몸담고 있던 그의 라이벌 부쉬넬에 보인 과도한 반발이 한 이유였다는 주장도 가능할 것이다.

부쉬넬과 달리, 데일과 군건한 보수주의자 데니는 속죄를 '객관적' 관점에서 설명했다. 데니는 복음서, 사도행전, 서신서에서 성경의 내용을 설명하고, "**하나님이 경건하지 않은 자들을 의롭다 하시고**…동시에 **의로우신 하나님**을 눈으로 똑똑히 볼 수 있을 정도로 두드러지게 나타내실 수 있게 해 줄…무언가가 행해진다"고 결론지었다.[90] 그는 그리스도의 죽음이 한편으로는 본질상 죄와 관련이 있지만, 다른 한편으로는 철저히 하나님의 사랑에서 유래했다고 강조했다.

4) **구스타프 아울렌**(1879-1977). 이 중요한 스웨덴 신학자는 고전이라 할 작품인 『승리자 그리스도』를 썼다.[91] 그는 여기에 "세 가지 주요 속죄 개념 유형의 역사 연구"라는 부제를 붙였다. 그는 속죄를 설명하는 **세 번째** 접근법, 곧 **속죄를 그리스도가 악한 세력들에 거두신 승리**로, 혹은 "하나님의 싸움이요 승리인 속죄"로 여기는 접근법을 도입하여 '객관적' 견해 대 '주관적' 견해라는 진부한 논쟁을 벗어나고 싶어 했다(p. 20). 아울렌은 이를 신약성경과 교부들이 제시하는 "고전적" 접근법이요 "드라마 같은" 접근법이라 불렀다. 그는 동방 정교회에서 제시하는 공식인 '**신화**'(deification)를 인정했다. "그리스도는 우리도 신이 될 수 있게 하시려고 인간이 되셨다"(p. 34).

---

89 Horace Bushnell, *The Vicarious Sacrifice* (New York: Scribner, 1871), p. 399.
90 James Denney, *The Death of Christ: Its Place and Interpretation in the New Testament* (London: Hodder & Stoughton, 1922), p. 167. 티슬턴 강조.
91 Gustaf Aulén, *Christus Victor: An Historical Study of the Three Main Types of the Idea of the Atonement* (London: SPCK; New York: Macmillan, 1931). 『승리자 그리스도』(대한기독교서회). 이 작품에서 참조한 곳은 본문 안에 기록했다.

아울렌은 이 견해를 밑받침하는 이로 특히 **이레나이우스**를 원용했다. 이레나이우스는 이렇게 단언했다. 그리스도는 "죄를 파괴하시고, 죽음을 이기시며, 인간에게 생명을 주시려고" 오셨다(p. 35; Irenaeus, *Against Heresies* 3.18.7). 그는 "정의에 어긋나는 어떤 행위"가 아니라 십자가에서 "인간을 속박하던 폭군들을 이기는" 것이 주요 쟁점이라고 보았다(pp. 43, 50). 그는 희생이 가지는 자리를 과소평가하지 않았으나, 이레나이우스처럼 '**회복**'을 강조했다.

아울렌은 오리게네스, 아타나시오스, 갑바도기아 교부들, 크리소스토모스, 암브로시우스, 아우구스티누스, 레오를 포함하여 대다수 교부를 원용했다. 아울러 그는 마가복음 10:45, 고린도전서 2:6, 골로새서 2:15처럼 '속전'이나 악한 세력을 언급하는 신약성경 본문을 모두 원용했다. 그의 논지 가운데 가장 논란이 많은 것은 "루터는 고전적 유형으로 되돌아갔다"(p. 160)는 것이다. 일부 사람들은 이를 과장으로 여긴다. 사실 루터는 아주 **다양한** 접근법을 원용했다. 그러나 아울렌 자신은 다른 모델들을 무시하지 않았다. 그는 다만 다른 두 유형 가운데 오직 한 유형만 의존하는 경향을 무시했다. 그의 주해도 때로는 억지스러워 보일 것이다. 그가 오리게네스, 아타나시오스, 갑바도기아 교부들을 원용한 것은 더 탄탄한 근거를 반영한 것 같다.

5) **콜린 건튼**(1941-2003). 건튼도 『속죄의 실제』(1988)를 써서 현대에 대속이라는 주제를 다룬 고전이라 할 연구서를 내놓았다. 그는 이 책에 "은유, 합리성, 기독교 전통 속에서 행한 연구"라는 부제를 붙였다.[92] 그에게는 두 가지 목표가 있었다. 하나는 속죄에 관한 해석들과 속죄를 고찰하는 접근법들이 **상호 배타적이 아니라 상호 보완적임**을 보여 주는 것이었다. 다른 하나는 속죄를 나타내는 이미지 가운데서 **은유가 지닌 가치와 힘**을 드러내는 것이었다. 그는 칸트, 슐라이어마허, 헤겔이 우리 시대의 많은 것을 규정하는 특징인 '지

---

[92] Colin E. Gunton, *The Actuality of Atonement: A Study in Metaphor, Rationality, and the Christian Tradition* (Edinburgh: T. & T. Clark, 1988). 이 작품에서 참조한 곳은 본문 안에 기록했다.

식과 문화의 빈곤'에 간접적 책임이 있다고 보았다. 그는 특히 헤겔이 철학에서 말하는 비판적 '개념'(Begriff)과 대비하여 종교에서 사용하는 '이미지'(Vorstellungen, 표상—옮긴이)의 가치를 깎아내린 점을 꼽았다. 건튼은 은유가 "인지적 지식과 이해를 진전시키는 데 없어서는 안 될 수단"이라고 주장했다(p. 17). 자넷 마틴 소스키스와 폴 아비스도 이를 설득력 있게 주장했다. "은유가 발견을 돕는 **매개체**로서 기여하면" 은유와 발견이 함께 발생한다(p. 31). 그는 이를 밑받침하고자 콜리지는 물론 폴 리쾨르, 에버하르트 윙엘, 자넷 마틴 소스키스를 분명하게 원용했다.

건튼은 더 상세한 신학 논증을 펼쳐 가는 과정에서 아울렌의 접근법이 가졌다는 포괄성에 이의를 제기하고, 아울렌이 "속죄에 관하여 지나치게 승리주의에 치우친 견해"를 옹호했다는 우려를 표명했다(p. 58). 그는 "속죄 **이론**을 밑받침하는 법칙들"보다 오히려 승리라는 모티프가 은유로서 가치가 있다고 평가했다(p. 61). 이 접근법 역시 지나치게 성급히 마귀를 인격화하는 경향이 있었는데, 이런 경향은 닛사의 그레고리오스가 제시한 견해에서도 일어나는 것 같다. 조지 케어드, 오스카 쿨만, 그리고 다른 이들이 주장했듯이, "악한 세력들"에는 "힘을 지닌 정치, 사회, 경제, 종교 구조"가 포함될 수 있다(p. 65).

건튼은 그의 책 4장에서 하나님의 정의를 고찰하고, 안셀무스의 여러 오해를 바로잡았다. 하나님은 "그리하지 않으면 사회가 무너질 수 있으므로 권리와 의무의 질서를 유지해야 하는" 봉건 시대 통치자의 의무와 비슷한 식으로 우주를 다스리신다(p. 89). 그는 하나님의 은혜와 사랑을 인정하면서도, 우주를 다스릴 때는 "객관적 태도로 균형을 바로잡아야 함"을 강조했다(p. 91). 여기서 그는 안셀무스와 루터는 물론 P. T. 포사이스, 발타사르, 바르트까지 원용했다. 여기서 말하는 통치가 "중심이 되는 은유"다(p. 112).

건튼은 5장에서 '희생'이라는 개념을 다 닳아 '죽어 버린' 은유 취급을 받는 처지에서 구해 내려고 했다. 그는 구약에 나오는 희생은 물론 메리 더글러스(Mary Douglas)와 프란시스 영(Frances Young)의 작업도 함께 꼼꼼히 검토했다. 그는 이 점과 관련하여 칼뱅이 히브리서에서 말하는 제사장직 및 희생 제사, 그리고 기독교 초기 문헌 『디오그네투스에게 보내는 서신』에서 보았던 '올바른 교환'에 관한 본문을 성실히 따랐다고 주장했다. 그는 이렇게 결론지었다. "칼뱅의 글에는 속죄를 대속으로 이해하는 요소들이 있다. 실제로 성경을 계속 충실히 따르는 개념이라면 속죄를 그렇게 이해하는 것을 피할 수 있을 것 같지 않다"(p. 130). 건튼의 책 마지막 두 장에서는 그가 보통 다루는 주제인 성 삼위일체를 다시 다루고, 속죄를 고찰하는 다양한 접근법을 화해시킬 필요성을 다시 다룬다. 그는 이렇게 결론지었다. **예수는 "우리가 우리 자신을 위해 하지 못하는 일을 우리를 위해 하시기 때문에 우리를 대체하신 분이다"** (p. 165, 티슬턴 강조).

열여덟 정도 되는 건튼의 저작 가운데 이 책이 대표작이다. 이 책이 속죄 논의의 중추 신경을 다루는 것으로 보이기 때문에, 이 책을 과소평가해서는 안 된다.

6) **바르트와 발타사르의 주요 신학**. 우리는 이 책 각 장의 길이를 비슷하게 유지하려 노력했다. 그렇기 때문에 우리가 아주 중요한 인물로 인용하는 20세기 후반의 여섯 신학자를 진지하게 논의하거나 개관하는 일을 시작하기는 어렵다. 이 여섯 신학자는 상세히 살펴볼 만한 가치가 있으나, 그들이 쓴 작품들이 매우 방대하기에 몇 줄로 압축하기는 불가능하다. 그렇긴 해도, 이 접근법을 폭넓게 시사한 몇몇 인물을 골라 살펴봐야 한다.

칼 바르트(1886-1968)는 "우리 대신 심판받은 재판관"을 이야기하면서, 그리스도의 사역이 "우리를 위해" 이루어졌다는 굳건한 정통 진영의 설명을 강조했다.[93] 그는 예수 그리스도가 "우리를 대표하는 분이요 대체하는 분이며…예수 그리스도는 우리를 대신하신 분이라는 점에서 과거에나 현재에나 '우리를 위한' 분이다"라고 단언했다.[94] 십자가는 물론이요 성육신도 하나님이 그리스

---

93 Barth, *CD* IV/1, pp. 211 and 214.
94 Barth, *CD* IV/1, pp. 230 and 231.

도 안에서 하신 행위이며, 이를 통해 하나님의 '자기 비하'를 보여 주셨다.

한스 우르스 폰 발타사르(1905-1988)는 바르트만큼이나 방대한 저작을 써냈다. 아울러 그는 가톨릭 진영 저술가였지만 바르트의 신학을 크게 존중했다. 그는 바르트가 하나님의 은혜가 앞선다는 것과 하나님의 주권을 강조한 점, 그리고 바르트의 계몽주의 비판에 동조했다. 그는 안셀무스를 변호하면서 이렇게 썼다. "베네딕도 사람답고 깊은 묵상을 동반한 안셀무스의 논거는 새롭고 독창적인 방식으로 심히 아름다우며", "질서가 훌륭한 형태를 띠고 있다."[95] 그는 속죄를 다룬 설명에서 안셀무스가 **하나님, 삼위일체, 하나님과 세상의 관계**에 보였던 관심을 공유했다.

7) **위르겐 몰트만**(1926-). 몰트만은 속죄에 관하여 많은 글을 썼으나, 특히 『십자가에 달리신 하나님』, 『삼위일체와 하나님의 나라』, 『예수 그리스도의 길』에서 속죄를 다루었다. 그의 가장 두드러진 기여 중 하나는 이렇게 물은 것이다. "**예수의 십자가는 하나님 자신에게 무슨 의미가 있는가?**"[96] 몰트만은 "내침 받고 버림받은 그리스도"를 "하나님의 존재를 인간이 눈으로 볼 수 있게 계시한 분"으로 여긴다.[97] 이 점에서 그는 루터를 따른다. 그는 나중에 내놓은 작품에서 "**고난을 겪을 수 없는 하나님은 사랑도 하지 못한다**"고, 또한 하나님의 사랑이 그리스도의 갈보리 사역 전체를 **주도한다**고 주장한다.[98]

몰트만은 자유주의에서 구사하는 신화 스타일의 언어는 인간 중심이라고 주장한다. 반면, 신약성경에서는 내러티브를 통해 성부와 성자와 성령의 관계를 선포한다. 이를테면, 이는 예수가 받으신 세례를 설명하는 데 적용된다. 십자가라는 "잔"은 "'하나님의 죽음' 앞에서 느끼는 공포"를 암시하며, "하나님

---

95 Balthasar, *Glory of the Lord*, pp. 18, 211-259.
96 Jürgen Moltmann, *The Crucified God: The Cross as the Foundation and Criticism of Christian Theology* (London: SCM, 1974), p. 201.
97 Moltmann, *The Crucified God*, p. 208.
98 Jürgen Moltmann, *The Trinity and the Kingdom of God: The Doctrine of God* (London: SCM, 1981), p. 38. 티슬턴 강조.

의 버리심이 그 '잔'이다.…하나님은 침묵하신다."⁹⁹ 몰트만은 『예수 그리스도의 길』에서 "예수론"(Jesusology)을 거부하고, 그리스도의 소명을 "가난한 자, 굶주린 자, 일터를 잃은 자, 병든 자…억압받고 모욕당한 자"와 연대함에서 찾는다.¹⁰⁰ 몰트만의 작품은 몇몇 인용문으로 일러 줄 수 있는 것보다 심오하고 난해하지만, 그래도 이 인용문들은 그의 접근법이 대체로 취하는 시각을 시사한다.

8) **볼프하르트 판넨베르크**(1928-2014). 판넨베르크는 그가 쓴 『조직신학』 2권(독일어판은 1991년, 영어판은 1994년에 출간)에서 그리스도의 위격과 사역을 올바로 엮어 짜면서, 이를 다루는 데 세 장 전체, 곧 거의 200페이지를 할애한다.¹⁰¹ 그는 이런 출발점에서 시작한다. "오직 하나님 자신만이, 곧 그의 아들을 세상에 보내심으로써(갈 4:4; 롬 8:3), 이 사건 뒤에 계실 수 있었다."¹⁰² 그러나 판넨베르크는 그의 『조직신학』 2권에서만 속죄를 다루지는 않는다. 그가 앞서 쓴 『예수: 하나님이자 인간』(*Jesus—God and Man, Grundzüge der Christologie*)에서, 특히 이 책 2부에서 속죄를 폭넓게 논의한다.¹⁰³ 그는 여기서 하나님과 하나가 되어야 할 인간의 운명을 예수가 완성하셨음을 자세히 설명한다. 예수는 왕이라는 그의 직무를 수행하심으로 "하나님 나라를 가까이" 이르게 하시고, "하나님을 '아버지'라 부르심을 통해 하나님이 가까우신 분임을 표현"하셨다.¹⁰⁴ 판넨베르크는 예수가 십자가에서 우리를 대신하여 죽었다고 단언한다. "그것은 우리를 위해, 우리 죄 때문에 죽은 것이라 이해할 수밖에 없을 것이다."¹⁰⁵ 예수의 죽음이 지닌 대속이라는 본질은 마가복음 10:45("많은 이를 위한

---

99 Moltmann, *Trinity*, pp. 64, 76, and 77.
100 Jürgen Moltmann, *The Way of Jesus Christ: Christology in Messianic Dimensions* (London: SCM, 1990), pp. 55 and 99. 『예수 그리스도의 길』(대한기독교서회).
101 Pannenberg, *ST* 2: pp. 277-404.
102 Pannenberg, *ST* 2: p. 277.
103 Pannenberg, *JGM* pp. 191-282.
104 Pannenberg, *JGM* p. 229.
105 Pannenberg, *JGM* p. 247.

속전")뿐 아니라 고린도후서 5:21("우리로 하여금 그 안에서 하나님의 의가 되게 하려 하심이라")과 갈라디아서 3:13("그리스도께서 우리를 위해 저주가 되사 율법의 저주에서 우리를 구속하셨느니라")에서도 볼 수 있다.

판넨베르크는 "예수의 죽음이 가지는 구원의 의미에 관한 이론들"이라는 제목을 붙인 절을 포함시켰다. 그는 이 부분에서 우선 죄와 마귀에게 건져 내는 속전이라는 점에서 예수의 죽음을, 둘째로 안셀무스가 제시한 만족 이론(배상 이론)을, 셋째로 그리스도가 형벌로 받으신 고난을 고찰한다.[106] 그는 '만족' 이론이 계몽주의 시대 이후에는 지지를 잃었다고 지적하면서도, 튀빙겐의 고트로프 슈토르(Gottlob Storr)가 19세기에 만족 이론을 형벌에 따른 고난으로 보는 것에 강조점을 두는 견해로 대체한 것처럼 보이지만 톨룩(Tholuck)이 1823년에 다시금 '만족'을 강조하는 견해를 주장했다고 지적했다. 바르트의 작업 이후에는 그리스도의 죽음을 우리를 대신한 고난으로 보는 관념이 널리 되살아났다.

판넨베르크는 『조직신학』에서 "우리는 아래에서 올라가는 기독론[곧 예수가 역사 속에서 펼치신 사역에서 시작하는 기독론]이 고전적 기독론인 성육신 기독론을 완전히 배제한다고 생각할 수 없다"고 강조한다.[107] 예수 그리스도는 "새 인간이요…종말론적 아담"이다(2: p. 315). 그러나 동시에 그리스도는 하나님의 자기계시이시며, 부활에 비춰 볼 때 완전히 드러난다. 그의 죽음은 인간의 죄에 대한 속죄로, "범죄, 죄책", 죄에 따른 "결과들"을 제거한다(롬 3:25; ST 2: p. 411). 실제로 판넨베르크는 속상(혹은 유화)과 하나님과 이루는 화해의 관계를 꼼꼼히 논한다(2: pp. 403-416). 판넨베르크는 특유의 해석학적 방식으로 결론을 맺으면서, 대표에는 "다른 이들을 위해 행한 무언가"도 포함될 수 있다고 말한다. 그는 이 대목에서 꼼꼼하고 진지한 주해 결과를 토대로 많은 성경 본문을 논한다(2: pp. 416-421와 421-437). 그는 이렇게 썼다. "죄 없는 이가 죽음

---

106 Pannenberg, *JGM* p. 274-280.
107 Pannenberg, *ST* 2: p. 288. 이 작품에서 참조한 곳은 본문 안에 기록했다.

이라는 형벌을 받았다.…우리 대신 받은, 이 형벌에 따른 고난은…죄를 향한 하나님의 진노 때문에 우리 대신 받은 고난이며, 예수 그리스도가 죄인인 우리 모든 이와 우리 운명 자체를 받아 주신 우애에 기초한다"(2: p. 427).

콜린 건튼과 위르겐 몰트만이 속죄와 관련하여 유달리 독특한 접근법을 제시했을 수도 있으나, 볼프하르트 판넨베르크의 작업은 특히 그가 제시하는 주해와 역사의 정확성을 고려할 때, 그리고 그의 놀랄 만한 철두철미함을 고려할 때 적어도 건튼 및 몰트만의 작품만큼이나 높이 평가할 만하다. 그의 접근법도 현대에 나온 연구 중 고전에 해당한다.

9) **칼 라너**(1904-1984). 라너는 발타사르, 큉, 콩가르와 나란히 20세기 후반을 이끌었던 가장 영향력 있는 가톨릭 신학자 중 한 사람이다. 그는 제2차 바티칸 공의회(1962-1965)의 기조를 형성하는 데 영향을 미쳤다. 그는 1967년부터 1971년까지 뮌스터 대학교 교수였다. 그는 하나님의 은혜와 관련하여 앙리 드 뤼박(Henri de Lubac)을 따라 은혜를 초자연성을 지니면서도 인성의 일부를 이루는 것으로 보았다. 그러나 은혜는 값이 없고 무상이다. 권능 있는 행위, 표적, 이적은 예수가 역사 속에서 행하신 사역의 일부였다. 그러나 예수는 이에 그치지 않는 분이었다. 그는 유일무이한 사명을 지닌 "종말론적 선지자"셨다.[108] 라너는 예수가 완전히 인간이 되지 않았다고 보는 가현설을 통렬히 공격했다.[109] 그의 주된 논지는 칼케돈 공의회에서 정립한 기독론을 **초월 철학의 틀 안에서** 유지하는 것이었다. 불트만과 달리, 그는 '**존재론적**' 문제, 즉 그리스도가 본디 하나님이자 인간이시라는 것이 "**실존적**" 문제의 기초, 곧 그리스도는 우리에게 무슨 의미가 있는가라는 문제의 기초라고 주장했다.[110] 라너는 이렇게 썼다. "우리는 다른 곳이 아닌 나사렛 예수 안에서…하나님이 가까

---

108 Karl Rahner, *Foundations of Christian Faith: An Introduction to the Idea of Christianity* (New York: Crossroad, 1978), pp. 245-246.
109 Rahner, *Foundations of Christian Faith*, p. 177.
110 Rahner, *Foundations of Christian Faith*, p. 204.

이 계심을 발견할 것이다."¹¹¹ 그는 속죄가 속상뿐 아니라 하나님이 세상에 관여하심도 가져다준다고 주장했다.

10) **한스 큉**(1928-). 큉은 특히 은혜로 의롭다 하심을 받음과 관련하여, 바르트는 물론 콩가르, 발타사르, 다른 '진보' 가톨릭 신학자들에게도 영향을 받았다. 그는 튀빙겐 대학교 교수였으며, 요제프 라칭거(Joseph Ratzinger) 및 라너와 더불어 제2차 바티칸 공의회에 조언을 제공했다. 그의 작품 『하나님의 성육신』(독일어판은 1970년, 영어판은 1987년에 출간)에서는 헤겔의 작업을 아주 치밀하고 세세하게 살폈다. 그는 헤겔을 토대 삼아 그리스도의 인격과 사역을 '정적으로' 설명하는 데서 벗어나는 것을 목표로 삼았다. 그는 헤겔의 논지에 동의하면서 헤겔을 인용한다. "신이 특별한 형체로 인간으로서 나타났다. 무한자와 유한자의 연관은 물론 '거룩한 신비'다. 이 연관이 생명 그 자체이기 때문이다."¹¹² 헤겔에게 "요한복음 프롤로그의 축이 되는 말은 '또한 말씀이 육신이 되셨다'(요 1:14)(였다).… 무한자와 유한자 사이에는 아무런 분리도 없다"(pp. 126-127).

신학에서는 이를 '소외된 인간'이라는 관점에서 해석한다. 이 인간은 '도덕주의'로 회복되지 못하며, 이 인간에게 "없는 것이 사랑이다"(pp. 112-113). 나아가 큉은 성금요일의 "처절한 고난"을 "하나님의 죽음"이라 여긴다(pp. 162-174). 그는 이를 뒷받침하는 근거로 성경 본문, 하나님의 본질, 심지어 칼 바르트까지 원용한다. 속죄는 하나님이 하나님 자신이실 수 있는 공간을 만들어 준다. 대속은 "그야말로 하나님의 행위요 하나님의 은혜다"(p. 287).

큉이 쓴 소품 『믿나이다』(Credo)에서는 속죄를 고찰하는 더 단순한 접근법을 설명한다.¹¹³ 그는 여기서 이렇게 쓴다. 예수는 "죄가 없으나 많은 사람의

111　Karl Rahner and W. Thüsing, *A New Christology* (London: Burns and Oates, 1980), p. 17. 『그리스도론』(가톨릭출판사).
112　Hans Küng, *The Incarnation of God: An Introduction to Hegel's Thought* (Edinburgh: T. & T. Clark, 1987), p. 111. 이 작품에서 참조한 곳은 본문 안에 기록했다.
113　Hans Küng, *Credo: The Apostles' Creed Explained for Today* (London: SCM, 1993), pp. 62-

죄 때문에 그들을 대신하여 고난을 당하신 하나님의 종이요, 인간의 죄를 상징적으로 제거하신 희생 제물인 어린양이시다"(p. 87). 죽은 이는 "하나님 자신…아버지…가 아니라…하나님이 보내신 메시아요 그리스도이며, 하나님의 형상이요, 말씀이자 아들이다"(p. 87). 그럼에도 이 아들은 "하나님의 영원한 생명으로" 받아들여졌으며, "하나님은 자신이 신자들과 연대하여 가까이 계심을 보여 주신다"(p. 88). 큉은 이렇게 덧붙인다. "하나님은…숨어서 이 자리에 계신다"(p. 92).

큉을 이렇게 아주 짧게 간추려 묘사하는 데는 그의 복잡한 논의를 지나치게 단순화하는 경향이 있고, 심지어 혼란을 야기하는 것처럼 보일 위험성도 있다. 바르트, 발타사르, 몰트만, 판넨베르크, 라너를 간추린 묘사에도 역시 그런 위험이 있다. 그러나 이 역사를 따른 논의의 목적은 한정되어 있다. 바로 어느 해석학적 가교 혹은 어느 이해 방식이 더 명백하게 드러났는지 탐구하는 것이다. 현대에 들어와, 아울렌은 십자가를 **해방과 승리를** 가져온 구속 행위라고 강조했다. 건튼은 전통을 거쳐 내려온 **보완적** 이미지에서 **은유가** 지닌 힘을 탐구했다. 몰트만은 **속죄가 우리뿐만 아니라 하나님께도 의미하는 것이** 무엇인지 탐구하기를 우리에게 요구했다. 판넨베르크는 성경에서 사용하는 이미지 가운데 어느 것도 없어도 되는 것이나 선택 사항이 아님을 보여 주었으며, 그리스도의 사역을 **그의 희생 및 부활과 더불어 하나의 통일체로** 바라봐야 함을 보여 주었다. 라너와 큉은 유한자가 무한자 안에 포함되었음을 시사한 헤겔의 몇몇 말을 원용하여 십자가가 **우주의 실체들**에게 영향을 주었음을 보여 주었다. 이 모든 이는 성경에서 한 말에 어떤 내용을 **첨가**하지 않고, 성경에서 한 말에서 몇 가지 해석학적 시사점을 **끌어내는 데** 기여했다. 요컨대 이는 그리스도의 속죄 사역에 관한 성찰이 일상생활에 방대하고 다양한 영향을 미칠 수 있음을 실증하는 것이다.

---

94. 이 작품에서 참조한 곳은 본문 안에 기록했다. 『믿나이다』(분도출판사).

10장

간략한 기독론

우리가 성경 본문과 역사 속 사상가들을 우리가 원하는 만큼 충실히 설명하려 한다면, 이 주제를 다루는 데 더는 못해도 최소한 두 개의 큰 장은 필요할 것이다. 그러나 이는 합의했던 한계를 넘어 이 책 분량을 늘리는 일이 될 것이다. 따라서 이 장 제목을 "간략한 기독론"이라 붙였다.

갖가지 관점을 취하는 사상가들이 모두 긍정하는 주제가 하나 있다. 우리가 로버트 펑크(Robert Funk), 존 도미닉 크로산(John Dominic Crossan), (1985년에 창립된) 예수 세미나를 고찰해 보든, 게자 베르메쉬(Geza Vermes), 앤터니 하비(Anthony Harvey), M. 보그(Borg)를 고찰해 보든, 아니면 이들보다 스펙트럼에서 보수 쪽에 더 가까운 제임스 던, N. T. 라이트, 리처드 보컴, 벤 위더링턴(Ben Witherington)을 고찰해 보든, 이들은 모두 예수가 처했던 역사 맥락이 가장 중요하다는 데 의견을 같이한다.[1] 하지만 이런 역사와 사회의 맥락을 어떻게 서술해야 가장 좋은지는 여전히 쟁점으로 남아 있다. 예수 세미나에서는 '지혜'가 담긴 경구를 선포했던 시골 농사꾼 현자라는 맥락도 함께 강조하긴 하지만, 그래도 우리가 **유대교**라는 맥락을 가벼이 여겨서는 안 된다는 데는

---

[1] James D. G. Dunn, *Jesus Remembered*, vol. 1 of *Christianity in the Making* (Grand Rapids: Eerdmans, 2003), pp. 255-326, 그리고 N. T. Wright, *Jesus and the Victory of God* (London: SPCK, 2004), pp. 3-144를 보라. 『예수와 기독교의 기원』(새물결플러스), 『예수와 하나님의 승리』 (CH북스).

거의 모든 이가 의견을 같이한다. 오스카 쿨만에서 위르겐 몰트만에 이르기까지, 혹은 칼 라너와 에드바르트 스힐레베익스(Edward Schillebeecks)에서 볼프하르트 판넨베르크에 이르기까지 아주 많은 목소리가 나오고 있지만, **예언적 맥락**, 그리고 이 맥락과 **구약성경 및 유대교**의 관계가 지금도 지극히 중요하며 이는 아무리 강조해도 지나치지 않다는 데 아주 많은 이가 동의하고 있다.

1. 역사 맥락: 구약성경과 유대교의 예언과 묵시에 드러난 대망

서로 다른 두 줄기 소망이 구약성경과 유대교의 여러 부분을 특징지었다. 유대인들은 **이전에는 그런 예가 없을 만큼 성령으로 능력을 받고 기름부음을 받은 한 인물**을 대망했다. 그는 **기름부음 받은 자**(히브리어로 *māshîach*, 아람어로 *mᵉshia'*, 그리스어로 *ho Christos*)가 될 이였다. 사람들은 때로 그를 '모세 같은' 종말론적 선지자(신 18:15) 같은 이로 여기곤 했다.[2] 약속과 소망을 담은 이런 예언적 흐름과 나란히 존재한 것이 **묵시**라는 흐름이었다. 묵시주의자들은 **인간 지도자**는 늘 약속된 나라를 가져오는 데 실패했다고 믿었다. 따라서 언젠가는 **하나님 홀로** 개입하셔서, 심지어 하나님께 기름부음을 받았다 하더라도 그저 인간일 뿐이었던 지도자는 하지 못했던 일을 행하시게 되리라고 믿었다. 하나님의 개입 행위는 개혁이 아니라 **새 창조**와 **새 시대**를 가져다줄 것이라 믿었다. D. S. 러셀(Russell)은 이렇게 썼다. "하나님이 예정하셨던 목적의 성취가 사람의 모든 미스터리와 문제를 풀 열쇠를 제공할 것이다."[3] 요 근래에는 클라우스 코흐(Klaus Koch), 에른스트 케제만, 볼프하르트 판넨베르크, 그리고 다른 많은 이가 묵시주의가 기독교의 기원에 대단히 중요한 의미가 있음을 인정했다. 그리스도의 재림, 곧 미래에 있을 그의 강림을 다루는 장에서 이런 묵

---

2 Oscar Cullmann, *The Christology of the New Testament* (London: SCM, 1963), p. 16; 참고. pp. 14-50. 『신약의 기독론』(나단).

3 D. S. Russell, *The Method and Message of Jewish Apocalyptic, 200 B.C.-A.D. 100* (London: SCM, 1964), p. 106.

시주의 배경을 더 자세히 확장하여 다뤄 보겠다.

이 두 줄기의 대망이 기독론에서 가지는 의미는 **성령으로 기름부음을 받은 한 인간이, 그리고 그리스도 안에서 이루어진 하나님 자신의 성육신이, 예수 그리스도의 인격을 통해 그리고 예수 그리스도의 인격 안에서 성취된다는 것이다.**

몰트만은 예언적 측면을 두고 이렇게 썼다. "그리스도이신 예수의 역사는 예수 자신에서 시작하지 않는다. 그것은 *rûach*/성령과 더불어 시작한다. 그것은 성령의 오심이요, 만물을 창조하는 하나님의 숨이다. 이 안에서 예수는 '기름부음 받은 자'(*masiah, christos*)로 나오시며, 하나님 나라의 복음을 능력 있게 선포하시고, 많은 이에게 새 창조의 표지들을 확실히 새겨 주신다."[4] 성령은 예수가 세례를 받으실 때 그에게 "내려오셨고"(막 1:10; 마 3:16; 눅 3:22), "그를" 광야로 "내몰아"(막 1:12), 곧 그를 광야로 인도하여(마 4:1; 눅 4:1) 그가 메시아의 소명을 감당할 수 있는지 시험 내지 검증을 받게 하셨다. 메시아와 관련된 "약속의 역사"는 "유대의 정황에서…모든 기독론의 전제"를 형성한다.[5]

쿨만은 유대교에서 가졌던 대망의 수준을 주가 오실 길을 예비할 엘리야의 귀환(말 4:5)처럼 역사의 종말론적 절정 같은 것에서 찾았다.[6] 벤 시락(집회서 48:10-11)과 랍비 문헌들에서는 이런 대망을 표현한다. 때로는 에녹이, 가끔씩 그가 엘리야와 함께 선지자로서 돌아오리라 언급되기도 하고(에녹1서 90:31), 때로는 바룩이 언급되기도 한다. 사해 사본에 들어 있는 하박국 주석(*Commentary on Habakkuk*)에서는 의의 교사가 종말론적 선지자의 역할을 받을 수도 있다고 말하는데, 훈련 교범(*Manual of Discipline*, 1QS 9:11)에 나오는 선지자 및 아론과 이스라엘이라는 두 메시아와 유사성이 있다.[7] 레위의 유언

---

4   Jürgen Moltmann, *The Way of Jesus Christ: Christology in Messianic Dimensions* (London: SCM, 1990), p. 73.
5   Moltmann, *The Way of Jesus Christ*, pp. 73-74.
6   Cullmann, *Christology*, pp. 15-23, 그리고 Dunn, *Jesus Remembered*, p. 655.
7   Dunn, *Jesus Remembered*, p. 656.

(Testament of Levi)에서도 "지극히 높으신 이의 선지자"를 언급한다(레위의 유언 8:15). 쿨만은 이렇게 썼다. "유대인이 대망하던 종말론적 선지자는 본디…시대의 종말에…야훼 자신이 오실 길을 준비한다."[8]

신약성경에서는 예수에게 선지자의 역할뿐 아니라 완전한 인성을 부여하는 것 같다. 그렇다고 이것이 신약성경, 적어도 공관복음에서 세례 요한에게 부여한 종말론적 선지자의 역할(막 9:11-13; 마 17:10-13)을 배제하지는 않는다. 예수를 바라보는 대중의 견해는 "큰 선지자가 우리 가운데 일어나셨다"는 것이었다(눅 7:16). 이는 예수를 체포하려던 제사장들과 바리새인들의 욕망이 실패로 돌아간 일이 확인해 준다. 이 욕망이 실패한 것은 "그들[군중]이 그[예수]를 선지자로 여겼기 때문"이었다(마 21:46; 참고. 막 6:4). 던은 "다양한 예언들이 신선한 통찰이나 확증을 제시함에 따라" 이 전통 속에서 "서로 다른 여러 대망이 종종 함께 엮여 하나가 되었다"는 것을 인정한다.[9] 아울러 던은 예수가 선지자처럼 이사야 61:1-3을 선언하신 것, 그리고 "내가 보냄을 받았다"와 "내가…을 하러 왔다" 같은 말들(막 2:17; 10:45; 마 10:34)과 더불어, 예수가 (헤롯에게 대답하시면서) "선지자"라는 말을 받아들이셨음을 말하는 누가복음 13:31-33을 인용한다.

아울러 던은 예수가 "선지자를 넘어서는 이"라는 것도 인정한다.[10] 이는 가장 초기의 기독교 전통 속에 뿌리내린 다른 두 명칭을 고찰할 길을 열어 준다. 장 칼뱅은 예수가 선지자, 왕, 제사장이라는 삼중 "직무"를 행하셨다는 그의 논지를 통해 자신이 가장 초기의 기독교 전통을 반영하고 있다고 믿었다.[11] 다윗의 '보좌'를 말하는 시편 89:35, 37도, 시편 110:1을 인용하는 사도행

---

8   Cullmann, *Christology*, p. 23.
9   Dunn, *Jesus Remembered*, p. 657; 유대교와 사해 사본에서 제시하는 배경을 다룬 글을 보려면, J. J. Collins, *The Sceptre and the Star: The Messiahs of the Dead Sea Scrolls and Other Ancient Literature* (New York: Doubleday, 1995), pp. 74-75 and 112-122를 참고하라.
10 Dunn, *Jesus Remembered*, pp. 664-666.
11 John Calvin, *The Institutes of the Christian Religion* 2.15.1-6; 영어판은 2 vols. (London: James Clarke, 1957), 1: pp. 425-432.

전 2:25 및 34-35절의 베드로 설교와 더불어 그리스도에게 적용된다. 그리스도가 제사장이심은 요한복음 17:11-26에서 암시하며, 히브리서 5:5-10과 7:1-8:7에서 분명해진다. 판넨베르크는 A. 오지안더(Osiander)의 작업(1530년)이 중요한 의미가 있다고 본다. 오지안더는 구약성경에서 제시하는 대망들이 그리스도의 삼중직에서 이루어졌다고 보았다. 그러나 판넨베르크는 우리에게 그리스도가 하늘에서 가지신 지위와 성육신에 따른 지위를 혼동해서는 안 된다고 경고한다.[12]

어쨌든, 이 전통에서는 예수가 비록 그의 과업 때문에 성령으로 기름부음을 받았을지라도 **완전히 인간인** 이로 이해한다. J. A. T. 로빈슨은 그의 책『하나님이 가진 사람의 얼굴』(The Human Face of God)에서 사람들이 이런 측면을 철저히 과소평가해 왔다고 주장했다.[13] 그는 예수 그리스도를 "우리 같은 이들에게서 자신을 떼어 놓은" "숨은 하나님"으로 이해하는 통설을 풍자했다.[14] 로빈슨은 특히 교부들이 한쪽에 치우쳐 알렉산드리아 기독론만 강조한 것을 혹독하게 비판했다. 예를 들면, 알렉산드리아의 클레멘스는 이렇게 썼다. "구속주의 몸이…인간이 보통 가지는 필요를 갖고 있었다고 상상한다면 우스울 것이다."[15] 심지어 아타나시오스는 이렇게 주장했다. "말씀이 몸으로 나타나심으로써 자신을 감추셨다.…그는 자신이 인간이 아니라 하나님이심을 보여 주셨다."[16] 알렉산드리아의 키릴로스는 예수 그리스도가 "슬퍼할 수 없었다"고 믿었다.[17] 이들과 달리, 로빈슨은 아주 많은 이가 그리스도를 "살과 피를 가진 사람이라기보다 흠 없는 도자기처럼 변하지 않는 완전함을 가진, 진짜 사람이 아닌 형체"로 묘사해 왔다고 주장했다.[18] 그는 예수를 "무엇이든 다 해내는

---

12 Pannenberg, ST 2: p. 448.
13 J. A. T. Robinson, The Human Face of God (London: SCM, 1973).
14 Robinson, Human Face of God, p. 3.
15 Clement of Alexandria, Stromata 6.9.
16 Athanasius, On the Incarnation 16.18.
17 Cyril of Alexandria, Commentary on John 7.
18 Robinson, Human Face of God, p. 68.

이'라 말할 수 있는 만능인"으로 여기는 대중의 생각을 비판했다.[19] 로빈슨은 예수가 "우리처럼 완전히 인간이었다"고 말했다.[20]

예언 전통에서는 대개 우리를 이끌어 기름부음 받으신 예수 그리스도가 이처럼 완전한 인성을 지닌 분이었음을 확증하게 해 준다. 이와 달리, **묵시 전통**에서는 비록 하나님이 **그분 대신 행동하신** 예수 그리스도라는 인격체 안에서 이 인격체를 통해 인간 역사에 개입하시지만, 그래도 **하나님 자신이 몸소** 인간 역사에 개입하시리라는 대망으로 이끌어 간다. 20세기의 문이 열릴 무렵, A. 슈바이처는 오로지 묵시 전통과 대망의 중요성만 강조했다. 그리고 이런 견해가 사람들에게 상당히 무시당한 뒤, 클라우스 코흐 및 다른 많은 이, 특히 판넨베르크가 다시 그런 견해를 확고하게 소개했다. 1960년대에 코흐는 이렇게 썼다. "뜻밖에…묵시라는 말이 심연에서 다시 떠올라, 뜨거운 논쟁거리인 구호가 되었다."[21] 그러나 1960년대가 다 가기도 전에, 에른스트 케제만은 그것을 "기독교 신학의 어머니"라 불렀다.[22] O. 플뢰거(Plöger)와 D. 뢰슬러(Rössler)는 묵시가 중요함을 강조했으며, 판넨베르크의 개입은 결정타였다. 판넨베르크는 아주 이른 시기에 내놓은 한 연구물인 "하나님이 나사렛 예수 안에서 나타나심"(The Revelation of God in Jesus of Nazareth)에 이렇게 썼다. "예수는 하나님이 오시기를, 하나님의 통치가 임하기를 고대하던 전통 속에 서 있었다.…예수는 그래야 할 이유도 제시하지 않은 채 무조건 자신의 인격을 신뢰하라고 요구하지 않았다."[23]

판넨베르크의 말을 빌리면, 하나님이 종말에 가까이 오심은 "오직 종말의

---

19 Robinson, *Human Face of God*, p. 70.
20 Robinson, *Human Face of God*, p. 85.
21 Klaus Koch, *The Rediscovery of Apocalyptic: A Polemical Work on a Neglected Area of Biblical Studies and Its Damaging Effects on Theology and Philosophy* (London: SCM, 1972), p. 13.
22 Ernst Käsemann, *New Testament Questions of Today* (London: SCM, 1969), p. 137.
23 Wolfhart Pannenberg, "The Revelation of God in Jesus of Nazareth", in *New Frontiers in Theology*, vol. 3, *Theology as History*, ed. James M. Robinson and John B. Cobb (New York: Harper and Row, 1967), pp. 102-103.

빛이 비추는 가운데" 계시되었다는 것이 묵시의 독특한 특징이었다.[24] 우리는 "예언의 말과 사건들이…서로 뒤얽혀 있다는 것", 그리고 묵시가 시사한 대로 "역사의 하나님" 아래에서 먼저 펼쳐졌던 "모든 관련 역사"를 함께 고려해야 한다.[25] 이런 묵시라는 맥락은 그의 초기 저작에만 국한되지 않는다. 판넨베르크는 『예수: 하나님이자 인간』에서 이렇게 강조한다. "예수는—묵시 문헌처럼—종말을 미리 보여 주었을 뿐 아니라, 예수로 말미암아 종말이 앞서 일어났다."[26] 하나님은 가까이 계심에 그치지 않고, 예수 안에서 지금 이 자리에 계신다. 묵시에는 "새 시대의 도래"라는 관념이 들어 있다.[27]

예언 전통에서 예수의 완전한 **인성**을 이해할 지평을 제공했듯이, **묵시 전통**에서는 하나님 나라, 새 시대, 예수 자신의 부활에 관한, 그리고 비록 명백하게 밝히진 않았지만 **예수 그리스도가 하나님이심**에 관한 예수의 선포를 이해할 맥락을 제공했다.

판넨베르크는 그리스도의 신성이 "이 세상에서, 곧 예루살렘에 있는 예수의 무덤에서 일어난 사건"인 그의 **부활**에서 아주 분명하게 드러났다고 분명하게 강조한다.[28] 그러면서도 그는 "아래에서 올라가는 기독론"(Christology from below)과 "위에서 내려오는 기독론"(Christology from above)을 대조한 리츨의 용어를 가져다가, 이런 신앙고백을 역사 속 "아래에서 올라가는 기독론"에서 추론할 수 있다고, 특히 우리가 "예수의 오심이 가지는 성격 전체"를 살펴보면 그렇다고 강조한다.[29] 계속하여 그는 "예수의 역사"에 "예수의 부활을 목격한 초기 그리스도인들의 증언이" 포함되며, "이 부활은 그가 부활하기 전에 했던 사역에 정당성을 부여한다"고 말한다.[30] 부활 메시지는 부활 사건을 **뒤따른다**.

---

24 Pannenberg, "Revelation", p. 113.
25 Pannenberg, "Revelation", pp. 120, 121, 122, and 132.
26 Pannenberg, *JGM* p. 61.
27 Pannenberg, *ST* 2: p. 326; 참고. Wright, *Jesus*, pp. 217-218.
28 Pannenberg, *ST* 2: p. 360.
29 Pannenberg, *ST* 2: pp. 278-297, 특히 p. 280.
30 Pannenberg, *ST* 2: p. 283.

실제로 판넨베르크는 불트만에 반대하면서, "우리는 아래에서 올라가는 기독론이 성육신이라는 고전적 기독론을 완전히 배제한다고 여길 **수 없다**"고 주장한다.[31] 그는 아주 적절한 역사 중심 접근법 안에도 고전적 기독론이 '전제되어 있다'고 역설한다. 그는 이렇게 결론짓는다. "실제 우위는 영원한 아들에게 있으며, 이 아들이 나사렛 예수 안에서 육신이 됨으로 말미암아 인간이 되었다."[32] 판넨베르크는 『예수: 하나님이자 인간』에서 "예수의 참된 신성과 참된 인성"은 "필수 불가결"이지만, 그럼에도 이것이 곧 우리가 두 "**본질**"(substance)을 말한 칼케돈 공식에 온전히 헌신해야 함을 의미하지는 않는다고 역설한다.[33] 이런 배경 자료를 틀을 잘 갖추어 충실하게 표현한 것이 이번 장 4절에서 살펴볼 바울 서신과 히브리서다.

2. 예수의 하나님 나라 선포: 기독론을 가리키는 것들

네 복음서에서는 모두 예수가 세례를 받으실 때 성령이 내려오신 일을 아주 중요한 결정적 사건으로 기록한다(마 3:13-17; 막 1:9-11; 눅 3:21-22; 요 1:32-34). 예레미아스는 이 사건이 정말로 일어난 일임을 강력히 주장한다. 예레미아스는 이런 많은 증언에 더하여, 초기 교회에서 보았을 때 이런 설명들이 자칫하면 예수가 세례 요한에게 복종하는 것처럼 보이게 하고 예수 역시 참회하고 용서받아야 했음을 시사하는 것처럼 보이게 할 위험성이 있었을 수도 있음을 지적한다. "이렇게 말썽을 일으킬 정보를 일부러 지어냈을 리는 없다."[34] C. K. 배럿이 제시하듯이, 그 사건의 참된 의미는 예수가 세례를 받으실 때 "하나님의 준비된 백성 중 하나가 되어 두려움 없이 다가오는 심판을 기다릴 수 있

31　Pannenberg, *ST* 2: p. 288. 티슬턴 강조.
32　Pannenberg, *ST* 2: p. 289.
33　Pannenberg, *JGM* pp. 284-285.
34　Joachim Jeremias, *New Testament Theology* (London: SCM, 1971), p. 45. 『신약신학』(CH북스).

었음"을 강조하는 것이다.³⁵

성령이 부어짐, 아버지의 인정, 성령이 예수를 "몰아"(막 1:12-13) 혹은 "이끌어"(마 4:1; 눅 4:1) 그가 메시아로서 시험이나 검증을 받게 하신 일은 이 사건의 중차대한 본질을 확증한다. 몰트만과 유진 로저스가 주장하듯이, 예수의 사역과 인격은 처음부터 성 삼위일체의 내러티브로 등장한다.³⁶ 몰트만이 인정하듯이, 예수의 동정녀 탄생이 실제로 복음서 안에서 한 자리를 차지하긴 하지만, 이 동정녀 탄생이 "그리스도를 믿는 신약의 신앙을 지탱해 주는 여러 기둥 가운데 하나는 아니다."³⁷

흥미롭게도, 교부들은 4세기에 나온 "하나님의 어머니 마리아"라는 문구를 마리아와 관련된 문구가 아니라 예수가 진정으로 인간이라는 것 혹은 **예수의 인성**과 관련된 문구로 여겼다. 몰트만의 말을 빌려 다시 표현하면, 동정녀 탄생은 "하나님 한 분만이 예수 그리스도의 아버지다"라는 것을 강조하는 데 기여했다.³⁸

시험 내러티브(마 4:1-11; 눅 4:1-13)는 십중팔구 다를 것이다. 메시아가 받았다고 이야기하는 세 가지 시험에서는 모두 예수에게 더 쉽고 편안한 지름길을 따라서 하나님의 뜻을 이루라고 유혹한다. 그러나 시험에서는 **하나님의 길**을 일러 주지 않았다. 하나님의 길은 십자가 및 **갈보리**와 관련이 있었지, 군중에게 인정을 받으려는 특이한 기적이나 부정하고 은밀한 방법이 아니었다. 피츠마이어는 이런 시험들 자체가 실제로 있었음을 뒷받침하는 강한 역사적 증

---

35 C. K. Barrett, *The Holy Spirit and the Gospel Tradition* (London: SPCK, 1958), p. 33.
36 Jürgen Moltmann, *The Trinity and the Kingdom of God: The Doctrine of God* (London: SCM, 1981), pp. 65-75; Eugene F. Rogers Jr., *After the Spirit: A Constructive Pneumatology from Resources outside the Modern West* (London: SCM, 2005; Grand Rapids: Eerdmans, 2006), pp. 136-168.
37 Jürgen Moltmann, *The Way of Jesus Christ: Christology in Messianic Dimensions* (London: SCM, 1990), p. 79. 보수적 견해를 보려면, J. Gresham Machen, *The Virgin Birth of Christ* [London: Clarke, 1930, 1958, 『그리스도의 동정녀 탄생』(기독교문서선교회)], 그리고 Wayne Grudem, *Systematic Theology* (Nottingham: IVP, 1994), pp. 529-532를 보라.
38 Moltmann, *Way of Jesus Christ*, p. 82.

거가 있느냐고 의문을 제기하지만, 히브리서에서는 '검증'이나 시험이 중요함을 보여 준다(히 2:17-18; 4:15; 5:7-10). 시험 내러티브의 주된 교훈은 예수가 이스라엘 혹은 인간과 연대하시고, 예수가 메시아의 소명을 받아들이시며, 예수가 인간의 상황 속에 내재한 여러 제약과 일상의 한계를 받아들이셨다는 것이다.

예수는 이 시험을 받으신 뒤 곧바로 하나님 나라(또는 마태복음에서 사용한 경건한 언어를 빌리면, 하늘나라, 마 4:17)와 "주의 은혜의 해"(눅 4:19; 참고. 마 4:23; 5:3, 19-20; 6:10, 33; 7:21; 9:35; 12:26; 13:52; 18:3; 19:23; 25:34; 막 1:15; 3:24; 4:26)를 선포하며 갈릴리에서 공생애 사역을 시작하셨다. 던은 "하나님 나라가 가까이 왔다"(막 1:15)를 "일종의 요약 선언이나 표제"로 본다.[39] 특히 마가복음에서는 이것이 예수의 '복음'이다. 예수는 제자들에게도 "하나님 나라가 가까이 왔다"고 선포하게 하셨다(참고. 마 10:7; 눅 10:9). 던은 이 말이 마가복음에서 13회 나타나며, 마태복음과 누가복음에서 9회 더 나타난다고 말한다. 그는 이렇게 결론짓는다. "요컨대, 우리가 가진 증거는 한 가지 분명한 결론만을 가리킨다. 즉 사람들은 예수를 하나님 나라에 관하여 설교하신 분으로 기억했으며, 이것이 예수의 메시지와 사명의 중심이었다."[40]

그리스어 *basileia*와 아람어 *malkūth*는 "통치", 왕권 행사, 또는 "왕의 통치"를 가리켰다.[41] 분명 이 개념 내지 이미지는 경계를 모호하게 만들었다. 노먼 페린(Norman Perrin)은 "나라"가 "긴장을 야기하는 상징"임을 설득력 있게 주장한다.[42] 크로산은 이 견해를 따른다. 그러나 이 용어의 근본 의미는 많은

---

39 Dunn, *Jesus Remembered*, p. 383; 아울러 J. Becker, *Jesus of Nazareth* (Berlin: De Gruyter, 1998), pp. 100-102를 참고하라.
40 Dunn, *Jesus Remembered*, p. 387.
41 Gustaf Dalman, *The Words of Jesus* (Edinburgh: T. & T. Clark, 1902), pp. 91-96; Dunn, *Jesus Remembered*, pp. 33-92; BDAG pp. 168-169.
42 Norman Perrin, *Jesus and the Language of the Kingdom: Symbol and Metaphor in New Testament Interpretation* (Philadelphia: Fortress; London: SCM, 1976), pp. 22-23, 29-32, and 56.

부분이 그대로 남아 있다. 예수의 메시지는 주로 하나님을 가리켰지만, 예수 역시 하나님 이름으로 말씀하시고 행동하셨다. 예수가 행하신 '권능 있는 행위'도 '하나님 나라의 표지'를 이루었다. 라이트는 이 권능 있는 행위가 "이스라엘의 하나님 나라가 물리적 실체로서 시작되었음을 알리려는 표지들, 그리고 어쩌면 사람들도 그렇게 인식했을 표지들"을 대표하며 "이 행위는 모든 사역의 필수 요소"라고 설명한다.[43] 같은 제목 아래 예수의 "권능 있는 말씀"(라이트의 용어)과 결단을 독려하는 예수의 요구와 더불어 제자의 길로 나아가라는 그의 요구를 포함시킬 수 있겠다. 불트만조차도 결단을 독려하는 예수의 요구가 "기독론을 암시한다"고 인정했다.[44]

라이트 및 다른 이들이 주장하듯이, 비평이 등장하기 이전 시대에는 대다수 독자가 권능 있는 행위를 예수의 신성을 일러 주는 첫 번째 증거로 여겼다. 그러다가 18세기 이후에 자유주의 해석자들은 종종 이런 행위를 결코 일어나지 않았던 지어낸 사건으로 여겼다. 라이트는 이렇게 결론짓는다. "근래 더 철저히 이루어진 역사 연구는 예수가 실제로…'자연주의자'는 설명하지 못하는…행위를 행했다고 생각할 때에 비로소 우리가 우리 앞에 있는 증거를 설명할 수 있다는 결론에 이르러 왔다."[45] 이 결론이 곧 라이트가 '기적'이라는 말을 완전히 인정함을 암시하지는 않는다. "기적"이라는 말은 종종 '자연주의'와 '초자연주의'라는 두 층을 구분하는 이분법을 암시하기 때문이다. 라이트는 예수의 이런 행위를 예수가 행하신 선지자 역할 및 예수의 하나님 나라 선포와 결합한다.

마찬가지로, 성전에 관한 예수의 말씀에서 나타나듯이 예수가 말씀하신 비유도 주로 하나님 나라에 관한 비유였다. 라이트는 이렇게 말한다. "성전, 토라, 땅, 유대인의 정체성과 관련된 상징과 **실제**(praxis)가 소망이 담긴 내러티브

---

43 Wright, *Jesus*, p. 196.
44 Rudolf Bultmann, *Theology of the New Testament*, vol. 1 (London: SCM, 1952), p. 43.
45 Wright, *Jesus*, p. 186.

를 어떻게 지탱하고 재차 강화해 주었는지 알기 어렵다."⁴⁶

특히 기도에 관한 예수의 가르침은 그가 아버지 하나님과 가까웠음을 보여 준다. 네 복음서에서는 모두 예수가 기도에 보이신 관심을 증언하며, 던은 "우리가 예수의 기도에 '귀를 기울일' 때 우리에게 들리는 독특한 말이 '압바'(Abba)다"라고 말한다.⁴⁷ 던은 예레미아스의 논지가 너무 멀리 나갔을 수도 있음을 인정하면서도 이렇게 주장한다. "예수가 하나님께 '압바'라 말한 것은 바로 그와 같은 시대를 살았던 (대다수) 사람들이 기도할 때 이 말을 사용하길 꺼렸던 이유 때문이다. 즉 그 말이 하나님을 아버지로…유달리 친밀한 분으로 대하던 그의 태도를 나타내 주었기 때문이다.…**예수는 기도할 때 자녀됨이라는 친밀한 관계를 체험했다.**"⁴⁸ 이는 예수에게 하나님의 아들이라는 칭호를 사용했음을 확실히 증명한다. 쿨만은 이렇게 썼다. "'하나님의 아들'은 사실 예수가 하나님으로서 가진 엄위와 그가 궁극에는 하나님과 하나임을 가리키지만, 동시에 본질상 그가 아버지께 순종했음을 암시한다."⁴⁹ 계속하여 그는, 이 말에 관한 그리스 사람들의 이해와 달리, "예수가 하나님의 아들로 등장하는 공관복음에서 가장 중요한 본문에서는 그를 다른 많은 이처럼 기적을 행하는 자와 구원자로 제시하지 않고, 오히려 다른 모든 사람과 철저히 그리고 독특하게 구별된 이로 제시한다"고 말한다.⁵⁰

예수가 자신을 가리킬 때 쓴 말인 '인자'(Son of Man)는 그 의미를 놓고 논란이 있다. 모리스 캐시(Maurice Casey) 및 다른 이들은 이 말이 단순히 **사람**을 가리킨다고 본다.⁵¹ 그리스어 *ho huios tou anthrōpou*는 그냥 '사람의 아들'

---

46 Wright, *Jesus*, p. 206.
47 James D. G. Dunn, *Jesus and the Spirit: A Study of the Religious and Charismatic Experience of Jesus and the First Christians* (London: SCM, 1975), p. 21.
48 Dunn, *Jesus and the Spirit*, pp. 23 and 26.
49 Cullmann, *Christology*, p. 270.
50 Cullmann, *Christology*, p. 276.
51 Maurice Casey, *The Solution to the "Son of Man" Problem* (New York and London: T. & T. Clark, 2007).

을 의미할 수도 있었다. 던을 비롯하여 다른 이들이 말하듯이, 이 문제와 관련하여 확고한 공감대가 형성되지는 않았다.[52] 하지만, 예로부터 서로 다른 두 제안이 널리 지지를 받아 왔다. 한 학설에서는 다니엘 7:13-14에 나오는 아람어 용어를 원용한다. 이 본문에서는 인자가 역사 끝에 하늘 구름을 타고 와서 통치권과 왕위를 받으리라고 말한다(참고. 단 7:24-27). 이는 마가복음 14:62과 일치하는 것 같다. "내가 그니라. 인자가 권능자의 우편에 앉은 것과 하늘 구름을 타고 오는 것을 너희가 보리라." 마가복음 2:10에서도 같은 취지로 "인자가 땅에서 죄를 사하는 권세가 있다"고 기록해 놓았는데, 이는 예수가 가진 권능이 유일무이한 지위임을 암시하는 것 같다. 마가복음 2:28에서는 "인자는 안식일에도 주인이니라"라고 말한다. 이는 에녹1서 61:8-9과 62:9-11에서도 나타난다. 그러나 일부 사람들은 '인자'가 인간을 대표하는 자 혹은 마지막 아담을 가리키며, 이 마지막 아담은 이스라엘이라는 한 집단에 초점을 맞춘다는 이견을 주장한다. 여기서 인간은 다니엘의 환상에 나오는 짐승과 대립하는 존재다.

T. W. 맨슨은 예수가 자신과 제자들이 "함께 인자, 곧 봉사와 자기희생으로 구원하는 남은 자들이 되기를" 바랐다고 주장했다.[53] 모나 후커(Morna Hooker)는 이렇게 집단성을 지닌 "마지막 아담"이 다니엘 7장에서 언급한 내용과 양립할 수 있다고 여긴다. 앞서 언급했듯이 다니엘 7장에서는 "인간"과 다른 피조물을 서로 대립하는 존재로 표현한다.[54]

보통 복음서에서 그리스도의 위격을 다루는 부분에서는 그의 고난, 배척 받음, 죽음과 부활, 그가 자신을 이사야 40-55장에 나오는 주의 종과 동일시한 내용을 논하곤 한다. 그러나 이 책 8장에서는 그리스도의 사역을 다룰 때 이것이 가진 여러 측면을 논했다. 예수를 확실하게 '하나님'이라 부르는 성경 본문은 "그 말씀은 곧 하나님이었다"라고 말하는 요한복음 1:1, "도마가 대

---

52 Dunn, *Jesus Remembered*, pp. 724-762.
53 T. W. Manson, *The Teaching of Jesus: Studies of Its Form and Content*, 2nd ed. (Cambridge: CUP, 1935), p. 231.
54 Morna Hooker, *The Son of Man in Mark* (London: SPCK, 1967), p. 71.

답하여 이르되 나의 주님이시요 나의 하나님이시니이다"라고 말하는 요한복음 20:28, "오, 하나님이여. 주의 보좌는 영영하며"라고 말하는 히브리서 1:8-9, "그는…하나님의 본체의 형상이시다"라고 말하는 히브리서 1:3이다.[55] "만물 위에 계신 메시아, 세세에 찬양을 받으실 하나님"이라 말하는 로마서 9:5은 그 의미와 정확한 원문의 진정성(authenticity)이 모호한 것 같다. 레이먼드 브라운은 예수가 이런 칭호를 자신에게 적용하지 않았다고 역설한다. 판넨베르크는 이런 칭호가 부활이 있기 전에는 놀라움을 안겨 주지 않았을 것이라고 설명한다. 래리 허타도(Larry Hurtado)는 이것이 유대 일신론을 손상하지 않으며, 도리어 유대 일신론이 그리스도를 포함하는 쪽으로 재정립되었음을 보여 주었다.[56]

뒤에서는 요한복음과 히브리서가 예수가 인간이라는 것과 그의 신성을 동시에 강조한다는 점에서 독특하다는 점을 논증할 것이다. 요한복음에서는 예수의 신성을 기탄없이 천명하면서도, 예수가 피로를 느끼는 존재(요 4:6), 목마른 존재(4:7), 비통해하며(11:33) 눈물을 흘리는 존재(11:35)임을 보여 준다. 히브리서도 몇몇 유사한 본문을 제시한다. "예수가 그들을 형제자매라 부르길 부끄러워하지 아니하신다"(히 2:11), 예수가 "내가 그(하나님)를 신뢰하리라 하시고"(2:13), 예수는 "모든 일에 우리와 똑같이 시험을 받으신 이로되 죄는 없으시니라"(4:15). 이 서술들은, 1960년대 후반과 1970년대 초에 영국에서 등장하여 이렇게 예수의 인성과 신성을 함께 인정하는 말들은 모두 논리상 모순이라고 주장했던 많은 기독론을 반박한다. **오히려 요한복음이나 히브리서에는 이렇게 내적 긴장을 암시하는 부분이 전혀 없다.**

---

55 Raymond E. Brown, *Jesus—God and Man* (London: Chapman, 1968), 특히 pp. 23-38.
56 Larry W. Hurtado, *Lord Jesus Christ: Devotion to Jesus in Earliest Christianity* (Grand Rapids: Eerdmans, 2003), 책 전체, 그러나 특히 p. 64. 『주 예수 그리스도』(새물결플러스).

3. 이른바 세 탐구와 역사 연구의 필요성

앞서 설명했듯이, 지면의 압박 때문에 여기서는 '간략한' 기독론밖에 제시하지 못한다. 그러나 정확한 역사 연구가 낳은 질문들을 무시하는 것은 잘못일 것이다. 이미 1906년 훨씬 전부터 현재까지 다양한 역사 중심 접근법이 있어 왔는데, 슈바이처가 쓴 『역사 속 예수 탐구』(The Quest of the Historical Jesus, 독일어판은 1906년에, 영어판은 1910년에 나왔다), 1950년대와 1960년대에 케제만, 보른캄, 푹스, 그리고 다른 이들이 이끈 이른바 **새 탐구**, 주로 1980년대와 1990년대에 이뤄졌으며 현재까지도 이어지고 있는 이른바 **세 번째 탐구**로 구분하는 것이 관습이다.[57] 이에 덧붙여, 비록, 세 번째 탐구와 겹치긴 하지만, 로버트 펑크가 1985년에 창립하고 J. D. 크로산과 긴밀한 관련이 있는 SBL(Society of Biblical Literature—옮긴이)의 예수 세미나를 네 번째 탐구로 구분해도 될 것 같다. 최근에 나온 접근법에서는 역사를 더 원숙하고 광범위한 틀 안에 둔다. 이 다섯 번째 접근법은 판넨베르크가 시작했으며, 던, 라이트, 보컴, 그리고 다른 이들의 작품이 각기 그 정도를 달리하며 반영하고 있다.

진지하게 '세 탐구'(three quests)라는 말을 사용할 때 아이러니는, 영국에서 슈바이처가 쓴 저서의 독일어 원제 『라이마루스에서 브레데까지: 예수의 생애 연구사』(Von Reimarus zu Wrede. Eine Geschichte der Leben-Jesu Forschung)를 그대로 썼다간 『역사 속 예수 탐구』라는 제목을 썼을 때만큼 책이 잘 팔리지 않으리라 생각했던 번역가나 출판사가 이 '탐구'라는 말을 지어냈다는 점이다. [이를 내게 처음 알려 준 이가 풀러의 콜린 브라운(Colin Brown)이었다.]

1) **첫 번째 탐구**. 슈바이처는 예수가 '유대인의 사고방식을 따라' 하나님 나라를 선포했다는 H. S. 라이마루스(Reimarus)의 주장을 따라 기록된 "예수의 생애"를 개관했다. 라이마루스는 모든 신비와 기적을 예수의 삶에서 제거하고

---

57 Albert Schweitzer, *The Quest of the Historical Jesus*, 3rd ed. (London: SCM, 1954), p. 16. 참조한 페이지는 본문 안에 기록했다. 『예수의 생애 연구사』(대한기독교서회).

예수가 제자들이 살아 있을 때 다시 오리라고 주장했던 합리론자요 이신론자였다. 라이마루스는 예수의 생애에 라이마루스 자신의 사상을 아주 많이 덧칠했기에, 슈바이처는 이렇게 결론지었다. "라이마루스는 그의 시대에 막 등장하던 신학 연구(theological science)의 목에 맷돌을 달아놓았다"(p. 26).

슈바이처는 이어 '허구인 예수 생애' 시대를 개관했다. 여기서 살펴본 내용에는 바르트(Bahrdt)와 벤투리니(Venturini)가 제시한 예수 생애, 나아가 합리주의자가 제안하는 생애가 들어 있다. 파울루스(Paulus)가 제시한 예수 생애도 이 안에 들어 있었다. 아울러 슈바이처는 다비트 F. 슈트라우스의 작품을 살펴보는데, 슈바이처는 슈트라우스의 저작 최종판을 "파산한…죽은 책"이라고 불렀다(p. 76). 슈바이처는 다른 판들의 비평을 살핀 뒤, 이어 브루노 바우어(1809-1882)의 작업을 살펴봤다. 슈바이처는 "그의 목적은 사실 슈트라우스의 작품을 이어 가는 것뿐이었다"라고 결론지었다(p. 145). 그러나 바우어는 "역사 속 예수는 전혀 없었다"고 신랄하게 말했다(p. 147). 에르네스트 르낭(Ernest Renan, 1823-1892)은 "예술가적 상상력을 동원하여" 예수의 생애를 재구성했다(p. 181). 마지막으로, W. 브레데(Wrede, 1859-1906)는 자신이 내세운 신학 가설인 "메시아 은닉"을 설명하고자 마가복음에서 예수가 메시아이심을 발설하지 못하게 막은 점에 초점을 맞추었다(pp. 328, 337-338, 351). 이 저술가들이 제시한 결론에 관한 슈바이처의 평가는 다음과 같다. "현대 신학이…건설한 것과 같은 기독교의 역사 기초는 **더 이상 존재하지 않지만**, 그렇다고 이 말이 기독교가 역사 기초를 잃어버렸다는 뜻은 아니다"(p. 397. 티슬턴 강조). 예수는 "**알려지지 않은 이로서 우리에게 오신다**"(p. 401. 티슬턴 강조).

19세기의 이런 탐구는 분명 실패했지만, 불트만은 브레데의 "메시아 은닉" 이론, 그리고 우리가 역사 기초에 관하여 무지하다는 주장을 두고 슈바이처가 내린 결론을 모두 따르는 것 같다. 불트만은 이렇게 썼다. "예수라는 인물을 향한 관심은 배제된다.…이제 우리가 예수의 생애와 예수라는 인물에 관하여 알 수 있는 것은 거의 없다. 초기 기독교 자료가 둘 모두에 아무 관심을 보여 주지 않는 데다, 다른 자료도…존재하지 않기 때문이다."[58]

2) **새 탐구.** 불트만의 이전 제자들이 이른바 '새 탐구'를 시작한 것이 놀랄 일은 아니다. 1954년, 케제만(1906-1998)은 "역사 속 예수 문제"(The Problem of the Historical Jesus, Das Problem des historischen Jesus)라는 제목으로 강연했다. 그는 이 강연에서 높이 올림을 받으신 주의 정체와 이 땅에 살았던 예수의 정체를 모두 변호했다. 케제만 및 한스 콘첼만과 함께 불트만의 이전 제자 중 하나인 귄터 보른캄(1905-1990)은 새 탐구의 일부로서 예수와 초기 교회 신학 사이에 더 밀접한 관계가 있음을 옹호하면서도, 이것이 종종 "안개 낀 시골"로 보였다고 인정했다.[59] 새 탐구의 세 번째 대표자는 에른스트 푹스(1903-1983)였다. 그는 "예수의 인격의 임재 속에 하나님이 임재하셨다"고 보았으며, 하나님의 임재를 예수의 **행위**에서 볼 수 있다고 주장했다. 그러면서도 그는 불트만을 따라 하이데거의 실존주의와 언어 이론을 인용한다. 즉, 그는 '언어사건'(language event, Sprachereignis)이 **'실재'**라고 주장했다. 실재와 부활은 '언어'(linguistic) 사건을 이루었다. 하나님의 **말**이 예수와 초기 공동체를 연결한다. 아울러 푹스는 예수의 비유를 다룰 때 이른바 새 해석학이라는 독특한 해석학 접근법을 취했으며, 게르하르트 에벨링과 이 접근법을 공유했다.[60]

그런가 하면, 영국의 몇몇 저자는 더 보수적인 길을 따랐다. 이런 저자 중에는 C. H. 도드(1884-1973), T. W. 맨슨(1893-1958), 빈센트 테일러(1887-1968), G. B. 케어드(1917-1984)가 있다. 이 시대를 가장 확실하게 규정하는 작품은 아마도 그레이엄 N. 스탠턴(Graham N. Stanton)이 쓴 『신약 설교 속에 나타난 나

---

58 Rudolf Bultmann, *Jesus and the Word* (London and New York: Collins, 1958), p. 13.
59 Günther Bornkamm, *Jesus of Nazareth* (Minneapolis: Fortress, 1959). 『나사렛 예수』(대한기독교서회).
60 Ernst Fuchs, *Studies of the Historical Jesus* (London: SCM, 1964); 참고. Anthony C. Thiselton, "The Parables as Language-Event: Some Comments on Fuchs' Hermeneutics in the Light of Linguistic Philosophy", *SJT* 23 (1970).

사렛 예수』(*Jesus of Nazareth in New Testament Preaching*)가 아닌가 싶다.[61] 그는 가장 초기의 자료에서는 예수의 인격과 성품에 전혀 관심을 보이지 않는다는 가설을 솔직히 신뢰할 수 없음을 보여 주었다. 정말 자신들의 신앙을 창시한 이에 관한 세부 사실들을 발견하려는 욕구를 전혀 가지지 않은 이들은 근래에 기독교를 믿게 된 이들이 아닐까?

3) **이른바 세 번째 탐구.** 이 탐구의 핵심에는 유대교 안에 자리한 예수 사역의 뿌리들과 이 사역의 역사 맥락에 보이는 굳건한 관심이 자리해 있다. 제임스 던과 N. T. 라이트 모두 이 두 주제를 올바로 강조한다.[62] 그러나 라이트는 비록 이 탐구가 이토록 널찍한 이름표를 얻을 수 있을 만큼 충분히 독특하다고 여기긴 하지만, 그래도 세 번째 탐구를 아주 넓게 규정하다 보면 정말 독특한 것은 남지 않고 오직 이 탐구에서 역사 및 대개는 유대교 안에 자리한 뿌리들에 보인 관심만이 남을 수 있음을 인정한다. 실제로 라이트는 세 번째 탐구를 대표하지만 서로 사뭇 다른 스무 가지 특징이나 주제를 고르는데, 한편으로는 헹엘, 케어드, 위더링턴에게서, 다른 한편으로는 베르메스, 샌더스, 타이센에게서 고른다.[63] 결국 그는 우리가 이 운동을 그들이 다다른 결론보다 그들이 던진 질문으로 정의해도 더 나을 게 없을 수 있음을 인정한다. 이 학자들은 모두 "스스로 만든 '판단 기준'을 사용하는 사이비 역사 중심 연구 방법과 반대인 진지한 역사 중심 연구 방법"을 사용하는데, "예수를 연구할 때 사람들이 크게 칭송하는 '통상의 비평 도구', 특히 양식비평은 은연중에 (그리고…당연하게도) 무시당하고 있다."[64]

라이트가 제시한 질문에는 이런 것들이 포함된다. (1) 예수는 유대교와 어떻게 들어맞는가? (2) 예수의 목표는 무엇이었는가? (3) 예수는 왜 죽었는가? (4) 초기 교회는 어떻게 그리고 왜 시작되었는가? (5) 지금 있는 복음서는 왜

---

61 Graham N. Stanton, *Jesus of Nazareth in New Testament Preaching* (Cambridge: CUP, 1974).
62 Dunn, *Jesus Remembered*, pp. 85-92, 그리고 Wright, *Jesus*, pp. 83-124.
63 Wright, *Jesus*, p. 84.
64 Wright, *Jesus*, p. 87.

존재하는가?⁶⁵ 라이트는 이 질문들을 "이 책의 기본 출발점"이라 부른다.⁶⁶ 그러면서도 그는 이 폭넓은 질문들이 다른 범주들과 겹친다는 점도 인정한다. 예를 들면, 던은 이 질문들을 폭넓게 따르면서도, 우리에게 설득력이 떨어지는 포스트모더니즘 진영의 말을 너무 급하게 받아들이려는 경향에 빠지지 말라고 경고한다.⁶⁷

4) **예수 세미나**. 로버트 펑크가 창립한 SBL의 예수 세미나는 존 도미닉 크로산과도 긴밀한 관련이 있다. 라이트의 분류에 따르면, 예수 세미나도 세 번째 탐구와 겹친다. 그러나 던이 살펴본 결과에 따르면, 크로산은 내용상 포스트모더니즘과, 또한 역사에서 도피하는 것과 겹친다.⁶⁸ 크로산(1934-)은 탁월한 아일랜드계 미국인 신약학자로서, 1970년대 중반부터 주요 저서와 「세메이아」(*Semeia*)에 기고한 논문을 통해 포스트모더니즘 쪽으로 점점 더 옮겨 갔다.

크로산은 그의 후기 작품에서 예수를 한때 세례 요한의 제자였고, 농사꾼이라는 배경에서 나온 사람이며, 병자를 고치고 공동 식사를 했던 이요, '지혜'가 담긴 간결한 경구를 말했던 이로 묘사한다. 그는 이런 모습을 특히 'Q', 곧 마태복음과 누가복음에 공통으로 들어 있는 본문들이 되비쳐 주고 있다고 주장한다.⁶⁹ 그의 책 『역사적 예수』(*The Historical Jesus*)는 아주 유용한 책인 『예수의 비유』(*In Parables*, 1973)에서 시작하여 점점 더 포스트모던과 사변 쪽으로 옮겨 간 열두 책 중 하나일 뿐이다. 크로산은 복음서의 많은 내러티브를 허구로, 예수를 마술사와 현자로 묘사하는 글로 여긴다. 그는 부활을 '환상' 체험으로 여긴다. 크로산은 『예수 논쟁』(*The Jesus Controversy*, 1999)에서 윌리엄 크레이그와 그리했던 것처럼 늘 대화를 나누려 한다. 벤 위더링턴은 예수

---

65 Wright, *Jesus*, pp. 89-116.
66 Wright, *Jesus*, p. 123.
67 Dunn, *Jesus Remembered*, pp. 85-97.
68 Dunn, *Jesus Remembered*, pp. 59-65, 83, and 99.
69 John Dominic Crossan, *The Historical Jesus: The Life of a Mediterranean Jewish Peasant* (San Francisco: HarperCollins; Edinburgh: T. & T. Clark, 1991). 『역사적 예수』(한국기독교연구소).

를 금언이나 '지혜' 경구를 말한 이로 보는 것이 그르지 않음을 올바로 보여 주면서도, 크로산의 작업에 있는 다른 측면들을 다르게 평가한다.[70] 크로산이 사회학 관점에서 농촌 생활을 연구한 것은 중요한 의미가 있으나, 라이트는 이런 종류의 연구는 비교적 초보 단계 연구라고 주장한다. 크로산도 정경 밖의 자료를 활용한다.

5) 더 온건한 혹은 더 보수적인 전문가들. 우리가 마지막으로 살펴볼 그룹은 던, 보컴, 라이트가 속한 그룹인데, 세 번째 탐구를 이 탐구에서 유대 역사에 보인 관심과 라이트의 다섯 가지 질문을 고려하여 넓게 정의한다면, 이들 역시 세 번째 탐구와 겹친다고 말할 수 있다. 던(1939-)은 "예수에 관한 어떤 역사 연구라도 그 시대 유대교의 성격과 예수가 자신의 사명을 수행했던 사회 상황 및 정치 상황을 진지하게 고려해야 한다"는 데 동의한다.[71] 던은 초기 전승이 "**예수 자신이 만들어 낸 일관되고 독특한 성격**으로 거슬러 올라간다"고 결론짓는다.[72] 이런 판단은 첫 번째 탐구는 물론이요 심지어 두 번째 탐구에서도 취했던 비관론과 완전히 상반된다. 이전의 아주 많은 저작에서는 신학을 역사에서 배제함으로써, 판넨베르크가 "그리스도 전체"라 불렀던 것을 배제해야 한다고 주장한다.

리처드 보컴은 『예수와 그 목격자들』(*Jesus and the Eyewitnesses*, 2006)과 『예수가 사랑하신 제자의 증언』(*The Testimony of the Beloved Disciple*, 2007)에서 특히 독창적이고 독특한 연구 결과를 내놓았다.[73] 그는 이렇게 말한다. "21세기가 시작된 지금, 역사 속 예수 탐구가 전례 없이 왕성하게 이루어지고 있으며,

---

70 Ben Witherington III, *Jesus the Sage: The Pilgrimage of Wisdom* (Edinburgh: T. & T. Clark, 1994).
71 Dunn, *Jesus Remembered*, p. 882.
72 Dunn, *Jesus Remembered*, p. 884.
73 Richard Bauckham, *Jesus and the Eyewitnesses: The Gospels as Eyewitness Testimony* (Grand Rapids: Eerdmans, 2006), 그리고 Richard Bauckham, *The Testimony of the Beloved Disciple: Narrative, History, and Theology in the Gospel of John* (Grand Rapids: Baker Academic, 2007).

북미에서 특히 그러하다."[74] 그러면서도 그는 **목격자**의 핵심 역할을 합당치 않게 무시해 버리는 일이 종종 있었다고 주장한다. 이와 반대로, 그는 스웨덴 학자 사무엘 뷔쉬코그(Samuel Byrskog)를 언급하고, 그리스와 로마 역사가들이 "무덤덤한 구경꾼"보다 참여자를 "바람직한 목격자"로 여겼던 전통을 책에 담았다.[75] 보컴은 같은 맥락에서 파피아스가 "글로 기록된 자료보다 '살아 있는 목소리'를 더 좋아했음"을 다룬다.[76] 가령 에우세비오스는 자신이 베드로의 증언을 사용했다고 언급한다(Ecclesiastical History 3.39.9). 보컴은 이 주제를 끝까지 일관되게 따라가면서 이름들이 들어 있는 기록, 열두 제자에 관한 전승, 마가복음에서 말하는 베드로 등을 검토한다. 예를 들면, 열두 제자는 누가가 지어낸 이들이 아니다. 이전에 런던과 케임브리지에서 신약학 교수를 지냈던 그레이엄 스탠턴은 보컴의 책이 "풍성한 새로운 통찰로 한 세기 동안 이어져 온 학자들의 복음서 연구를 기초부터 흔들어 놓는다"고 평했다.

우리는 이미 N. T. 라이트(1948-)가 택한 접근 방향을 말했다. 그는 예수의 가르침과 기독론을 다루면서, 이것을 "재치 있는 혹은 이름난 경구로 으스러뜨려서는 안 된다"고, "그(예수)는 그의 일을 통해 야훼가 새 일을 행하시는 선지자로서, 그가 행한 대로 말했으며, 진실로 이스라엘이 아주 오랫동안 기다렸던 **유일하고 참된**(the) 새 이론을 말했다"고 주장했다.[77] 때로 그는 G. B. 케어드의 작업을 토대로 건설 작업을 펼친다. 이를테면, 케어드와 라이트는 올바르게도 "여기 서 있는 사람 중에는 죽기 전에 하나님의 나라가 권능으로 임하는 것을 볼 자들도 있느니라"라는 마가복음 9:1을 틀림없이 그리스도의 강림이나 마지막 때를 언급한 것으로 보는 견해를 거부한다(참고. 눅 9:27). 라이트는 이렇게 평한다. "이 말씀을 마치 예수의 재림, 혹은 **파루시아**(강림―옮긴이)를 예언한 것처럼 읽는 것은…그야말로 역사의 관점에서 생각하지 못한 것

---

74 Bauckham, *Jesus and the Eyewitnesses*, p. 1.
75 Bauckham, *Jesus and the Eyewitnesses*, p. 9.
76 Bauckham, *Jesus and the Eyewitnesses*, p. 21.
77 Wright, *Jesus*, p. 367.

이다."[78] 여러 해 전, 1980년 이전에, 케어드는 예수가 세상의 종말을 나타내는 언어를 사용하여 예루살렘 멸망을 묘사하는 바람에 이스라엘의 종말 또는 예루살렘 멸망에 관한 문제들이 세상의 종말에 관한 문제들과 대책 없이 뒤죽박죽 섞여 버렸다고 주장했다.[79] 라이트는 그의 책 1부와 2부에서 예수가 메시아이심과 그가 당한 십자가형의 근거를 논한 뒤, 3부에서 예수가 의로움을 확인받으심을 논한다. 이 모든 연구가 그리스도인에게 미치는 유익한 측면은 이런 연구가 **역사 중심 탐구**의 여러 측면 및 **구약과 이어지는 연속성**을 확증해 줄 뿐 아니라, 나사렛 **예수의 완전한 인성**을 강조한다는 것이다.

4. 서신서와 사도행전의 기독론: 주, 마지막 아담, 하나님과 하나임

1) **바울과 사도행전**. 바울은 사도들의 공통된 가르침에서 전해 내려온 바울 이전의 신앙고백에서, "너희가 주의 죽음을 선포하느니라"(고전 11:26)처럼 예수 그리스도에게 '주'라는 말을 사용한다. 베드로는 초기 설교에서 "너희가 십자가에 못 박은 이 예수를 하나님이 주와 그리스도가 되게 하셨느니라"라고 선언했다(행 2:36). 바울은 "우리 주 예수 그리스도"가 "죽은 자 가운데서 부활하사…하나님의 아들로" 선언되었다고 말한다(롬 1:4). 그는 "네가 만일 네 입으로 예수를 주로 시인하며…하나님께서 그를 죽은 자 가운데서 살리신 것을 믿으면" 구원을 얻는다고 선포한다(롬 10:9). "성령으로 아니하고는 누구든지 예수를 주시라 할 수 없느니라"라는 고린도전서 12:3도 필시 또 다른 바울 이전 전승을 반영한 말일 것이다.

A. M. 헌터(Hunter)는 신약성경 안에 있는 여러 논쟁을 평가하면서, "그들(바울의 선배들)이 기독론의 주요 쟁점에 동의하지 않았다는 증거는 없다"고 주

---

78 Wright, *Jesus*, p. 470.
79 George B. Caird, *The Language and Imagery of the Bible* (London: Duckworth, 1980), p. 265.

장한다.⁸⁰ 불트만은 "바울에겐 그리스도가 아니라 주가 예수의 칭호다"라고 역설한다.⁸¹ 헌터와 빈센트 테일러는 주가 "분명 그(바울)가 좋아했던 칭호"라고 말한다.⁸² 테일러는 바울이 이 용어를 220회 넘게 사용한다고 말한다. 이 용어는 다양한 맥락에서 등장한다. 이 용어가 그리스도가 부활했을 때 하나님이 **그를 주로서 보좌에 앉히셨다**는 신학적 믿음을 나타낼 뿐 아니라(존재론 차원의, 혹은 **실재하시는 주**), **신뢰, 복종, 헌신, 자유, 순종을 상징하기** 때문이다(실존적 차원의 **체험**하는 주). 이 모든 맥락에서 이 용어를 사용한다. 예레미아스는 이 용어가 바울의 **회심 체험**과 긴밀한 관계가 있다고 주장한다. 그리스도를 주로 고백하는 것이 구원받는 것과 긴밀한 관련이 있기 때문에 분명 이 말은 **신학적 믿음**보다 **더 많은** 의미를 담고 있으나, 그것이 이보다 못한 어떤 것을 암시하지는 않는다. 바울은 바울 이전에 나온 송가 가사를 가져다 쓴다. "하나님이 그에게 모든 이름 위에 있는 이름을 주사…모든 무릎을 예수의 이름에 꿇게 하시고…모든 입으로 예수 그리스도를 주라 시인하게 하셨다"(빌 2:9-11). 세르포(Cerfaux)는 바울이 말하는 그리스도의 주이심(Lordship)을 그가 메시아인 왕으로 **등극하심**으로 생각하면서, 이를 심판 및 강림과 연계한다.⁸³

이와 달리, 다이스만은 *Kyrios*(주)라는 고백을 "**고요한 신앙**의 순박함을 통해서만" 이해할 수 있는 것으로 여겼다.⁸⁴ 베르너 크라머(Werner Kramer)는 이를 **윤리와 관련된 가르침**의 맥락 속에서 으레 쓰는 말로 여겼다.⁸⁵ 쿨만은 이 용어를 **마라나타**(maranatha, 고전 16:22)처럼 독특하게 예배를 표현하는 말로 보았다.⁸⁶ 이 다섯 견해는 모두 변호가 가능하다. 우리는 이 다섯 맥락에 여섯

---

80 A. M. Hunter, *Paul and His Predecessors*, 2nd ed. (London, SCM, 1961), p. 79.
81 Bultmann, *Theology of the New Testament*, p. 80.
82 Hunter, *Paul and His Predecessors*, p. 142.
83 L. Cerfaux, *Christ in the Theology of St. Paul* (New York: Herder, 1959), pp. 465 and 469.
84 Adolf Deissmann, *Paul: A Study in Social and Religious History* (London: Hodder and Stoughton, 1912), p. 194.
85 Werner Kramer, *Christ, Lord, and Son of God* (London: SCM, 1966), p. 181.
86 Cullmann, *Christology*, pp. 207-211.

번째 맥락을 추가한다. 이 맥락은 불트만이 잘 밝혀 주었다. 불트만은 주이신 그리스도의 **소유가 되는 일**은 그리스도인의 **자유**를 영광스럽게 체험하는 것이라고 썼다. 그는 이렇게 설명한다. "이 자유는 '속량받은' 신자가 **이제 더 이상 '그 자신의 소유가' 아니라는** 사실에서 생긴다(고전 6:19). 그는 더 이상 그 자신과 그 자신의 삶을 염려하지 않고, 도리어 이런 염려는 내버리며 자신을 온전히 하나님의 은혜에 내맡긴다. 그는 자신을 하나님의 소유라 인정하며… 그를 위해 산다."[87]

감동을 자아내는 불트만의 이 말은 고대 로마와 속주 지역의 주인과 노예 관계에 관한 근래의 연구 결과를 통해 확증된다. 분명, 생각이 없고 윤리도 모르는 노예 소유주에게 비천한 노예는 언제나 그저 '물건'(라틴어로 *res*)이었다. 주인은 이 노예가 혼인할 권리, 재산권 등을 좌지우지할 수 있었다. 그러나 고결하고 윤리에 민감한 노예 소유주에겐, 특히 글을 알거나 집안 살림을 경영하는 노예 같은 경우에 주인과 노예의 관계는 완전히 달랐다. 이런 노예는 자신의 토지나 자기 고객들을 관리할 수 있었고, 주인의 완전한 보호를 받을 수 있었으며, 죽었을 때는 그의 가족에게 필요한 양식도 필시 공급받았을 것이다. 또 대개 30세가 되면 살 수 있었던 자유인 신분을 사는 데 필요한 돈을 저축할 수 있을 만큼 충분한 수입(혹은 '용돈')도 얻을 수 있었다. 데일 마틴은 이 주제를 다룬 그의 책에서 노예제에 "겸비가 담긴 의미가 아니라 권위와 힘이 담긴 의미"를 부여한다.[88] 아울러 마틴은 바울이 자신을 "그리스도의 노예"라 정의한 것(롬 1:1; 고전 4:1; 빌 1:1)에 어느 정도 권위를 부여한다. 어떤 이들은 마틴이 이 경우를 과장하여 말한다고 주장했지만, 분명 그는 노예제를 구성하는 내용이 노예 소유주나 주인의 태도와 입장에 철저히 달려 있음을 설득력 있게 보여 준다. 그리스도가 주라면, 그분을 섬기는 일은 고된 노역이 아

---

87 Bultmann, *Theology of the New Testament*, p. 331.
88 Dale B. Martin, *Slavery as Salvation: The Metaphor of Slavery in Pauline Christianity* (New Haven: Yale Univeristy Press, 1990), p. 56.

니라 충성과 자유다. 불트만이 말하듯이, "그는 더 이상 자기 자신을 염려하지 않는다."

이를 보면서 우리는 불트만의 스승 중 한 사람이었던 J. 바이스(Weiss)가 이전에 한 말을 떠올리게 된다. 그는 이렇게 썼다. "그리스어에서 비천하거나 굴욕스러운 칭호로 등장하는 것이 오히려 셈어(히브리어—옮긴이)에서는 자랑스러운 칭호로 등장한다. 우리는 이제 바울이 때로…노예를 자유를 나타내는 표지로 규정한 연유를 이해할 수 있다."[89] 그는 이렇게 단언했다. "그것[그리스도를 주로 고백하는 말인 Kyrios]이 실제 종교 차원에서 의미하는 것은 그리스도의 '종'이나 '노예'(롬 1:1; 고전 7:22-23; 갈 1:10; 빌 1:1; 골 4:12)라는 상관 개념을 통해 분명히 밝히는 것이 가장 좋을 것이다."[90]

그러나 우리는 불트만이 하지 못한 일, 곧 주라는 지위의 **존재론적** 측면과 **실존적** 측면을 **함께** 묶어서 보는 태도를 견지해야 한다. 그리스도인이 예수를 그들의 주라 고백할(그리스도인의 실존적 체험) 수 있는 이유는 하나님이 예수를 **주로 삼으시고** 주라 **선언하셨기**(예수의 존재론상 지위) 때문이다. 쿠셸(Kuschel), 세르포, 판넨베르크, 그리고 다른 많은 이도 이를 인정한다. 이는 '주이심'을 특별히 적용한 많은 **맥락**을 검토하여 얻은 결과 중 일부다. 이는 빌립보서 2:9-11에서 절정에 이른다. 바울이 직접 이 본문을 지었건 아니면 자신이 지은 것처럼 채택한 것이건, 그는 하나님이 "그를 지극히 높이셨기"(9절) 때문에 "모든 입이 예수 그리스도를 주라 시인해야 한다"(11절)고 말한다.

그 이전의 많은 이와 마찬가지로 N. T. 라이트도 지적하듯이, 바울이 보통 사용한 성경 인용문에서는 70인역에서 히브리어 YHWH(야훼)를 번역하면서 그리스어 Kyrios를 사용한다고 말하는 것이 통설이다. 라이트는 이것이 특히 빌립보서 2:10-11과 고린도전서 8:6에 적용된다고 주장한다. 라이트는 이렇게

---

[89] Johannes Weiss, *Earliest Christianity: A History of the Period A.D. 30-150*, 2 vols. (New York: Harper, 1959; orig. 1937), 2: p. 460.
[90] Weiss, *Earliest Christianity*, 2: p. 452.

언급한다. "그(바울)는 이 본문에서 본디 *YHWH*를 가리키는 *Kyrios*를 이제 예수 자신을 가리키는 말로 이해해야 한다고 분명하게 말하려 한다."[91] 바울은 로마서 14:11과 빌립보서 2:10-11에서 이사야 45:23을 인용한다. 라이트는 필시 예수가 메시아라는 자신의 정체를 "그가 바로 돌아오신 야훼 자신이 몸으로 나타난 분"이라는 점과 결합하려 했으리라고 결론짓는다.[92] 그는 아울러 바울이 요엘 2:32, "누구든지 여호와(Lord)의 이름을 부르는 자는 구원을 얻으리니"를 인용한다고 덧붙인다. 이 맥락은 주가 예수를 가리킴을 분명히 일러 준다. 라이트는 이렇게 주장한다. "이것은 단지 행복한 언어 사건이 아니다.… 이는 로마서 10:6을 '성육신'과 연계하여 읽을 수 있는 길을 열어 놓는다."[93]

하지만 우리는 바울의 글에서 **우주 차원의 그리스도**라는 더 깊은 차원에 마저 주목해야 한다. 바울은 로마서 5:14에서 아담이 그리스도의 "모형"(그리스어로 *typos*)이라고 말한다. 바울은 고린도전서 15:45에서 이렇게 선언한다. "첫 사람 아담은 생령이 되었다 함과 같이 마지막 아담[그리스도]은 살려 주는 영이 되었나니." 바울은 49절에서 이렇게 덧붙인다. "우리가 흙에 속한 자[아담]의 형상을 입은 것 같이 또한 하늘에 속한 이[그리스도]의 형상을 입으리라." "마지막 아담"이라는 말과 더불어 "하나님의 형상"(고후 4:4; 골 1:15), "먼저 나신 이"(롬 8:29; 골 1:15, 18), 하나님의 "지혜"(고전 1:24, 30; 골 2:3) 같은 말도 바울 사상의 범위가 온 우주를 아우름을 증언한다. 그는 빌립보서 3:20과 에베소서 5:23에서 그리스도를 "구주"라 언급한다.

바울은 "하나님의 아들"이라는 말을 네 번 사용한다(롬 1:4; 고후 1:19; 갈 2:20; 엡 4:13). 그러나 "아들"(the Son)이라는 말은 한 번 등장하며(고전 15:28), "그의 아들"이라는 말은 열한 번 등장한다(롬 1:3, 9; 5:10; 8:3, 29, 32; 고전 1:9; 갈 1:16, 4:6; 골 1:13; 살전 1:10). 예를 들면, 로마서 1:4에서는 예수 그리스도가 죽은

---

91   N. T. Wright, *Paul and the Faithfulness of God*, 2 vols. (London: SPCK, 2013), pt. 3, p. 702.
92   Wright, *Paul and the Faithfulness*, p. 702.
93   Wright, *Paul and the Faithfulness*, pp. 703 and 704.

자 가운데서 부활하심으로 거룩함의 영(혹은 성령)을 따라 능력으로 하나님의 아들이라 선포되었다고 말한다.

그리스도의 지위가 우주를 아우르는 차원을 가졌음은 다른 말로도 표현한다. 이를테면, 바울은 고린도전서 8:6에서 이렇게 말한다. "우리에게는 한 하나님 곧 아버지가 계시니 만물이 그에게서(그리스어로 ek hou) 났고 우리도 그를 위하여 있고 또한 한 주 예수 그리스도께서 계시니 만물이 그로 말미암고(그리스어로 di' hou) 우리도 그로 말미암아 있느니라(그리스어로 hēmeis di' autou)." 테일러는 여기서 아버지가 "우주를 존재케 하신 궁극의 기반"임을 올바로 언급한다. 이처럼 바울은 ek를 하나님 아버지에게 사용하고, 아들은 "인간이 거하는 우주가 있게 중개한 원인"이므로 그에게는 dia를 사용한다.[94] 아울러 테일러는 바울이 제시한 이 본문이 요한복음에 나오는 로고스 교리와 "강한 유사성"이 있다고 말한다.

두 번째로 우주를 아우르는 의미를 말하는 본문은 로마서 11:36이다. "이는 만물이 주에게서 나오고 주로 말미암고 주에게로 돌아감이라. 그에게 영광이 세세에 있을지어다. 아멘"(그리스어로 ex autou kai di' autou kai eis auton ta panta). 전치사를 각기 다르게 선택한 점이 의미심장하다. 만물의 기원은 아버지 하나님이시다. 만물을 창조할 때 중개자로서 창조하신 이가 아들 하나님, 곧 예수 그리스도시다. 그의 중개 사역이 창조로 구현되었다.

세 번째로 우주를 아우르는 의미를 말하는 본문은 골로새서 1:16-17이다. "만물이 그(그리스도)에게서(그리스어로 en autō) 창조되되 하늘과 땅에서 보이는 것들과 보이지 않는 것들과 혹은 왕권들이나 주권들이나 통치자들이나 권세들이나 만물이 다 그로 말미암고 그를 위하여 창조되었고(그리스어로 di' autou kai eis auton ektistai) 또한 그가 만물보다 먼저 계시고(그리스어로 pro pantōn) 만물이 그 안에 함께 섰느니라(그리스어로 en autō synestēken)." 이는 로

---

94 Vincent Taylor, *The Person of Christ in New Testament Teaching* (New York: Macmillan, 1958), p. 51.

마서 11:36에서 말하는 내용을 훨씬 넘어서는 것 같다.

래리 허타도는 특히 골로새서의 이 본문에 주목했다. 그는 특히 C. 슈테틀러(Stettler)의 작업(*Der Kolosserhymnus*, WUNT, 2000 — 옮긴이)을 참조하여 이 본문의 운율과 단어를 검토한다. 그는 이 본문을 골로새서 저자가 썼다고 본다. 이 본문에서는 "서정시 같은 말로 그리스도가 하나님으로서 창조와 구속의 독특한 대행자라고 선포한다.…1:15-17에서는 그리스도와 창조에 초점을 맞춘다.…그를 통해 만물이 창조되었다.…1:17에서는 그분이 시간상 먼저 계셨음을 강조한다."[95] 마찬가지로 C. F. D. 몰은 이 본문을 "그리스도는 곧…피조 세계가 그리로 움직여 가야 할 목표 혹은 목적이시라는…놀라운 선언"이라고 서술한다.[96] P. T. 오브라이언(O'Brien)도 이 본문이 그리스도에게 **우주를 아우르는 독특한 위치**를 부여한다고 여긴다. 이 본문에서 "먼저 나신"(15절)은 아버지의 사랑을 가리킨다. "그리스도는 독특하다.…피조 세계…보다 앞서 계시고 그 위에 계신 가장 높은 분이다."[97] 분명 이 골로새서 본문은 유대 지혜 전승에서 가져온 언어를 사용한다.

바울은 로마서 9:5에서 이런 문언을 사용한다. "메시아, 그는 만물 위에 계신 분, 세세에 찬양받으실 하나님." 그러나 가장 이른 시기에 나온, 언셜체(Uncial) 그리스어로 쓴 필사본에는 구두점이 없다. 이 때문에 크랜필드는 이 문언을 이해할 수 있는 방법에는 적어도 다섯 가지가 있다며 이렇게 열거한다. (1) "문언 전체를 그리스도를 가리키는 말로 이해하는 방법", 즉 "그는 만물 위에 계신 하나님, 세세에 찬양받으실 분"으로 이해하는 방법, (2) 이 문언을 그리스도를 가리키는 말로 이해하되, *theos*절을 분리하여 이해하는 방법, 곧 "그는 만물 위에 계신 분, 세세에 찬양받으실 하나님"으로 이해하는 방법,

---

95 Hurtado, *Lord Jesus Christ*, pp. 507-508.
96 C. F. D. Moule, *The Epistles to the Colossians and to Philemon*, CGTC (Cambridge: CUP, 1962), p. 59.
97 Peter T. O'Brien, *Colossians, Philemon*, WBC (Nashville: Nelson, 1982), p. 45; 참고. pp. 44-47. 『골로새서·빌레몬서』(솔로몬).

(3) *ho ōn epi pantōn*을 그리스도를 가리키는 말로 이해하고 나머지 부분은 독립된 송영으로 이해하는 방법, 곧 "그가 만물 위에 계시도다. 세세에 찬양받으실 하나님"으로 이해하는 방법, (4) 이 문언을 *theos*를 주어로 한 독립된 송영으로 이해하는 방법, 곧 "만물 위에 계신 하나님, 세세에 찬양받으실지어다"로 이해하는 방법, (5) "전체를 독립된 송영으로 이해하되", "만물 위에 계신 분"을 주어로 보고 *theos*는 그와 동격으로 이해하는 방법, 곧 "그, 곧 만물 위에 계신 분, 하나님, 세세에 찬양받으실지어다"로 이해하는 방법.[98]

크랜필드는 바울이 저자인가를 놓고 종종 다툼이 벌어지는 서신인 데살로니가후서 1:12과 디도서 2:13에서만 그리스도를 하나님이라 부르는 모습이 분명하게 나타난다는 점이 (1)과 (2)에 반대하는 "유일하고 진지한 논거"라고 결론짓는다. 그러나 그는 이렇게 덧붙인다. "문체와 관련한 고찰 결과에서는" (1)과 (2)를 지지하며, "그런 점을 고려할 때, **그가 여기서도 그렇게 말할 수 없었으리라고 결론짓는 것은 전혀 타당하지 않아 보인다.**"[99] 그는 이 구절이 "첫째로 그리스도가 만물을 주관하는 주이심을 강조하고… 둘째로 **그의 신성을** 강조한다"고 결론짓는다.[100] 마지막으로 크랜필드는 칼뱅의 솔직한 평을 인용한다. "그리스도를 그의 신성을 분명히 일러 주는 이 증언에서 떼어 낼 목적으로 이 절을 이 문맥의 나머지 부분에서 분리하는 것은 빛이 가득한 곳에서 어둠을 만들어 내려는 뻔뻔한 시도다."[101]

조지프 피츠마이어는 이 구절과 구두점 해석에 얽힌 복잡한 문제들을 충분히 알면서도, 비슷한 결론을 이렇게 내린다. "이런 명칭이 다른 곳에서는 발견할 수 없으며 갈라디아서 2:20만이 예외일 수 있는 정도라 하더라도, *theos*를 그리스도를 가리키는 말로 사용하는 것은 바울의 가르침과 잘 들어맞는

---

98 C. E. B. Cranfield, *The Epistle to the Romans*, 2 vols. ICC (Edinburgh: T. & T. Clark, 1975, 1979), 2: p. 465.
99 Cranfield, *Romans*, 2: p. 468. 티슬턴 강조.
100 Cranfield, *Romans*, 2: p. 469. 티슬턴 강조.
101 Cranfield, *Romans*, 2: p. 470.

다."¹⁰² 그러나 이런 결론은 여전히 논란거리다. 라이트, 브루스(Bruce), 렌하르트, 뉘그렌, 메츠거(1973년에 낸 저서)도 크랜필드 및 피츠마이어와 견해를 같이한다. (넓게 보아) 이 견해에 반대하는 이가 도드, 던, 케제만, O. 쿠스(Kuss)다. 1994년에 메츠거는 연합성서공회 성경번역위원회 위원 대다수가 더 신중한 독법에 찬성한다고 보고했으나, 소수 위원은 메츠거가 1973년에 제시한 독법에 찬성했다.¹⁰³

래리 허타도는 이 모든 것이 초기 그리스도인이 그리스도를 섬겼던 실제에 미친 최종 영향을 잘 집약하여 정리한다. 그는 이렇게 썼다. "예수는 로마 시대 종교 현장에서 신을 공경하던 방식과 닮은 많은 행위를 통해 공경받았다.…예수는 또 다른, 두 번째 신으로 공경받지 않았다.…바울이 기독론과 관련하여 쓴 말에서는 보통 예수를 유일하신 하나님을 언급하는 말로 정의한다."¹⁰⁴

2) **히브리서**. 히브리서는 지금도 특히 중요하다. 많은 현대 신학자가 그리스도의 신성을 강조하는 일은 그의 완전한 인성과 **논리상 들어맞지 않는다**고 주장했기 때문이다. 그러나 히브리서에서는 그리스도의 신성을 기탄없이 인정하는 초기 증언을 그리스도의 인성에 대한 감동 깊고도 아주 또렷한 설명과 나란히 들려준다. 이런 이중 강조는 **중보자, 곧 하나님이자 인간**이라는 그리스도의 역할, 그리고 그가 대제사장이심을 설명하는 데 필수 불가결하다. 히브리서는 심지어 "제사장직 서신"이라 불려 왔다.¹⁰⁵ 히브리서에서는 그리스도가 인간에게 **하나님을 보여 주시고** 하나님께 **인간을 보여 주신**다는 것이 아주 중요하다.

즉, 그리스도는 그의 인성을 놓고 보면, 유다 지파에 속하셨고(히 7:14), 죄인

---

102 Joseph A. Fitzmyer, *Romans*, AB 33 (New York: Doubleday, 1992), p. 549.
103 Bruce M. Metzger, *A Textual Commentary on the Greek New Testament*, 2nd ed. (New York: United Bible Societies, 1994), p. 460.
104 Hurtado, *Lord Jesus Christ*, p. 151.
105 Alexander Nairne, *The Epistle of Priesthood: Studies in the Epistle to the Hebrews* (Edinburgh: T. & T. Clark, 1913).

들의 거역을 견디셨으며(12:3), 예루살렘 밖에서 고난을 받으셨다(13:12). 그를 세우신 이에게 신실하셨고(3:2), "모든 일에 우리와 똑같이 시험을 받으신 이로되 죄는 없으시며"(4:15), 하나님을 신뢰하셨다(2:13). 그리고 "육체에 계실 때에 자기를 죽음에서 능히 구원하실 이에게 심한 통곡과 눈물로 간구와 소원을 올리셨다"(5:7). 매킨토쉬(Mackintosh)는 한 오래된 책에 이렇게 올바로 썼다. "신약성경 어디에도 그리스도의 신성을 이처럼 감동적인 말로 제시한 곳이 없다."[106] 그리스도는 심지어 "받으신 고난으로 순종함을 배우셨다"(히 5:8).

이는 분명 그리스도가 하나님을 대할 때 인간을 진정으로 대표하는 자로서 대제사장의 역할을 하심을, 곧 '위로 올라가는 중보자'이심을 확증한다. 따라서 "그리스도께서는…[그저 인간이 만든 성소가 아니라] 바로 그 하늘에 들어가사…자기를 제물로 드려 죄를 없이하신다"(히 9:24-26). 이 때문에 주(하나님—옮긴이)는 이렇게 선언하셨다. "'네가 영원히 제사장이라.' 이와 같이 예수는 더 좋은 언약의 보증이 되셨느니라.…그가 항상 살아 계셔서 [우리를] 위하여 간구하심이니라"(7:21-25). 그리고 그는 "더 좋은 언약의 중보자시다"(8:6).

이 모든 내용과 더불어, 하나님은 아들을 두고 이렇게 말씀하신다. "**오 하나님이여, 당신의 보좌는 영영하니이다**"(1:8. 티슬턴 강조). 휴 몬테피오리(Hugh Montefiore)는 시편 45:6-7(70인역 44:7-8)에서 가져온 이 본문을 이렇게 설명한다. "저자는 분명 **아들**(the Son)**에게 주저 없이 신성을 부여하는 데 익숙했을** 것이다. 여기서 추호도 당황하는 모습을 보이지 않기 때문이다. 신약성경에서는 오직 이곳에서만 아들을 기탄없이 *ho theos*(하나님)라 말한다."[107] 마찬가지로, 해롤드 애트리지(Harold Attridge)는 유대교의 시편 해석 전통을 고찰한 뒤 이런 결론을 내린다. "결국 우리 저자는 하나님이신 그리스도를 유한한 천사들과 달리 영원한 통치권을 가진 분으로 본다."[108] 윌리엄 레인(William Lane)도

106　H. R. Mackintosh, *The Doctrine of the Person of Christ* (Edinburgh: T. & T. Clark, 1913).
107　Hugh W. Montefiore, *A Community on the Epistle to the Hebrews* (London: Black, 1964), p. 47. 티슬턴 강조.
108　Harold W. Attridge, *The Epistle to the Hebrews*, Hermeneia (Philadelphia: Fortress, 1989), p.

비슷한 주장을 한다. 시편 45편을 적용할 때 "그(그리스도)는 하나님이라 불린다."[109] 허타도는 "예수를 높이 올림을 받은 이로 보는 전통의 주장들을…인상 깊고 독특한 설명"이라 말한다.[110]

히브리서 1:8의 설명에 덧붙일 수 있는 말은, 마찬가지로 인상 깊은 히브리서 1:1-4의 서문, 특히 3-4절이다. 그리스도는 "하나님의 영광의 반영이요 하나님의 존재 자체를 정확하게 찍어 낸 형상이시다"(그리스어로 hos ōn apaugasma tēs doxēs kai charaktēr tēs hypostaseōs autou, 3절). 몬테피오리의 말을 빌리면, 그리스도는 "하나님 바로 그분을 **그대로 나타내신 형상**이요, **돋을새김**이며, **판화**(charaktēr)다." 그는 그저 "몇 가지 점에서만" 하나님을 되비쳐 주는 분이 아니다.[111] 레인은 이것이 "하나님 본성의 정확한 표현"을 의미한다고 보면서, 저자가 여기서 시편 2편, 110편과 그 시대 유대교 지혜 신학의 흐름을 반영한다고 본다.[112] 애트리지는 3절이 그리스도의 "선재(先在), 성육신, 높이 올려짐(exaltation), '광휘'와 '형상'이라는 독특한 이미지"를 담고 있다고 말한다.[113] 계속하여 그는 그리스어 *apaugasma*가 하나님을 능동적으로 "발산"하거나 수동적으로 "반영"하는 것을 가리킬 수 있다고 말한다. 하나님은 그리스도의 인격 속에서 인간 역사에 개입하셨다. 그리스도는 인간에게 정확히, 그 모습 그대로 **하나님을 보여 주신다**.

3) **요한복음**. 이것이 만일 '간략한' 기독론이 아니라면, 요한복음을 아주 길게 다룬 절을 포함시켜야 할 것이다. 요한복음을 보면, 분명 기독론은 중심을 차지하고 선명히 드러나는 주제다. 예수 그리스도에 관한 고백이 점점 높아지다가 도마의 고백에 이르러 절정을 맞는다. "나의 주님이시요 나의 하나

59.
109 William L. Lane, *Hebrews 1-8*, WBC 47A (Dallas: Word, 1991), p. 29. 『히브리서 상 1-8』(솔로몬).
110 Hurtado, *Lord Jesus Christ*, p. 499.
111 Montefiore, *Hebrews*, p. 35.
112 Lane, *Hebrews 1-8*, p. 9.
113 Attridge, *Hebrews*, p. 41.

님이시니이다!"(요 20:28)

요한복음 서두에서는 로고스 주제를 제시하는데, 여기서 등장하는 그리스어 본문이 *theos ēn ho logos*다(요 1:1. 그 말씀이 하나님이셨다). 이는 영어로 "The Word was *God*"(그리스어 본문에서는 어순으로 강조를 나타냈다)이라고 번역하는 것이, 더 자주 통용되는 번역인 "The Word *was* God"(이렇게 번역하면 그리스어 본문에는 아무런 강조가 없는 셈이다)이라고 번역하는 것보다 나을 것이다. "하나님과 함께 계셨다"(그리스어로 *ēn pros ton theon*, 요 1:1)는 엄밀히 말해 "하나님과 마주 보고 계셨다"는 뜻이다. 댕커는 이를 "관계의 친밀함 혹은 가까움을 나타내는 표지"라 부른다.[114] 바울도 그러하지만, 이 프롤로그에서도 그리스도가 중개 역할을 하신 창조주이심을 강조한다. "만물이 그로 말미암아 지은 바 되었으니, 지은 것이 하나도 그가 없이는 된 것이 없느니라"(1:3. All things came into being through him, and without him not one thing came into being). 대다수 사본 독법은 NRSV의 구두점을 지지한다.[115] 이 프롤로그의 마지막 말인 "말씀이 육신이 되어 우리 가운데 거하시매"는 그리스도를 증언하는 말이자 그리스도의 인성을 확증하는 말이다(1:14; 참고. 1:7, 11).

요한복음 프롤로그와 본론의 관계와 관련하여 서로 다른 몇 가지 견해가 있으나, 대다수 학자는 프롤로그와 요한복음 나머지 부분이 긴밀하게 이어져 있는 점이 아주 많기 때문에 프롤로그를 본론과 따로 쓴 독립 저작물로 생각할 수는 없다고 결론짓는다.[116] **증언**이나 **증인**이라는 주제는 꾸준히 반복하여 나타난다(1:19; 2:25; 4:39; 5:39; 15:26; 21:24). **생명**도 22회 나타나며(1:4; 3:15, 36; 4:14; 그리고 최소 18회 더 언급한다). **빛**은 14회(1:4, 5, 7, 8-9; 3:19-21; 그리고 최소 7회

---

114 BDAG p. 874.
115 Metzger, *A Textual Commentary*, pp. 167-168.
116 참고. Catrin H. Williams and Christopher Rowland, eds., *John's Gospel and Intimations of Apocalyptic* (London: Bloomsbury, 2013), 특히 Rowland와 Ashton이 쓴 논문들; R. Alan Culpepper, "The Pivot of John's Prologue", *NTS* 27 (1980-1981): pp. 1-31; 그리고 C. K. Barrett, *The prologue of St. John's Gospel* (London: Athlone, 1971).

더 언급한다), **믿음이나 믿기**는 71회 나타난다(1:7, 12, 50; 2:11, 22, 23; 3:12, 15-16, 18, 36; 그리고 최소 60회 더 언급한다).

요한복음에서 예수의 인성을 많이 암시한다는 점은 이미 언급했다. 요한복음 1:51에서는 **중보자**라는 예수의 역할을 보여 준다. "너희가 하늘이 열리고 하나님의 사자들이 인자 위에 오르락내리락하는 것을 보리라." 그는 하나님의 독생자시기에(3:16), "하나님의 말을 하시며"(3:34), "그들이 아버지를 공경하듯이" 공경을 받으셔야 한다(5:23). 공관복음에서는 하나님만이 죄를 용서하실 수 있다고 말하는데, 요한복음에서도 역시 하나님만이 생명의 궁극적 근원이라고 말한다(6:27, 35, 54; 14:6). W. L. 녹스(Knox)는 오래전에 생명과 빛, 영광과 진리, 계시와 말씀이 프롤로그가 서곡 노릇을 하는 요한복음에서 반복하여 나타난다고 주장했으며, 쿨만은 이 주장을 지지한다. T. W. 맨슨은 로고스 개념이 "요한 자신의 인증 마크"라고 주장했다.[117]

신약성경에서는 요한복음에서만 *monogenēs*를 예수에게 적용한다(요 1:14, 18; 3:16, 18; 참고. 요일 4:9). 다른 '하나님의 아들들'(sons of God)은 그 종류가 다르다. 요한복음에서는 하나님을 믿는 것과 그리스도를 믿는 것을 긴밀히 연계한다(요 14:1, 19). 예수는 "나와 아버지는 하나이니라"(10:30), 그리고 "내가 아버지 안에 거하고 아버지께서 내 안에 계신다"(14:11)라고 선언하셨다. 예수는 하나님 아버지가 사랑하시고 뜻하시고 행동하시듯이 사랑하시고 뜻하시고 행동하신다. 더 모호한 말인 "내가 보냄을 받았다"(이 말은 선지자들에게 적용할 수 있다)는 물론 "내가 하나님께로부터 나왔다"(8:42)도 그리스도의 선재를 암시한다. 나아가, 예수는 "위로부터 오시며 [또한] 만물 안에 계시고"(3:31) "하늘에서 내려오신다"(6:33, 41). 요한복음 16:28은 이런 말로 시작한다. "내가 아버지에게서 나와 세상에 왔다." 예수는 17:5에서 "내가 세상이 존재하기 전에 당신이 계신 곳에서 가졌던 영광"을 이야기하신다. 던 및 다른 이들은 예수의

---

117 T. W. Manson, *On Paul and John: Some Selected Theological Themes* (1963; reprint, London: SCM, 2012), p. 138.

'선재'를 부인하거나 다시 해석하는 경향이 있으나, 이렇게 많이 쌓인 본문들을 달리 어떻게 이해할 수 있을지 알기 어렵다.[118] 앞서 언급했듯이, 예수에 관한 증언은 점차 고조되다가 20:28에서 절정에 이르며, 여기서 도마는 이렇게 외친다. "나의 주님이시요 나의 하나님이시니이다!"

5. 고대 기독론과 현대 기독론의 근본 차이

흥미롭게도 앞서 언급한 것처럼, **히브리서, 요한복음, 십중팔구는 바울 서신**에서, 그리고 분명 대다수 교부에서 시작하여 칼케돈에 이르는 초기 증언에서도 예수 그리스도의 완전한 인성과 신성이 논리상 서로 양립할 수 있다고 일러 주건만, 계몽주의 시대부터 20세기 말에 이르기까지 기독론을 다룬 수많은 학자는 **그와 반대로** 그 둘이 **논리상 양립할 수 없다**는 주장을 제시했다. 『하나님이 가진 사람의 얼굴』(1973)을 쓴 J. A. T. 로빈슨, 사익스(Sykes)와 클레이튼(Clayton)이 편집한 『그리스도, 믿음, 역사』(*Christ, Faith, and History*, 1972)에 기고한 모리스 와일스(Maurice Wiles), 존 힉이 편집한 책 『성육신 하나님이라는 신화』(*The Myth of God Incarnate*, 1977)에 기고한 이들은 이른바 신성과 인성은 논리상 양립할 수 없다는 주장에 초점을 맞춘다.[119] 적어도 맥그라스에 따르면, 라이마루스와 레싱(Lessing)에서 불트만학파에 이르는 독일 기독론에서는 **"믿음의 그리스도"**와 **"역사의 예수"**를 떼어 놓았다.[120] 다른 이들도 있지만,

---

118 예를 들어, E. K. Lee, *The Religious Thought of St. John* (London: SPCK, 1950), pp. 56-73를 참고하라.
119 Robinson, *The Human Face of God*; Maurice F. Wiles, "Does Christology Rest on a Mistake?", in *Christ, Faith, and History*, ed. Stephen W. Sykes and J. P. Clayton (Cambridge: CUP, 1972), p. 11, 참고. pp. 1-12; 그리고 Wiles (pp. 1-19, 148-166), Goulder (pp. 48-86), Cupitt (pp. 133-147)를 포함한 John Hick, ed., *The Myth of God Incarnate* (London: SCM, 1977).
120 Alister E. McGrath, *The Making of Modern German Christology, 1750-1990* (Oxford: Blackwell, 1986), 특히 pp. 9-31 (레싱에서 라이마루스까지), pp. 53-68 (리츨에서 하르낙까지), pp. 127-160 (불트만에서 에벨링까지). 『현대 독일 기독론』(나눔과섬김).

독일의 판넨베르크, 몰트만, 라너, 쿠셸, 영국의 라이트, 던, 허타도, 보컴, 미국의 여럿 가운데서도 조엘 그린(Joel Green)과 벤 위더링턴에 이르러 비로소 이런 이분법을 극복하고 해결했다.[121]

1) **고대 교회.** 신약 정경 기록이 완결된 직후, 로마의 클레멘스(96년경)는 예수의 인성을 증언하면서, 그가 "그 능력이 충만한데도 와서 허세나 오만을 부리지 아니하셨다"고 말했다(*1 Clement* 16.1-2). 이그나티오스(110-112년경)는 "그(예수)가 참으로 태어나고, 먹고 마셨으며…참으로 십자가에 못 박혔고 참으로 죽었"을 뿐 아니라(*To the Trallians* 9.1-2) "하나님과 하나였다"(*To the Smyrnaeans* 1.1-2)고 썼다. 이레나이우스(?130-?200)는 그리스도의 신성과 인성을 자세히 설명했다. 그는 예수에게 "몸이 없었다"고 보는 영지주의의 관념에 반대했으며(*Against Heresies* 1.24.2), 예수가 "동정녀 마리아에게서, 다윗의 자손"으로 태어나셨다고 강조했다(3.16.2, 3). 그는 그러면서 동시에 그리스도는 "우리와 함께 계신 하나님"(3.19.3)이요 "하나님의 아들, 우리 주, 아버지의 말씀"이라고 말했다(3.19.3).

테르툴리아누스(?150-?225)는 이렇게 강조했다. "아버지도 하나님, 아들도 하나님, 성령도 하나님이시니, 각기 다 하나님이시다"(*Against Praxeas* 13). 그리스도는 자신 안에 "두 상태를 취하셨으나, 이 둘은 혼란을 일으키지 않고 도리어 한 인격체, 곧 하나님이자 인간이신 예수 안에서 함께 결합되었다"(*Against Praxeas* 27). 테르툴리아누스는 로빈슨이 사용했던 극단적 언어인 "박쥐-켄타우로스"를 거의 내다보기라도 하듯, 그리스도가 혼종(hybrid) 형체라는 생각을 거부했다.

오리게네스(?185-?254)는 더 나아가, 아버지와 아들이 본질상 혹은 존재상

---

121 Pannenberg, *Jesus—God and Man* (London: SCM, 1968); Moltmann, *The Way of Jesus Christ*; Karl Rahner, *Foundations of Christian Faith: An Introduction to the Idea of Christianity* (New York: Crossroad, 1978, 2004), pp. 178-321; Karl-Josef Kuschel, *Born before All Time? The Dispute over Christ's Origin* (London: SCM, 1992); Wright, *Jesus and the Victory of God*; 그리고 Dunn, *Jesus Remembered*.

하나(그리스어로 *homoousios*)라고 설명했다. 그는 그리스도의 출생이 영원하다고 강조했다(*De principiis* 1.2.4). 그는 "하나님 아버지의 영광 가운데" 오셨다(2.6.3). 오리게네스가 언어를 과장한 곳 가운데 하나를 든다면, 그가 그리스도를 "두 번째 하나님"이라 언급한 부분이 아닐까 싶다(*Against Celsus* 5.39). 어쩌면 그리스도가 "지극히 높으신 하나님에게 주어진 영예에 이어 다만 두 번째로" 영예를 받으신다고 말한 곳도 그런 부분일 것이다(7.57).

교부들이 한 몸처럼 같은 생각을 가졌지만, 여기서 가장 악명 높은 예외를 든다면 십중팔구는 **아리우스**(?250-336)일 것이다. 비록 로완 윌리엄스가 더욱 극단적인 비판에 맞서 그를 옹호하긴 하지만, 아리우스는 이렇게 주장했다. "아들이 늘 존재했던 것은 아니다.…그도 시작이 있었다." 그러나 **에우세비오스**, **아타나시오스**, **갑바도기아 교부들**은 니케아 신경(325년)의 말을 빌려 이렇게 강조했다. "우리는 한 주, 예수 그리스도…하나님에게서 나신 하나님, 빛에서 나오신 빛…독생자를 믿는다." 아타나시오스는 이 주제를 이렇게 설명했다. "그리스도는 피조물이 아니다. 그리스도인이 예수 그리스도께 예배하고 기도하기 때문이다." 예수 그리스도는 아버지와 "그 존재가 동일"하셨다. 그는 이렇게 썼다. "하나님이신 그가 인간처럼 되셨다.…그는 인간으로서 목마름과 피곤함을 느끼셨고, 고통을 겪으셨다.…그는 하나님으로서 '내가 아버지 안에, 아버지가 내 안에 계신다'고 말씀하셨다"(*Epistle to Serapion* 14).

서방 교회에서는 **힐라리우스**와 **암브로시우스**가 아타나시오스의 저작을 지지했으며, 바실레이오스, 닛사의 그레고리오스, 나지안조스의 그레고리오스가 이를 더 확실히 다졌다. 알렉산드리아학파[키릴로스(378-444)도 여기에 들어간다]와 안디옥학파[몹수에스티아의 테오도로스(Theodore of Mopsuestia, 350-428)도 여기에 들어간다]는 분명 강조점이 서로 달랐다. 그럼에도 나지안조스의 그레고리오스는 주류를 대표하여 이렇게 썼다. "우리는 인성과 신성을 분리하지 않는다.…우리는…독생자…인격의 통일성과 동일성을…인정한다.…두 본성이 결합하여 하나다"(*Letter* 101).

지면이 한정되어 있으므로, 복잡한 해석을 제시한 아폴리나리오스(Apollinarius, ?310-390)와 에베소 공의회(431년) 때 정죄받은 네스토리오스(Nestorius, -?451)를 따라 교부들이 벌인 논쟁의 복잡한 우여곡절은 여기서 다루지 않겠다. 아폴리나리오스는 예수의 몸과 영혼을 완전히 인간의 몸과 영혼이라 여겼던 것 같으나, 네스토리오스는 신'성'과 인'성'의 관계를 달리 해석했다. 교회는 이 둘이 예수 그리스도라는 한 인격체 안에서 본질상 결합되어 있었음을 강조할 필요가 있다고 보았다. 아주 넓은 관점에서 보면, 아폴리나리오스는 알렉산드리아 쪽이나 '신성'을 지지하는 쪽에서 신성과 인성을 분리한 것으로 보이며, 반면에 네스토리오스는 안디옥 쪽이나 '인성'을 지지하는 쪽에서 신성과 인성을 분리한 것으로 보인다. 이 둘의 순수한 의도가 무엇이었든, 근현대 신학자들은 둘 모두 거부한다.

이 논쟁에서는, 비록 *theotokos*(하나님을 낳은 이, 하나님이 자식인 이―옮긴이)라는 말을 동정녀 마리아에게 적용하긴 했으나, 이 말은 마리아의 지위를 높이는 데 이바지하기보다 오히려 **그리스도의 지위**를 분명히 하는 데 이바지했다. 칼케돈 공의회(451년)에서는 그리스도가 아버지와 한 존재(*homoousios*)이심을 강조했다. 여러 신경에서 라틴어식 버전을 사용하여 아버지와 '같은 실체(*substantia*)이신'이라 표현하는 것은 유감이다. 결국 그것은 그리스어로 '존재'를 뜻하는 *ousia*와 같은 말이었다. 그러나 오늘날에는 '실체'가 더 많은 철학적 난제를 낳는지도 모르겠다.

이 공식이 현대까지 지배했다. 하지만 계몽주의 이후에는 몇 가지 복잡한 요소가 등장했다. 이야기를 좀 명확히 하고자, 근현대 사상가들 사이에 특별히 겹치는 점이 있다 하더라도 이들을 넓게 선별하여 세 그룹으로 나눠 보겠다.

2) 근현대
(1) 아주 넓은 의미의 '자유주의' 개신교 사상가들의 접근법
① G. E. 레싱(1729-1781)은 H. S. 라이마루스가 쓴 『단편집』(*Fragments*,

Fragmente eines Wolfenbüttelschen Ungenannten)을 출간했으며 아마 편집도 했을 것이다. 그가 말한 가장 유명한(혹은 악명 높은) 경구는 바로 이것이었다. "역사의 우연한 진리는 이성에서 나온 필연인 진리의 증거가 될 수 없다."[122] 그는 역사와 이성 사이에 "더럽고 폭이 넓은 도랑"(garstige, breite Graben)이 있다고 주장했다.[123] 이것이 철저히 **합리주의** 시각으로 그리스도를 보는 견해가 등장할 길을 닦았다. 이 견해는 '이성의 시대'였던 18세기에 들어맞는 것이기도 했다.

② **프리드리히 슐라이어마허**(1768-1834)는 루터파 신자로서 그리스도를 구속주요 "마지막 아담"으로 여겼으나, 동시에 "구속주도…인성이라는 정체 때문에 모든 인간과 같으며, 다만 그의 하나님 의식, 곧 하나님이 자신 안에 진정으로 존재하신다는 의식을 늘 가졌을 수 있다는 점에서 모든 인간과 구별된다"고 주장했다.[124] 9장에서 보았듯, J. 맥쿼리는 그리스도의 인격이 여느 인간과 그 종류(kind)가 아니라 정도(degree)가 다를 뿐이라고 이해하지만, A. 맥그라스는 맥쿼리의 견해에 동의하지 않는다.[125] 맥쿼리는 자신의 이해를 "인본주의 기독론"(humanistic Christology)이라 부른다.

③ **다비트 슈트라우스**(1808-1874)는 1835년, 아주 이른 나이에 그의 저서 『예수의 생애』(*Life of Jesus*) 초판을 펴내고, 복음서 속 사건들이 '초자연적' 근원에서 나왔음을 부인했다. 그는 이런 과거 사건들을 묘사하는 데 '신화'라는 용어를 사용했으며, 이 '신화'를 **내러티브** 형태로 제시된 **사상**이라 정의했다. 신화는 '사실'을 자세히 일러 주지 않았다. 그는 슐라이어마허의 기독론을 '교회에 충실하게' 기독론을 설명한 마지막 기독론으로 여겼다. 그가 쓴 『예수의

---

122 G. E. Lessing, "On the Proof of the Spirit and of Power", in *Lessing's Theological Writings*, ed. Henry Chadwick (Stanford: Stanford University Press, 1956), p. 53.
123 Lessing, "On the Proof", p. 55.
124 Friedrich D. E. Schleiermacher, *The Christian Faith* (Edinburgh: T. & T. Clark, 1989; orig. 1821), sect. 94, p. 385.
125 John Macquarrie, *Jesus Christ in Modern Thought* (London: SCM, 1990), pp. 204-207.

생애』는 5판을 이어 갔으며, 마지막 판은 전통적 기독교 신앙을 논박하는 책이 되었다.

④ **알브레히트 리츨**(1822-1889)도 칼케돈 기독론에서 천명한 '두 본성'을 거부했다. 그는 '과학적' 접근법을 추구하여, '신비'를 거부하고 역사 속 예수를 윤리 교사요 공동체를 장려한 인물로 보았다. 그러나 그는 그리스도를 하나님의 최종 계시라 여겼다. 앞서 언급했듯이, 제임스 리치먼드는 리츨의 루터주의를 옹호했는데, 리치먼드는 대중이 하르낙을 규정하는 말인 자유주의 신학의 아버지라는 칭호를 리츨에게 붙이는 것에 의문을 표했다.

⑤ **루돌프 불트만**(1884-1976)은 하이데거의 철학이 자신의 신약 기독론을 정립할 개념 도구를 제공해 주었다고 주장했다. 그가 슈바이처가 말한 '탐구'에 비관적 평가를 내린 일은 앞서 언급했다. 불트만의 주된 관심사는 예수 자신이 실제로 가진 지위를 존재론 차원에서 평가하는 것이 아니라, 예수가 초기 공동체들에(따라서 오늘 '내게') 미친 **실존적** 혹은 실제적 영향이었다. 그는 슈트라우스가 말했던 '신화' 개념을 빌려다 이를 더 복잡하게 만들고, 신약성경 속 신화 같은 요소들을 '비신화화하는' 일을 시작했다. 이를 통해 그는 신약성경에 들어 있는 **케리그마**(곧 복음을 선포하는) 언어만 드러내려 했다. 20세기 중엽의 기독론이 **실존 차원의 기독론**으로 치달았던 것은 거의 불트만 개인에게 책임이 있다. 개신교 신학의 판넨베르크와 가톨릭 신학의 쿠셸은 이런 배경에 맞서 큰 목소리로 저항했다. 불트만은 '객관화'를 공격하나, 판넨베르크는 사건과 의미가 '서로 얽혀 있다'고 여긴다. 신칸트주의 전통에서 말하듯이, '사실'과 '가치'는 분리되어 있지 않다.

⑥ **J. A. T. 로빈슨, 모리스 와일스, 존 힉**. 이들은 칼케돈 공식이 '범주 오류'를 범했다고 주장했던 1970년대 영국의 신학 운동을 대변한다. 와일스는 (마친 한 건물에 있는 두 층처럼) "두 이야기"가 있다는 관념, 곧 "솔직히 신화 같은 이야기"와 역사 사실을 담은 이야기라는 "서로 다른 두 종류 이야기"가 있다는 관념을 거부해야 한다고 주장했으며, "그러나 우리는 두 이야기를 함께 묶

으려 해서는 안 된다"라고 덧붙였다.[126] 로빈슨은 "두 본성을 가진다는 관점"으로 본다면 "예수는⋯박쥐인간이나 켄타우로스처럼⋯하나님이자 인간⋯혼종이었다"라며 이 관념을 조롱했다.[127] 존 힉은 "성경에서는⋯성육신이라는 개념 자체를⋯직접 제시하지 않는다"고 역설하면서, 우리가 "이런 진실을 그림처럼 표현할 방법을" 찾아야 한다고 주장했다.[128]

(2) 가톨릭의 반응

① **칼 라너**(1904-1984). 대체로 보면, 대다수는 아니어도 전통을 존중하는 많은 가톨릭 신학자는 계속하여 칼케돈과 아퀴나스의 전통을 따랐다. 불트만과 반대로, 라너는 기독론의 기원을 **예수 자신**의 믿음에서 찾는다. 하나님의 자기전달은 "예수 그리스도에서 그 목표이자 정점에 이른다."[129] 그는 예수가 "자신과 하나님의 철저하고도 유일무이한 가까움"을 지각하고 있었다고 말한다.[130] 캐런 킬비는 이렇게 썼다. "라너는 기독교 전통을 따라 예수 그리스도가 완전한 인성처럼 완전한 신성도 가졌다고 인정한다."[131] 그러면서도 동시에 라너는 칼케돈이 천명한 '두 본성' 기독론에서 떠난다. 그는 칼케돈 공식을 **초월** 철학의 관점에서 설명한다. 그는 "오늘날은 하나님-인간이라는 선험적 교리를 초월 철학으로 펼쳐 가야 한다"고, 다시 말해 **가능성** 있는 조건들을 탐구함으로써 펼쳐 가야 한다고 썼다.[132] 이는 '아래로 내려가는' 기독론은 물론 '**위로 올라가는**' 기독론도 함께 인정한다. 불트만과 분명하게 대비되는 라너 신학의 중핵은 그가 '실존적' 기독론(예수가 현실에서 나에게 의미하는 것)뿐 아니라 '존재론적' 기독론(그리스도 자신이 실제로 누구인가)도 함께 인정한다는 점이다.[133]

---

[126] Wiles, "Does Christology Rest?", p. 8.
[127] J. A. T. Robinson, "Need Jesus Have Been Perfect?", in *Christ, Faith, and History*, p. 39.
[128] Hicks, *Myth of God Incarnate*, pp. 3 and 9.
[129] Rahner, *Foundations of Christian Faith*, p. 176.
[130] Rahner, *Foundations of Christian Faith*, p. 249.
[131] Karen Kilby, *Karl Rahner: Theology and Philosophy* (London: Routledge, 2004), p. 16.
[132] Rahner, *Foundations of Christian Faith*, p. 177.
[133] Rahner, *Foundations of Christian Faith*, p. 204.

② **한스 우르스 폰 발타사르**(1905-1988). 발타사르의 가장 중요한 기독론 연구는 그가 쓴 『하나님 드라마』(Theo-Drama) 3권 2부에 나와 있다. 그는 사명이 "요한 기독론의 중심에" 있으며, 이 사명이 "예수의 마음(mind)에 있던 삼위일체 차원과 구원론 차원을 모두 표현한다"고 말한다.[134] 예수의 정체는 "그의 사명과 함께 주어진다." 이 둘은 떼려야 뗄 수 없게 결합해 있다. 성령의 활동, 그가 하나님 아버지께 올리는 기도, 그와 하나님 아버지의 친밀함이 예수의 인격과 사역의 본질을 이룬다.[135] 이것이 "아래에서 올라가는 기독론"이자 "위에서 내려오는 기독론"이다.[136]

③ **에드바르트 스힐레베이크스**(1914-2009). 그는 기독론 분야에서 가장 '대담한' 혹은 '앞서 나간' 가톨릭 신학자 가운데 한 사람이라 부를 수 있을 것이다. 그러나 바로 그 이유 때문에 많은 이가 그를 아주 자유주의적이라고 여긴다. 그는 벨기에 안트베르펜에서 태어나, 루뱅과 소르본느에서 신학을 공부한 뒤, 네이메헌에서 교수로 있었다. 그는 제2차 바티칸 공의회(1962-1965)에서 적극 활동을 펼치기도 했으나, 1976년에 이르러 로마에서는 그의 기독론 견해를 우려하게 되었다. 그는 1974년에 『예수: 기독론 분야의 한 실험』(*Jesus: An Experiment in Christology, Jezus, het verhaal van een levende*. 원제를 직역하면 "예수, 한 살아 있는 사람의 이야기"다—옮긴이)을 출간했다. 그는 로빈슨에게 영향을 받았으며, "기독론 믿음을 가진 사람이 이해할 가능성…(그리고) 그 믿음이 오늘날 사람에게 의미할 수 있는 것이 무엇인지" 탐구해야 할 필요성을 글에 담았다.[137]

④ **한스 큉**(1928-). 큉은 『하나님의 성육신: 헤겔 사상 입문』(*The Incarnation of God: An Introduction to Hegel's Thought*, 1970)을 출간했다. 큉은 "하나님이 특

---

134 Hans Urs von Balthasar, *Theo-Drama: Theological Dramatic Theory*, 5 vols. (San Francisco: Ignatius; Edinburgh: T. & T. Clark, 1973-1992), 3: p. 151.
135 Balthasar, *Theo-Drama*, 3: p. 155.
136 Balthasar, *Theo-Drama*, 3: p. 150; 참고. pp. 170-227.
137 Edward Schillebeecks, *Jesus: An Experiment in Christology* (London: Collins, 1979), p. 37.

별한 형상을 입고 인간으로서 나타난다"고 강조한다.[138] 그는 "이 분이 육이 되신 말씀이다"라고 말한다.[139] 그는 1장에서 후기 계몽주의 신학자들의 한계를 제시하고, 2장에서는 '예수의 삶'이 지닌 한계들을 제시한다. 3장에서는 하나님이자 인간(God-man)에 초점을 맞춘다. 우리는 십자가에서 "**하나님의 참된 본성**"을 본다.[140] 그는 헤겔이 "하나님이자 인간인 분의…실체"를 이해했다고 말한다. 후기 계몽주의 신학은 '한쪽에 치우쳐' 있다. 큉은 개념을 담은 공식들이 변할 수 있음을 인정하면서도 어디까지나 그런 공식들이 "변할 뿐이며 [실체는—옮긴이] 동일"하다고 말한다.[141] **초월적** 접근법은 하나님과 전 세계, 그리고 무한자가 역사 속에서 나타난 것을 더 넓게 보는 시각을 열어 준다. "결국 그리스도의 가르침은…그의 삶과 죽음이 뒷받침했다."[142]

⑤ **칼요제프 쿠셸**(1948-). 쿠셸은 『모든 시간 전에 태어난?』(*Born before All Time?*, 1990)을 출간했다. 그는 하르낙에서 불트만까지 이어지는 첫 번째 '탐구'를 유익하면서도 함축적인 이런 제목 아래 고찰한다. "어제의 실패한 대화"(Failed Conversations of Yesterday).[143] 이 부분에는 역사와 신화를 둘러싼 논쟁이 들어 있다. 쿠셸은 "정확하지 않은 신화 개념"이 "불트만의 약점"임을 올바로 지적한다.[144] 일찍이 불트만은 "구체적인 역사 속 예수가 없으면 기독교도 있을 수 없다"라는 하르낙의 주장을 뒤집었었다.[145] 쿠셸은 "말씀이 육신이 되셨다"(요 1:14)를 비단 불트만뿐 아니라 바르트 및 브루너와 관련지어 더 진지하게 받아들인다.

---

138 Hans Küng, *The Incarnation of God: An Introduction to Hegel's Thought* (Edinburgh: T. & T. Clark, 1987), p. 111.
139 Küng, *The Incarnation of God*, p. 126.
140 Küng, *The Incarnation of God*, p. 209.
141 Küng, *The Incarnation of God*, p. 143.
142 Küng, *The Incarnation of God*, p. 369; 참고. pp. 312-412.
143 Karl-Josef Kuschel, *Born before All Time? The Dispute over Christ's Origin* (London: SCM, 1992), pp. 35-176.
144 Kuschel, *Born before All Time?*, pp. 161-163.
145 Kuschel, *Born before All Time?*, p. 174.

쿠셸 책의 2부와 3부는 더 복잡해진다. 2부에서는 성경 내용을 주해하며 고찰한다. 가령 그는 빌립보서 2:6-11에 있는 송가에서는 예수 그리스도의 선재와 성육신을 이야기하지 않고 다만 높아진 그리스도의 지위만 이야기할 뿐이라고 강조한다. 마찬가지로 그는 갈라디아서 4:4도 단지 그리스도와 하나님의 독특한 관계만을 암시할 뿐이라고 본다. 그는 K. 베르거(Berger), 제임스 던, 그리고 다른 이들의 주해를 원용하여 이렇게 주장한다. "바울이 선재와 관련한 명확하고 분명한 표현을 개괄하여 서술했다는 흔적은 없다."[146] 하지만 쿠셸은 그의 책 3부에서 이 문제를 그대로 버려두지 않는다. 쿠셸은 바울이나 히브리서에서나 요한이 성육신한 **인간** 예수 그리스도의 선재를 가르치지 않는다고 강조하면서도, 부활하신 그리스도가 하나님과 하나라는 것은 시간상 처음이라는 의미를 넘어 더 큰 의미를 시사한다고 강조한다. 일부 개신교인들은 (다른 몇몇 가톨릭 작품과 마찬가지로 여기서도) 주해와 교리 사이에 긴장이 있음을 간파할 수 있을 것이다. 그러나 쿠셸도 이런 단절이 지닌 여러 위험을 잘 알고 있다. 그의 작업이 아주 복잡해진 이유도 바로 그 때문이다.

3) **판넨베르크와 몰트만**. 마치 어떤 도식을 제시하듯이 서로 다른 세 접근법을 그룹별로 묶는 것이 너무 지나치면 오해를 초래할 수도 있다. 그러나 자유주의 개신교 신학 및 가톨릭 신학과 달리, 판넨베르크와 몰트만은 독특한 접근법을 대변하는 이로서 따로 떨어져 있다.

① **볼프하르트 판넨베르크**(1928-2014). 판넨베르크는 처음부터 그리스도의 인격과 사역에서 **묵시주의 배경**이 중요함을 강조했다. 그는 이를 그의 초창기 저술에서도 강조했지만, 『예수: 하나님이자 인간』에서는 기독론에 직접 적용한다. 그는 켈러와 반대로 **역사**를 강조한다. "우리는 현재의 경험 때문이 아니라 오직 과거에 일어난 일에 근거하여 그(예수)가 높이 올림을 받으신 주로서 살아 계심을 안다."[147] 아울러 그는 바르트가 말하는 "위에서 내려오는 기

---

[146] Kuschel, *Born before All Time?*, p. 303; 참고. pp. 250-254 and 274.
[147] Pannenberg, *JGM* p. 28. 참조한 페이지는 본문 안에 기록했다.

독론"이 온당하지 않다고 여긴다(pp. 33-37). 예수가 하나님과 하나이심은 "대다수 경우에 그의 선포 속에서 나타나는 권위 주장을 통해 확증된다"(p. 53). 예수는 권위를 드러내는 행동들을 통해 "자신을 하나님의 자리에 놓는다"(p. 67). 나아가, 판넨베르크는 예수 그리스도의 **부활**이 이에 아주 중요하다고 주장한다. "이를 통해 세상의 종말이 시작되었다.…하나님은 결국 예수 안에 계신다"(p. 69).

이것은 이해할 수 없는 사건이 아니었다. 판넨베르크는 우리가 묵시주의에 관하여 강조한 점으로 되돌아가 이렇게 말한다. "예수의 의미를 아는 지식의 기초는 예수의 역사가 본디 자리해 있던 묵시주의 지평을 늘 향하며, 이 지평 역시 이 예수의 역사로 말미암아 바뀌었다. 이 지평을 잃어버리면, 기독론은 신화가 된다"(p. 83). 예수가 부활하여 베드로와 열두 제자에게 나타나신 일은 진지하게 받아들여야 한다. 아울러 판넨베르크는 **빈 무덤** 전승을 "역사 사실"로 여긴다(p. 100).

예수는 중보자로서 인간에게 하나님을 보여 주시고 하나님께 인간을 보여 주신다(pp. 109와 123-124). 성령은 "예수 안에 있는 하나님의 임재"를 중개하신다(p. 116). 많은 신약 전문가와 달리, 그는 "바울이 하나님 아들의 선재를 전제했다(갈 4:4; 롬 8:3)"고 바르게 강조한다. 그러나 쿠셸은 이를 **인간** 예수가 아니라 **하늘에 속한 분**인 그리스도만을 가리키는 말로 이해한다(p. 151). 또한 쿠셸은 이런 구분을 한 이가 판넨베르크라고 말하는데, 이는 논쟁의 소지가 있을 수도 있다.[148]

마찬가지로 판넨베르크는 **진정한 인간**이라는 것이 무슨 의미인가가 예수 그리스도 안에서 드러났다고 강조한다. 예수는 하나님을 기쁘게 해 드렸고, "신뢰에 따른 위험"을 감내하셨다(*JGM* p. 203). 예수와 하나님의 가까움은 예수가 하나님을 "아버지"라 부르신 데서 나타나는데, 이는 순종과 사랑이라

---

[148] Kuschel, *Born before All Time?*, pp. 403-406.

는 결과로 이어진다(p. 229). 그는 "우리를 위해, 우리 죄 때문에" 대신 죽으셨다(p. 247).

판넨베르크는 『예수: 하나님이자 인간』 3부에서, 두 '본성'도 그렇지만, 두 '실체'를 말하는 칼케돈 공식도 그 나름의 난제들을 낳았음을 인정하면서도, "예수의 참된 신성과 참된 인성은…필수 불가결한 것"이라고 강조한다(pp. 284-285). '두 본성'이라는 용어는 교부들 사이의 신학 논쟁 당사자였던 알렉산드리아 진영과 안디옥 진영이 확실히 개념상 유연성을 발휘하지 못하게 만들었다. 더 나은 용어가 두 본성의 '상호 침투'(perichōrēsis)였는데, 이 용어는 이미 갑바도기아 교부들이 쓰던 말이었다.

판넨베르크는 『조직신학』에서 그가 이전에 했던 작업 가운데 많은 것을 재확인한다. 그는 '위에서 내려오는' 기독론만 주장하거나 '아래에서 올라가는' 기독론만 주장하는 견해에 반대하면서, 우리가 "그 대신 예수의 오심이 가지는 성격 전체로 되돌아가야" 한다고 역설한다.[149] 그러나 이전처럼 이번에도 "그 기초는 예수의 역사다"라고 말한다(2: p. 282). "예수의 부활은…그가 부활하시기 전에 했던 사역에 정당성을 부여한다"(2: p. 283). 그는 불트만에 반대하면서, 부활 메시지가 "부활 사건을 **뒤따른다**. 부활 메시지가 부활 사건을 구성하지 않는다"라고 역설한다(2: p. 288). 어떤 신약성경 주해도 "고전적 기독론인 성육신 기독론"을 배제하지 않는다(2: p. 288). 그는 이렇게 덧붙인다. "**그의 몸이 그대로 무덤 안에 있었다면, 첫 그리스도인들은 예수의 부활을 성공리에 설교할 수 없었을 것이다.**…우리는 [그] 무덤이 실제로 비어 있었다고 추측할 **수밖에 없다**"(2: pp. 358-359. 티슬턴 강조). 판넨베르크의 견해에 따르면, "그 사건은 그 여자들이 방문하기 전에 **이 세상에서**, 곧 예루살렘에 있는 예수의 무덤에서 일어났다"(2: p. 360. 티슬턴 강조).

판넨베르크는 예수 그리스도의 선재와 관련하여 이렇게 강조한다. "그렇다

---

149 Pannenberg, *ST* 2: p. 280. 참조한 페이지는 본문 안에 기록했다.

면 예수가 가지신 하나님 아들이라는 지위의 기원은 오직 하나님 자신의 영원성에만 있을 수 있다. 신약성경에서 선재를 말하는 진술들이 대부분 다소 모호한 형태일지는 몰라도, 이것이 그 진술들이 정말로 말하려는 바다"(2: p. 371). 마지막으로, "예수 그리스도는 인간과 하나님의 관계에서 모든 인간의 패러다임이며…우리도 그대로 될 것이다"(2: p. 430).

② **위르겐 몰트만**(1926-). 몰트만도 판넨베르크와 마찬가지로 예수를 구약성경, 이스라엘 역사, 유대교에서 말하는 메시아 대망에 비춰 바라봐야 한다고 주장한다. 메시아는 "역사 속에서 대망하던 인물이며, 이사야 7장, 9장, 11장, 스가랴 9장, 미가 4:5을 배경으로 삼고 있다."[150] 바르트도 주장하듯이, 중요한 핵심은 '임마누엘' 곧 '우리와 함께하시는 하나님'이요, 또한 **하나님**의 오심이다. 몰트만도 판넨베르크처럼 가치 중립적 기독론, 또는 이른바 오로지 '역사 중심'인 기독론을 거부한다. 그는 이렇게 썼다. "모든 기독론은 믿음을 전제한다.…믿음과 사유는 결합할 수밖에 없다"(p. 39). 판넨베르크는 가치 중립적 접근법이 '인간 중심'이라고 묘사했다.

몰트만은 '아래에서 올라가는 기독론'이 우리를 데려갈 수 있는 데는 한계가 있다고 주장한다. 그는 "인간 중심" 기독론을 단지 "예수론"이라 부르며 "다른 아무것도 아니라고" 말한다(p. 55). 이어 그는 자유주의 진영에서 묘사하는 '예수의 생애'에 대한 그의 비판을 제시한다. 그는 지지울라스와 마찬가지로 메시아의 사명이 성령과 함께 시작했다고 여긴다. 예수가 세례받음을 이야기한 내러티브는 그 성격상 철저히 삼위일체와 관련이 있다. 예수는 성령으로 기름부음과 능력을 받아 그의 아버지를 기쁘게 해 드렸으며, 아버지는 예수가 당신을 기쁘게 했음을 선언하신다. 이제 예수는 사람들을 불러 회개하고 제자가 되라고 독려하시기 시작하면서, 이들을 "생명의 길"로 이끄신다(pp. 116-119). 예수는 생애 마지막에 "무서울 정도로 하나님이 그 모습을 감추심"

---

[150] Moltmann, *Way of Jesus Christ*, pp. 5-13. 참조한 페이지는 본문 안에 기록했다.

(막 14:32-42)과 "골고다에서 하나님께 버림받음"을 경험하신다(pp. 166-167). 몰트만은 판넨베르크와 마찬가지로 이런 결론을 내린다. "하나님이 그리스도를 다시 살리신 것이 그리스도를 향한 믿음의 기초였다"(p. 213). 이제 우리를 마침내 "우주를 다스리는 그리스도"와 "창조의 갱신"으로 인도할 길이 열린다 (pp. 275-287). 이것도 다시금 "예언적·묵시적 대망이라는 특별한 지평에 들어간다."[151]

몰트만과 판넨베르크의 비범함은 신약성경과 역사 속에 견고히 닻을 내리고 있어 설득력이 있는 기독론을 자세히 설명하고, 신학적으로 그리스도의 인격 및 그리스도의 부활이 지닌 풍성한 신학적 깊이와 차원을 제시한 점에 있다.

---

[151] Jürgen Moltmann, *Theology of Hope* (London: SCM, 1967), p. 191. 『희망의 신학』(대한기독교서회).

11장

성령 1: 성경의 가르침

이 주제는 다른 대다수 주제와 조금 다른 형식으로 다룰 필요가 있다. 우리는 먼저 제법 근래에 이르기까지 주요 신경(信經)을 만들어 내고 근현대 신학을 펼치는 과정에서 성령에 관한 가르침을 무시한 전통이 존재했던 이유들을 짚고 넘어가야 한다. 아울러 우리는 아주 중요한 몇 가지 결론을 설명해야 하며, 이 결론들을 더 논란의 여지가 있는 쟁점들과 구별해야 한다. 이와 더불어 우리는 오순절 운동과 은사주의 교회를 특별히 짚어 봐야 한다. 우리 결론은 마지막에 가서 요약해 보겠다. 이 결론에는 성령의 인격성과 타자성 같은 주제를 담을 것이다. 이런 주제들은 바울이 사용하지 않고 근거가 박약한데도 대중들이 그냥 사용하는 '영성' 같은 용어와는 반대다. 이런 용어들은 위에서 내려오시는 성령과 관련된 것을 나타낸다기보다 아래에서 올라가는 종교적 열망을 나타낼 뿐이다. 아울러 이 결론에는 성령의 인격과 사역이 자리한 삼위일체 맥락, 그리스도를 믿는 모든 사람에게 성경이 임재하신다는 것과 성령이 이들에게 주시는 여러 선물(은사—옮긴이), 성령의 거룩하심, 해석학이 성경의 몇몇 핵심 본문과 맺는 연관성이 포함될 것이다.

근래까지 성령에 관한 가르침이 상당히 무시당한 이유로 두 가지를 추측해 볼 수 있다. 첫째, J. E. 파이슨(Fison) 및 다른 이들은 성령의 **"겸양"**(self-effacement)에 올바로 이목을 집중시켰다.¹ 예수의 말씀을 보면, 성령은 자신에 관하여 말씀하시지 않고 **그리스도께** 집중해 조명을 비춘다. 성령은 기독론의 (그리고 한 몸과 종말론의) 틀 안에서 활동하신다. 예수와 요한의 말을 보면 이런 내용이 나온다. "그(성령)가 자신에 관하여(그리스어로 *aph' heautou*) 말하지 않고…내게 영광을 돌리리라"(요 16:13-14). 이는 성령께 집중해 조명을 비추었다 간 성령의 선동에 따른 것으로 비춰져 어려움만 야기할 것임을 시사한다.

둘째, 히브리어에서 '영'(Spirit)을 가리키는 *rûach*와 그리스어에서 '영'을 가리키는 *pneuma*는 이를 언급하는 많은 곳에서 그 의미가 모호해 보이며, 어떤 때는 심지어 사람의 영을 가리킬 수도 있다. 실제로 NRSV에서는 저 단어들을, 성실한 대다수 주해에서 (대문자 S를 쓰는) 'Spirit'(성령)을 가리키는 곳에서도 (소문자 s를 써서) 'spirit'으로 번역했다. 이런 모호함이 아주 잘 나타난 예가 로마서 12:11의 *tō pneumati zeontes*라는 그리스어 본문이다. KJV/AV에서는 이를 "fervent in spirit"(영이 불타듯이 뜨거운)으로 번역했다. RSV에서는 이를 "be aglow with the Spirit"(영으로 말미암아 달아오르다)으로 번역했다. NEB와 NRSV에서는 "ardour of spirit"(영의 열정)으로 번역했다. NJB에서는 이를 "an eager spirit"(열렬한 영)으로 번역했으며, NIV에서는 "spiritual fervor"(영의 뜨거움)로 번역함으로써 솜씨 좋게도 두 선택을 모두 할 수 있는 길을 열어 놓았다. 나 자신은 C. E. B. 크랜필드가 바울의 가장 독특한 특징을 포착했음을 전혀 의심하지 않는다. 그는 이렇게 썼다. "그리스도인은…성령을 통해…불이 붙어야 한다." "우리 안에는 무기력하거나 냉담한 것이 없어야" 하고, 오히려 "[우리는] 성령의 열정을 힘입어 모든 일을 해야 한다."²

사람들이 모호하다고 인정하는 사례를 하나만 더 들어볼 필요가 있다. 창세기 1:2을 보면 NRSV에서는 히브리어 본문을 "하나님에게서 나온 바람

---

1 Joseph E. Fison, *The Blessing of the Holy Spirit* (London and New York: Longman, Green, 1950), pp. 11, 22, 27, 72, 93, 107, 138, 140, 175, 177, and 199.

2 C. E. B. Cranfield, *The Epistle to the Romans*, 2 vols., ICC (Edinburgh: T. & T. Clark, 1975, 1979), 2: p. 634.

(*rûach*, wind)이 수면을 두루 돌아다녔다"라고 번역했다. 그러나 구약성경에서는 *rûach*를 387회 사용했지만 70인역에서 이를 *pneuma*로 번역한 것은 264회이며 *anemos*(바람)로 번역한 예는 49회뿐인데, 창세기에서는 1:2은 물론 어느 곳에서도 이렇게 번역한 예가 등장하지 않는다.[3] 분명 *rûach*는 많은 경우에 "바람"을 가리킨다.[4] 그러나 C. K. 배러트 및 다른 많은 이는 창세기 1:2에 있는 이 단어를 만물을 창조하는 하나님의 영을 가리키는 말로 해석하면서 시편 104:30과 대비한다. "주의 영을 보내어 그들을 창조하사 지면을 새롭게 하시나이다."[5] 하지만 여기서는 차이가 그리 크지 않다. 오래전에 휠러 로빈슨(Wheeler Robinson)이 말했듯이, 이 바람에는 신비한 초월적 능력이 들어 있다. 또 C. 라이더 스미스가 말하듯이, "바람에는 하나님이 계신다.…사람은 바람이 불게 하지 못하기 때문이다."[6]

1. 구약성경과 유대교 안에 있는 기초와 주제

구약성경에서는 신약성경의 모든 기록 뒤편에 자리한 주요 전제들을 제공한다. 그중 하나를 들면, **성령은** 인간 및 피조물과 자신의 관계에서 **초월자요 '타자'**시라는 것이다. 성령은 **활동**하시는 **하나님**을 나타낸다. 그러나 여기에도 사람들 사이에 넓게 퍼져 있는 과도한 일반화가 둘 있다. 첫째, 구약에서는 성령이 **개인**에게 주어졌으나 신약에서는 공동체에 주어졌다고 주장하는 이가 많다. 이는 일부만 참이다. 둘째, **성령은 적어도 인격체가 아니라**고 주장하는 이가 많다. 오래전에 파울 파이네(Paul Feine)는 순전히 히브리어 **단어**만을 근거 삼아 히브리인에게는 **인격체**라는 개념이 없다고 주장했다. 그러나 제임스 바가 보여 주었듯이, 이 주장은 오해를 낳기 쉽다. 단어는 개념과 일대일 관계

---

3 Hatch-Redpath 1: p. 86 and 2: p. 1151.
4 BDB pp. 924-926; M. V. Van Pelt and W. C. Kaiser, "*Rûach*", in *NIDOTTE* 3: pp. 1073-1078.
5 C. K. Barrett, *The Holy Spirit and the Gospel Tradition* (London: SPCK, 1958), pp. 17-18.
6 C. Ryder Smith, *The Bible Doctrine of Man* (London: Epworth, 1951), p. 9.

를 갖고 있지 않다. 이런 점을 차례로 짚어 보겠다.

1) **초월자요 '타자.'** 에스겔 37:7-14을 보면, 하나님이 그분의 영을 죽은 이스라엘에게 부어 주신다. 죽은 뼈들은 그 자체에서 아무것도 만들어 내지 못하나, 하나님은 "내가 내 영을 너희 속에 두리니, 너희가 살리라"라고 말씀하신다(14절). 이는 '**영성**'이 때로 **안**에서 나온다는 대중의 생각과 어긋난다. 시릴 파월(Cyril Powell)은 영[the Spirit, 성령을 다루는 장에서 '영'이라는 표현이 쓰일 때는 대개 일반적 의미(a spirit)가 아닌 특정한 맥락을 둔 의미(the Spirit, 대개 '성령'으로 이해해도 무방하다)로 쓰였다—편집자]에 관하여 말하면서, "영은 본디 타고난 영역이 bāsār(육)의 영역인 자에게 속하지 않는다"고 말한다.[7] 에스겔에서는 영을 약 42회 정도 언급한다. 네 "살아 있는 생물"이 하나님 보좌를 앞으로 신속히 나르며, 영이 가는 곳마다 그들도 갔다(겔 1:12). 영이 엘리야를 데려가셨듯이(3:12, 14; 8:3; 11:1, 24; 37:1), 영은 에스겔 선지자를 "들어 올려" 데려갔다(3:14).

훨씬 더 정확한 것이 이 개념이다.

> 여호와의 말씀으로 하늘이 지어졌고,
>   거기 있는 모든 것이 그 입에서 나오는 *rûach*로 이루어졌도다. (시 33:6)

욥기는 이를 되울려 준다.

> "하나님의 영이 나를 지으셨고,
>   전능자의 호흡이 내게 생명을 주시도다." (욥 33:4; 참고. 시 104:30)

한 고전적 본문에서는 이렇게 말한다.

---

7 Cyril H. Powell, *The Biblical Concept of Power* (London: Epworth, 1963), p. 26.

애굽인은 사람이요 신이 아니며,

그들의 말들은 육이요 영(*rûach*)이 아니라. (사 31:3)

즉 이집트인은 연약한 인간이지만, 하나님의 영은 능력 있는 '타자'시다.

2) **공동체라는 맥락 속에서 개인에게 주어짐.** 두 번째로 대중에게 일반화된 내용은 성령이 **개인에게만 주어질 뿐 공동체에는 주어지지 않는다**는 것이다. 대체로 보면 이 말은 진실이지만, 그 예외로 종종 개인이 **공동체라는 맥락 속에 있을 때**만 개인에게 적용될 때도 있다. 영은 공동체의 복리와 관련된 임무를 행할 개인에게 주어진다. 누가복음 4:18-19을 보면, 예수는 자신에게 이사야 11:2의 예언을 적용하신다.

"주의 성령이 내게 임하셨으니

이는 가난한 자에게 복음을 전하게 하시려고 내게 기름을 부으셨기 때문이라.

그가 나를 보내사 포로 된 자에게 자유를 선포하게 하시고…."

구약성경을 보면, 영이 **종종 공동체 전체**를 이롭게 할 특별 임무를 행할 자로 **선택받은 개인에게 주어진다**. 구약에서 가장 이른 시기에 기록된 책 중 하나를 보면, 여호와는 개인인 사사들을 세우셨다. 이런 이 중에는 옷니엘(삿 3:9-10), 에훗(3:15), 드보라(4:4-23), 기드온(6:34; 참고. 8:35)이 들어가며, 십중팔구는 아비멜렉(9:1-10:2), 입다(11:29; 참고. 11:1-12:7), 삼손(13:25; 참고. 13:2-16:31)도 들어갈 것이다. 이런 이들은 특정 임무를 수행할 자로 기름부음을 받은 개인에 해당하는 예였지만, 그 임무는 이스라엘을 향한 하나님의 목적 안에서 **한 몸인 공동체**를 속박과 억압에서 구해 내는 것이었다.

브살렐은 공장(工匠)의 은사를 감당할 개인으로서 영을 받았으나(출 31:3), 그 은사는 이스라엘이 하나님을 더 잘 예배하게끔 돕는 일이었다(31:2-11). 이사야서 예언을 보면, 여호와의 영이 "이새의 줄기"에서 나올 이에게 임하여 이스라엘의 남은 자에게 복을 베풀리라는 말이 나온다(사 11:2; 참고. 11:1-16). 여호와의 종이라는 인물을 두고도 같은 말을 한다(사 42:1; 참고. 44:3; 48:16). 베드로가 사도행전 2장에서 인용한 구절로 유명한 요엘 2:28에서는 분명 영이 종말에 **하나님의 백성으로 이루어진 공동체** 전체에 주어질 선물이라고 말한다. "내가 내 영을 모든 육체에 부어 주리라." 많은 본문이 개인이나 공동체에 국한되지 않는다. "힘으로 되지 아니하며 능력으로 되지 아니하고 오직 나의 영으로 되느니라"라는 말씀(슥 4:6)이 그 예다. 반면 다른 구절은 더 분명히 공동체와 관련되어 있다(학 2:5). 플로이드 필슨(Floyd Filson)은 구약과 신약의 개념 도식이 중첩된다는 점을 강조했다. 그는 신약성경을 두고 이렇게 말했다. "특별한 임무를 행할 자로 선택받은 개인에게 영이 주어진다는 것도 사실이지만, 이것이 곧 누군가는 영을 받지 않은 채로 남겨져 있다는 뜻은 아니다."[8]

3) **인격체 혹은 초인격체.** 구약성경에서 하나님의 영이 보여 주는 세 번째 주요 특징은 이 영이 종종 **하나님 자신의 확장**이라는 것이다. 그러나 이 영을 **비인격체**나 인격체에 미치지 못하는 존재로 여기는 일은 **하나님이 인격체**시라는 관념에 어긋나는 것 같다. 이 주제는 특히 고든 피(Gordon Fee)가 강조한다. 성경에서는 종종 영을 하나님과 같은 의미의 평행 관계가 있는 존재로 언급한다. 우리가 익히 아는 시편 51편을 보면, 구절 첫 부분인 "나를 당신 앞에서 쫓아내지 마시며"가 "당신의 성령(Holy Spirit)을 내게서 거두지 마소서"와 평행을 이룬다(시 51:11. NRSV에서는 여기서 소문자를 쓴다). 하나님의 영은 분명 하나님의 활동 방식이다. 아이히로트(Eichrodt)는 하나님의 말씀에 관한 말이 종종 "영에 관한 말과 겹친다"고 주장한다.[9] 피는 그의 책 『성령』(*God's Empowering Presence*)에서 이 측면을 특히 바울과 연계하면서도 오직 바울과

---

8 Floyd V. Filson, *The New Testament against Its Environment: The Gospel of Christ, the Risen Lord* (London: SCM, 1950), p. 78. 『신약성서와 그 배경』(분도출판사).
9 Walther Eichrodt, *Theology of the Old Testament*, 2 vols. (London: SCM, 1961, 1964), 2: p. 79. 『구약성서신학』(CH북스).

만 연계하지는 않는다.[10] 하나님의 영을 찾는 일은 곧 하나님을 찾는 일이다.

이는 하나님의 영이 인격체 혹은 **초인격체**라는, 현재 **발전하고 있는** 주제를 시사한다. **대중이 보통 쓰는 말에서는 영을 '그것'**(it)**이라 부르는 일이 잦지만, 영이 진정 하나님의 확장이라면, 영을 '그것'이라 부르는 것은 꿈도 꾸지 못할 일이다.** 그러나 하나님 자신을 가리킬 때와 마찬가지로, 이 경우에도 하나님이나 하나님의 영이 '인격체'라는 것이 **인간이 '인격체'라는 것과 같은 의미**라는 뜻은 아니다(1장 1절을 보라).

하나님이 지으신 세 **피조물**, 곧 주의 천사, 하나님의 지혜, 하나님의 말씀 같은 경우에 대해서는 같은 말을 할 수 없다. 하나님은 이들을 당신의 종 혹은 도구로 **지으셨다**. 앞으로 보겠지만, 4세기에 아타나시오스는 성경을 사용하여 이 점을 건져 내고 강조해야만 했다. 분명 게르하르트 폰 라트는 우리가 종종 "실제로 야훼 자신과 야훼의 천사(히브리어로 *mal'āk*)를 구분하지 못한다.…야훼 자신이 천사로서, 인간에게 인간 형태로 나타난다"[11]고 강조하며, 나이트(Knight)와 찰스 탤버트(Charles Talbert)도 폰 라트의 견해를 따른다. 탤버트와 나이트는 아브라함에게 천사들이 나타난 일(창 19:1, 13; 22:11-18), 잠언 8:22-36에서 창조 이전에 존재했던 하늘의 지혜를 말하는 대목(8:25-29), 이 지혜가 사람들이 부르는 법과 다르지 않은 방법으로 사람들을 부르는 대목(8:1, 3-10)을 인용한다.[12] 그러나 지혜도 이렇게 선언한다. "여호와께서 나를 지으셨다.…내가 세움을 받았다"(8:22-23). 탤버트는 이것을 두고 "지혜가 구원 의도를 품고 하늘에서 내려옴을 말하는 것"이라 주장한다.[13] 그는 집회서 24

---

10 Gordon Fee, *God's Empowering Presence: The Holy Spirit in the Letters of Paul* (Peabody, Mass.: Hendrickson; Milton Keynes: Paternoster, 1995), 특히 pp. 6-9. 『성령』(새물결플러스).
11 Gerhard von Rad, *Old Testament Theology*, 2 vols. (Edinburgh: Oliver and Boyd, 1962, 1965), 1: p. 287.
12 G. A. F. Knight, *A Biblical Approach to the Doctrine of the Trinity* (Edinburgh: Oliver and Boyd, 1953), 그리고 Charles H. Talbert, *The Development of Christology during the First Hundred Years and Other Essays on Early Christian Christology* (Leiden: Brill, 2011), pp. 86-89.
13 Talbert, *Development of Christology*, pp. 86-87.

장, 바룩 3:27-4:4, 솔로몬의 지혜서 6:18-20; 8:13, 17; 9:10에 있는 유사한 내용, 그리고 이와 비슷한 내용을 암시하는 바룩2서 48:36과 에녹1서 42:1-2을 인용한다. 그러나 탤버트는 이 본문들과 잠언 8장의 다른 점을 설명할 때 '공통된 신화'에 기대지 않으며, 판넨베르크도 우리가 그래서는 안 된다며 비슷한 주장을 한다. 분명 천사, 지혜, 하나님의 말씀이 하는 기능은 구원과 관련이 있다. 그러나 이 세상의 맥락에서 보면, 이것들은 **하나님이 지으신 것들로 이루어진 세상 질서에 속한다.**

하지만 아타나시오스와 바실레이오스가 강조했듯이, 영은 이런 피조 질서에 속하지 **않는다.** 에드몽 자콥의 말을 빌리면, "**영은 창조와 구원 활동을 하시며…생명을 창조하는 호흡인…하나님 자신이다.**"[14] 그는 "하나님이 자신의 임재를 강조하실 때 사용하시는 **탁월한 수단**"이며, "하나님의 본질 자체가 그 주된 속성을 이루는 거룩함과 관계를 맺게 되었다."[15]

4) **성경 기록 이후 유대교에서 다룬 주제들.** 성경 기록 이후 유대(postbiblical Judaism)에서는 우리가 이미 영과 관련하여 강조한 점 외에도 세 가지 주제가 두드러지게 나타난다. 성지에 뿌리를 두고 아람어를 사용하는 유대교 곧 랍비 유대교와 디아스포라에 뿌리를 두고 그리스어를 사용하며 70인역, 필론, 헬레니즘 유대교 기록 같은 자료들이 표현하는 유대교 사이에는 구분이 있다. 마르틴 헹엘, 하워드 마샬(Howard Marshall), 그리고 다른 이들이 이런 차이의 경계가 모호해졌음을 우리에게 올바로 보여 주긴 했지만, 그래도 이 구분은 여전히 남아 있다.

세 가지 주요 특징이 남아 있다. 첫째, **선지자들에게 영감을 불어넣고 율법 연구를 독려하는** 영의 역할은 특히 사해 사본, 예를 들면 1QS 8:15-16 같은 곳과 희년서 31:12에서 분명하게 나타난다. 둘째, 성령을 **거룩함 및 정결케 함**

---

14 Edmond Jacob, *Theology of the Old Testament* (London: Hodder and Stoughton, 1958), pp. 124 and 127. 티슬턴 강조.
15 Jacob, *Theology of the Old Testament*, p. 127.

과 연계한다. 이것이 영의 선물이 낳은 **결과**인지 아니면 영의 선물이 주어지는 **원인**인가는 신약성경에서 명확하게 이야기하지 않는다. 셋째, **공동체**를 강조하는 내용은 영의 활동에 분명한 초점을 맞춘다(예컨대 1QS 3:7-8). 동시에, 그리스어를 사용하던 유대교에서는 **내재**에 더 비중을 두어 영을 강조한다.

솔로몬의 지혜서, 필론, 마카베오4서는 그리스적 개념과 영향에 크게 빚지고 있다. 이와 달리, (1948년부터 발견된) 쿰란 사본과 대다수 묵시 문헌에서는 아람어를 사용하는 유대교를 대변한다. 이 자료에는 유대인이 '라틴 사람들에게' 승리할 것을 내다본 솔로몬의 시편, 그리고 에녹1서의 일부와 열두 족장의 유언 가운데 일부가 들어 있다. 벤 시락(집회서)은 기원전 2세기에 나왔으며, 잠언처럼 종종 하나님의 섭리를 긍정하거나 낙관하는 견해를 반영하고, 지혜와 영을 하나님의 대리자로 여긴다. 솔로몬의 지혜서는 기원전 1세기에 나왔으며, 집회서와 욥에서 표명하는 더 신중한 견해를 드러낸다. 이 책은 우상 숭배 및 그리스적 가치와 타협하는 어떤 행동도 인정하지 않는다. 지혜서 1:7에서는 "여호와의 영이…만물을 통합한다"고 말하는데, 이는 마치 그리스도가 그리하신다고 말하는 골로새서 1:17과 흡사하다. '영'의 사용은 더 인간학적으로 바뀌어 간다. 몬테규(Montague)는 이렇게 주장한다. "인간은 하나님이 주신 선물인 그 생명의 호흡(시 104:29)을 불안정하게 유지한다."[16]

에릭 쇠베리(Erik Sjöberg)는 영을 랍비 문헌에서 말하는 **순종**과 연계한다.[17] 그는 랍비 느헤미야가 이렇게 말한 것을 인용한다. "믿음으로 계명을 받아들이는 자는 성령이 그에게 머물 만한 자다."[18] 마찬가지로 랍비 아카도 "이스라엘을 위해 자신을 희생하는 자는…성령을…받을 것이다"라고 선언했다.[19] 이는 분명 바울의 견해가 아니다. 바울은 영을 **원인**으로, 의를 **결과**로 본다(갈

---

16 George Montague, *The Holy Spirit: The Growth of Biblical Tradition* (Eugene, Ore.: Wipf and Stock, 1976), p. 102.
17 Erik Sjöberg, "*Rûach* in Palestine Judaism", in *TDNT* 6: p. 383; 참고. pp. 375-389.
18 *Mekilta Exodus* 15:1.
19 *Numbers Rabbah* 15:20.

3:1-5). 사해 사본에서는 영의 거룩함이 감사 찬송(*Thanksgiving Hymn*)에서 나타난다(1QH 7:6; 9:32; 12:1; 13:19; 14:15; 16:11-12; 17:17). 훈련 교범에서는 영이 공동체를 깨끗케 하시리라고 말한다(1QS 3:13-40, 26). 이와 달리, 필론은 영을 내재하고 모든 곳에 스며들어 있는 이로 본다(Philo, *Allegorical Interpretation* 1.31-42). 영은 "모든 것에 충만히 퍼져 있다"(*On Giants* 27). 인간 안에 든 영은 "에테르 같은 실체의 입자"다(*On Planting* 18).[20] 존 레비슨(John Levison)은 플라톤주의가 필론의 핵심이라고 주장한다.[21] 세네카는 영의 내재성을 훨씬 더 분명하게 천명한다. 그는 이렇게 썼다. "신은 그대 안에 있으며⋯거룩한 영은⋯우리 안에 있는 선한 것과 악한 것의 수호자로서⋯우리 안에 머문다" (*Epistle* 41.1).

70인역에서는 히브리 구약성경보다 훨씬 더 세게 하나님의 **창조** 활동을 강조한다. 이는 특히 타르굼 위(僞)요나단, 에녹1서 9:1, 에스라4서 14:22, 희년서 31:12, 1QS 8:16, CD 2:12에서 나타난다.[22]

요컨대, 구약성경은 신약성경 기록자들의 기초가 되었다. 하나님의 영은 초월자요 '타자'다. 이 영은 개인에게 주어지지만, 오로지 공동체 전체를 섬길 임무를 행하도록 주어진다. 영은 하나님 자신의 확장이다. 이제 우리는 영을 인격체로 이해하기 시작했다. 오늘날 널리 퍼져 있는 두 오해와 반대로 이 모든 내용은, 영은 '그것'이 아님을, 그리고 '영성'은 안에서 나오는 종교적 열망의 문제가 아니라 '타자'요 창조 활동을 행하시는 이인 영께 열려 있음의 문제임을 강조한다.

20　John R. Levison, *The Spirit in First-Century Judaism* (Boston and Leiden: Brill, 2002), p. 148.
21　Levison, *Spirit in First-Century Judaism*, p. 155.
22　Max Turner, *Power from on High: The Spirit in Israel's Restoration and Witness in Luke-Acts* (Sheffield: Sheffield Academic, 1996), 특히 pp. 62-66, 86-104, and 107.

2. 공관복음과 사도행전에서 말하는 성령

1) **공관복음.** 네 복음서에서는 예수가 세례를 받으신 일이 중요한 사건이요 본질상 아버지 하나님, 아들 예수, 성령이 모두 관여한 사건이라는 데 모두 동의한다. 몰트만, 판넨베르크, 로저스는 이 일을 삼위일체와 관련된 사건이라 부르면서 삼위일체 내러티브로 설명한다. 마가복음 1:10-11에서는 이렇게 말한다. "곧 그가 물에서 올라오실새…성령이 비둘기 같이 자기에게 내려오심을 보시더니, 하늘로부터 소리가 나기를 너는 내 사랑하는 아들이라 내가 너를 기뻐하노라 하시니라." 누가복음 3:16, 21-22과 마태복음 3:16-17에서는 더 세세한 내용을 덧붙인다. 몰트만은 이렇게 언급한다. "신약성경에서는 이 내러티브에서 아버지, 아들, 성령의 관계를 선포함으로써 하나님에 관하여 이야기한다."[23]

C. K. 배러트는 더 자세히 이렇게 말한다. "이는 본질상 메시아를 그 직에 세우는 엄숙한 임명이요, 하나님 아들의 취임식이다."[24] 이는 마가복음의 다음 구절에서 확인해 준다. "성령이 그(예수)를 광야로 몰아내…사십 일 [동안] 사탄에게 시험을 받[게 하셨다]"(막 1:12-13). 마태복음과 누가복음에서도 소소한 차이는 있으나 비슷한 본문을 제시한다(마 4:1-2; 눅 4:1-2). 성령이 그리스도인의 삶에서 투쟁과 검증을 일으키시듯이(롬 8:18-29), 예수도 투쟁하는 시간을 보내심으로써 그의 메시아 사역을 감당할 준비를 하셨다. 막스 터너(Max Turner)는 누가복음에서 말하는 "성령 충만"(눅 4:1)을 누가복음의 독특한 특징이요, "그(예수—옮긴이)의 인격을 성령을 그 삶에서 늘 능력 있게 느꼈던 이로" 표현하는 것이라고 서술한다.[25]

마가복음, 마태복음, 누가복음에도 잘 증명된 본문이 있다. "누구든지 성령을 모독하는 자는 영원히 사하심을 얻지 못하리라"(막 3:29; 참고. 마 12:31; 눅

---

23 Jürgen Moltmann, *The Trinity and the Kingdom of God: The Doctrine of God* (London: SCM, 1981), p. 64.
24 Barrett, *The Holy Spirit*, p. 115.
25 Turner, *Power from on High*, p. 202.

12:10). 이 구절은 많은 이에게 당혹과 불안을 불러일으킨다. 그러나 이 본문의 맥락을 살펴보면 그 의미가 분명하다. 유대 관원들은 예수가 귀신의 제왕을 힘입어 귀신들을 몰아낸다고 주장했다. 따라서 예수가 하신 대답은 선한 일(성령에 감동하여 하는 일)을 악하다(귀신에 씌어서 하는 일이라고) 하는 것과 관련이 있다. 만일 사람들이 비뚤어지거나 부패하여 '선'과 '악'을 서로 바꾸면, 그들이 어찌 참회하고 회개할 수 있겠는가? 이 말은 완고하게 끈덕지게 진리를 왜곡하려는 시도를 하지 말라는 경고다. 자신들이 성령을 '모독했는지' 혹은 비방했는지 염려하는 이들은 바로 이런 불안이야말로 성령이 그들 안에서 떠나셨다는 표지가 아니라 오히려 그들 안에서 역사하신다는 표지임을 재차 확신해도 된다.

40일이 지난 뒤, 검증하는 자는 다만 "적절한 때가 올 때까지"(그리스어로 *achri kairou*, 눅 4:13) 떠나갔다. 웨스트코트는 예수가 "우리와 똑같이 시험을 받으신 이로되 죄는 없으시니라"라고 말하는 히브리서 4:15을 설명하면서, 오직 "죄 없는 자가 가장 강렬한 유혹을 경험했으니, 이는 그런 사람만이 마지막의 가장 큰 긴장 앞에서도 굴복하지 않았기 때문이다"라고 말한다.[26]

마태복음과 누가복음에서만 예수의 잉태와 탄생을 다루면서 성령을 언급한다. 마태복음에서는 "그녀(마리아)가 성령으로(그리스어로 *ek*) 잉태된 것이 나타났다"(마 1:18)고 강조한다. 누가복음에서는 더 상세하다. "성령이 네(마리아)게 임하시리라"(눅 1:35). 울리히 루츠는 마태복음 1:20을 설명하며 이렇게 말한다. "이미 18절에서 익히 본 성령을 다시 언급한다. 이는 하나님이 성령을 통해 창조를 행하시며 개입하심을 언급하는 것이지, 마리아의 두 번째 배우자로서 영을 언급하는 게 아니다."[27] 이 탄생 내러티브와 관련하여 몇몇 유보 의견을 가진 이들이 있으나, 이것이 성경의 다른 기록과 완전히 일치하는 논리적 설명

---

26 B. F. Westcott, *The Epistle to the Hebrews: The Greek Text* (New York and London: Macmillan, 1903), in 4:15.

27 Ulrich Luz, *Matthew 1-7: A Commentary* (Edinburgh: T. & T. Clark, 1990), p. 120.

이다.

누가복음은 성령에 관하여 마가복음과 마태복음보다 많은 내용을 담고 있다. 누가는 누가복음 4:18-19에서 예수가 이사야 42:1 일부와 이사야 61:1 일부를 인용하시는 모습을 이야기한다. "주의 성령이 내게 임하셨으니 이는… 주의 은혜의 해를…전하게 하시려고 내게 기름을 부으셨기 때문이라." G. W. H. 램프(Lampe)는 이를 누가-행전에 나오는, 성령에 관한 '두 큰 담화' 가운데 하나로 여기며, 다른 하나는 베드로의 오순절 설교다(행 2:14-36).[28] 그는 두 담화에서 영을 기도 및 하나님 말씀과 연계한다고 설명한다. 던은 누가복음 4:18-19이 누가가 예수를 영의 은사가 충만한 인물로 소개하는 부분이라 여긴다.[29] 하지만 배러트는 이와 관련하여 더 신중한 태도를 보인다. 배러트는 예수가 부활 이전에 펼친 사역에서는 "영광의 부재와 고난의 잔이 그가(예수가) 메시아로서 감당한 소명이었으며, 그의 가난 중 일부는 하나님의 영을 드러내는 모든 표지가 없다는 것이었다. 이런 것들은 겸비한 메시아의 직무와 일치하지 않았을 것이다"라고 썼다.[30] 그는 바로 이런 이유 때문에 공관복음, 특히 마가복음과 마태복음에서 영에 관하여 말을 거의 하지 않는다고 주장한다. 하지만 던은 예수가 사역을 펼치고 하나님 나라의 표지를 드러내는 데는 하나님을 향한 신뢰가 필요했음을 올바로 강조한다. 아울러, 특히 예수가 부활하시기 전에는 성령이 '겸양'을 보이셨음을 강조한 파이슨의 주장을 떠올려 봐도 되겠다.

우리는 서신서와 요한복음에서 더 분명하게 제시했을 수도 있는 내용을 공관복음에서 본다. 성령은 종말의 선물이요, 새 시대의 선물이다. '기적'과 축귀는 **하나님 나라가 이 세상 속으로 뚫고 들어옴을 보여 주는 표지다.** 어떤 의

---

28 G. W. H. Lampe, "The Holy Spirit in the Writings of St. Luke", in *Studies in the Gospels: In Memory of R. H. Lightfoot*, ed. D. E. Nineham (Oxford: Blackwell, 1967), pp. 159-200.
29 James D. G. Dunn, *Jesus and the Spirit: A Study of the Religious and Charismatic Experience of Jesus and the First Christians* (London: SCM, 1975), pp. 54-55 and 68-92.
30 Barrett, *The Holy Spirit*, p. 158; 참고. pp. 140-162.

미에서 보면, 하나님 나라는 예수의 인격 속에서 이미 임했다. 그러나 또 다른 의미에서 보면, 하나님 나라는 단지 '가까이' 왔을 뿐이다(그리스어로 *engizō*, 막 1:15). 따라서 오늘날 '기적'과 관련하여 다소 모호한 구석이 있다. 기적은 분명 일어나지만, 하나님 나라가 **임했을** 때만 일어나길 **기대할** 수 있다. 사실, 하나님 나라는 여전히 임하는 **과정**에 있다.

공관복음은 성령을 언급하는 또 다른 내용을 담고 있다. 예를 들면, 성령은 위기의 순간에 예수의 제자들을 인도하실 것이라는 말씀이 그것이다(막 13:11; 마 10:19-20; 눅 12:12). 그러나 R. T. 프랑스(France)는 이 말씀이 "게으른 설교자"의 휴양지는 아니라고 우리에게 경고한다.[31] 마지막으로, 누가복음 24:49에서는 "위에서 내려오는 능력"을 보내시리라는 아버지의 약속이 이뤄지길 고대한다. 요컨대, (1) 우리가 구약에서 예상할 수 있었듯이, 공관복음 기록자들은 성령을 예수에게 부어져 그가 메시아의 임무를 감당할 수 있게 하신 분으로 이해한다. (2) 공관복음에서 성령을 언급하는 언어를 상당히 절제하는 데는 여러 이유가 있다. (3) 예수를 '영의 은사를 받은' 이라 부를 수 있는가는 십중팔구 우리가 이 말을 어떻게 정의하는가, 그리고 우리가 강조하고 싶은 것이 무엇인가에 달려 있다. (4) 몰트만과 로저스는 예수 그리스도가 세례를 받으신 일을 '삼위일체와 관련된' 내러티브라 묘사하며 이는 옳다. 성령은 결코 홀로 일하시지 않고, 늘 아버지와 또한 예수와 함께 일하신다. 바울, 요한, 교부들은 이를 분명히 이야기한다.

2) **사도행전**. 사람들은 종종 오순절파가 바울 그리고 어쩌면 복음서보다도 사도행전에 주로 의지한다고 말한다. 우선, 사도행전에서는 오순절 날에 성령이 부어진 일을 자세히 이야기한다(행 2:1-13; 참고. 2:14-20). 하지만 큰 물음이 하나 남아 있다. 사도행전에 있는 이 내러티브의 목적은 미래에도 **언제나 그대로 되풀이될** 어떤 모델을 제시하려는 것인가, 아니면 초창기 교회에서 **단 한**

---

[31] Richard T. France, *The Gospel of Mark: A Commentary on the Greek Text*, NIGTC (Grand Rapids: Eerdmans, 2002), p. 517. 『NIGTC 마가복음』(새물결플러스).

번만 일어난 일을 서술하려는 것인가? 우리가 내러티브 이론을 만나면, **내러티브의 다양한 기능이** 금세 더 분명해진다. 이는 오순절주의와 해석학을 고찰할 때 다뤄 보겠다.

사도행전을 보면, 하나님은 분명 초기 교회사의 중요한 순간마다 성령을 통해 늘 활동하신다. 이 과정은 오순절에 있었던 교회 탄생과 더불어 시작되었다. 누가는 성령이 '부어질' 때 함께 나타난 **현상들**에 관심을 보였다. 어떤 표지들은 급하게 부는 바람 소리처럼(2:2) 들을 수 있다. 누가가 '소리'를 가리키는 그리스어로 *phōnē*보다 *ēchos*를 사용한 것은 70인역에 있는 신현(神現, theophany) 장면들을 떠올려 준다(출 19:16; 삼상 4:5). 이런 표지들은 눈으로 볼 수도 있다. "불의 혀 같은 것들이 그들에게 보여 각 사람 위에 하나씩 임했다"(행 2:3). 불은 종종 심판을 나타내는 이미지다(사 66:16; 에녹1서 14:8-13; 눅 3:16). 열왕기상 19:11-12과 에스겔 1:4을 보면, 하나님이 나타나실 때 바람과 불이 함께 따른다.

누가는 이어 이렇게 이야기한다. "그들이 다 성령의 충만함을 받고(그리스어로 *eplēthēsan pantes*) 성령이 말하게 하심을 따라 다른(그리스어로 *heterais*) 언어들로 말하기를 시작하니라"(행 2:4). 이 언어들이 무슨 의미인지 이해할 수 없는 소리인가를 놓고 오랜 세월 동안 논쟁이 있었다. 이 언어들을 이해할 수 없는 언어로 보는 견해를 밑받침하는 증거를 든다면, 아마도 (1) 바울이 고린도전서 14장에서 제시하는 '방언' 이해, (2) 이후에 그리스도인들이 "술 취했다"는 비판을 받았다는 말(행 2:13), (3) 디아스포라 유대인은 농촌 지역 출신이었으며 이들에겐 그리스어가 아니라 이들이 알아들을 수 있는 다른 언어가 필요했으리라는 스웨트(Swete)의 주장[32]이 옳은지 여부를 들 수 있을 것 같다. 막스 터너는 "다른 방언들"의 목적이 복음 전도가 아니었으며, "복음을 전한 것

---

[32] H. B. Swete, *The Holy Spirit in the New Testament* (London: Macmillan, 1909), p. 73. 『신약속의 성령』(은성).

은 바로 베드로의 설교"였다고 주장한다.³³ F. F. 브루스는 여기서 말하는 "방언"을 "의식하며 통제하는…범위 너머에 있는" 것으로 여긴다.³⁴ 심지어 재닛 E. 파워스(Janet E. Powers)는 「오순절 신학 저널」(*Journal of Pentecostal Theology*)에서 이 방언들을 선교와 관련된 은사로 여길 만한 "성경의 증거가 전혀 없으며", 사도행전에서는 그들이 "방언(tongues)이 아니라 각 지역 언어(vernacular)로 설교한다"고 말한다.³⁵

더 전통적인 견해에서는 방언을 외국어로 보는데, 이 견해는 요한 크리소토모스까지 거슬러 올라간다.³⁶ 현대 저자 가운데서는 J. H. E. 헐(Hull)이 이렇게 천명한다. "누가는 우리가…오순절에 사람들이 말한 것이 바로 외국어…였다는 결론을 내리길 원하는 것 같다."³⁷ 도널드 카슨(Donald Carson)도 분명 이 견해를 받아들인다. "우리가 지금 다루는 것은 *xenoglossia*, 즉 말하는 이들은 전혀 배우지 않았으나 실제로 인간이 사용하는 언어다."³⁸ K. 레이크(Lake)에서 요 근래 저자들에 이르기까지 상당히 많은 학자가 이 견해를 지지한다.

하지만 이것이 기적이었다면, 이런 말들을 하는 것보다 도리어 듣는 것이 기적이라고 강조하는 이들이 많다. 대다수 저자도 이 사건이 창세기에 나오는 바벨탑 사건을 뒤집은 일이라고 본다. 디워(Dewar)는 "성령으로 충만한"이 "세례받은"이나 "영으로 흠뻑 젖은"을 달리 표현한 말이라고 이해한다.³⁹ 대다수 신약학자는 이 사건을 **전체 교회의 시발점이 된 일**로 여긴다. 던은 이렇게 적

---

33 Max Turner, *The Holy Spirit and Spiritual Gifts: Then and Now* (Carlisle: Paternoster, 1996), p. 223. 『성령과 은사』(새물결플러스).
34 F. F. Bruce, *The Book of Acts* (Grand Rapids: Eerdmans, 1965), p. 57. 『사도행전』(부흥과개혁사).
35 Janet E. Powers, "Missionary Tongues", *JPT* 17 (2000): p. 40; 참고. pp. 39-55.
36 Chrysostom, *Commentary on Acts*, Homily 4; *NPNF*, ser. 1, 11: pp. 28-29.
37 J. H. E. Hull, *The Holy Spirit in the Acts of the Apostles* (London: Lutterworth, 1967), p. 61.
38 Donald A. Carson, *Showing the Spirit: A Theological Exposition of 1 Corinthians 12-14* (Grand Rapids: Baker, 1987), p. 138.
39 Lindsay Dewar, *The Holy Spirit and Modern Thought: An Inquiry into the Historical, Theological, and Psychological Aspects of the Christian Doctrine of the Holy Spirit* (London: Mowbray, 1959), p. 43.

절히 말한다. "한편으로 보면…오순절은 **되풀이될 수 없다**. 새 시대는 여기 있고, 다시 시작될 수 없다. 그러나 다른 한편으로 보면…오순절 체험은 그리스도인이 될 모든 이의 체험 속에서 되풀이될 **수 있고** 되풀이**되어야 한다**."[40] 아리 츠빕(Arie Zwiep)은 훨씬 더 나아간다. 그는 성령이라는 선물이 고넬료와 사마리아 사람들에게도 주어졌듯이 오순절 사건도 "장벽을 허문 사건"이라고 올바로 이해한다.[41] 아울러 츠빕은 묵시의 맥락을 강조한다("해가 변하여 어두워지고 달이 변하여 피가 되리라." 행 2:19-20).

오순절 쪽의 해석은 따로 절을 구분하여 논해 보겠지만, 우리는 오순절 사건을 그리스도를 증언할 증인이 될 능력을 부어 주신 사건으로, 그리고 어쩌면 예언의 영감을 받은 사건으로도 볼 수 있겠다고 말하는 한스 폰 베어(Hans von Baer)를 따라도 될 것 같다. 많은 오순절주의자도 이 사건을 그리스도인이 된 체험을 한 **뒤에 이어지는** 체험으로 해석한다. 에드워드 어빙(Edward Irving), 찰스 파럼(Charles Parham), 윌리엄 시모어(William Seymour), 로버트 멘지스(Robert Menzies)가 이 견해를 택한다. 그러나 누가는 이를 **집단으로 체험한** 사건으로, 교회의 초석을 놓고 새 시대를 연 사건으로 묘사하는 것 같다. 이는 또한 사도행전 8장, 10장, 19장에서 자세히 말하는 체험을 설명해 준다.

방금 언급한 본문들은 치열한 논쟁거리로 악명이 높다. 사마리아(행 8:17), 로마 백부장 고넬료 사례(행 10:44-46), 세례 요한의 제자였던 몇몇 에베소 사람의 사례를 보면, 성령은 방언으로 말하는 것과 같은 특이한 현상들을 동반하여 그들에게 오셨다. 각 사건마다 수많은 해석이 있다. 던은 세 사건 중 첫 번째를 "사마리아 수수께끼"라 부른다.[42] 프랭크 마키아는 이렇게 말한다.

---

40 James D. G. Dunn, *Baptism in the Holy Spirit: A Re-examination of the New Testament Teaching on the Gift of the Spirit in Relation to Pentecostalism Today* (London: SCM, 1970), p. 53. 티슬턴 강조.
41 Arie W. Zwiep, *Christ, the Spirit, and the Community of God*, WUNT, ser. 2, 293 (Tübingen: Mohr, 2010), p. 116.
42 Dunn, *Baptism in the Holy Spirit*, pp. 55-72; 참고. pp. 35 and 131-186.

"사마리아인들은 예루살렘교회 대표자들이 안수했을 때 성령으로 충만해졌다."[43] 그렇다면 오순절주의자와 가톨릭 신자들이 이 본문을 원용하고 심지어 일부 가톨릭 신자들이 이를 견진성사와 비교하는 것도 놀라운 일은 아니다. 던은 이 본문 해석과 관련하여 네다섯 견해가 있다고 밝힌다.[44]

램프와 던은 모두 이 사건을 "선교 사업의 전환점"이라고 바르게 묘사한다.[45] 사마리아인은 독특한 지위에 있었으며, 누가-행전은 교회의 통일성과 보편성을 강조하는 데 그 목적을 둔다. 브루너(Bruner)와 츠빕은 이 사건이 교회의 선교 확장에서 중대한 전환점을 이룬다는 점을 올바로 강조한다. 이런 점에서 보면, 이 사건은 오순절과 정확히 일치한다. 브루너의 말을 빌리면, 이 사건은 "건너야 할 다리요… 점령해야 할 기지"였다.[46]

이는 또 고넬료 사건과 긴밀한 평행 관계에 있다(행 11:15, 17). 하지만 여기서는 세례나 안수를 전혀 언급하지 않는다. 이 사건은 하나의 이정표다. 이방인이 그리스도를 믿는 유대인이 체험한 일을 '따라잡는다.' 성령이 교회 확장에서 중차대한 전환점을 이루는 각 단계를 주도하셨음을 공중이 인식할 수 있었다. 베드로가 예루살렘 공의회에 일러 준 그대로, 그가 이 일의 증인이다(행 10:19, 44; 11:12, 18; 15:7-11).

사도행전 19:1-7은 오순절파에게 또 하나의 '기초' 본문이다. 그러나 이 '제자들'은 어떤 그리스도인 그룹에 속하지 않고 그저 요한의 세례만 아는 이들이었다. 성령이라는 선물이 **이들이 그리스도인이 된 원인**이었다. 사도행전 9:17에서 바울에게 성령이 임하시길 간구하는 아나니아의 기도는 얼핏 보면 바울

---

43 Frank D. Macchia, *Baptized in the Spirit: A Global Pentecostal Theology* (Grand Rapids: Zondervan, 2006), p. 166.
44 Dunn, *Baptism in the Holy Spirit*, pp. 55-62.
45 Dunn, *Baptism in the Holy Spirit*, p. 62, 그리고 Geoffrey W. H. Lampe, *The Seal of the Spirit: A Study in the Doctrine of Baptism and Confirmation in the New Testament and the Fathers* (London and New York: Longmans, Green, 1951), pp. 70-72.
46 F. Dale Bruner, *A Theology of the Holy Spirit: The Pentecostal Experience and the New Testament Witness* (Grand Rapids: Eerdmans, 1970), p. 175. 『성령신학』(나눔사).

의 회심 및 그와 그리스도의 만남에 **뒤따르는** 일처럼 보인다. 그러나 던, 터너, 그리고 다른 이들은 이를 바울이 체험한 회심 과정의 '완결'로 본다. 이들은 이렇게 주장한다. "여기서 강조하는 것은 사명 수여다."[47]

츠범은 사도행전에서 말하는 성령과 관련하여 주된 강조점을 잘 전달한다. 성령이라는 선물은 **한 몸을 이룬 전체에** 주어지며, 이 선물로 말미암아 한 개인이 **그리스도인**이 된다. 아울러, 성령은 능력을 부어 주시는 영, 예언의 영, 사명을 주시는 영이시다.

3. 바울 서신과 성령의 선물

1) **그리스도 중심이요 공동체성을 가짐.** 우리가 바울 서신에서 추적할 수 있는 첫 번째 주요 주제는 성령이 그리스도 중심이요 공동체성을 가진다는 것, 곧 그저 일부에게만 주어지지 않고 **모든** 그리스도인에게 주어진다는 것이다. 바울은 이렇게 선언한다. "누구든지 그리스도의 영이 없으면 그리스도의 사람이 아니라. 그러나 그리스도께서 너희 안에 계시면…영은 생명이니라.…예수를 죽은 자 가운데서 살리신 이의 영이 너희 안에 거하시면 그리스도를 살리신 이가…너희 안에 거하시는 그의 영으로 말미암아 너희 죽을 몸도 살리시리라"(롬 8:9-11). 던은 이를 이렇게 설명한다. "로마서 8:9에서는 그리스도인이 아닌 자가 영을 소유할 가능성과 그리스도인이 영을 소유하지 **않을** 가능성을 **모두** 배제한다."[48] 던은 다른 곳에서 이렇게 단언한다. "따라서 영은 그리스도인을 규정하는 표지로 봐야 한다.…바울은…로마서 8:9에서…그리스도인의 정의에 가장 가까운 것…곧 '그리스도의' 사람이라는 정의를 제시한다."[49]

아들이 됨과 같이, '그리스도 안에 있음'이 성령을 받는 기초요 원인이다.

---

47 Dunn, *Jesus and the Spirit*, p. 110; Turner, *Power from on High*, p. 375.
48 Dunn, *Baptism in the Holy Spirit*, p. 95; 참고. Dunn, *Jesus and the Spirit*, pp. 310-316.
49 James D. G. Dunn, *The Theology of Paul the Apostle* (Edinburgh: T. & T. Clark, 1998), p. 423; 참고. pp. 413-441.

해밀턴(Hamilton)은 이런 의미에서 기독론을 "성령론을 이해하는 열쇠"라고 부른다.[50] 그러나 바울은 반대로도 표현한다. "성령으로 아니하고는 누구든지 예수를 주시라 할 수 없느니라"(고전 12:3). 이 둘은 원인과 관련이 있는가 아니면 결과와 관련이 있는가? 아니면 각각 다른 내용인가? **신학** 관점에서 보면, 로마서 8:9-10에서는 그리스도 안에 있음이 **원인으로** 우선함을 표현하는 것 같다. 그리스도인은 그리스도가 영으로 기름부음 받으신 것을 공유할 수 있다. 그리스도인은 '그리스도 안에' 있기 때문이다. 그러나 고린도전서 12:3에서는 **경험** 혹은 시간 순서의 관점에서 그와 반대로 표현하는 것으로 보인다. 성령은 그리스도인이 사람들 앞에서 그리스도를 주로 고백하게 하시거나 그렇게 고백할 수 있게 하신다. 그렇다면 성령은 그리스도인이 예수를 주로 시인할 수 있게 해 주시는 셈이다. 영은 주이신 예수 그리스도께 속해 있음을 자식처럼 의식할 수 있게 촉진하고 실제로 그렇게 의식하게 해 주신다.[51] 슈바이처는 성령을 "그의 인격성이 지닌 생명 원리"라 불렀다.[52]

바울은 갈라디아서 5:25에서 성령을 그리스도인의 신앙과 실존의 첫 번째 원인이자, 그 신앙을 매일 실현하고 유지하게 해 주는 능력이라 말한다. "만일 우리가 영으로 살면, 영의 인도를 받자"(NRSV). 혹은 NEB로 보면 이렇다. "만일 영이 우리 생명의 근원이시면, 영이 우리 가는 길을 인도하시게 하자."

그리스도 안에 처음 들어가는 것을 종종 그리스도인이 받는 세례로 묘사한다. 이 때문에 바울은 이렇게 선언한다. "우리가 유대인이나 헬라인이나 종이나 자유인이나 다 한 성령으로 세례를 받아 한 몸이 되었고 또 다 한 성령을 마시게 하셨느니라"(고전 12:13). 이곳이 신약성경에서 유일하게 "영으로 세례받음"(그리스어로 *en heni pneumati hēmeis pantes eis sōma ebaptisthēmen*)을 분명하게 말하는 본문이다. 쉬나켄부르크(Schnackenburg)는 여기서 *en*이 "…

---

50 Neil Q. Hamilton, *The Holy Spirit and Eschatology in Paul*, SJT Occasional Papers 6 (Edinburgh: Oliver and Boyd, 1957), p. 3.
51 Swete, *The Holy Spirit*, pp. 204-206.
52 Albert Schweitzer, *The Mysticism of Paul the Apostle* (London: Black, 1931), p. 165.

안에서"(in), "…으로 말미암아"(by), "…으로"(with)를 의미할 수 있다고 주장한다.[53] 나는 그리스어 본문을 더 길게 다룬 내 주석에서 이 전치사가 장소인지(NRSV, JB, Collins), 도구인지(AV/KJV, ASV, NASB, NIV, Moffatt), 혹은 그냥 "한 영"(one Spirit, REB, Barrett)을 가리키는지 논했다. 아울러 나는 12:13 및 오순절 전통과 관련하여 "성령 세례"를 언급하는 내용도 포함시켰다.[54] 여기서는 이 용어가 분명 그리스도의 몸이라는 신세계로 들어가는 것을 가리킨다. 나는 『유구한 세월을 거쳐 오늘날까지 성경에서 가르치는 성령』(The Holy Spirit in Biblical Teaching, through the Centuries, and Today)에서 이 결론을 재차 논증했다.[55] 이 구절은 특별히 오순절주의를 다룰 때 다시 살펴보겠다.

2) **성령이라는 선물의 종말론적 본성**. 바울은 이렇게 선언한다. "피조물뿐 아니라 또한 우리 곧 성령의 첫 열매(그리스어로 *aparchēn tou pneumatos*)를 받은 우리까지도 속으로 탄식하여 양자 될 것 곧 우리 몸의 구속을 기다리느니라(그리스어로 *apekdechomenoi*)"(롬 8:23). "첫 열매"(*aparchē*)는 "첫 부분" 혹은 "장차 올 것"의 보증을 말한다.[56] 이는 바울이 사용하는 그리스어 *arrabōn*과 비슷하다. 이 말은 고린도후서 5:5에서 하나님이 "보증으로 성령을 우리에게 주셨다"고 말하는 것처럼 미래에 있을 무언가를 확약하는 계약금이나 보증 또는 첫 할부금을 가리키며, 이는 곧 더 많은 것 혹은 더 좋은 것이 오리라고 보증하셨다는 말이다. 이와 비슷한 좋은 예를 현대 세계에서 둘 찾는다면, 하나는 상업 쪽에서 사용하는 말인 **계약금**이요 다른 하나는 산업 쪽에서 사용하는 말인 생산 라인에서 나온 **시제품**이다. 계약금은 제 기한에 완전히 더

---

53 Rudolf Schnackenburg, *Baptism in the Thought of St. Paul: A Study in Pauline Theology* (Oxford: Balckwell, 1964), pp. 22-24 and 83-86.
54 Anthony C. Thiselton, *The First Epistle to the Corinthians: A Commentary on the Greek Text*, NIGTC (Grand Rapids: Eerdmans, 2000), pp. 997-1001.
55 Anthony C. Thiselton, *The Holy Spirit in Biblical Teaching, through the Centuries, and Today* (Grand Rapids: Eerdmans; London: SPCK, 2013), pp. 129-130, 337-338, 423, 456-460, and 490-492.
56 BDAG p. 98.

큰 금액을 지불할 것을 보증하는 **착수금**에 해당한다.[57] 시제품은 장차 더 많이 나올 생산품을 미리 보여 주는 모델을 말한다. 고린도후서 1:22에서는 이 말을 종종 "첫 할부금"으로 번역하기도 한다. 쿨만은 이렇게 썼다. "성령은 바로 현재에 종말을 미리 지급하는 것과 같다."[58]

그리스도인의 행위 및 제자도와 관련지어 본다면, 이는 삶의 실제에 세 가지로 적용할 수 있다. 첫째, 해밀턴이 주장하듯이, 성령 체험의 무게 중심은 "미래에 있다."[59] 우리는 단지 성령이 한 생명 혹은 공동체를 변화시킬 때 하실 수 있는 일 가운데 **지극히 적은 부분** 혹은 **일부**만 보았을 뿐이다. 언젠가 우리는 하늘에서 성령의 능력과 임재를 **온전히** 볼 것이다. 둘째, 현재 그리스도인이 체험하는 불완전한 변화는 하나님이 미래에 우리 안에서 그리고 교회 안에서 당신 사역을 **완전하게 다 이루실** 것을 **보증**하시는 것이다. 셋째, 현재는 여전히 **긴장과 투쟁**의 시간으로 남아 있다. 해밀턴은 다시금 "영과 종말론적 긴장"(The Spirit and Eschatological Tension)이라는 제목을 단다.[60] 이 **과정**(단순히 '사건'이 아니다)의 절정은 부활 때 가질 영적 몸이다(고전 15:44). 바울이 말하는 이 몸은 **성령**의 능력과 **성령**이 이루시는 변화로 정의할 수 있는 실존 양식을 뜻하며, 부활을 논할 때 더 자세히 논할 것이다. 앞으로 언급하겠지만, 판넨베르크와 라이트는 미래의 생명을 "하나님이신 창조주의 영이 완전히 스며든" 생명으로 보는 이 견해를 자세히 설명한다.[61]

이를 확인해 주는 것이 "너희가 인치심을 받았다"는 말이나, 너희가 "약속의 성령으로 인치심을 받았으니(그리스어로 *esphragisthēte*), 이는 구속을 위한 우리 기업의 보증(그리스어로 *arrabōn*)이다"(엡 1:13-14)라는 말을 쓴 것이다. 이 인

---

57 BDAG p. 134.
58 Oscar Cullmann, *Christ and Time: The Primitive Christian Conception of Time and History* (London: SCM, 1951), p. 72.
59 Hamilton, *Holy Spirit*, p. 79.
60 Hamilton, *Holy Spirit*, pp. 26-40.
61 Pannenberg, *ST 3*: p. 622; N. T. Wright, *The Resurrection of the Son of God* (London: SPCK; Minneapolis: Fortress, 2003), p. 254. 『하나님의 아들의 부활』(CH북스).

은 현재 그리스도를 믿는 이들이 장차 대환난이 닥칠 때 실족하지 않게끔 이들에게 주어지는 인증 표지였다(참고. 겔 9:4, "탄식하며 우는 자의 이마에 표를 그리라"). 신학 역사를 보면, 루터가 강조하듯이 성령은 다툼과 싸움을 불러일으켰다. 이 세상에는 '죄 없는 완전함'이 없다. 그럼에도 성령은 심지어 지금도 교회와 신자 안에 "사시거나" "거주하신다"(고전 3:16; 6:19; 엡 2:22).

3) **영의 선물**. 바울은 특히 **성령이 주시는 선물**을 강조한다. 이 선물을 예시하는 긴 고전적 본문이 고린도전서 12:4-14:40이다. 바울은 이렇게 설명한다. "은사는 여러 가지나 성령은 같고…각 사람에게 성령을 나타내심은 유익하게 (common good, 그리스어로 *pros to sympheron*) 하려 하심이라"(고전 12:4, 7). 바울은 이런 선물이 교회 전체를 이롭게 하고자 택하신 개개인에게 주어짐을 보여준다. 고린도전서 12:4-11에 있는 목록에는 많은 선물이 들어 있는데, 이 선물들의 의미는 여전히 논쟁거리다.

(1) 12:8에 나오는 "지혜의 말씀"(그리스어로 *logos sophias*)과 "지식의 말씀"(그리스어로 *logos gnōseōs*)은 서로 구별하기가 쉽지 않다. *logos*는 어떤 담화 혹은 언어나 **계시**를 펼쳐 보이는 일을 가리킬 수도 있다. 그러나 *sophia*와 *logos*는 조작이라는 좋지 않은 의미를 가지고 있을 수도 있다.[62] 바울은 필시 이 용어들을 고린도에 있는 교회에서 빌려 왔을 것이다. '지혜'라는 말이 다른 서신에서는 모두 합쳐도 11회 나타나는데 고린도전서에서만 16회 나타날 뿐 아니라, 고린도전서 8:1-3, 7, 10, 11에서 *gnōsis*를 논하기 때문이다. "지식은 교만하게 하며 사랑은 덕을 세우나니…." 그러나 이것들은 **성령에게서 나온** 선물이다. 따라서 *sophia*를 좋은 의미로 사용하는 곳에서는 이 말이 **십자가를 통한 복음** 선포에서 나타난 **하나님의** 지혜를 가리킨다(1:18-25; 2:1-10). W. 쉬라게(Schrage), S. 샤츠만(Schatzmann), 제임스 던, 그리고 다른 많은 신약성경 주해가가 이 말이 십자가를 전하는 메시지와 관련이 있을 가능성이 크다는 데 의

---

62 Stephen M. Pogoloff, *Logos and Sophia: The Rhetorical Situation in 1 Corinthians* (Atlanta: Scholars Press, 1992), pp. 99-196.

견을 같이한다.⁶³

"지혜의 말씀"과 "지식의 말씀" 사이에 다른 점이 있다면, 내 책 『성령』에서도 밝혔듯이, 전자는 복음과 십자가를 가리키는 말이 틀림없으나, 후자는 '기독교의 기본 진리'를 가리키는 말일 수 있다.

(2) **믿음**이라는 **은사**(charisma) 혹은 값없이 받는 선물이, **모든** 그리스도인에게 주어지고 그리스도인이 그것을 통해 은혜로 의롭다 하심을 받는 구원하는 믿음일 리가 없다. 이와 달리, 바울은 12:9에서 '다른 사람에게는'을 뜻하는 *heterō*를 사용한다. 바울은 '믿음'을 **하나의** 방식이 **아니라 다양한** 방식으로 사용한다. 때로는 이를 신뢰와 연계하기도 하고, 순종과 연관 지을 때도 있다. 여기서는 낙심한 회중을 일으켜 세우고 이들에게 다시 기운을 불어넣어 줄 수 있는 하나님의 사랑, 주권, 능력을 든든히 확신함을 가리키는 말일 가능성이 크다. 보른캄이 강조하듯이, "믿음의 본질은 믿음이 지향하는 목적이 규정한다."⁶⁴

(3) **치유라는 선물**(그리스어로 *charismata iamatōn*, 12:9). 이 말은 많은 사람이 이 용어를 **생각하면 떠올리는** 의미도 당연히 담고 있겠지만, 그렇다고 마치 2층으로 된 우주가 있는 것처럼 여기면서 이 말이 오직 '초자연적' 치유만 가리키는 것으로 제한해선 안 된다. '은사중단론자'라 불리는 소수 사람들은 이 모든 '선물'이 사도 시대가 끝나면서 중단되었다고 믿지만, 대다수 저자는 그렇게 단정하는 논지는 제멋대로 하는 생각일 수 있다고 본다. 앞서 언급했듯이, 한 가지 문제는 하나님 나라의 표지들이 종말이라는 시간과 긴밀한 관련이 있다는 점, 그리고 약속된 미래는 아직 여기에 오지 않았다는 점이다. 그렇다면, '초자연적' 개입을 **배제해서도 안 되고 늘 있는 일이라 '예상해서도' 안 된다.** 개신교 진영의 경건주의자요 신약성경 주해가인 J. A. 벵엘(Bengel)은, 그

---

63 Thiselton, *The Holy Spirit*, pp. 85-89.
64 Günther Bornkamm, *Paul* (London: Hodder and Stoughton, 1972), p. 141. 『바울』(이화여자대학교출판문화원); 참고. Thiselton, *The Holy Spirit*, pp. 89-91.

때나 오늘날이나 치유라는 선물에는 "자연적 치유"(라틴어로 *naturalia remedia*) 도 들어간다고 말한다.[65]

(4) NRSV에서는 고린도전서 12:10을 이렇게 번역했다. "기적 행함…예언…영 분별…각종 방언…방언 통역." 그러나 "기적 행함"을 가리키는 그리스어는 *energēmata dynameōn*이며, 나는 이를 다른 곳에서 "능력으로 어떤 결과를 이뤄 내는 행위"라 번역했다.[66] 칼 바르트는 고린도전서에서 '능력'은 장애에 맞서 **어떤 결과를 이뤄 내는** 것을 가리킨다고 주장한다.[67] 장 칼뱅도 기적보다 '능력'(*virtutem*)을 선호하며, W. 홀렌베거(Hollenweger)도 이른 바 '틈새의 하나님' 이분법을 경계하라고 경고한다. 반면, 크레이그 키너(Craig Keener)는 기적을 철저히 파헤친 한 연구서에서 이런 결론을 내린다. "바울은 그리스도인 공동체에서 지각할 수 있는 기적 현상들을 예상했다(고전 12:9-10, 28-30; 갈 3:5)."[68]

(5) '예언'도 적지 않은 논쟁을 낳는 용어다. 이 명사(그리스어로 *prophētia*)는 고린도전서 12:10은 물론 로마서 12:6, 고린도전서 13:2, 14:6, 데살로니가전서 5:20에서도 나타난다. 동사(*prophēteuō*)는 고린도전서 11:4-5; 13:9; 14:1-5, 24, 31, 39에서 나타난다. 예언의 주된 목적은 교회를 '세우는'(그리스어로 *oikodomeō*) 것이다. *prophētēs*는 보통 영에 감동하여 계시를 선포하는 자를 가리킨다. 동사는 종종 격려하거나 위로한다는 뜻을 갖기도 한다.

하지만 **자발성**(spontaneity)이라는 복잡한 문제를 둘러싸고 논쟁이 있다. 많은 이는 12:8-10에서 이것들을 '은사적'(charismatic) 선물이라 말하기 때문에, 예언 역시 갱신 운동과 보통 오순절주의에서 널리 사용하는 의미처럼 비(非)

65　J. A. Bengel, *Gnomon Novi Testamenti* (Stuttgart: Steinkopf, 1866), p. 652.
66　Thiselton, *First Epistle to the Corinthians*, p. 952와 *The Holy Spirit*, p. 105.
67　Karl Barth, *The Resurrection of the Dead* (London: Hodder and Stoughton, 1933), p. 18. 『죽은 자의 부활』(한신대학출판부).
68　Craig S. Keener, *Miracles: The Credibility of the New Testament Accounts*, 2 vols. (Grand Rapids: Baker Academic, 2011), 1: pp. 30-31.

성찰적 말이라는 뜻에서 '은사적'이라고 주장한다. 말하자면 '자아가 의도적으로 생성한' 말을 의미한다고 주장하는 셈이다. 널리 보아 막스 터너, 크리스토퍼 포브스(Christopher Forbes), 제임스 던은 이렇게 '은사라는 점에서' 자발성을 강조하는 견해를 지지하는 것 같다. 던은 이렇게 말한다. "그것(예언)은 미리 준비한 설교를 가리키지 않는다.…그것은 저절로 터져 나오는(spontaneous) 말이다." 그는 "곁에 앉아 있는 다른 이에게 계시가 있으면"이라는 말이 담긴 14:30을 인용한다.[69]

그런가 하면, 이에 반대하는 견해를 설득력 있게 뒷받침하는 논증이 적어도 셋 있다. 첫째, K. O. 손네스(Sandnes)와 필립 필하우어(Philipp Vielhauer)는 바울이 사도로서 받은 교회를 세우는 사명을 그가 선지자로 부름받아 위임 받은 일(갈 1:15-16; 고전 3:6, 10)과 연계한다.[70] 그러나 보른캄과 판넨베르크도 강조하듯이, 바울이 쓴 서신에서는 '계시 언어'가 아니라 **논증과 성찰**을 사용한다. 둘째, 데이비드 힐, 울리히 뮐러(Ulrich Müller), 토머스 길레스피(Thomas Gillespie)는 신약성경에서 말하는 예언이 "**응용된 목회 설교**"를 가리킨다고 조심스럽게 주장했다.[71] 힐은 이것이 "꾸준히 지속되는 말"과 관련이 있을 수 있다고 강조한다.[72] 뮐러는 이 안에 "참회 언어"(*Bussrede*)가 포함되며, "질서가 있는" 말이라고 역설한다.[73] 이 세 사람은 모두 고린도전서 14:3, 13-19을 포함한 많은 본문을 원용한다. 셋째, '은사'로 보는 견해는 사실, 성령은 **성찰, 생각, 합**

---

69 Dunn, *Jesus and the Spirit*, p. 228; 참고. pp. 205-300; 그리고 Dunn, *Theology of Paul*, pp. 552-564 and 580-598; Christopher Forbes, *Prophecy and Inspired Speech in Early Christianity and Its Hellenistic Environment*, WUNT, ser. 2, 75 (Tübingen: Mohr, 1995), pp. 229 and 236.

70 K. O. Sandnes, *Paul—One of the Prophets?*, WUNT, ser. 2, 43 (Tübingen: Mohr, 1991), 그리고 Philipp Vielhauer, *Oikodomē: Das Bild vom Bau in der christlichen Literatur vom Neuen Testament bis Klement* (Karlsruhe: Harrassowitz, 1940), pp. 77-98.

71 David Hill, *New Testament Prophecy* (London: Marshall, 1979), 특히 pp. 110-140 and 193-213, 그리고 Thomas W. Gillespie, *The First Theologians: A Study in Early Christian Prophecy* (Grand Rapids: Eerdmans, 1994), 전체, 특히 p. 25.

72 Hill, *New Testament Prophecy*, p. 123.

73 Ulrich B. Müller, *Prophetie und Predigt im Neuen Testament* (Gütersloh: Mohr, 1975), p. 26.

리적 과정을 통해 역사하시지 않는다고 주장하는 '2층' 세계관의 볼모로 잡혀 있다. 이것은 **때로** 성령이 '저절로'(spontaneous) 번쩍이며 깨닫는 통찰을 제공할 수도 있음을 부인하는 게 아니다. 다만 이 견해에서는 이런 것이 성령이 **보통** 역사하시는 방식은 **아님**을 강조한다.

(6) **방언과 방언 통역**은 그 **종류**가 다양하다. 바울은 이를 고린도전서 12:10에서 말한다(그리스어로 *genē glōssōn*). 이것이 누가가 사도행전 2장에서 이야기하는 오순절 사건과 다른 점을 일부 설명해 줄지도 모르겠다. 한 가지 공통된 특징은, 바울도 강조하듯이, "방언을 말하는 자는 사람에게 하지 아니하고 하나님께 한다"는 것이다(고전 14:2). 따라서 예언과 달리 방언은 교회를 '세우지 않는다.' 많은 이는 바울이 "['누군가가'](그러나 그리스어에는 이에 해당하는 말이 없다) 통역하지 않으면"(14:5)이라는 말을 덧붙인 것으로 보인다고 강조한다. 그러나 여기에는 '누군가'에 해당하는 그리스어가 없기 때문에, 이는 당연히 사람들이 알아들을 수 있는 말로 말하라는, 곧 "방언을 하는 자는 (적절한 때에) 너희가 받은 계시를 사람들이 알아들을 수 있는 말로 표현하기를 배우라"는 바울의 호소 중 일부다.

나는 고린도전서 그리스어 본문을 다룬 내 주석에서, 신약학자들이 방언과 관련하여 제시하는 견해를 적어도 여섯 가지로 구분했다. 다음과 같은 것들이 주요 견해일 법하다. 방언은 천사의 말이다[E. 엘리스(Ellis), G. 다우첸베르크(Dautzenberg)], 방언은 다른 언어를 말할 수 있는 기적의 능력이다[오리게네스, 크리소스토모스, 아퀴나스, 칼뱅, 로버트 건드리(Robert Gundry), 포브스], 방언은 전례 문구거나 고어 문구거나 리듬 있는 문구다[블레크(Bleek), 하인리치(Heinrici)], 방언은 무아지경에서 나오는 말이다[테르툴리아누스, S. D. 퀴리(Currie), M. E. 보링(Boring), L. T. 존슨(Johnson), C. G. 윌리엄스(Williams)], 방언은 무의식에서 솟아나는 말이다(게르트 타이센, 그리고 사실상 크리스터 스텐달), 방언은 로마서 8:26에서 표현하는 것처럼 "말할 수 없는 탄식"이다(프랭크 D. 마키아, E. 케제만). 여섯 번째 견해는 다섯 번째 견해와 양립 불가능하지 않다. 의식적 생각이라는 억

제하는 검열에서 벗어나는 것도 성령이 제공한 것이거나 로마서 8:26과 유사한 것일 수 있다.[74]

이 모든 견해 중 가장 설득력 있는 작업은 게르트 타이센의 견해인데, 이는 때로 케제만, 스텐달, 마키아가 주장하는 견해와 겹친다. 스텐달은 방언이 정말로 성령이 주시는 선물일 수 있음을 인정하면서도 이런 말을 덧붙인다. "오랜 시간에 걸쳐 높은 전압이 흐르는 신앙 체험을 하는 사람치고 건강한 삶을 영위할 수 있는 이는 거의 없다."[75] 타이센과 케제만은 성령이 자유를 안겨 주고 의식의 제지와 억압에서 해방시켜 줄 수 있음을 보여 주면서도, 고린도 교회의 경우처럼 자칫하면 방언이 교회에 분열을 일으키는 것이 될 수도 있음을 우리에게 경고한다.[76]

4. 바울 서신에서 다루는 또 다른 주요 주제들

고린도전서 12:28-31에서는 대체로 12:8-10을 되풀이한다. 그러나 일부 선물은 다르다. NRSV에서는 12:28에서 *antilēmpseis*를 "돕는 형태들, 지도하는 형태들"(forms of assistance, forms of leadership)로 번역했다. 이것이 안전해 보일 수도 있으나, *antilēmpseis*와 *kybernēsis*라는 그리스어를 표현하기에는 너무 밋밋하다. 첫 번째 단어는 십중팔구 **관리**(administration)를 가리킬 것이다. **관리 역시 영이 주시는 선물의 일부**지만 '자발성'을 갖지는 못한다! 댕커는 분명이를 "도움을 주는 행위"라고 번역한다.[77] 이 명사가 나온 동사 *antilambanō*

---

74 참고. Thiselton, *First Epistle to the Corinthians*, pp. 970-988 and 1062-1064.
75 Krister Stendahl, "Glossolalia—the New Testament Evidence", in Stendahl, *Paul among Jesus and the Gentiles* (London: SCM, 1977), p. 123. 『유대인과 이방인의 사도 바울』(순신대학교출판부); 참고. pp. 109-124; 참고. Ernst Käsemann, "The Cry for Liberty in the Church's Worship", in Käsemann, *Perspectives on Paul* (London: SCM, 1973), pp. 122-137. 『바울신학의 주제』(대한기독교서회).
76 Gerd Theissen, *Psychological Aspects of Pauline Theology* (Edinburgh: T. & T. Clark, 1987), pp. 59-80 and 267-342.
77 BDAG p. 89.

는 댕커도 인정하듯이 "누군가를 원조하여 도움을 베풀다"라는 의미일 수 있다. 그러나 오늘날의 세계에서는 어떤 사역에 도움을 주는 것이 대개 **기반 시설**, 곧 비서 업무나 **행정 지원**과 관련이 있다. 그림-다이어에서는 이렇게 단언한다. "이것은 기적이라는 성격을 갖지 않으며, 뒤따르는 것들[선물들]로 이어진다."[78]

이 용어와 짝을 이룬 말인 *kybernēsis*는 훨씬 더 엄중하다. 나는 이 말을 "전략을 짜는 능력"으로 번역해야 한다고, 혹은 그렇게 번역할 수도 있다고 제안했다.[79] 이 말과 연관된 동사 및 명사는 '배를 조종하는 행위'나 '배 키를 잡는 사람'을 가리킨다. 여기서 댕커는 이를 "관리"(administration)로 번역한다.[80] 그러나 대다수 학자는 이 말이 항해와 관련된 성격이 강한 은유임을 인정한다. *kybernētēs*라는 말은 '조타수'나 '선장'을 가리키며, 댕커도 동의하듯이, 그 의미를 확장하면 "인간의 운명이 흘러갈 방향을 정하는 사람"을 가리킨다.[81] 교회는 종종 교회가 우선순위를 두어야 할 것, 혹은 교회가 나아가야 할 방향과 관련한 조언이나 전망을 요구한다. 이 선물은 그런 임무를 감당케 해 줄 것이다.

로마서 12:6-8에서도 이런 선물들을 열거하는데, 대체로 고린도전서에서 언급한 선물들을 따른다. 에베소서 4:11-13 역시 이런 선물들의 목적이 교회를 세우는 것임을 강조하며, 여기서는 목사와 교사도 언급한다. 그렇지만 이 본문은 '영의 열매'와 겹치기도 한다. 에베소서 4:12-13에서는 영의 선물들이 "성도를 온전하게 하여…그리스도의 몸을 세우려 하고, 우리가 다 믿는 것…에 하나가 되어 온전한 사람을 이루어 그리스도의 장성한 분량이 충만한 데까지 이르게 하려 한다"고 선언한다.

---

[78] Grimm-Thayer p. 50; 참고. W. F. Moulton and G. Milligan, *The Vocabulary of the Greek Testament Illustrated from the Papyri and Other Non-Literary Sources* (London: Hodder and Stoughton, 1952), pp. 47-48, 그리고 H. G. Liddell, R. Scott, and H. S. Jones, with R. Mc Kenzie, *A Greek-English Lexicon* (Oxford: Clarendon, 1996), p. 144.

[79] Thiselton, *First Epistle to the Corinthians*, pp. 1021-1022.

[80] BDAG p. 573.

[81] BDAG p. 574.

1) 그리스도를 닮음, 사랑, 거룩함이 바울이 말하는 네 번째 주요 주제를 이룬다. '선물들'은 종종 주어진 임무와 관련되기도 하지만, 바울이 갈라디아서 5:22-23에서 **성령의 "열매"**라 부르는 것, 그리고 고린도전서 12:31에서 "훨씬 더 뛰어난 길"이라 말하는 것이 영으로 충만한 혹은 영이 인도하는 그리스도인의 삶에서 더 **자주 나타나는** 혹은 더 넓게 퍼져 있는 특징이다. 바울은 삶의 **습관**과 **특징**을 가리키는 말로, 성령이 갈라디아서 5:22-23에서 열거하는 그리스도를 닮음, 사랑, 거룩함, 그리고 다른 모든 미덕을 만들어 낸다고 주장한다.

그리스도와 같이 된다는 것은 우리가 다루는 주요 주제 중 으뜸인 주제, 곧 '그리스도 안에 있음', 그리고 그리스도 중심인 성령의 본질을 반영한다. 우리는 이미 이를 언급했다. 이것은 실제 삶에서 **성화**나 **거룩함**을 동반하는데, 성화나 거룩함은 성령에 관한 교리를 다룬 역사에서 주요 주제를 형성하고 있다. **사랑**도 이와 비슷한 성격의 주제다. 바울은 성화와 관련하여 아주 많이 말한다. 그는 이렇게 기도한다. "평강의 하나님이 친히 너희를 온전히 거룩하게 하시기를"(살전 5:23). 우리는 바울이 거룩함을 성령과 **분명하게** 연계했으리라고 상상할지 모르나, 어쩌면 바울의 글에는 우리가 상상하는 것보다 적은 본문이 들어 있을 것이다. 그러나 그런 취지를 암시하는 내용은 빈번히 나타나며, 루터, 마르틴 부처(Martin Bucer), 칼뱅, 그리고 다른 많은 이가 거룩한 삶이라는 열매를 바울이 다루는 주요 주제 가운데 하나로 여긴 것도 타당하다. 다소 논쟁을 유발하는 문제 하나는 성화가 **죽음 이후까지도 완결되지 않는 하나의 과정인가** 아니면 **단일 사건인가** 하는 문제다. '거룩함'을 **하나님께 속해 있음**이라는 의미로 보면 이는 아마도 한 **사건**이라 할 수 있겠다. 그러나 사람들이 더 널리 쓰는 의미대로 이를 **삶에서 거룩함이 자라 감**으로 본다면 이는 **과정**이다. 바울과 루터는 모두 이 과정에서 갈등과 투쟁이 하는 역할을 강조한다(롬 7:22-25; 8:18-30).

갈라디아서 5:22-23에서 사랑 외에 희락, 평강, 인내, 친절, 너그러움, 신실함, 온유함, 절제를 더 이야기하긴 해도, **사랑**이라는 열매는 깊이 연구되어 왔다. 고린도전서 13장에서 그리고 바울에게서 사랑이 무엇인지를 다룬 연구서는 아주 많으며, 그 가운데 제임스 모파트, C. 스피크, 안데르스 뉘그렌이 쓴 책은 분명 늘 참조할 가치가 있는 고전이다.[82]

2) **바울 서신에서 말하는 영이 은연중에 드러내는 삼위일체 틀.** 이 주제로 긴 논문이나 책 하나를 쓸 만하다. 그러나 여기서는 고린도전서 12:4-6과 다른 본문들을 짚어 보고 넘어가도 되겠다. 바울은 이렇게 말한다. "은사는 여러 가지나 성령은 같고 직분은 여러 가지나 주는 같으며 또 사역은 여러 가지나 모든 것을 모든 사람 가운데서 이루시는 하나님은 같으니." 바울은 성령이 아버지와 아들과 따로 떨어져 활동하시지 않는다고 강조한다. 성령은 **하나님 아버지의** 뜻과 **목적**을 이루시고자 **그리스도를 통해** 일하신다. 바울의 글 속 다양한 본문이 이런 시각을 밑받침하는데, 이는 우리가 삼위일체와 관련된 복음서 내러티브를 참조할 때 보았던 것과 마찬가지다.

분명 바울은 하나님 아버지가 성령을 보내신다고 말하는데, 복음서에서도 하나님 아버지가 성령을 보내신다고 말했다. 바울은 이렇게 썼다. "**하나님**이 그 아들의 영을 우리 마음 가운데 보내셨느니라"(갈 4:6). "우리에게 주신 성령으로 말미암아 하나님의 사랑이 우리 마음에 부은 바 됨이니라"(롬 5:5). "하나님의 일도 하나님의 영 외에는 아무도 알지 못하느니라"(고전 2:11). 바울은 로마서 8:11에서 그리스도의 부활 때 하나님 아버지, 아들, 성령이 하신 일을 조화롭게 펼쳐 놓는다. 바울은 갈라디아서 3:13-14에서 이렇게 썼다. "그리스도께서 우리를 구속하신 것은…우리로 하여금 성령의 약속을 받게 하려 함이라." 그러나 J. 크리스티안 베커는 "바울은 다만 초창기 삼위일체 교리를 갖고 있을 뿐이다"라고 바르게 주장한다.[83] 마찬가지로 판넨베르크도 "신약성경에

---

82 James Moffatt, *Love in the New Testament* (London: Hodder and Stoughton, 1929; New York: Richard Smith, 1930), pp. 168-193; C. Spicq, *Agape in the New Testament*, 3 vols. (London and St. Louis: Herder, 1963), 특히 vol. 2; Anders Nygren, *Agape and Eros* (London: SPCK, 1957), 특히 pp. 61-145.

83 J. Christiaan Beker, *Paul the Apostle: The Triumph of God in Life and Thought* (Edinburgh: T.

서 제시하는 삼위일체 교리의 시작"이라고 이야기한다.[84]

그리스도인에게 실제로 하나 적용할 수 있는 것은 피디스가 "자아의 온전한 보존(integrity)과 타자를 향한 개방성(openness) 사이의" 긴장이라 부르는 것이다.[85] 하나님 아버지는 결코 '자아에 갇혀 계시지' 않았다. 하나님이 예수 그리스도라는 아들과 또한 성령과 맺으신 관계를 봐도, 그분은 늘 '타자에게 열려' 있었다. 인간이 하나님의 형상을 되찾으려면, 자아를 온전히 보존하면서도 동시에 타자에게 열려 있어야 한다.

5. 요한 문헌과 신약성경의 나머지 부분

1) **요한복음**. J. E. 파이슨이 보혜사 담화에 관하여 제시한 주제로 돌아가 보겠다. 그는 영을 이렇게 말한다. "자신을 감추시고 예수를 광고하신다. '그가 스스로(그리스어로 *aph' heautou*) 말하지 않고…내 영광을 나타내리라'(요 16:13-14)."[86] 예수는 요한복음 14:3에서 보혜사를 두고 이렇게 선언하신다. "내가 너희에게 오리라"(참고. 14:18). 본질상 그는 하나님과 예수를 나타내시는 분이다.

요한은 요한복음 본론에서 예수가 세례받으신 일을 자세히 이야기하면서, 영이 예수께 "내려와서 머물렀다"고 강조한다(요 1:32-34). 요한일서에서도 그리스도께 속한 그리스도인에게 "기름부음"이라는 말을 사용한다(요일 2:20, 27). 요한복음 3장을 보면, 예수가 물과 위에서 오는(*anōthen*) 영으로 거듭남을 이야기하신다(요 3:3-7). 몰트만은 스웨트를 따라 *anōthen*을 이렇게 번역해야 한다고 주장한다.[87] 아울러 요한이 말하는 영은 이 영을 초월성과 타자성

& T. Clark, 1980), p. 200.
84 Pannenberg, *ST* 1: p. 259.
85 Paul S. Fiddes, *Participating in God: A Pastoral Doctrine of the Trinity* (Louisville: Westminster John Knox, 2000), p. 23.
86 Fison, *Blessing of the Holy Spirit*, p. 137.
87 Jürgen Moltmann, *The Spirit of Life: A Universal Affirmation* (London: SCM, 1992), p. 145; Swete, *The Holy Spirit*, p. 133.

을 가진 분으로 보는 구약성경의 관념을 반영한다. 예수는 영이 바람처럼 "임의로 불매 네가 그 소리는 들어도 어디서 와서 어디로 가는지 알지 못한다"고 말씀하신다(요 3:8). 하나님은 예수께 영을 "한량없이" 부어 주신다(요 3:34-35). C. H. 도드와 J. 몰트만은 요한복음 4:24을 "God is a spirit"으로 번역한 것은 잘못이며 "God is Spirit"이라 번역해야 한다고 주장한다. 요한복음 4장에서 "생수"를 강조한 것(4:10, 13-14)은 영을 계속 흐르고 역동성이 넘치며 언제나 신선한 존재로 보는 관념과 일치한다. 실제로 요한복음 7:37-39의 "생수"는 분명 영(Spirit)을 가리킨다. 이는 다른 본문도 있지만 특히 이사야 55:1과 이사야 12:3을 암시하는 것일 수 있다.

보혜사를 말하는 내용은 요한복음 14:15-17, 26; 15:26-27; 16:5-15에 나온다. 요한복음 14:16-17에서는 보혜사(그리스어로 *paraklētos*)를 분명 성령과 동일시한다. 1926년, 한스 빈디쉬(Hans Windisch)는 이 본문이 나중에 요한복음에 추가되었다고 주장하면서, 이 본문이 독특한 단어를 반영한다는 점, 그리고 이 본문을 제거해도 요한복음 14-16장이 일관성을 가진다는 점을 그 부분적 이유로 들었다. 그러나 통설로 보면 그의 견해는 거부된다. 동사 *parakaleō*는 '(도와 달라고) 옆으로 부르다'라는 뜻이다. 댕커는 명사 *paraklētos*의 첫 번째 의미가 "돕는 자", "중보자", 혹은 "다른 이를 위하여(behalf) 나타나는 자"라고 밝힌다.[88] 1950년 무렵, J. 벰은 이 말에 법률 관련 내용이 들어 있다면서, "변호자"나 "변호인"이라는 의미를 제안했다.[89] 케네스 그레이스턴(Kenneth Grayston)과 G. R. 비슬리머리는 법과 관련된 맥락에 의문을 제기했지만, 스웨트와 터너는 그 맥락을 받아들였고 C. K. 배러트는 심지어 "검사"라는 의미까지 고려하기도 했다.[90]

---

88 BDAG p. 766.
89 Johannes Behm, "Paraklētos", in *TDNT* 5: p. 809; 참고. pp. 800-814.
90 Kenneth Grayston, "Paraclete", *JSNT* 13 (1981): pp. 67-82; George R. Beasley-Murray, *John*, WBC (Nashville: Nelson, 1999), p. 256; Turner, *The Holy Spirit*, p. 77; C. K. Barrett, *The Gospel according to St. John*, 2nd ed. (London: SPCK; Louisville: Westminster John Knox,

이들이 제안한 의미는 대부분 문맥에 들어맞는다. "내가 너희를 고아와 같이 버려두지 아니하고 너희에게로 오리라"라는 예수의 말씀(요 14:18)은 보혜사가 "다른 이를 위하여 나타난다"는 것을 암시한다. 16:8에서는 "그가 세상이 죄에 대하여, 의에 대하여, 심판에 대하여 잘못했음을 증명하시리라"라고 말한다(그리스어로 ekeinos elenxei ton kosmon peri hamartias). 이는 실제로 '검사'(prosecuting counsel)라는 의미를 시사하는 것 같다. 그러나 "그가 나를 위해 증언하리라"(15:26)와 "그가 너희에게 또 다른 변호자를 주시리라"(14:16)라는 구절에서는 "변호인"(defending counsel)이나 "위로자"라는 의미를 시사하는 것 같다.[91] 던은 이렇게 말한다. "영은…예수의 임재를 이어 가신다.…영과 예수는 모두 아버지에게서 나오신다."[92] 영은 제자들에게 "내가 너희에게 말한 모든 것"(14:26)을 되새겨 주시는데, 이 모든 것은 요한의 글에 담긴 가르침을 가리키며 성경의 증언도 에둘러 가리킨다. 이는 이런 말씀도 들어 있기 때문이다. "내가 너희에게 이를 것이 많으나 지금은 너희가 감당하지 못하리라"(16:12). 터너는 이렇게 단언한다. "요한은 이것이 역사에 닻을 내리고 있음을 역설한다. 보혜사의 임무는 **독립된 계시를 가져오는 게 아니다.**"[93]

E. F. 스코트(Scott)가 제시한 논평이 빌리 그레이엄의 설교, 이전에 그보다 덜 두드러진 많은 설교자가 이미 말했던 내용을 널리 되풀이하면서도 두드러진 결과를 나타낸 그의 설교를 설명해 줄지도 모르겠다. 스코트는 요한복음 16:8-11을 두고 이렇게 말했다. "하나님의 능력이 명백하게 역사하는 거룩한 공동체와 맞닥뜨리면, 세상은 자신의 악함과 불신을 깨닫게 될 것이다."[94] 어쩌면 헌신하는 무리가 그 설교자의 말에 능력과 확신을 더해 주었을지도 모르겠다.

1978). 『요한복음』(한국신학연구소).
91 더 많은 문헌을 알아보려면 G. E. Ladd, *A Theology of the New Testament* (Grand Rapids: Eerdmans, 1974; rev. 1993), p. 322를 참고하라. 『신약신학』(은성).
92 Dunn, *Jesus and the Spirit*, p. 350.
93 Turner, *The Holy Spirit*, p. 83. 티슬턴 강조.
94 E. F. Scott, *The Spirit in the New Testament* (London: Hodder and Stoughton, 1924), p. 201.

보혜사를 다룬 이 몇 장과 관련하여 또 다른 설명을 제시해 본다. 앞서 말했듯이, 성령 하나님을 비롯하여 하나님은 **성**(gender)**을 초월하신** 분이다. 히브리어 *rûach*는 문법상 여성일 수 있으나, 그리스어 *pneuma*는 중성이다. 그러나 이 몇 장에서 영을 가리키는 *ekeinos*는 남성이다. 제임스 바가 오래전에 실증해 보였듯이, **문법에 따른** 성별은 이랬다저랬다 하고 관습에 따라 결정되는지라 더 심오한 의미의 '성별'을 형성하지는 못한다. 마지막으로 예수는 요한복음 20:22에서 "그들을 향하사 숨을 내쉬며 성령을 받으라고 이르시"는데, 이는 성령의 그리스도 중심성을 부각시켜 준다. 이 구절은 사도행전 2장에 나오는 오순절 기사와 경쟁하는 본문이 아니다.

2) **요한일서**. 요한일서에서는 하나님이 성령이라는 선물을 **모든** 그리스도인에게 주신다고 강조한다. "너희는 거룩하신 자에게서 기름부음을 받고 모든 것을 아느니라"(요일 2:20). 4:1-6에서는 'spirit'이나 'Spirit'을 여섯 번 언급하는데, 이 중에는 "분별"(4:1), 예수 그리스도를 주라 고백함(4:2; 참고. 고전 12:3), 예수가 육으로 오심(요일 4:2-3), 그리고 "세상에 속함"에 반대하는 영(4:4-6)을 언급하는 내용이 있다. 일부 구절은 나중에 있을 진짜 예언과 가짜 예언을 언급한 말을 암시하는 것일 수도 있다.[95] 요한일서 5:6은 진리와 증언이라는 요한 문헌의 주제를 다룬다.[96]

3) **베드로전서**. 베드로전서는 새 공동체를 "성령이 거룩하게 하셨다"(그리스어로 *en hagiasmo pneumatos*, 벧전 1:2)고 말한다. 영은 그리스도와 그의 고난을 증언하신다. 아울러 그는 "하늘로부터 보내신…복음, 곧 천사들도 살펴보기를 원하는 것"을 전해 주시는 이 혹은 매체시다(1:12). 3:18에 나오는 "영으로는 살리심을 받으셨다"는 로마서 1:4 및 8:11과 비슷한 말로서, 당연히 그리스도의 부활을 가리키는 말일 것이다. 스웨트 같은 일부 학자는 여기서 말하는

---

[95] Stephen S. Smalley, *1, 2, and 3 John* (Waco: Word, 1984), p. 218; 참고. pp. 214-232. 『요한 1, 2, 3서』(솔로몬).

[96] Swete, *The Holy Spirit*, p. 269.

영을 주가 인간으로서 가진 영이라고 말하지만 이는 설득력이 떨어진다.⁹⁷ 켈리는 이 영을 성령이라 말하며 이 견해가 더 설득력 있다.⁹⁸ 베드로전서 3:19은 복잡하고 논란이 많은 본문이다. 여기서 모든 해석을 살펴보기는 불가능하다. 다만 켈리는 성령이 곧 생명을 주시는 분이라는 틀 안에서 그리스도의 부활에 초점을 맞춘다.⁹⁹ 마지막으로, 베드로전서 4:14에서는 "하나님의 영이 너희 위에 계신다"고 말하는데, 이는 요한복음 1:32과 유사한 본문일지도 모른다. 어쨌든 영은 그리스도, 그리스도인, 영광과 긴밀한 관련이 있다.

4) **히브리서.** 이 책은 강력한 신학 작품이다. 그러나 웨스트코트는 "성령의 활동이 그 배경에 자리해 있다"고 평한다.¹⁰⁰ 그럼에도 히브리서 2:4에서는 "성령의 선물들"을 이야기할 때, 그 선물을 받은 이들에게 그리스도인으로 살면서 수동적 타성에 젖어 이리저리 표류하는 삶을 살지 말라고 경고하는 맥락에서 이야기한다. 두 번째로 성령을 분명하게 언급하는 곳이 6:4인데, 여기서는 "하늘의 은사를 맛보고 성령에 참여한 바 된" 이들에게 뒤로 물러나지 말고 앞으로 나아가라고 독려한다. 모든 주석가는 이 본문이 그리스도인의 삶이 갖는 **계속하여 앞으로 나아가는** 특성을 강조한다는 데 의견을 같이한다. 어떤 논쟁이든 진정한 그리스도인에게도 정말 '떨어져 나가는 일'이 일어날 수 있느냐는 문제와 관련이 있다. F. F. 브루스는 이렇게 썼다. "지속성이 실재를 검증하는 시금석이다.…그(히브리서 기록자)는 성도들의 견인을 의심하지 않는다."¹⁰¹ 휴 몬테피오리도 이렇게 단언한다. "배교라면 몰라도, 그리스도인의 삶에 뒷걸음질은 있을 수 없다.…잃어버린 지반을 회복하는 유일한 길은 앞으

---

97 Swete, *The Holy Spirit*, p. 262.
98 J. N. D. Kelly, *The Epistles of Peter and Jude* (London: Black, 1969), p. 151. 『베드로전후서, 유다서』(아가페출판사).
99 Kelly, *Epistles*, p. 153.
100 B. F. Westcott, *The Epistle to the Hebrews: The Greek Text* (New York and London: Macmillan, 1903), p. 331.
101 F. F. Bruce, *The Epistle to the Hebrews* (Grand Rapids: Eerdmans, 1964), p. 118. 『히브리서』(생명의말씀사).

로 밀고 나가는 것이다."¹⁰² W. L. 레인과 H. W. 애트리지는 그리스도가 "단번에"(그리스어로 *ephapax*) 자신을 희생 제물로 드리신 일과 단번에 그리스도인이 되는 일을 비교한다.¹⁰³

세 번째로 영을 언급하는 말은 성경을 기록할 때 성령이 영감을 불어넣으셨다는 말이다. "성령이 우리에게 증언하시되…"(10:15-16; 참고. 3:7). 네 번째로 성령을 언급하는 10:29은 배교의 오만함을 언급한 6:4과 비슷하다. 9:14에서 말하는 영을 'Spirit'이라 주해할지 'spirit'이라 주해할지를 놓고 논쟁이 벌어지고 있다.

5) **요한계시록**. 많은 이는 요한계시록 1:4, 3:1, 4:5, 5:6에 나오는 "일곱 영"을 성령과 연계한다. **일곱**이 종종 완전수 혹은 가득함을 나타내는 수를 상징하기 때문이다. 케어드는 여기 나오는 **일곱**을 "완결의 상징"으로 여긴다.¹⁰⁴ 환상을 보는 자는 자신이 예언하는 상태를 "성령 안에 있는" 상태라 묘사한다(1:10; 4:2; 17:3; 21:10). 스웨트는 이를 "마음이 몹시 기뻐하는 상태"라 묘사하며, 몬테규는 "선지자가 예언할 때 같은 상태에 빠진" 상태라고 묘사한다.¹⁰⁵ 이는 많은 점에서 에스겔이 한 체험을 떠올려 준다. 이와 마찬가지로, "삼일 반 후에 하나님께로부터 생기(그리스어로 *pneuma zōēs*)가 그들 속에 들어갔다"라는 요한계시록 11:11도 생명의 영이 죽은 이스라엘의 마른 뼈들을 살아 있는 공동체로 되살려 냄을 말한 에스겔 37:5, 9, 14을 반영한다. 요한계시록 14:13과 19:10에서도 요한 문헌처럼 성령을 증인 혹은 증언으로 여긴다. 바울도 그런 말을 했지만, 요한계시록 22:17에서는 영이 그리스도인 안에 하늘에 있는 그들의 본향을 향한 갈망을 심는다고 말한다.

---

102 Hugh Montefiore, *A Commentary on the Epistle to the Hebrews* (London: Black, 1964), p. 104.
103 William L. Lane, *Hebrews 1-8*, WBC 47A (Dallas: Word, 1991), pp. 141-142, 그리고 Harold W. Attridge, *The Epistle to the Hebrews*, Hermeneia (Philadelphia: Fortress, 1989), pp. 168-170.
104 George B. Caird, *The Revelation of St. John* (London: Black, 1966), p. 14.
105 Montague, *The Holy Spirit*, p. 323.

12장

성령 2: 역사에서 얻은 통찰

1. 오순절 운동의 발흥

교회사를 살펴보면, 처음 18세기는 성령에 관하여 상당히 통일된 인식을 보여 주었다. 분명 예외도 있었다. 몬타누스파는 초기 교회에서 독특한 운동으로 등장했는데, 일부 사람들은 이들이 고진적 오순절주의를 일부나마 미리 보여 주었다고 여긴다. 마찬가지로, '급진' 혹은 '좌익' 종교개혁자, 곧 '열광주의자'는 영(the Spirit)을 바라보는 접근법이 독특했다. 이들 가운데는 토마스 뮌처(Thomas Müntzer)와 안드레아스 칼슈타트(Andreas Carlstadt)가 있었다. 마르틴 루터는 이들을 "광신자"(Schwärmer)라 불렀으며, 이들이 루터 자신이 주장한 이신칭의 교리를 폄훼한다고 비판했다. 루터는 영적 '완벽주의'를 내세우고 '체험'에 의지하는 이들의 입장이 복음을 율법으로 대치하고 성경을 체험으로 대치하는 것이라고 주장했다. 루터는 이들이 그리스도의 복음의 핵심에 큰 위협이 된다고 여기면서, 그 시대 제도권 교회인 가톨릭교회만큼이나 위험하다고 보았다. 이런 운동은 몇 있었다. 이런 운동 중에는 조지 폭스(George Fox, 1624-1691)와 초기 퀘이커교도, 그리고 에드워드 어빙(1792-1834), 십중팔구는 벤저민 어윈(Benjamin Irwin, ?1854-1900)이 이끌었던 운동, 또한 알버트 B. 심슨(Albert B. Simpson, 1843-1919)과 그의 "사중 복음"이 포함된다.

1) **기원**. 하지만 고전적 오순절주의는 찰스 폭스 파럼(1873-1929)과 윌리엄 조지프 시모어(1870-1922)에 이르러 시작되었다. 하지만 많은 이는 이 둘을 고른 것을, 비록 논란 소지가 있는 평가이긴 하지만 '유럽 중심'이라 여긴다. 파럼은 캔자스주 토피카에 성경 학교를 세우고, 여기서 칭의, 성화, 성령 세례, 하나님의 치유, 종말 혹은 그리스도 재림의 임박함을 내용으로 한 '순'복음('full' gospel) 또는 '오중 복음'(fivefold gospel)을 가르쳤다.[1] 이 다섯 주제는 넷, 즉 구원, 성령 세례, 치유, 그리스도의 임박한 재림에 대한 기대로 구성된 '순 복음'으로 발전했다. 파럼은 우선 거룩 운동(Holiness Movement)에 몸담은 그의 친구 프랭크 샌드포드(Frank Sandford)에게서 방언으로 말하는 것에 관한 이야기를 전해 들었다.

파럼은 이런 현상을 요엘 2:23에서 넌지시 말하는, 영이라는 '늦은 비'와 동일시했다.

그(하나님)가 너희를 위하여 충분한 비를 내려 주시되,
이른 비와 늦은 비를 내려 주시리라.

이것이 오늘날의 오순절과 성령 강림을 가리킨다고 주장되는 말이다. 1901년, 토피카 성경 학교 학생들 가운데서 방언으로 말하는 일이 나타났다. '메마름'이 수 세기 동안 이어지면 그 뒤에는 아울러 치유가 나타나곤 했다. 파럼은 그리스도 재림과 관련하여 '전천년설', 곧 그리스도가 강림하신 뒤에 이 땅에서 천 년 동안 통치하시리라는 견해(14장을 보라)를 주장했다. 아울러 그는 사도행전을 회복하자는 '회복주의자'(혹은 반복주의자)의 견해를 역설했다. 방언은

---

1 상세한 설명을 보려면, Anthony C. Thiselton, *The Holy Spirit in Biblical Teaching, through the Centuries, and Today* (Grand Rapids: Eerdmans; London: SPCK, 2013), pp. 327-339, 373-379, 그리고 다른 곳; 그리고 Yongnan Jeon Ahn, *Interpretation of Tongues and Prophecy in 1 Corinthians 12-14*, JPTSS 41 (Blandford Forum: Deo, 2013), pp. 14-39를 보라.

그리스도의 임박한 재림 전에 있을 새 오순절을 일러 주는 표지였다. 그가 이런 '순'복음을 선포한 뒤에 캔자스에서 부흥이 이어졌다. 당시 파럼은 이 복음을 텍사스주 휴스턴에 가져갔는데, 여기서 윌리엄 시모어가 1905년에 회심하게 된다. 1906년에 이르자 파럼은 로스앤젤레스에서 거의 천 명이나 되는 추종자를 얻었다.

시모어는 로스앤젤레스 아주사 거리에서 사도신앙선교회(Apostolic Faith Mission) 목사가 되어, 1906년부터 1909년까지 이어진 '아주사 거리 부흥'에 불을 붙였다. 그의 부모는 아프리카계 미국인 노예였다. 그는 파럼에게 '성령 세례'를 배웠다. 그는 오순절주의의 고전이라 할, "주의 성령이 내게 임하셨다"(눅 4:18-19)와 "그들이 다…다른 언어들로 말하기를 시작하니라"(행 2:4) 같은 성령 본문을 인용했다. 놀라워 보이는 일은 파럼이 1906년에 아주사 거리를 찾아갔다가 "동물 같은 행동…비몽사몽…떨림, 흥분한 채 분명하지 않은 말을 지껄임, 재잘거림…의미 없는 소리와 소음"에 소스라치게 놀란 일이다.[2]

사실 파럼은 시모어의 교회를 넘겨받으려고 했으나, 시모어 추종자들은 파럼을 거부했다. 이에 파럼은 다섯 블록 떨어진 곳에 시모어의 교회와 경쟁하는 교회를 하나 세웠다. 이리하여 세력 다툼, 분쟁, 분열이 시작되었고, 이 때문에 오순절주의는 시초부터 크게 병들고 말았다. 여기서 우리는 당시에, 그리고 1920년대 말까지 이어지는 기간에 과연 '영의 통일성'이 어디에 있었느냐는 질문을 던져 볼 수 있다. 대다수 오순절주의자도 당황스러운 심정으로 '인종 차별'이 명백한 파럼의 사고방식을 되돌아본다.

시모어는 온유하고 점잖았다는 말을 들었으나, 그도 앨라배마, 일리노이, 그리고 다른 주를 여행하다 이내 다른 오순절 운동 지도자인 윌리엄 더럼(William Durham)과 싸움을 벌이게 된다. 시모어는 1922년에 심장마비로 죽었

---

2   C. M. Robert, "Seymour, William Joseph", in *The New International Dictionary of Pentecostal and Charismatic Movements*, ed. Stanley M. Burgess and Eduard M. van der Maas, rev. ed. (Grand Rapids: Zondervan, 2002-2003), pp. 1053-1058.

다. 그러는 사이, 이 운동의 첫 10년이 끝나갈 즈음에는, "오순절 운동의 뿌리" 가 아프리카, 한국, 라틴 아메리카, 어쩌면 웨일스까지도 포함한 세계 다른 곳에서 나타났다.³ 한국에서는 1907년에 평양에서 대부흥이 일어났는데, R. E. 시어러(Shearer)는 교회가 "들불처럼" 성장했다고 전한다. 후안 세풀베다(Juan Sepúlveda)는 1910년 전에 칠레에서 스스로 일어난 운동을 추적한다.⁴ 마크 카트리지(Mark Cartledge)는 평양 부흥, 1904-1905년 웨일스 부흥, 다른 성장 중심지에서 벌어진 활동을 자세히 설명한다.⁵

2) **두 번째 국면**. 오순절주의의 두 번째 국면은 알프레드 G. 가(Alfred G. Garr, 1874-1944), 프랭크 J. 유어트(Frank J. Ewart, 1876-1947), 유도러스 N. 벨 (Eudorus N. Bell, 1866-1923), 에이미 셈플 맥퍼슨(Aimee Semple McPherson, 1890-1944), 아이번 퀴 스펜서(Ivan Quay Spencer, 1888-1970)와 함께 등장했다. 가는 방언이 성령 세례를 받았다는 '**첫 증거**'라는 파럼의 견해에 동조하면서도, 방언을 **선교와 관련된** 은사로 여기지 않았다는 점에서 파럼과 견해를 달리했다. 가는 자신이 벵골과 티베트에서 복음을 전할 때, '방언'이 그곳 언어처럼 도움이 되지는 않음을 발견했다. 유어트는 더럼과 함께 '**하나**' 운동 (Oneness movement)을 시작했는데, 이 운동에서는 하나님이 한 분이심을 강조했으며, 이 운동으로 말미암아 오순절 운동은 더 분열되었다. 벨은 1913년에 하나님의 성회(Assemblies of God)를 창립했다. 에이미 셈플 맥퍼슨은 하나님의 성회 목사였으며, "**정사각형 복음**"(foursquare gospel)을 선포했다. 맥퍼슨은 1923년에 "국제 정사각형 복음 전도를 위한 등대" 성경 대학("Lighthouse for International Foursquare Evangelism" Bible College)을 세웠으며, 나중에는 많

3　A. H. Anderson and W. J. Hollenweger, *Pentecostals after a Century: Global Perspectives*, JPTSS 15 (Sheffield: Sheffield Academic, 1999).
4　Juan Sepúlveda, "Indigenous Pentecostalism and the Chilean Experience", in *Pentecostals after a Century*, pp. 111-135.
5　Mark J. Cartledge, *Testimony in the Spirit: Rescripting Ordinary Pentecostal Theology* (Farnham, UK, and Burlington, Vt.: Ashgate, 2010), pp. 2-3.

은 청중을 상대로 방송 활동을 펼쳤다. 맥퍼슨은 예수가 첫째로는 구주요, 둘째로는 성령 세례를 베푸시는 분이며, 셋째로는 치유자요, 넷째로는 오실 왕이라고 가르쳤다. 맥퍼슨은 아마도 수백 만 사람에게 영향을 미쳤을 것이다. 스펜서는 1933년에 엘림 펠로쉽(Elim Fellowship)을 세웠다.

이들을 좋지 않게 보면 **분열을 가져온** 하부 종파들, 심지어 **분리파**들로 보일지 모르겠다. 더 좋은 쪽으로 보면 종교개혁 때 갈라진 루터주의, 개혁파 신학, 성공회만큼이나 **신학적 믿음의 다양성**을 보여 주는 사례로 볼 수도 있을 것 같다. 하지만 "성령이 하나 되게 하신 것"(엡 4:3)에 비추었을 때 자신들이 직접 성령의 인도를 받는다고 주장했음을 고려하면 이런 분열은 놀라워 보인다.

요컨대, 초기 오순절주의는 다음 네 가지 중요 주제나 가르침을 담고 있었다. (1) 프랭크 마키아가 『성령으로 세례받은』(Baptized in the Spirit)에서 "처음 그리스도인이 된 순간에, 혹은 그와 구별되는 다른 순간에 한 강력한 체험"이요 "오순절 신학의 조직 원리"라 부르는 것이다.[6] 벨리마티 케륵케이넨(Veli-Matti Kärkkäinen)도 그와 비슷하게 성령 세례가 오늘날 오순절주의에서 표방하는 신학 강령의 최전선에 서 있다고 말한다.[7] 모두가 동의하지는 않지만 마키아와 케륵케이넨은 오늘날 오순절파를 대표하는 두 주요 신학자다. (2) **회복주의**는 사도행전과 성경 다른 부분의 내러티브 장르에서 자세히 설명하는 내용을 오늘날에도 그대로 반복하려는 시도다. (3) **전천년설과 '휴거'**는 강림, 곧 그리스도의 재림을 눈앞에 닥친 일이요, 천 년 동안 이어질 그리스도의 지상 통치를 시작하는 사건으로 본다. 휴거를 뒷받침하는 근거로 추정하는 구절은 데살로니가전서 4:17이다. (4) 오늘날 일부 오순절주의자는 이 견해에 의문을 제기하긴 해도, '고전적 오순절주의'에서는 **방언으로 말하는 것**을 성령 세례를 받았다는 **첫 증거**로 여긴다.

---

6   Frank D. Macchia, *Baptized in the Spirit: A Global Pentecostal Theology* (Grand Rapids: Zondervan, 2006), 각각 pp. 153 and 17.

7   Veli-Matti Kärkkäinen, *Spiritus Ubi Vult Spirat: Pneumatology in Roman Catholic-Pentecostal Dialogue (1972-1989)* (Helsinki: Luther Agricola Society, 1998), p. 198.

20년이 넘는 세월이 흐르는 동안, 처음에는 교리와 해석학에 상당히 무관심했던 풍토가 시간이 흐르면서 바뀌었다. 고든 피(1934-)는 존경받는 신약학자로서 하나님의 성회 출신이지만, 성령 세례에 관한 이 성회의 가르침(7조)에 의문을 표시했다. 그의 책『성령: 하나님의 능력 주시는 임재』는 바울 서신의 성령론을 살펴보게 인도해 줄 고전으로 널리 인정받고 있는데, "다른 종류의 방언"을 다룬 유익한 부분을 담고 있다.[8] 그는 "우리가 다 한 영으로 세례를 받아 한 몸이 되었다"라는 고린도전서 12:13에 관하여 오순절파에서 보통 갖고 있는 이해를 거부한다. 피 외에 다른 오순절파 신약 주해가 중에는 로저 스트론스태드(Roger Stronstad)와 안영란(Yongnan Jeon Ahn)이 있으며, 막스 터너는 주류 교회에서 존경하는 신약학 권위자다.[9]

그러나 오순절파 교회를 제외한 다른 교회에서는 앞서 밝힌 네 주제 하나하나가 여전히 논란거리다. **살아 계신 하나님을 찾는** 오순절 신자들의 빈번한 **갈구**와 오순절 신자들의 **역동성 넘치는 예배**는 가톨릭의 이브 콩가르, 추기경 수에넨스(Suenens), 개신교의 위르겐 몰트만도 인정한다. 그러나 이런 점에도 불구하고 이런 문제점이 있다. (1) **회복주의**는 성경 **내러티브**가 **수많은** 기능과 목적을 갖고 있음을 고려하지 않는다. (2) **전천년설**은 한쪽에 치우쳐 종말이 **임박했다는 점**만 강조한다. (3) 앞서 사도행전과 바울 서신에서 **방언으로 말하는 것**에 관하여 서로 다른 몇 가지 접근법을 취한다는 점을 언급했다. (4) '성령 세례'를 그리스도인이 되는 일에 **뒤따르는** 체험이라 변호하기는 불가능하다.[10] 마지막으로, (5) 앞에서도 언급했지만, 예언은 당연히 **목회 설교**에 포

---

8   Gordon Fee, *God's Empowering Presence: The Holy Spirit in the Letters of Paul* (Peabody, Mass.: Hendrickson, 1994; Milton Keynes: Paternoster, 1995).
9   Roger Stronstad, *The Charismatic Theology of St. Luke* (Peabody, Mass.: Hendrickson, 1984) 와 *The Prophethood of All Believers: A Study in Luke's Charismatic Theology*, JPTSS 16 (Sheffield: Sheffield Academic, 1999); Ahn, *Interpretation of Tongues and Prophecy in 1 Corinthians 12-14*; Max Turner, *Power from on High: The Spirit in Israel's Restoration and Witness in Luke-Acts* (Sheffield: Sheffield Academic, 1996).
10 James D. G. Dunn, *Baptism in the Holy Spirit: A Re-examination of the New Testament Teaching on the Gift of the Spirit in Relation to Pentecostalism Today* (London: SCM, 1970),

함될 수 있다. 주해 및 교리와 관련된 이 다섯 가지 문제점 외에도 이렇게 말할 수 있는데, (6) 콩가르, 스메일(Smail), 그리고 다른 이들이 인정하듯이, 오순절주의와 '은사주의'의 예배 유형이 모든 사람에게 적합하지는 않다.[11] 이런 점들 외에도, (7) 많은 오순절주의자는 이 운동이 그 이전 시대에 있었던 성결 부흥 운동 때 있었던 '높은 전압이 흐르는' 혹은 '부흥' 체험에 아주 크게 빚졌을 수도 있음을 인정한다.

반면, 오순절주의에는 부러운 특징도 많다. 애초에 오순절 운동 **사람들의 사귐**에서 드러나는 온기, 그리고 **진정으로 하나님을 만나고자 하는** 이 운동의 강렬한 열망 때문에 이 운동에 이끌려 들어갔다고 인정하는 이가 많다. 아울러 이 운동은 근래에 '주류' 교회에서 일어난 은사주의 운동에서 보여 준 어떤 자아비판보다 훨씬 혹독한 자기 검증과 자아비판을 거쳤다. 그러나 오순절주의와 은사주의는 지금도 태어난 지 얼마 안 된 운동으로 남아 있다. 시간이 흐르면 이 운동의 좋은 요소와 나쁜 요소를 더 분명히 알게 될 것이다.

성령 교리의 역사는 편의상 네 시대와 접근법으로 구분할 수 있을 것 같다. 초창기 기록을 그 내용으로 하는 첫 번째 국면에서는 사도들이 일러 준 가르침과 전통을 되풀이하는 경향이 있었다. 니케아 공의회 이후에는 니케아 이후 교부들, 특히 아타나시오스, 힐라리우스, 바실레이오스가 성령이 인격체이심을 변호하는 데 집중했다. 성령은 단순히 피조물이나 물건이나 '그것'(it)이 아니었다. 종교개혁과 후기 종교개혁 저술가들은 성령이 계시와 성화에서 행하시는 일을 강조했다. 19세기부터 현재까지 이어지는 네 번째 시기에는 길이 여러 방향으로 더 철저히 갈라지는 것을 목격했다.

전체를 보라.

[11] Yves Congar, *I Believe in the Holy Spirit*, 3 vols. (New York: Seabury Press, 1983), pp. 156-157. 『나는 성령을 믿나이다』(가톨릭출판사); Thomas Smail and others, *The Love of Power, or, the Power of Love: A Careful Assessment of the Problems within the Charismatic and Word-of-Faith Movements* (Minneapolis: Bethany House, 1994), pp. 96-98.

2. 니케아 이전의 성령

사도 직후 교부, 초기 변증가, 니케아 이전 교부. 우리에겐 모든 이를 망라하여 다룰 지면이 없다. 따라서 이 시대를 대표할 만한 공헌을 한 몇 사람만 추려 살펴보겠다.

1) 사도 직후 교부 혹은 속사도 기록 가운데 가장 먼저 나온 것은 필시 『클레멘스1서』일 것이다(96년경). 클레멘스는 구약성경과 신약성경이 영에 감동하여 기록되었다고 말하며, 이그나티오스, 『디다케』(Didachē), 『바나바 서신』을 포함하여 아주 이른 시기에 나온 다른 기록에서도 같은 말을 한다.[12] 아울러 이러한 기록에서는 성령을 참회, 계시, 조명, 통일성과 연계했다.[13] 이그나티오스는 영을 동정녀의 예수 잉태에 참여한 대행자(agent)라 여겼으며, 예수 그리스도를 "성령이라는 밧줄을" 적절히 "사용하여" 구원을 이루시는 동력원으로 보는, 어찌 보면 유치한 유비를 사용했다.[14] 에우세비오스는 폴리카르포스가 성부와 성자와 성령께 돌아갈 삼중 영광을 예견했다고 말한다.[15]

초기 기독교 변증가 가운데, 아리스티데스(140년경)는 예수가 성령 안에서 하늘로부터 오셨다고 강조했다.[16] 순교자 유스티노스(?100-?165)는 영이 계시를 가져오고 예수 안에 머무셨다고 선언했다.[17] 그는 요엘 2:28과 사도행전 2:17을 인용하며, 영이 주시는 선물들을 언급했다. 그는 영에 따른 예언과 합리성을 연관지었다.[18] 안디옥의 테오필로스는 영을 하나님의 손이라 보았다.[19] 초창기 기독교 기록들이 평범해 보일 수도 있으나, 그래도 이 기록들은 사도들의 가르

---

12 1 Clement 16.2-3, 45.2; Ignatius, To the Philadelphians, preface; Didachē 1.3-5. 『열두 사도들의 가르침』(분도출판사); Barnabas 10.2, 14.2.
13 1 Clement 8.1, 21.2, 46.6; Ignatius, To the Philadelphians, 7.1; Didachē 13.8.
14 Ignatius, To the Ephesians 각각 18.2 and 9.1.
15 Eusebius, Ecclesiastical History 5.15.
16 Aristides, Apology 15.
17 Justin, Dialogue with Trypho 4; ANF 1: p. 196; Dialogue with Trypho 87; ANF 1: p. 243.
18 Justin, Dialogue with Trypho 88; ANF 1: p. 214; 1 Apology 13 and 44.
19 Theophilus, To Autolycus 1.5; 참고. 1.7 and 2.13.

침을 반영한다.

2) **몬타누스주의**는 2세기와 3세기에 나타난 사실상 독특한 현상이었다. 몬타누스(Montanus)는 160-170년경에 '예언'을 하기 시작했다. 그는 종말과 새 예루살렘이 임박했다고 선포했다. 몬타누스는 그의 제자 브리스가(Prisca)와 막시밀라(Maximilla)와 함께 성령이 신속히 부어지길 고대했다. 몬타누스파 운동이 처음에 자리 잡은 곳은 프리기아였다. 몬타누스파 '선지자'가 으레 하는 말에는 이런 것이 있었다. "인간은 잠자도 나는 늘 깨어 있다", "내 뒤에는 선지자가 더 이상 없을 것이며" 다만 끝이 있을 뿐이다.[20] 이들은 당연히 주류 교회와 긴장 관계에 있었다. 교회사가 H. M. 과트킨(Gwatkin)은 몬타누스파가 설교를 천 년이나 후퇴시켰다고 주장했다. 그러나 좋은 면도 있었는데, 테르툴리아누스 및 다른 이들은 윤리적이고 금욕을 강조하는 이들의 생활 방식을 칭송했다.

실제로 테르툴리아누스는, 그 전에 여러 의혹이 있었음에도 206년경에 이르러 몬타누스파로 개종했다. 여러 세기가 흐른 뒤, 존 웨슬리조차도 이 운동을 다시 생각했다. 하지만 교회의 대다수 구성원은 에우세비오스가 몬타누스파를 회고하며 이들이 우쭐하고 잘난 체하며 참된 신앙에서 멀어졌다고 평가한 것과 생각을 같이했다. "그들은 거칠고 사리에 맞지 않는 말을 내뱉었다.… 그들의 오만한 영은 그들에게 보편 교회 전체를 욕하라고 가르쳤다."[21] 일부 사람들은 이들이 좌파 개혁자들인 도나투스파의 선구자였으며, 교회에 관한 교리만 놓고 보면 '순수한' 가시적(visible) 교회를 목표로 삼았던, 청교도보다 엄격한 청교도였다고 주장했다. 이들의 성령론을 살펴보면, 이들은 어떤 의미에서는 오순절주의자보다 더 극단으로 치달은 오순절주의자였다.

---

20 페미니즘 입장에서 이를 인정하는 판단을 보려면, R. E. Heine, *The Montanist Oracles and Testimonies* (Macon, Ga.: Mercer University Press, 1989), pp. 163-169, 그리고 Christine Trewett, *Montanism: Gender, Authority, and the New People Prophecy* (Cambridge: CUP, 1996)를 보라.

21 Eusebius, *Ecclesiastical History* 5.16; *NPNF*, ser. 2, 1: pp. 231-232.

3) **니케아 이전 교부.** (1) **이레나이우스**는 180년에 리옹 주교가 되었는데, 때로 '교회의 첫 번째 신학자'라 불리기도 한다. 그의 주저인 『이단 논박』(*Against Heresies*)은 주로 영지주의자를 겨냥한 책이다. 그는 특히 그가 쓴 소품 『사도들의 설교를 설명함』(*The Demonstration of the Apostolic Preaching*)에서 "신앙 규칙"이 성경, 사도, 교회의 가르침을 대변한다고 보아 이를 적극 옹호했다. 그는 성령이 **계시**와 **전통**에서 행하시는 일을 강조했으나, 영지주의자가 말하는 "은밀한"(사사로운) 계시가 아니라, 무엇보다 **공적이고 검증할 수 있는 전통**을 강조했다. 그는 특히 발렌티누스(Valentinus), 바실리데스(Basilides), 마르키온을 공격했다.

이레나이우스는 특히 성령을 다루면서, 그리스도와 성령이 하나님과 같은 존재의 반열에 계신 분이라고 단언했다. 실제로 아들과 성령은 "하나님의 두 손"이며, 하나님은 이 두 손을 통해 인간과 세계를 지으셨다.[22] 그는 성령이 예수 그리스도에게 내려오셔서 그가 사역을 감당할 수 있게 기름을 부으셨다고 주장했다.[23] 영을 통한 진리 계시는 성경과 사도들의 **공적 전승**이며 또한 **합리적**이었다.[24] 사사로이 계시를 받았다고 주장하는 것은 "주제넘은" 짓이다.[25] 그는 사도 바울조차도 우리가 "일부"만 알고 "일부"만 예언할 뿐(고전 13:9)임을 인정했다고 썼다.[26] 이레나이우스도 오늘날 성령이라는 선물이 가진 종말론적 본질이라 부르는 것을 파악했다. 바울은 이를 앞으로 더 많은 것이 오리라는 것을 보증하고자 영이 제공하시는 "담보"라 불렀다.[27] 이처럼 이레나이우스는 2세기 말에 성령과 관련한 신약성경의 주제들을 확실히 파악했다.

(2) **테르툴리아누스**(?150-?225)는 30대 말에 기독교 신앙에 귀의했으며, 라

---

22 Irenaeus, *Against Heresies* 4.20.1; *ANF* 1: pp. 487-488.
23 Irenaeus, *Against Heresies* 3.17.1 and 3; *ANF* 1: p. 445; 그리고 3.18.3 and 3.9.3; *ANF* 1: p. 423.
24 Irenaeus, *Against Heresies* 2.18.1; *ANF* 1: p. 399.
25 Irenaeus, *Against Heresies* 2.18.6; *ANF* 1: p. 401.
26 Irenaeus, *Against Heresies* 2.18.7; *ANF* 1: p. 401.
27 Irenaeus, *Against Heresies* 5.8.1; *ANF* 1: p. 533.

턴어로 아주 많이 저술했다. 그의 작업은 몬타누스파로 개종하기 전과 후로 나뉜다. 그는 몬타누스파로 개종하기 전에 쓴 『세례론』(On Baptism)에서 창조의 영이 "수면 위에 운행하시고"(창 1:2) 세례수(洗禮水) 위에 운행하신다고 이야기했다.[28] 그는 영이 세례받은 자를 깨끗케 하신다고 주장했다.[29] 그는 같은 시기에 『이단에 맞서는 규범에 관하여』(On Prescription against Heretics)에서 "신앙 규칙"을 자세히 설명했는데, 여기서 아들은 "성령과 동정녀 마리아에게 임한 아버지의 능력으로 말미암아 아래로 내려오셔서…육이 되시고…십자가에 못 박히셨다"고 말했다.[30] 그리스도는 영광을 받으신 뒤에 영을 보내셨다.

테르툴리아누스는 몬타누스파로 활동하는 동안 요한복음 14-16장에 있는 보혜사 본문을 아주 중요시했다. 아울러 그는 이 시기에 동방 교회가 아니라 서방(라틴) 교회가 받아들인 중대한 선언을 한다. "나는 영이 오직 아버지라는 근원에서 아들을 통해 나오신다고 믿는다."[31] 하지만 그는 그의 논문 『일부일처제에 관하여』(On Monogamy)에서 바울과 철저히 결별하고 몬타누스주의를 지지한다. 그는 "심령에 매달리는 자들[보통 그리스도인들]은…영을 받지 않는다"고 쓴 뒤, 이를 뒷받침한다고 생각한 본문으로 육의 일을 논한 갈라디아서 5:17을 인용했다.[32] 문맥은 그의 논지를 이렇게 설명한다. 윤리 기준에 미치지 못하는 이들은 '영에 속하지' 않은 자들이다. 그러나 여기에는 '순수한' 교회를 요구하는 도나투스 이단에 빠질 위험이 있다. 예상했을 법한 일이지만, 그는 아울러 바울 서신에서 말하는 "영의 선물들"을 강조했다.[33] 그는 "감각이 그 자체에서 벗어나는 무아지경"을 옹호했다.[34] 그는 다른 사람들이 비판하고 키프리아누스와 힐라리우스가 멀리했던 '새 예언' 말하기를 옹호했다.

---

28 Tertullian, *On Baptism* 4; ANF 3: p. 670.
29 Tertullian, *On Baptism* 6.
30 Tertullian, *On Prescription against Heretics* 13.
31 Tertullian, *Against Praxeas* 4; ANF 3: p. 599.
32 Tertullian, *On Monogamy* 1; ANF 4: p. 59.
33 Tertullian, *On the Soul* 9; ANF 3: p. 188.
34 Tertullian, *On the Soul* 45; ANF 3: p. 223.

(3) 오리게네스(?185-?254)는 "성령과 아들은 똑같은 영예를 누리실 자격이 있으며, 둘 다 똑같이 피조물보다 월등하시다"라고 역설했다.[35] 그는 이를 통해 성경의 증언을 반영하고, 아타나시오스와 바실레이오스로 이어지는 다리를 놓았다. 실제로 그는 『원리론』의 두 장을, 곧 1권 3장과 2권 7장을 성령에 할애했다. 아울러 그는 고린도전서 2:10을 꼼꼼하게 살핀 결과를 언급하면서, "아버지를 아는 모든 지식은 아들의 계시로 말미암아 성령을 통해 얻는다"고 선언하여 칼뱅으로 이어지는 길을 닦았다.[36] 그는 고린도전서 12:7-10을 토대로 성령에 바탕을 둔 은사들(charismata)을 다루며 바울의 가르침을 고찰했다. 그는 그리스도의 부활과 영광받으심에 주목하면서, 바울이 요엘의 예언, 곧 하나님이 모든 육에게 영을 부어 주시리라는 예언을 사용했음을 언급했다. 아울러 그는 "성령이 우리를 위하여 친히 간구하신다"라는 로마서 8:26을 강조하면서, "영이 기도하시지 않으면 우리 마음은 기도하지 못한다"고 주석했다. 알렉산드리아의 클레멘스, 히폴리투스, 노바티아누스, 키프리아누스, 락탄티우스는 이레나이우스, 테르툴리아누스, 오리게네스와 달리 독특한 것을 많이 덧붙이지 못한 것으로 보인다.

3. 니케아 이후 교부가 말하는 성령

니케아 이후 교부인 아타나시오스, 바실레이오스, 힐라리우스, 암브로시우스, 아우구스티누스는 크게 네 시대로 나눠 본 '여러 세기에 걸친 세월' 중 두 번째 시대에 해당한다. 우리는 이 사상가들을 살펴봄으로써, 사도 전통과 정통을 두루뭉술하게 인정하던 시대에서 **성령의 인격성**을 더 정밀하고 꼼꼼하게 강조하는 시대로 옮겨 가 보겠다. 이런 변화를 가져온 것은 무엇보다도 '성령피조설파'(*Pneumatomachi*)가 내건 반대 주장이었다.

---

35 Origen, *De principiis* 1.3.2; *ANF* 4: p. 252.
36 Origen, *De principiis* 1.3.5.

1) **아타나시오스**(?296-373). 니케아 이후 교부들은 특히 성령의 지위가 **피조 질서의 일부가 아니라 하나님과 같은 존재**이심을 논증할 길을 탐구했다. 그 돌파구는 아타나시오스가 쓴 『세라피온에게 보내는 서신』(*Epistle to Serapion*, 358-359)에서 나타났다. 세라피온은 그 이전에 아타나시오스에게 성령피조설파(성령에 맞서 싸우는 자들, *Pneumatomachi*를 그대로 옮기면 이와 같다—옮긴이)에 관한 글을 써 보냈다. 아타나시오스는 논박이라는 맥락보다 목회자로서 바른 길로 인도한다는 맥락에 치중하여 답신을 보냈다. 그는 3-14절에서 이 반대자들이 원용한 **성경** 본문을 논했다. 이어 그는 15-21절에서 하나님이신 위격들 사이의 관계를 자세히 설명했다. 바울이 고린도전서 12:4-7에서 강조하듯이, 하나님은 나뉠 수 없는 분이시다. 아타나시오스는 21-27절에서 이런 논증을 더 깊게 검토했다. 그는 이런 논지를 강조했다. "[그는] 아버지는 물론이요 아들과 동일한 하나(oneness)를 갖고 계시거늘 어찌하여 그들은 성령이 피조물(그리스어로 *ktisma*와 *ktisis*)이라고 말하는가?…그들은 성령을 말씀(로고스)과 갈라놓음으로써 삼위이신 하나님이 한 분이심을 더 이상 확실하게 보장하지 않는다."[37]

아울러 아타나시오스는 "하나님의 영이 아니면 인간 가운데 누가 하나님의 생각을 알리요?"라는 고린도전서 2:11을 원용한 뒤 이렇게 주장했다. "그(성령)가 만일 피조물이라면, 삼위일체 반열에 있지 않을 것이다. 삼위 하나님 전체가 한 하나님이시다."[38] 아타나시오스는 "성령이 우리에게 주어지면…우리 안에 하나님이 계신다"라고 역설했다.[39] 창조된 존재에는 천사, 인간, 동물이 포함된다. 영을 '그것'이라 부르는 항간의 경향은 **영의 격을 떨어뜨리고 영을 단지 '물건'의 단계**—피조 세계에서 가장 낮은 단계—**로 축소해 버린다!** 아타나시오스는 영을 하나님 아버지 못지않은 초월자로 본다. 바울의 말을 빌

---

37 Athanasius, *Epistle to Serapion* 1.2; 영어로 보려면, C. R. B. Shapland, *The Letters of St. Athanasius concerning the Holy Spirit* (London: Epworth, 1951), p. 77를 보라.
38 Athanasius, *Epistle to Serapion* 1.17; Shapland, *Letters*, p. 103.
39 Athanasius, *Epistle to Serapion* 1.19; Shapland, *Letters*, p. 113.

리면, "우리는 세상의 영을 받지 아니하고 하나님으로부터 온 영(그리스어로 *to pneuma to ek tou theou*)을 받았다"(고전 2:12).⁴⁰ 마지막으로, 아타나시오스는 사도와 교회의 전통을 원용했다.⁴¹ 하나님이 생명을 주시듯이, 영도 그러하다. 그는 예수께 기름을 부어 그 사역을 감당케 하셨다. 그는 모든 그리스도인 안에 들어와 사신다. 아타나시오스는 두 번째, 세 번째, 네 번째 서신에서도 그의 논지를 되풀이했다. 영은 생명의 원천이시요, 아들에게서 나눌 수 없는 분이시다.⁴² 마이클 헤이킨(Michael Haykin)은 아타나시오스가 이 모든 것을 성경에서 성급하게 인용한다고 올바로 주장한다.⁴³

2) **푸아티에의 힐라리우스**(?315-368). 그러는 사이, 서방 교회에서는 아타나시오스의 주저보다 불과 몇 년 뒤에 나온 힐라리우스의 주저에서 비슷한 가르침을 반영했다. 그는 『삼위일체론』(*On the Trinity*, 362)에서 성령이 "아버지와 아들과 하나를 이루고 계신다"(갈 4:6; 고전 2:12; 롬 8:9)고 주장했다.⁴⁴ 그는 이렇게 썼다. "보혜사이신 영은 아버지에게서 혹은 아들에게서 나오신다.…그는 그(그리스도)가 보내시고 아버지에게서 나오신다.…이런 통일성은 어떤 차별도 허용하지 않는다."⁴⁵ 아들이나 영이 피조물 가운데 일부라면, 영이나 아들을 섬기거나 예배하는 일은 우상 숭배가 될 것이다. 새삼스러운 일은 아니지만, 그도 고린도전서 12:4-7을 원용한다. "성령은 같고…주는 같으며…하나님은 같으니." 힐라리우스는 탁월한 신약성경 주해가였다. 그는 "영이 주시는 선물들"을 논하면서, 치유라는 선물이 의학을 통한 치료 방법을 배제하지 않으며, "예언"은 교리를 이해하는 것을 뜻한다고 역설했다.⁴⁶

---

40 Athanasius, *Epistle to Serapion* 1.22; Shapland, *Letters*, p. 121.
41 Athanasius, *Epistle to Serapion* 1.28-31; Shapland, *Letters*, pp. 130-141.
42 Athanasius, *Epistle to Serapion* 2.2; 3.5; Shapland, *Letters*, pp. 160-189.
43 Michael A. G. Haykin, *The Spirit of God: The Exegesis of 1 and 2 Corinthians in the Pneumatomachian Controversy of the Fourth Century* (Leiden: Brill, 1994), pp. 21-24 and 63-98.
44 Hilary, *On the Trinity* 2.29; *NPNF*, ser. 2, 9: p. 60.
45 Hilary, *On the Trinity* 8.20; *NPNF*, ser. 2, 9: p. 143; 아울러 1.3을 참고하라.
46 Hilary, *On the Trinity* 8.29; *NPNF*, ser. 2, 9: p. 145.

3) 가이사랴의 바실레이오스(?330-379). 바실레이오스도 373년경에 분명 성령을 다룬 논문을 하나 썼다. 그는 이 논문에서 삼중 영광을 역설했다. "아버지께 영광, 아들께 영광, 성령께 영광." 그는 주로 성경과 사도적 교회를 원용했다.[47] 그는 아버지, 아들, 영의 개별성이나 불가분성을 강조하면서, 특히 "성령으로 아니하고는 누구든지 예수를 주시라 할 수 없느니라"라는 고린도전서 12:3을 인용한다.[48] 그는 고린도전서 2:10을 원용하여 영과 하나님의 관계를 논하고 성령의 신성을 논한다. 그는 성령이 주시는 은사들(고전 12:4-11과 롬 12:5-6)을 논하면서, 영의 상호 의존성과 통일성을 강조한다.[49] 바실레이오스의 작업은 다른 두 갑바도기아 교부인 나지안조스의 그레고리오스와 닛사의 그레고리오스가 완성했다. 이들도 삼위일체 하나님의 '존재가 하나'임은 특히 그 **활동**이 하나임을 의미한다고 강조했다.

4) 밀라노의 암브로시우스(?339-397). 서방 교회에서는 암브로시우스가 성령을 다룬 책을 셋 써냈다. 그는 이렇게 역설했다. "성령은 만물 가운데 계시지 않고, 만물 위에 계신다."[50] 이 말대로 성령은 분명 "물건"이나 창조된 존재가 아니다.[51] 그는 영이 성경에서 신지자와 사도들을 통해 말씀하셨고, 예수께 기름을 부어 그 사역을 감당케 하셨다고 주장했다. 그는 이렇게 선언했다. "누가 감히 성령이 아버지와 그리고 그리스도와 분리되어 있다고 말할(audit dicere discretum a deo patre et Christo esse) 수 있겠는가?"[52] 그는 2권에서 이런 말을 덧붙였다. "성령은 하나님 아버지와 의지와 활동이 하나시다."[53]

5) 히포의 아우구스티누스(354-430). 아우구스티누스는 바실레이오스와 나

---

47 Basil, *On the Holy Spirit* 9.22-10.26; *NPNF*, ser. 2, 8; pp. 15-17; 그리고 Haykin, *The Spirit of God*, pp. 104-169.
48 Basil, *On the Holy Spirit* 16.38; *NPNF*, ser. 2, 8; p. 24.
49 Basil, *On the Holy Spirit* 16.61; *NPNF*, ser. 2, 8; p. 38.
50 Ambrose, *On the Holy Spirit* 1.1.19; "non inter omnia, sed super omnia spiritus sanctus est"; *NPNF*, ser. 2, 10.96.
51 Ambrose, *On the Holy Spirit* 1.1.26; "non esse socium creaturae"; *NPNF*, ser. 2, 10.97.
52 Ambrose, *On the Holy Spirit* 1.6.80; *NPNF*, ser. 2, 10.103.
53 Ambrose, *On the Holy Spirit* 2.12.142.

지안조스의 그레고리오스를 많이 인용할 뿐 아니라, 힐라리우스와 암브로시우스의 작업을 많이 흡수했다. 영에 관한 그의 생각은 그가 쓴 논문 『그리스도교 교양』(On Christian Doctrine, 397)과 『삼위일체론』(On the Trinity, 393-?423)에 많이 나온다. 그는 성령이 **아버지와 아들을 이어 주는 사랑의 끈**으로, 아버지 및 아들과 동등성을 가지신다(et aequalitate consistit)고 주장했다.[54] 이 사귐은 "실체를 같이하고(con-substantial) **영원성을 같이 가진 것**(co-eternal)이요", "사랑(caritas)이라 부름이 더 적절하다.…하나님은 사랑(caritas)이시다."[55] 마지막으로, 아우구스티누스는 서방 교회에서 말하는 필리오케(filioque)를 분명히 주장했다. "영은 아버지에게서 **그리고 아들에게서** 나오신다." 이 다섯 교부 가운데 특히 아우구스티누스는 성령을 다룬 중세 서방 교회 모든 작품의 초석이 되었다.

4. 종교개혁과 후기 종교개혁 시대의 성령

루터, 칼뱅, 후기 종교개혁 시대는 우리가 살펴보는 네 시대 중 세 번째 시대에 해당하며, 각각 독특한 흐름을 갖고 있다. 니케아 이후 교부들, 특히 아타나시오스, 힐라리우스, 바실레이오스는 성령이 **인격체**시라는 데 초점을 맞추었던 반면, 종교개혁자들과 그 후계자들은 진리를 계시하실 수 있는, 혹은 **계시를 전달하실 수 있는** 성령의 능력을 강조하곤 했다. 이들은 이와 더불어 특히 **성화**를 성령이 하시는 일이라 여겼다.

1) **마르틴 루터**(1483-1546). 루터는 성령이 하시는 일에 관한 가르침을 살펴볼 새로운 시각을 도입했다. 중세 교회는 아우구스티누스의 가르침을 많이 흡수했으나, 대체로 보면, 특히 중세 신비주의자들은 영을 영적 여행을 통해 하나님께 **올라갈** 수 있게 해 주는 이로 생각하곤 했다. 루터는 성령을 무엇보다

---

54 Augustine, *On the Trinity* 6,5,7; Migne, PL 42: p. 928; *NPNF*, ser. 1, 3: p. 100.
55 Augustine, *On the Trinity* 6,5,7.

은혜를 베푸시는 하나님에게서 사슬에 묶인 인간에게로 **내려와**, 은혜, 새 창조, 갱신을 가져다주시는 이로 보았다. 루터는 두 전선에서 싸워야 하는 처지가 되었다. 한 전선은 교황제라는 제도권 권력과 전통에 맞서 싸우는 전선이었고, 다른 한 전선은 니콜라우스 슈토르히(Nikolaus Storch), 토마스 뮌처, 안드레아스 칼슈타트를 포함한 '광신자'(Schwärmer)에 맞서 싸우는 전선이었다. 후자는 '열광주의자', 다시 말해 '급진파' 혹은 이른바 좌파 종교개혁자였다. 사람들은 루터가 성령을 강조했음을 여태까지 무시해 왔으나, 오늘날 레긴 프렌터(Regin Prenter)는 루터의 그런 강조점을 강조하는 데 많은 기여를 했다.[56]

루터는 내가 "자신의 이성이나 강점"으로 그리스도께 갈 수 없고, "나를 이끌어 그리스도를 믿게 하셔서 나를 거룩하게 하시는" 성령을 통해 그리스도께 갈 수 있음을 강조했다. 성령은 "성화를 이루시는 분, 우리를 거룩하게 하시는 분"이다.[57] 바울이 로마서 7장과 8장에서 갈등을 언급했듯이 루터도 Anfechtung, 곧 내적 투쟁을 이야기했다. 성령은 이를 통해 그 목표를 이루신다. 일부 사람들은 이 말을 '시련', '시험', 혹은 '검증'으로 번역한다.

안드레아스 칼슈타트는 형상, 유아세례, 수도 서약, 미사, 성직자의 성직 의상을 비난하고, 이를 대신하여 영의 권위를 주장했다. 이와 달리, 루터는 말씀 곧 성경에 의지하고, 종종 초기 전통에 의지하기도 했다. 1521년, 그는 광신자를 비판하는 설교를 하면서, 이들과 다르게 사회와 국가를 바라보는 접근법을 주장했다. 그는 '새 선지자들'을 사탄에 속한 자들이라 여기고, 이들이 심지어 '순수한' 교회를 강조함으로써 은혜로 말미암아 의롭다 하심을 얻음에 관한 성경의 가르침을 폄훼했다고 주장했다. 프렌터의 말을 빌리면, "열광주의"는 "입법 경건주의라는 길이 맞이할 끔찍한 최후"로 이끈다.[58] 루터의 공격에

---

56 Regin Prenter, *Spiritus Creator: Luther's Concept of the Holy Spirit* (Philadelphia: Muhlenberg, 1953).
57 Martin Luther, *The Large Catechism* (St. Louis: Concordia, 1921), pt. 1, art. 3, pars. 34-37.
58 Prenter, *Spiritus Creator*, p. 219.

는 봐주는 구석이 없었다."[59] 루터의 동역자 필립 멜란히톤은 루터보다 열광주의자들과 덜 대립했지만, 울리히 츠빙글리(Ulrich Zwingli)는 루터의 강한 비판을 공유했다. 이들은 서로 다른 성령관을 대변했는데, 루터는 아마도 바울의 성령관을 반영한 것 같고, 광신자는 아마도 고린도에서 바울을 대적한 이들의 성령관을 반영한 것 같다. 마르틴 부처도 성령이 말씀을 통해 일하신다고 주장했으며, 루터와 마찬가지로 광신자보다는 목사, 교사, 사역자를 더 중요시했다. 성령은 사역자들을 준비시켜 사역을 감당하게 하신다.

2) 장 칼뱅(1509-1564). 교부들처럼 칼뱅도 "성령의 신성"을 강조했다.[60] 그는 아버지, 아들, 성령이 모두 영원하시다고 주장했다(1.13.18). 그는 『기독교 강요』 3부에서 성령의 활동이 "그리스도가 베푸신 여러 은덕"을 누릴 수 있게 한다고 주장했다(3.1.1). 칼뱅은 이렇게 썼다. "그는 은밀히 물을 대심으로써…우리가 꽃을 피우고 의의 열매를 맺게 하시고", 우리에게 생명수와 부을 기름을 공급하신다(3.1.3). 영(성령)은 "마음에 확신을 공급하여…그 마음에 바로 그 [하나님의] 약속들을 인치신다"(3.2.36). 칼뱅은 4부에서 믿음과 성례를 논한다. 그는 이렇게 단언했다. "믿음이 바로 성령이 하시는 타당한 사역이자 모든 사역이다.…우리는 성령으로 말미암아 하나님과 그 분의 은혜에서 나온 보화들을 인식한다"(4.14.8). 영이 이런 일을 하시려면 "우리 마음속으로 뚫고 들어오셔야 한다"(1.7.8).

이 간결한 요약으로 칼뱅의 깊고 넓은 가르침을 제대로 평가하기는 불가능하나, 그래도 이 요약이 그의 관심사를 전달해 준다. 나아가 그는 이렇게 썼다. "우리는 그(성령)로 말미암아 하나님의 본성에 참여하는 자가 됨으로써…우리 안에서 생명을 불어넣는 그의 에너지를 느낄 수 있다.…그에게서 능력, 성화, 진리, 은혜, 모든 선한 생각이 나오니, 이는 오직 영에게서 이 모든 선한 선

---

59 Martin Luther, *Against the Heavenly Prophets*, in *Luther's Works*, vol. 40 (St. Louis: Concordia, 1958). 예를 들면 p. 142.
60 John Calvin, *The Institutes of the Christian Religion*, 2 vols. (London: James Clarke, 1957), 1.13.14. 참조한 페이지는 본문 안에 기록했다.

물이 나오기 때문이다"(1.13.14). 칼뱅은 그의 주석에서 이런 많은 내용을 자세히 설명했다. 예를 들면, 그는 "오직 영만이 그가 택하신 각 사람에게 신실하고 확실한 증인이 되신다"고 말한다.[61]

3) **존 오웬**(1616-1683). 존 오웬(John Owen)은 『성령』(*The Holy Spirit*, 1674)이라는 긴 책을 썼다. 그는 먼저 고린도전서 12:4-11과 영의 선물들을 고찰하는 일을 포함하여 일반 원리부터 다루었다. 그는 1권 3장에서 영의 신성과 인격성을 고찰했다. 영의 '선물들'을 받은 자도 여전히 **모든** 그리스도인과 같은 지위에 있다. 그는 독자들에게 거짓 예언으로 부릴 수 있는 여러 속임수를 조심하라고 경고했다. 성령은 하나님 자신의 관점에서 이해해야 한다.[62] 성령은 "탁월하고, 살아 계시며, 능력 있고, 지식이 있는 인격체시다."[63] 그는 자연의 작용을 **통해** 일하시며, 그 작용을 무시하시지 않는다. **성화**는 성령의 주된 선물이며, 이 선물은 늘 **즉각적이지 않고 점진적이다**.[64] 거룩함이 자라 가는 데도 '늦어질' 수 있다.[65]

4) **조지 폭스와 초창기 퀘이커**. 폭스(1624-1691)는 비록 후기 종교개혁 시대에 속하는 사람이지만, '체험'을 강조한 오순절의 전조를 보여 주었다. 그는 '내면의 빛'뿐 아니라, 종교적·감정적 열정, 기다림과 침묵, 비공식 예배, 사제나 목사가 없는 상태가 나타남을 강조했다. 폭스는 그가 쓴 『일기』(*Journals*)에서 1647년 이후로 사사로이 받은 다양한 '계시'를 자세히 이야기했다. 1655년에 이르자, '퀘이커주의', 혹은 친우회(Society of Friends)가 잉글랜드의 이스트 미들랜드에서 브리스틀까지 퍼졌다. 폭스는 이렇게 되새겨 주었다. "주의 능력이 하도 커서 그 집이 흔들리는 것 같았다.…지금이 마치 사도 시대 같았다."[66]

---

61 John Calvin, *The First Epistle to the Corinthians* (Edinburgh: St. Andrew's Press, 1960), p. 23. 『신약성경주석 고린도전서』(성서교재간행사).
62 John Owen, *The Holy Spirit* (Grand Rapids: Kregel, 1954), pp. 39-40. 『개혁주의 성령론』(여수룬).
63 Owen, *The Holy Spirit*, p. 41.
64 John Owen, *The Holy Spirit: Longer Version* (Rio, Wis.: Ages Software, 2004), p. 461.
65 Owen, *The Holy Spirit: Longer Version*, p. 468.
66 *The Journal of George Fox* (New York: Cosimo, 2007), p. 13, 그리고 (Leeds: Pickard, 1836), p.

그는 자신이 "뾰족탑 집"이라 부른 주류 교회를 거의 모욕하다시피 했는데, 이 때문에 여러 시기에 걸쳐 더비 및 다른 곳에서 옥고를 치렀다.

5) **존 웨슬리**(1703-1791). 웨슬리는, 비록 그가 세운 평신도 설교자들이 감리교회에서 안수받은 성직자가 되었어도, 잉글랜드 성공회를 향한 자신의 충성을 결코 저버리지 않았다. 그는 자신이 성령에게서 연유한 현상이라 여긴 '현상들'에 더 공감하는 모습을 보였다. '죄 없는 완전함'을 지향하는 그의 태도는 논란이 많지만, 그가 오롯이 이 견해를 주장했느냐는 데는 의문을 가져 볼 만하다. 그는 성령이 평범한 그리스도인 안에서 일하신다고 주장했으며, 율법과 은혜에 관한 루터의 견해를 변호했다.[67] 그러나 그는 나중에 '오순절 성향'이라 불리는 것에 주류 교회보다는 공감하는 태도를 취했다. 성공회 주교인 조지프 버틀러는 웨슬리에게 이렇게 외쳤다고 전해진다. "웨슬리 선생, 성령에게 비범한 계시와 선물들을 받았다고 자처하는 것은 무서운 일이오. 아주 무서운 일!" 실제로 웨슬리는 몬타누스파에 이전 사람들보다 더 호의를 갖게 되었다. 그러나 대체로 보아 18세기는 '이성의 시대'였다. 뉴먼의 표현처럼 이때는 '사랑이 식은' 시대였기 때문에, 웨슬리가 살았던 이런 시대 정황을 고려하면 그의 강조점도 이해할 만하다. 웨슬리가 이런 방향으로 나가긴 했어도 그 뒤를 이은 존 플레처(John Fletcher)만큼 멀리 나아가지는 않았다.

6) **조나단 에드워즈**(Jonathan Edwards, 1703-1758). 에드워즈는 1730년대와 1740년대에 아메리카에서 일어난 1차 대각성 운동을 이끄는 역할을 했다. 그는 1737년에 『놀라운 부흥과 회심 이야기』(*A Faithful Narrative of the Surprising Works of God*, 부흥과개혁사)를 썼다. 그러나 그는 이 작품에 이어 『신앙감정론』(*A Treatise concerning Religious Affections*, 1746)을 썼는데, 이 책에서 그는 **순전한** 신앙고백과 감정 표현을 변호하면서도, **자아비판**과 비판적 지식 탐구가 필

---

102. 『조지 폭스의 일기』(CH북스).
67   John Wesley, "On the Holy Spirit: Sermon 141" (1736), ed. George Lyons, in Christian Classics Ethereal Library.

요함을 주장했다.[68] 그는 일부(아니 심지어 많은) '각성' 사례가 결코 순전하지 않다고 주장했다. 영을 '체험'했다는 주장은 모두 분별이 필요했다. 여기서 에드워즈가 가진 철학적 재능과 배경이 그의 기독교 신학과 경건을 완성해 주었다. 그는 "참된" 감정이란 "의견"이므로 반드시 "합리적이고 탄탄해야 한다"고 결론지었다.[69] 이런 감정은 그리스도를 증언해야 하며, 영의 열매로 이어져야 한다.

5. 19세기부터 현재까지 나타난 성령

우리가 대략 묘사하는 역사의 네 번째 시대에는 성령이라는 주제를 다룬 논의가 여러 갈래로 갈라지는 것을 목격했다. 슐라이어마허 이후에 펼쳐진 근현대의 모든 논의를 샅샅이 추적하려 하면서 동시에 그런 논의를 이 정도 분량을 지닌 한 권짜리 책으로 다 담아내기는 불가능할 것이다. 따라서 우리는 아주 중요한 요점만 짚고 넘어갈 수밖에 없다.

1) **슐라이어마허와 헤겔**. 19세기 전반부를 살펴보면, 프리드리히 슐라이어마허(1768-1834)와 게오르크 W. F. 헤겔(1770-1831)이 서로 첨예하게 갈라지는 모습을 보였다. 슐라이어마허는 경건주의에서 성령 **체험**을 강조한 것을 어느 정도 그대로 따르면서도, 칸트와 후기 계몽주의의 관심사 역시 받아들였다. 제리쉬(Gerrish)는 그를 "자유주의 개신교인"이라고 규정했다.[70] 슐라이어마허는 『종교론』에서 종교라는 "장식 의상"(trappings)과 부당한 관계를 맺길 거부했다.[71] 마찬가지로 그는 "형이상학 및 윤리학과 관련된 부스러기들"에 집착하

---

68 Jonathan Edwards, *A Treatise concerning Religious Affections*, in *Select Works of Jonathan Edwards*, vol. 3 [London: Banner of Truth, 1959, 『신앙감정론』(부흥과개혁사)], 그리고 *Works of Jonathan Edwards*, vol. 2 (New Haven: Yale University Press, 2009).
69 Edwards, *Religious Affections*, 5.1.
70 B. A. Gerrish, *A Prince of the Church: Schleiermacher and the Beginning of Modern Theology* (London: SCM, 1984), pp. 18-20. 『현대신학의 태동』(대한기독교서회).
71 Friedrich D. E. Schleiermacher, *On Religion: Speeches to Its Cultured Despisers* (London: Kegan Paul, Trench and Trübner, 1893), p. 1.

는 것도 거부했다.[72] 그는 『해석학』(Hermeneutics)에서 영(성령)이 성경 기록에 영감을 불어넣는 역할을 했음을 인정했다.[73] 『기독교신앙』(The Christian Faith) 에서는 성령을 교회의 근원이요 기원이라 여겼다.[74] 그는 이렇게 단언한다. "성령은…신자들의 생명을 고루 살려 낼 때…이루어지는 하나님의 본질과 인간 본성의 연합이다."[75] 반면 슐라이어마허를 비판하는 이들은, 슐라이어마허가 비록 그렇지 않은 주장을 할 때도 있으나 그래도 인간이 영을 의식하는 것을 의식 자체를 의식하는 것으로 축소해 버리는 경향이 있다고 주장한다. 분명 슐라이어마허에겐 신학을 종교현상학 쯤으로 축소해 버릴 위험이 있었다.

헤겔은 다른 출발점에서 시작했다. 영(Geist)이 그가 펼친 철학적 신학의 핵심 개념이 되었다. 영이신 하나님은 자신을 역사 속에서 현실로 드러내신다. 그는 이렇게 썼다. "신의 생각은…자신을 구별하는 과정인 신의 역사 속에서…펼쳐진다."[76] 하나님은 자신을 펼쳐 보이시는데, 먼저는 창조를 통해, 둘째로는 아들이 당한 십자가형을 통해 자신이 '죽음'으로, 셋째로는 교회를 세우시는 영의 드높임과 은사를 통해 그렇게 하신다. 그는 로마 가톨릭이 영의 종교가 되기보다, 십자가형 상태에 고정된 채 두 번째 단계에 머물러 있다고 주장했다. 성령은 "영적 공동체를 형성"하게 해 주신다.[77] 여기서 그는 "모든 사람이" 영이신 하나님을 통해 "구원으로 부름받았다"고 썼다.[78] 이론이라는 관점에서 보면, 이는 성 삼위일체를 훌륭하게 설명한 것이며, 판넨베르크는 헤겔이 제시한 하나님의 자기 구별이라는 개념을 발전시킨다. 하지만 이런 하나님

---

72 Schleiermacher, *On Religion*, pp. 31 and 36.
73 Friedrich D. E. Schleiermacher, *Hermeneutics: The Handwritten Manuscripts* (Missoula, Mont.: Scholars Press, 1977), p. 67. 『Schleiermacher 해석학』(양서원).
74 Friedrich D. E. Schleiermacher, *The Christian Faith* (Edinburgh: T. & T. Clark, 1989; orig. 1821), pp. 533 and 560-581.
75 Schleiermacher, *The Christian Faith*, p. 569.
76 Georg W. F. Hegel, *Lectures on the Philosophy of Religion*, 3 vols. (London: Kegan Paul, Trench and Trübner, 1895), 3: pp. 2-3. 『헤겔의 종교철학』(누멘).
77 Hegel, *Philosophy of Religion*, 3: p. 104.
78 Hegel, *Philosophy of Religion*, 3: p. 108.

의 자기 구별이란 개념이 헤겔의 논리 체계가 지시하는 내용에 더 의존하는지 아니면 성경과 신학 전통에 더 의존하는지는 분명치 않다.

2) **하지, 스미튼, 카이퍼.** 이 세 신학자는 **개혁파 신학**의 길을 따라갔다. 찰스 하지(1797-1878)는 프린스턴에서 칼뱅주의를 옹호하는 투사로 활동했다. 그는 『조직신학』에서 성령의 본질, 인격체성, 신성, 직무를 자세히 설명하면서, 특히 거듭남과 성화에 초점을 맞췄다.[79] 그는 성령이 인격체시나, 인간이 인격체인 것과 다른 식으로 인격체시라고 주장했다. 우리는 앞서 '초인격체'라는 용어를 제안했다. 그는 예수가 영으로 충만했다고 주장했다. 영은 "모든 그리스도인의 신앙 체험에 관여"하신다.[80] 그는 완전주의를 지지하지 않았다.

조지 스미튼(George Smeaton, 1814-1889)은 스코틀랜드교회(Church of Scotland)에 속했으며, 그의 책 『성령론』(*The Doctrine of the Holy Spirit*)은 1892년에 출간되었다. 그는 이 책에서 관련 이슈를 많이 다루었는데, 그중에는 영의 인격체성과 발현, 그리스도가 영으로 기름부음을 받음, 영이 계시와 성화에서 하시는 일도 있었다. 그는 고린도전서 12:8-10에서 이야기하는 영의 선물들을 다루면서 독자에게 이런 경고를 제시한다. "정경이 완결된 오늘날에는 영의 이런 비범한 선물들이 더 이상 필요하지 않다."[81] 이런 이른바 은사중지론은 벤저민 워필드와 관련이 있다. 스미튼은 성령이 그리스도와 그리스도인이 이룬 연합의 한 부분으로서 모든 그리스도인에게 주어진다고(롬 8:9) 재차 강조했다.[82]

네덜란드의 칼뱅주의자인 아브라함 카이퍼(Abraham Kuyper, 1837-1920)는 1888년에 650페이지쯤 되는 저서 『성령의 사역』(*The Work of the Holy Spirit*)을

---

[79] Charles Hodge, *Systematic Theology*, 3 vols. (New York: Scribner, 1871), 1: pp. 376-380, 522-534, 2: pp. 710-732, and 3: pp. 31-40, 213-232.
[80] Hodge, *Systematic Theology*, 1: p. 532.
[81] George Smeaton, *The Doctrine of the Holy Spirit* (London: Banner of Truth Trust, 1958), p. 140.
[82] Smeaton, *Doctrine of the Holy Spirit*, pp. 204-209, 특히 pp. 208, 211, and 221.

출간했다. 카이퍼는 성 삼위일체 교리를 바탕 삼아 성령을 설명했다. 그는 창조, 그리고 날 때부터 가진 달란트를 영이 주신 것이라 여겼다. 그는 자연과 "초자연"을 구분하는 "이중" 관점을 주장하지 않았다.[83] 카이퍼는 하지와 스미튼도 다루었던 내용을 많이 설명했는데, 특히 성령의 역사가 지니는 그리스도 중심이라는 성격을 자세히 설명했다. 아울러 그는 성령이 사역자로 부름받은 이들에게 능력을 주신다는 것도 고찰했다.

3) **어빙, 어윈, 심슨.** 이 신학자들은 오순절주의의 몇몇 측면을 앞서 제시했다. 1828년과 1831년에 스코틀랜드 서부, 그리고 에드워드 어빙(1792-1834)이 목사로 있던 런던 교회에서 방언으로 말하는 일이 벌어졌다. 그가 속한 노회는 기독론 및 성령과 관련하여 정통에서 벗어난 견해를 주장한다는 이유로 그를 출교했다. 그는 헨리 드러몬드(Henry Drummond)와 함께 부흥 운동 그룹으로서 임박한 종말론을 주장하는 가톨릭사도교회(Catholic Apostolic Church)를 세웠다. 1835년에 이르러, 이 그룹에서는 열두 '**사도**'를 세우고, 주교로 임명받은 이들에겐 "사자"(angels)라는 이름을 붙였다. 어빙은 가톨릭사도교회 주교로 임명받았다. 워필드는 『가짜 기적』[Counterfeit Miracles, 국내엔 『기독교 기적론』(나침반)이라는 제목으로 번역되었다—편집자]에서 어빙의 신학을 공격했다.

미국인인 벤저민 H. 어윈(1854-?)은 1891년에 '성화 체험'을 받았다. 그는 아이오와 성결협회, 그리고 존 플레처가 주장한 "불타는 사랑의 세례"에 영향을 받았다. 그는 미국 감리교 신자들 가운데서 일하면서, '세 번째 복'을 받아야 한다고 가르쳤다. 그러나 그는 1900년에 '비난을 면치 못할 큰 죄'를 지었다고 고백하고 지도자 자리에서 내려왔다.

알버트 B. 심슨(1843-1919)은 "사중복음"을 주장했는데, 이것이 오순절주의에서 주장하는 "정사각형 복음"의 선구가 되었다. 그는 그리스도가 구주, 성화시키시는 분, 치유자, 오실 왕이라고 가르쳤다. 그는 성경 해석에서 회복주의

---

[83] Abraham Kuyper, *The Work of the Holy Spirit* (New York and London: Funk and Wagnalls, 1900), pp. 39-43. 『성령의 사역』(성지출판사).

해석학을 신봉했다.

4) **존 헨리 뉴먼**(1801-1890). 우리는 성령론이 세 방향으로 펼쳐졌음을 살펴보았다. 네 번째 방향은 '진보적'이며 독창적 가톨릭 사상가인 존 헨리 뉴먼에게서 나왔다. 그는 본디 E. B. 퓨지(Pusey)와 존 케블(John Keble)과 더불어 성공회 '고교회파'의 옥스퍼드 운동을 이끈 사람 가운데 하나였다. 이들은 하나같이 교회를 아주 중시하는 견해를 주장하면서, 교회 안에 퍼지고 있던 자유주의 경향에 저항했다. 1833년, 이들은 당대의 시대정신에 맞서면서『이 시대를 위한 논총』(Tracts for the Times) 시리즈(1833년부터 1841년까지 간행한 시리즈로 소책자에서 책 한 권 분량의 글에 이르기까지 90여 개 논문으로 이루어져 있다―옮긴이)를 펴내 예로부터 내려온 교회의 오랜 전통을 옹호했다. 뉴먼은 이렇게 썼다. "교리가 여태까지 내 종교의 근본 원리였다."[84] 그는 개신교 경건주의가 너무 주관에 치우치고 "하나님보다 종교를 예배하여 우상 숭배와 비슷하다"고 말함으로써 장차 바르트가 할 말을 앞서 하기도 했다.[85] 1843년, 뉴먼은 그가 성공회에서 맡은 직무를 떠나면서 "친구의 이별"(The Parting of Friends)이라는 설교를 했다. 성령을 바라보는 그의 견해에 색을 입힌 것은 교리가 발전하되 싹이 꽃으로 발전하듯 발전한다는 그의 확신이었다. 교리는 연속, 흡수, 논리적 연관성을 포함한다.[86] 뉴먼은 특히 성령의 내주에 주목하기를, 또한 성령이 인간의 활동 안에서 그리고 이 활동을 통해 역사하신다는 점에 주목하기를 요구했다. 그는 메마른 황무지 같은 자유주의와 '거칠고 불경하며 자기를 높이는' 열광주의 종교 운동을 멀리했다. 내가 쓴 책『유구한 세월을 거쳐 오늘날까지 성경에서 가르치는 성령』(2013년)에서는 19세기의 이런 사상가들을 살펴보았다.

---

[84] John Henry Newman, *Apologia pro Vita Sua* (Boston: Houghton Mifflin, 1956; orig. 1864), p. 127.
[85] Newman, *Apologia*, p. 231.
[86] John Henry Newman, *An Essay on the Development of Doctrine* (London: Penguin, 1974), pp. 122-147.

이는 우리를 20세기로 인도한다. 20세기와 21세기에 활동한 여러 사상가에게서도 이와 비슷하게 방향이 서로 다름을 볼 수 있는데, 방금 언급한 앞의 책에서는 150페이지를 할애하여 이 사상가들을 다루었다.[87]

5) **헨리 B. 스웨트**(1835-1917). 스웨트는 공정하고 학자다운 방법으로 성경과 교부 문헌을 망라하여 성령론을 다루려 맨 처음 시도했던 고전적 본보기다(1909년과 1912년에 출간).[88]

6) **칼 바르트**(1886-1968). 바르트는 『성령과 그리스도인의 삶』(The holy Spirit and the Christian Life, Der Heilige Geist und das christliche Leben, 1929)을 썼고, 1932년부터 계속하여 『교회교의학』을 펴냈다.[89] 성령이 행하시는 새 창조는 (인간의 종교적 열망이라는 의미의) 인간의 '영성'이나 '종교' 반대편에 자리해 있다. 영이 하시는 일은 느낌과 독려의 문제가 아니라 살아 계신 하나님의 음성이다. 따라서 바르트는 『죽은 자의 부활』(The Resurrection of the Dead, Die Auferstehung der Toten: eine akademische Vorlesung über 1. Kor. 15)에서 고린도전서 12-14장을 주석했다. "우리가 정말 관심 갖는 것은 **현상 자체가 아니라 그 현상들이 어디에서 와서 어디로 가는가**가 아닌가? 이 현상들이 가리키는 것은 무엇인가?"[90] 아울러 바르트는 이렇게 단언했다. "성령은 말씀과 분리될 수 없다.…성령의 능력은…말씀 안에 그리고 말씀으로 말미암아 살아 계신다."[91] 성령은 이 말씀을 우리 것으로 삼게 촉진하신다. 성령은 "하나님 말씀에게 '예'"인 분이시다.[92]

7) **램프와 던**. 우리는 오순절 운동이 1905년경부터 발흥한 내력을 대략 살펴보았다. 그때 이후에 등장한 학자들 역시 주목할 만한 기여를 했다. G. W.

---

87 Thiselton, *The Holy Spirit*, pp. 316-467.
88 Henry B. Swete, *The Holy Spirit in the New Testament* (London: Macmillan, 1909), 그리고 *The Holy Spirit in the Ancient Church* (London: Macmillan, 1912).
89 Karl Barth, *The Holy Spirit and the Christian Life* (Louisville: Westminster John Knox, 1993).
90 Karl Barth, *The Resurrection of the Dead* (London: Hodder and Stoughton, 1933), p. 80.
91 Barth, *CD* I/1, p. 150.
92 Barth, *CD* I/1, p. 453.

H. 램프(1912-1980)는 세례와 견진(confirmation) 때 영이 하시는 일을 꼼꼼히 비교했다. 그는 A. J. 메이슨(Mason)과 그레고리 딕스(Gregory Dix)의 작업을 비판했다. 그가 보기에 이들은 견진으로 신약성경, 특히 사도행전을 보는 시대착오적 읽기를 전제하고 있었다. 그는 강한 세례 신학을 강조했으며, 그의 작업은 잉글랜드 성공회 안에서 앵글로-가톨릭의 흐름이 커지는 것을 견제하는 데 많은 기여를 했다.[93] 아울러 램프는 뱀튼 강연(Bampton Lectures)을 담은 『영이신 하나님』(*God as Spirit*)을 출간했는데, 여기서는 교회 발전의 분수령을 이룬 단계마다 영이 하신 활동을 추적했다.[94] 그는 또 내재적 관점에서 영을 이해하는 태도를 거부했다.

제임스 D. G. 던(1939-)은 성령을 다룬 책을 둘 썼는데, 둘 다 오순절 체험을 깊이 다룬다. 던은 『성령 세례』(*Baptism in the Holy Spirit*)에서, 고린도전서 12:13에서 말하는 '성령 세례'가 그리스도인이 된 뒤에 이어지는 어떤 체험을 가리키는 말일 수 없음을 아주 확실하게 보여 준다. "오순절주의의 논증은 무너지고 만다."[95] 아울러 그는 로마서 8:9을 원용하여 모든 그리스도인이 성령을 받는다는 견해를 주장한다. 그러나 그는 살아 있는 체험을 강조하는 오순절주의의 입장도 존중한다. 그는 나중에 쓴 『예수와 영』(*Jesus and the Spirit*)에서 신약성경의 관련 이슈들을 철저히 주해하여 풀어낸다.

내 책에서 특히 주목한 주요 학자가 다섯 있는데, 여기서는 지면의 제약 때문에 간략히 언급하고 넘어가겠다. 이 다섯 학자는 위르겐 몰트만, 이브 콩가르, 볼프하르트 판넨베르크, 존 지지울라스, 블라디미르 로스키다. 이들 가운데 몰트만과 콩가르는 주류 교회 안에서 일어난 은사주의 갱신 운동에 공감을 표한다.

---

93 Geoffrey W. H. Lampe, *The Seal of the Spirit: A Study in the Doctrine of Baptism and Confirmation in the New Testament and the Fathers* (London and New York: Longmans, Green, 1951).
94 Geoffrey W. H. Lampe, *God as Spirit* (Oxford: Clarendon, 1977), p. 67.
95 James D. G. Dunn, *Baptism in the Holy Spirit* (London: SCM, 1970), p. 129.

8) **위르겐 몰트만**(1926-). 몰트만도 삼위일체 틀 안에서 성령의 인격과 사역을 밝히는 데, 또한 역동적 생명을 불어넣으시는 성령의 역할을 밝히는 데 초점을 맞춘다. 그는 우리가 "하나님과 인간의 질적 차이"를 놓치지 말아야 한다고 주장한다.[96] 그는 영이 "완전히 유일무이한 인격체성을 갖고 계신다"고 주장한다(p. 12). 지지울라스처럼 그도 영이 늘 "관계 속의 존재"라고 주장한다(p. 14). 몰트만은 이렇게 썼다. "예수의 죽음이 가진 또 다른 측면은 그가" 부활을 통해 "영을 체험하신 일로 나타난다"(p. 65).

몰트만은 성령이 특히 속박과 억압에서 해방을 가져다준다고 주장한다. 그리스도인이 된다는 것은 영을 통해 "계속해서 새로워지기 시작한다는 뜻이다"(p. 155). 영이 "하나님이 이미 거룩하게 하신 것"을 거룩하게 하시긴 하지만, 그래도 성화는 언제나 **영을 통해 이루어지는 과정**으로 남아 있다(p. 175). 성령은 신자가 한 몸으로 *koinōnia*를 체험하는 가운데 "자신을 내주신다"(pp. 217-220). 우리가 고백하는 신경에서 말하듯이, 그분은 실로 "생명의 주요 생명을 주시는 분"(p. 270)이다. 몰트만의 글은 종종 독자들의 영(spirits)을 고양시키고 새롭게 한다. 예를 들면, "빛, 물, 온기가 한데 있는 곳에서는 풀밭이 푸르러지고 나무가 꽃을 피우며 열매를 맺는다"(p. 283).

9) **이브 콩가르**. 콩가르는 『나는 성령을 믿나이다』(*I Believe in the Holy Spirit, Je crois en l'Esprit Saint*, 3권으로 나왔으며 영역본은 1983년에 출간)를 썼다. 그는 1권에서 성경과 역사 자료를 탐구했다. 그는 영이 이루신 **결과**를 통해 영이 알려진다고 주장했다. 영은 자신을 비워 아버지와 아들, 하나님과 인간을 이어 주는 사랑의 끈이 되신다. 콩가르는 2권에서 제도권과 '은사주의'의 균형을 맞추려고 노력했다. 그는 이렇게 썼다. "교회는 영이 만드신다."[97] 그리스도와 성령은 이레나이우스가 말한 아버지의 두 손처럼 하나님의 두 사절이시다. 그는

---

96 Jürgen Moltmann, *The Spirit of Life: A Universal Affirmation* (London: SCM, 1992), p. 5. 참조한 페이지는 본문 안에 기록했다.
97 Congar, *I Believe in the Holy Spirit*, 2: p. 5.

은사주의 갱신 운동에 공감을 표하면서도, 그 예배 스타일을 볼 때 이런 운동이 모든 사람에게 적합하지는 않을 수 있음을 인정했다.

10) **볼프하르트 판넨베르크**(1928-2014). 판넨베르크는 성령이 그리스도의 부활과 신자들의 부활에서 하시는 역할을 강조했다. 아울러 그는 창조 사건을 삼위일체 사건이라 여겼다. 그는 이렇게 썼다. "영은 이미 창조 때 하나님의 능력 있는 숨으로, 모든 운동과 생명의 기원으로 역사하셨다."[98] 그는 성령이 성화를 행하시고 "변화를 일으키는 능력"으로 일하심을 강조했다.[99] 따라서 성령은 예수께도 기름을 부어 메시아 사역을 감당하게 하셨다. 그리스도는 영을 당신 제자들에게 '나눠 주신다'(요 20:22). 몰트만과 로저스처럼 판넨베르크도 복음서 안에서 성 삼위일체 내러티브를 보았다.

11) **지지울라스와 로스키**. 존 D. 지지울라스(1931-)는 그리스 정교회 페르가몬 대교구 총대주교로서 집필 활동을 하고 있으며, 러시아 정교회 사상가인 블라디미르 로스키(1903-1958)와 많은 주제를 공유한다. 그가 주장하는 가장 독특한 주제 중 하나는 성령이 그리스도의 정체 자체를 이룬다는 것이다. 그는 이렇게 썼다. "**영이 일하실 때까지 그리스도는…그리스도라는 그의 정체 자체를 이루는 분으로…존재하지…않는다.**"[100] 이처럼 지지울라스는 그리스도와 성 삼위일체라는 이중 맥락 속에서 성령을 자세히 설명할 뿐 아니라, 영의 초월성 혹은 '타자성'도 함께 강조한다.

근래 미하엘 벨커(Michael Welker, 1947-), 에이모스 용(Amos Yong, 1965-), 그리고 다른 많은 이가 다른 신학적 연구서를 내놓았다. 그러나 우리는 우리에게 '주어진' 지면이 책 한 권 분량이라는 한계에 다시금 부닥친다.

---

98 Pannenberg, *ST 3*: p. 1.
99 Pannenberg, *ST 3*: p. 4.
100 John Zizioulas, *Being as Communion: Studies in Personhood and the Church* (New York: St. Vladimir's Seminary Press, 1985, 1997), p. 127.

13장
왜 교회, 사역, 성례인가?

1. 기초: 하나님의 백성을 부르심과 근대 개인주의

많은 그리스도인이 개인으로서 믿음을 갖게 되지만, 또 동시에 "**왜 교회인가?**"라는 질문을 던지고 싶은 마음이 들 수도 있다. 그러나 세례가 한 몸을 이룬 공동체인 교회 안으로 들어가 원리상 그리스도인으로서 첫 걸음을 떼는 '정식' 혹은 공식 방법이다. 더 자세히 말하면, 하나님은 아무렇게나 모여 있는 개인들을 당신께 부르신 게 아니라 **한 백성**을 부르셨다. 유대인이 유월절에 행하는 질문과 대답은 이를 훌륭하게 보여 준다. 아들이 "이런 기념물은 무엇을 의미합니까?"라고 물으면, 그 부모는 이렇게 답해야 한다. "**우리**가 옛적에 애굽에서 바로의 종이 되었더니 여호와께서 **우리**를 애굽에서 인도하여 내셨느니라"(신 6:20-24). 신명기 26:5-9을 보면, 신앙고백이 단수형으로 시작한다. "**내** 조상(아버지)은 멸망 직전의 아람 사람이었다." 그러나 이는 복수형으로 이어진다. "여호와께서 **우리**를 이집트에서 이끌어 내셨다."

성경의 시각에서 보면, 오늘날 보통 사용하는 "교회 가다"라는 말은 거의 우스운 말처럼 보일 수도 있겠다. 어떤 사람이 '**그리스도 안에 있는**' 하나님의 **백성의 공동체**에 속하지 않았다면, 그 사람은 '그리스도인'이 아닐 것이다! 현대에 대중이 사용하는 "교회 가다"라는 말은 '교회'라는 말을 한 몸인 그리스도인들이 모이는 장소인 **교회당**을 가리키는 말로 사용하는 유감스러운 (그러나 단단히 굳어져 버린) 관습에서 생겨났다. 교회라는 말을 이렇게 사용하는 것이 **틀리지는 않을지라도, 이는 어디까지나 후대에 생겨났고 성경에도 맞지 않는 용법이다.** '교회'를 뜻하는 그리스어 *ekklēsia*는 보통 **회중**(히브리어로 *qāhāl*)을 가리킬 때 사용한다. 그렇지만 서로 관련이 있는 교회, 사역, 성례에 관한 교리들은 성경, 유대교, 기독교 신앙에서 말하는 **공동체 차원의** 지평으로부터, 이전에도 하나의 철학 유산으로 있었고 특히 19세기 이후로 우리가 살아가는 산업과 시장 소비 중심의 경제 체제 속에서 등장했던 **개인주의**로 옮겨 가는 엄청난 해석학적 전환과 싸워야 했다.

많은 이는 근대 개인주의가 데카르트(1596-1650)에게서 등장했다고 주장한다. 그는 "확실한" 지식을 추구했고, 홀로 틀어박혀 자신만의 "절대 확실한" 그리고 "자명한 지식"을, 다시 말해 그의 *cogito, ergo sum*(나는 생각하기에 존재한다)을 만들어 내는 쪽을 택했다.¹ 윌리엄 템플(William Temple)은 이런 데카르트식 외톨이 개인주의를 비판했다. 다소 과장이 있긴 하지만, 템플은 그런 개인주의를 "유럽 역사에서 가장 비참한 순간", 또한 "엄청나게 큰 잘못"이라 불렀다.² 데카르트의 영향으로 (라이프니츠를 포함하여) 합리론을 주장한 철학자들과 (로크, 버클리, 흄을 포함하여) 경험론을 주장한 철학자들은 하나같이 지식을, 개인의 **지성**을 통해 획득하든(합리론의 주장) **감각**을 통해 획득하든(경험론의 주장) 본질상 **개인 차원에서** 궁구하고 획득할 것으로 인식했다. 심지어 임마누엘 칸트도 그의 비판 철학 혹은 초월 철학에서 '계몽'을 무엇보다 **스스로 생각하는 것**을 가리킨다고 이해했다. 그는 이 스스로 생각하는 것을 낡은 권위를 내던지는 일이요, 그럼으로써 공동체적 전통을 내던지는 일이라고 여

---

1 René Descartes, *Discourse on Method* (Cambridge: CUP, 1984-1991), pt. 4, pp. 53-54. 『방법서설』(문예출판사).

2 William Temple, *Nature, Man, and God* (London: Macmillan, 1940), p. 57.

겼다. '스스로 생각하는 것'은 처음에는 용감하고 칭송할 만한 말처럼 들릴 수 있으나, 이것이 이전 세대들이 공동으로 남긴 증언과 발견 결과들을 무시하거나 지나친다는 뜻으로 받아들인다는 말인지 곱씹어 보면, 용감하거나 칭송할 만한 말이 아닐 수도 있다. 한편으로 보면, 이것은 대담하고 독창적으로 보일 수도 있다. 그러나 다른 한편으로 보면, 이는 이전 세대가 남긴 **수천 가지** 인식이나 판단에 맞서 개인의 한 가지 인식(데카르트가 그랬듯)이나 판단(칸트가 그랬듯)만 고집스레 주장하는 것처럼 보인다.

성경 기록의 증언과 이레나이우스가 말한 "신앙 규칙"의 증언은 다른 방향을 가리킨다. J. A. T. 로빈슨은 그의 책 『몸』(The Body)에서 성경과 근대의 시각이 보이는 이 차이를 예리하고 생생하게 대조하여 표현했다. 바울은 **몸**(그리스어로 sōma)을 **육**(그리스어로 sarx)과 대비한다. 로빈슨은 불트만을 따라 육이 "인간의 자족"(고후 3:5-6; 1:12; 골 2:18)을 상징한다고 본다.³ 그러면서도 로빈슨은 그와 달리 이렇게 주장했다. "몸은 개인과 개인의 여러 다른 점에도 불구하고 모든 사람을 생명의 묶음으로 결합해 주는 것이다."⁴ 그의 주장은, 이제는 '평범한' 표현이긴 하지만, 각 사람이 한 클럽과 같은 한 몸의 "회원"(membership)이라는 그의 말에서 아주 생생하고 인상 깊게 드러난다.⁵

바울은 우리가 그리스도의 몸, 혹은 교회의 구성원(지체)이라고 말하는데, 로빈슨은 이것이 어떤 골프 클럽이나 협회의 '회원' 같은 게 **아니라고** 설명한다. 이는 그리스도의 몸을 이루는 '손발'이나 '세포막'에 더 가깝다. 바울은 이렇게 선언한다. "몸은 하나인데 많은 지체가 있는 것 같이…몸의 지체가 많으나 한 몸이니라"(고전 12:12). 그는 이렇게 덧붙인다. "몸은 한 지체뿐만 아니요 여럿이니…온몸이 눈이면 듣는 곳은 어디냐…만일 다 한 지체뿐이면 몸은 어디냐?"(12:14, 17, 19) 온몸이 하나로 연대하여 결합해 있다. "만일 한 지체가

---

3   John A. T. Robinson, *The Body: A Study in Pauline Theology*, SBT 5 (London: SCM, 1952; Philadelphia: Westminster John Knox, 1977), p. 25.
4   Robinson, *The Body*, p. 29.
5   Robinson, *The Body*, p. 51.

고통을 받으면 모든 지체가 함께 고통을 받고 한 지체가 영광을 얻으면 모든 지체가 함께 즐거워하느니라"(12:26).

이렇게 교회가 한 공동체요 한 몸이라는 시각을 아주 인상 깊게 대변하는 또 다른 이가 라이오넬 S. 손튼(Lionel S. Thornton)이며, 특히 그의 책 『그리스도의 몸으로 더불어 살아가는 삶』(The Common Life in the Body of Christ)에서 이런 시각을 잘 대변한다. 이 책에서 그는 한 몸이라는 하나님의 백성의 정체를 추적하는데, 이런 그의 추적은 요한복음 15장에서 제시하는 포도나무 이미지와 바울이 제시하는 그리스도의 몸에서 그 정점에 이른다. 손튼은 이스라엘이라는 한 몸이 실패했다가 그리스도 안에서 회복될 수 있었던 역사를 추적한다. "이스라엘의 소망은 무덤 속으로 사라졌으며, 백성들의 소망도 그러했다.…메시아와 별개인 이스라엘은 존재하지 않는다. 따라서 마침내 그(그리스도)가 무덤에서 부활하셨을 때, 그들도 부활했다.…**그리스도가 부활하셨을 때, 교회도 죽은 자 가운데서 부활했다.**"[6]

손튼은 기독교회가 사도행전 2-4장에서 일러 주는 것처럼 한 몸을 이뤄 공동으로 살아가는 삶에서 자라났음을 밝힌다. 이때 그 공동체는 그리스도의 고난, 부활, 생명을 공유하고 동시에 성령이라는 선물을 공유함으로써 '모든 것을 공동으로' 나누었다. 손튼은 "성령의 *koinōnia*"(빌 2:1)라는 표현을 "**우리가 공유하는 것**"이나 "우리가 **참여하는** 것"으로 번역하면서, 이것이 "공동 관심사이자 상호 관심사, 그리고 공동 목적에 참여하는 일"과 관련 있다고 본다.[7] 바울은 로마서 9-11장에서 이스라엘이라는 감람나무에 "접붙임"이라는 이미지를 사용하는데, 이 이미지는 "우리가 자람을 통해 하나가 되었음"을 암시한다.[8] 손튼은 교회를 "하나님의 사랑을 함께 나누는 자들", "그리스도의 승리를 함께 나누는 자들", "그리스도가 가지신 아들의 지위를 함께 가진 자들"

---

6   Lionel S. Thornton, *The Common Life in the Body of Christ*, 3rd ed. (London: Dacre Press, 1950), p. 282. 티슬턴 강조.
7   Thornton, *Common Life*, p. 74; 참고. pp. 70-75.
8   Thornton, *Common Life*, pp. 62-63.

같은 말로 묘사함으로써 그가 말하려는 주제를 전개해 간다. 손튼은 외톨이 그리스도인이라는 개념이 교회와 단절된 그리스도인을 가리키면서 용어상 모순을 빚게 되었다고 본다. '그리스도인의 사귐'은 단순히 함께 있는 건물 안에서 다른 사람들과 여러 사회적 관계를 가지는 일을 뜻하는 말이 아니라, **그리스도의 몸에 다 같이 분깃을 가진 자로서 그 몸에 공동으로 참여함**을 뜻한다.

일부 비판자, 특히 많은 복음주의자는 이 '그리스도의 몸'이라는 구호가 가시적 교회에 합류하는 것만이 본질상 그리스도와 연합하는 것이라고 주장하는 데 사용될까 봐 우려를 표하는데, 수긍할 만하다. 이런 우려 표명에도 일정 부분 진실이 들어 있다. 하지만 예수가 **교회**를 핍박하고자 다메섹으로 가던 바울에게 "네가 어찌하여 나를 박해하느냐?"(행 9:4)라고 말씀하신 것도 사실이다. 로빈슨은 이 점을 강조한다.[9] 예수 그리스도는 하나님의 백성과 연대하여 하나가 되셨으나, 와이틀리는 "J. A. T. 로빈슨이 이 주제를 복잡하게 만듦과 동시에 밝히 설명해 주었다"라고 평한다.[10]

스탠리 그렌츠(Stanley Grenz)도 몰트만, 리쾨르, 로스키, 지지울라스처럼, 자아가 "다른 이들과 관계를 맺고 있음"을 강조했다.[11] 이 다섯 저자는, 특히 로스키는, '인격체'라는 말의 의미를 온전히 음미해 보면 외톨이에 자기만 알며 자아도취에 빠진 자아는 진정 '인격체'가 아니라고 강조한다. 로스키는 그의 책 『하나님의 형상과 모양으로』(In the Image and Likeness of God)에서 이렇게 단언한다. "인격체의 실존은 다른 인격체와 맺은 관계를 전제한다.…인격체는 다른 이를 배제하고 자신이 독차지하려는 것이 아무것도 없을 때에 비로소 완전히 인격체일 수 있다.…그렇지 않으면 우리는 **개체들** 가운데 있을 뿐

---

9   Robinson, *The Body*, p. 58.
10 D. E. H. Whiteley, *The Theology of St. Paul* (Oxford: Blackwell, 1964, 1971), p. 192.
11 Stanley J. Grenz, *The Social God and the Relational Self: A Trinitarian Theology of the Imago Dei* (Louisville: Westminster John Knox, 2001), pp. 69-97; Paul Ricoeur, *Oneself as Another* (Chicago: University of Chicago Press, 1992), 전체.

이다."¹² 아울러 그는 이렇게 역설한다. "개체와 인격체가 의미하는 것은 정반대다."¹³ 그는 자아가 다른 자아와 하나님에게 열릴 때에 비로소 개체가 인격체가 된다고 주장한다.

리쾨르, 지지울라스, 몰트만도 로스키 못지않게 그런 취지를 강조한다. 리쾨르는 이렇게 썼다. "타자성은 마치 자아성의 유아독존식 표류를 막으려고 외부에서 자아성에 덧붙여진 게 아니다.…오히려 타자성은 자아성의 존재론적 구조에…속한다."¹⁴ 지지울라스도 "조각난 실존"을 인간 타락의 결과로 여기면서, "사귐이 없으면 존재도 없다. 그 자체만으로 인식할 수 있는 '개체'로서 존재하는 것은 아무것도 없다"라고 평했다.¹⁵ 그는 "그리스도가" 성령을 통해 "단지 한 개체로 계시지 않고" "다른 이들과 한 몸을 이룬 인격체로 계신다"고 주장한다.¹⁶ 그는 이것이 지역 교회는 물론 보편 교회에도 심오한 의미를 가진다고 결론짓는다. 교회에서는 존재나 실체보다 오히려 *koinōnia*가 더 중요한 "존재론적 범주"이기 때문이다.¹⁷ 몰트만도 마찬가지로 이렇게 단언한다. "주관성을 내세운 근대 문화는 오래전부터 자아를 그 자신의 포로로 만들 '자아도취 문화'로 바뀔 위험에 빠져 있었다."¹⁸ 몰트만은 교회를 다룬 그의 작품에서 사귐과 참여를 독려한다.¹⁹ 칼 라너도 교회를 "순례자 공동체"라 이야기한다.²⁰

---

12 Vladimir Lossky, *In the Image and Likeness of God* (London and Oxford: Mowbray, 1974), p. 106.
13 Vladimir Lossky, *The Mystical Theology of the Eastern Church* (New York: St. Vladimir's Seminary Press, 1976; Cambridge: Clarke, 1991), p. 121. 티슬턴 강조.
14 Ricoeur, *Oneself as Another*, p. 317.
15 John D. Zizioulas, *Being as Communion: Studies in Personhood and the Church* (New York: St. Vladimir's Seminary Press, 1985, 1997), pp. 103 and 18.
16 Zizioulas, *Being as Communion*, p. 130.
17 Zizioulas, *Being as Communion*, p. 334; 참고. pp. 332-342.
18 Jürgen Moltmann, *The Trinity and the Kingdom of God: The Doctrine of God* (London: SCM, 1981), p. 5.
19 Jürgen Moltmann, *The Church in the Power of the Spirit* (London: SCM; Philadelphia: Fortress, 1977). 『성령의 능력 안에 있는 교회』(대한기독교서회).
20 Karl Rahner, *Theological Investigations*, vol. 6 (London: DLT, 1969), p. 298; 참고. pp. 295-312.

신약성경에서 *koinōnia*라는 말은 대개 '자아도취'와 강한 대조를 이룬다. 댕커는 이 말의 의미를 "교제", "사귐", "친밀한 관계"(고전 1:9; 빌 2:1; 요일 1:3, 6; 롬 15:26)에서 "참여"와 "함께 나눔"(빌 3:10; 고전 1:9; 10:16; 몬 6)에 이르기까지 폭넓게 열거한다.[21] *koinōnos*는, 손튼이 고린도후서 13:13에서 이 말이 가리키는 의미로 이해하는 것처럼, "파트너"나 "공유자"를 가리키며 "몫을 나눠 가진 사람"을 의미할 수도 있다.[22] 웨인라이트의 말을 빌리면, 이 말은 하나님이 몸소 당신 백성을 통해 세상에 복음을 전하시는 선교가 한 몸이라는 차원을 가지고 있음을 세상에 확실히 새겨 준다.[23] 앞서 언급했듯이, 요한의 신학에서는 이 말을 그리스도와 그의 백성(교회, 구약에서는 이스라엘)을 상징하는 포도나무와 가지(요 15:1-11), 선한 목자와 그가 보살피는 양 떼(요 10:1-18) 같은 이미지로 표현한다. 바울은 이를 남은 자(롬 9:27; 11:5), 돌감람나무 가지(롬 11:17-24), 하나님의 밭, 하나님의 집, 하나님의 성전(고전 3:9-17), 하나님의 교회(고전 11:22), 그리스도의 몸(고전 12:12-26; 엡 1:23; 2:16; 4:4, 12; 골 1:18), 그리스도의 신부(엡 5:25-26, 31-32; 참고. 계 21:2)로 표현한다.

2. 교회론을 둘러싼 신학 논쟁

1) **공동체성을 지닌 기독교 신앙의 근간과 본질.** 공동체성을 지닌 기독교 신앙의 근간 및 본질과 관련하여, 뉴턴 플루(Newton Flew) 같은 저술가들은 그런 본질을 부인하는 대담한 싸움을 펼치면서 예수가 교회를 세우셨다고 강조했는데, 이는 당시에 비록 많은 비판을 듣긴 했어도 어떤 의미에서는 바른 주장이었다. 그러나 오늘날에는, N. T. 라이트 및 다른 이들이 보여 주었듯이, 이런 질문은 사실상 "시대착오다. 개인주의는 제법 근대에 와서야 나타난 것이요,

---

21 BDAG pp. 352-354.
22 Thornton, Common Life, pp. 71-77.
23 Geoffrey Wainwright, *Doxology: A Systematic Theology* (London: Epworth, 1980), pp. 122-146.

주로 서구에서 나타난 현상이다." 라이트는 계속하여 이렇게 말한다. "예수는 교회를 '세우려' 하시지 않았다. 이미 하나, 곧 이스라엘 백성 자체가 있었기 때문이다. 따라서 예수의 의도는 이스라엘을 개혁하시는 것이었지 전혀 다른 공동체를 세우시는 게 아니었다."[24] 하나님의 백성, 하나님 나라, 포도나무, 양 떼에 관한 언어가 **이미 가까이** 있었다. 따라서 시대에 뒤떨어진 이런 질문을 오늘날 다시 제기해서는 안 된다.

2) **교회: 지역 개념인가, 보편 개념인가?** 실제로 더 관심이 가는 문제는 라너, 판넨베르크, 젠슨, 그리고 다른 이들이 제기한 이슈, 곧 **교회**(ekklēsia)는 무엇보다 지역 개념이었는가 아니면 보편 개념이었는가 하는 문제다. 제2차 바티칸 공의회에서는 라너의 영향을 받아, 교회를 "성사 그 자체"(라틴어로 uti sacramentum)라 여겼다. 그것은 "구원의 보편적 희생 제사"(the universal sacrifice of salvation)이며, 이는 하나님이 당신 백성 안에 들어와 사신다는 것을 겉으로 드러내 눈으로 볼 수 있게 해 주는 표지라는 의미를 갖고 있다.[25] 판넨베르크는 하나님 나라와 교회를 올바로 구분하면서도, 교회는 단지 "장차 임할 하나님의 통치를 앞서 보여 주는 표지"라고 말한다.[26] 그는 '지역 교회'가 우리가 인식하는 것보다 훨씬 복잡하다고 지적한다. "교회 생활의 주된 단위라 할 '지역 교회'라는 말은 정확히 무슨 의미인가? 우리는 지금 말씀을 설교하고 성례를 행할 목적으로 어떤 지역에 모이는 회중을 말하고 있는가, 아니면 '지역 교회'는 한 주교에게 속한 교구를 가리키는 말인가?"[27] 판넨베르크는 제2차 바티칸 공의회에서 내린 정의를 지지한다. 교회는 '구원의 성례'(a sacrament of salvation)다.

---

24   N. T. Wright, *Jesus and the Victory of God* (London: SPCK, 1996), p. 275.
25   Vatican II, *Lumen Gentium* (21 November 1964), 1:1, "The Mystery of the Church", in *Documents of Vatican II*, ed. Austin P. Flannery (Grand Rapids: Eerdmans, 1975), p. 350; 참고. Robert W. Jenson, "The Church and the Sacraments", in *Cambridge Companion to Christian Doctrine*, ed. Colin Gunton (Cambridge: CUP, 1997), pp. 207-225.
26   Pannenberg, *ST* 3: pp. 30 and 32.
27   Pannenberg, *ST* 3: p. 109.

구체적 교회 개념은 키프리아누스로 거슬러 올라간다. 쉬나켄부르크가 지적하듯이, 교회도 나라처럼 사람이 세우지 않고 하나님이 세우신다. 비록 이 세상에 있는 교회가 하나님 나라와 달리 흠이 있고 잘못을 저지를 수 있다 해도 그렇다.[28]

3) **유지가 아니라 선교**. 몰트만 및 다른 이들은 교회의 사명이 단지 유지가 아니라 선교임을 올바로 강조한다. 그러나 많은 교회에서는 다른 이들에게로 또한 세상으로 나아가 복음을 전하기보다 구조와 조직을 유지하는 문제에 비율상 더 많은 시간과 에너지를 소비한다. 그럼에도 '구조'는 여전히 중요하다. 본회퍼가 주장했듯이, 가시적 교회는 하나님의 영적 작품이자 **이 세상에 있는 교회라는 사회학적 실체다**. 본회퍼는 이를 그의 책 『성도의 교제』(*Sanctorum Communio*)에서 자세히 설명했다. 이 책은 그가 1927년에 제출한 박사학위 논문이었으며, 1930년에 처음 책으로 출간되었다. 본회퍼도 로스키와 지지울라스처럼 이렇게 믿었다. "개인은 오로지 '타인'과 맺은 관계 속에서 존재한다. 개인이 외톨이를 의미하지는 않는다. 그 반대로, 개인이 존재하려면 '타자'가 꼭 있어야 한다."[29] 그는 이렇게 덧붙인다. "공동체가 없으면 자의식도 없을 것이다."[30] 본회퍼는 현존 교회 그리고 이 교회의 오류 가능성 및 죄와 관련하여 현실을 그대로 직시하는 입장을 보인다. 그리하여 그는 이렇게 썼다. "순전한 삶은 오직 의지의 충돌 속에서 발생한다. 힘은 오직 투쟁 속에서 펼쳐진다."[31] 그러나 본회퍼는, 신학 관점에서 보면 교회는 그리스도의 십자가에 기초한다고 본다.

사회학자들은 시간이 흘러감에 따라 이상과 구조 사이의 균형이 변화함을

---

28 Rudolf Schnackenburg, *God's Rule and Kingdom* (London: Nelson, 1963), pp. 23-34. 『하느님의 다스림과 하느님 나라』(가톨릭출판사); 참고. Cyprian, *Epistle 69*, sect. 6; 그리고 *On the Unity of the Church* 4.
29 Dietrich Bonhoeffer, *Sanctorum Communio: A Theological Study of the Sociology of the Church* (Philadelphia: Fortress, 1998), pp. 50-51. 『성도의 교제』(대한기독교서회).
30 Bonhoeffer, *Sanctorum Communio*, p. 70.
31 Bonhoeffer, *Sanctorum Communio*, p. 85.

꾸준히 목격해 왔다. 종종 **첫 이상**이나 소명은 교회가 하부 구조를 최소로 갖춘 상황에서도 교회를 살아 움직이게 하는 동력이 된다. 그러다가 처음과 달라진 상황들이 벌어지면서 하부 구조도 점차 복잡해진다. 이에 해당하는 최초 사례가 아마도 사도행전 6:1-6에 나오는, 아람어를 사용하는 과부들과 그리스어를 사용하는 과부들을 중재해야 할 필요가 대두되었을 때가 아닌가 싶다. 이에 이어 우리는 세 번째 단계에 이르는데, **커 가지만** 여전히 대체로 균형이 잡힌 사회학적 **하부 구조**가 이상을 섬기고 있음을 본다. 하지만 결국 사람들은 점점 더 구조 자체에 주목하게 되는 것 같으며, 결국 이 구조가 목적 자체가 될 때까지 이런 현상은 심화된다. 이 단계에 이르면, 그 어떤 이상이나 소명도 섬김의 대상이 되지 않는다.

본회퍼는 교회가 이런 운명을 피해야 함을 열렬히 이야기했다. 그의 말대로, 예수가 "타자를 위한 인간"이시라면 교회도 "타자를 위한" 곳이어야 한다. 그는 교회가 "인간을 위해 존재할 때만" 비로소 그 참된 자아를 가진다고 단언했다. 마찬가지로 몰트만도 이렇게 강조한다. "교회론은 오직 기독론에서만 전개할 수 있다."[32] 몰트만은 하나님의 영이 교회에 능력을 부어 주심을 언급하면서 이렇게 단언한다. "세상 끝까지 구원을 가득 채울 사명을 가진 곳은 **교회**가 아니다. 그것은 아들(성자)과 영(성령)이 아버지(성부)를 통해 이루실 사명이며, 그 사명에 교회가, **계속 이어져 갈 교회를 창조하시는 일이** 포함된다."[33] 그는 같은 페이지에서 이렇게 역설한다. "교회는 영을 맡아 관리하지 않는다.…영이 말씀과 믿음의 사건, 성례와 은혜, 직무와 전통으로 교회를 다스리신다." "참된" 교회는 "십자가 아래 있는 교회"다.[34]

가톨릭 신학자 에이버리 덜러스(Avery Dulles)는, 콩가르가 그러했듯이, 한편에 자리한 소명 및 이상과 다른 한편에 자리한 제도 및 직무의 균형을 잡으

---

32 Moltmann, *The Church*, p. 66.
33 Moltmann, *The Church*, p. 64. 티슬턴 강조.
34 Moltmann, *The Church*, p. 65.

려고 애썼다. 라너처럼 덜러스도 교회를 '제도로 보는' 모델이 교회의 **전통**, **한 몸이라는 정체**, **계속성**을 중요시하지만, 이런 모델은 성직권주의(clericalism)와 율법주의에 빠질 위험이 있다고 강조한다. 라너는 이렇게 썼다. "심지어 오늘날도 특히 고위 성직자의 생활 양식이 때로는 세속 사회 '경영자'의 생활 양식과 아주 많이 흡사하다."[35] 오늘날 프란치스코 교황이 이 문제를 종종 기탄없이 토로한다는 것은 잘 알려져 있다. 아울러 덜러스는 교회가 예배에서 그리고 종말을 바라보며 하는 역할을 탐구한다. 교회가 세상의 일부로서 '자리나 지키고 있을' 수는 없다. 교회는 늘 순례자의 교회로서, 마지막 목표이자 목적지에 다다를 때까지 계속하여 앞으로 나아가기 때문이다.

그러나 누가-행전에서 분명히 밝히듯이, 교회의 공적 가시성도 교회가 해야 할 역할의 일부로서 여전히 존속한다. 이는 우리에게 케제만이 교회라는 몸에 관하여 일러 준 말을 되새겨 준다. 교회가 이처럼 눈으로 볼 수 있는 몸으로 존재하기 때문에, 신앙고백을 **공적 영역에서** 검증할 수 있으며 그렇기에 그 고백을 **신뢰할 수 있다**. 교회의 돈 관리는 공적 검증에서 제기되는 많은 판단 기준 가운데 하나일 뿐이다. 모든 영역에 걸쳐 사랑에 근거하고 윤리에 합당한 행위를 하느냐도 또 다른 판단 기준이다. 따라서 '몸'을 다룬 케제만의 연구는 교회를 그리스도의 몸이라 정의한 바울의 언어를 한층 더 강조하는 셈이다.

4) **교회 행정과 교회 구조**. 교회 행정과 교회 구조를 둘러싸고 여러 논쟁이 계속되고 있다. 그뿐만 아니라, 이것들은 분명 교회 **사역**과, 앞서 '지역' 교회를 논한 내용과 관련이 있다. 세월이 흐르는 동안 세 가지 기본 유형이 등장했으며 여러 부차적 변형이 나타났다. 이 기본 유형은 넓게 보아 **감독교회**(episcopal), **장로교회**(presbyterian), **회중교회**(congregational)로 묘사할 수 있겠

---

[35] Karl Rahner, *The Shape of the Church to Come* (London: SPCK, 1974), p. 58. 『교회의 미래상』(분도출판사); 참고. Avery Dulles, *Models of the Church* (Dublin: Gill and Macmillan, 1988), pp. 39-46. 『교회의 모델』(한국기독교연구소).

다. 각 그룹에서는 늘 자기 그룹만이 유일하게 '성경의' 견해를 대변한다고 고집하곤 했다. 하지만 오늘날 많은 이는, 비록 어떤 유형이라 할 것이 2세기 초에 나타나기 시작했지만, 그래도 가장 초기의 기독교에는 **확고한 유형이 없었다**고 인식한다.

교회 구조를 **감독교회**로 보는 견해에서는 신앙의 계속성을 주장하면서도, **제도와 교리의 계속성**이 필요함을 강조하는 경향이 있다. 이울러 이 견해에서는 주교(bishop) 아래에서 책임을 맡고 교회의 통일성을 유지할 장로(presbyters, 사제)가 필요하다고 강조한다. 논쟁은 감독제의 본질, 그리고 특히 '주교'나 '감독자'라는 용어 또는 그 직무를 가리키는 *episkopos*를 본디 '장로'나 '원로'라는 용어 또는 그 직무를 가리키는 *presbyteros*와 서로 바꿔 쓸 수 있느냐는 문제를 둘러싸고 시작되었다. 로마 가톨릭과 동방 정교회에서는 이들을 각기 구별된 직무를 행하는 구별된 직무자로 여긴다. 성공회에서도 옥스퍼드 운동을 펼친 이른바 고교회파는 이런 견해를 따르는 경향이 있으나, J. B. 라이트푸트(Lightfoot), G. W. H. 램프, 그리고 성공회 복음주의자 대다수는 이런 차이가 본디 더 유동성이 있다고 여기면서도, 독특하면서도 귀중한 사역 '질서'를 일러 준다는 점에서 여전히 쓸모가 있다고 본다. 이는 교회 현실에 더 부합하는 주장으로 바뀌었다. 예를 들면, 대다수 사람은 감독제를 교회의 '본질'(*esse*)로 여기지 않게 되었지만, 그래도 일부 사람들은 감독제를 '좋은 교회 구조'(*bene esse*)라 여겼다. 이런 견해는 타당해 보였다. 교회가 교회의 통일성과 계속성을 위협하는 여러 요인에 직면했기 때문이다. 심지어 많은 장로교 신자, 감리교 신자, 그리고 교회 형태상 '주교'를 임명하지 않는 루터교 신자들도 일부 장로가 '감독'으로서 훌륭한 감독자 역할을 수행할 수 있다는 주장을 할지도 모른다.

신약성경에 나오는 *episkopos*를 영어로 어떻게 번역할 것인가는 뜨거운 논쟁거리다. 예를 들어 디모데전서 3:1-2을 봐도, 역본마다 *episkopos*와 *episkopē*를 다 다르게 번역해 놓았다. NRSV에서는 이 말을 "bishop"으로 번역했다. NJB에서는 2절에서 "presiding elder"(주재하는 장로)와 "president"로 번역했다. REB에서는 "leadership"을 번역어로 제시한다. NEB에서는 "leader"나 "bishop"을, NIV에서는 "overseer"(감독자)를 번역어로 제시한다. 댕커는 이 단어들을 여섯 개 의미로 나누어 설명하면서, 첫 번째 의미로 "어떤 일이 올바로 이루어지는지 지키거나 감시하는 책임을 짊어진 사람, **수호자**"를 제시한 뒤, 디도서 1:7과 베드로전서 2:25을 함께 인용한다. 댕커는 이어 이 말이 그리스-로마 세계에서는 "수호자의 지위 혹은 직무"(guardianship)를 가리킨다고 말한다.[36] 이는 감독이 교회가 분열되거나 이단에 미혹당하지 않게 '보호한다'는 개념과 잘 들어맞는다. 램프는 그가 쓴 『교부 그리스어 사전』(*A Patristic Greek Lexicon*)에서 *episkopos*를 다섯 개 의미로, *episkopē*를 그보다 많은 의미로 설명한다. 그는 그 의미로 "감독의 직무와 관련이 있는, 감독이나 감독자나 감시자가 있는"을 제시한다.[37]

역사를 살펴보면, **이그나티오스**와 그 후대 사람들이 주교를 특별하게 여기면서 논쟁이 시작되었다. 112년경, 이그나티오스는 에베소 교회에 이런 글을 써 보냈다. "여러분이 주교의 뜻을 따라(*tē tou episkopou gnōmē*) 살아가야 하는 것은 당연합니다.…현이 하프에 순응하듯이…여러분의…장로(*presbyterion*)는…주교에게 순응합니다."[38] 그는 계속하여 이렇게 말한다. "여러분이 주교(*tō episkopē*)와 장로(*tō presbyteriō*)에게 순종하려면…한 믿음으로…공동 모임에 참석하여…한 빵을 쪼개십시오."[39] 마찬가지로 이그나티오스는 『마그네시아인에게 보내는 서신』(*Letter to the Magnesians*)에서 "말로는 주교를 인정하면서도 그들의 행동으로는 주교를 무시하는 일부 사람들"에 관하

---

36 BDAG pp. 379-380.
37 Lampe pp. 531-534; 참고. Grimm-Thayer에서는 "감독자, 수호자, 혹은 감시자"라는 의미를 제안한다. Grimm-Thayer p. 243.
38 Ignatius, *To the Ephesians* 4.1; 그리스어 원문과 영어 번역문은 Kirsopp Lake, *The Apostolic Fathers*, 2 vols. (London: Heinemann; Cambridge: Harvard University Press, 1965), 1: pp. 176 and 177에서 인용.
39 Ignatius, *To the Ephesians* 20.2; Lake, *The Apostolic Fathers*, 1: pp. 194 and 195.

여 이야기한다.[40]

몇몇 예외도 있었으나, 이런 접근법이 종교개혁 때까지 기독교회 안에 널리 퍼져 있었다.[41] 칼뱅은 『기독교 강요』 4.4에서 주교가 초창기 교회 안에서 가졌던 위치를 논했다. 그는 이렇게 썼다. "가르치는 직무는 그들이 장로라 부르는 모든 이에게 맡겨졌으나, 각 도시에서는 이 장로들이 한 사람을 뽑아…그에게 '주교'라는 칭호를 부여함으로써, 모든 이가 동등한 지위를 가지는 데서 생기는 불화가 일어나지 않게 했다. 하지만 주교는 영예나 위엄이 더 높은 자가 아니었다."[42] 그는 충고하고 이야기를 들어 주며 의견을 모으고 회의를 주재하지만, 명령해서는 안 된다.

리처드 후커(?1554-1600)는 『교회 정치법』(Laws of Ecclesiastical Polity, 1593-1597년, 그리고 그가 세상을 떠난 뒤인 1648-1662년에 다시 출간됨)을 통해 엘리자베스 시대의 종교 분쟁 해결(Elizabethan Settlement)을 이끈 신학적 기초를 제시했다. 그는 교회가 **오직** 성경에서 분명히 말한 유형들만 따를 수 있다는 청교도의 생각을 거부했지만, 그렇다고 더 새로운 유형들이 성경에 **어긋나서는 안 된다**는 태도를 유지했다. 그는 고대의 희생 제사가 폐지되었다는 이유를 들어 "사제"(priest)라는 말보다 "장로"(presbyter)라는 말을 선호했다.[43] 그러나 교회가 성장하고 발전하면서, 실제 현실에서는 주교, 장로(사제), 집사(deacon, 부제)라는 세 직분이 교회를 섬기게 되었다. J. B. 라이트푸트(1828-1889)는 빌립보서를 다룬 주석에서 "그리스도인의 사역"(The Christian Ministry)이라는 그의 유명한 논문을 제시했는데, 이 논문에서 그도 비슷한 이해를 주장했다. 20세기에 G. W. H. 램프도 라이트푸트를 따라서 이런 견해를 주장했다. 그리하여

---

40 Ignatius, *To the Magnesians* 4.1; *The Apostolic Fathers*, 1: p. 201.
41 루터, 칼뱅, 후커의 차이점을 더 꼼꼼히 살펴 제시한 연구서 중 하나가 Paul Avis, *The Church in the Theology of the Reformers* (London: Marshall, 1981), 특히 pp. 95-150다. 『종교개혁자들의 교회관』(컨콜디아사).
42 Calvin, *Institutes of the Christian Religion* 4.4.2; 영역본인 Henry Beveridge, 2 vols. (Grand Rapids: Eerdmans, 1989), 2: p. 328에서 인용.
43 *Hooker's Works*, ed. J. Keble, 7th ed., 3 vols. (Oxford: Clarendon, 1885), 2: pp. 471-472.

성공회, 스칸디나비아와 독일 일부 지방의 루터교회, 아메리카와 아프리카의 많은 감리교회에서는 지금도 계속하여 주교(감독)를 임명한다. 이와 달리 장로교회에서는, 특히 스코틀랜드 장로교회에서는 이런 칭호를 거부하지만, 자기 교회들이 감독 **기능**을 수행한다고 주장한다. 회중교회와 침례교회에서는 보통 이런 주장을 하려 하지 않거나 하지 않는다. 이처럼 감독 기능을 놓고 보면, 모든 교회의 의견이 일치하지는 않아도 많은 교회 사이에 폭넓은 동의가 존재하지만, 감독의 직무나 지위에 반대하는 강력한 소수설이 있다. 동방정교회에서는 로마 가톨릭의 시각을 넓게 공유하며 소소한 부분에서 차이가 있다.

5) **사도전승**. 이 용어는 본디 사도들에게서 시작되었다고 추정하는 교리, 전통, 교회 질서가 중단 없이 계속됨을 가리킨다. 가톨릭교회와 정교회에서는 주교직이 중단 없이 계승됨으로써 이런 계승이 이루어졌다고 본다. 가톨릭 신자들은 교황제의 기원을 베드로의 수위성(primacy)에서 찾으면서, 그 근거로 마태복음 16:18의 "내가 이 바위 위에 교회를 세우겠다"에 관한 가톨릭 자체의 해석을 제시한다. 이와 달리, 개혁파 신학에서는 이런 계속성을 제도에서 찾지 않고, 교회의 **교리**, **설교**, **성례** 시행에서 찾는다. 근래 가톨릭교회에서 표명한 공식들에서는 이것들만이 대안은 아니라고 주장한다. 제2차 바티칸 공의회에서는 이 개념을 누그러뜨려 **여러 단계**의 사도성을 허용하면서, 루터교회와 성공회에도 '어느 정도' 사도성이 있다고 인정한다.

6) **교회의 표지**. 예부터 내려온 전통에서는 '교회의 표지'를, 교회가 하나이고 거룩하며 보편적이고 사도적인 것이라고 정의한다. 이것들을 필수 요구 사항이 아니라 특징들로 여긴다면, 이것들 자체가 다툼거리는 아니다. 예를 들면, 도나투스파, 좀더 극단적인 일부 급진 종교개혁자, 좀더 극단적인 일부 청교도는 거룩함을 오해하여, 배제주의 원칙에 입각해 교리와 도덕 면에서 '순수한' 교회를 요구했다. 이와 달리, 대다수 사람은 이 견해를 **가시적** 교회가 지킬 수 없는 것이라 하여 **거부한** 아우구스티누스와 많은 교부를 따랐다. 교

회의 단일성과 보편성은 "몸이 하나요 성령도 한 분이심을…주도 한 분이시요 믿음도 하나요 세례도 하나"임을(엡 4:4-5), 이것을 삶으로 살아 내고 분열은 피해야 함을 의미한다. 교회는 "자람으로 연합해야" 한다(골 2:19).

잉글랜드 성공회 전 브래드포드 주교였던 제프리 폴(Geoffrey Paul)은 그의 주교 '취임식' 설교에서 교회의 표지와 관련하여 유머가 있으면서도 아주 현실성 있는 평을 내놓았다. 그는 이렇게 단언했다. "하나이고 거룩하며 보편적이고 사도적인 교회를 구성하는 성도와 얼간이로 들어찬 모든 경이로운 주머니에 기쁘게 그리고 다시 빠져나올 수 없게끔 확실하게 속하지 않으면 그리스도의 소유가 될 길이 전혀 없습니다."

3. 사역과 관련된 신학 원리

교회 사역과 관련된 많은 원리 가운데 가장 심오한 원리는 교회와 사역의 **상호성 혹은 호혜성**과 관련이 있으며, **이는 자족을 추구하는 개인주의 및 자율과 반대되는 원리**다. 우리는 이미 이것이 교회와 관련된 핵심 원리임을 밝혔다. 후기 계몽주의의 세속주의에서는 자기 안에 모든 것을 다 갖추고 자족하는 개인을 제시하며 온갖 유혹을 던지지만, 성령이 주시는 선물을 **모두** 가진 그리스도인은 하나도 없다. 우리는 건강한 그리스도인의 삶을 영위하고자 타인에게, 특히 그리스도인 사역자의 가르침과 지도에 의존한다. 이는 바울도 고린도전서에서 강조했고 칼뱅도 『기독교 강요』에서 강조했다.

하지만 사역자는 하나님뿐 아니라 다른 이들에게도 **책임을 져야** 한다. 그들도 하나님의 백성과 마찬가지로 자율성을 가진 이들이 아니다. 이들은 통합, 중재, 자문을 위해 상위 감독자나 주교에게 의지한다. 동시에 이들은 다른 그리스도인들과 서로 의지하며, 대다수 교회에서는 어떤 지역에서든 '교황' 역할을 하는 이에게 의심을 표한다. 1960년대 이후로 기독교회에서 이룬 가장 중요한 진전 가운데 하나는 (특히 제2차 바티칸 공의회 이후로) 대다수 가톨릭 신자와 많은 오순절주의자가 이룬 합의로, 사역은 곧 **합동하고 협력하여 하는** 활동이라는 것이다. 가톨릭과 성공회에서는 이제 모두 주교'단'의 중요성을 강조한다. 주교는 동료 주교들과 따로 떨어져 혼자 활동해서는 안 된다.

성서학의 연구 결과도 이를 밑받침한다. 바울 사도조차도 **외톨이** 선교사-목사가 아니었다. 그는 바나바, 실라, 아볼로, 디모데, 디도, 에바브라, 마가, 누가, 브리스길라, 아굴라, 빌레몬을 비롯하여 많은 동료와 **협력하여** 일했다. 이 가운데 여성인 유니아를 포함해 대략 아홉 사람은 여러 사도 가운데 그 이름이 등장한다(롬 16:3, 9, 21; 고전 3:9; 고후 8:23; 빌 2:25; 4:3; 골 4:11; 살전 3:2; 몬 1, 24).[44] 앤터니 핸슨(Anthony Hanson)은 그의 책 『개척자 사역』(*The Pioneer Ministry*)에서 일반적이며 추상적인 원리를 고찰하기보다 신약성경 속에서 사역이 실제로 어떻게 펼쳐지고 있는가에 초점을 맞추어야 한다고 주장한다.[45]

바울은 종종 사역자의 책임을 집이나 토지를 **관리하는** 자의 책임에 비유한다. '관리' 문화를 교회에 도입하는 것에 반대하는 비판이 분명 널리 퍼져 있다. 이를 도입했다간 아무 제약 없는 '라인 관리'(line management)라는 개념이 영원히 자리 잡을 수도 있기 때문이다. 하지만 바울은 사역자가 자신에게 맡겨진 일을 섬기는 **청지기나 관리자**(*oikonomoi*)임을 분명하게 말한다(고전 4:1-2). 댕커는 *oikonomia*의 첫 번째 의미로 "관리 책임, 가사 관리"를 제시한다(아울러 고전 9:17을 참고하라). 아울러 이 말은 "질서"로도 번역할 수 있다. 그

44　D. J. Harrington, "Paul and Collaborative Ministry", *New Theological Review* 3 (1990): pp. 62-71; Bengt Holmberg, *Paul and Power: The Structure of Authority in the Primitive Church*, ConBNT 11 (Lund: Gleerup, 1978), 특히 pp. 204-207; Ernst Käsemann, "Ministry and Community in the New Testament", in *Essays on New Testament Themes* (London: SCM, 1969), pp. 217-235; Ernest Best, "Paul's Apostolic Authority," *JSNT* 27(1986): pp. 3-25; Jeffrey A. Crafton, *The Agency of the Apostle: A Dramatistic Analysis of Paul's Responses to Conflict in 2 Corinthians* (Sheffield: Shaffield Academic, 1991), pp. 53-103; Wolf-Henning Ollrog, *Paulus und seine Mitarbeiter* (Neukirchen-Vluyn: Neukirchen, 1979); Eldon Jay Epp, *Junia: The First Woman Apostle* (Minneapolis: Fortress, 2005); C. K. Barrett, The Signs of an Apostle (London: Epworth, 1970), pp. 39-73; Anthony Hanson, *Church, Sacraments, and Ministry* (London: Mowbray, 1975), pp. 99-119.

45　Anthony Hanson, *The Pioneer Ministry* (London: SCM, 1961), p. 46.

는 *oikonomos*의 의미를 이렇게 제안한다. "집이나 토지를 관리하는 자, 청지기, 관리자."[46]

우리는 이미 *episkopos*라는 말을 논했으며, 이 말을 *presbyteros*라는 말과 바꿔 쓸 수 있는가를 둘러싼 논쟁도 다루었다. 우리의 결론과 상관없이, 사도행전 20:28, 빌립보서 1:1, 디모데전서 3:1-7, 베드로전서 2:12, 15에서는 주교, 감독자, 감시자 사역을 암시한다. 디모데전서 3:1-7에서는 주교나 감독에게 기대하는 자질을 열거하며, W. D. 마운스(Mounce), 댕커, 그리고 다른 이들은 이런 자질을 꼼꼼히 고찰한다. 이런 자질에는 적어도 다음 일곱 가지가 포함된다. (1) **가르침에 능함**(그리스어로 *didaktikos*), (2) **온건하고 분별 있음 혹은 극단을 피함**(*nēphalios*) (3) **갈등을 싫어함**(그리하여 통일에 초점을 맞춤, *amachos*), 다시 말해, 갈등 해결을 도모함, (4) **절제함, 또는 신중함**(*sōphrōn*), (5) **너그러움, 참음, 정중함**(*epieikēs*) (6) **무게 중심이나 무게가 있어서 사람들에게 칭송을 받거나 고귀함을 인정받을 수 있음**(*kosmios*), (7) **집안과 교회를 관리할 능력이 있음**(*proïstanai*). 아울러 다른 본문에서는 (8) **선교 지도자임**(마 28:19)과 (9) **목회자의 마음을 갖고 있음**(요 21:15-17)을 제시한다. '목자'라는 것은 양 떼를 먹일 뿐 아니라 적과 습격자에 맞서 양 떼를 지킨다는 것을 의미한다.

마운스는 **장로**에게 기대하는 자질이 이와 겹치지만 동일하지는 않음을 보여 준다. 마운스는 두 경우에 (10) "한 여자의 남자"임과 (11) "나무랄 것이 없음"(*anepilēmtos*)을 제시한다. 둘 다 "건강케 하는 교리"를 가르침을 암시한다.[47]

신약성경에서 바울과 다른 기록자들은 *diakonos*도 사용한다(고후 6:4; 살전 3:2; 참고. 고후 3:6; 11:15; 골 1:25; 엡 6:21; 롬 16:1). 예부터 전통을 보면, 교회에서는 이것이 주교, 사제나 장로, 집사(부제)로 이루어진 3층 위계 구조, 혹은 장로와 집사로 이루어진 2층 위계 구조를 나타낸다고 이해해 왔다. 그러나 분명

---

[46] BDAG pp. 697-698.
[47] William D. Mounce, *Pastoral Epistles*, WBC 46 (Nashville: Nelson, 2000), pp. 168-190. 『목회서신』(솔로몬).

댕커는 근래 존 콜린스(John Collins)가 내놓은 작업을 따른다. 댕커는 콜린스의 견해를 따라, 그 그리스어를 "중개인, 대리인 혹은 보조자로서 섬기는 사람"이라고 번역한다.[48] 콜린스는 *diakonos*가 주교나 장로의 대리자나 보조자로 섬기는 사람이지, 빈민 구제 같은 사회 활동을 하는 이나 대리인은 분명 아니라고 주장한다. 그는 이 말이 하인이나 재정 관리인이라기보다 "중개자"(go-between)나 "대리자"(deputy)를 뜻한다고 제안한다. 이런 의미는 고린도후서 3:7-9에는 들어맞지만, 사도행전 6:2에서는 동사 *diakoneō*의 의미가 여전히 불분명하다. 여기서 말하는 "식사 시중"(*trapezais*)에는 재정과 관련된 의미도 들어 있을 수 있다. 댕커는 이를 "특별한 문제"라 부른다.[49]

바울은 고린도전서 3:10에서 *architektōn*이라는 말을 자신에게 적용한다. 이는 감독하는 일을 의미했을 수 있다. 1세기 그리스-로마 세계에서는 이런 인물이 건축자들의 노동력을 관장하고 조정하며, 건축 계약을 이행하고, 건축 프로젝트를 조정하는 일을 하곤 했다. 그는 다른 건축자들과 협력하여 일했을 것이다. 이는 주교나 감독자가 하는 일과 관련하여 세 가지 독특한 특징을 시사하는 말일 수 있다. 첫째, 이들은 **협력하여** 일한다. 둘째, 이들은 아마도 **지역의 경계를 넘어 여기저기 다니며** 사역했을 것이다. 셋째, 이들은 건축자들 가운데서 **목적의 통일성**을 확실히 유지할 책임을 진다. 우리는 판넨베르크가 '지역 교회'를 정의하는 일과 관련하여 주의하라고 당부한 내용을 떠올려 본다.

역사 속 사상을 살펴보면, 장 칼뱅은 대체로 목사나 장로가 필요하다는 견해를 분명하게 밝혔다. 그는 이런 견해를 표명한다. "목사는 (각 목사가 자신에게 맡겨진 특정 교회의 행정권을 가진 것을 제외하면) 사도와 같은 기능을 가진다."[50] 이들은 "교회 안에서 파수꾼으로" 섬기며, 복음을 설교한다.[51] **안수식**(ordination,

---

48 John N. Collins, *Diakonia: Re-interpreting the Sources* (Oxford: OUP, 1990).
49 BDAG pp. 229-231; 참고. Stephen Croft, *Ministry in Three Dimensions: Ordination and Leadership in the Local Church* (London: DLT, 1999).
50 Calvin, *Institutes* 4.3.5.
51 Calvin, *Institutes* 4.3.6.

서품)도 필요하다(딛 1:5). 칼뱅은 모든 일을 "품위 있게 하고 질서 있게" 해야 한다고 강조했다(고전 14:40). **교회가 부여하는 공적 소명**은 지극히 중요하므로, "침착하지 않고 빈 수레처럼 요란한 자들이 주제넘게 나서서 가르치거나 다스리는 일을 맡는 일이 없어야 한다(실제로 일어날 수 있었던 사건이다).… 어느 누구도 소명이 없으면 교회 안의 공직을 맡아서는 안 된다(히 5:4; 렘 17:16)."[52]

칼뱅은 계속하여 이렇게 말한다. "그것(성경)은 말씀 사역을 행하는 모든 이에게 주교라는 이름을 부여한다."[53] 덧붙여 그는 이렇게 말한다. "집사에겐 가난한 이들을 보살피는 일이 맡겨졌다." 이것이 콜린스(1990년) 때까지 이어져 온 전통적 견해였다.[54] 이어 칼뱅은 '전 교회'가 혹은 '동료들과 장로들'이 장로를 고르고 임명해야 하는가라는 문제를 논했다. 그는 디도서 1:5과 디모데전서 5:22에서는 "한 사람"을 암시하는 것 같다고 생각하면서도, 사도행전 14:23, 그리고 "사람들이 모인 자리에서" 사역자를 뽑으라는 키프리아누스의 주장을 함께 지적한다.[55] 칼뱅은 감독교회 전통을 따르지 않았다.

이와 크게 다른 견해를 제시한 이가 토마스 아퀴나스이며, 로마 가톨릭교회에서는 전통 대대로 그의 견해를 따랐다. 그는 베드로의 열쇠와 관련하여 이렇게 주장했다. "오직 사제만이 이 열쇠를 가진다.…이 열쇠는 파문이나 사죄(赦罪, absolution)을 통해…하늘에 이른다."[56] 평신도는 베드로와 그 후계자에게 주어진 이 '열쇠'를 사용하지 못한다. 제2차 바티칸 공의회 때 일부 변화가 있긴 했으나, 이 공의회에서도 여전히 "사제직"이라는 말을 사용하며, 교회의 위계질서 속에서 사제와 평신도를 구분한다. 루터교회-로마 가톨릭 국제공동위원회(Lutheran-Roman Catholic International Commission, 1981년)에서는 사도

---

52 Calvin, *Institutes* 4.3.10.
53 Calvin, *Institutes* 4.3.8.
54 Calvin, *Institutes* 4.3.9.
55 Calvin, *Institutes* 4.3.11.
56 Aquinas, *Summa* III, qu. 19, art. 3.

시대 이후 교회에서는 교회를 이끌고 통일성을 유지하기 위해 특별한 직무가 필요하다는 것이 증명되었다고 선언했다. 가톨릭, 루터파, 성공회, 칼뱅파 전통을 살펴보면, 공직을 수행할 자로 선출된 사역자들은 단순히 그들 자신의 이름으로 가르치고 설교하지 않는다.[57] 가톨릭에서는 서품을 성사로 여기나, 성공회와 루터교회에서는 주가 제정하신 두 성례에 국한하여 사용한다.

근래에는, 감독회(주교단)에서 볼 수 있듯이, 합동하거나 협력을 통해 이루어지는 사역의 본질을 강조하는데, 이런 강조점은 우리가 논했던 교회 관련 원리를 밑받침한다. 모든 것은 **상호 의존성에 그리고 자족성은 없다는 데** 기초해 있다. 바울은 고린도전서 3장에서 고린도 교회 사람들에게 이들이 특정한 사역자를 거부하거나 자신들이 좋아하는 사역만 선택함으로써 하나님이 이들에게 주시려 하시는 것을 **스스로 내팽개치고 있다고** 설명한다. 바울은 이렇게 썼다. "자신을 속이지 말라.…만물이 다 너희 것임이라. 바울이나 아볼로나 게바나…다 너희의 것이니라"(고전 3:18, 21-22).

4. 세례라는 성례

세례와 주의 만찬을 살펴보기 전에 '성례'(sacrament)라는 말과 관련하여 몇 마디 설명이 필요하다. 아울러 우리에겐 화행 이론 혹은 수행 발화와 성례의 연관성 탐구라는 더 독특한 목표가 있다. C. K. 배러트가 강조하듯이, 신약성경에는 '성례'라는 말이 나오지 않는다.[58] 그러나 배러트는, 사방에서 사람들이 이런 사실을 주장하면서도 그 의미는 자주 무시하고 넘어간다고 말한다.

1) **성례**. 성례라는 말은 200년경, 테르툴리아누스가 『세례론』이라는 논문을 발표했을 무렵에 그리스도인들이 사용하는 언어 세계 속으로 처음 들어왔다. 테르툴리아누스는 이 논문을 이런 말로 시작한다. "여기에 우리가 물로 행

---

[57] 참고. Pannenberg, *ST* 3: p. 349.
[58] Barrett, *Church, Ministry, and the Sacraments*, pp. 55-57.

하는 성례가 있다."⁵⁹ 그는 다른 곳에서 모든 장로가 언제라도 세례를 베풀 임무를 기꺼이 수행할 준비를 해야 한다고 권면한다.⁶⁰ 라틴어 *sacramentum*에 대응하는 그리스어가 *mystērion*인데, 이 말은 에우세비오스에게서 처음 나타난다.

'성례'라는 말이 등장하는 맥락을 살펴보면, 이 말이 가리키는 개념은 다음 셋 중 하나일 수 있다. 첫째, 예부터 내려온 전통을 보면, 대다수 개신교 신자는 '주가 제정하신' 두 성례인 세례와 주의 만찬을 이야기한다. 둘째, 가톨릭과 동방 정교회 전통에서는 중세 시대에 등장한 일곱 성사를 이야기한다. 이 일곱 성사에는 세례와 성찬뿐 아니라 견진, 혼인, 성품, 고해, 전통상 생애 마지막에 행하는 도유(塗油)가 들어간다. 셋째, '성례'는 어떤 형식을 조금 벗어나서 그냥 **무한히 많은 수의** 사례를 가리키는 말일 수도 있다. **볼 수 없는 은혜를 볼 수 있는 표지**를 통해 전달해 주는 어떤 행동이나 물체도 사실은 가장 넓은 의미에서 '성례'라 부를 수 있다. 그러나 이 세 번째 범주의 '성례'는 사실상 **상징**이나 **표지**로 축소되었다. 모든 교회 전통에서 내놓은 신앙 문헌을 살펴보면, 아침에 일어나 씻는 행위를 정결을 전달하는 상징으로 생각할 수도 있고, 불을 사용하는 것이 정화나 조명을 암시한다고 볼 수도 있다.

무엇이 '성례'라는 말의 '올바른' 사용일지 묻는 질문이 대개 타당성을 가지려면, 그 말을 사용한 특정한 맥락이 있어야 한다. 말하는 이와 듣는 이가 모두 이 말을 어떤 의미로, 어떤 맥락에서 사용하는가를 분명히 알 수 있어야 한다. 성례에 따른 은혜와 그것이 암시하는 의미들을 다룬 교리가 옳은가 그른가는 가톨릭 전통과 개신교 전통에서 서로 다르게 이야기할 수도 있다. 기독교 초창기에 성례가 가졌던 의미의 핵심은 성례가 **약속**(promises)을 구성한다는 것이었다. 루터, 틴들, 칼뱅, 그리고 대다수 종교개혁자는 하나님이 하신 **약속을 효과 있게 보여 주는 표지**가 성례라고 보았다. 틴들과 멜란히톤은 약

---

59   Tertullian, *On Baptism* 1.1.
60   Tertullian, *An Exhortation to Charity* 7.

속을 중요하게 여겼으며, 멜란히톤은 이렇게 썼다. "복음은 은혜를 베푸신다는 약속이다. 표지들을 다룬 이 부분은 약속들과 아주 밀접한 관련이 있다. 성경에서는 이 표지들을 우리에게 약속들을 되새겨 주고 우리를 향한 하나님의 뜻을 명확하게 증언하는 인(印)으로 약속들에 덧붙인다."[61] 칼뱅은 성례를 이렇게 정의했다. "주가 우리를 향한 선한 뜻이 담긴 당신의 **약속**을 우리 양심에 **인치사**, 우리의 연약한 믿음을 받쳐 주시고, 이를 힘입어 우리가 그분을 향한 우리의 경건을 증언하게 하시고자 그 방편으로 사용하시는 영원한 표지."[62] 그는 덧붙여 이렇게 말한다. "앞선 약속이 없으면 결코 성례도 없다."[63]

성례라는 것이 필요한 한 가지 큰 이유는 우리 **믿음의 연약함**이다. 아울러 성례는 구약에 있는 표지와 유사한 것들을 담고 있으며, 언약과 관련이 있다. 그것들은 "언약의 상징"이요 "그분(하나님)의 은혜를 보증하는 담보"다.[64] 마르틴 부처와 피에트로 마르티레(Peter Martyr)는 이런 성례도 "볼 수 있는 말씀"으로서, "그것들이 보여 주는 것을 제공한다"고 강조했다. 이런 성례는 시각뿐 아니라 더 많은 감각과 관련 있을 수 있다. 대다수 저술가는 이것들이 그리스도인의 삶 속에 자리한 "아직 아니"(not yet) 가운데 일부라고 강조한다.[65] 아울러 이런 성례는 개인뿐 아니라 교회 공동체와 관련이 있다. 그리스도가 다시 오시면, 우리에겐 더 이상 상징이나 성례가 필요하지 않을 것이다. 그때는 이런 상징이나 성례가 가리키는 것을 직접 만나기 때문이다. 이는 15장에서 새 예루살렘을 다룰 때 자세히 설명한다.

2) **세례 신학.** 루돌프 쉬나켄부르크는 **바울이 세례를 다루며 제시한 세 강**

61　Philipp Melanchthon, *Loci Communes Rerum Theologicarum*, in *Melanchthon and Bucer*, ed. Wilhelm Pauck (London: SCM; Philadelphia: Westminster, 1969), p. 133. 『멜란히톤과 부처』 (두란노아카데미).
62　Calvin, *Institutes* 4.14.1; Beveridge ed., 2: pp. 491-492. 티슬턴 강조.
63　Calvin, *Institutes* 4.14.3; 2: p. 492.
64　Calvin, *Institutes* 4.14.6 and 7; 2: p. 494.
65　Pannenberg, ST 3: p. 353; Gerhard Ebeling, *Word of God and Tradition: Historical Studies Interpreting the Divisions of Christianity* (London: Collins, 1968), pp. 225-235.

조점 혹은 세 주제를 올바로 구분했다.⁶⁶ (1) 십중팔구는 가장 중요하지 않은데도, 오늘날 사람들이 가장 관심을 갖는 것이 깨끗이 씻음(cleansing)이라는 주제다. 바울이 고린도전서 6:11에서 '씻다'를 뜻하는 *apolouesthai*를 사용하긴 하지만, 이것이 정말 이른바 세례 부정 과거(baptismal aorist)인지, 아니면 던이 회심-입회 사건(conversion-initiation event)이라 불렀던 사건⁶⁷이라기보다 그냥 세례를 가리키는 것인지 확실하게 알 수는 없다. 에베소서 5:26에서도 유사한 사례를 제시한다. 물과 말씀을 언급하는 말이 가리키는 것은 분명 세례인가? 디도서 3:5에서는 *loutron*(씻음)을 사용하지만, 세례를 가리키는 말일 개연성에 불과하다.

(2) 세례는 그리스도께 충성하는 것, "그리스도께 내맡기는 것", 그리스도 안에서 그와 하나가 되는 것이라는 게 "사실 바울이 말하는 주요 주제이며, 그는 종종 이를 나타내고자 *baptizein eis Christon*이라는 말을 사용한다."⁶⁸ 쉬나켄부르크는 이 말의 맥락을 고린도전서 3:23, 6:19, 고린도후서 10:7, 그리고 다른 곳에 있는 "너희는 그리스도께 속했다"는 말에서 찾는다. 이 말의 맥락이 그러함을 보여 주는 한 예가 "그리스도의 이름으로 받은 세례"(고전 1:13)다. 여기서 그는 논쟁거리가 된 *baptizein eis Christon*(갈 3:27; 롬 6:3)이라는 표현을 논한다. 한 견해에서는 여기에 있는 *eis*가 움직임을 나타내는 모든 동사와 함께 쓸 때처럼 목표를 가리킨다고 말하지만, 쉬나켄부르크는 모든 본문을 이런 의미로 봐야 하는 것은 아니라고 주장한다. 다른 이들은 이 말이, 그리스도께 나아가는 세례처럼, 결과(effect)를 묘사한다고 제안한다. 댕커는 *eis*라는 전치사가 얼마나 다양한 의미를 가질 수 있는지 보여 주었다. 그는 이 전

---

66 Rudolf Schnackenburg, *Baptism in the Thought of St. Paul: A Study in Pauline Theology* (Oxford: Blackwell, 1964), pp. 3-61.
67 James D. G. Dunn, *Baptism in the Holy Spirit: A Re-examination of the New Testament Teaching on the Gift of the Spirit in Relation to Pentecostalism Today* (London: SCM, 1970), p. 104; 참고. pp. 120-123.
68 Schnackenburg, *Baptism*, pp. 18-29.

치사가 네 의미, 곧 **향하는 목표**, 또는 **향하는 방향**, 또는 어떤 정도를 나타내는 표지, 또는 어떤 이의 이름과 관련된 기능이라는 의미 가운데 하나를 가리킬 수 있다고 썼다. 그리하여 쉬나켄부르크는 이 말이 움직임 **없는** "믿음의 방향"을 가리킬 수 있으므로 "언제나 이 말이 등장하는 맥락을 고려하여 살펴봐야" 한다고 결론짓는다.[69] 이 말은, 고린도전서 12:13과 갈라디아서 3:27에서 볼 수 있듯이, 그리스도의 몸 안으로 들어가 이 몸과 하나가 됨을 의미할 때가 잦다. 따라서 이 말은 믿음의 **방향**을 나타내는 말인 pisteuein eis, 곧 "…을 믿다"(believe in)와 평행을 이루는 말일 수 있다.

(3) 쉬나켄부르크는 바울이 말하는 세 번째 주제가 "**세례는 곧 구원 사건**"이며, 이를 일러 주는 고전적 본문이 로마서 6:1-11이라고 말한다. 이는 "그리스도와 함께(syn Christō) 죽고 다시 살아남"을 설명해 준다.[70] 이는 '하나님을 향한 새 생명 안에서 행함이라는 목표를 갖고, 죄의 힘으로 말미암아 일어난 파괴에 대하여 죽는 것'과 관련이 있다. 이는 **그리스도와 함께 십자가에 못 박힘**(갈 2:20; 3:13-14), 그리고 그와 함께 부활함이라는 개념과 관련이 있다. 이는 율법에 대하여 죽는 것을 수반한다(롬 7:4-6). 이는 다시 (옛 사람을—옮긴이) '벗음'과 그리스도를 '입음'이라는 개념에 속한다.

쉬나켄부르크는 바울의 글에서 세 주제를 찾아 이야기하는데, C. F. D. 몰과 앨런 리처드슨(Alan Richardson)은 네 번째 주제를 설명하여 도움을 준다. (4) 네 번째 주제는 세례를 마지막 심판과 관련지어 이를 **마지막 심판 전에 '유죄를 인정하는 것'**으로 이해하는 **종말론적** 차원이다. 몰은 이렇게 썼다. "세례가 자원하여 죽는 것이라면, 이는 또한 유죄를 인정하는 것, 선고된 판결을 받아들이는 것이다."[71] 마찬가지로 리처드슨도 이렇게 썼다. "세례받는 것은 하

---

69 Schnackenburg, *Baptism*, p. 26; 참고. p. 23.
70 Schnackenburg, *Baptism*, p. 30; 참고. pp. 30-82.
71 C. F. D. Moule, "Judgement Theme in the Sacraments", in *The Background to the New Testament and Its Eschatology: In Honour of C. H. Dodd*, ed. W. D. Davies and David Daube (Cambridge: CUP, 1956), p. 465; 참고. pp. 464-481.

나님이 내리신 유죄 판결을 받아들임으로써 큰 순회 재판과 마지막 날의 최종 심판을 지나 내세의 생명 속으로 데려감을 받는 것이다."[72] 우리는 골로새서 2:14, 마가복음 10:38, 누가복음 12:50을 비교해 볼 수 있다. 아울러 이 견해는 루터, 칼뱅, 그리고 다른 많은 이가 주장한 견해, 곧 세례는 믿음이 연약할 수 있는 현재 상황 속에 존재하면서 미래를 내다보는 **과도기** 제도라는 견해와 일치한다.

(5) 톰 홀랜드(Tom Holland) 역시 세례가 **공동체와 관련된** 성질을 갖고 있으며, 이는 우리가 유아세례 관련 논쟁을 살펴보면 중요하게 부각되는 점이라고 강조한다.[73] 그는 세례가 이스라엘이 하나님과 맺은 **언약 관계** 안으로 들어가는 일을 본 딴 것이라고 주장한다(롬 6:1-11; 고전 12-13장; 갈 3:5-29; 엡 4:6; 5:25-27). 그는 이렇게 결론짓는다. "바울은 이스라엘이 이집트에서 인도받아 나와서 맞이한 새 시작을 나타낸 용어와 같은 용어를 씀으로써…공동체와 관련된 구약의 범주들 안에 그대로 머물렀다."[74]

(6) **복음서를 보면**, 세례 요한 이후로 세례가 종말론 색채를 가진다. 세례 요한은 하나님의 백성에게 세례를 주어 이들이 마지막 심판을 준비하게 했다(마 3:1-12; 막 1:8-11; 눅 3:18-22; 요 1:29-36). 오스카 쿨만은 "세례가 그리스도의 사역에 닻을 내리고 있다.…예수는 자신의 죽음을 내다보시며 세례를 받으신다.…예수는 자신을 자신의 전 백성과 하나로 묶으셔야 했다"라고 올바로 말한다.[75] 그는 예수가 받으신 세례가 "훗날 짊어질 십자가를 가리킨다"고 말했다. 이 때문에 예수는 제자들에게 "내가 받는 세례를 너희가 받을…수 있느냐?"(막 10:38)라고 물으시면서 자신의 죽음을 암시한다. 예수가 받으신 세례가

---

[72] Alan Richardson, *An Introduction to the Theology of the New Testament* (London: SCM, 1958), p. 341.
[73] Tom Holland, *Contours of Pauline Theology: A Radical New Survey of the Influences on Paul's Biblical Writings* (Fearn, Scotland: Mentor, 2004), pp. 141-156. 『바울신학개요』(CH북스).
[74] Holland, *Contours of Pauline Theology*, p. 153.
[75] Oscar Cullmann, *Baptism in the New Testament* (London: SCM, 1950), pp. 14 and 18.

죄 씻음일 리는 없다. 그에겐 죄가 없기 때문이다. 배러트의 말을 빌리면, 예수는 세례 때 "하나님이 준비하신 백성 중 하나"가 되었다.

(7) **유아세례**와 **신자의 세례**(believer's baptism)를 둘러싼 유명한 논쟁은 유아세례가 등장한 시기 및 이를 인정할 증거와 관련하여 끝없이 이어지는 논쟁에 달려 있다기보다 **세례 신학**과 직접 관련이 있다. 먼저 두 번째 논점을 다뤄 보면, 쿠르트 알란트(Kurt Aland)와 요아힘 예레미아스가 벌인 끝장 논쟁은 양 진영의 논지를 조리 있게 보여 주었다. 예레미아스는 역사에 비춰 유아세례를 변호하려고 했다. 그는 '집안 세례'를 원용했는데, 이런 세례에는 루디아의 집 식구들에게 베푼 세례(행 16:15), 빌립보 감옥 간수의 집 식구들에게 베푼 세례(행 16:31-33), 스데바나 집 사람들에게 베푼 세례(고전 1:16; 참고. 16:15) 및 다른 사례들이 포함된다.[76]

쿠르트 알란트는 신자의 세례를 옹호함으로써 예레미아스에게 응수한다. 그는 '집안'(oikos 형태)에는 자녀가 없는 부부나 어른인 자녀는 물론 노예나 종도 당연히 포함될 수 있다고 주장했다. 그는 완전한 형태의 유아세례는 200-203년 무렵이 지나서야 나타났다고 주장했다.[77] 예레미아스는 또 다른 책에서 알란트의 견해에 답변하면서, 200년경의 세례 방침에 관한 알란트의 가설에 의문을 제기하고, 나아가 유대교의 개종자 세례를 논했다.[78] 이런 연구 외에도, 피에르샤를르 마르셀(Pierre-Charles Marcel)은 신학의 관점에서 은혜와 칭의에 근거한 주장을 폄과 동시에, 역사의 관점에서 언약과 유대교의 할례 및 세례 의식에 근거한 주장을 폈다.[79]

유아세례의 역사상 기원을 둘러싼 이런 논쟁은, **세례의 목적**을 근본부터

---

76 Joachim Jeremias, *Infant Baptism in the First Four Centuries* (London: SCM, 1960).
77 Kurt Aland, *Did the Early Church Baptise Infants?* (London: SCM, 1962).
78 Joachim Jeremias, *The Origins of Infant Baptism: A Further Study in Reply to Kurt Aland* (London: SCM, 1963).
79 Pierre-Charles Marcel, *The Biblical Doctrine of Infant Baptism: Sacrament of the Covenant of Grace* (London: Clarke, 1953, 2002), 특히 pp. 34-98.

다르게 바라보는 상이한 견해들의 발생 원인은 다루지 않으면 논쟁의 표면만 수박 겉핥듯 만지는 데 불과하다. 세례를 **한 몸을 이룬 공동체인 교회**에 받아들이는 것이나, 언약 속에 들어가는 것이나, 입회 의식으로 이해한다면, 유아세례를 반대하는 주장은 무너지는 것 같다. 하지만 세례를 무엇보다 **개인의 신앙고백**으로 본다면, 유아세례를 반대하는 주장도 타당해 보인다. 세례를 '깨끗이 씻음'으로 보는 논지는 유아세례 찬성론과 반대론 중 어느 쪽이라도 지지하는 근거가 될 수 있으나, 둘 중 어느 쪽을 지지하는가는 죄와 소외를 바울, 아우구스티누스, 루터, 칼뱅처럼 타락한 인간을 규정하는 특징으로 보느냐, 아니면 펠라기우스와 근대의 일부 자유주의자처럼 단지 개인의 의식적 행위로 보느냐에 따라 결정될 것이다. 기이하게도 알란트는 아우구스티누스에 반대하며 이렇게 주장했다. "어린이는 죄가 없으므로 세례가 필요 없다."[80] 그리하여 침례교 진영에서는 휠러 로빈슨이 이렇게 주장했다. "신자의 세례는…**회심**의 필요성과 개별성을…강조한다. 이는 그의(그리스도의) 권위를 의식하며 받아들이는 것이다."[81] 아마 놀랄 수도 있겠지만, 칼 바르트도 의식이라는 문제를 강조했다.

이 논쟁의 반대편 진영에서, 쿨만은 세례가 **입회**라고 주장하면서, 인간의 반응 **이전에** 하나님의 **은혜**가 오며, 세례는 **오로지 개인 차원의 일이 아니라 공동체 차원의 일**로, 언약 속으로 들어가 회중의 믿음을 일깨우는 일과 관련이 있다고 강조했다. 그는 유아세례가 '정상'이라 여기면서 이렇게 설명했다. "유아세례가 성경에 부합하는 성격을 가졌다는 데 이의를 제기하는 사람들은 **그리스도인 부모의 자녀가 어른이 되어 받는 세례**에 관한 신약성경의 증언이 훨씬 취약하다는 사실을 고려해야 한다."[82] 아울러 그는 이렇게 분명히 말한다. "하나님이 하시는 행위에는 그 대답으로서 믿음이 반드시 **뒤따른다**는

---

80 Aland, *Did the Early Church Baptise Infants?*, p. 106.
81 H. Wheeler Robinson, *Baptist Principles*, 4th ed. (London: Carey Kingsgate, 1960), pp. 17 and 23; 참고. Stephen R. Holmes, *Baptist Theology* (London: T. & T. Clark, 2012).
82 Cullmann, *Baptism in the New Testament*, p. 26. 티슬턴 강조.

것이 바로 [하나님의 은혜의] 본질"이며, 그렇지 않으면 은혜는 은혜가 아닐 것이다.[83] '신약성경의 증거'를 둘러싼 해묵은 논쟁보다 훨씬 더 중차대한 것은 인간의 죄가 지닌 본질, 하나님의 은혜의 본질, 공동체나 개인 차원을 각각 이해하는 일이다.

(8) 우리는 이 모든 논증 서두에서 우리가 **화행 이론**과 **수행 발화**의 중요성을 고려할 수도 있음을 시사했다. 우리는 루터, 틴들, 그리고 다른 종교개혁자들 안에서 성경, 곧 하나님 말씀이 단지 무언가를 **알려 줄** 뿐 아니라 **행하기**도 한다고 말했다. 그것은 보통 사람들에게 **약속**으로 다가오지만, 그뿐 아니라 **임명**, **부르심**, **해방**, **용서**, **사명 수여**, 혹은 어떤 사람이 삶 속에서 맡은 지위나 하는 일을 **바꿔 놓는** 광범위한 의사소통으로도 다가온다. 만일 세례가 '신앙을 고백하는 일'이라면, 이는 세례를 단순히 **정보를 제공하는** 혹은 '발화(發話)하는' 행위로 축소해 버리는 것 같다. 그러나 화행 이론에 비춰 보면, 세례는 이런 차원을 넘어 더 **많은** 의미를 함축한 의사소통 행위일 수 있다. 가톨릭에서는 세례를 은혜의 전달로 기꺼이 인정하려 할지도 모른다. 대다수 루터교회, 성공회, 장로교회 신자는 세례를 정확히 이런 관점에서 바라보진 않더라도 어떤 의미에서는 하나의 **행위**라고 생각할 것이다. 이 때문에 종교개혁 언어는 세례가 하나님이 인간에게 주시는 **유효한** 표지를 이룬다고 말한다. 이어서 이 원리가 주의 만찬이라는 성례에도 적용됨을 살펴보겠다.

5. 성찬, 거룩한 교제, 주의 만찬

'성찬', '거룩한 교제', '주의 만찬'은 모두 성경의 용례가 밑받침하는 말이라 할 수 있다. 고린도전서 11:24에 나오는 그리스어 *eucharistēsas*는 '감사를 드렸음'을 의미한다. '교제'는 고린도전서 10:16에 나오는 *koinōnia*, 곧 그리스도의

---

[83] Cullmann, *Baptism in the New Testament*, p. 33.

피를 '함께 나눔'을 나타내며, '주의 만찬'은 바울이 고린도전서 11:20에서 의식을 가리킬 때 쓰는 말이다(그리스어로 *kuriakon deipnon*인데, 이는 필시 시간 순서상 시점과 상관없이 하루의 주된 식사를 가리키는 말일 것이다). 로마 가톨릭과 '고교회' 전통에서는 '성찬'(Eucharist)을 사용하는 경향이 있으나, 다른 교회 전통은 '주의 만찬'(Lord's Supper)이나 '거룩한 교제'(Holy Communion)를 사용한다는 점은 부차적 고려사항이다. '미사'(Mass)는 서방 교회 의식의 마지막 언어가 대중 속에 널리 퍼진 모습을 보여 준다는 점에서 조금 낡은 말이 되었거나 그렇게 되어 가고 있는 것 같다.

1) **성경 내용.** 공관복음과 바울 서신을 살펴보면, 마지막 만찬과 주의 만찬을 거행하는 **맥락**이 이 만찬을 이해하는 데 아주 중요하다. 예수는 **유대인의 유월절 식사**를 지키시는데, 유대교에서는 이 식사 전례가 *Sēder*로 알려져 있다. 이 식사 전례는 유월절에 **참여했던 사람들의 내러티브 세계**(출 12:1-51)를 **그대로 다시 체험하는** 형태를 띠고 있다. 실제로 유월절 식사에 참여하는 자들은 그들이 이집트에서 노예로 지내던 처지에서 구원받아 하나님이 구속하신 백성으로서 새 삶을 시작하는 유월절 사건을 '다시 체험한다.'

발타사르와 밴후저(Vanhoozer)가 교리를 묘사한 것처럼, 출애굽기 12장과 유대교 미쉬나에서는 이것이 **드라마 같은 사건**임을 분명하게 일러 준다. 출애굽기 12:25-27에서는 이렇게 선언한다. "너희는 여호와께서 약속하신 대로 너희에게 주시는 땅에 이를 때에 이 예식을 지킬 것이라. 이후에 너희의 자녀가 묻기를 이 예식이 무슨 뜻이냐 하거든 너희는 이르기를 이는 여호와의 유월절 제사라 하라." 미쉬나에서는 이렇게 덧붙인다. "모든 세대 사람은 자신이 마치 이집트에서 나온 것처럼 여겨야 한다"(*m. Pesaḥim* 10:5).[84] 공관복음에서는 유월절 식사 준비가 유월절 준비라고 분명하게 이야기한다(막 14:14; 마 26:17-19; 눅 22:7-13, 15).

---

[84] 미쉬나 본문은 Herbert Danby, ed., *The Mishnah: Translated from the Hebrew*(Oxford: OUP, 1933). 티슬턴 강조. 소논문 *Pesaḥim* 10:6은 p. 151에 있다.

J. 예레미아스와 F. J. 렌하르트는 마지막 만찬이 유월절 준수와 딱 들어맞으며, *Sēder*나 유대교 하가다(Haggadah)가 주의 만찬을 제정하는 말씀과 긴밀한 평행 관계를 가짐을 설득력 있게 보여 준다. 로스판(版) 하가다는 이런 송영으로 시작한다. "포도나무의 소산을 지으신 분이요 우주의 왕이신 우리 하나님, 오 주여, 당신을 송축합니다."[85] 예레미아스와 렌하르트는 이것을 예수가 빵과 포도주를 주신 하나님을 송축하신 것과 연계한다.[86] (KJV/AV에서는 "blessed it"이라 번역했는데, 이는 잘못이다. 하나님의 송축 대상이기 때문이다. 빵을 '거룩히 구별한다'는 생각은 나타나지 않는다. 심지어 NRSV에서도 "it"을 집어넣었는데, 가장 이른 시기에 나온 그리스어 사본 본문에는 이 말이 들어 있지 않다.) 가장 이른 시기에 나온 하가다 사본을 보면, 이어서 이렇게 말한다. "이것은 우리 조상들이 이집트 땅에서 먹었던 고통의 빵이다." 렌하르트는, 예수가 "이것은 내 몸이니라"라고 선언하셨을 때(마 26:26-27; 고전 11:24), 그 상황에서 예상할 만한 제자들의 "놀람" 같은 말에서 급작스런 떠남을 짚어 낸다.

이는 "이것은 내 몸이니라"가 지닌 의미를 풍성하게 밝혀 준다. 역사 속 신학에서는 이 문장을 문자 그대로 이해할지(아퀴나스는 이렇게 생각했다), 풍성하고 훌륭한 상징으로 이해할지(루터와 칼뱅은 이렇게 생각했다), 아니면 은유로 이해할지(츠빙글리는 이렇게 생각했다)를 놓고 끝없는 논쟁을 벌였다. 발타사르, 밴후저, 리쾨르가 "드라마 같다"라는 말을 쓴 경우를 살펴볼 때, 십중팔구는 '드라마 같다'는 말이 더 적합한 말일 것이다.[87] '기념'(그리스어로 *anamnēsis*, 히브리

---

85 Cecil Roth, ed., *The Haggadah: New Edition with Notes* (London: Soncino Press, 1934), p. 8.
86 Joachim Jeremias, *The Eucharistic Words of Jesus* (London: SCM, 1966), pp. 41-49; F. J. Leenhardt, "This Is My Body", in Oscar Cullmann and F. J. Leenhardt, *Essays on the Lord's Supper* (London: Lutterworth, 1958), pp. 39-40.
87 Hans Urs von Balthasar, *Theo-Drama: Theological Dramatic Theory*, 5 vols. (San Francisco: Ignatius; Edinburgh: T. & T. Clark, 1973-1992), vol. 1, 특히 prolegomena, pp. 25-50, 125-257; Kevin Vanhoozer, The Drama of Doctrine: A Canonical-Linguistic Approach to Christian Theology (Louisville: Westminster John Knox, 2005); Paul Ricoeur, *Time and Narrative*, 3 vols. (Chicago: University of Chicago Press, 1984-1988); 그리고 Anthony C. Thiselton, *The Hermeneutics of Doctrine* (Grand Rapids: Eerdmans, 2007), pp. 65-80, 103-106, and 527-528.

어로 *zēker*)을 고찰한 결과도 '드라마 같다'는 말이 더 적합함을 확증해 준다. 고린도전서 11:24-25과 누가복음 22:19에서는 "이를 행하여 나를 기념하라"(*touto poieite eis tēn emēn anamnēsin*)라고 한다. 저 그리스어 동사와 히브리어 동사가 의미하는 것은 그저 순전히 지성을 동원한 회상을 뜻하는 '생각을 떠올리다'가 아니다. 한 세대 전에는, 마치 이 히브리어 단어가 과거의 어떤 사건을 객관적·현실적으로 **반복함**을 뜻한다고 여겨 십중팔구는 이 말의 '객관적' 의미를 크게 부풀렸다. 오늘날 대다수, 아니 아마도 모든 전통에서는 그리스도가 십자가에서 행하신 일은 원리상 '**단번에 모든 것을**'(그리스어로 *ephapax*) 이루신 일로 지금도 변함없다고 인정한다. 히브리어와 그리스어 용법은 이뿐 아니라 중간 과정, 즉 **드라마 같은 참여**도 암시한다. 신자들은 하나님께 "당신 종들의 고통을 기억하소서"(참고. 애 5:1; 출 32:13, 신 9:27, 시 20:3)라고 기도하는데, 이때 이들은 하나님께 그들이 당면한 재앙에 **참여자**로 오셔서 활동해 달라고 간구하는 것이다.

드라마처럼 생생한 상징을 사용하는 목적은 참여자가 많은 역할을 (문자 그대로 그러하진 않을지라도) 거의 "그대로 체험하는" **내러티브 세계**를 만들어 내는 것이다. 이를 제대로 집약하여 보여 주는 예가 흑인 영가 "거기 너 있었는가?"(Were you there when they crucified my Lord?)다.

2) **오해를 자아내는 두 설명**. 역사 속에서 펼쳐진 두 논쟁을 살펴보기 전에 그릇된 두 이론을 먼저 짚어 봐야 한다. 이제 이 두 이론은 시대에 뒤떨어진 이론이 되었다. 하나는 한스 리츠만(Hans Lietzmann)이 주의 만찬을 지키는 일에는 "두 원시 유형"이 있었다고 주장한 이론이다. 리츠만은 이 이론을 1926년에 처음 출간한 뒤 잇달아 판을 찍어 낸『미사와 주의 만찬』(*Mass and Lord's Supper, Messe und Herrenmahl*)에서 자세히 설명했다.[88] 리츠만은 그리스도 및 그리스도인 형제자매와 나누는 사귐을 축하했던 즐거운 '예루살렘' 전통과

---

[88] Hans Lietzmann, *Mass and Lord's Supper: A Study in the History* of Liturgy, with further enquiry by R. D. Richardson (Leiden: Brill, 1979), 특히 pp. 172-186 and 193-209.

주의 죽음을 기념하는 데 중점을 두었던 더 엄숙한 '바울' 전통을 구분했다. 아울러 리츠만은 Chaburah, 곧 공동 식사에 관한 추측을 제시했다. A. J. B. 히긴스(Higgins)와 그레고리 딕스는 이 이론의 변형 버전을 제시했으나, 에른스트 로마이어(Ernst Lohmeyer)는 바울 버전과 '갈릴리' 버전을 구분하는 이분법을 제시했다. 하지만 예레미아스, I. 하워드 마샬, O. 호피우스(Hofius), C. F. D. 몰, 그리고 다른 이들은 Chaburah에 관한 추측을 포함하여 이 이론 전체를 설득력 있게 비판했다.[89] 예레미아스는 **모든** 식사가 거룩했으며, 이 이론 전체가 그저 추측에 불과하다고 주장했다.

이와 관련된 또 다른 어처구니없는 일은 S. 모빙켈(Mowinckel), A. 벤슨(Bentzen), S. H. 후크(Hooke)가 제시한 것으로, 이들이 가져온 "신화와 제의" 접근법은 낡은 것이었다. 실제로 이들은 신화와 구약, 특히 시편에 나오는 제의에 관한 이론을 바탕 삼아 속죄를 현실처럼 '재현'하는 것이 anamnēsis라고 본다.[90] 이 견해는 예전에 가톨릭 쪽에서 나온 몇몇 견해와 일치하긴 하지만, 이제는 사실상 모든 전통에서 그리스도가 올리신 유일한 희생 제사가 **단회**(once-for-all, ephapax)성을 가졌으며 이 단회성이 가장 중요하다는 데(롬 6:10; 히 7:27; 9:12; 10:10) 동의한다.

요 근래에는 교회 일치 문서, 이를테면 성공회-로마 가톨릭 국제공동위원회(Anglican-Roman Catholic International Commission, ARCIC)에서 합의하여 내놓은 선언, 곧 1971년의 "윈저" 선언이 여러 접근법을 어느 정도 하나로 수렴한 것 같다. 여기서 성공회와 가톨릭은 "구속을 가져온 그리스도의 죽음과 부활이 역사 속에서 단번에 이루어졌다.…온 세상의 죄를 단번에, 완전히, 충분하게 속할 희생 제사"라는 데 동의한다.[91] 이 제사는 "반복"될 수 없으나, 성찬

---

89 Jeremias, *Eucharistic Words of Jesus*, pp. 16-36; I. Howard Marshall, *Last Supper and Lord's Supper* (Grand Rapids: Eerdmans, 1980), pp. 108-123. 『마지막 만찬과 주의 만찬』(솔로몬).
90 A. Bentzen, *King and Messiah*, 2nd ed. (Oxford: Blackwell, 1970), pp. 12 and 72-80.
91 Anglican-Roman Catholic International Commission (ARCIC), *Agreed Statement* (London: Anglican Consultative Council; Rome: Pontifical Council for Promoting Christian UNITY,

(Communion, 교제) 속에서 "과거에 일어난 한 사건이 효과를 발휘하게 된다."[92] 유감스럽게도 로마 가톨릭 쪽 견해에는 여전히 다소 일관되지 않는 점이 있는 것 같다. 제2차 바티칸 공의회에서는 지금도 아퀴나스가 말했던 화체설 교리를 고집한다.[93]

3) **역사 속에 등장했던 다섯 가지 주요 이론: 간략한 설명**. 사상사를 살펴보면, 다른 누구보다 네 주요 신학자, 즉 토마스 아퀴나스, 마르틴 루터, 장 칼뱅, 울리히 츠빙글리가 두드러지게 눈에 띈다. 여기에다가, 비록 성공회 전통이 루터(스펙트럼 위에서 '고교회' 쪽에 더 가까움)와 칼뱅(개신교 쪽에 더 가까움) 사이에서 움직이는 경향이 있긴 하나, 크랜머와 성공회를 다섯째로 추가해도 되겠다.

(1) **토마스 아퀴나스**(1225-1274). 트리엔트 공의회(1545-1563)에서 따랐던 아퀴나스는 **화체설**(transubstantiation)을 공식 교리로 정립했다. 이 교리는 주로 아리스토텔레스가 말했던 실체(substance)와 우유성(accidents)을 원용하면서 이에 의지했다. 아퀴나스는 이를 완전히 인정했다. 그는 이를 바탕 삼아 이렇게 주장했다. "빵이라는 완전한 **실체**가 그리스도의 몸이라는 완전한 **실체**로 바뀐다(*tota substantia panis convertitus in totam substantiam corporis Christi*). 마찬가지로 포도주라는 완전한 **실체**가 그리스도의 피라는 완전한 **실체**로 바뀐다."[94] 그러나 아퀴나스는 빵과 포도주의 **실체**나 그 바탕에 있는 내용이 **바뀌어도**, 빵과 포도주 표면에 있는 '우유성'(*accidentia*) 내지 그 **외형**은 **바뀌지 않음**을 인정한다. "결코 속임은 없다."[95] 아리스토텔레스와 아퀴나스에 따르면, '우유성'은 눈으로 볼 수 있는 **부차적** 특질이다. 빵과 포도주 같은 경우, '우유성'은 색, 모양, 맛, 냄새, 질감 따위를 가리킨다. 그러나 아퀴나스는 눈으로 볼 수 있는 우유성의 바탕에 자리한 본질 내지 '실체'는 변할 수 있고 변한다고

1971), 2: p. 5.
92 ARCIC, *Agreed Statement*, 2: p. 5; 참고. 3: pp. 6 and 10.
93 Flannery, *Documents of Vatican II*, p. 104 (*Sacred Liturgy: Eucharistic Mystery*, p. 3).
94 Aquinas, *Summa* III, qu. 75, art. 4; 영어 번역문과 라틴어 원문은 Blackfriars ed., 58: p. 73.
95 Aquinas, *Summa* III, qu. 75, art. 5.

주장한다.

(2) **마르틴 루터**(1483-1546)는 화체설을 반대했으나, 그건 화체설이 꼭 틀렸기 때문이라기보다, **성경에 그 근거가 없고 세속 철학을 근거로 인용했기** 때문이었다. 칼뱅 및 츠빙글리와 달리, 루터는 거룩한 교제 때 빵과 포도주가 여전히 "진짜 빵과 진짜 포도주"로도 남아 있지만, 동시에 "그리스도의 진짜 살과 피"가 된다고 주장했다.[96] 오늘날의 언어로 표현하면, 루터는 그리스도의 "실제 임재"를 강조한 셈이다. 그는 이 견해에 반대하는 츠빙글리를 비판하면서도, 동시에 '광신자들'이 성찬의 빵과 포도주를 그저 '기념 표지'로 여긴다는 이유로 그들을 공격했다.

(3) **장 칼뱅**(1509-1564)은 **말씀과 성례가 동등함**을 아주 강하게 주장했다. 성례가 유효하려면 반드시 말씀이 성례에 함께 따라야 한다. 주의 만찬이 하는 기능은 "그리스도를 우리에게 **더 분명히** 제시하는 것이다.…주의 만찬은…우리가 구속받았음을 증언한다."[97] 그는 그리스도가 임재하시는 곳을 빵과 포도주라는 장소에 매어 놓는, 조잡하고 장소를 한정하는 어떤 관념도 멀리했다. 그러나 그는 **그리스도**가 오직 성령의 임재를 통해서만 임재하시지 않고 **직접** 임재하신다고 여겼다. 그는 화체설을 "가면"이요 "허구"라고 통렬히 공격했다.[98] 칼뱅은 제네바 신앙고백(1536년)에서, 주의 만찬은 "영의 교제"를 가져다주지만 "교황의 미사"는 "타락하고 사악한 의식으로, 거룩한 만찬의 신비를 뒤엎는 일이요…하나님께 저주받은 우상 숭배"라고 주장한다.[99]

(4) **울리히 츠빙글리**(1484-1531)는 "이것은 내 몸이니라"를 '문자 그대로' 해석할 **성경의 근거는 없다**고 주장했다. 그는 하나님이 주시는 모든 선물과 복이

---

96 Martin Luther, *On the Babylonian Captivity of the Church*, in *Luther's Primary Works*, ed. Henry Wace and Carl Buchheim (London: Murray, 1883; London: Hodder, 1896), pp. 147-148. 『마틴 루터의 종교개혁 3대 논문』(컨콜디아사)
97 Calvin, *Institutes* 4.14.22; Beveridge ed., 2: p. 507. 티슬턴 강조.
98 Calvin, *Institutes* 4.17.13-14; B2: pp. 565-566.
99 John Calvin, *The Genevan Confession of Faith* (1536), in *Calvin: Theological Treatises*, ed. J. K. S. Reid, LCC 22 (London: SCM, 1954), art. 16, p. 30. 『칼뱅: 신학 논문들』(두란노아카데미)

성령을 통해 오며, 주의 만찬도 여기에 포함된다고 믿었다. 1525년, 취리히에서는 로마 가톨릭 미사를 폐지했다. 츠빙글리는 아퀴나스, 루터를, 심지어 칼뱅이 주장한 견해마저도 '성경에서 벗어난' '거짓'이라 여겨 거부했다. "이것은 내 몸이니라"라는 문장은 "나는 포도나무다"라는 말처럼 은유다.[100] 그는 성례도 하나의 표지이며, 표지가 가리키는 것이 아니라고 주장했다.[101] 그는 계속하여, 요한복음 6:52에서는 예수의 "살을 먹는 것"을 이야기하나 뒤이어 그리스도가 "육은 무익하니라"(요 6:63) 하고 선언하셨음을 언급한다. 요한복음에 나오는 "하나님의 어린양" 역시 은유다.

(5) **토머스 크랜머**(Thomas Cranmer)는 성공회 기도서 초판과 2판을 주도했다. 1549년에 나온 초판은 루터의 견해에 가까웠다. 2판(1552년)에 담긴 크랜머의 견해는 피에트로 마르티니와 마르틴 부처에게 영향을 받았으며, 칼뱅의 견해에 가까웠다. 개신교에 가까운(evangelical) 성공회 신자들은 특히 말씀을 전하고 성례를 집례할 때 같은 성직자복을 입어야 한다고 주장함으로써 칼뱅처럼 **말씀과 성례가 동등함**을 강조했다. 1552년에 나온 성공회 기도서(1662년에 나온 기도서도 마찬가지다)에서는 그리스도가 올리신 희생 제사의 **단회성**을 강조했다. 이제 희생 제사는 예수 그리스도의 희생 제사가 아니라, '찬미의 희생 제사'다. 19세기에 옥스퍼드 운동이 일어난 뒤, '고교회' 성공회 신자들은 루터의 견해에 가까운 1549년의 의식으로 돌아갔으나, '저교회' 및 다른 성공회 신자들은 칼뱅을 따라갔으며, 극소수 사람들은 츠빙글리를 따라갔다. 엘리자베스 시대의 종교 분쟁 해결 때, 리처드 후커는 "지극히 복된 그리스도의 몸과 피가 실제로 임재"한다고 강조하면서도, 이 임재는 **성례나 성찬 빵과 포도주**에 이루어지는 것이 아니라, "성례를 **합당하게 받아들일 때**" 이루어진다고 단언했다.[102] **약속의 말씀을 자기 것으로 받아들일 때** 복을 받는다. 전례 개정 내

---

100 Ulrich Zwingli, *The Genevan Confession of Faith* (1536), in *Calvin: Theological Treatises*, ed. J. K. S. Reid, LCC 22 (London: SCM, 1954), art. 1, p. 190.
101 Zwingli, *On the Lord's Supper*, art. 3.
102 *Hooker's Works*, 2: p. 361.

용을 담은 『공동 예배』(2000년)에서는 1662년 기도서와 이 유형을 결합한다. 재차 말하지만, '기념'(*anamnēsis*)은 적극적이고 드라마처럼 생생하게 참여하는 것을 의미한다.

주의 만찬을 둘러싼 의식의 가치를 놓고 여전히 상당한 논쟁이 벌어지고 있다. '가톨릭' 진영에서는 이를 성체를 '영예롭게 하는' 일로 여기는 경향이 있다. 이에 반대하는 진영에서는, 칼뱅이 강조했듯이 지나치게 공들인 의식은 복음을 '분명하게 일러 주기'보다 오히려 복음을 가린다고 주장하는 경향이 있다. 주의 만찬 자체를 마지막 목적으로 삼는 것은 지나친 일이며, 말씀과 성례의 동등함을 파괴한다.

(6) **화행 이론에 근거한 짧은 부기**(附記)**와 요약**. 거룩한 교제 때 하는 **말씀**은, 츠빙글리가 생각하듯이 그저 갈보리에서 일어난 사건을 **떠올려 주는** 것인가, 아니면 아퀴나스, 루터, 심지어 칼뱅도 주장한 대로 은혜를 주는 **행동**을 적극 행하는 것인가? 대다수 화행 이론가는 **약속하는 일**이 수행 언어의 전형이라 할 사례라는 데 동의한다. 약속은 약속하는 자에게 그 약속을 행할 **의무를 지운다**. 이 때문에 칼뱅은 주의 만찬 때 하는 행동을 **효과 있는** 표지요 **담보**이며 **약속**이라 부른다. 약속하는 자는 약속을 통해 자신이 약속한 일만 행하고자, 약속과 다른 **행동**을 할 가능성을 없애 버린다. 이 때문에 칼뱅은 이를 하나님이 믿음이 연약한 자에게 **확실한 보증**을 제공하시려는 **행동**으로 본다. 이런 점 때문에 하나님의 말씀도 종종 약속이라는 기능을 한다는 사실에 지장이 생기지는 않는다. 말씀과 성례는 모두 그리스도인의 삶, 죽음, 부활과 관련된 복과 은혜를 약속하고, 순종하라는 사명을 부여하며, 교제라는 상호 사귐을 축하한다. 바울은 고린도전서 10-11장에서 어떤 측면에서 보면 갈라져 있는 교회 안의 사귐이 하나로 이어져야 함을 강조한다.

주의 만찬은 사실 쌍방 화행(two-way speech act)이 된다. 주의 만찬 때 하나님은 우리가 볼 수 있고 느낄 수 있으며 맛볼 수 있는 빵과 포도주라는 형태로 우리가 볼 수 있는 담보를 제공하신다. 종교개혁자들은 이를 종종 '볼 수 있는 말씀'이라 불렀는데, 우리가 이를 맛보고 다른 감각을 통해 음미한다는 점을 인정하는 한 그들의 말은 바른 묘사다. 면병(wafers) 같은 경우, '성체 분할'(fraction) 곧 빵 쪼개는 것을 듣고 볼 수 있는데, 이때는 인간의 모든 감각이 동원된다. 그러나 주의 만찬 때는 쌍방 확약이 이루어진다. 하나님은 은혜와 보증을 확약하시고, 그리스도를 믿는 이들은 신뢰와 충성과 순종을 확약한다.

바울 이전의 전승과 바울 전승(고전 11:23-32)을 보면, "너희가 주의 죽으심을 그가 오실 때까지 전하는 것이니라"라고 말한다. 다시 말해, 온 회중이 참여자로서 그리스도가 '내게' 말씀하시려 하는 것을 일러 주는 설교를 하라고 권면하는 것이다. 성찬의 빵과 포도주가 본질상 눈으로 볼 수 있고 형체를 가졌으며 만질 수 있다는 것은 믿음이 **연약한** 이들(칼뱅의 말을 빌리면)에게 하나님의 임재와 은혜를 구체적이고 확실하게 보증해 주는 데 도움이 된다. 성찬의 빵과 포도주를 **받는 것**은 '내가' 그리스도의 사역에 의지함을 **공중 앞에 증언하는 것**이다. 아울러 신자들은 서로 **사귐**을 나누겠다고 확약한다. 기념, 곧 *anamnēsis*는 구원의 뿌리가 예수 그리스도이시며, 구원이 **그의 죽음과 부활에 닻을 내리고 있음**을 확실히 일러 준다. 성찬이 예수의 수난 사건과 갈보리 사건을 반영하는 한, 그것은 첫째, 우리 모든 이가 함께 **행동으로 표현한** 설교요, 둘째, 그리스도의 죽음과 부활을 기념하는 일 혹은 '**이 시대 사건으로 되살리는 일**'이며, 셋째, **연합과 사귐**을 만들어 내는 끈이요, 넷째, 마지막 날이 오기 전에 마음이 연약한 이들에게 주어지는 **확실한 보증**이다. 성찬은 볼 수 있고 만질 수 있는 사물로 행하는 화행이자 그리스도가 오시기까지 확실한 보증을 제공하고자 제정되었다는 양면을 지닌다.

14장

그리스도의 재림, 부활, 이와 관련한 문제

1. 죽음 그리고 연옥과 천년왕국을 둘러싼 논쟁

전통을 살펴보면, 종말론은 파루시아(parousia, 그리스도의 재림), 마지막 심판, 죽은 자들의 부활을 다룬다. 이 셋이 '마지막 사건'을 이루며, 성경 내용도 이 세 사건에 가장 큰 관심을 보인다. 그러나 세월이 흐르는 동안, 대중에겐 죽음, 천국과 지옥, 개인의 운명이, 이 내용들이 성경 본문에서 차지해 보이는 비중보다 훨씬 큰 중요성을 가진 문제였으며, 종말론을 다룬 일부 연구서도 연옥과 천년왕국에 관한 주장들을 담고 있다.

뒤이어 다룰 내용에는, 비록 다른 관심사보다는 간단히 다루었으나, 이렇게 덜 중요한 관심사도 들어 있다. 여기서 두 가지를 미리 일러두어야겠다. 첫째, 일부 사람들은 연옥과 천년왕국에 관한 논의를 탐탁지 않게 여길지도 모르겠지만, 그보다 중요한 것은 우리가 여기서 서술한 내용이 그리스도인의 제자도를 독려할 영감을 불어넣는 일과 관련하여 늘 제공하려 하는 것보다 적다는 점이다. 이번 장의 첫째 부분은 순전히 독자들에게 신학과 관련된 정보만을 제공한다. 다른 것에 관심이 있는 이들은 이 부분을 건너뛰어도 된다! 2절은 그렇지 않을 수도 있으나, 3-5절은 분명 그리스도의 제자도를 독려할 영감을 제공해 줄 것이다. 둘째, 내가 앞서 쓴 책 『죽음 뒤의 삶: 마지막 일들에 대한 새로운 접근』(Life after Death: A New Approach to the Last Things. 영국판 제목은 『마지막 일들』(The Last Things)이다)과 조금 겹치는 부분이 분명 나타날 수도 있다.

1) **죽음과 장례.** 성경이 죽음에 관하여 이야기할 때면, 보통 이것을 **인생의 마지막에 이 인간 세상에서 나타날 현상**으로 제시한다. 가까운 장래에 혹은 먼 훗날에 우리가 모두 죽음을 맞으리라는 것은 명명백백한 진실이다. 시편 시인은 이렇게 썼다.

"여호와여 나의 종말을…알게 하사
  내 삶이 얼마나 덧없는지 알게 하소서." (시 39:4)
우리에게 우리 날 계수함을 가르치사
  지혜로운 마음을 얻게 하소서. (시 90:12)

오늘날 이런 태도는 먼 이야기이며, 적어도 서구에서는 그러하다. 모든 이가 죽음을 피할 수 없음을 아주 잘 알고 있는데도, 죽음을 생각하며 예견하는 일을 밀어 버리며 때로는 억누르기도 한다. 몰트만이 말하듯이, "죽음에 관한 모든 생각을 밀어 버리고 우리 앞에 무한한 시간이 있는 것처럼 여기며 살아가다 보면 우리는 껍데기만 알고 무심해지며…망상을 쫓아 살아가게 된다."¹

(1) 오늘날, 적어도 서구에서는 종종 친척과 친구의 죽음을 애도하는 것조차 가벼이 여긴다. 고대 세계에서는 장례를 치르며 애도하는 과정을 지금보다 아주 길고 자세하게 경험했다. 몰트만이 재차 언급하는 것처럼, 과거에는 교회 뜰(churchyard)이 동네나 마을 중심에 자리 잡고 있었으나, 오늘날에는 묘지가 마을이나 도시 주변부에 있을 때가 잦다. "죽어 가는 일과 죽음은 개인사가 되었다.…의식하지 못하지만, 죽어 가는 일, 죽음, 장례를 거론하지 못하게 억

---

1 Jürgen Moltmann, *The Coming of God: Christian Eschatology* (London: SCM, 1996), p. 50. 『오시는 하나님』(대한기독교서회).

누르는 금기가 존재한다."² 하지만 성경 본문에서는 자신의 죽음을 직시하는 것은 물론 장례와 애도도 건전한 일임을 암시한다.

그렇다고 이것이 성경 기록자가 죽음을 비극이 아닌 다른 어떤 것으로 여긴다는 뜻은 **아니다**. 예수는 베다니에서 마르다 및 마리아와 함께 이들의 오라비 나사로의 죽음을 애도하셨는데, 요한은 이를 "예수께서 눈물을 흘리시더라"라고 이야기한다(요 11:35). 바울은 죽음을 "맨 나중에 멸망받을 **원수**"(고전 15:26)라 묘사했다. 죽음은 인간의 일상생활에 느닷없이 들이닥친다.

(2) 이는 **죄와 죽음의** 인과 **관계**라는 골치 아픈 개념을 야기한다. 바울은 값없이 얻은 은혜와 "삯" 혹은 보상의 차이를 설명하면서, "죄의 삯은 사망"이나, 이에 반하여 "하나님이 거저 주시는 은사"는 "영생"이라고 선언한다(롬 6:23). 인류에게 가장 먼저 찾아온 시험은 하나님이 죽음을 인간의 자기 긍정과 불순종에 따른 결과로 정하셨는지 의심한 것이었다(창 3:3-4). 모세는 이스라엘에게 이렇게 선언했다. "보라. 내가 오늘 생명과 복과 사망과 화를 네 앞에 두었나니 네 하나님 여호와께 순종하면…하나님 여호와께서 네게 복을 주실 것임이니라. 그러나 네가 만일 마음을 돌이키면…망할 것이라"(신 30:15-18). 다시 바울을 인용하면, 그는 이렇게 말한다. "한 사람으로 말미암아 죄가 세상에 들어오고 죄로 말미암아 사망이 들어왔나니 이와 같이 모든 사람이 죄를 지었으므로 사망이 모든 사람에게 이르렀느니라.…아담으로부터 모세까지…사망이 왕 노릇 하였나니"(롬 5:12-14).

불트만은 현대 생물학에 비춰 이를 단지 고대 신화로 여겼다. 그는 죽음이 분명 자연스러운 생물학적 과정인데 오늘날 우리가 죽음을 어찌 '형벌'로 여길 수 있겠느냐고 묻는다. 하지만 우리가 죽음을 숨 쉬는 생명과 영원한 미래성이 없음으로 해석한다면, 바울이 로마서 7:2-25에서 서술한 것처럼 "생명을 얻으려는 인간의 분투가 널리 퍼져 있지만 결국 죽음만을 거둘 뿐"이다.³ 하나

---

2 Moltmann, *The Coming of God*, p. 56.
3 Rudolf Bultmann, *Theology of the New Testament*, vol. 1 (London: SCM, 1952), p. 247.

님이 없으면 생명도 없다. 생명은 오직 하나님에게서 나오기 때문이다. 하나님에게서 멀어지면 생명에서도 멀어진다.

죄와 죽음의 관계가 직접적이고 물리적인지, 아니면 생물학적 과정과 관련이 있어서 동물계와 식물계에도 영향을 미치는지 여부는 복잡한 문제라 언제나 딱 부러진 답을 제시할 수 있지는 않다. 하지만 판넨베르크는 신학의 기본 논지를 분명하게 밝힌다. 그는 이렇게 썼다. "죄와 죽음 사이의 내부 논리는 바울도 이야기했듯이 모든 생명이 하나님에게서 나온다는 전제 위에서 발생한다.…죽음이 꼭 형벌은 아니다.…그러나 죽음의 쓰라림은 모든 생명의 근원이신 '하나님과 분리됨'에 있다."[4] 판넨베르크는 이를 토대로, 아타나시오스가 필멸성을 우리가 본디 날 때부터 가진 것으로 보면서도 이 필멸성과 "실제 죽음이 닥치는 것"을 구분했음을 지적한다.[5] 아타나시오스는 이렇게 썼다. "인간은 하나님을 깊이 생각하는 데서 그 자신이 고안한 악으로 돌아서면서 죽음의 법 아래로 들어가야만 했다. 인간은 하나님이 그들을 지으셨던 그 상태에 그대로 머물지 않고 그 대신 완전히 타락하는 과정으로 들어갔으며, 죽음이 그들을 완전히 그 지배 아래 두고 말았다."[6] 하나님은 인간을 존재가 없는 상태에서 존재케 하셨으나, 인간은 "이제 타락을 통해 다시 존재가 없음 상태로 되돌아가는 길에 있다." 이것은 동물계도 꼭 하나님에게서 소외당했음을 암시하지는 않지만, 우리가 아는 한 동물은 생명을 주시는 분인 하나님과 **친밀한 사귐**을 즐기지 않는다. 따라서 바울은 이렇게 말한다. "피조물이 허무한 데 굴복하는 것은 자기 뜻이 아니요 오직 굴복하게 하시는 이로 말미암음이라. 그 바라는 것은 피조물도 썩어짐의 종노릇한 데서 해방되는 것이니라"(롬 8:20-21). 우리는 5장에서 동물을 더 폭넓고 더 자세하게 살펴보았다.

이제 그리스도인은 새 피조물이지만, 아직도 일부분 옛 피조물에 속해 있

---

4 Pannenberg, *ST* 2: p. 266.
5 Pannenberg, *ST* 2: p. 267.
6 Athanasius, *On the Incarnation* 4.

다. 따라서 쿨만은 이렇게 말한다. "그리스도인은 여전히 죄를 짓고 여전히 죽는다." 그러나 그는 덧붙여 이렇게 말한다. "죽음 자체는 하나님의 원수다. 이는 하나님이 생명이시며 생명을 지으신 분이기 때문이다. 괴멸과 부패, 죽어 가는 것과 질병, 우리 삶 속에서 일하는 죽음의 부산물이 존재하는 것은 하나님 뜻이 아니다."[7] 아우구스티누스 시대에 이르러, "죄의 결과인 영혼의 죽음과 육신의 죽음"을 구분하게 되었다. "그러나 몸의 죽음…역시 죄의 결과다."[8]

2) **연옥**. 가톨릭 신자들은 전통을 따라 연옥을 옹호해 왔으나, 개신교 신자들은 전통에서 말하는 의미의 연옥을 맹렬히 반대해 왔다. 14세기에 교황 베네딕도 12세는 이렇게 선언했다. "연옥, 곧 형벌을 받아 정화되는 상태가 있으며, 이 상태에서 여전히 소죄(小罪, venial sins)를 짊어진 영혼들이…정결케 된다."[9] 이보다 조금 앞서 토마스 아퀴나스는 이렇게 썼다. "연옥에서 받는 형벌은 몸을 입고 있을 때 완전히 이행하지 못한 보속을 보충하기까지 한다."[10] 극소수 개신교 신자를 제외한 거의 모든 개신교 신자는 이 견해가 죄를 해결하신 그리스도의 사역이 가지는 완전한 충족성과 단회성을 훼손한다고 여기곤 한다.

오늘날 일부 가톨릭 신자와 앵글로-가톨릭 신자는 모두 이렇게 '형벌'과 관련하여 단서를 붙인 의견들을 공유하지만, 연옥을 정화 과정으로 보는 생각은 굳게 지킨다. 예를 들면, 여러 가톨릭 신학자 가운데 칼 라너는 연옥을 죽음 뒤에 성장이나 발전이나 '성숙'을 이루게 하는 곳으로 이해한다.[11] 제프리 로웰(Geoffrey Rowell)은 라너의 견해와 별반 다르지 않은 성공회 고교회파의 견

---

[7] Oscar Cullmann, *Immortality of the Soul or Resurrection of the Dead?* (London: Epworth, 1958), p. 29. 『영혼 불멸과 죽은 자의 부활』(대한기독교서회); 참고. Oscar Cullmann, *Christ and Time: The Primitive Christian Conception of Time and History* (London: SCM, 1951), pp. 75-76, and 154-155.
[8] Pannenberg, *ST* 2: p. 267, 그리고 Augustine, *City of God* 13.6; 참고. 13.2.
[9] Pope Benedict XII *Benedictus Deus* (1336), in *Papal Encyclicals Online* (2008).
[10] Aquinas, *Summa* II/II, qu. 71, art. 6.
[11] Karl Rahner, "Purgatory", in *Theological Investigations*, vol. 19 (London: DLT, 1984), pp. 181-193; 아울러 *Theological Investigations*, vol. 7 (London: DLT, 1971), pp. 287-291를 참고하라.

해를 대변한다. 그는 죽은 뒤에라도 성화 과정을 마쳐야 한다고 강조한다.[12] 루터는 아퀴나스와 베네딕도 12세가 주장한 교리를 "경건하지 않은 교리"라 비난하며, 이것이 결국 면죄부라는 개념으로 이어졌다고 주장한다.[13] 근래에도 이런 견해가 제시되었으며, 놀랍게도 프란치스코 교황도 이런 견해를 제시한 것 같다. 이런 면죄부 관행은 루터의 면죄부 비판과 관련이 있을 뿐 아니라, **보속**에 관한 중세의 오해와도 관련이 있다. 루터는 이 보속이라는 말이 신약성경에 나오는 '참회', 또는 죄를 떠나 하나님께 '돌아감'(히브리어로 *shûbb*)이라는 용어가 부패한 것이라고 역설했다.

신약성경을 주해한 결과에 비춰 볼 때, 연옥 개념을 정당화할 수 있는 본문은 전혀 없으며, 고린도전서 3:13-15도 분명 그런 본문이 아니다. 이 본문에서 "오직 불을 통해 받은 것 같다"(15절)라는 말은 '오로지'나 '좁게'라는 뜻을 가진 은유 역할을 한다. 몰트만은 이렇게 주장한다. "연옥 개념은 하나님이 그리스도 안에서 우리를 발견하시고, 우리를 받아 주시고, 우리와 화해하시고, 우리를 영화롭게 하신, 아무 조건 없는 사랑을 체험하는 것과 양립하지 않는 것 같다."[14] 연옥 개념에 반대하는 주된 근거는 믿음을 통해 **은혜로 의롭다 하심을 받음**이라는 선물이다. 그러나 우리는 특히 정화 혹은 성화를 '더 부드럽게' 바라보는 견해에 중요한 꼬리조각을 하나 덧붙인다. 마지막 장에서 논하겠지만, 만일 부활할 때 가질 '몸' 혹은 존재 양식이 "영의 몸"(그리스어로 *sōma pneumatikon*, 고전 15:44), 다시 말해, 성령께 능력을 받고 성령으로 말미암아 변화된 몸이라면, 이런 존재 상태는 "썩지 않음 속에서 다시 살아날" 것이요 (그리스어로 *egeiretai en aphtharsia*; 참고. 15:42), "영광 속에서 다시 살아날" 것이

---

12   Geoffrey Rowell, *Hell and the Victorians: A Study of the Nineteenth-Century Theological Controversies concerning Eternal Punishment and the Future Life* (Ocford: Clarendon, 1974), pp. 90-115 and 153-179.

13   Martin Luther, "Letter to Justus Jonas" (1530), 그가 쓴 *Letters of Spiritual Counsel*, ed. Theodore G. Tappert, LCC 18 (London: SCM, 1965), p. 153에 있는 내용.

14   Moltmann, *The Coming of God*, p. 98.

며(*egeiretai en doxē*, 15:43), "능력 있게" 혹은 탁월하게 "다시 살아날" 것이다 (*egeiretai en dynamei*, 15:43).

나는 『죽음 뒤의 삶』에서, 특히 거룩함을 어떤 특질이라기보다 어떤 **성향으로** 올바르게 이해한다면, 성령이 성화 과정 혹은 거룩함에 이르는 과정을 **몸의 부활과 동시에** 완결하실 것이라고 주장했다.[15] 이런 일은 특히 하나님과 얼굴과 얼굴을 마주하고 교제를 나누는 맥락에서, 그리고 완전히 새로운 환경과 새로운 세계에서 일어난다. 잘 알려진 한 찬송가에서는 그것을 이렇게 표현한다. "내가 주를 대면하여 뵙게 되면, 당연히 주를 찬미하리이다"(When I see Thee as Thou art, I'll praise Thee as I ought). 연옥 교리를 주장하는 두 접근법은 각각 이 접근법에 반대하는 두 논박을 마주한다. 루터와 칼뱅은 연옥이 기독교의 **확신** 교리도 훼손한다는 말을 덧붙이곤 했다.

3) **천년왕국에 관한 주장과 논증.** 미래에 천년왕국이 나타나리라는 주장은, 아마도 고전적 오순절주의를 예외로 둔다면 영국과 유럽보다 미국에서 훨씬 더 익히 알려져 있을 것이다. 따라서 미국 학자 웨인 그루뎀이 서너 가지 주요 천년왕국 접근법을 아주 명료하게 정의한 것 중 하나를 택한다 해도 새삼 놀랄 일은 아니다. 즉, 그루뎀은 『조직신학』(*Systematic Theology*)에서 **무천년설, 후천년설, 전천년설**을 분명하게 정의한다.[16] 그는 이 세 견해를 정의한 뒤, 전천년설 접근법을 주장한다. 그루뎀은 천년왕국의 '천 년'이라는 말이 요한계시록 20:4-6에 나오는 천 년을 가리킨다고 지적한다. 여기를 보면, 그리스도를 증언하다 목이 베인 순교자들은 "그리스도와 더불어 천 년을(그리스어로 *chilia etē*, 4절) 통치"하지만, 죽은 자 가운데 나머지 사람들은 "천 년이 차기까지 생

15　Anthony C. Thiselton, *Life after Death: A New Approach to the Last Things* (Grand Rapids: Eerdmans, 2012), pp. 132-136; 영국에서는 *The Last Things* (London: SPCK, 2012)라는 제목으로 출간.
16　Wayne Grudem, *Systematic Theology: An Introduction to Biblical Doctrine* (Nottingham: IVP, 1994), pp. 1108-1114(정의); 아울러 pp. 1114-1135도 참고하라. 참조한 페이지는 본문 안에 기록했다.

명에 들어가지(그리스어로 *ezēsan*)" 못했다(5절).

(1) 그루뎀은 이어 이렇게 말한다. **무천년설**에 따르면, "요한계시록 20:1-10은 현재 교회 시대를 묘사하는데…이 시대에는 나라들을 위압하는 사탄의 영향력이 크게 줄어들어 복음이 온 세상에 선포될 수 있다"(p. 1110). 아마도 요한계시록 20:4-5이 성경에서 유일하게 천년왕국을 분명하게 이야기하는 곳이겠으나, 그루뎀은 내용이 **오직 한 번** 등장한다는 이유로 어떤 성경 본문을 무시한다면 많은 점에서 나쁜 결과를 낳으리라고 주장한다(pp. 1116-1117). 그는 무천년설을 주장하는 사람들이 생각하는 것보다 '사탄 결박'을 더 확대하여 받아들인다.

(2) 그루뎀이 설명하길, 무천년설과 달리 **후천년설**에서는 "그리스도가 천년왕국 **뒤**에 재림하신다"고 믿는다. "그때는 세상 인구 가운데 더욱더 많은 부분이 그리스도인이 되며…평화와 의의 시대인 '천 년 시대'가 점차 땅 위에 등장할 것이다"(pp. 1110-1111). 그러나 그는 이것이 '전천년설을 주장하는 사람들'이 예상하는 것과는 사뭇 다른 종류의 천년왕국이라고 주장한다. 더군다나, 이 견해에서는 그리스도 재림 전에 환난과 고난의 때가 있으리라 예언하는 성경 본문을 무시한다. 실제로 디모데후서 3:1-5에서는 배교하는 때가 이를 것을 예견하며, 마태복음 24:15-31에서는 "큰 환난"을 이야기한다.

(3) 그루뎀의 말을 보면, 앞 견해들과 달리 **전천년설**은 "그리스도가 천년왕국 **전**에 다시 오시리라"는 믿음이며, 때로는 이것을 **천년왕국설**(chiliasm)이라 부른다. "**그리스도가 이 땅에 다시 오셔서 천년왕국을 세우실 것이요.…신자들은 그리스도와 함께 땅에서 천 년 동안 다스릴 것이다**"(pp. 1111-1112). 그러나 그루뎀은 이 믿음에도 두 버전이 있다고, 곧 '고전적 혹은 역사적' 전천년설과 강림 곧 그리스도의 재림이 큰 환난 전에 일어난다는 '환난 전' 전천년설이 있다고 구분한다. 사람들은 종종 이 견해를 이른바 휴거와 연계하는데, 많은 이는 데살로니가전서 4:16-17이 휴거를 말한다고 본다. "주께서 호령과 함께…친히 하늘로부터 강림하시리니 그리스도 안에서 죽은 자들이 먼저 일어나고

그 후에 우리 살아남은 자들도 그들과 함께 구름 속으로 끌어 올려(그리스어로 *harpagēsometha*) 공중에서 주를 영접하게 하시리니 그리하여 우리가 항상 주와 함께 있으리라." 댕커는 그가 데살로니가전서 4:17에서 인용하는 *harpazō*의 의미로 "갑자기 붙잡다"나 "낚아채다/데려가다"를 제시한다.[17] 이것이 바로 전천년설 옹호자들이 '휴거'라 부르는 것이다. 이 말이 널리 알려지게 된 것은 J. N. 다비(Darby, 1800-1882) 때문이다. 그는 '세대주의자'로 잘 알려져 있었으며, 그의 작업은 사람들에게 영향을 미친 『스코필드 주석성경』(Scofield Reference Bible)으로 1909년에 출간되었다. 버나드 맥긴(Bernard McGinn)은 휴거를 "그리스도가 신실한 자들을 그들의 몸과 함께 하늘로 올리심으로써 그들을 몸이 있는 채로 구원하시는 일"이라 정의했다.[18] 사실, 다비는 '세대주의', 곧 하나님이 인간을 각기 다른 통치자나 시대 아래 두신다는 이론을 창시했다. 예를 들면, 이 접근법은 종종 1948년에 있었던 유대인 국가 창건으로 시작한 한 시대와 연계되기도 한다. 대중은 또 다른 형태의 전천년설이 세대주의에서 나왔다고 생각한다.

그루뎀은 이 접근법을 옹호하면서 그 근거로 "내가 너를 지켜 온 세상에 임할 시련의 때를 면하게 하리라"라는 요한계시록 3:10을 원용한다. 나아가, 이 접근법은 그리스도가 어느 순간이라도 오실 수 있다는 기대를 인정한다.[19]

하지만 전천년설의 가장 큰 난점 중 하나는 요한계시록에 나오는 사건들이 **시간 순서**를 따라 일어난다고 사실상 추정한다는 것이다. 주요 요한계시록 주석가 가운데 한 사람인 조지 케어드는 주로 이에 근거하여 문자 그대로 천 년 동안 천년왕국이 존재한다는 믿음은 "명백히 잘못"이며, 특히 요한이 이런 내용을 다른 자료 없이 오로지 유대교 자료에서만 빌려 왔다는 가설은 더더욱

---

[17] BDAG p. 134.
[18] Bernard McGinn, *Antichrist: Two Thousand Years of Human Fascination with Evil* (San Francisco: Harper, 1994), p. 253.
[19] Grudem, *Systematic Theology*, p. 1132.

잘못이라고 주장했다.[20] 신학 전통 면에서 대체로 그루뎀에 더 가깝다 할 저자 가운데 윌리엄 헨드릭슨(William Hendriksen)은 요한계시록이 역사를 시간 순서대로 기록한 책이 **아니라**고 강조했다. 사실, 일련의 사건들은 평행을 이루고 있다. 요한계시록 20장은 11-14장을 반영한다. 요한계시록 12:5-11은 20:1-3, 11:2-6과 평행을 이루며, 11:7은 20:7-10과 짝을 이룬다.[21] 게다가 요한계시록에서 구사하는 많은 언어는 분명 상징이다. 그는 이렇게 결론짓는다. "전천년설을 주장하는 사람들의 이론은 여기서 살펴본 사실들과 일치하지 않는다."[22] 반대로 그는 이렇게 썼다. "천 년은 현재 복음이 전파되는 이 시대 내내, 이 땅에 미치는 마귀의 영향력이 줄어들고 있음을 일러 준다. 마귀는 교회의 확장을 막지 못한다."[23]

분명, 니케아 이전 시대에는 많은 이가 유스티노스, 이레나이우스, 테르툴리아누스, 락탄티우스, 어쩌면 히폴리투스까지 인용하면서 천년왕국이 천 년 동안 이어진다고 이해했다.[24] 그러나 오리게네스, 티코니우스(Tyconius), 특히 아우구스티누스는 이런 생각에 반대하면서, 요한계시록의 언어가 상징성을 갖는다고 인식했다.[25] 후대 교회사를 살펴보면, 루터는 천년왕국설(millenarianism)에 반대했다. 종교개혁 시대에는 오베 필립스(Obbe Philips) 같은 극소수 '급진' 종교개혁자만이 천년왕국설(chiliasm)을 주장했다. 케어드의 기억할 만한 말을 빌리면, 요한계시록을 시간 순서대로 사건을 기록한 책으로 다루는 것은 무지개를 풀어 헤치는 일이다.…요한은 그가 암시하는 것들

---

20 George B. Caird, *The Revelation of St. John* (London: Black, 1966), p. 250.
21 W. Hendrikson, *More Than Conquerors: An Interpretation of the Book of Revelation* (Grand Rapids: Baker; London: Tyndale Press, 1962), p. 182. 『요한계시록』(아가페출판사).
22 Hendrikson, *More Than Conquerors*, p. 185.
23 Hendrikson, *More Than Conquerors*, p. 188.
24 Justin, *Dialogue with Trypho* 80; Irenaeus, *Against Heresies* 3.23.7; Tertullian, *Against Marcion* 3.25; Lactantius, *Divine Institutes* 72.
25 Origen, *De principiis* 4.2; *Exhortation to Martyrdom* 30; Tyconius, *On Christian Doctrine* 3.6-9; Augustine, *City of God* 20.9; Augustine, *On Christian Doctrine* 3.10.14. 『그리스도교 교양』(분도출판사).

을 암호처럼 사용하지 않고…그것들이 기억을 불러일으키며 감동을 자아내는 힘을 갖게끔 사용한다."[26]

현대의 대다수 저자도 이런 견해를 지지한다. 이를테면, 로버트 건드리는 한 논문 전체를 할애하여 요한계시록 21:1-22:5에 나오는 새 예루살렘을 다룬다. 이곳은 "전례 없는 차원"을 갖고 있으며, "한 진주로 이루어진 문을 갖고 있고 훤히 들여다볼 수 있는 금으로 포장되어 있는 등 여러 특징이 있다."[27] 새 예루살렘은 어떤 '장소'가 아니라, 미래에 이루어질 하나님의 백성이다. 나아가, 요한계시록(과 성경의 다른 책이나 본문)이 세계에서 순서대로 차근차근 일어날 사건들을 예언으로 미리 제시한 것이라면, 맥긴이 한 놀라운 말처럼 "기원후 70년에 예루살렘에 있던 두 번째 성전이 무너진 뒤부터 1948년에 유대인 국가가 다시 세워질 때까지 거의 이천 년 동안(이방인의 세대) 예언은 휴가를 즐긴 셈이다."[28] 근대에 들어와 요한계시록을 '역사로' 해석하는 견해는 헨리 드러몬드(1786-1860)와 에드워드 어빙(1792-1834)에게서 시작되었다. 이때 일부 사람은 나폴레옹2세를 적그리스도로 여기기도 했고, 훗날 다른 이들은 무솔리니, 히틀러, 혹은 스탈린을 적그리스도라 여겼다. 요 근래에는 존 F. 월보드(John F. Walvoord)가, 그리고 대중 수준에서는 핼 린지(Hal Lindsey)가 때로는 이스라엘 침공과 중동의 석유와 관련지어 이런 생각을 발전시키고 드라마처럼 생생하게 표현했다.[29] 지금도 팀 라헤이(Tim LaHaye)가 (1995년부터 펴낸) 레

---

26 Caird, *The Revelation of St. John*, p. 25.
27 Robert H. Gundry, "The New Jerusalem: People as Place, Not Place for People", in Gundry, *The Old Is Better: New Testament Essays in Support of Traditional Interpretations*, WUNT 178 (Tübingen: Mohr, 2005), p. 399; 참고. pp. 399-411.
28 McGinn, *Antichrist*, p. 153.
29 J. F. Walvoord, *Armageddon: Oil and the Middle East Crisis*, 2nd ed. (Grand Rapids: Zondervan, 1990). 『아마겟돈, 석유와 중동위기』(마라나다); Hal Lindsey, *The Late Great Planet Earth* (Grand Rapids: Zondervan, 1970). 『대유성 지구의 종말』(생명의말씀사); 참고. Anthony C. Thiselton, *1 and 2 Thessalonians through the Centuries* (London: Wiley-Blackwell, 2011), pp. 115-120 and 143-145; Judith Kovacs and Christopher Rowland, *Revelation* (Oxford: Blackwell, 2004), pp. 1-38; G. K. Beale, *The Book of Revelation: A Commentary on the Greek Text*, NIGTC (Grand Rapids: Eerdmans; Carlisle: Paternoster, 1999). 『NIGTC 요한계시록』(새물결플러스); 그리고 Robert H. Mounce, *The Book of Revelation* (Grand Rapids: Eerdmans,

프트 비하인드(Left Behind) 시리즈에서 지어낸 휴거 이야기를 따르는 이가 많다. 그러나 대체로 성서학자들은 이런 주장을 받아들이지 않을 것이다.

2. 그리스도의 재림, 혹은 강림

강림(parousia), 또는 그리스도의 재림은 적어도 다섯 쟁점을 야기한다. 이를 논해 볼 필요가 있다. (1) 그것을 가리키는 데 쓴 **말**, (2) 미래 그리고 그리스도가 공중이 보는 가운데 오시리라는 믿음의 **타당성**, (3) 강림이 자리한 **묵시 맥락**의 의미, (4) 강림 **예견**과 강림이 이루어질 법한 **시기**에 관한 주장, (5) 강림 사건을 묘사하는 데 쓴 **언어**.

1) **신약성경의 용어**. 신약성경에서 사용하는 말 가운데 가장 빈번히 나타나는 말은 '재림'(return)이 아니라 '강림'(parousia)이다. 댕커는 이 말의 용례를 그리스도가 "이 시대 끝에 세상을 심판하시고자 메시아로서 영광 가운데 오심"을 가리키는 데 인용한다. 예를 들어, 마태복음 24:3에서는 "당신의 오심(*parousia*)과 이 시대 끝의 징조"라는 말을 쓴다. 조금 다른 본문이 등장하는 예를 보면, 고린도전서 1:8에서는 "우리 주의 날", 데살로니가전서 3:13에서는 "우리 주 예수 그리스도가 그의 모든 성도와 함께 오실 때", 5:23에서는 "우리 주가 오실 때", 데살로니가후서 2:8에서는 "그의 오심이 나타남", 베드로후서 3:4에서는 "그가 오신다는 약속이 어디 있는가?", 요한일서 2:28에서는 "그가 오실 때 그 앞에서 부끄러움을 당하지 않게"라고 말하며, 그 외에도 다른 본문들이 있다.[30] 이 모든 본문에서 '오심'은 *parousia*를 번역한 말이다.

그리스-로마 세계에서는 이 말이 지체 높은 사람이 **오는 것**을 나타낼 수도 있었다. 하지만, 같은 말이 "어떤 장소에 있는 상태, 임재"를 나타낼 수도 있었으며(고전 16:17; 빌 2:12; 고후 10:10이 그 예다), 때로는 이 말이 "도착이나 임재의

1977), 『요한계시록』(생명의말씀사).
[30] BDAG p. 781.

첫 단계나 다가올 강림"을 나타내기도 한다.³¹ 펑크는 논문 하나를 전부 할애하여 바울이 사도로서 나타남(parousia)을 다룬다.³² 이런 이중 의미가 훨씬 많은 보수 성향 저자들이 이 말을 '재림'을 가리키는 말로 사용하길 피하려 하는 이유를 설명해 줄지도 모르겠다. 그러나 '재림'이라는 말은 예수가 오시는 사건을 분명히 밝혀 주기보다는 '강림'에 의해 암시된다.

신약성경에서 유일하게 '다시 오심'을 이야기하는 곳이 히브리서 9:28이다. 이 본문에서는 그리스도가 이전에 "많은 사람의 죄를 담당하시려고" 나타나심과 대비하여 "두 번째로 나타나실" 것을 이야기한다. 고린도전서 1:7; 데살로니가후서 1:7; 베드로전서 1:7, 13; 그리고 십중팔구는 다른 곳에서도 "나타남"(revelation)을 가리키는 그리스어 *apokaypsis*를 그리스도의 마지막 오심을 나타내는 말로 사용한다.³³ 디도서 2:13과 데살로니가후서 2:8에서는 "나타나 보임"(appearance)을 뜻하는 명사 *epiphaneia*도 사용하는데, 이는 "드러내 보임"(manifestation)을 뜻할 수도 있다.³⁴

2) **강림을 믿는 것의 타당성.** 그리스도가 **미래에 공중**(公衆)**이 다 보는 가운데 오심**이 타당함은 의심하지 못하나, 일부 사람들은 이를 단지 메시아와 관련된 유대 묵시 사상이 남긴 신화의 잔재로 여기려 했다. 예수의 가르침을 살펴보면, 그의 많은 비유가 감춰진 것이 훤히 드러나게 될 세상 마지막 때에 있을 대'역전'을 내다본다(마 11:25). 이때는 가난한 자가 부유해진다(눅 6:20). 굶주린 자가 배부르게 된다(눅 6:21). 예레미야는 훨씬 많은 예를 제시하는데, 알곡 가운데 뿌려진 가라지 비유(마 13:24-30)와 좋은 물고기와 나쁜 물고기를 한꺼번에 잡는 그물 비유(마 13:47-48)가 그 예다.³⁵ 예수가 가장 분명하게 말씀

---

31 BDAG p. 780.
32 R. W. Funk, "The Apostolic Parousia: Form and Significance", in *Christian History and Interpretation: Studies Presented to John Knox*, ed. W. R. Farmer, C. F. D. Moule, and R. R. Niebuhr (Cambridge: CUP, 1967), pp. 249-268.
33 BDAG p. 112.
34 BDAG pp. 385-386.
35 Joachim Jeremias, *The Parables of Jesus* (London: SCM, 1963), pp. 221-222 and 224-227. 『예

하신 담화는 마가복음 13장, 마태복음 24장, 누가복음 21장에 있는 '묵시' 담화다. 여기서 사용한 일부 언어는 꼼꼼히 검토할 필요가 있다. 이 담화에서 예수는 늘 독특한 두 질문에 대답하시기 때문이다. (1) 미래에 있을 오심의 징조는 무엇이며 (2) 성전과 유대 '세계'의 종말이 다가왔을 때엔 무슨 일이 벌어질 것인가? 이 담화들을 오직 한 문제로 축소하기는 불가능하다. 예수는 종종 우주까지 아우르는 언어를 사용하신다. "해가 어두워지며…별들이 하늘에서 떨어지며…그때에 '인자가 구름을 타고' 큰 권능과 영광으로 '오는 것'을 사람들이 보리라"(막 13:24-26).

예수는 또 사람이 먼 여행을 떠나는 유비를 사용하신다(마 25:14-30; 막 13:34; 눅 19:12-27). 다른 비유들은 한 집안을 책임지고 있는 사람(마 24:45-51) 및 신랑이 돌아오는 것(마 25:1-13)과 관련이 있다. 일부 사람들은 마태복음만이 종말론에서 말하는 마지막과 관련이 있다고 주장하나, 스티븐 윌슨(Stephen Wilson)은 누가복음에서 '강림이 임박했다는 대망'이라는 흐름과 '강림의 지연'이라는 흐름을 모두 찾아낸다. 둘 모두 "실제 목회와 관련된 문제"를 다루며, "그는 **중도를 걸으며** 신중한 길을 밟고 지나감으로써…잘못된 두 극단을 바로잡았다."[36]

미래에 강림이 있으리라는 대망을 가장 먼저 표현한 곳은 데살로니가전서 4:16-17에 있다. 이 본문에서 쓴 언어는 그림 같은 묘사이나 그 취지는 명백하다. "주께서…친히 하늘로부터 강림하시리니." 우리는 나중에 바울의 언어를 더 깊이 살펴보겠다. 바울은 고린도전서 15:49에서 죽은 자의 부활을 논하다 예수 그리스도를 "하늘에 속한 이"라 말한다. 아울러 바울은 이런 개념을 고린도전서 15:23, 데살로니가후서 2:8, 디모데전서 6:14, 디모데후서 1:10, 4:1, 디도서 2:13에서도 사용한다. C. H. 도드는 미래에 강림이 있으리라는 소

수의 비유』(분도출판사).

36 Stephen G. Wilson, *The Gentiles and the Gentile Mission in Luke-Acts*, SNTSMS 23 (Cambridge: CUP, 1973), pp. 67-85; 참고. John T. Carroll and Alexandra Brown, *The Return of Jesus in Early Christianity* (Peabody, Mass.: Hendrickson, 2000), pp. 26-45.

망을 초기 서신에 국한시키고 바울이 "실현된 종말론" 쪽으로 옮겨 갔다고 주장함으로써 이 본문들에서 미래와 관련된 의미를 축소해 버린 것 같다.[37] 그러나 존 로우(John Lowe)는 설득력 있는 한 논문에서 바울이 서신을 쓰는 기간 내내 시종일관 "미래" 종말론과 "실현된" 종말론을 함께 주장했음을 보여 주었다.[38] 이를테면, 바울이 상당히 늦게 쓴 서신인 빌립보서에서도 목표로 향해 달려가는 것(빌 3:12, 14)과 미래에 있을 우리 몸의 변형(3:21)을 함께 이야기한다. 로우는 이렇게 언급하는 예들을 폭넓게 제시했다. 더 나아가, 우리가 앞으로 보겠지만 케제만 및 다른 이들은 묵시가 바울에게 영원한 자국을 남겼음을 보여 주었다. 아서 L. 무어(Arthur L. Moore)는 바울 서신을 포함하여 신약성경에 나온 강림을 상세히 다룬 책을 냈으며, 요스트 홀레만(Joost Holleman)도 요 근래 비슷한 책을 써서 같은 견해를 따랐다.[39]

3) **묵시 맥락의 의미**. 과거에 R. H. 찰스(Charles) 및 다른 이들은 바울이 그리스도인의 소망이라는 관념을 유대 묵시에서 빌려와야 한다고 느꼈다고 주장했다. 그러나 이것은 주객이 뒤바뀐 주장이었다. 유대 묵시는 바울 사상의 구조 자체와 그의 신학 내용에 영향을 미쳤다. 유대 묵시의 주제들은 하나님의 주권, 새 창조, 두 시대, "이 악한 세대에서" 옮겨 감(갈 1:4)을 뜻하는 구속을 강조한다. 하나님은 "우리를 흑암의 권세에서 건져 내사(그리스어로 *rhuomai*) 그의 사랑의 아들의 나라로 옮기셨으니 그 아들 안에서 우리가 속량을 얻었다"(골 1:13-14). 갈라디아서와 골로새서는 각각 초기 서신과 후기 서신을 대표한다.

에른스트 케제만은 1960년대에 묵시가 원시 기독교, 그리고 특히 바울에

---

37 Charles H. Dodd, "The Mind of Paul I"(1933) and "The Mind of Paul II"(1934), in Dodd, *New Testament Studies* (Manchester: Manchester University Press, 1953), pp. 67-127.
38 John Lowe, "An Examination of Attempts to Detect Developments in St. Paul's Theology", *JTS* 42 (1941): pp. 129-142.
39 Arthur L. Moore, *The Parousia in the New Testament*, NovTSupp 13 (Leiden: Brill, 1966); Joost Holleman, *Resurrection and Parousia: A Traditio-Historical Study of Paul's Eschatology in 1 Corinthians 15*, NovTSupp 84 (Leiden: Brill, 1996).

게 미친 영향을 아주 확실하게 보여 줌으로써 새 시대를 열었다. 원시 기독교 묵시에서는 임박한 강림을 기다리는 기대를 일러 주었겠지만, 그 외에 많은 것도 함께 일러 주었다.[40] 케제만의 접근법은 클라우스 코흐(1972년), J. 크리스티안 베커(1980년과 1982년), J. L. 마틴(Martyn, 1967년과 1985년), 알렉산드라 브라운(Alexandra Brown, 1995년과 2000년) 및 다른 많은 이에게서 엄청난 지지를 받았다.[41] 데이비드 트레이시(David Tracy)는 묵시, 혹은 "**강림**(parousia)을 고대하는 감정을 자세히 설명하고자 아주 빈번히 채용한 장르"를 서술한다.[42]

묵시는 전 세계 역사, 그리고 앞을 향해 나아가는 하나님의 여러 목적에 관심을 갖게 부추긴다. 바울의 글에서 이런 묵시를 다시 발견하게끔 이끈 원동력은 아마도 1914년에 요하네스 바이스에게서 처음 나온 것 같지만, 바이스의 연구 결과는 나중에 알베르트 슈바이처의 글에서 발견할 수 있는, 더욱 사변적인 몇몇 주장에 가려지곤 했다.[43] 묵시의 중요성을 부추기는 데 훨씬 더 큰 영향을 미친 이는 이른바 판넨베르크 동아리였다. 이 동아리 구성원은 구약 분야의 롤프 렌토르프(Rolf Rendtorff), 신약 분야의 울리히 빌켄스(Ulrich Wilckens)와 디트리히 뢰슬러, 조직신학 분야의 트루츠 렌토르프(Trutz Rendtorff), 그리고 물론 누구보다도 클라우스 코흐와 볼프하르트 판넨베르크다.[44]

---

40 Ernst Käsemann, "Primitive Christian Apocalyptic", in Käsemann, *New Testament Questions of Today* (London: SCM, 1969), pp. 109, 113, and 108-137.
41 Klaus Koch, *The Rediscovery of Apocalyptic: A Polemical Work on a Neglected Area of Biblical Studies and Its Damaging Effects on Theology and Philosophy* (London: SCM, 1972); J. Christiaan Beker, *Paul the Apostle: The Triumph of God in Life and Thought* (Edinburgh: T. & T. Clark, 1980); J. Christiaan Beker, *Paul's Apocalyptic Gospel: The Coming Triumph of God* (Philadelphia: Fortress, 1982). 『바울의 묵시사상적 복음』(한국신학연구소); J. Louis Martyn, "Epistemology at the Turn of the Ages," in *Christian History and Interpretation*; Alexandra R. Brown, *The Cross and Human Transformation: Paul's Apocalyptic Word in 1 Corinthians* (Minneapolis: Fortress, 1995); Alexandra R. Brown, "Paul and the Parousia," in *The Return of Jesus in Early Christianity*, pp. 47-76.
42 David Tracy, *The Analogical Imagination: Christian Theology and the Culture of Pluralism* (New York: Crossroad, 1981), p. 265.
43 Johannes Weiss, *Earliest Christianity: A History of the Period A.D. 30-150*, 2 vols. (New York: Harper, 1959; orig. 1937), pp. 543-545.
44 참고. James M. Robinson, "Revelation as Word and History", in *Theology as History*, ed. J. M.

4) **강림 예언**. 오랜 세월 동안 많은 이가 강림이 있을 때를 예언했으나, 이런 예언들은 예수 자신의 말씀 앞에서 무너지고 만다. "그날과 그때는 아무도 모르나니 하늘에 있는 천사들도, 아들도 모르고 아버지만 아시느니라"(막 13:32). 초기 교회에서 이 말씀을 예수가 하셨다고 꾸며 냈을 리는 만무하다. 무엇보다 초기 교회에서도 예수에 관하여 아는 지식에 한계가 있음을 암시하기 때문이다. 마찬가지로, 예수는 마가복음 13:35에서 이렇게 말씀하신다. "집 주인이 언제 올는지 너희가 알지 못함이라."

이런데도 자칭 선지자는 자신이 마지막 날을 내다본다고 주장하길 거듭해 왔다. 마르틴 루터는 "그리스도는 어느 때라도 오실 수 있다"고 강조했으며, 이런 날을 예언하고자 한 미하엘 슈티펠(Michael Stiefel)의 욕심을 "실수", "오류", 사탄이 꼬드긴 것이라고까지 말했다(1533년 6월에 보낸 편지).[45] 루터는 이를 "급진" 종교개혁자와 "광신자"로 이뤄진 이단이라 여겼다.

5) **강림을 묘사하는 데 사용한 언어**. 마지막으로 우리가 살펴볼 것은 강림을 묘사하는 데 쓴 언어다. 예수와 바울은 **그림처럼 생생히 묘사한** 언어를 사용한다. 이런 언어는 보통 **상징**으로 사용하며, **은유**로 사용할 때도 있다. 그러나 그렇다고 이런 언어가 **오로지** 상징이나 은유라는 말은 **아니다**. G. B. 케어드는 성경에서 구사하는 언어와 이미지만 온전히 다룬 책에서 이렇게 단언했다. 그것은 "은유인 것과 문자 그대로 표현한 것의 흥미로운 상호 작용을 펼쳐 보인다.…우리는 바울이 심지어 한 서신 속에서도 아주 가까이 잇닿아 있는 두 언어 형태를 몇 번이나 같이 사용하는 모습을 발견한다."[46]

오늘날 더 보수적이거나 온건한 쪽에 속하는 신약학자 가운데 두드러진 위치를 차지하고 있는 톰 라이트는 예수가 미래에 오시리라는 것을 전혀 의심하지 않는다. 그는 예수가 오실 일을 "우리가 단지 서신이나 전화 혹은 어쩌면

Robinson and J. B. Cobb (New York: Harper and Row, 1967), pp. 10-13.
45 Luther, *Letters of Spiritual Counsel*, p. 301.
46 George B. Caird, *The Language and Imagery of the Bible* (London: Duckworth, 1980), pp. 246 and 247.

전자 우편으로만 알았던 사람을 직접 대면하여 만나는 일"과 비교한다.⁴⁷ 그는 "우리 눈이 마침내 그를 보리라"(And our eyes at last shall see him)라는 찬송을 인용한다. 그러면서도 동시에 그는 "구름 타고 오시는 하나님의 아들"을 말하는 몇몇 본문이 다니엘 7장을 인용하며, 이 본문들은 예수의 '재'림과 관련되어 있다기보다 예수가 고난을 당하신 뒤에 자신의 정당성을 확인받으신 것과 관련이 있다고 주장한다.⁴⁸ '오심'을 다룬 몇몇 이야기는 육신을 입고 오신 초림을 가리킨다. 앞서 말했듯이, '강림'(parousia)이라는 말은 종종 이중 의미를 가진다.

이어 라이트는 강림에 관한 **언어**를 논하고, 바울이 기록한 구절 중에는 (예컨대 살전 4:16-17처럼) "바울이 장차 일어나리라 생각했던 일을 문자 그대로 서술한 것이라고 받아들여서는 **안 되는**" 구절이 많다고 주장한다. "이런 구절들은 단지 그가 고린도전서 15:23-27과 51-54절 그리고 빌립보서 3:20-21에서 말하는 내용을 다른 방식으로 말한 것일 뿐이다."⁴⁹ 데살로니가전서 4:16-17에서는 "구름 속으로 붙들려 올라감"을 이야기하지만, 고린도전서 15장과 빌립보서 3:21에서는 변형을 이야기한다. 데살로니가전서 4:16-17은 "은유적" 성격이 풍부하다.⁵⁰ 그것은 마치 진통을 시작하는 여자나 밤에 들이닥친 도둑 같이 그림처럼 생생한 묘사다. 라이트는 이렇게 결론짓는다. "바울은 주를 '공중에서 만난다'고 말하는데, 이 말의 요지는 정확히 말해—보통 휴거 신학에서 말하는 것처럼—구원받은 신자들이 이 땅을 떠나 공중 어딘가로 올라가 머물리라는 것이 아니다. 이 말의 요지는 그들이 다시 오시는 주를 나가서 영접한 뒤, 그를 왕처럼 호위하여 그가 다스리시는 영역으로 모시리라는 뜻이다.…그 의미는 빌립보서 3:20에 있는 평행 본문이 말하는 의미와 같다."⁵¹ 라이트는

---

47 N. T. Wright, *Surprised by Hope: Rethinking Heaven, the Resurrection, and the Mission of the Church* (London: SPCK, 2007), p. 135. 『마침내 드러난 하나님 나라』(IVP)
48 Wright, *Surprised by Hope*, p. 137.
49 Wright, *Surprised by Hope*, p. 143.
50 Wright, *Surprised by Hope*, p. 144.
51 Wright, *Surprised by Hope*, p. 145.

신약성경의 기록들이 하나같이 이런 견해를 표명한다고 단언한다.

이런 라이트의 결론은 케어드의 말과 비슷하다. "누가와 바울은 자신들이 죽음 뒤의 삶을 설명할 때 쓴 언어를 사람들이 두말 않고 문자 그대로 받아들이리라고 기대하지 않았다."[52] 이를 임박과 대망을 다룬 다음 절에서 더 꼼꼼히 다뤄 보겠다. 하지만 케어드는 이런 언어가 단순히 은유나 상징이라고 말하지 않는다. 자넷 마틴 소스키스와 폴 아비스는 은유가 인지할 수 있는 진실을 주장하는 것일 수 있음을 시사한다.[53] 케어드는 종말론적 언어가 종종 역사를 표현한 언어와 상징을 표현한 언어를 '함께 엮어 짬'을 꾸준히 보여 준다. 브레버드 차일즈와 조지 케어드는, 설령 종말론의 언어가 **이전에는** 단지 신화였던 것을 빌려와 사용한다 할지라도 그렇게 사용하면 그것은 이제 더 이상 신화가 아니라 분명 "**깨진 신화**"임을 인정한다.[54]

3. 강림이 임박했다는 주장, 그리고 대망의 본질

바울은 그리스도인이 "그의 아들이 하늘로부터 강림하실 것을 [기다린다]"(그리스어로 *anamenō*, 살전 1:10)고 묘사한다. NRSV에서는 고린도전서 1:7에서 비슷한 영어 본문, 곧 "as you wait for the revealing of our Lord Jesus Christ"(너희가 우리 주 예수 그리스도가 나타나심을 기다릴 때)를 제시하나, 그리스어 본문에서는 다른 동사를 사용한다. *apekdechomenous tēn apokalypsin tou kuriou hēmōn Iēsou Christou*('간절히 기다리다'라는 뜻을 가진 동사 *apekdechomai*를 사용했다—옮긴이). 갈라디아서 5:5에서는 그리스도의 다시 오

52　Caird, *Language and Imagery*, p. 248.
53　Janet Martin Soskice, *Metaphor and Religious Language* (Oxford: Clarendon, 1987), 그리고 Paul Avis, *God and the Creative Imagination: Metaphor, Symbol, and Myth in Religion and Theology* (New York: Routledge, 1999), pp. 44-69, 82-99, and 120-138.
54　Brevard Childs, *Myth and Reality in the Old Testament*, 2nd ed. (London: SCM, 1962), pp. 31-43; 참고. Caird, *Language and Imagery*, p. 219.

심이 아니라 의의 소망을 기다림을 이야기한다. 로마서 8:19에서는 하나님 아들의 나타남을 기다림에 관심을 보인다. 로마서 8:23에서는 "입양을 [기다림]"을 이야기한다(롬 8:19과 23절에서는 그리스어 *apekdechomai*를 사용한다). 로마서 8:19에서는 또 다른 동사를 사용하는데(동사가 아니라 명사로, '강렬한 열망'이라는 뜻을 가진 *apokaradokia*를 사용한다―옮긴이), 이는 "피조물이 강렬한 열망을 품고 기다리다"로 번역한다(그리스어로 *apokaradokia tēs ktiseōs*). NRSV에서는 빌립보서 3:20에서 같은 그리스어 단어를 "my eager expectation"(내 간절한 기대)으로 번역했으며, 댕커도 이 번역에 동의한다.[55] 복합어(*apokaradokia*라는 복합어―옮긴이)의 구성 부분인 *kara*는 '머리'를 뜻한다. 아퀼라의 70인역에서는 이 말이 "목을 늘여 뺌, 앞으로 늘여 뺌"을 가리키는데, 강렬함을 나타내는 *apo*를 덧붙여 강렬한 열망을 담아 무언가를 상상하고 간절히 기대하느라 목을 길게 늘여 빼 바라봄을 가리킨다.[56] 따라서 *anamenō*는 단순히 '…을 기다리다'라는 의미일 수 있으나, 다른 말들은 그보다 훨씬 더 강한 의미를 갖는다.

현대 세계의 일상생활을 살펴보면, **기다리는 일**은 기차역 대합실에 앉아 있거나 버스 정류장에 서서 있는 것처럼 지루하고 **움직임이 없는** 상황을 가리킬 수도 있다. 그러나 **간절한 대망**이나 **목을 늘여 빼고 내다보는 일**은 다르다. 그건 마치 신부를 기다리거나 세계에 명성이 자자한 음악회 솔로 연주자를 기다리는 일과 같다. 종말을 내다보는 그리스도인의 대망에서 문제가 되는 것은 일부 사람들이 이것을 때로는 무한히 이어지는 절망 혹은 기나긴 시간을 통과해서라도 기뻐하며 열광하는 상태로 들어가도록 자신을 몰아치는 일로 해석한다는 것이다. 끝없이 지루하게 이어지는 기간 동안 **열렬한 감정을 유지하는 것은 불가능하고 건강하지 않은 일**이며, 그런 식으로 열심을 유도할 경우에는 심지어 죄를 짓게 만들기도 한다.

---

55 BDAG p. 112.
56 C. E. B. Cranfield, *The Epistle to the Romans*, 2 vols., ICC (Edinburgh: T. & T. Clark, 1975, 1979), 1: p. 410.

예수와 바울은, 또한 히브리서에서는 그런 상태를 권하지 않는다. **대망은 감정이 아니라 성향을 빚어내기** 때문이다. 바울은, 마치 갈라디아 사람들이 그들을 "미혹하던 것"을 내버려야 했듯이(갈 3:1), 데살로니가 사람들에게는 "진정하라"(그리스어로 *nouthetein*, 살전 5:14; 살후 3:15)고 권면한다. 복음서에서는 오해를 덜 자아낼 만한 말을 사용하여, 주 그리스도의 오심을 "준비" 혹은 "대비"하라고 말한다. 슬기로운 다섯 신부와 어리석은 다섯 신부 비유를 보면, "준비한"(그리스어로 *hetoimoi*, 마 25:1-10) 신부가 신랑을 만났다. 여기서 준비한다는 말은 신부들의 **행동**을 나타낸다. "그들은 준비했는가?"라고 묻는 것은 그들 의식 속의 사고와 관련이 **있지도 않고** 분명 **그들의 감정과도 무관하며**, 말 그대로 그들의 **준비** 상태와 관련이 있다. '준비하고 있음'을 판단하는 기준은 우리가 **무엇을** 준비해야 하며 어떻게 준비해야 하느냐가 결정한다. 아우구스티누스와 루터는 그리스도의 오심을 준비하는 일이 그리스도인이 매일 하는 신뢰, 일, 매일 행하는 과업을 통한 순종 속에서 계속되어야 한다고 여겼다.

철학자 루트비히 비트겐슈타인은 "기대한다는 것은 무엇인가?"라는 질문에 우리를 깨우쳐 주는 대답을 제시한다. 그는 내가 내 친구와 차를 마시길 '기대한다면' 내가 해야 할 일이 무엇이냐고 묻는다. 나는 컵, 잔 받침, 접시, 잼, 빵, 케이크 같은 것들을 내놓는다. 내 방이 깨끗한가도 확인한다. 비트겐슈타인은 이렇게 말한다. "'기대한다는 것'은…분명 어떤 과정이나 마음 상태를 가리키지 않는다.…나는 둘이 마실 차" 등 "을 준비한다."[57] 그는 기대가 정신 활동을 구성한다는 관념은 "묘한 미신"이라고 말했다.[58] 그는 이렇게 결론짓는다. "기대는 그것이 발생하는 상황 속에 자리하고 있다."[59] 비트겐슈타인은 『쪽지』(*Zettel*)에서 "기대하다"라는 말 대신 "이런 일이 일어날 것을 **준비하다**"라

---

57   Ludwig Wittgenstein, *The Blue and Brown Books: Preliminary Studies for the "Philosophical Investigations"*, 2nd ed. (Oxford: Blackwell, 1969), p. 20. 『청색책·갈색책』(책세상).
58   Wittgenstein, *Blue and Brown Books*, p. 143.
59   Wittgenstein, *Philosophical Investigations*, 2nd ed. (Oxford: Blackwell, 1958), sect. 579.

는 말을 쓴다.⁶⁰ 준비를 성향이라 말한 것은 바로 이런 이유 때문이다. 준비는 어떤 **상황**이 펼쳐졌을 때 적절히 **대응하려는** 성향이다.

우리는 이제 '대망하다'의 개념을 분명히 밝히는 데서 안타깝게도 대다수 신약학자들이 제시하는 주장, 곧 초창기 교회에서는 물론 예수와 바울도 첫 세대 신자들이 살아 있는 동안에 **임박한 강림**이나 **임박한 그리스도의 재림**을 대망했다는 주장을 살펴봐도 되겠다. 이를 밑받침하는 가장 빈번히 인용하는 본문이 둘 있다. "우리 살아남아 있는 자"(NRSV, 살전 4:15과 4:17)와 "여기 서 있는 사람 중에는 죽기 전에 하나님의 나라가 권능으로 임하는 것을 볼 자들도 있느니라"(막 9:1). 이 본문들을 더 지지해 주는 내용이 마태복음 24장과 마가복음 13장의 평행 본문에 들어 있는 묵시 담화에 나온다. 몇몇 본문은 살아 있는 동안에 일어날 상황에 적용되는 본문 같다. "산으로 도망할지어다"(막 13:14; 마 24:16)라는 본문, 혹은 특히 "이 세대가 지나가기 전에 이 일이 다 일어나리라"(막 13:30; 마 24:34) 같은 본문이 그 예다. 이 말 뒤편에는 한 질문이 아니라 두 질문이 자리해 있음을 이미 암시하긴 했지만, 이 본문들을 차례로 살펴보겠다.

1) **데살로니가전서 4:15과 17절**. 이 본문에서는 "우리 남아 있는 자"(그리스어로 *perileipomenoi*)를 이야기한다. 이 때문에 어니스트 베스트(Ernest Best)는 이 본문 주석의 전형이라 할 설명을 이렇게 제시한다. "이처럼 임박은 분명하다.···유대교에서는 이미 종말의 세대 속에 존재한다는 점에 상당한 중요성을 부여했다(단 12:12-13; 에스라4서 13:24; 솔로몬의 시편 17:50)." 베스트는 계속하여 이렇게 말한다. "이 문구의 명백한 의미처럼 보이는 것을 피해 보려는 시도가 많이 있었다. 우리는 이 말씀을 알레고리로 해석하려는 어떤 시도(오리게네스를 참고하라)나 이 말씀의 의미를 약화시키려는 어떤 시도(칼뱅을 참고하라)도 단호히 거부해야 한다."⁶¹ 오늘날 대다수 저자는 이 견해를 주장한다. 마찬가지

---

60 Wittgenstein, *Zettel* (Oxford: Blackwell, 1967), sect. 65. 티슬턴 강조.
61 Ernest Best, *The First and Second Epistles to the Thessalonians* (London: Black, 1972), p. 195.

로, 얼 J. 리처드(Earl J. Richard)도 이렇게 단언한다. "바울은 마지막까지 살아남을 무리 가운데 자신을 포함시킨다. 바울은 강림이 임박했다고 믿었다."[62]

그러나 상당히 의미 있는 소수 학자는 이 견해에 반대하면서, 논쟁 여지는 있지만 그래도 더 꼼꼼하고 신중하게 이 구절을 주석한 결과를 제시한다. 이런 사람 중에는 크리소스토모스, 몹수에스티아의 테오도로스, 라바누스 마우루스(Rabanus Maurus), 아퀴나스, 칼뱅, 벵엘을 비롯한 근대 이전 교회의 저자들이 있다. 오늘날에는 신약학자로서 평판이 나 있는 사람 중 적어도 일곱이 이 소수설을 지지하는데, 아서 L. 무어, 베다 리고(Béda Rigaux), 조지 B. 케어드, 요스트 홀레만, 벤 위더링턴, A. C. 티슬턴, N. T. 라이트가 이 견고한 소수에 속한다.[63] 첫째, 우리는 철학과 언어학에 널리 알려져 있는 원리, 말하려는 의미는 **선택**이라는 원리를 그대로 탐구해 봐야 한다. 바울이 **달리** 무슨 말을 할 수 있었을까? 만일 그가 '남아 있는 자들'이라 썼다면, 바울 자신이 **연대**를 유지하고 싶어 하는 데살로니가 사람들과 자신을 떼어 놓는 결과가 될 것이다. 둘째, 우리는 P. F. 스트로슨이 **단언**(assertion)과 **전제**(presupposition)라는 개념을 철학 차원에서 꼼꼼하게 구분한 것을 더 탐구해 볼 수 있겠다.[64] 스트로슨의 주장에 따르면, 명제(proposition)는 명백한 진리 값을 가지나, 전제는 **조건부** 진리 값만 가진다. 바울의 논리는 바울 자신이 예수가 표명하신 원

---

[62] Earl J. Richards, *First and Second Thessalonians* (Collegeville, Minn.: Glazier/Liturgical Press, 1995, 2007), p. 241.

[63] Arthur L. Moore, *1 and 2 Thessalonians*, NCB (London: Nelson, 1969), pp. 69-71; Moore, *The Parousia in the New Testament*, pp. 108-110; Béda Rigaux, *Saint Paul: Les Épitres aux Thessaloniciens* (Paris: Gabalda, 1956), pp. 538-539; 아울러 pp. 195-234를 참고하라; Thiselton, *1 and 2 Thessalonians*, pp. 117-119, 참고. pp. 120-143; Caird, *Language and Imagery*, p. 248; Ben Witherington III, *1 and 2 Thessalonians: A Socio-Rhetorical Commentary* (Grand Rapids: Eerdmans, 2006), pp. 133-134; N. T. Wright, *The Resurrection of the Son of God* (London: SPCK; Minneapolis: Fortress, 2003), pp. 214-216; 그리고 N. T. Wright, *Paul and the Faithfulness of God*, 2 vols. (London: SPCK, 2013), 2: pp. 1084 and 1234.

[64] P. F. Strawson, *Individuals: An Essay in Descriptive Metaphysics* (London: Methuen, 1959), pp. 190-192 and 199-204, 그리고 P. F. Strawson, *Introduction to Logical Theory* (London: Methuen, 1963), pp. 175-179.

리를 신실히 따랐음을 보여 준다. "그날과 그때는 아무도 모르나니, 심지어 아들도 모르며 오직 아버지만 아시느니라"(참고. 마 24:36; 막 13:32). 강림 때 바울 세대가 살아 있을 가능성도 분명 남아 있긴 하지만, **꼭 그렇지는 않다**. 셋째, 무어는 바울이 특정 그룹을 지목하여 '살아 있는 우리'나 '남아 있는 우리'라 묘사하지 않는다고 주장한다. 요 근래에는 요스트 홀레만이 무어의 논지를 지지한다.[65] 마지막으로, 벤 위더링턴은 "바울은 자신이 언제 죽을지 미리 알지 못했"으며 강림이 이루어질 특정 시간이나 날짜를 예상하지 않았다고 강조한다.[66]

2) **마가복음 9:1**. 이 구절은 논란이 많기로 악명이 높다. 이 구절에서도 역시, 대다수 저자는 이 구절이 강림의 임박을 일러 준다고 본다. C. E. B. 크랜필드는 이 구절이 "복음서에서 가장 수수께끼 같은 말씀 가운데 하나"임을 인정한다.[67] 그러나 그는 이 구절과 관련하여 각기 다른 일곱 가지 해석을 제시하는데, 그중 첫 세 가지는 '타당성이 없다.' 나머지 넷은 "하나님의 나라가 권능으로 임하는 것"을 이렇게 이해한다. 첫째, 기원후 70년에 있는 예루살렘 멸망 때, 둘째, 오순절과 복음의 확산, 셋째, "하나님의 통치가 택함 받은 이들로 이루어진 공동체의 삶 속에서 사람들이 눈으로 볼 수 있게 분명히 드러날 때"(테일러), 넷째, 변형 때, 크랜필드는 이 넷째가 문맥에 가장 부합한다고 본다.[68] 이 일곱 가지 접근법 중 어느 것도 하나님 나라가 임하는 것을 강림과 명백히 동일시하지 않는다. 그러나 크랜필드는 이렇게 주장한다. "변형은 장래에 있을 부활을 가리키고 그 자체가 부활을 미리 맛보는 것이며, 부활은 다시 그 뒤에 있을 강림을 가리키고 미리 맛보는 것이다."[69]

케어드는 이른바 다수설이라는 견해를 끝없이 반복, 천명한다는 이유로 J.

---

65 Holleman, *Resurrection and Parousia*, p. 24.
66 Witherington, *1 and 2 Thessalonians*, pp. 133-134.
67 C. E. B. Cranfield, *The Gospel according to St. Mark*, CGTC (Cambridge: CUP, 1959), p. 285.
68 Cranfield, *Mark*, pp. 286-289.
69 Cranfield, *Mark*, p. 288.

바이스와 A. 슈바이처를 비판했다. 그러나 그는 예수가 거듭하여 강림이 "별안간" 닥치지 않고 "잇따른 경고, 즉 전쟁, 기근, 지진, 핍박, 예루살렘 파괴…" 뒤에 닥칠 것을 가르치셨다고 지적한다.[70] 아울러 그는 마지막이 임박했다는 관념을 지지하는 것으로 보이는 말씀도 있음을 인정하는데, "너희가 이스라엘의 모든 동네를 다 다니지 못하여서 인자가 오리라"(마 10:23)와 "주께서 가까우시니라"(빌 4:5) 같은 본문이 그 예라고 지적한다. 그러나 마가복음 9:1도 그랬듯 이런 구절들이 '꼭' **미래에 있을 강림**을 가리키지는 않는다.

3) **마가복음 13:1-37과 마태복음 24:1-31**. 방금 말한 것은 마가복음 13:1-37과 마태복음 24:1-31에서 이중으로 언급하는 내용에도 그대로 적용된다. 평행을 이루는 이 두 담화는 각각 독특한 두 질문을 생각해 보는 것으로 시작한다. "어느 때에 이런 일이 있겠사오며"(막 13:4)라는 질문은 첫째로 "여기 있는 돌 하나도 돌 위에 남지 않으리라"(13:2)에 적용되며, 이는 예루살렘 성전 파괴라는 역사 배경과 일치한다. 둘째로 이 질문은 "아직 끝은 아니니라.…산통의 시작이니라.…[마지막에는] '해가 어두워지리라'"(13:7, 8, 24)에 적용된다. 케어드는 이렇게 설명했다. "솔직히 말해, 그 큰 날은 여태까지 오랫동안 일어나지 못했지만, 그래도 제자라면 지금도 깨어서 그날을 대비하는 것이 좋겠다."[71]

R. T. 프란스는 분명하고 명백하게 말한다. 첫 번째 질문은 성전 파괴와 예루살렘 멸망이라는 역사 사건을 "분명하고 명확하게…숨김없이 밝힌 진술"을 끌어내며, 특히 마가복음 13:14-22이 그러하다.[72] 두 번째 질문은 결국 이런 대답을 끌어낸다. "그날과 그때는 아무도 모르나니 하늘에 있는 천사들도, 아들도 모르고 아버지만 아시느니라. 주의하라. 깨어 있으라. 그때가 언제인지 알지 못함이라"(막 13:32-33). 케어드도 이렇게 말했다. "마가복음 13장은 성전이 파괴되리라는 예수의 예언으로 시작한다.…마가는…완전히 다른 질문, 곧

---

70 Caird, *Language and Imagery*, p. 251.
71 Caird, *Language and Imagery*, p. 252.
72 R. T. France, *The Gospel of Mark: A Commentary on the Greek Text*, NIGTC (Grand Rapids: Eerdmans, 2002), p. 538.

'세상이 언제 끝나겠습니까?'라는 질문에 제시한 대답을 갖다 붙여 놓았다."[73]

이런 점에 비춰 볼 때, 이른바 강림의 임박을 말하는 종말론은 대체로 오해를 자아내기 쉽다. 우리는 '임박한'이라는 말을 '언제라도'라는 말로 바꿔 써야 한다. '대망'이라는 말 대신 '준비'라는 말을 써야 한다. 바울은 '남아 있는 자들'이라는 말을 쓸 수 없었을 것이다. 그런 말을 썼다면 앞서 제시한 중요 주제들을 별 볼 일 없는 문제로 깎아내리는 일이 되었을 것이다.

4. 예수 그리스도의 부활

그리스도가 다시 오심과 동시에 죽은 자들이 부활할 것이다. 그러나 신학의 관점에서 보면, 죽은 자들의 부활은 바울이 모든 이의 부활의 "첫 열매"라고 묘사했던 예수 그리스도의 부활이라는 사건의 일부분이다. 실제로, 바울이 부활의 본질, 신빙성, 이해 가능성에 관하여 제시한 고전적 강설을 살펴보면, 고린도전서 15장의 첫 부분은 부활의 기초요 전제인 그리스도의 부활과 관련이 있다. 아울러 바울은 로마서 4:16-25, 8:11, 고린도후서 1:9, 5:1-10, 데살로니가전서 4:14-17에서도 부활을 언급한다.

부활을 다룬 모든 본문에서는 **하나님이 주권자로서 가지신 권능**을 말하거나 전제한다. 로마서 4:17에서는 하나님을 "죽은 자를 살리시며 없는 것을 있는 것으로 부르시는 이"라고 말한다. 로마서 8:11에서는 하나님과 하나님의 영이 그리스도를 다시 살리셨으므로, 그리스도 안에 있는 자들도 다시 살리시리라고 말한다. 고린도전서 15:38에서는 "하나님이 그 뜻대로 그(종자)에게 형체를 주신다"고 말한다. 이것이 모든 장의 전제다. 바르트는 이렇게 단언한다. "이 '하나님의'가 분명 이 전체의 은밀한 신경(nerve)이다."[74] 나는 고린도전서 15장을 다룰 때 『NIGTC 고린도전서』(*The First Epistle to the Corinthians:*

---

73 Caird, *Language and Imagery*, p. 266.
74 Karl Barth, *The Resurrection of the Dead* (London: Hodder and Stoughton, 1933), p. 18.

A Commentary on the Greek Text), 『고린도전서: 짧은 주해와 목회 주석』(*1 Corinthians: A Shorter Exegetical and Pastoral Commentary*), 『죽음 뒤의 삶』뿐 아니라, 다른 몇몇 저자도 필시 인용할 것이다.[75]

부활하리라는 소망은 단지 개인 차원의 사건이 아니라 그리스도와 이룬 연합으로 가능하게 된 사건이다. 바울은 이렇게 썼다. "그리스도를 죽은 자 가운데서 살리신 이가 너희 안에 거하시는 그의 영으로 말미암아 너희 죽을 몸도 살리시리라"(롬 8:11 하반절). 앞서 언급했듯이, 손튼은 이렇게 썼다. "메시아께 속한 자들(롬 8:23)은 그가 이미 얻으신 부활 상태를 언젠가는 그와 공유할 것이다.…이스라엘의 소망은 무덤 속으로 내려갔다.…그가 무덤에서 일어났을 때…교회도 죽은 자 가운데서 일어났다."[76] 엄밀히 말하면, 그는 '일어났다' 대신 '일으킴 받았다'(수동)라고 쓸 수도 있었거나 그렇게 썼어야 했다. 달(Dahl)은 나중에 배러트와 오르트켐퍼(Ortkemper)도 말할 것을 이렇게 올바로 강조한다.

실제로 신약성경에서는 '부활'을 표현한 동사의 주어가 언제나 **하나님**이다. 이의 유일한 예외로 그리스도가 (그를 부활케 하신 게 **아니라**) 우리를 부활케 하셨다고 분명하게 말하는 곳이 요한복음 6:39, 40, 54이다.…*egeirō*와 *anistēmi*를…타동사이자 능동의 의미로 담고 있는 대다수 본문에서는…하나님을 주어로, 그리스도나 사람을 목적어로 갖고 있다(행 3:15; 4:10; 5:30; 10:40; 13:30, 37; 롬 8:11; 10:9; 고전 6:14; 15:15; 고후 4:14; 갈 1:1; 골 2:12; 살전 1:10…).[77]

---

[75] Anthony C. Thiselton, *The First Epistle to the Corinthians: A Commentary on the Greek Text*, NIGTC (Grand Rapids: Eerdmans, 2000), pp. 1169-1313; Anthony C. Thiselton, *1 Corinthians: A Shorter Exegetical and Pastoral Commentary* (Grand Rapids: Eerdmans, 2006), pp. 253-290. 『고린도전서』(SFC출판부); 그리고 Thiselton, *Life after Death*, pp. 111-128, 132-136.

[76] Lionel S. Thornton, *The Common Life in the Body of Christ*, 3rd ed. (London: Dacre Press, 1950), pp. 266 and 282.

[77] M. E. Dahl, *The Resurrection of the Body: A Study of I Corinthians 15* (London: SCM, 1962), pp. 96-97; 참고. 96-100; C. K. Barrett, *First Epistle to the Corinthians*, 2nd ed. (London: Black, 1971), p. 341. 『고린토전서』(한국신학연구소); F. J. Ortkemper, *1 Korintherbrief* (Stuttgart: Verlag Katholisched Bibelwerk, 1993), p. 145.

바울은 고린도전서 15장에서 부활을 소개하면서, 자신이 고린도 사람들에게 예수 그리스도의 죽음과 장사 지냄, 부활을 전했다고 재차 강조한다. 이는 **바울 이전에 사도들이 공통으로 들려주던 가르침 혹은 전승으로, '가장 중요한' 것이다**(15:1-5). 바울은 여기서 사도들이 공유하고 한목소리로 들려주었던 전승을 끊임없이 원용하는데, 이는 그가 만들어 낸 것이 아니었다.[78] 이 '전승'은 '전달받은' 것이었는데, 에릭손(Eriksson), 쿨만, 그리고 다른 이들은 '전달받은'이라는 말이 어떤 교리나 신경을 신실히 전해 받음을 가리키는 전문 용어라고 본다. "우리 죄를 위하여 죽으셨다"(15:3)는 **구원을 가져온 십자가의 효험**을 가리킨다(참고. 1:18-25). "장사 지낸 바 되셨다"(15:4)는 **예수의 죽음이 사실**임을 일러 주며, "그가 일으킴을 받았다"(15:4)는 **부활이 사실**임을 일러 준다. "성경대로 [다시 살아나사—편집자], 게바에게 나타나시고 후에 열두 제자에게 나타나셨다"는, **구약의 대망에서 예견한 대로, 하나님이 그 종의 의로우심을 확인해 주신 행동이 공중이 볼 수 있게 나타났음**을 일러 준다.

이렇게 '공중'과 '볼 수 있음'이라는 말을 사용함에 이의를 제기하려는 이들이 일부 있으나, 모든 이가 그렇지는 않다. 이런 논쟁이 벌어진 주된 이유는 사람들이 모호하다 말하는 그리스어 단어 *ōphthē*(5절) 때문이다. NRSV, REB, NJB, RV, NIV에서는 모두 이 말을 "he appeared"(그가 나타나셨다)로 번역한다. 이 말은 '보다'를 뜻하는 동사 *horaō*의 부정 과거 수동형인데, 실제로 KJV/AV에서는 이 말을 단어 그대로 "was seen"(보이셨다)으로 번역했다. H.-W. 바르취(Bartsch)는 *ōphthē*가 독특하게도 신현, 아니 사실은 환상 체험을 가리킨다고 주장하며, W. 막센(Marxsen)과 한스 콘첼만은 이 그리스어 단어가 "모호하다"고 주장한다.[79] 아울러 막센은 "바울은 베드로에게 나타나심을 서술하지 않고 그냥 언급만 한다"는 점도 똑같이 강조한다.[80] 넓게 보면, 불트만

---

78 Anders Eriksson, *Traditions as Rhetorical Proof: Pauline Argumentation in 1 Corinthians*, ConBNT (Stockholm: Almqvist & Wiksell, 1998), p. 241.
79 Willi Marxsen, *The Resurrection of Jesus of Nazareth* (Philadelphia: Fortress, 1970), p. 72
80 Marxsen, *The Resurrection of Jesus*, p. 81.

과 콘첼만은 예수 그리스도의 부활을 "객관적" 사건으로 여기지 않는다는 점에서 비슷하다.[81] 아울러 불트만은 15:20-22에서 "객관적" 견해가 "내세에 속한 언어"와 모순을 빚곤 한다고 주장한다.

하지만 이 논쟁의 반대쪽에서는 발터 퀴네트(Walter Künneth)가 전통에 더 가까운 '객관적' 이해, 곧 볼 수 있게 공중 앞에 나타나셨다는 이해를 주장한다. 세계 창조처럼 그리스도의 부활도 "새 창조요 마지막 창조"이며, 고린도후서 12:2-3에서 말하는 것과 같은 황홀경 상태의 체험과 "그 성질이 다르다."[82] 하지만 실제로 학자들이 다 공감할 돌파구를 연 이는 판넨베르크였다. 그는 『조직신학』(*Systematic Theology*)에서 이렇게 주장한다. "그 사건(부활 사건)은 이 세상에서, 곧 예루살렘에 있는 예수의 무덤에서, 그가 죽은 뒤 주일 아침에 여자들이 그 무덤에 오기 전에 일어났다."[83] 그는 이렇게 말한다. "**예수의 몸이 그대로 무덤 안에 있었다면 첫 그리스도인들이 예수의 부활을 성공리에 설교하지는 못했을 것이다.⋯우리는 예수의 무덤이 실제로 비어 있었다고 생각할 수밖에 없다.**"[84] 그는 불트만에 반대하며 이렇게 단언한다. "예수의 부활은⋯그가 부활 전에 하셨던 일에 정당성을 부여한다.⋯(부활 메시지)는 부활 사건 **뒤에 나오며, 그 메시지가 부활 사건을 구성하는 게 아니다.**"[85] 아울러 판넨베르크는 부활이 이해할 수 없는 일이 아님을 올바로 주장한다. "**잠에서 깨 일어나는 익숙한 경험은 죽은 자들이 맞이할 것으로 예상하나 완전히 알지 못하는 운명을 일러 주는 비유 역할을 한다.**"[86]

후대에 전해진 빈 무덤 전승에 더하여, 사도들의 공통된 가르침에는 그리스도가 베드로와 열두 제자에게 나타나신 일(고전 15:5)도 들어 있었다. 바울

---

81 Rudolf Bultmann, in *Kerygma and Myth*, ed. H.-W. Bartsch, 2 vols. (London: SPCK, 1962-1964), 1: pp. 38, 39, and 41. 『성서의 실존론적 이해』(신앙사).
82 Walter Künneth, *The Theology of the Resurrection* (London: SCM, 1965), pp. 75 and 84.
83 Pannenberg, *ST* 2: p. 360. 티슬턴 강조.
84 Pannenberg, *ST* 2: pp. 358 and 359. 티슬턴 강조.
85 Pannenberg, *ST* 2: pp. 283 and 288.
86 Pannenberg, *JGM* p. 74. 티슬턴 강조.

은 보통 베드로를 가리키는 말로 "게바"를 사용하며(고전 1:12; 3:22; 9:5; 갈 1:18; 2:9, 11, 14), 대다수 저자는 사도들이 공통으로 전해 준 것에 5절을 포함시킨다. 베드로, 바울, 열두 제자는 모두 부활이 가져다준 은혜로운 '역전'을 체험한다. 일부 사람들은 6절, 곧 "그가 오백여 형제에게 일시에 보이셨나니 그중에 지금까지 대다수는 살아 있느니라"라는 말을 사도들이 공통으로 전해 준 전승에서 배제하기도 하지만, 이를 배제할 확실한 근거는 전혀 없다. 분명 리처드 헤이스(Richard Hays)는 이 구절을 "역사를 초월한 진리"가 **아니라**, "이를 확인해 주는 역사 속 목격자의 증언을 쉬이 입수할 수 있는" 사건을 이야기한 본문으로 여긴다.[87] 고든 피도 "한 번에"를 시간을 일러 주는 표지라기보다 "예수가 나타나신 사건의 사실성과 객관성을 일러 주려는 시도로" 이해한다.[88]

서신서 밖의 기록을 보면, 네 복음서에서는 모두 부활하신 그리스도가 무덤에서 여자들에게, 혹은 적어도 막달라 마리아에게 나타나셨다고 이야기한다(마 28:1-8; 막 16:1-8; 눅 24:1-2; 요 20:1-18). 필시 가장 먼저 기록되었을 복음서인 마가복음에서는 막달라 마리아, 야고보의 어머니 마리아, 살로메가 무덤을 찾았다고 말한다(막 16:1). 누가복음에서는 이에 요안나를 더하며(눅 24:10), 요한복음에서는 오직 막달라 마리아만 이야기한다(요 20:1). 이들은 모두 무덤이 비어 있음을 목격했다. 마가복음 16:5에서는 "한 청년"(그리스어로 *neaniskos*)이, 마태복음 28:2-3에서는 "(그) 겉모습이 번개 같은…주의 천사"(그리스어로 *angelos kuriou…hōs astrapē*)가 마리아(및 다른 이들)에게 베드로와 제자들에게 가서 말을 전하라고 시켰다. 누가복음에서는 사도들이 처음에는 여자들의 말을 믿지 않다가 증거를 더 목격하고 나서야 믿었다고 기록한다(눅 24:11).

하지만 이와 긴밀한 관련이 있는 에피소드를 보면(마 28:9-10; 막 16:9-11; 눅 24:10-11; 요 20:14-18), 예수가 직접 막달라 마리아를 만나셨다. 요한복음 20:14-

---

87 Richard B. Hays, *First Corinthians* (Louisville: John Knox, 1997), p. 257. 『고린도전서』(한국장로교출판사).
88 Gordon Fee, *The First Epistle to the Corinthians*, NICNT (Grand Rapids: Eerdmans, 1987), p. 730.

15을 보면, 막달라 마리아는 처음에 예수를 동산지기라고 생각했다가, 그가 "마리아야!"라는 이름을 사용하여 부르시자 곧바로 예수이심을 알아차린다(요 20:16). "나를 붙들지 말라"라는 예수의 명령처럼, 이 일련의 사건들은 **계속성과 대조**라는 이중 원리를 예증해 주었다. 부활하신 그리스도는 **같은 인격체**셨으나(그 정체는 계속성을 지님), **그 형태는 부활 전과 달랐다**(대조). 이 점은 죽은 자들이 모두 부활한다는 것, 그리고 '몸의 부활'이 무슨 의미인지 더 분명히 살펴볼 때 더 자세히 살펴보겠다.

복음서를 보면, 부활한 '몸'(그리스어로 sōma)은 분명 **볼 수 있고 어쩌면 '육을 지녔을 수도 있는' 차원을 넘어섰으면 넘어섰지, 이보다 못하지는 않다**. 우리가 인간에 관한 교리를 살펴볼 때 보았듯이, '몸'이라는 말이 담고 있는 의미, 그리고 특히 케제만이 신약성경에 나오는 '몸'에 관하여 내린 정의는 **공중이 있는 영역에서 볼 수 있다는 것**이었다. 부활한 몸의 '육신성'(physicality)도 암시했을 수 있으나, 그것은 **부차** 문제다. 이 때문인지 엠마오로 가던 두 제자도 처음에는 예수를 알아보지 못했다가, 예수가 빵을 집으실 때에야 "그들의 눈이 열려 그들이 예수를 알아봤다"(그리스어로 diēnoichthēsan hoi ophthalmoi kai epegnōsan auton, 눅 24:31). 마찬가지로 예수 그리스도는 제자들에게 나타나셨을 때(눅 24:36-43; 요 20:19-23) "그게 바로 나다"(눅 24:39)라고 선언하셨으며, "그들에게 손과 옆구리를 보이셨다"(요 20:20). 그러나 그는 분명 닫혀 있거나 잠긴 문을 통과하셨고, 그를 본 이들은 처음에 "영"(그리스어로 pneuma)이라 인식했다(눅 24:37; 요 20:19). 예수 그리스도가 디베랴 바닷가에서 나타나신 장면에서도 정확히 똑같은 계속성-대조 구조가 나타난다(요 21:1-14). 예수는 분명 물고기를 잡수실 수 있었으나, 처음에는 그 정체가 모호했다(요 21:12).

이 모든 내용이, 죽은 자들이 다 부활하는 것과 몸이 다 부활하는 것을 논할 때 논의의 방향과 맥락을 제공해 줄 것이다. 요한일서에서는 우리에게 "그가 나타나실 때 우리도 그와 같으리라"(요일 3:2)라고 일러 준다.

5. 죽은 자들이 다 부활함

고린도전서 15:1-11에서는 그리스도의 부활이 사실이라는 데 초점을 맞춘다. 이어 15:12-19에서는 **부활이라는 개념** 자체를 부인한다면 뒤따를 결과를 제시한다. 부활이 말 그대로 불가능하다고 판명된다면, 천지가 뒤집히는 결과가 벌어질 것이다. 그리스도는 부활하실 수 없었을 것이요(15:12), 복음서에서 선포하는 내용은 속이 텅 빈 거짓말이 될 것이며(15:14), 사도들의 증언은 거짓임이 밝혀질 것이다(15:15). 바울이 회심케 한 이들의 믿음 역시 헛것이 될 것이며, 그들은 여전히 죄 아래 있을 것이다(15:17). 아울러 죽은 그리스도인은 버림받은 자가 될 것이다(15:18). 이처럼 바울은 부활을 부인하는 데에 따르는 **여섯 가지 치명적 결과**를 널리 추적하면서, 그럴 경우에는 "모든 사람 가운데 우리가 더욱 불쌍한 자"(15:19)라고 말한다. **수사학** 용어로 표현한다면, 로마 세계에서는 이를 논박(*refutatio*)이라 불렀을 것이다. 부활 가능성을 믿음은 그야말로 근본이 되는 것이므로, '혼란스러운' 믿음이나 얄팍한 믿음을 가지는 일은 적절치 않다(15:1).

고린도전서 15:20-28은 수사학 용어로 사실 확증(*confirmatio*)에 해당한다. 실제로(그리스어 본문에서는 *nuni*라는 부사를 사용했는데, 여기서는 '그러나 사실'이라는 뜻이다) "그리스도가 죽은 자 가운데서 일으키심을 **받아**, 죽은 자들의 첫 열매가 되셨다"(15:20). '첫 열매'(그리스어로 *aparchē*)는 구약에서 유래했으며, 수확한 농산물(가축) 중 첫 부분을 가리킨다. 이는 하나님께 바치며, **이와 같은 종류(나머지 농산물)를 더 많이 거둘 것을 보증한다.** 풍성한 수확을 거두게 된다. 요스트 홀레만이 주장하듯이 이 용어는 두 개념, 곧 시간 개념(아직 오지 않은 것이 더 많다)과 대표 개념(이것은 **같은 종류**의 수확물 중 첫 것이다)을 표현한다.[89] 홀레만과 드 부어(De Boer)는 이 말을 기독교와 부활의 중추로 이해한다.

---

89 Holleman, *Resurrection and Parousia*, pp. 49-50; Neil Q. Hamilton, *The Holy Spirit and Eschatology in Paul*, SJT Occasional Papers 6 (Edinburgh: Oliver and Boyd, 1957), pp. 19-

그리스도의 부활은 죽은 자의 부활을 보증하는 '첫 할부금'이다. 칼 바르트는 이 말을 하나님이 과거에 하신 행동과 미래에 하실 행동 사이에 있는 '만물의 질서'를 이어 주는 말로서, 26-28절을 내다보는 말로 본다. *taxis*(질서)가 있음은 장차 *hypotaxis*(복종)가 있을 것이기 때문이다. 그리스도의 부활은 그와 연대한 신자들의 부활을 규정하는 **패러다임**이다. 15:21-22에서는 이 대표성을 이렇게 표현한다. "사망이 한 사람으로 말미암았으니…아담 안에서 모든 사람이 죽은 것 같이 그리스도 안에서 모든 사람이 삶을 얻으리라." 아담과 그리스도는 각각 옛 인간과 새 인간을 대표한다. 바울은 고린도전서 15:45-48과 로마서 5:12-21에서도 이와 같은 평행 관계를 제시한다.

이는 다음 세 가지 요지를 확실하게 일러 준다. (1) 그리스도의 부활은 **온 우주를 아우르는 중대한 의미가 있는** 사건이며, 단순히 여러 사건 가운데 하나가 아니다. 그리스도인에겐 그리스도의 부활이 새 창조의 시작이다.[90] (2) 그리스도의 부활은 **고립된 한 사건**이 아니라, **신자들이 다 부활하리라는** 하나님의 보증까지 그 안에 담고 있다. 그리스도인은 부활하신 그리스도와 연대하여 존재한다. 1세기 유대인과 그리스도인에겐 이것이 자명했을 것이다. 그러나 오늘날 우리가 이를 생각하려면 오랜 세월 동안 존속해 온 서구의 개인주의를 벗어나야 한다. (3) 예수 그리스도의 역할 역시 그가 **주이시며 보좌에 앉으신 분이심**을 일러 준다. 바울은 이를 고린도전서 15:23-28에서 자세히 설명한다.

15:23-28에서는 모든 이가 "각각 자기 차례대로"(23절) 그리스도 안에서 살아나게 되리라는 것을 보여 준다. 그리스도의 부활이 먼저 오고("첫 열매"), 이어 "그가 오실 때 그리스도께 속한 자들"이 부활한다(23절). 여기서 강림 시기와 죽은 자들이 부활하는 시기에는 구분이 없다. 하나님만이 그때가 언제일지 아신다. 반면 그리스도는 "모든 통치와 모든 권세와 능력을 멸하시고 나라

---

25 and 31-33; BDAG p. 98; M. C. De Boer, *The Defeat of Death: Apocalyptic Imagery in 1 Corinthians 15 and Romans 5*, JSNTSup 22 (Sheffield: JSOT Press, 1988), p. 109.

90 Beker, *Paul the Apostle*, pp. 168-170.

를 아버지 하나님께 바칠 때"까지 주로서 통치하셔야 한다(24절 하반절). 그는 "그의 모든 원수"를 멸하시며(25절), 결국 "맨 나중에 멸망받을 원수는 사망"이다(26절). 여기엔 불의와 억압, 거짓 가치, 체제가 뒤얽힌 구조악과 집단의 악도 포함될 것이다. 죽음은 더 이상 존재하지 않을 것이다. 예수는 일관되게 **하나님 나라**를 선포하셨다. 여기서 바울은 "하나님이 만유 안의 만유가 되실" 최종 미래를 이야기한다(28절). 하나님이 궁극의 근원이시며 만유의 목적이시다(참고. 롬 11:36).[91]

바울은 고린도전서 15:29-34에서 본론을 벗어나 수수께끼 같은 엉뚱한 이야기를 하는 것 같다. 그러나 이것은 사실 본론에서 벗어난 이야기가 아니다. 이는 죽은 자의 부활과 관련이 있다. 우리가 15:29을 어떻게 해석하든, 이는 적어도 죽은 자의 부활을 믿지 않으면 세례 자체는 아무 의미가 없을 것이라는 의미이기 때문이다. 내가 다른 곳에서 주장했듯이, 바울은 '대신 받는 세례'는 참된 세례가 아니라고 보았을 것이다. 세례는 원인-결과 메커니즘이 아니다. 죽은 자들을 위해 세례를 받는 자들은 단지 그들이 사랑하는 자들을 다시 만나고자 세례를 받은 이들을 가리키는 말일 수 있다. 그러나 가장 설득력 있는 견해는 그리스도인이 죽음을 맞이하는 자리에서 남긴 빛나는 증언을 목격한 일부 사람들이 세례를 받게 되었다고 보는 견해다. 그리스어 전치사 *hyper*(29절)에는 "…을 위해"를 비롯하여 폭넓은 의미가 있다.[92] 15:30-33에서도 죽은 자의 부활이 없으면 인생이 무의미함을 제시한다.

15:35-58에서는 몸의 부활이라는 주제를 대놓고 분명하게 다루면서, 이런 질문으로 첫머리를 뗀다. "죽은 자들이 어떻게 다시 살아나며 어떠한 몸으로 오느냐?"(35절) 바울은 15:35-50에서 부활을 '**상상할 수 있음**'을 다룬다. 어떻

---

91 Neil Richardson, *Paul's Language about God*, JSNTSup 99 (Sheffield: Sheffield Academic, 1994), pp. 114-115. 모파트는 고린도전서에 나오는 '복종'에 관하여 유익한 설명을 제시한다. 참고. James Moffatt, *The First Epistle to the Corinthians* (London: Hodder and Stoughton, 1938), p. 250.

92 Thiselton, *First Epistle*, pp. 1240-1249, 그리고 Thiselton, *1 Corinthians*, pp. 274-275.

게 부활을 믿을 수 있고 이해할 수 있는가? 수사학 관점에서 볼 때, 이 본문은 두 번째 **논박**으로 시작한다. 회의하는 자는 부활을 **상상하지 못한다**.

첫째, 바울은 **창조**에서 가져온 몇 가지 유비를 평행 사례 혹은 모델로 제시한다. 이는 쉬이 이해할 수 있게 해 주는 훌륭한 해석학적 가교를 제공한다. 이 세상에서 가진 몸처럼, 씨("네가 뿌리는 씨", 15:36)도 "죽지 않으면 살아나지 못한다"(36절 하반절). 즉 **그 형태대로** 생명을 마치게 된다. 그러나 순수한 자연 현상인 경우, "하나님이" 당신이 뜻하시는 대로 "그에게 몸을 주신다"(그리스어로 ho de theos didōsin auto sōma, 15:38). 즉 하나님이 그것에 새 형체를 주신다. 우리는 땅에 심긴 튤립의 알뿌리를 보면, 줄기 끝에서 바로 그 알뿌리가 다시 나타나리라 예상하지 않고 새로운 피조물―튤립―이 나타나리라고 예상한다. 바울은 "각 종자에게 그 고유한 몸을 주신다"고 덧붙인다(즉, 튤립의 알뿌리에서는 튤립이 나고, 나팔수선화의 알뿌리에서는 나팔수선화가 나온다). 우리가 일단 자연 속에서 이루어지는 '새 창조'를 곱씹어 보면, 부활보다 잘 이해할 수 있는 것이 또 무엇이 있을까? 옛 형체 **자체가** 끝나고, 하나님은 여기에 **새로운 생명의 형체**를 주신다.

둘째, **동일한 정체** 혹은 존재가 살아가는 동안 그 생명의 형체를 **바꾸는** 체험을 할 수도 있다. 사람은 유아일 때와 중년일 때와 쇠약한 노년기를 거치는 동안, 보이는 **형체가 완전히** 달라질 수 있더라도 동일한 정체를 유지할 수 있다. **대조와 연속성**이 나란히 존재한다. 심지어 치매가 왔을 때도 연금을 받을 수 있는 권리가 있는 것과 같은 일상생활 속의 현상이 이를 확증해 준다. 하나님은 피조물 안에 존재하는 형체의 다양성을 즐기신다. "육체는 다 같은 육체가 아니니 하나는 사람의 육체요 하나는 짐승의 육체요 하나는 새의 육체라"(15:39). 각각 그 고유한 "영광"을 나타낸다(15:41). 바울은 "죽은 자의 부활도 그와 같다"고 말한다(15:42).

바울은 이제 자신의 설명이 이 중요한 지점에 이르자, "부활의 몸"(그리스어로 sōma)을 이전에 땅에서 가졌던 몸과 **대비되는 네 가지 특징**을 들어 묘사한다(15:42-44). (1) 옛 몸은 "썩어 없어질 수 있으나"(perishable), 부활의 몸은 "썩지 않을(imperishable) 몸으로 일으킴을 받는다"(NRSV, 42절), (2) 옛 몸은 "치욕스럽게 심겼으나"(sown in disorder, NRSV), 부활의 몸은 "영광 중에" 일으킴을 받는다(43절), (3) 옛 몸은 "약함으로 심기고, 부활의 몸은 능력으로 일으킴을 받는다"(43절 하반절), (4) 옛 몸은 "육의 몸"(a physical body)으로 뿌려졌으나(NRSV), 부활의 몸은 "영의 몸"(spiritual body, NRSV, 그리스어로 sōma pneumatikon)으로 일으킴을 받는다(44절). 이 모든 NRSV 번역이 타당하긴 하나 바울의 생각을 정확히 알려 준다는 차원에서 보면, 논쟁 여지가 있을지라도 적절치 않은 번역이다. 바울은 그가 앞서 제시했던 유비들처럼 여기서도 **대조, 연속성, 변화**를 보여 주려 한다.

(1)을 살펴보면, 15:42에서 NRSV, REB, NIV, NJB에서는 모두 "perishable ...imperishable"(썩어 없어질 수 있는...썩지 않을)로 번역했으나, AV/KJV에서는 "in corruption...in incorruption"(타락한...타락하지 않은)으로 번역했다. 그리스어 본문에서는 *phthora*와 *aphtharsia*로 대조를 표현했다. 그러나 영역 본문에서는 어떤 **특질**을 암시하는 반면, 그리스어 본문에서는 어떤 **과정**을 가리킨다. *phthora*라는 단어는 **능력은 줄어 가고 약함은 늘어 가며 소진해 가는** 과정을 나타내는데, 70대, 80대, 혹은 90대인 우리 인생에겐 이 모든 일이 아주 익숙하다. 이들은 결국 활력을 잃고 죽음에 이른다. 바울이 말하는 **맥락**에서는 *aphtharsia*가 '불멸'이라는 고정된 특질을 가리키지 않고 능력이 줄어 가는 현상의 **역전**, 곧 능력이 늘어남을 의미한다.

여기서 우리는 한 사전에 있을 수밖에 없는 한계를 본다. 댕커가 맥락과 무관한 상황이나 그리스 문헌에서 *aphtharsai*라는 단어가 나타날 때 이를 "썩음에 굴복하지 않음···부패하지 않음, 불멸"이라 번역한 것은 아주 타당하다. 그가 이 단어를 "미래의 삶이 지닌 특질"이라 부른 것은 타당할 수 있다.[93] 그

---

93 BDAG p. 155.

러나 **이 특별한 맥락에서** 이 말은 어떤 **과정의 역전**을 나타낸다. 우리는 44절에 나오는 "영의 몸"이 이를 확증해 줌을 볼 것이다. 70인역에서 *phthora*가 '망가진', *chebel*이 보통 '공허함'이나 '열매 없음'을 뜻한다는 것을 떠올려 보면, 방금 말한 것을 더 확인할 수 있다. 바울은 *aphtharsia*를 아주 반대인 상태, 특히 성령이 생명을 불어넣고 지탱해 주실 때를 가리키는 말로 사용한다(15:44).[94] 음악에서 **매우 여리게**(*pianissimo*)에 이르기까지 점점 여리게(*decrescendo*)를 뒤집으면, **매우 세게**(*fortissimo*)가 아니라 **매우 세게에 이르기까지 점점 세게**(*crescendo*)가 된다.

(2)를 살펴보면, NRSV에서는 두 번째 대조(15:43)를 "dishonor"(치욕)와 "glory"(영광)로 번역했다. 사실 그리스어 *atimia*는 보통 "치욕", "불명예", "불경"을 가리킨다.[95] 바울이 말하려는 것이 인간의 타락이라면 이런 번역이 적절하다. 그러나 이 땅에 있는 몸 자체를 바라보는 바울의 견해는 많이 부정적이지 않으며, 이 단어는 "수치"(빌 3:21)를 의미할 수도 있다. 어쨌든, 이 말은 히브리어 *kābōd*를 번역한 말로서 "영광"이나 "장엄"을 뜻하는 그리스어 *doxa*와 정반대인 말이다.[96] *kābōd*라는 단어는 보통 누군가를 무게 있거나 깊은 인상을 남기거나 위엄 있는 이로 만들어 주는 것을 뜻하고, 여기에 덧붙여 영광, 광휘, 빛, 혹은 광채라는 의미를 시사한다.[97] 이 맥락에서 **빛**(light)은 그리 적절치 않을 수 있으나, **광휘**(radiance)는 도움이 되겠다. 이는 신부, 혹은 성탄절 아침에 눈을 뜬 어린이, 혹은 오랫동안 헤어졌다 만나는 연인의 기쁨을 시사한다. 부활한 공동체는 예수 그리스도를 만날 것이다!

(3)을 살펴보면, "약함…능력"(NRSV)을 대조한 것 역시 타당하다. 이전의 몸은 시간의 흐름에 따른 황폐함, 질병, 육체인 몸의 여러 제약에 굴복했다. 잘못된 선택이나 죄를 짓는 선택도 몸을 더 무능하게 만들 수 있다. 이와 달리,

---

94 Thiselton, *First Epistle*, pp. 1271-1272, 그리고 Thiselton, *1 Corinthians*, pp. 281-282.
95 BDAG p. 149.
96 BDAG pp. 256-258.
97 BDB pp. 458-459.

새 '몸'의 능력(그리스어로 *egeiretai en dynamei*)은 새 '몸'의 미래, 이 '몸'이 과거에서 풀려나는 것, 성령이 결정한다.

(4)를 살펴보면, 바울의 논증은 고린도전서 15:44에서 절정에 이른다. 여기 NRSV에서는 "sown a physical body…raised a spiritual body"(육의 몸으로 심기고…영의 몸으로 일으킴을 받다)로 번역했는데, 이는 원문인 *speiretai sōma psychikon…egeiretai sōma pneumatikon*을 아주 실망스럽게 번역한 것이다. 첫째, *psychikos*는, 항상 그렇지는 않지만 주로 'physical'을 가리킨다. 명사 *psychē*는 '생명의 원리'를 뜻하는데, 보통 '생명'을 뜻하며 때로는 '영혼'을 가리키지만, 육의 '몸'을 의미하지는 않는다. 댕커에 따르면, 이 형용사는 "자연계의 생명에 속한"이나 "자연의"라는 뜻이다. 그렇다면 15:44은 "사람이 보통 가진 몸 혹은 이 땅에 속한 몸"으로 번역해야 한다.[98] *psychikoi*(육에 속한 사람, 2:14)인 그리스도인은 성령의 영향을 충분히 받지 않는다. 그러므로 "영의 몸" (*sōma pneumatikon*)은 여기서 '물질인'이나 '육에 속한'의 반대말인 '영에 속한' 이 아니라, "성령이 빚으신 몸"이나 "영의 영역에서 유래한 몸"(티슬턴)이나 "영을 소유한 몸"을 뜻하며, 15:46도 마찬가지다(댕커).[99]

N. T. 라이트는 "네 개의 대조가 서로 설명해 준다"는 것을 올바로 언급한다.[100] 그는 NRSV의 44절 번역문이 "귀에 거슬린다!"며 대놓고 비판한다. 라이트는 바울이 고린도전서 2장과 12-14장에서 쓴 단어를 검토한 뒤, '오석(誤釋)으로 가득한 밀림'이 존재함을 올바로 이야기한다. 그는 *sōma pneumatikon*이 "참 하나님의 영으로 말미암아 생명을 얻은, 생기를 얻은 몸"을 가리키며, "이는 바울이 다른 몇몇 본문(가령 롬 8:9-11)에서 더 폭넓게 말한 내용과 정확히 일치한다"고 결론짓는다.[101] 판넨베르크도 이 견해를 공유하면서, "성령이

---

98 BDAG pp. 1098-1100.
99 Thiselton, *1 Corinthians*, pp. 279 and 283; Thiselton, *First Epistle*, pp. 1275-1280; BDAG p. 837; 참고. Thiselton, *Life after Death*, pp. 120-122.
100 Wright, *The Resurrection of the Son of God*, p. 347.
101 Wright, *The Resurrection of the Son of God*, p. 354. 티슬턴 강조.

부활의 생명을 창조해 내시는 근원이다"라고 선언한다.[102]

부활의 존재 양식을 밑받침하고 이 존재 양식에 에너지를 불어넣으며 이 존재 양식을 변화시키는 주체가 성령이시라면, 네 가지 대조가 생생히 살아난다. 첫째, 부차적 요점을 하나 든다면, 정화를 위한 '연옥'은 필요하지 않다. 충만한 성령 체험이 부활한 하나님의 백성을 온전히 **거룩하고 정결하게 만들어 줄 것이다.** 둘째, 이것 역시 중요한데, 부활의 존재 양식은 **마치 성령이 그러하시듯이 언제나 신선하고 영원히 지속될 것이다.** '영원'을 다룰 때 이 점을 다시 고찰해 보겠다. 셋째, 이 성령은 예수 그리스도를 통해 우리를 하나님과 지극히 **친밀하게 묶어 준다.** 마지막으로, '몸'과 맺는 관련성은 **정체를 공적으로 인식하는 상대를,** 또한 소통의 가능성을 확보한다.

나아가 고린도전서 15:45-52에서는 부활한 신자와 일으키심을 받은, 곧 부활하신 마지막 아담 그리스도의 긴밀한 관계를 확증하며, 이 변형이 순식간에 일어나리라는 것을 확증한다. 바울은 이렇게 선언한다. "우리가 흙에 속한 자[첫 번째 아담]의 형상을 입은 것같이 또한 하늘에 속한 이[예수 그리스도]의 형상을 입으리라"(15:49). 즉 **하나님만이 당신의 성령을 통해 영광에 이르는 이런 변형이 일어나게 하실 수 있다.** 하나님은 우리를 순식간에 바꾸실 것이다. "우리가 모두 한 순간에, 눈 깜짝할 사이에 변하리라"(15:51-52). 그리스어 *atomō*는 말 그대로 '더 이상 잘라지지 않는 단위'를 뜻하며, 인식할 수 있는 시간 가운데 가장 짧은 순간을 가리킨다. *rhipē*는 신속한 움직임인데, 눈이 보이는 신속한 움직임은 보통 깜박임이다. 바울은 유비 혹은 은유를 하나 더 사용한다. 나팔을 부는 것(52절)은 즉시 복종하라고 군대에 명령하는 것이다. 잠이 든 병사들에게 번개처럼 깨어 일어나라고 명령하는 것이다.

고린도전서 15:53-58에서는 이런 과정을 통해 "죽음이 승리 안에 삼켜졌음"(54절)을 보여 준다. 죽음이 찔러 대는 것이 죄인데, 그리스도가 죄를 이기

---

[102] Pannenberg, *ST* 3: p. 622.

심으로 이제는 이런 **찌름 없는 변형**만이 남기 때문이다. 승리는 그리스도의 것이요 하나님의 것이다. 그러나 바울은, 하나님이 너그러이 은혜를 베푸사 "우리 주 예수 그리스도로 말미암아 **우리에게 승리를 주신다**"(57절)고 결론짓는다. 이처럼 미래에 있을 확실한 부활이 모든 그리스도인이 "주의 일"에 힘쓰게 하는 근거가 된다(58절).

부활을 내다보는 다른 본문들에서도 얼추 같은 주제를 되울려 준다. 로마서 4:17에서는 "하나님이…**죽은 자에게 생명을 주시고**" 주권자로서 새 창조 행위를 하신다고 이야기한다. 에스겔 37장에 나오는 마른 뼈 유비는 하나님이 무에서 부활의 생명을 창조하신다는 원리를 확증한다. '마른 뼈'는 뿔뿔이 흩어진 해골로, 살아 있다는 기적이나 살아나리라는 전망을 전혀 발견할 수 없는 것이나, 하나님의 은혜로운 선물이 있으면 이야기가 달라진다. 하나님께는 창조나 부활이나 어려운 일이 아니다. 이런 하나님은 흔들림 없이 신뢰할 만한 분이다(롬 4:20). 고린도후서 5:2을 보면, 우리는 죽음이 "생명에게 삼켜지면"(5:4) "하늘로부터 오는 우리 처소로 덧입기"를 간절히 바람을 발견한다. 데살로니가전서 4:16에서는 "그리스도 안에서 죽은 자들이" 나팔 소리에 "먼저 일어나" 그리스도 안에 죽었다가 부활한 모든 이를 만나리라고 말한다. **죽은 자의 부활은 바울이 일관되고 줄기차게 말하는 주제이며, 그 시기와 상관없이 그리스도의 부활과 하나인 사건이다.** 이는 다시 하나님이 구약에서 제시하신 약속들, 그리고 바울 이전의 공통된 가르침과 체험에 근거를 두고 있다. 해석학 관점에서 볼 때, 이런 몇몇 유비와 모델이 부활이라는 개념과 사건을 확실히 이해할 수 있게 해 준다.

15장

마지막 심판, 영원, 만물의 회복

1. 마지막 심판의 목적

바울과 초창기 그리스도인들은 마지막 심판은 온 우주를 아우르는 심판이 되리라고 예상했다. 바울은 이렇게 썼다. "우리가 다 반드시 그리스도의 심판대 앞에 나타나게 되어 각각 선악간에 그 몸으로 행한 것을 따라 받으려 함이라" (고후 5:10). 많은 그리스도인이 자신들의 '선한' 행실이 실제로 **선할** 수 있음을 잘 믿으려 하지 않으며, 하나님이 '악하다' 하실 만한 것을 훨씬 더 많이 의식한다. 이 때문에 심판을 예상하면서 상당히 무서워하고 불안해하는 이들이 많다.

그러나 성경을 기록한 많은 이가 간절한 기대와 기쁨을 품고 하나님의 심판을 내다본다. 시편의 한 시인은 이렇게 외친다.

그때 숲의 모든 나무들이 여호와 앞에서
　즐거이 노래하리니…
　그가 땅을 심판하러 임하실 것임이라. (시 96:12-13)

하지만 이런 말이 모든 이가 받을 심판의 불가피성을 누그러뜨리지는 않는다. 히브리서 9:27을 보면, 저자는 바울과 다른 말로 이렇게 강조한다. "한 번 죽는 것은 사람에게 정해진 것이요 그 후에는 심판이 있으리니."

이런 차이가 있는 이유는 대체로 우리가 예상하는 심판의 본질에 차이가 있기 때문이라고 설명할 수 있다. 서구의 개인주의자들은 학교 학생이나 생도에게 벌을 내리고 상을 주는 교장에 빗대 심판을 해석할지도 모르겠다. 시편 시인은 "오 여호와, 내 하나님이여, 나를 심판하소서(judge me)"(AV/KJV)라고 기도하는데, NRSV에서는 이를 이렇게 번역했다.

> 오 여호와 내 하나님이여, 당신의 의를 따라
> **내 의로움을 확인해 주소서**(vindicate me). (시 35:24)

두 영역 성경에서는 히브리어 동사 *shāphat*를 그렇게 번역한다. BDB에서는 분명 이 동사의 첫 번째 의미로 "judge"를 제시한다. 그러나 이 단어는 입법자나 법 집행자로서 판별(discriminate)하거나 **의로움을 확인해 준다**(vindicate)는 뜻을 갖고 있기도 하다(시 10:18; 삼상 24:15). 구약성경에서는 이 단어를 202회 사용한다.[1] 피터 엔즈(Peter Enns)에 따르면, 이 동사의 동족명사인 *mishpāt*는 "다양한 의미를 아우르며", 구약성경에서 425회 등장한다.[2] AV/KJV에서는 *mishpāt*를 똑같이 "judgment"라 번역했지만, 슐츠는 이 번역을 "지지할 수 없는" 번역이라고 주장한다. 이 말은 억눌린 자, 짓밟힌 자, 곤고한 자의 의로움을 확인해 주는 것을 가리킬 뿐 아니라, 어떤 맥락에서는 그들을 구해 내거나 구원하는 일을 가리키기도 할 때가 아주 많기 때문이다.

더구나, *sh-ph-t*만이 '심판하다'를 의미하는 유일한 동사는 아니다. 히브리

---

1 BDB p. 1047; 그리고 Richard Schultz, "*Sh-ph-t*", in *NIDOTTE* 4: pp. 213-220.
2 "Mishpāt", in *NIDOTTE* 2: p. 1142; *TDOT* 3: pp. 194-197; 그리고 V. Heinrich, in TDNT 3: pp. 923-933.

어 단어 *dyn*도 종종 이 말과 겹치며, 때로는 시에서 동의 평행법(synonymous parallelism)으로 나타나기도 한다(시 9:8; 잠 31:9).[3] 두 동사는 '기존 질서'를 가리킬 수 있으며, *dyn*은 종종 약하고 억압받는 이들을 변호하는 일을 의미한다. 이 말은 다윗 반열의 왕이 하는 일에도 적용할 수 있다(렘 21:12). 하나님이 주어일 때, "심판"(*mishpāt*)은 하나님께 속한다(수 7:9; 8:16). 그분은 당신이 창조하신 세계를 주권자로서 통치하신다(욥 36:31-32). 그리고 그분은 이스라엘이 원수와 전쟁할 때 그 원수에 맞서 이스라엘의 **의로움을 확인해 주신다**(창 49:16).

많은 대중의 오해와 달리, 신약성경에서 말하는 심판이 구약의 가르침보다 '가볍다'거나 더 '관대하다'는 것은 사실이 아니다. 구약성경을 보면, 심판을 의로움을 확인해 주는 일로 보는 개념, 심지어 억압에서 해방시켜 주는 일로 보는 개념이 두드러진다. 신약성경에서는 세례 요한이 "다가올 진노"를 이야기하며, 열매 맺지 못하는 나무는 "불에 던져지리라"라고 이야기한다(마 3:7, 10). 예수는 요한복음 5:29에서 당신 청중에게 "악을 행한 자들" 앞에는 "정죄의 부활"이 기다린다고 경고하신다. 바울은 이렇게 말한다. "너희가 누구든, 하나님의 심판을 피할 줄로 생각하느냐?"(롬 2:3) 요한계시록의 선견자는 "죽은 자들이 자기 행위를 따라 심판을 받았다"고 말한다(계 20:12).[4]

그러나 의로움을 확인해 주는 일이 심판의 중요한 부분을 이룬다는 사실은 여전하다. 실제로 마지막 심판을 내다볼 때 불안해하기보다 기뻐해야 할 이유가 넷 있다. 첫째, 하나님은 **억눌린 자들이 의로움을 모든 이가 보는 가운데서 명확하게 확인해 주실** 것이다. 이 억눌린 자에는 불의로 말미암아 고통당하는 자, 혹은 그 동기를 오해받은 자, 거짓 고소를 당해 핍박을 받은 모든 이, 그리스도를 믿다가 순교한 모든 자가 포함된다. 시편 98편에서는 이렇게 선언한다.

---

3   BDB p. 192; *TDOT* 1: pp. 187-194; Richard Schultz, in *NIDOTTE* 1: pp. 938-942.
4   Friedrich Büchsel, "*Krinō, krisis, krima*", in *TDNT* 3: pp. 933-954에서 더 많은 예를 제공한다.

그가 의로움을 인정하심을 뭇 나라의 목전에서 나타내셨도다.…

여호와께 즐거이 소리칠지어다.…

이는 그가 땅을 심판하러 임하실 것임이로다. (시 98:2, 4, 9)

둘째, 심판 때 하나님의 의가 **나타나면 모든 사기, 모호함, 유혹, 착각이 끝난다.** "하나님이 지금은 어둠에 감추인 것들을 드러내고 마음의 뜻을 나타내시리니"(고전 4:5), 그때에는 '성공'이라 여겼던 것들이 명확히 그리고 모든 이가 보는 가운데 드러나되, '세상에서' 성공이라 여겼던 것도 사역의 실제도 드러날 것이다. 폴 틸리히는 현세에서 교회와 세계가 갖고 있는 **모호성**을 올바로 설명했다. 셋째, 하나님이 **교회와 세계의 주이신 그리스도와 함께, 모든 피조물과 역사를 다스리시는 온 우주의 왕으로서** 모든 이에게 나타나실 것이다. 하나님이 그의 영광과 주권 가운데 나타나실 것이요, 그리스도는 구원을 가져다준 십자가의 빛 속에서 나타나실 것이며, 의심하던 자들은 입을 다물게 될 것이다. 넷째, 그리스도인은 **은혜로 의롭다 하심을 얻으리라**는 약속된 판결을 받게 될 것이다. 우리는 더 이상 "의의 소망을 **기다리지**" 않을 것이다(갈 5:5). 미래에 의를 얻으리라는 약속이 실행될 것이기 때문이다. 세례를 다루면서 주장했듯이, 칭의는 마지막 심판 때 얻을 판결을 앞서 일러 준다.

이런 것들이 마지막 심판을 내다볼 때 그것을 어떻게 봐야 할지 좌우하는 요소다. 분명 이 외에도 말할 것이 더 있다. '하나님의 **진노**'는 과연 무슨 의미인가? 제임스 마틴(James Martin)이 암시하듯이, 17세기 말과 18세기 초 이후로 마지막 심판에 관한 관심이 **줄어든** 이유는 무엇인가?[5] '심판'은 순전히 원인과 결과로 이루어진 **내면적 과정**, 말하자면 모든 실패나 죄나 부족함이나 하나님에게서 멀어짐에 상응한 결과를 현세의 삶이 이어지는 동안과 이 삶이 끝난 뒤에 가져다주는 과정인가? 이런 질문들을 붙잡고 씨름할 수 있는 가장

---

5   James P. Martin, *The Last Judgement in Protestant Theology from Orthodoxy to Ritschl* (Edinburgh: Oliver and Boyd, 1963), p. 87와 전체.

좋은 길은 이 질문들을 하나씩 붙들고 고찰해 보는 것이다. 아마도 이 질문들을 역순으로 살펴보면 좋을 것 같다.

소외를 가져온 행위 혹은 소외 상태가 가져오는 '내면의' 결과라는 문제를 신학 속에, 특히 그의 로마서 주석에 두드러지게 끌고 들어와 한편으로는 분명 명성을, 다른 한편으로는 악평을 받은 이가 찰스 H. 도드다. 이 질문이 타당하다는 점에서는 명성을 얻을 만하나, 악평도 똑같이 들을 만하다. 도드가 '하나님의 진노'를 '인격체'의 성향으로 이해하기보다 **인격체와 상관없는 인과 메커니즘**으로 이해하기 때문이다. 그는 '하나님의 진노'라는 표현을 실제로 사용한 예가 바울 서신에서 세 번, 곧 로마서 1:18, 골로새서 3:6, 에베소서 5:6에서만 나타난다고 주장한다.[6] 이는 감정이나 열정을 가리키지 않는다. 그러나 도드는 "바울이…도덕 세계에서 불가피하게 일어나는 인과 과정을 묘사하려고…이 표현을 유지한다"고 주장한다.[7] 도드는 인격체와 상관없는 기계적 유비들을 반복하는데, 그가 "유화"나 "속상"(그리스어로 *hilastērion*)을 "말하자면, 하나의…소독제"에 비유한 것도 그런 예다.[8]

그렇지만 **일부** 혹은 **많은** 경우에 인간의 실패나 죄나 하나님에게서 소외당한 상태가 죄 자체의 본질에서 유래한 결과들을 초래한다는 도드의 주장만큼은 옳다. 이를테면, 기도하길 일부러 거부하는 것은, 마치 악기 연주 연습을 거부하는 일이 훌륭한 연주자가 되는 길을 가로막을 수 있듯이 하나님과 친밀한 사귐을 갖지 못하게 장벽을 세우는 일이 될 수도 있다. 하나님의 심판은 이렇게 자신을 끌어들이는 과정들 속에서 분명하게 나타난다. 그러나 이것이 **언제나** '하나님의 진노'라는 말이 암시하는 전부라는 도드의 주장은 분명 틀렸다. 이번 장 뒷부분에서 이 말을 더 자세히 살펴보겠다.

제임스 마틴의 주장처럼, 마지막 심판이라는 실체가 **18세기 초 이후부**

---

6 Charles H. Dodd, *The Epistle of Paul to the Romans* (London: Hodder and Stoughton, 1932), p. 21.
7 Dodd, *Romans*, p. 23.
8 Dodd, *Romans*, p. 54.

터 신학 사상 속에서 행하는 역할이 계속 줄어든 이유는 무엇인가? 뷕셀(Büchsel)은 그가 *krinō*를 주제 삼아 쓴 긴 논문에서 이 문제에 상당한 관심을 보인다. 1940년 이전에 독일어로 쓴 이 논문은 키텔의 『신약신학 사전』에 실려 있다. 여기서 그는 이렇게 썼다. "오늘날 신약성경에서 말하는 심판 개념은 이런 개념을 신화적이고 비윤리적이라며 거부하는 합리주의 쪽의 비판에 부닥쳤다. 이를 보면서, 우리는 신약성경에서 말하는 심판이 심판을 말하는 여러 신화에서 허다하게 보이는 모습과 달리 변덕스럽고 감정이 좌우하는 것이 아님을 강조할 수밖에 없다. 그 속사정을 들여다보면, 심판은 인간의 죄가 불러온 불가피한 결과다. 모든 인간 행위는 씨를 심는 일이며, 하나님의 심판은 그와 관련된 자명한 수확이다(갈 6:7-8)."[9] 그는 계속하여 이렇게 말한다. "하나님 명령에 순종치 않는다는 것은 생명 단축, 그리고 결국은 죽음을 의미할 수밖에 없다.…신약 복음서에서 심판이라는 개념을 제외하기는 불가능하다."[10] 불트만은 마지막 심판을 신화로 여긴 이로 악명이 높다. 그는 심지어 우리가 심판이라는 사건을 문자 그대로 이해할 수 없는 주된 이유로 심판이 때로는 하나님의 행위이나 어떤 때는 그리스도의 행위라는 사실을 들었다.[11] 이와 달리, 뷕셀은 "심판을 행하시는 이가 하나님이신가(마 10:32-33) 예수이신가(마 7:22-23; 16:27; 25:31-46; 26:64)는 전혀 중요하지 않다"고 말했다.[12]

뷕셀은 복음서에서 마지막 심판을 진지하게 이야기하는 많은 본문을 언급한다. 그는 신약의 증거를 토대로 이렇게 썼다. "산상설교(에서), 마태복음

---

9 Büchsel, "*Krinō, krisis, krima*", 3: p. 940.
10 Büchsel, "*Krinō, krisis, krima*", 3: pp. 940 and 941.
11 Rudolf Bultmann, *Jesus Christ and Mythology* (London: SCM, 1960), pp. 33-34. 『예수 그리스도와 신화』(한국로고스연구원); Rudolf Bultmann, "New Testament Mythology", in *Kerygma and Myth*, vol. 1, ed. H.-W. Bartsch (London: SPCK, 1964), pp. 210-211; 그리고 in *Essays Philosophical and Theological* (London: SCM, 1955), p. 283; 자세한 비판을 보려면, Anthony C. Thiselton, *The Two Horizons: New Testament Hermeneutics and Philosophical Description* (Grand Rapids: Eerdmans; Carlisle: Paternoster, 1980), pp. 252-292를 보라.
12 Büchsel, "*Krinō, krisis, krima*", 3: p. 936.

5:22…7:1, 22-23에서는 하나님의 심판이 모든 사람에게 다가온다고 말한다.…예수의 설교는 심판이라는 개념을 아주 깊이 뚫고 들어간다.…바울의 설교도 진노의 날과 하나님의 의로운 심판을 내다보는 기대가 지배한다.…로마서 2:1-11…요한복음 5:28이 변함없는 전제가 된다."[13]

제임스 마틴은 개신교 정통에서는 "**강림**과 마지막 심판을 한 사건으로 보며…이는 여러 신경의 유형을 따른 것"이라고 단언한다.[14] 그러나 그는 계속하여 두 요인이 이를 복잡하게 만들었다고 주장한다. 첫째, 일부 학자는 강림과 예루살렘 멸망을 연계하는 본문에 충분히 주의를 기울이지 않았다. 둘째, 종말론을 따로 떼어 다루면서 묵시가 신약성경 저자들에게 의미하는 중요성이 희미해지고 말았다. 마지막 심판은 단순히 유대인의 케케묵은 상상이 낳은 찌꺼기가 아니다. 칼뱅은 마지막 심판 교리가 **하나님의 의**에 경외심을 갖게 하고 그리하도록 북돋운다고 말한다. 프랑수아 투레티니(Francis Turretin)는 마지막 심판을 **선행**을 독려하는 유인 요소로 본다. 루터는 마지막 심판을 현세에 **드러나지 않는** 교회의 본질과 대비되는 것으로 보았다. 이들 가운데 어느 누구도 마지막 심판이 은혜로 의롭다 하심을 얻음 혹은 대속이 기독교의 중심이라는 점을 훼손하거나 이런 것들과 모순을 빚는다고 보지 않았다. 18세기에 장 투레티니(John Turretin)는 마지막 심판을 특히 정직하고 꼼꼼한 성경 해석 및 해석학 '법칙'과 관련지었다. 마틴은 나아가 리처드 백스터(Richard Baxter)와 청교도가 주장한 교리를, 또한 J. A. 벵엘과 경건주의 운동 참여자들이 주장한 교리까지 두루 살펴본다.

마틴은 이런 내용을 살펴보는 데 첫 백 페이지를 할애한 뒤, '합리론'의 영향을 고찰한다. 그는 이렇게 설명한다. "합리론의 전제는 불신앙이 아니라 미신이 신앙의 가장 큰 원수라는 확신으로 이끌었다"며, "관용"을 부추겼다(p. 93). 덕과 의의 윤리는 자족성이 점점 더 큰 비중을 갖게 되면서 하나님에게서

---

13 Büchsel, "*Krinō, krisis, krima*", 3: pp. 936, 937, and 938.
14 Martin, *The Last Judgement*, p. 4. 참조한 페이지는 본문 안에 기록했다.

인간으로 옮겨 가곤 했다. **칸트 이후로 "종말론적 사실주의"를 포기하게 되었고, 우주 내부에서 점점 더 많은 것이 나오게 되었다**(p. 106). 종말론은 대다수 사상은 물론 "인간 중심"이 되어 버린 19세기의 많은 신학 속에서 "말도 안 되는 이야기"(a non sequitur)가 되어 버린 것 같았다(p. 136). 슐라이어마허 이후에는 '문자 그대로 주해하는 것'을 희생양으로 삼을 때가 허다했다. 마틴은 이런 흐름을 리츨까지만 추적하는데, 리츨의 작업에서는 "마지막 심판이 심지어 마지막 때에 의롭다 하심을 받았음을 인정해 주거나 확인해 주는 일로 등장하지도 않는다"(p. 205). 마틴은 이런 생각이 불트만에 이르러 절정에 다다랐다고 보는 것 같다.

2. 심판, 판결, 진노, 은혜로 의롭다 하심을 얻음

우리는 지금까지 구약성경 저자들이 마지막 심판을 종종 간절하고 기쁜 마음으로 고대했을 수 있다고 논해 왔다. 그들은 마지막 심판을 무엇보다 억눌린 자들과 신실한 자들이 **만인 앞에서 그 의로움을 확인받는** 사건이 되리라고 보았기 때문이다. 신약성경 저자들도 이런 태도를 취한다. 그렇지만, 우리는 몇 가지 다른 이슈를 언급했다. 심판은 주로 아니면 오로지 어떤 행위에 따른 내면적 결과인가? 마지막 심판은 18세기와 19세기 전까지만 주된 교리였는가? 마지막 심판은 하나님의 진노, 은혜로 말미암아 의롭다 하심을 얻음, 화행 이론에서 말하는 판정 발화와 어떻게 연결되어 있는가?

1) **성경이 하나님의 진노를 표현한 언어.** 본디 '진노'(그리스어로 *orgē*)는 **어떤 감정도 사랑의 반대말도 아니다. 사랑의 반대말은 진노가 아니라 무관심이다.** 우리는 다만 그 자녀나 손주가 자기를 파멸에 빠뜨리거나 어리석은 선택을 하곤 할 때 이들을 사랑하는 부모나 조부모의 태도를 상상하면서, 화를 내거나 진노하는 반응을 전혀 경험하지 **못한다**는 것은 단지 그들에게 관심이나 사랑이 없음을 일러 줄 뿐이라는 것을 인식해야 한다. 나는 이를 다른 곳에서 주

장했다.[15] 사랑이 없는 부모는 그 자녀에게 시종일관 무관심하거나 뇌물과 선물로 그 자녀를 '망칠' 수도 있다. 히브리서 12:6-11에서는 우리에게 이렇게 일깨워 준다. "주께서 그 사랑하시는 자들을 연단하시고, 그가 받아들이시는 모든 자녀를 매질하시느니라.…부모가 연단하지 않는 자녀가 있으리요…연단은 늘 고통스러워 보이느니라."

그렇긴 하지만, 하나님의 진노는 그분의 사랑이나 의와 달리 **영구성**을 띠지 **않는다**. 히브리 사람들은 '진노'를 가리키는 말로 적어도 다섯 단어를 사용한다. 이 단어 중에는 200회 넘게 나오는 'aph(출 22:24; 32:10-12; 욥 16:9; 19:11; 시 2:5, 12; 95:11)가 있으며, chēmâ(신 29:23, 28; 왕하 22:13, 17; 욥 21:20; 겔 13:15), chārôn, 'ebrâ, qetseph 등이 있다. 이들은 잠재적 **성향**으로, 이것들이 실제로 나타나려면 그에 합당한 **상황**이 있어야 한다. 신약성경에서는 두 용어를 사용하는데, 그리스어 orgē와 thymos가 그것이다.[16] 이것들을 하나님께 적용하면, 이것들 역시 그에 맞는 상황에 맞춰 나타날 수 있는 성향이 된다. 따라서 구약성경을 보면, chēmâ는 "타오르게 하거나" "물러가게 할" 수 있는 것으로 나온다(왕하 22:13, 17; 잠 15:1; 21:14). 강퍅하거나 완고한 자기 의지에 부닥치면, 이것이 심지어 파멸을 낳을 수도 있지만(신 9:19) 누그러질 수도 있다(민 25:11; 시 106:23). 결국 진노는 때로 '자극을 받아 일어난다.' 진노를 일으키는 것에는 예컨대 우상 숭배, 억압, "거룩하신 이의 말씀을 멸시[하는 것]"(사 5:24), 또는 안식일을 어기는 일(출 20:8-11)이 있다. 분명 이것은 하나님에게서 소외된 것과 관련이 있다. 앞서 언급했듯이, 판넨베르크는 이를 이렇게 설명한다. "자기 의지를 세우는 일은…하나님 한 분만이 계실 자리에 자신을 앉힘으로써 하나님께 소외당하는 것이다."[17]

우리는 때로 바울이 '다가올 진노'를 언급하는 맥락에서 우리가 그 진노를

---

15 Anthony C. Thiselton, *Life after Death: A New Approach to the Last Things* (Grand Rapids: Eerdmans, 2012), p. 159; 참고. pp. 160-165.
16 참고. Moulton-Geden pp. 703 and 263-264.
17 Pannenberg, *ST* 2: p. 243.

피하거나 모면할 길을 준비하시는 하나님의 섭리도 늘 혹은 빈번히 함께 언급한다는 것을 잊어버린다. 바울은 그의 초창기 선교 설교에서 자신이 예수를 "다가올 진노에서 우리를 구해 주시는 분"으로 선포했음을 되새겨 준다(살전 1:10). 그러나 많은 언급이 '구해 주는 것'과는 관련이 없다. 이를테면, 강퍅한 죄를 마주하자 "마침내 하나님의 진노가 그들을 덮쳤다"(살전 2:16). 스티븐 트래비스(Stephen Travis)는 이 주제를 아주 예민하게 서술한다. 그는 하나님의 진노가, 오로지 혹은 늘 그런 것만은 아니지만 "치료"일 때도 아주 많다고 주장한다.[18] 그는 의로움을 확인해 주는 일과 행위에 따른 '내면적' 결과가 가지는 위치를 바로 인식하면서도, 동시에 '하나님의 진노'에 해당하는 모든 경우를 이런 표제 아래 집어넣기는 불가능하다고 주장한다. 그의 주해는 꼼꼼하고 명민하다. 그는 로마서 1:18-32에서는 "보복하는" 진노를 피하면서도 "형벌이 적절함"을 보여 준다고 주장한다.[19] 대체로 볼 때, 하나님이 주권자로서 가지신 목적은 좋은 목적이라는 것이 그의 결론이다. 심지어 "진노의 그릇"도 "자비의 그릇"이 될 수 있다.[20]

2) **심판, 판결, 은혜로 의롭다 하심을 받음.** 일상의 차원을 살펴보면, 마지막 심판은 어쨌든 은혜로 말미암아 믿음을 통해 의롭다 하심을 받음과 갈등 관계에 있다고 상상하는 사람이 많다. 그러나 우리가 의롭다 하심을 얻음의 본질이 **판결**임을 충분히 인식한다면, 두 사건이 같은 종류 사건임을 알게 된다. 우리는 이 책 13장에서 그리스도인의 세례를 살펴볼 때, C. F. D. 몰과 앨런 리처드슨이 세례를 가리켜 마지막 심판을 내다보는 일이라고 강조했음을 언급했다. 그것은 만인 앞에서 받는 심판 전에 '유죄를 인정하는 것'과 관련이 있었다. 그것은 현재 '하나님 마음에 든다'는 관련 판결을 받는 것이었으나, 지금

---

18 Stephen H. Travis, *Christ and the Judgement of God: The Limits of Divine Revelation in New Testament Thought* (Milton Keynes: Paternoster; Peabody, Mass.: Hendrickson, 2008), pp. 53-73.
19 Travis, *Christ and the Judgement*, pp. 60-62.
20 Travis, *Christ and the Judgement*, p. 65.

은 다만 **믿음**으로 혹은 신뢰함으로 그런 판결을 받았을 뿐이지, **누구나 명백히 알 수 있게 만인 앞에서 선고된 판결로 받은 것은 아직 아니다.**

신학이 언어학(linguistics), 언어적 철학(linguistic philosophy), 언어철학(philosophy of language)에서 배울 수 있는 것이 많다. 마르틴 루터가 말했던 유명한 경구 "의로우나 아직 죄인"[라틴어로 *simul iustus et peccator*(의인이자 동시에 죄인)]도 전반부와 후반부가 각각 하나의 **명제**나 서술 **진술**이라면, 이 경구는 **논리상 모순**처럼 보일 것이다. 그러나 전반부와 후반부가 각각 **판결**이라면, 이들은 서로 모순을 빚지 않고 도리어 **서로 다른 관점에서 내린 판결**을 나타낸 말이 될 것이다. 성적표에서는 "프랑스어 성적 우수, 수학 성적 좋지 않음"이라고 말할 수 있다. 하나님은 이런 판결을 내리신다. "**율법 아래, 그리고 역사 속에서 보인 인과 관계적** 태도와 행위를 고려하면 '유죄'"지만, **은혜와 믿음과 종말론**에 비춰 "하나님 마음에 듦." 아니면 이는 간결하게 이런 식으로 표현할 수도 있겠다. "과거 역사 때문에 유죄"이나 "미래 약속 때문에 의롭게 됨." 나는 이 원리를 『두 지평』에서 더 충실하게 설명했다.[21]

나는 1980년에 출간한 이 작품에서, (특별히 루트비히 비트겐슈타인을 참조하여) **어떤 체계 안에서 '…을 …으로 봄'**, 또는 (D. D. 에번스를 참조하여) '**여김**'이라는 관점에서 '…을 …으로 봄'을 중요하게 다루었다. 이들은 각각 하나의 판결을 이룬다. 그러나 **율법과 역사 체계** 안에서는 '유죄'가 타당한 판결이나, **은혜와 종말론 체계** 안에서는 '하나님이 의롭다 여기심'이 타당한 판결이다. 불트만은 비록 '신화'와 관련하여 혼란을 겪긴 하지만, 그래도 루터를 따라서 역사와 종말론, '행위'와 은혜가 철저히 다름을 올바로 인정했다.

화행 이론으로 알려지게 된 이론은 판결이 지닌 독특한 문법을 훨씬 더 분명하게 밝혀 준다. J. L. 오스틴은 명제와 판결(혹은 그가 "판정 발화"라 부르는 것)의 관계를 분명히 밝혔을 뿐 아니라, 대다수 유럽 신학자보다 훨씬 더 정확하

---

21 Thiselton, *The Two Horizons*, pp. 415-422.

게 설명해 주었다. 아울러 그는 서로 종류가 다른 판결 사이의 차이점도 밝혀 주었다. 한편으로 보면 판결은 **명제와 다른 논리**를 암시하지만, 다른 한편으로 보면 이런 판결은 보통 명제를 **전제한다**. 둘째, 유죄 판결 혹은 무죄 판결은 범죄라 추정하는 행위를 두고 판결을 형성하거나 선언하는 것과 다르다. 오스틴은 이렇게 썼다. "**판정 발화**는…증거나 이유를 바탕 삼아 가치나 사실에 관하여…발견해 낸 것을 진술하는 일이다.…**행사 발화**(exercitive)는 어떤 행동 절차에 찬성하거나 반대하는 결정을 제시하는 일이다.…그것은 어떤 것이 **그래야 한다**는 결정이며, 어떤 것이 **그러하다**는 판단과는 다르다. 그것은 **상**(賞)으로 **평가**와는 다르며, **판결 선고**로 **판결**과는 다르다."[22]

하지만 이 둘은 모두 "**발화수반행위**", 곧 참된 수행 발화다. 이 둘은 무언가를 **말하면서 동시에** 어떤 행위를 수행한다. "이런 행위들은 힘, 권리, 이름 따위를 수여하거나, 이런 것들을 바꾸거나 제거한다."[23] 설, 브릭스, 그리고 다른 이들은 이 원리에 다양한 단서와 조건을 덧붙이면서도 원리 자체는 그대로 유지한다.[24] 브릭스는 화행과 진리를 다룬 유익한 절을 자기 저서에 포함시켜 용서라는 사례를 논한다. 그러나 용서는 새롭게 선언할 수도 있고 심지어 반복하여 선언할 수도 있으나, 은혜로 의롭다 하심을 얻음은 **단번에, 영원히** 그리스도와 하나가 되는 사건이다. 의롭다 하심을 얻음이 마지막 심판을 내다보는 것이라면, 그것은 **마지막 심판 때 만인이 보는 가운데서 선언되고 확인될** 것을 **약속과 믿음을 통해** 자기 것으로 가지는 것이다.

우리는 마지막 심판이 신비하고 모호한 모든 것에 마침표를 찍는다는 것을 다시금 떠올려 본다. 하나님의 심판은 최종이요 확고하여 변경하지 못한

---

22 John L. Austin, *How to Do Things with Words* (Oxford: Clarendon, 1962), pp. 152 and 154. 티슬턴 강조.
23 Austin, *How to Do Things*, p. 155.
24 John R. Searle, *Expression and Meaning: Studies in the Theory of Speech Acts* (Cambridge: CUP, 1979), pp. 8-29; Richard S. Briggs, *Words in Action: Speech Act Theory and Biblical Interpretation* (Edinburgh and New York: T. & T. Clark, 2001), pp. 38-72, 217-255.

다. 현세를 살아가는 그리스도인은 종종 의심에게 공격을 받는다. 심지어 '사역의' 성공이란 것도 모호하며 의심해 볼 수 있다(고전 4:1-5). 그러나 하나님은 "마음의 뜻을 나타내시리니 그때에 각 사람에게 하나님으로부터 칭찬이 있을 것이다"(4:5). 하늘에 있는 성도, 천사, 세계, 온 세상 교회가 이렇게 인정할 것이다.

"주 하나님 곧 전능하신 이시여,
　하시는 일이 크고 놀라우시도다!
만국의 왕이시여,
　주의 길이 의롭고 참되시도다!" (계 15:3)

선견자는 덧붙여 이렇게 말한다.

"주의 심판이 나타났으매,
　만국이 와서
　주께 경배하리이다." (계 15:4)

요하네스 바이스는 은혜로 의롭다 하심을 얻음을 "하나님의 심판이 있을 날에나 일어날 일을 앞당기는 것(롬 2:12, 13, 16…갈 5:5)"이라고 부른다.[25] 켄트 잉어(Kent Yinger)도 심판을 은혜로 의롭다 하심을 얻음과 연계한다. 그는 "종말론적 보상이…우리가 의롭다 하심을 얻음을…**확인해 준다**"고 본다.[26] 스티븐 트래비스도 이에 동의한다.[27]

25　Johannes Weiss, *Earliest Christianity: A History of the Period A.D. 30-150*, 2 vols. (New York: Harper, 1959; orig. 1937), 2: p. 502.
26　Kent L. Yinger, *Paul, Judaism, and Judgement according to Deeds*, SNTSMS 105 (Cambridge: CUP, 1999), p. 290.
27　Travis, *Christ and the Judgement*, p. 95.

3. 심판 '뒤에' 벌어질 일? '영'생은 무엇인가?

우리는 하나님을 다룬 장에서 구약의 '살아 계신 하나님'이 **앞으로 계속 나아가는** 특성을 갖고 있었으며, 더 고정된 '유신론'과는 상반된 특성을 갖고 있음을 보았다. 만일 하나님이 몸소 하늘(heaven)의 특성을 규정하신다면, 우리는 거기서 **역동적이고 목적이 있으며 앞으로 계속 나아가는** 그의 **생명**에 참여하리라는 기대를 당연히 가져야 한다. 이를 확인해 주는 것이 바로 '부활의 몸'(sōma pneumatikon)이라는 개념인데, 이 몸에 생기를 불어넣고 몸을 유지하시는 이가 성령이시다. 사람들은 진정한 성령 체험을 가리켜 **늘 신선하고 늘 새로우며 계속하여 앞으로 나아가시는** 분을 체험하는 것이라고 빈번히 말한다. 따라서 죽은 뒤에 성령이 살리시고 유지하시는 생명에는 멈춰 있거나 '고정된' 것이 전혀 없을 것이다. 죽은 자가 부활한 '뒤에는', 그리고 마지막 심판이 있은 '뒤에는', 생명(그리스어로 zōē)이 멈춰 있는 연못이 아니라 **흐르는 강물** 같을 것이다(계 22:1-2). 부활한 신자들은 목적이 있고 앞으로 나아가는 새 창조를 체험할 것이다.

이것은 또 세 번째 요인이 확인해 줄 것이다. '영생'은 단순히 영원히 지속되는 삶을 뜻하지 않는다. 그런 잘못된 생각이 신학 속에 들어온 것은 토마스 아퀴나스 및 다른 이들의 철학적 견해, 곧 '완전함'은 일단 확립되면 더 이상 전진을 허용할 수 없다는 견해 때문이었다. 지금 어떤 상태가 '완전하다'면, **더 완전해지기는** 불가능하다는 것이 그들의 주장이다. 더 완전해지는 일이 가능하다면 '완전'은 애초부터 **완전하지** 않았을 것이기 때문이다. 그러나 우리는 '완전한'을 **다른 식으로** 사용한다. '완전한' 아기가 '완전한' 10대나 '완전한' 어른이 되면, 아기 때의 완전함은 더 이상 유지하지 않을 것이다. **때나 단계가 달라지면**, 완전하게 해 주는 특질들도 **달라질** 것이다.

이는 역시 잘못된 생각, 곧 **영원**은 **무시간성**(timelessness)을 뜻한다는 생각에 훨씬 더 예리하게 적용된다. 분명 이 견해를 지지하는 가장 강력한 논거는 하나님이 우주를 지으실 때 시간도 지으셨다는 것이다. 아우구스티누스는 시간이 있기 '전'이나 '후'에 존재한 사건이나 실체를 이야기하는 것이 어떻게 말이 될 수 있는가를 놓고 고뇌하면서, 이렇게 썼다. "세계는 시간 **안에서** 만들어진 게 아니라, 시간**과 함께** 만들어졌다(라틴어로 mundus non in tempore sed cum tempore factus est)."[28] 도르너 및 다른 이들도 이 견해를 지지했다.[29] 요 근래에는 폴 헬름(Paul Helm)이 그의 책 『영원한 하나님』(Eternal God)에서 하나님은 "무시간"인 분이라고 주장하려 했다.[30] 그러나 윌리엄 크레이그는 이 견해를 비판했는데, 특히 시간 자체를 이야기하면서 "무시간" 이론을 내세운 점을 비판했다.[31] 헬름은 과거와 미래를 대비하는 일이 공간에서 앞과 뒤를 대비하는 일과 비슷하다고 여긴다. 그러나 크레이그는 지금도 하나님이 미래를 아시는 것에 관하여 헬름이 제시한 설명을 납득하지 못하는데, 이해할 만한 일이다.

브라이언 레프토우(Brian Leftow)는 '무시간'이신 하나님에겐 과거나 미래도 없고 계획이나 목적도 없으리라고 말한다. 리처드 스윈번은 그런 하나님을 "생명 없는 존재"라 여기며, 하나님은 "사람과 끊임없이 상호 작용하는 가운데" 존재하신다고 본다.[32] 이미 이야기했듯이, 출애굽기 3:14의 더 나은 번역은 70인역의 그리스어 본문처럼 "나는 나인 자다"(I am what I am)가 아니라, 히브리어 비한정형 내지 미래 미완료형을 따라 "나는 나일 자**일 것이다**"(I will be what I will be)이다. 유명한 구절인 "예수 그리스도는 어제나 오늘이나 영원토록 동일하시니라"(히 13:8)는 무시간성이나 변하지 않는다는 그의 본성과 관련된 말이 아니라, 유대의 제사장직은 끝없이 계승되는 반면 그리스도는 **영원한**

---

28 Augustine, City of God 11.6.
29 J. A. Dorner, System of Doctrine (Edinburgh: T. & T. Clark, 1881), 2: p. 30.
30 Paul Helm, Eternal God: A Study of God without Time (Oxford: Clarendon, 1988; 2nd ed. 2011), p. 37.
31 William L. Craig, review of Eternal God: A Study of God without Time, by Paul Helm, JETS 36 (1993): pp. 254-255.
32 Richard Swinburne, The Coherence of Theism (Oxford: Clarendon, 1977), p. 214.

대제사장이심을 표현하려고 쓴 말이다.

오늘날 대다수 신학자는 플로티노스(Plotinus)와 보에티우스(Boethius)가 처음 주장했던 견해, 곧 **영원은 일시적인 모든 순간을 동시에 모은 것**을 가리킨다는 견해를 지지하는 경향이 있다. 이 견해에서는 하나님이 시간을 **초월하신** 분임을 인정하면서도, 인간은 물론 하나님에게도 시간이 현실임을 인정한다.

그럼에도 이 견해는 역동적이며 앞으로 계속 나아가는 특성을 지닌 하나님의 본성을 여전히 제대로 드러내지 못한다. 오늘날 사람들은 시간이 단일체가 아님을 널리 인정한다. 일상생활을 보면, 역사가 흘러가는 대로 흘러가는 시간은 하이데거가 늘 강조하듯이 '주관적' 시간이 아니다. 시계가 일러 주는 시간은 시간을 재는 한 방법일 뿐이다. 인간은 '산책할 시간', 혹은 '잠잘 시간'도 측정하며, 이런 시간은 지속 기간에 따라 달라질 수 있다. 문학 이론가와 철학자, 특히 폴 리쾨르는 "내러티브 시간"을 자주 이야기하는데, 이 내러티브 시간 속에서는 슬로 모션, 플래시백, 혹은 다른 문예 도구들이 시계가 일러 주는 시간과 다른 기간을 완전히 새로 만들어 낸다.[33] 마가복음에서는 내러티브 시간을 사용하여 이런 유형을 보여 주는데, 예수의 사역 초기에 일어난 사건들은 슬로 모션으로 진행하는 예수의 수난과 완전히 다른 속도로 펼쳐진다.[34]

아인슈타인 이후의 과학 철학에서도 이와 똑같은 교훈을 확인해 준다. 상대성 이론에서 시간 지연(time dilation)은 서로 상대하며 움직이거나 서로 중력 질량이 다른 상황에 있는 관찰자들이 측정한 두 사건 사이의 경과 시간이 실제로 다름을 뜻한다. 한 관찰자가 휴식 중일 때 말하는 정확한 시간은 또

---

33 Seymour Chatman, *Story and Discourse: Narrative Structure in Fiction and Film* (Ithaca, N.Y.: Cornell University Press, 1978), pp. 19-42. 『이야기와 담론』(푸른사상); Gérard Genette, *Narrative and Discourse: An Essay in Method* (Ithaca, N.Y.: Cornell University Press, 1980), chaps. 4-6; Paul Ricoeur, *Time and Narrative*, 3 vols. (Chicago: University of Chicago Press, 1984-1988), 전체.

34 Wesley A. Kort, *Story, Text, and Scripture: Literary Interests in Biblical Narrative* (University Park: Pennsylvania State University Press, 1988)에서는 마가복음 8:29에 나오는 베드로의 고백 이전에는 '즉시'를 뜻하는 *euthys*가 32회 정도 등장하며, 수난 내러티브 안에는 6회만 나온다고 말한다.

다른 관찰자가 역시 정확하다고 말하는 시간과 다른 속도로 움직이는 것으로 측정될 수도 있다. 예를 들면, 우주 왕복선의 시간은 지구 위의 시간보다 약간 느리게 흘러간다.[35]

이런 고찰 결과 및 이것과 비슷한 고찰 결과를 고려할 때, **우리가** 이 세상에서 **알고 있는 시간과 부활 뒤에 갖게 될 종말론적 존재 양식에 적합할 시간**의 차원을 구분하는 것이 분명 현명할 것이다. 케제만 및 다른 이들은 **몸**에 가시성, 의사소통, 식별, 인식이 함께 따르리라고 주장한다. 그러나 '몸'(sōma)이 부활한 뒤에는 이 몸을 **육**의 눈이나 소리로 알거나 감각을 통한 인식으로 알지 않고, 현세에서 이런 목적에 봉사했던 기관에 **상응하지만 지금까지도 확실하게 알려지지 않은** 어떤 대응물을 통해 알게 될 것이다. '시간'의 본질이 왜 달라져야 할까? 하나님이 장차 성령을 통해 우리가 여태까지 상상조차 못하는 새로운 미래를 여신다면, 이 미래는 공간과 **시간**에 상응하지만 **지금까지도 확실하게 알려지지 않은** 어떤 **대응물**을 통해 존재하지 않겠는가?[36]

우리는 다만 하나님이 당신 백성을 고정되어 지루하거나 단조로운 상태에 던져 유명한 송가나 시편만을 영원히 되풀이하거나 유명한 예배 문언만을 계속 되풀이하는 것 같은 일을 하게 하시지는 않으리라고 확신하기만 하면 된다. 어쩌면 이것도 '새 노래'가 훗날 갖게 될 의미의 일부일 것 같다. 바울은 부활 때 하나님이 하실 수 있고 하실 일이 무한할 수 있음을 설명하면서, 하나님이 이미 행하신 창조도 무한한 **다양성과 정교함**을 갖고 있음을 우리에게 되새겨 준다. 미래가 이보다 못한 모습을 가지겠는가?

---

35 참고. George F. R. Ellis and Ruth M. Williams, *Flat and Curved Space-Times*, 2nd ed. (Oxford: OUP, 2000), pp. 28-29.
36 참고. David Wilkinson, *Christian Eschatology and the Physical Universe* (London: Continuum and T. & T. Clark, 2010), pp. 121-126와 전체, 그리고 E. M. Conradie, "Resurrection, Finitude, and Ecology", in *Assessments*, ed. Ted Peters (Grand Rapids: Eerdmans, 2012), pp. 277-296.

4. 새 예루살렘

새 예루살렘을 가장 분명하게 언급하는 곳은 요한계시록 21:1-22:5이며, 그중에서도 특히 21:1-7과 10절, 22:1-5에서 뚜렷하게 언급한다. 그러나 선견자 요한이 이 상징을 만들어 내지는 않았다. 몰트만은 이 점을 이렇게 간결히 요약한다. "요한은 에스겔이 본 환상을 이사야서에서 가져온 내용으로 설명하면서, 새 예루살렘에 관한 묵시 사상을 받아들여 주제로 삼는다."[37] 구약성경에서 이를 가장 폭넓게 다룬 자료가 에스겔 37-48장이다. 에스겔 48:35에서는 이와 관련하여 가장 중요한 말을 한다. "여호와가 거기 계신다"[히브리어로 *y-h-w-h*(야훼 혹은 여호와) *shāmmāh*].

에스겔서에서는 다른 어느 책보다 상세하게 새 예루살렘을 설명한 내용을 제공하긴 하지만, 요한은 에스겔서를 비단 이 이미지를 표현할 때만 자료로 사용하지는 않는다. 요한은 그의 묵시에서 시종일관 에스겔서를 사용한다. 스가랴는 하나님을 묘사할 때 물질로 만든 벽이 아니라 "불의 벽"이 되어 예루살렘을 에워싸신 분이라는 이미지를 사용한다. 하나님은 그때에 "내가 그 가운데에서 영광이 되리라"고 말씀하신다(슥 2:4-5). 이사야 54:11-12에서는 하나님이 청옥으로 그 기초를 놓으실 예루살렘을 내다본다.

> 내가 홍보석으로 네 뾰족탑을 만들고
> 보석으로 네 성문을 만들고
> 네 성벽을 귀한 돌로 만들리라.

거기서 "너는 공의로 설 것이며", 그 도시는 "공포에서" 벗어날 것이다(54:14). 이런 환상은 유대 묵시 저자들의 맥락 속에 자리해 있다. 에녹1서에서는

---

37 Jürgen Moltmann, *The Coming of God: Christian Eschatology* (London: SCM, 1996), p. 313.

"이전보다 크고 높은 새 집"(90:29)을 내다본다. 사해 사본에서는 야곱의 아들들을 따라 이름 붙인 성문을 가진 새 도시를 그려 보인다(4Q554). 일부 유대교 자료의 기록 연대가 신약성경보다 늦을 수도 있긴 하지만, 에스드라2서나 에스라4서에서는 하늘에 있는 성전을 묘사한다. 이는 바룩2서에서도 나오는데, 여기서는 하나님이 낙원을 새로 창조하실 것을 내다본다(4:3). 반면, 바룩3서에서는 새 예루살렘을 언급하나, 여기서는 성전이 더 이상 필요하지 않다고 말한다(1:3). 이사야 49:18, 60-62장, 65:17-25에도 이와 공명하는 내용이 더 있다.

요한계시록에서는 세 핵심 요점을 강조한다. 하나님이 거기 계신다는 것, 그 도성이 그리스도의 신부인 교회를 상징한다는 것, 그 도성에는 죄도 없고 어떤 두려움도 없다는 것. 바울은 가장 초기에 쓴 주요 서신 중 하나에서 "위에 있는 예루살렘은 자유자니 곧 우리 어머니라"(갈 4:26)라고 이야기하면서, 이를 이 땅에 있고 역사 속에 있으며 "노예 상태에 있는…현재의 예루살렘"(4:25)과 대비한다. 로버트 H. 건드리는 새 예루살렘이 상징이요, "여태까지 들어 보지도 못한 차원으로 뻗어 있으며, 각 성문이 단일 보석으로 이루어진 성문들을 갖고 있다"고, 또한 "새 예루살렘은 **성도를 상징한다**.…요한은 지금 성도들이 영원히 거할 곳을 묘사하는 게 아니다"라고 주장한다.[38]

히브리서 12:22에서도 '새 예루살렘'을 가리키는 상징들을 사용하면서, 이를 모세 율법의 무시무시한 "타오르는 불, 흑암, 침침함"(12:18-21)과 비교한다. 이와 달리, 그리스도인은 "시온산과 살아 계신 하나님의 도성인 하늘의 예루살렘과 축제로 모인 천만 천사와 하늘에 기록된 맏이들의 모임과 만민의 심판자이신 하나님과 및 온전하게 된 의인의 영들과 중보자이신 예수께 이른다"(12:22-24). 아울러 요한은 "내 하나님의 성 곧 하늘에서 내 하나님께로부터 내

---

[38] Robert H. Gundry, "The New Jerusalem: People as Place, Not Place for People", in Gundry, *The Old Is Better: New Testament Essays in Support of Traditional Interpretations*, WUNT 178 (Tübingen: Mohr, 2005), pp. 399 and 400; 참고. pp. 399-411.

려오는 새 예루살렘"(계 3:12)을 이야기하며, 다른 곳에서도 같은 문언을 사용하여 "거룩한 성 새 예루살렘이 하나님께로부터 하늘에서 내려오니 그 준비한 것이 신부가 남편을 위하여 단장한 것 같더라"(계 21:2; 참고. 21:10)라고 이야기한다.

우리는 신약성경의 관련 본문을 살펴보기 전에 수수께끼를 하나 풀어야 한다. 몰트만의 주장에 따르면, 이레나이우스에서 시작하여 아우구스티누스와 로마의 그레고리오를 거쳐 아퀴나스에 이르기까지, 역사신학에서는 이 땅에 있는 옛 피조물이 멸절되지 않고 '변형'을 겪는다고 판단했다. 몰트만은 이런 통설과 '루터파 정통'의 견해를 대비한다. 루터파 정통에서는 "변형이 아니라 멸절이 결국 이 세상이 맞이할 운명"이라고 주장한다.[39] G. K. 빌(Beale)은 그가 쓴 요한계시록 주석에서 "요한이 '새 하늘과 새 땅'을 본"(계 21:1 상반절) 이유는 "처음 땅이 없어지고 바다도 다시 있지 않기"(21:1 하반절) 때문이라고 강조한다. 빌은 "옛 창조를 대신할 새 창조가 이루어졌다"고 주장한다.[40] 이는 멸절을 암시한다.

몰트만은 이 긴장을 해결하고자 "이 세상의 **외형**은 파멸될 것이다.…'이 세상'의 경건치 않은 세력들과 강압들은 멸절될 것이다"라고 주장한다.[41] 예루살렘의 경우에는 이런 모습이 특히 아주 아프게 나타난다. 어떤 의미에서 보면 예루살렘은 비극의 장소다. 예수 그리스도가 거부당하고 고난을 겪으시고 십자가에 못 박히신 곳이며, 결국 이스라엘의 실패를 나타내는 곳이다. 그러나 예루살렘을 좋은 모습으로 묘사하는 예도 허다하다. 구약성경은 예루살렘을 언급하는 말로 가득하며, 신명기에서는 예루살렘을 하나님이 '택하신' 도성이라 말한다. 신약성경을 봐도, 바울은 예루살렘 교회를 위한 연보에 우선순위를 두며, 예루살렘 교회는 로마와 안디옥이 이방인 출신 그리스도인의 중심

---

39 Moltmann, *The Coming of God*, p. 268.
40 G. K. Beale, *The Book of Revelation: A Commentary on the Greek Text*, NIGTC (Grand Rapids: Eerdmans; Carlisle: Paternoster, 1999), p. 1039.
41 Moltmann, *The Coming of God*, pp. 269 and 270.

지로 등장할 때까지 '어머니' 교회 역할을 한다. 새 예루살렘에서 비극과 죄의 차원은 파괴당하나, 좋은 측면은 변형될 것이다.

1) **하나님이 우리와 함께 거하실 것이다.** 몇 가지 핵심 주제 가운데 가장 중요한 주제는 하나님이 "그들과 함께 계시리라"(계 21:3)는 것이다. 요한은 이렇게 썼다. "성 안에서 내가 성전을 보지 못하였으니 이는 주 하나님 곧 전능하신 이와 및 어린양이 그 성전이심이라"(계 21:22). 마찬가지로, "그 성은 해나 달의 비침이 쓸데없으니 이는 하나님의 영광이 비치고 어린양이 그 등불이 되신다"(21:23). 우리가 에스겔서와 관련지어 이야기했듯이, "**주가 거기 계신다**"(겔 48:35). 이 땅의 성전은 하나님의 임재를 상징하지만, 이 상징이 가리키는 실체가 현존하게 되면 상징은 더 이상 필요 없다! (주의 만찬이라는 상징이 '그가 오실 때까지'만 작동하는 것도 그런 이유 때문이다.) 케어드는 이 땅의 성전이 오염된 환경에서는 필요하겠으나 새 예루살렘에는 이 성전이 더 이상 쓸모가 없다고 말한다.[42] 우리는 이 핵심 요지를 되풀이할 수밖에 없다. 우리는 저 멀리 있는 하늘 속에서 하나님을 찾지 않는다. 새 예루살렘이 하나님의 백성**이듯이**, 하나님이 바로 하늘**이시다**. 아울러 요한계시록에서는 '삼위일체'를 말한다. 하나님 자신은 늘 우리 죄 때문에 죽임 당한 어린양과 짝을 이루며, 미래를 일러 주는 환상도 '영(the Spirit) 안에서' 전달된다. 갈보리가 없으면 '새 예루살렘'도 없다.

2) **성벽, 거리, 성문.** 요한은 새 예루살렘의 성벽, 거리, 열두 성문에 꼼꼼히 주목한다. 이것들은 **안전, 영광, 장엄함**을 나타낸다. "크고 높은 성곽이 있고 열두 문이 있는데 문에 열두 천사가 있다"(계 21:12). 에스겔서에서도 그리 말했지만, 이 도성은 네모반듯하며 크다. "그 성은 정금인데 맑은 유리 같다"(계 21:18). 도성의 열두 기초는 각기 특별한 보석으로 장식되어 있다(21:19-20). 요한계시록 21:10-11에서는 틀림없이 에스겔 40장과 48장을 (특히 겔 40:5-6과

---

42 George B. Caird, *The Revelation of St. John* (London: Black, 1966), pp. 278-279.

48:31-34을) 넌지시 암시한다. 빌은 이렇게 설명한다. "'크고 높은 성벽'은 [요한계시록] 21:27과 22:14-15에서 암시하듯이 하나님과 나누는 사귐이 신성불가침한 성질을 갖고 있음을 나타낸다."[43] 마찬가지로, 에녹2서 65:10에서도 새 낙원이 이런 성벽으로 에워싸여 있다고 말한다. 12라는 숫자가 두드러지는데, 이는 때로 이스라엘 열두 지파와 열두 사도를 상징하기도 하고, 때로는 144의 제곱근 같기도 하다. AV/KJV, NRSV, NJB에서는 정금(pure gold), 깨끗한 유리(clear glass), 황옥(topaz), 자수정(amethyst)을 똑같이 번역했으나, 일부 보석은 번역어가 다르다. 벽옥(jasper) 대신 금강석(diamond)이라 번역하거나(NJB), 청옥(sapphire, AV/KJV, NRSV) 대신 청금석(lapis lazuli, NJB)이라 번역하거나, 옥수(chalcedony) 대신 터키옥(turquoise)이나 마노(agate)라 번역하거나, 녹옥(emerald, NRSV, AV/KJV) 대신 수정(crystal, NJB)이라 번역한 것 등이 그 예다(계 21:19-20). 그러나 이들을 모두 아우르는 주제가 안전, 영광, 번영임은 분명하다. 요한계시록 4:3에서는 "벽옥과 홍옥…녹옥"이 하나님의 영광을 상징한다.

3) **다른 이미지**. 이 이미지를 보완해 주는 다른 이미지는 **만족, 치유, 늘 신선한 삶**과 관련이 있다. 요한계시록 21:6에서는 이렇게 말한다. "내가 생명수 샘물을 목마른 자에게 값없이 주리니(그리스어로 *tō dispsānti dōsō ek tēs pēgēs tou hydatos tēs zōēs*)." 이는 이사야 49:10에 나오는 "샘물"과 이사야 55:1에 나오는 "모든 목마른 자"를 일부 반영한 말일 수도 있다. '정복하는 자들'에게 주는 이 약속의 대상에는 순교자뿐 아니라 믿음을 부인하라는 요구에 굴복하지 않았던 모든 사람이 포함된다. 나아가 요한계시록 22:17의 "목마른 자는 누구든 올 것이요"는 구속받은 모든 공동체에게 주어진 말씀이다. 데이비드 오니(David Aune)는 '생명수'가 신선하지 않은 공급품과 달리 **늘 신선한 흐르는 물**을 의미하거나 더 전통적인 종교적 의미의 '생수'를 의미할 수 있다고 지적한다. 결국 실상 거의 차이가 없는 셈이다.[44]

---

43 Beale, *The Book of Revelation*, pp. 1128-1129.
44 David E. Aune, *Revelation 17-22*, WBC (Nashville: Nelson, 1998), pp. 1128-1129. 『요한계시록

4) **새 에덴**. 요한계시록 22:1-2에서는 이 주제를 다시 이어 간다. "수정 같이 맑은 생명수의 강이 하나님과 어린양의 보좌에서 [흘러]나온다.…강 좌우에 생명나무가 있고…그 나무 잎사귀들은 **만국을 치료하기** 위하여 있더라." 요한계시록에 나오는 다른 허다한 환상 속의 진술이나 약속처럼, 이 이미지도 십중팔구는 구약의 몇몇 본문을 인용한다. 예루살렘에서 흘러나오는 '생수'는 에스겔 47:1-9, 스가랴 14:8, 요엘 3:18에 등장한다. 뜨겁고 메마른 동부에서는 물, 특히 샘물이 열기를 식히고 생기를 불어넣어 주며 활력을 되찾아 주는 것으로 유명하다. 아울러 이 언어는 에덴을 떠올려 준다. 에덴에서도 "강이 흘러나온다"(창 2:10). 거기서 "여호와 하나님이 보기에 아름답고 먹기에 좋은 나무가 나게 하시니…생명나무와 선악을 알게 하는 나무도 있더라"(창 2:9). 에스겔 47:12에서는 이렇게 말한다. "각종 먹을 과실나무가 자라서 그 잎이 시들지 아니하며 열매가 끊이지 아니하고…그 열매는 먹을 만하고 그 **잎사귀는 약재료가** 되리라."

5) **낙원인 에덴**. 이 본문은 분명 새 에덴과 낙원을 반영한다. '낙원'(paradise)은 페르시아어에서 빌려 온 말로, 히브리어, 아람어, 시리아어, 그리스어에서는 아름다운 정원(garden)을 가리키게 되었다. 많은 고대 문화에서는 이 낙원이 수정처럼 맑은 물이 흐르고 치료하는 성분과 과실을 맺는 나무와 갖가지 색깔을 지닌 꽃으로 가득한 강을 상징했다. 평화와 안녕이 질병을 대신하고, 기후도 온화하여 아주 덥거나 춥지 않다. 구약 기록자들은 에덴의 동산(garden)을 이런 묘사 내용과 비교했는데, 이사야 58:11에서는 "물 댄 동산"을 이야기하는 반면, 이사야 51:3에서는 시온과 에덴과 여호와의 동산에 빗댄다. 에스겔에서도 하나님의 동산, 에덴의 나무들, 물가에 있는 복된 나무들에 빗댄다(겔 31:8-9). 시편 1:1-3에서는 의인이 "시냇가에 심은 나무"와 같다고 말한다. 에스라4서에서는 6:2, 7:36, 7:123에서 희열이 넘치는 낙원을 이야기하

17-22』(솔로몬).

는데, 이곳에는 풍성한 치유가 있다. 이는 에녹2서 42:3과 솔로몬의 시편 14편에도 등장한다.

빌은 시편 78:69, 구약성경의 다른 본문, 요세푸스와 필론의 글을 참조하여 "낙원에 있는 성전이 세계를 아우르는 본질"을 갖고 있음을 길게 언급한다.[45] 종종 이 낙원은 "그것이 온 세상을 아우를" 미래의 시간을 가리키기도 하며, 요한계시록 22:1-6에서는 "에덴에 관한 이전의 해석을 알고 있는 것으로 보인다." 빌은 "다시는 저주가 있지 아니할"(슥 14:11) 것이므로 만국이 치료를 받으리라고 주장한다. 그는 계속하여 이렇게 말한다. "새 예루살렘에 사는 이들은 하나님이 인간의 죄 때문에 인간에게 내리신 파멸의 저주에서 벗어날 것이다."[46]

6) **하나님의 백성의 거룩함.** 새 예루살렘의 또 다른 특징은 이렇다.

"그(하나님)가 모든 눈물을 그 눈에서 닦아 주시니
다시는 사망이 없고
애통하는 것이나 곡하는 것이나 아픈 것이 다시 있지 아니하리라."(계 21:4)

"그러나 두려워하는 자들과 믿지 아니하는 자들과 흉악한 자들과 살인자들과 음행하는 자들과 점술가들과 우상 숭배자들과 거짓말하는 모든 자들은 불과 유황으로 타는 못에 던져지리니 이것이 둘째 사망이라."(계 21:8)

죄와 상습적으로 죄 짓는 자를 내쫓는 일은 해롭거나 파멸을 안겨 주는 모든 것을 없앰을 암시한다.

새 예루살렘이라는 이미지가 상징하는 하나님의 백성은 거룩해질 것이다. 이것은 영의 몸을 일컬어 성령이 에너지를 불어넣고 유지시키시며 그 특징을

---

[45] Beale, *The Book of Revelation*, p. 1110.
[46] Beale, *The Book of Revelation*, p. 1114.

규정하시는 존재 양식이라 일러 주는 바울의 가르침과 완전히 일치한다. 이미 언급했던 늘 신선한 생명과 치유라는 특질이 성령에게서 나오듯이, 정결과 의와 거룩함(그리고 결국 눈물과 애통과 죽음이 없음)도 마찬가지로 성령에게서 나온다. '만국이 그 빛을 의지하여 걸을' 때, 그 빛은 하나님과 어린양에게서 직접 나온다. 갈보리는 결코 버림받지 않는다. 새 예루살렘은 성령을 통해 갈보리가 남긴 결과들을 삶으로 살아 낸다.

7) **그리스도의 신부.** 마지막으로 빌은 "하나님께로부터 하늘에서 내려오니 **그 준비한 것이 신부가 남편을 위하여 단장한** 것 같은 새 예루살렘"(계 21:2)을 다루면서, 이사야 52장과 62장에 나오는 부부 이미지를 언급한다. "신부가…단장한"은 이사야 62:5에서 나온 말로, 이스라엘을 가리키는 은유다. 요한계시록 21:2에서는 요한계시록 19:7-8을 되돌아본다.

"어린양의 혼인 기약이 이르렀고
    그의 신부가 자신을 준비하였으므로
신부에게 빛나고 깨끗한 세마포 옷을
    입도록 허락하셨으니
이 세마포 옷은 성도들의 옳은 행실이로다."

이 '신부'라는 이미지는 호세아 2:5, 이사야 1:21, 예레미야 2:2, 에베소서 5:31-32에서도 발견할 수 있다.

신부가 하나님의 백성이기 때문에, 이는 앞서 봤던 로버트 건드리의 해석을 완전히 확증해 준다. "새 예루살렘은 성도를 상징한다.…우리는 이미 [요한계시록] 19:7-8에서 어린양의 신부가 그들의 의로운 행위로 단장한 성도임을 알았다."[47] 따라서 "새 예루살렘은 거룩하다.…순전한 행복, 눈물이나 고통

---

47 Gundry, "The New Jerusalem", pp. 400 and 401.

이나 죽음이 섞이지 않은 행복이 이 도성의 특징을 규정한다."[48] 케어드도 이렇게 설명한다. "태양으로 차려입은 여자는 교회요, 교회 지체들은 그녀의 자녀다."[49] 이 새 창조는 핍박과 억압에 따른 고통, 고난, 비통의 반대편에 자리해 있다. 케어드는 핍박받는 교회의 상황을 이렇게 생생히 묘사한다. "순교자들은 이렇게 외쳤다. '우리가 다만 아는 것이 있다면, 이 모든 것이 어디선가 끝나리라는 것이다!'…우리가 그 답을 알 때…요한이 본 많은 환상을…이해할 수 있고 믿을 수 있게 된다."[50] 케어드는 이렇게 결론짓는다. "바빌론의 여왕 같은 광채와 유혹도" 이제는 "늙고 야윈 창녀가 사람을 호리려고 걸친 값싼 장식품으로 인식될" 뿐이다.[51] 새 예루살렘은 모든 것을 정확히 보게 해 준다. 하나님과 어린양이 거기 계신다. 그는 그들의 하나님으로서 그들과 함께 거기 거하실 것이다(계 21:3). 생수, 보석, 정금은 '아직 더 놀라운 것들'이 있음을 우리에게 일깨워 준다. 그 놀라운 것들과 비슷한 것으로서 이 땅에 있는 것들은 비록 한계가 있긴 하지만 그래도 그런 것들이 아직도 남아 있음을 우리에게 일러 줄 수 있다.

5. 영광에서 영광으로: 만물의 회복

선견자 요한이 본 환상은 이 세상을 초월하거나 움직이는 사건이나 특질을 일러 주리라고 기대할 수 없는 2차원 그림과 마찬가지로 제한되어 있다. 선견자 요한은 하나님의 임재, 거룩함, 안전과 더불어 영광을 아주 뛰어난 필치로 묘사한다. 그러나 자라는 나무와 흐르는 강물을 제외하면, 역동적이고 앞으로 계속 나아가는 이런 이미지들의 특징을 딱히 더 시사해 주는 것은 없다. 이와 유사하지도 않고 이를 나타내는 은유도 아니지만 이와 가장 가까운 측

---

48   Gundry, "The New Jerusalem", pp. 402 and 404.
49   Caird, *The Revelation of St. John*, p. 234.
50   Caird, *The Revelation of St. John*, pp. 261-262.
51   Caird, *The Revelation of St. John*, p. 262.

면이, 계속 앞으로 나아가고 늘 신선한 성령의 역사다. 이는 바울이 훨씬 더 분명하게 이야기한다. 성령은 부활한 하나님의 백성에게 생기를 불어넣으시고 그들을 유지해 주실 것이다(고전 15:44).

그렇다면 구속받고 하늘에 있는 이들의 상황을 묘사할 때는 단순히 **영광**이라고 이야기하기보다 '**영광에서 영광으로**'라고 묘사하는 것이 어쩌면 더 나을 수도 있겠다. NRSV에서는 고린도후서 3:18을 이렇게 번역했다. "[우리가] [주와] 같은 형상으로 변화하여 이런 정도의 영광에서 또 다른 정도의 영광에 이르니(from one degree of glory to another), 이는 이 영광이 주, 영에게서 나오기 때문이라." 바울이 한 이 말은 분명 **이 땅에서** 이루어지는 순례 여정과 배상을 일컫는 것이며, 부활 이후 하늘의 삶에 직접 적용되지는 **않는다**. 첫 영광에는 그리스도를 **완전히** 닮음, 그리고 **완전한** 정결과 거룩함이 함께 따를 것이다. 그러나 바울이 영광에 여러 정도가 있다고 이야기할 수 있다는 사실은, 비록 처음에 영광이 죄 없음과 거룩함을 동반할지라도 이 **영광이 계속 커져 갈** 가능성이 있음을 시사한다.

영광(히브리어로 *kābōd*, 그리스어로 *doxa*)은 무거운 것 혹은 깊은 인상을 남기는 것을 가리킨다. 어떤 의미에서 보면, 모든 영광은 하나님께 속한다. "나는 내 영광을 다른 자에게 주지 아니하리라"(사 42:8). 나아가, 그리스도는 "하나님 영광의 반영"이시다(히 1:3, 그리스어로 *apaugasma tēs doxēs*). 하나님의 영광이 "예수 그리스도의 얼굴에" 나타난다(고후 4:6). 요한복음에서 강조하듯이, 하나님을 아주 '인상 깊은' 분으로 만들어 주는 것은 그가 주권자로서 가지신 엄위뿐 아니라 그가 성육신과 십자가를 통해 보여 주신 겸비함이다. 바르트와 몰트만은 다른 이들과 함께 이 점을 강조한다. 슈타우퍼(Stauffer)가 설명하듯이, "요한은 그리스도의 수난을 하나님께 영광을 돌리는 마지막 섬김이자 결정적 섬김으로 여겼다.…성금요일 자체는 아들에게 영광을 돌리는 것[이다]"(요 12:23).[52]

---

[52] Ethelbert Stauffer, *New Testament Theology* (London: SCM, 1955), p. 130.

이 구절에서는 "인자가 영광을 얻을 때가 왔도다"라고 말한다. 하늘에서는 이 영광이 처음부터 나타난다.

그렇지만 일상생활을 보면, 어떤 사람이 처음부터 무게 있어 보이고 인상 깊어 보일 수도 있으나, 이후에 그 사람의 성품이 지닌 특징들이 드러나면서 '완전히 인상 깊었던' 사람이 '훨씬 더 인상 깊은' 사람이 될 수도 있다. 여기서 철학 개념이지만 세상 사람들이 사용하는 '완전'이라는 개념이 우리를 잘못 인도할 수도 있다. 하나님, 그리스도, 성령은 처음부터 **완전하게 영광스러운** 분으로 보일 수도 있다. 그러나 소진이란 것이 있을 수 없는 하나님이 당신의 행동과 목적을 더 많이 계시하시면, **하나님이 그리스도 안에서 행하신 일을 근거 삼아 우리가 느꼈던 경이와 영광이 전부라고** 누가 말할 수 있겠는가?

우리가 믿는 그대로, 하나님 바로 그분이 하늘에서 이루어지는 예배와 숙고의 초점이시라면, 성령이 하나님의 영광에 관한 우리의 인식과 이해를 깊게 하시고 넓혀 주시지 않겠는가? 때로 사람들은 다른 이들이 우리의 모든 잘못된 행위와 실수와 죄를 다시 떠올릴까봐 불안해하지만, 우리는 하나님 바로 그분과 죽임 당한 어린양의 경이와 영광을 깊이 생각하는 일에 완전하고도 철저하게 몰두하지 않겠는가? 우리가 여전히 이 땅에 있는 이들의 실수나 잘못에 마음을 빼앗기겠는가? 때로 우리는 히브리서에서 "구름같이 둘러싼 허다한 증인"(히 12:1)을 언급한 것 때문에 오해에 빠지기도 한다. 그러나 이들은 **그리스도를** 증언하는 증인이지 우리를 증언하는 증인이 아니다. 이들 역시 "예수를 바라보며"(히 12:2), 예수를 바라보는 일은 히브리서의 모든 본문에서 강조하고 요구하는 것이다. 이는 심지어 성인들이 우리를 돕는 데 열중하고 있다고 보는 로마 가톨릭의 성인 신학에도 의문을 품게 하는 것 같다. 이들에게 설령 의식이 있다 해도(강림 전 상태를 말하는데, 이에 의문을 품는 이들도 있을 것이다), 이 '성인들' 역시 하나님과 그의 영광에 완전히 흡수되지 않겠는가? 땅에서 행해지는 일들이 이들을 그리스도에게서 멀어지게 하겠는가? 요한계시록의 환상 내러티브를 보면, 분명 강림, 마지막 심판, 죽은 자의 부활 이후에도 하늘 궁정에서 무대의 중심을 차지하고 계신 이는 하나님과 죽임 당한 어린양이시다.

이는 **만물의 회복**에 비춰 보면 더욱더 매섭게 드러난다. '만물의 회복'이라는 말은 사도행전 3:21에서만 나타나는데, NRSV, NJB, REB에서는 이 말을 "universal restoration"(온 우주의 회복, 그리스어로 *apokataseōs pantōn*)으로 번역했다[NIV에서는 "restore"(회복하다)라는 동사를 사용하며, AV/KJV에서는 "restitution of all things"(만물의 복원)로 번역했다]. 댕커는 이 단어의 첫 번째 의미로 "restoration"을 제시한다.[53] 몰트만은 이를 "보편구원"(universal salvation)이라 부르면서도, 보편구원론이 지금도 "기독교 종말론에서 가장 치열한 논쟁이 벌어지고 있는 문제"임을 인정한다.[54] RV에서는 더 신중하게 "establish"(세우다)로 번역했는데, 그리스어 동사 *apokathistēmi*는 '돌리다 혹은 되돌리다'를 뜻하는 히브리어 동사 *shûbb*를 번역한 것이다. 따라서 이 그리스어 동사는, 구약에서 이스라엘을 회복하거나 다시 세우는 것처럼 '다시 세우다, 본래대로 회복하다'라는 의미일 수 있다. 에스라, 학개, 스가랴 1-8장에서 자세히 이야기하듯이, 페르시아의 정복은 남쪽 왕국을 다시 세울 길을 열어 놓았다. 많은 이가 사도행전 3:21을 이런 관점에서 해석한다.

사도행전 주석가 중 몇몇 사람만이 이 본문을 몰트만처럼 이해한다. 윌리엄 닐(William Neil)은 이 말이 그리스도가 "십자가를 지나 그 의로움을 확인받음", "하나님의 대의가 거둔 최후 승리", 혹은 "그림 같은 언어로 묘사한… 구약성경"을 가리킨다고 본다.[55] C. S. 윌리엄스(Williams)도 비슷하게 설명한다. H. A. W. 마이어(Meyer)는 말라기 4:6을 토대로 삼아 이 말이 "세계에 보편적 갱신이 일어나 타락 이전에 존재했던 것 같은 영광 속으로 들어감"을 뜻한다고 본다. 나아가 이 말은 "모든 도덕 관계가 원래의 정상 상태로 회복됨"을 가

---

53 BDAG p. 112.
54 Moltmann, *The Coming of God*, p. 237.
55 William Neil, *The Acts of the Apostles*, NCB (London: Oliphants, 1973), p. 86.

리킨다. "하나님의 백성의 도덕적 부패가 제거되고…모든 점에서 메시아가… 말씀하셨던…것에 순종하게 된다."[56] 칼뱅은 이렇게 설명했다. "그리스도가 그의 죽음으로 이미 만물을 회복하셨으나…그 회복의 효과가 아직 완전하게 나타나지 않았으니, 이는 그 회복이 여전히 완성으로 가는 과정에 있기 때문이다."[57] C. K. 배러트는 마이어와 비슷한 견해를 택한다. 그는 이렇게 썼다. "누가는 **피조물**이 성경에서 에덴에 있던 아담의 상태라 말하는 것으로 회복되는 것이 무엇인지 일러 준다.…그는 분명 [유대] 민족주의 관점에서 회복을 생각하지 않았다."[58] 이런 취지를 가장 강조한 이가 에밀 브루너다. 그는 이렇게 썼다. "이 구절[행 3:21]에서 언급하는 것은 모든 사람이 구원받는다는 게 아니다."[59] 몇몇 교부는 그리스어 단어와 사도행전 3:21을 함께 언급한다.[60]

사도행전 3:21을 골로새서 1:20, 곧 "하나님은 만물 곧 땅에 있는 것들이나 하늘에 있는 것들이 그(그리스도)로 말미암아 자기와 화목하게 되기를(그리스어로 *apokatallaxai ta panta*) 기뻐하셨느니라"와 비교해 봐도 되겠다. 몰은 이렇게 설명한다. **화해하는 것**은 "오직 사람과 관련이 있다. '만물'—생물이나 무생물을 가리지 않고 모두—이 하나님과 화해한다는 개념은 어려운 개념이다.… 그러나 골로새서는 '온 우주를 아우르는' 장면을 담고 있다."[61] 그는 이 구절을 에베소서 2:15-16, 그리고 특히 로마서 8:19-23과 비교하는데, 이 로마서 본문에서는 "피조물이 고대하는 바는 하나님의 자녀들이 나타나는 것이니…피조물도 썩어짐의 종노릇한 데서 해방될 것"이라고 말한다. 하지만 많은 주석가

---

56 H. A. W. Meyer, *Critical and Exegetical Commentary: The Acts of the Apostles*, vol. 1 (Edinburgh: T. & T. Clark, 1877), p. 115.
57 John Calvin, *The Acts of the Apostles*, vol. 1 (Edinburgh: St. Andrew's Press, 1965), p. 103.
58 C. K. Barrett, *The Acts of the Apostles*, 2 vols., ICC (Edinburgh: T. & T. Clark, 1994), 1: p. 206. 티슬턴 강조.
59 Emil Brunner, *The Christian Doctrine of God: Dogmatics*, vol. 1 (London: Lutterworth, 1949), p. 352; 참고. C. F. D. Moule, *The Epistles to the Colossians and to Philemon*, CGTC (Cambridge: CUP, 1962), p. 71.
60 Lampe p. 195.
61 Moule, *Epistles to the Colossians and to Philemon*, p. 71.

는 골로새서 1:20을 다르게 해석한다. 이런 입장을 가장 분명하게 보여 주는 이 가운데 하나가 F. F. 브루스다. 브루스는 "궁극의 회복"이 평화와 관련이 있다고 강조한다. 이는 "모든 인간이, 그들이 하나님께 보인 태도에…상관없이, 종국에 천상의 복을 누릴 것"을 암시하는 말이 아니다. 그는 계속하여 이렇게 말한다. "바울은 여기서 가장 넓은 규모의 회복을 이야기하면서, 그 회복에 우리가 **화평하게 하는 것**(pacification)이라 불러야 할 것도 포함시킨다." 골로새서 2:15에 나오는 적대 세력은 "하나님의 은혜에 즐거이 복종하지" 않고, "그들이 도저히 저항할 수 없는 능력에게 억지로 **굴복한다**."[62] 골로새서 1:20은 가장 해석하기 어려운 구절 가운데 하나다. 5장에서 툭 터놓고 이야기했던, 잠정적이며 마무리하지 않은 논의를 보라.

만일 골로새서 1:20을 브루스처럼 이해한다면, 이분법이라는 문제를 회피하는 셈이다. 그렇게 되면 피조물 가운데 구원에 직접 참여하지 않으면서 영원히 생존하는 부분이 있다는 상상을 할 수도 있다. 다른 한편으로 보면, 기독교 신학에서 영원한 '형벌'을 믿는 믿음만을 **유일한** '**정통**', 혹은 '성경에 맞는' 유일한 견해로 여겨서는 안 된다. 성경에서는 분명 '게헨나'를 이야기하며, 이는 예수의 가르침에서도 적어도 6회나 등장한다. 3회는 산상설교에 나오며(마 5:22, 29, 30), 나머지는 마태복음 10:28; 23:15, 33에 나온다. NRSV에서는 이를 "hell"(지옥)이나 "hell of fire"(불지옥)로 번역했다. 마가복음 9:43, 45, 47과 누가복음 12:5에서도 이와 평행을 이루는 본문을 제시한다. 마가복음에서는 덧붙여 "거기에서는 구더기도 죽지 않고 불도 꺼지지 아니하느니라"라고 말한다. 하지만 크랜필드는 이를 마가 자신이 불타는 쓰레기라는 이미지에 붙인 설명으로 이해한다.[63] "울며 이를 갊"(마 8:12과 눅 13:28)이라는 언급은 한 비유에서 쓴 이미지에서 나왔다. 그러나 파멸을 시사하는 성경 본문들도 있는

---

62 F. F. Bruce and E. K. Simpson, *Commentary on the Epistles to the Ephesians and Colossians*, NICNT (Grand Rapids: Eerdmans, 1957), p. 210. 티슬턴 강조.

63 C. E. B. Cranfield, *The Gospel according to St. Mark*, CGTC (Cambridge: CUP, 1959), p. 314; 참고. Thiselton, *Life after Death*, pp. 145-159.

데(어쩌면 마 7:23), 데이비드 포위스(David Powys)는 이렇게 단언한다. "파멸은 공관복음에서 불의한 자가 맞이할 운명을 묘사할 때 가장 흔히 쓰는 방법이다."[64] 세 번째 그룹은 바울이 골로새서 1:20에서 제시하는 온 우주를 아우르는 환상과 사도행전 3:21에 나오는 사도들의 초기 설교를 암시하는 것 같다. **사실, 이 세 견해는 모두 역사신학의 진지한 지지를 받는 견해이기 때문에, 어느 하나라도 가벼이 여기거나 아무 생각 없이 무시해서는 안 된다.** 각 견해가 그 나름대로 진지하고 깊은 생각을 담은 논지를 강조한다.

1) **영원한 고통.** 아우구스티누스(354-430)는 참회하지 않고 사악한 자는 영원한 고통을 겪으리라는 견해를 옹호했다. 그는 이렇게 썼다. "그 영혼은…고통을 당한다. 그런 영혼은…영원히 이어지는 형벌 가운데서…죽는다는 말을 듣는 것이 당연하기 때문이다.…[그러나] 마지막 영벌을 받을 때도 계속 느낀다.…이런 느낌이 고통을 주는 형벌이다."[65] 아우구스티누스는 다른 곳에서 이렇게 썼다. "이 영벌은 확실하고 영원하다.…고통은 영원히 괴로움을 안겨 주지만, 결코 파멸시키지 않는다. 부패는 끝없이 이어진다."[66] 아퀴나스도 아우구스티누스의 접근법을 지지하며, 1215년에 열린 제4차 라테란 공의회에서는 "영원한 형벌"에 관하여 이야기했다. 종교개혁자 가운데, 칼뱅이 성경 본문을 근거로 삼아 이 견해를 따랐다. 그는 마태복음 8:12, 22:13과 마가복음 9:43을 토대로 "통곡과 이를 갊, 꺼지지 않는 불, 영원히 갉아먹는 벌레"를 이야기하며, 데살로니가후서 1:9에 나오는 "영원한 파멸"을 이야기한다.[67] 아르미니우스도 칼뱅을 따랐다. 아마도 이 견해를 가장 '모질게' 혹은 솔직하게 천명한 이는 토머스 빈센트(Thomas Vincent, 1634-1678)가 아닐까 싶다. 그는 이렇게 썼다.

64　David Powys, *"Hell": A Hard Look at a Hard Question* (Milton Keynes, and Waynesboro, Ga.: Paternoster, 1997), p. 284.
65　Augustine, *City of God* 13.2; *NPNF*, ser. 1, 2: p. 245.
66　Augustine, *Enchiridion* 23.92; *Confessions and Enchiridion*, ed. Albert Cook Outler, LCC 7 (Philadelphia: Westminster, 1955), p. 393.
67　Calvin, *Institutes* 3.25.12.

"지옥은 악한 자들을 영원히 불태울 것이다.…너희는 미쳐서 당장이라도 너희 자신을 갈기갈기 찢으려 할 것이다."[68]

2) "**조건부 불멸.**" 역사를 살펴보면, 여태까지 계속 이어져 온 두 번째 생각은 이레나이우스에게서 시작했다. 이 생각의 기본 논지에 따르면, 하나님에게서 분리되는 것은 **생명에서 분리되는 것**이므로, **파멸**이나 **멸절**을 불러온다는 것이다. 이레나이우스(?130-?200)는 이렇게 물었다. "죽을 수밖에 없는 본질을 가졌을 [때] 그를 지으신 분에게 순종하지 않았던 자가 어찌 죽지 않을 수 있단 말인가?"[69] 그는 또 "영생이라는 하나님의 선물을 빼앗긴" 사람은 "부패하지 않음과 죽지 않음"에 이르지 못한다고 말했다.[70] 하나님만이 시작도 없으시고 끝도 없으시다. 이는 아우구스티누스가 주장하는 견해의 특징으로 보이는 영원한 이분법이라는 문제를 피하게 해 준다. 이레나이우스의 견해가 종종 '조건부 불멸'이라 불리는 것은 이해할 만하나 불행한 일이다. 대다수 기독교 신학자는 부활을 이야기하길 더 좋아하기 때문이다. 그러나 이 견해도 기독교 신학 속에서 늘 한 자리를 차지했으며, 존중할 만한 가치가 있다.

3) **보편구원론**. 보편구원론을 가장 넓은 의미로 이야기한다면, 이 구원론은 특히 교부 시대의 **오리게네스**(?185-?254)와 관련이 있다. 오리게네스는 *apokatastasis*가 마귀조차도 포함하여 모든 피조물이 구원을 받으리라는 의미라고 이해했다. 오리게네스의 가르침은 543년에 열린 콘스탄티노폴리스 공의회 때 공식적으로 정죄를 받았다. 하지만 많은 이는 오리게네스의 기록이 부분으로만 남아 있음을 강조하면서 그의 가르침이 아주 분명하게 밝혀진 것은 아니라고 주장한다. 그러나 그는 이렇게 썼다. "창조주 바로 그분은…만물이 그(그리스도)에게 복종하게 될 때…썩고 더럽혀진…자도 회복시키셔야 했

---

68 Thomas Vincent, *Fire and Brimstone in Hell*; reprinted for Gospel-Truth Forum, on CD, chaps. 1 and 5.
69 Irenaeus, *Against Heresies* 4.39; *ANF* 1: p. 523.
70 Irenaeus, *Against Heresies* 3.19.1; *ANF* 1: p. 448.

다"(참고. 고전 15:28).⁷¹ 앞서 그는 이렇게 썼다. "이성적 본성을 가진 영혼에 관하여…만물이 그리스도 앞에 복종하게 된다.…보이는 모든 것은 사라진다."⁷² 오리게네스는 『원리론』의 다른 곳에서 이렇게 단언했다. "하나님이 만유 안에서 만유가 되실 때…우리는 알아차리지 못하나, 바로잡는…과정이…개인의 경우별로 일어날 것이다.…우리는, 만물의 완성과 회복이 이루어질 때, 점차 진보하는 이들은…적절한 속도로 그 땅에 이르리라고 생각해야 한다."⁷³ 오리게네스의 설교와 주석에서도 이런 논지를 되풀이한다.⁷⁴ 비록 다른 교부들은 오리게네스가 마귀조차도 이런 회복을 맞을 대상에 포함시켜야 한다는 논지를 처음 주장했다고 말하나, 일부 교부 전문가는 오리게네스가 이런 회복에 마귀를 포함시키지 않았다고 역설한다.⁷⁵ 그는 평범하고 지식이 있는 사람들에게 미치는 하나님의 주권, 그리고 그가 선별한 성경 본문을 자신의 주장 근거로 원용한다.

닛사의 그레고리오스(?330-395)도 "만물의 회복"(행 3:21)을 믿었지만 좀 덜 포괄적이다. 그는 이렇게 주장했다. "어둠이 사라지게 하는 것이 빛의 독특한 효과요, 죽음을 파멸시키는 것이 생명의 독특한 효과다.…죽은 것들이 회복하여 생명을 얻는다."⁷⁶ 하나님이 온 우주 안으로 뚫고 들어오시면, "만물이 그분 안에 있고, 그분 만물 안에 계신다."⁷⁷ 그는 『인간 창조에 관하여』(*On the Making of Man*)에서 이렇게 강조한다. "이제 부활은 타락한 것들을 예전에 그들이 지녔던 상태로 회복시켜…낙원에서 추방되었던 이를 다시 그곳으로 돌아가게 하리라고…우리에게 약속한다."⁷⁸

---

71 Origen, *De principiis* 3.5.6; *ANF* 4: p. 343.
72 Origen, *De principiis* 2.3.7; *ANF* 4: p. 275.
73 Origen, *De principiis* 3.6.6 and 9; *ANF* 4: pp. 347 and 348.
74 Origen, *Homily on Joshua* 1.16.9와 *Commentary on Romans* 8.9.
75 Frederick W. Norris, in John A. McGuckin, *The SCM Press A-Z of Origen* (London: SCM, 2006), p. 61.
76 Gregory of Nyssa, *Catechism* 24; *NPNF*, ser. 2, 5: p. 494.
77 Gregory of Nyssa, *Catechism* 25; *NPNF*, ser. 2, 5: p. 495.
78 Gregory of Nyssa, *On the Making of Man* 17.2; *NPNF*, ser. 2, 5: p. 407.

오늘날 이 견해를 가장 진지하게 옹호하는 이 가운데 하나가 위르겐 몰트만이다. 그는, 비록 마지막 심판과 지옥이 모두 실재이긴 하지만, 그래도 독일 경건파인 J. A. 벵엘(1687-1752)과 F. C. 외팅어(1702-1782)도 결국에는 하나님이 '만유 안에 계신 만유'이심을 주장했다고 꼼꼼하게 짚고 넘어간다. 하나님은 "하늘에 있는 것과 땅에 있는 것을 다 당신 안에 모으려" 하신다(엡 1:10).[79] 아울러 그는 칼 바르트가 보편구원론을 현대 신학 속으로 끌어들였다는 에밀 브루너의 유명한 비판을 논한다.[80] 브루너는 생명과 죽음이라는 두 길이 있음을, 또한 결단과 책임을 설교하는 것이 대단히 중요함을 강조한다. 그러나 몰트만은 보편구원론이 심판과 모순되지 않는다고 생각한다. 그는 불신자를 향한 하나님의 목적을 여전히 미스터리라고 보는 파울 알트하우스의 판단을 고려한다. 그는 우리가 **버림받는 자가 될 수도 있다는 두려움**을 가져야 하지만 **그보다 훨씬 더 굳게 붙들어야 할 것은 회복**(apokatastasis)이라고, 아울러 **하나님이 "모든 것을 바로잡으실 것이며…우리는 이 둘을 모두 생각해야 한다"**고 말한다.

몰트만은 많은 보통 사람을 골치 아프게 하는 문제를 제기한다. "결국 인간 대다수에게 영벌을 내리실 것이라면, 하나님은 왜 인간을 창조하셨는가?"[81] 아울러 그는 빌립보서 2:6-11에 나온 송가의 결론, "모든 입으로 예수 그리스도를 주라 시인하게 하셨다"(2:11)와 고린도전서 15:25, "모든 원수가 그의 발아래에 [있으리라]"를 인용한다.[82] 그러나 그도 알트하우스처럼 이것을 생명이나 파멸로 인도하는 두 길(마 7:13-14), 그리고 슬기로운 처녀와 어리석은 처녀 비유(마 25:1-13)와 결합하려 한다. 하지만 결국, 몰트만의 논증이 '훨씬 더 많이' 의지하는 근거는 하나님의 은혜다. "은혜가 더욱 넘쳤나니"(롬 5:20).[83] 그의 논

---

79 Moltmann, *The Coming of God*, p. 238.
80 Brunner, *Christian Doctrine of God*, pp. 352-353.
81 Moltmann, *The Coming of God*, p. 239.
82 Moltmann, *The Coming of God*, p. 240.
83 Moltmann, *The Coming of God*, p. 243.

지는 하나님의 은혜를 향한 '끝없는 확신', 그리고 그리스도의 사역이 가지는 완전한 충족성을 그 근거로 삼는다. 나아가 그는 이렇게 썼다. "**그리스도의 지옥 강하**는 결국 지옥과 죽음도 하나님이 거둬들여 그분 안에서 끝나 '승리가 사망을 삼킨다'(고전 15:54)는 것을 뜻한다."[84]

마침내 몰트만은 몇몇 작품에서, 이보다 못한 일이 일어난다면 하나님의 사랑이 패배하는 셈이라고 주장한다. 그는 찰스 웨슬리(Charles Wesley)를 원용하며 이렇게 외친다. "그리스도가 지옥문을 부숴 버리셨다." 시편 139:8에서는 이렇게 선언한다. "지옥에 내 자리를 펼지라도 당신은 거기 계시니이다." 덧붙여 몰트만은 이렇게 말한다. "지옥에 빠지는 자가 있다면, 그것은 그리스도께 비극이 될 것이다."[85] 그는 또 다른 책에서 "하나님의 의"는 아리스토텔레스가 말하는 균등한 정의 개념과 거의 혹은 아예 관련이 없고, 도리어 그가 "만물을 바로잡으심으로써 그것들을 구원하시고 치유하심"을 표현한다고 강조한다.[86]

톰 라이트도 보편적 **소망**을 주장하지만, 그래도 "이중 교리…곧 누가 '지옥에 가고' 누가 가지 않는지 정확히 아는 사람이 주장하는 교리와 그런 장소(지옥 같은 곳)는 없다고 절대 확신하는 보편구원론자가 주장하는 교리"를 피하는 방법을 택하여 주장하려 한다.[87] 그는 하나님의 사랑이 모든 것을 정복하고 모든 것에 승리한다고 주장한다. 결국 자아에 빠지고 자아에 도취하여 하나님의 사랑을 거부하는 쪽을 택하는 이가 있으리라고 상상하기는 힘들지만, 하나님의 사랑은 동의를 **강요하지** 않으면서도 **하나님이 '만유 안에 계신 만유'가 되실 것**이라는 데 동의하길 권면하고 요구한다.

---

84 Moltmann, *The Coming of God*, p. 252.
85 Jürgen Moltmann, *In the End—the Beginning: The Life of Hope* (London: SCM, 2004), p. 148. 『절망의 끝에 숨어 있는 새로운 시작』(대한기독교서회).
86 Jürgen Moltmann, *Sun of Righteousness, Arise! God's Future for Humanity and the Earth* (London: SCM, 2010), p. 130.
87 N. T. Wright, *Surprised by Hope: Rethinking Heaven, the Resurrection, and the Mission of the Church* (London: SPCK, 2007), p. 190.

참고문헌

Abbott-Smith, G. *Manual Greek Lexicon of the New Testament*. Edinburgh: T. & T. Clark, 1937.
Adams, Jim W. *The Performative Nature and Function of Isaiah 40-55*. New York and London: T. & T. Clark, 2006.
Ahn, Yongnan Jeon. *Interpretation of Tongues and Prophecy in 1 Corinthians 12-14*. JPTSS 41. Blandford Forum: Deo, 2013. Pp. 14-39.
Aland, Kurt. *Did the Early Church Baptise Infants?* London: SCM, 1962.
Alter, Robert. *The Art of Biblical Narrative*. New York: Basic Books, 1981. 『성서의 이야기 기술』(아모르문디).
Anderson, A. H., and W. J. Hollenweger. *Pentecostals after a Century: Global Perspectives*. JPTSS 15. Sheffield: Sheffield Academic, 1999.
Angel, Andrew. *Angels: Ancient Whispers of Another World*. Eugene, Ore.: Wipf and Stock, Cascade Books, 2012.
Anglican-Roman Catholic International Commission. *Agreed Statement*. London: Anglican Consultative Council; Rome: Pontifical Council for Promoting Christian Unity, 1971.
Anscombe, G. E. M. "Hume's Argument Exposed." *Analysis* 34 (1974); reprinted in her *Collected Philosophical Papers*, 3 vols. (Oxford: Blackwell, 1981).
Anselm. "An Address (Proslogion)." In *A Scholastic Miscellany: Anselm to Ockham*, edited by Eugene R. Fairweather, pp. 69-93. LCC. London: SCM; Philadelphia: Westminster, 1956. 『스콜라 신학 선집』(두란노아카데미).
_____. "An Excerpt from the Author's Reply to the Criticisms of Gaunilo." In *A Scholastic Miscellany: Anselm to Ockham*, edited by Eugene R. Fairweather, pp. 94-96. LCC. London: SCM; Philadelphia: Westminster, 1956.
_____. *Why God Became Man*. In *A Scholastic Miscellany: Anselm to Ockham*,

edited by Eugene R. Fairweather, pp. 100-183. LCC. London: SCM; Philadelphia: Westminster, 1956. 『인간이 되신 하나님』(한들).

Apel, Karl-Otto. *Understanding and Explanation: A Transcendental-Pragmatic Perspective.* Cambridge: MIT Press, 1984.

Aquinas, Thomas. *Summa Theologiae.* Edited by Thomas Gilby et al. Blackfriars ed. 60 vols. New York: McGraw-Hill; London: Blackfriars, 1963-1973. 『신학대전』(바오로딸).

Athanasius. *Epistle to Serapion.* In *The Letters of St. Athanasius concerning the Holy Spirit*, edited and translated by C. R. B. Shapland. London: Epworth, 1951.

_____. wwww *St. Athanasius on the Incarnation.* London: Mowbray, 1953.

Attridge, Harold W. *The Epistle to the Hebrews.* Hermeneia. Philadelphia: Fortress, 1989.

Augustine. *City of God.* In *NPNF*, ser. 2, 2: pp. 1-511. 『신국론』(분도출판사).

_____. *Confessions and Enchiridion.* Edited by Albert Cook Outler. LCC 7. Philadelphia: Westminster, 1955. 『아우구스티누스: 고백록과 신앙편람』(두란노아카데미).

_____. *Confessions: A New Translation by Henry Chadwick.* Oxford: OUP, 1992. 『고백록』(경세원).

Aulén, Gustaf. *Christus Victor: An Historical Study of the Three Main Types of the Idea of the Atonement.* London: SPCK; New York: Macmillan, 1931. 『승리자 그리스도』(대한기독교서회).

Aune, David E. *Revelation 17-22.* WBC. Nashville: Nelson, 1998. 『요한계시록 17-22』(솔로몬).

Austin, John L. *How to Do Things with Words.* Oxford: Clarendon, 1962. 『말과 행위』(서광사).

Avis, Paul. *The Church in the Theology of the Reformers.* London: Marshall, 1981. 『종교개혁자들의 교회관』(컨콜디아사).

_____. *God and the Creative Imagination: Metaphor, Symbol, and Myth in Religion and Theology.* New York: Routledge, 1999.

Baillie, Donald M. *God Was in Christ.* London: Faber and Faber, 1948. 『그리스도론』(대한기독교서회).

Bakhtin, M. *Problems of Dostoevsky's Poetics.* Minneapolis: University of Minnesota Press, 1984. 『도스또예프스끼 시학의 제문제』(중앙대학교출판부).

Balthasar, Hans Urs von. *Theo-Drama: Theological Dramatic Theory.* 5 vols. San Francisco: Ignatius; Edinburgh: T. & T. Clark, 1973-1992.

_____. *The Glory of the Lord: A Theological Aesthetics.* Vol. 2. Edinburgh: T. & T. Clark, 1984.

Barbour, Ian G. *Religion and Science: Historical and Contemporary Issues*. London: SCM, 1998.

Barr, James. *The Semantics of Biblical Language*. Oxford: OUP, 1961.

_____. *Old and New in Interpretation: A Study of the Two Testaments*. London: SCM, 1966.

Barrett, C. K. *The Holy Spirit and the Gospel Tradition*. London: SPCK, 1958.

_____. *The Epistle to the Romans*. London: Black, 1962.

_____. *The Signs of an Apostle*. London: Epworth, 1970. Pp. 39-73.

_____. *First Epistle to the Corinthians*. 2nd ed. London: Black, 1971. 『고린토전서』(한국신학연구소).

_____. *The Prologue of St. John's Gospel*. London: Athlone, 1971.

_____. *The Gospel according to St. John*. 2nd ed. London: SPCK; Louisville: Westminster John Knox, 1978. 『요한복음』(한국신학연구소).

_____. *The Acts of the Apostles*. 2 vols. ICC. Edinburgh: T. & T. Clark, 1994.

Barth, Karl. *The Resurrection of the Dead*. London: Hodder and Stoughton, 1933. 『죽은 자의 부활』(한신대학출판부).

_____. *Church Dogmatics*. 14 vols. Edinburgh: T. & T. Clark, 1957-1975. 『교회교의학』(대한기독교서회).

_____. *Anselm: Fides Quaerens Intellectum*. London: SCM, 1931; Richmond, Va.: John Knox, 1960. 『이해를 추구하는 믿음』(한국문화사).

_____. *Protestant Theology in the Nineteenth Century*. London: SCM, 1972.

_____. *The Holy Spirit and the Christian Life*. Louisville: Westminster John Knox, 1993.

Bauckham, Richard. *Jesus and the Eyewitnesses: The Gospels as Eyewitness Testimony*. Grand Rapids: Eerdmans, 2006. 『예수와 그 목격자들』(새물결플러스).

_____. *The Testimony of the Beloved Disciple: Narrative, History, and Theology in the Gospel of John*. Grand Rapids: Baker Academic, 2007.

Bavinck, Herman. *Reformed Dogmatics*. Vol. 3, *Sin and Salvation in Christ*. Grand Rapids: Baker Academic, 2006. 『개혁교의학 3』(부흥과개혁사).

Beale, G. K. *The Book of Revelation: A Commentary on the Greek Text*. NIGTC. Grand Rapids: Eerdmans; Carlisle: Paternoster, 1999. 『NIGTC 요한계시록』(새물결플러스).

Beasley-Murray, George R. *John*. WBC. Nashville: Nelson, 1999. 『요한복음』(솔로몬).

Becker, J. *Jesus of Nazareth*. Berlin: De Gruyter, 1998.

Behm, Johannes. "*Paraklētos*." In *TDNT* 5: pp. 800-814.

Beker, J. Christiaan. *Paul the Apostle: The Triumph of God in Life and Thought*. Edinburgh: T. & T. Clark, 1980. 『사도 바울』(한국신학연구소).

_____. *Paul's Apocalyptic Gospel: The Coming Triumph of God*. Philadelphia:

Fortress, 1982. 『바울의 묵시사상적 복음』(한국신학연구소).
Benedict XII. *Benedictus Deus* (1336). In *Papal Encyclicals Online* (2008).
Bengel, J. A. *Gnomon Novi Testamenti*. Stuttgart: Steinkopf, 1866.
Bentzen, A. *King and Messiah*. 2nd ed. Oxford: Blackwell, 1970.
Berkouwer, G. C. *Studies in Dogmatics*. Vol. 10, Sin. 14 vols. Grand Rapids: Eerdmans, 1971.
Berman, David. *A History of Atheism in Britain from Hobbes to Russell*. London and New York: Routledge, 1990.
Best, Ernest. *The First and Second Epistles to the Thessalonians*. London: Black, 1972.
_____. "Paul's Apostolic Authority." *JSNT* 27 (1986): pp. 3-25.
Bicknell, E. J. *The Christian Idea of Sin and Original Sin: In the Light of Modern Knowledge*. London: Longmans Green, 1923.
Bonhoeffer, Dietrich. *Sanctorum Communio: A Theological Study of the Sociology of the Church*. Philadelphia: Fortress, 1998. 『성도의 교제』(대한기독교서회).
Bornkamm, Günther. *Jesus of Nazareth*. Minneapolis: Fortress, 1959. 『나사렛 예수』(대한기독교서회).
_____. "Faith and Reason in Paul." In *Early Christian Experience*, pp. 29-46. London: SCM, 1968.
_____. *Paul*. London: Hodder and Stoughton, 1972. 『바울』(이화여자대학교출판문화원).
Briggs, Richard S. *Words in Action: Speech Act Theory and Biblical Interpretation*. Edinburgh and New York: T. & T. Clark, 2001.
Brightman, Edgar. *A Philosophy of Religion*. New York: Skeffington and Prentice-Hall, 1940.
Brown, Alexandra R. *The Cross and Human Transformation: Paul's Apocalyptic Word in 1 Corinthians*. Minneapolis: Fortress, 1995.
_____. "Paul and the Parousia." In *The Return of Jesus in Early Christianity*, edited by John T. Carroll, 47-76. Peabody, Mass.: Hendrickson, 2000.
Brown, Raymond E. *The Gospel according to St. John*. 2 vols. London: Chapman; New York: Doubleday, 1966. 『요한복음』(기독교문서선교회).
_____. *Jesus—God and Man*. London: Chapman, 1968.
Bruce, F. F. *The Epistle to the Hebrews*. Grand Rapids: Eerdmans, 1964. 『히브리서』(생명의말씀사).
_____. *The Book of Acts*. Grand Rapids: Eerdmans, 1965. 『사도행전』(부흥과개혁사).
Bruce, F. F., and E. K. Simpson. *Commentary on the Epistles to the Ephesians and Colossians*. NICNT. Grand Rapids: Eerdmans, 1957.
Brümmer, Vincent. *The Model of Love: A Study in Philosophical Theology*. Cambridge: CUP, 1993. 『사랑의 모델』(SFC).

Bruner, F. Dale. *A Theology of the Holy Spirit: The Pentecostal Experience and the New Testament Witness*. Grand Rapids: Eerdmans, 1970. 『성령신학』(나눔사).

Brunner, Emil. *Man in Revolt: A Christian Anthropology*. London: Lutterworth, 1941; Louisville: Westminster John Knox, 1979.

_____. *Revelation and Reason: The Christian Doctrine of Faith and Knowledge*. Philadelphia: Westminster, 1946.

_____. *The Christian Doctrine of God: Dogmatics*. Vol. 1. London: Lutterworth, 1949.

Brunner, Emil, in dialogue with Karl Barth. *Natural Theology*. Eugene, Ore.: Wipf and Stock, 2002; orig. 1948. 『자연신학』(한국장로교출판사).

Büchsel, Friedrich. "*Krinō, krisis, krima.*" In *TDNT* 3: pp. 933-954.

Bultmann, Rudolf. *Theology of the New Testament*. Vol. 1. London: SCM, 1952. 『신약성서신학』(성광문화사).

_____. *Essays Philosophical and Theological*. London: SCM, 1955.

_____. *Jesus and the Word*. London and New York: Collins, 1958.

_____. *Jesus Christ and Mythology*. London: SCM, 1960. 『예수 그리스도와 신화』(한국로고스연구원).

_____. "New Testament Mythology." In *Kerygma and Myth*, vol. 1, edited by H.-W. Bartsch. London: SPCK, 1964. 『성서의 실존론적 이해』(신앙사).

_____. *Faith and Understanding*. London: SCM, 1969.

Bushnell, Horace. *The Vicarious Sacrifice*. New York: Scribner, 1871.

Caird, George B. *Principalities and Powers: A Study in Pauline Theology*. Oxford: Clarendon, 1956.

_____. *The Revelation of St. John*. London: Black, 1966.

_____. *The Language and Imagery of the Bible*. London: Duckworth, 1980.

Caird, George B., with L. D. Hurst. *New Testament Theology*. Oxford: Clarendon, 1995.

Calvin, John. *Commentaries on the First Book of Moses*. Vol. 1. Edinburgh: Calvin Translation Society, 1847. 『구약성경주석 창세기 I, II』(성서교재간행사).

_____. *The Genevan Confession of Faith* (1536). In *Calvin: Theological Treatises*, edited by J. K. S. Reid. LCC 22. London: SCM, 1954. 『칼뱅: 신학 논문들』(두란노아카데미).

_____. *The Institutes of the Christian Religion*. 2 vols. London: James Clarke, 1957. 『기독교 강요』(CH북스).

_____. *The First Epistle to the Corinthians*. Edinburgh: St. Andrew's Press, 1960. 『신약성경주석 고린도전서』(성서교재간행사).

_____. *The Acts of the Apostles*. Vol. 1. Edinburgh: St. Andrew's Press, 1965.

_____. *Genesis*. Edinburgh: Banner of Truth Trust, 1965.

Campbell, C. A. *On Selfhood and Godhood*. New York: Macmillan; London: Allen and Unwin, 1957.

Campbell, I. D. *The Doctrine of Sin: In Reformed and Neo-Orthodox Thought*. Fearn, Scotland: Mentor, 1999.

Capps, Donald E. *Pastoral Care and Hermeneutics*. Philadelphia: Fortress, 1984; Eugene, Ore.: Wipf and Stock, 2012. 『목회돌봄과 해석학』(MCI).

Carlyle, Thomas. *Sartor Resartus: The Life and Opinions of Herr Teufelsdrockh*. Project Gutenberg e-book, #1051.

Carr, Wesley. *Angels and Principalities: The Background and Meaning and Development of the Pauline Phrase* hai archai kai hai exousiai. SNTSMS 42. Cambridge: CUP, 1981.

Carroll, John T., and Alexandra Brown. *The Return of Jesus in Early Christianity*. Peabody, Mass.: Hendrickson, 2000.

Carson, Donald A. *Showing the Spirit: A Theological Exposition of 1 Corinthians 12-14*. Grand Rapids: Baker, 1987.

Cartledge, Mark J. *Testimony in the Spirit: Rescripting Ordinary Pentecostal Theology*. Farnham, UK, and Burlington, Vt.: Ashgate, 2010.

Casey, Maurice. *The Solution to the "Son of Man" Problem*. New York and London: T. & T. Clark, 2007.

Cave, Sidney. *The Doctrine of the Work of Christ*. London: University of London Press and Hodder and Stoughton, 1937.

Cerfaux, L. *Christ in the Theology of St. Paul*. New York: Herder, 1959.

Chadwick, Henry, ed. *Confessions of Augustine*. Oxford: OUP, 1992.

Chalke, Steve, with Alan Mann. *The Lost Message of Jesus*. Grand Rapids: Zondervan, 2004.

Chalke, Steve, Chris Wright, I. H. Marshall, Joel Green, and others. *The Atonement Debate*. London: London School of Theology; Grand Rapids: Zondervan, 2008.

Chatman, Seymour. *Story and Discourse: Narrative Structure in Fiction and Film*. Ithaca, N.Y.: Cornell University Press, 1978. 『이야기와 담론』(푸른사상).

Childs, Brevard S. *Myth and Reality in the Old Testament*. 2nd ed. London: SCM, 1962.

———. *Exodus: A Commentary*. London: SCM, 1974.

Choisy, Eugène. "Calvin's Conception of Grace." In *The Doctrine of Grace*, edited by Thomas W. Whitley, pp. 228-234. London, 1932.

Clines, David J. A. "The Image of God." *Tyndale Bulletin* 19 (1968): pp. 53-103.

Clough, David L. *On Animals*. Vol. 1, *Systematic Theology*. London and New York: Bloomsbury, 2012.

Coakley, Sarah. *Powers and Submissions: Philosophy, Spirituality, and Gender*.

Cambridge: CUP, 2002.

_____. *God, Sexuality, and the Self: An Essay "On the Trinity."* Cambridge: CUP, 2013.

Collins, Anthony. *Discourse in Free Thinking*. London, 1713; also New York: Garland, 1978.

Collins, J. J. *The Sceptre and the Star: The Messiahs of the Dead Sea Scrolls and Other Ancient Literature*. New York: Doubleday, 1995.

Collins, John N. *Diakonia: Re-interpreting the Sources*. Oxford: OUP, 1990.

Congar, Yves. *The Meaning of Tradition*. San Francisco: Ignatius, 1964.

_____. *I Believe in the Holy Spirit*. 3 vols. New York: Seabury Press, 1983. 『나는 성령을 믿나이다』(가톨릭출판사).

Conradie, E. M. "Resurrection, Finitude, and Ecology." In *Assessments*, edited by Ted Peters, pp. 277-296. Grand Rapids: Eerdmans, 2012.

Copleston, F. *A History of Philosophy*. Vol. 7. London: Burns and Oates, 1968. 『18 19세기 독일철학』(서광사).

Cotter, D. W. *Genesis*. Collegeville, Minn.: Liturgical Press, 2003.

Crafton, Jeffrey A. *The Agency of the Apostle: A Dramatistic Analysis of Paul's Responses to Conflict in 2 Corinthians*. Sheffield: Sheffield Academic, 1991.

Craig, William L. Review of *Eternal God: A Study of God without Time*, by Paul Helm. JETS 36 (1993): pp. 254-255.

Cranfield, C. E. B. *The Gospel according to St. Mark*. CGTC. Cambridge: CUP, 1959.

_____. *The Epistle to the Romans*. 2 vols. ICC. Edinburgh: T. & T. Clark, 1975, 1979. 『국제비평주석. 로마서』(로고스).

Croft, Stephen. *Ministry in Three Dimensions: Ordination and Leadership in the Local Church*. London: DLT, 1999.

Crossan, John Dominic. *The Historical Jesus: The Life of a Mediterranean Jewish Peasant*. San Francisco: HarperCollins; Edinburgh: T. & T. Clark, 1991. 『역사적 예수』(한국기독교연구소).

Cullmann, Oscar. *Baptism in the New Testament*. London: SCM, 1950.

_____. *Christ and Time: The Primitive Christian Conception of Time and History*. London: SCM, 1951. 『그리스도와 시간』(나단).

_____. *Immortality of the Soul or Resurrection of the Dead?* London: Epworth, 1958. 『영혼 불멸과 죽은 자의 부활』(대한기독교서회).

_____. *The Christology of the New Testament*. London: SCM, 1963. 『신약의 기독론』(나단).

_____. *The State in the New Testament*. London: SCM, 1963. 『국가와 하나님의 나라』(여수룬).

Culpepper, R. Alan. "The Pivot of John's Prologue." *NTS* 27 (1980-1981): pp. 1-31.

Dahl, M. E. *The Resurrection of the Body: A Study of I Corinthians 15*. London: SCM, 1962.

Dakin, A. *Calvinism*. London: Duckworth, 1940. 『칼빈주의』(대한기독교서회).

Dalman, Gustaf. *The Words of Jesus*. Edinburgh: T. & T. Clark, 1902.

Daly, Mary. *Beyond God the Father: Toward a Philosophy of Women's Liberation*. Boston: Beacon Press, 1974. 『하나님 아버지를 넘어서』(이화여자대학교출판부).

Danby, Herbert, ed. *The Mishnah: Translated from the Hebrew*. Oxford: OUP, 1933.

Davies, Oliver. *The Theology of Compassion: Metaphysics of Difference and the Renewal of Tradition*. London: SCM, 2001.

Deane-Drummond, Celia. *Eco-Theology*. Winona, Minn.: Anselm Academic, 2008.

De Boer, M. C. *The Defeat of Death: Apocalyptic Imagery in 1 Corinthians 15 and Romans 5*. JSNTSup 22. Sheffield: JSOT Press, 1988.

Deissmann, Adolf. *Paul: A Study in Social and Religious History*. London: Hodder and Stoughton, 1912.

_____. *Light from the Ancient East*. Rev. ed. London: Hodder and Stoughton, 1927.

Denney, James. *The Atonement and the Modern Mind*. London: Hodder and Stoughton, 1903.

_____. *The Death of Christ: Its Place and Interpretation in the New Testament*. London: Hodder and Stoughton, 1922.

Derrida, Jacques. *Margins of Philosophy*. London: Harvester, 1982.

Descartes, René. *Meditations* 5 (1641). In *The Philosophical Works of Descartes*, edited by E. S. Haldane and G. R. T. Ross. Cambridge: CUP, 1911. 『성찰』(나남출판).

_____. *Discourse on Method*. Cambridge: CUP, 1984-1991. 『방법서설』(문예출판사).

Dewar, Lindsay. *The Holy Spirit and Modern Thought: An Inquiry into the Historical, Theological, and Psychological Aspects of the Christian Doctrine of the Holy Spirit*. London: Mowbray, 1959.

Dodd, Charles H. *The Epistle of Paul to the Romans*. London: Hodder and Stoughton, 1932.

_____. "The Mind of Paul I" (1933) and "The Mind of Paul II" (1934). In Dodd, *New Testament Studies*, pp. 67-127. Manchester: Manchester University Press, 1953.

Dorner, J. A. *System of Doctrine*. Edinburgh: T. & T. Clark, 1881.

Downing, F. G. *Has Christianity a Revelation?* London: SCM, 1964.

Dulles, Avery. *Models of the Church*. Dublin: Gill and Macmillan, 1988. 『교회의 모델』(한국기독교연구소).

Dunn, James D. G. *Baptism in the Holy Spirit: A Re-examination of the New Testament*

Teaching on the Gift of the Spirit in Relation to Pentecostalism Today. London: SCM, 1970.

_____. *Jesus and the Spirit: A Study of the Religious and Charismatic Experience of Jesus and the First Christians.* London: SCM, 1975.

_____. *Romans.* 2 vols. WBC. Dallas: Word, 1988. 『로마서』(솔로몬).

_____. *The Epistles to the Colossians and to Philemon.* NIGTC. Grand Rapids: Eerdmans, 1996.

_____. *The Theology of Paul the Apostle.* Edinburgh: T. & T. Clark, 1998. 『바울 신학』(CH북스).

_____. *Jesus Remembered.* Vol. 1 of Christianity in the Making. Grand Rapids: Eerdmans, 2003. 『예수와 기독교의 기원』(새물결플러스).

Ebeling, Gerhard. *Word of God and Tradition: Historical Studies Interpreting the Divisions of Christianity.* London: Collins, 1968.

Eckstein, H. J. *Der Begriff Syneidēsis bei Paulus.* Tübingen: Mohr, 1983.

Edwards, Jonathan. *A Treatise concerning Religious Affections.* In *Select Works of Jonathan Edwards*, vol. 3. London: Banner of Truth, 1959. 『신앙감정론』(부흥과개혁사).

_____. *Works of Jonathan Edwards.* Vol. 2. New Haven: Yale University Press, 2009.

Edwards, M. J. *Origen against Plato.* Aldershot, UK, and Burlington, Vt.: Ashgate, 2002.

Eichrodt, Walther. *Theology of the Old Testament.* 2 vols. London: SCM, 1961, 1964. 『구약 신학』(CH북스).

Ellis, George F. R., and Ruth M. Williams. *Flat and Curved Space-Times.* 2nd ed. Oxford: OUP, 2000.

Epp, Eldon Jay. *Junia: The First Woman Apostle.* Minneapolis: Fortress, 2005.

Eriksson, Anders. *Traditions as Rhetorical Proof: Pauline Argumentation in 1 Corinthians.* ConBNT. Stockholm: Almqvist & Wiksell, 1998.

Evans, Donald D. *The Logic of Self-Involvement.* London: SCM, 1963.

Farkasfalvy, Denis O. *Inspiration and Interpretation: A Theological Introduction to Sacred Scripture.* Washington, D.C.: Catholic University of America Press, 2010.

Farrer, Austin. *Love Almighty and Ills Unlimited.* New York: Doubleday; London: Collins, 1962.

Fee, Gordon. *The First Epistle to the Corinthians.* NICNT. Grand Rapids: Eerdmans, 1987.

_____. *God's Empowering Presence: The Holy Spirit in the Letters of Paul.* Peabody, Mass.: Hendrickson, 1994; Milton Keynes: Paternoster, 1995. 『성령』(새물결플러스).

Feuerbach, Ludwig. *The Essence of Christianity.* New York: Harper, 1957. 『기독교의 본

질』(한길사).

―――――. *Thoughts on Death and Immortality: From the Papers of a Thinker*. Berkeley: University of California Press, 1980.

Fiddes, Paul S. *Participating in God: A Pastoral Doctrine of the Trinity*. Louisville: Westminster John Knox, 2000.

Filson, Floyd V. *The New Testament against Its Environment: The Gospel of Christ, the Risen Lord*. London: SCM, 1950. 『신약성서와 그 배경』(분도출판사).

Fison, Joseph E. *The Blessing of the Holy Spirit*. London and New York: Longman, Green, 1950.

Fitzmyer, Joseph A. *Romans*. AB 33. New York: Doubleday, 1992. 『앵커바이블 로마서』(기독교문서선교회).

―――――, ed. *The Biblical Commission's Document "The Interpretation of the Bible in the Church."* Rome: Pontifical Biblical Institute, 1995.

Flannery, Austin P., ed. *Documents of Vatican II*. Grand Rapids: Eerdmans, 1975. 『제2차 바티칸 공의회 문헌』(한국천주교중앙협의회).

Foerster, Werner, and Georg Fohrer. "*Sōzō, sōtēria, sōtēr, sōtērios.*" In *TDNT* 7: pp. 965-1024.

Forbes, Christopher. *Prophecy and Inspired Speech in Early Christianity and Its Hellenistic Environment*. WUNT, ser. 2, 75. Tübingen: Mohr, 1995.

Fowler, Robert. *Loaves and Fishes: The Function of the Feeding Stories in the Gospel of Mark*. Chico, Calif.: Scholars Press, 1975.

Fox, George. *The Journal of George Fox*. New York: Cosimo, 2007; orig. Leeds: Pickard, 1836. 『조지 폭스의 일기』(CH북스).

France, Richard T. *The Gospel of Mark: A Commentary on the Greek Text*. NIGTC. Grand Rapids: Eerdmans, 2002. 『NIGTC 마가복음』(새물결플러스).

Franks, Robert S. *The Work of Christ: A Historical Study of Christian Doctrine*. London and New York: Nelson, 1962.

Freud, Sigmund. "An Autobiographical Study." In *Complete Psychological Works of Sigmund Freud*, edited by James Strachey. 1959. Reprint, London and Toronto: Hogarth Press, 1989.

―――――. *The Future of an Illusion*. New York: Norton, 1961.

―――――. *Totem and Taboo: Points of Agreement in Mental Life between Savages and Neurotics*. London and New York: Routledge, 2004; orig. 1913. 『토템과 터부』(지식을만드는지식).

Fuchs, Ernst. *Studies of the Historical Jesus*. London: SCM, 1964.

Funk, R. W. "The Apostolic Parousia: Form and Significance." In *Christian History and Interpretation: Studies Presented to John Knox*, edited by W. R. Farmer, C. F. D.

Moule, and R. R. Niebuhr, pp. 249-268. Cambridge: CUP, 1967.
Gadamer, Hans-Georg. *Truth and Method*. 2nd ed. London: Sheed and Ward, 1989. 『진리와 방법』(문학동네).
Gardner, Paul D. *The Gifts of God*. Lanham, Md.: University Press of America, 1994.
Gay, Volney P. *Reading Freud: Psychology, Neurosis, and Religion*. Chico, Calif.: Scholars Press, 1983.
Genette, Gérard. *Narrative and Discourse: An Essay in Method*. Ithaca, N.Y.: Cornell University Press, 1980.
Gerkin, Charles V. *The Living Human Document: Re-visioning Pastoral Counseling in a Hermeneutical Mode*. Nashville: Abingdon, 1984. 『살아 있는 인간문서』(한국심리치료연구소).
Gerrish, B. A. *A Prince of the Church: Schleiermacher and the Beginning of Modern Theology*. London: SCM, 1984. 『현대신학의 태동』(대한기독교서회).
Gillespie, Thomas W. *The First Theologians: A Study in Early Christian Prophecy*. Grand Rapids: Eerdmans, 1994.
Goldingay, John. "Poetry and Theology in Isaiah 56-66." In *Horizons in Hermeneutics: A Festschrift in Honor of A. C. Thiselton*, edited by S. E. Porter and M. R. Malcolm, pp. 15-31. Grand Rapids: Eerdmans, 2013.
Gollwitzer, Helmut. *The Existence of God as Confessed by Faith*. London: SCM, 1965.
Gooch, P. W. "'Conscience' in 1 Cor. 8 and 10." *NTS* 33 (1987): pp. 244-254.
Grant, Robert M. *Greek Apologists of the Second Century*. London: SCM, 1988.
Grayston, Kenneth. "Paraclete." *JSNT* 13 (1981): pp. 67-82.
Greenslade, S. L., ed. *Early Latin Theology*. LCC. London: SCM, 1956. 『초기 라틴 신학』(두란노아카데미).
Grenz, Stanley J. *The Social God and the Relational Self: A Trinitarian Theology of the Imago Dei*. Louisville: Westminster John Knox, 2001.
Grudem, Wayne. *Systematic Theology: An Introduction to Biblical Doctrine*. Nottingham: IVP, 1994. 『조직신학』(은성).
Gundry, Robert H. "The New Jerusalem: People as Place, Not Place for People." In Gundry, *The Old Is Better: New Testament Essays in Support of Traditional Interpretations*, pp. 399-411. WUNT 178. Tübingen: Mohr, 2005.
Gunton, Colin E. *The Actuality of Atonement: A Study in Metaphor, Rationality, and the Christian Tradition*. Edinburgh: T. & T. Clark, 1988.
Habermas, Jürgen. *Knowledge and Human Interests*. London: Heinemann, 1978. 『인식과 관심』(고려원).
_____. *The Theory of Communicative Action*. 2 vols. Cambridge: Polity Press, 1984, 1987. 『의사소통행위이론』(나남출판).

Hamilton, Neil Q. *The Holy Spirit and Eschatology in Paul*. SJT Occasional Papers 6. Edinburgh: Oliver and Boyd, 1957.

Hanson, Anthony. *The Pioneer Ministry*. London: SCM, 1961.

_____. *Church, Sacraments, and Ministry*. London: Mowbray, 1975.

Hardy, Edward R., ed. *Christology of the Later Fathers*. LCC. Philadelphia: Westminster, 1964. 『후기 교부들의 기독론』(두란노아카데미).

Harnack, Adolf von. *What Is Christianity?* London: Benn, 1958. 『기독교의 본질』(한들).

Harrington, D. J. "Paul and Collaborative Ministry." *New Theological Review 3* (1990): pp. 62-71.

Harris, Murray. *The Second Epistle to the Corinthians*. NIGTC. Grand Rapids: Eerdmans, 2005.

Haykin, Michael A. G. *The Spirit of God: The Exegesis of 1 and 2 Corinthians in the Pneumatomachian Controversy of the Fourth Century*. Leiden: Brill, 1994.

Hays, Richard B. *First Corinthians*. Louisville: John Knox, 1997. 『고린도전서』(한국장로교출판사).

Hegel, Georg W. F. *Lectures on the Philosophy of Religion*. 3 vols. London: Kegan Paul, Trench and Trübner, 1895. 『헤겔의 종교철학』(누멘).

Heine, R. E. *The Montanist Oracles and Testimonies*. Macon, Ga.: Mercer University Press, 1989.

Helm, Paul. *Eternal God: A Study of God without Time*. Oxford: Clarendon, 1988; 2nd ed. 2011.

Hendrikson, W. *More Than Conquerors: An Interpretation of the Book of Revelation*. Grand Rapids: Baker; London: Tyndale Press, 1962. 『요한계시록』(아가페출판사).

Hengel, Martin. *The Cross of the Son of God*. London: SCM, 1986.

Hermelink, Heinrich. "Grace in the Theology of the Reformers." In *The Doctrine of Grace*, edited by William Thomas Whitley, pp. 176-227. Edinburgh and London: Oliver and Boyd, 1948.

Hick, John. *Evil and the God of Love*. London: Macmillan, 1966; 2nd ed. 1977. 『신과 인간 그리고 악의 종교 철학적 이해』(열린책들).

_____, ed. *The Myth of God Incarnate*. London: SCM, 1977.

Hill, David. *Greek Words and Hebrew Meanings*. Cambridge: CUP, 1967.

_____. *New Testament Prophecy*. London: Marshall, 1979.

Hodge, Charles. *Systematic Theology*. 3 vols. New York: Scribner, 1871. 『조직신학 1』(CH북스).

Holland, Tom. *Contours of Pauline Theology: A Radical New Survey of the Influences on Paul's Biblical Writings*. Fearn, Scotland: Mentor, 2004. 『바울신학개요』(CH북스).

Holleman, Joost. *Resurrection and Parousia: A Traditio-Historical Study of Paul's Eschatology in 1 Corinthians 15*. NovTSupp 84. Leiden: Brill, 1996.

Holmberg, Bengt. *Paul and Power: The Structure of Authority in the Primitive Church*. ConBNT 11. Lund: Gleerup, 1978.

Holmes, Stephen R. *Baptist Theology*. London: T. & T. Clark, 2012.

Hooker, Morna. *The Son of Man in Mark*. London: SPCK, 1967.

Hooker, Richard. *Hooker's Works*. Edited by J. Keble. 7th ed. 3 vols. Oxford: Clarendon, 1885.

Howard-Snyder, Daniel, and John O'Leary-Hawthorne. "Transworld Sanctity and Plantinga's Free Will Defense." *International Journal for Philosophy of Religion* 44 (1998): pp. 1-28.

Hull, J. H. E. *The Holy Spirit in the Acts of the Apostles*. London: Lutterworth, 1967.

Hume, David. *Dialogue concerning Natural Religion*. New York: Harper, 1948; orig. 1779. 『자연종교에 관한 대화』(나남출판).

_____. *A Treatise of Human Nature*. Oxford: OUP, 1978; orig. 1739. 『인간 본성에 관한 논고』(서광사).

Hunter, A. M. *Paul and His Predecessors*. 2nd ed. London: SCM, 1961.

Hurtado, Larry W. *Lord Jesus Christ: Devotion to Jesus in Earliest Christianity*. Grand Rapids: Eerdmans, 2003. 『주 예수 그리스도』(새물결플러스).

Iser, Wolfgang. *The Act of Reading: A Theory of Aesthetic Response*. Baltimore: Johns Hopkins University Press, 1978, 1980. 『독서행위』(신원출판사).

Jacob, Edmond. *Theology of the Old Testament*. London: Hodder and Stoughton, 1958. 『구약 신학』(CH북스).

Jauss, H. R. *Towards an Aesthetics of Reception*. Minneapolis: University of Minnesota Press, 1982.

Jeeves, Malcolm, ed. *The Emergence of Personhood: A Quantum Leap*. Grand Rapids: Eerdmans, 2014.

Jenson, Robert W. *Systematic Theology*. 2 vols. Oxford: OUP, 1997-1999.

_____. "The Church and the Sacraments." In *Cambridge Companion to Christian Doctrine*, edited by Colin Gunton. Cambridge: CUP, 1997.

Jeremias, Joachim. *Infant Baptism in the First Four Centuries*. London: SCM, 1960.

_____. *The Origins of Infant Baptism: A Further Study in Reply to Kurt Aland*. London: SCM, 1963.

_____. *The Parables of Jesus*. London: SCM, 1963. 『예수의 비유』(분도출판사).

_____. *The Central Message of the New Testament*. London: SCM, 1965. 『신약성서의 중심 메시지』(은성).

_____. *The Eucharistic Words of Jesus*. London: SCM, 1966.

_____. *New Testament Theology*. London: SCM, 1971. 『신약신학』(CH북스).
Jewett, Robert. *Paul's Anthropological Terms: A Study of Their Use in Conflict Settings*. Leiden: Brill, 1971.
Jones, O. R. *The Concept of Holiness*. London: Allen and Unwin, 1961.
Jüngel, Eberhard. *God as the Mystery of the World*. Edinburgh: T. & T. Clark, 1983.
_____. *Theological Essays*. 2 vols. Edinburgh: T. & T. Clark, 1989.
Kant, Immanuel. *Critique of Pure Reason*. 2nd ed. 1787. London: Macmillan, 1933. 『순수이성비판』(아카넷).
Kärkkäinen, Veli-Matti. *Spiritus Ubi Vult Spirat: Pneumatology in Roman Catholic-Pentecostal Dialogue (1972-1989)*. Helsinki: Luther Agricola Society, 1998.
Käsemann, Ernst. "Ministry and Community in the New Testament." In *Essays on New Testament Themes*, pp. 217-235. London: SCM, 1969.
_____. *New Testament Questions of Today*. London: SCM, 1969.
_____. "Primitive Christian Apocalyptic." In Käsemann, *New Testament Questions of Today*, pp. 108-137. London: SCM, 1969.
_____. "The Cry for Liberty in the Church's Worship." In Käsemann, *Perspectives on Paul*. London: SCM, 1973. 『바울신학의 주제』(대한기독교서회).
_____. *Commentary on Romans*. London: SCM, 1980. 『로마서』(한국신학연구소).
Kasper, Walter. *The God of Jesus Christ*. New York: Crossroad, 1991; orig. 1982. 『예수 그리스도의 하느님』(수원가톨릭대학교출판부).
Keener, Craig S. *Miracles: The Credibility of the New Testament Accounts*. 2 vols. Grand Rapids: Baker Academic, 2011.
Kelly, J. N. D. *The Epistles of Peter and Jude*. London: Black, 1969. 『베드로후서, 유다서』(아가페출판사).
_____. *Early Christian Doctrines*. 3rd ed. London: Black, 1977. 『고대 기독교 교리사』(CH북스).
Kierkegaard, S. *Concluding Unscientific Postscript to the Philosophical Fragments*. Princeton: Princeton University Press, 1941.
Kilby, Karen. *Karl Rahner: Theology and Philosophy*. London: Routledge, 2004.
Knight, G. A. F. *A Biblical Approach to the Doctrine of the Trinity*. Edinburgh: Oliver and Boyd, 1953.
Koch, K. "*Chāṭā'*." In *TDOT* 4: pp. 309-319.
_____. *The Rediscovery of Apocalyptic: A Polemical Work on a Neglected Area of Biblical Studies and Its Damaging Effects on Theology and Philosophy*. London: SCM, 1972.
Kort, Wesley A. *Story, Text, and Scripture: Literary Interests in Biblical Narrative*. University Park: Pennsylvania State University Press, 1988.

Kovacs, Judith, and Christopher Rowland. *Revelation*. Oxford: Blackwell, 2004.
Kramer, Werner. *Christ, Lord, and Son of God*. London: SCM, 1966.
Küng, Hans. *Justification: The Doctrine of Karl Barth and a Catholic Reflection*. London: Burns and Oates; New York: Nelson, 1964.
_____. *Does God Exist? An Answer for Today*. New York and London: Collins, 1980. 『신은 존재하는가』(분도출판사).
_____. *The Incarnation of God: An Introduction to Hegel's Thought*. Edinburgh: T. & T. Clark, 1987.
_____. *Credo: The Apostles' Creed Explained for Today*. London: SCM, 1993. 『믿나이다』(분도출판사).
Künneth, Walter. *The Theology of the Resurrection*. London: SCM, 1965.
Kuschel, Karl-Josef. *Born before All Time? The Dispute over Christ's Origin*. London: SCM, 1992.
Kuyper, Abraham. *The Work of the Holy Spirit*. New York and London: Funk and Wagnalls, 1900. 『성령의 사역』(성지출판사).
Ladd, G. E. *A Theology of the New Testament*. Grand Rapids: Eerdmans, 1974; rev. 1993. 『신약신학』(은성).
Lake, Kirsopp. *The Apostolic Fathers*. Vol. 1. 2 vols. London: Heinemann; Cambridge: Harvard University Press, 1965.
Lampe, Geoffrey W. H. *The Seal of the Spirit: A Study in the Doctrine of Baptism and Confirmation in the New Testament and the Fathers*. London and New York: Longmans, Green, 1951.
_____. "The Holy Spirit in the Writings of St. Luke." In *Studies in the Gospels: In Memory of R. H. Lightfoot*, edited by D. E. Nineham. Oxford: Blackwell, 1967.
_____. *God as Spirit*. Oxford: Clarendon, 1977.
Lane, William L. *Hebrews 1-8*. WBC 47A. Dallas: Word, 1991. 『히브리서 상 1-8』(솔로몬).
Lee, E. K. *The Religious Thought of St. John*. London: SPCK, 1950.
Leenhardt, Franz J. "This Is My Body." In Oscar Cullmann and F. J. Leenhardt, *Essays on the Lord's Supper*. London: Lutterworth, 1958.
_____. *The Epistle to the Romans*. London: Lutterworth, 1961.
Leibniz, Gottfried W. *Theodicy: Essays on the Goodness of God, the Freedom of Man, and the Origin of Evil*. London: Routledge, Kegan Paul, 1952. 『변신론』(아카넷).
Leithart, Peter J. *Athanasius*. Grand Rapids: Baker Academic, 2011.
Lessing, G. E. "On the Proof of the Spirit and of Power." In *Lessing's Theological Writings*, edited by Henry Chadwick. Stanford: Stanford University Press, 1956.
Levison, John R. *The Spirit in First-Century Judaism*. Boston and Leiden: Brill, 2002.
Lietzmann, Hans. *Mass and Lord's Supper: A Study in the History of Liturgy*. With

further enquiry by R. D. Richardson. Leiden: Brill, 1979.

Lindsey, Hal. *The Late Great Planet Earth*. Grand Rapids: Zondervan, 1970. 『대유성 지구의 종말』(생명의말씀사).

Linzey, Andrew. *Animal Theology*. Urbana and Chicago: University of Illinois Press, 1995. 『동물 신학의 탐구』(대장간).

_____. *Animal Gospel*. Louisville: Westminster John Knox, 1998.

Livingstone, David N. *Darwin's Forgotten Defenders: The Encounter between Evangelical Theology and Evolutionary Thought*. Grand Rapids: Eerdmans, 1987.

Lochman, Jan Milič. *The Faith We Confess: An Ecumenical Dogmatics*. Edinburgh: T. & T. Clark, 1985.

Lossky, Vladimir. *In the Image and Likeness of God*. London and Oxford: Mowbray, 1974.

_____. *The Mystical Theology of the Eastern Church*. New York: St. Vladimir's Seminary Press, 1976; Cambridge: Clarke, 1991. 『동방교회의 신비신학에 대하여』(한국장로교출판사).

Lovatt, Mark F. W. *Confronting the Will-to-Power: A Reconciliation of the Theology of Reinhold Niebuhr*. Carlisle: Paternoster, 2001; Eugene, Ore.: Wipf and Stock, 2006.

Lovejoy, Arthur. *The Great Chain of Being: A Study of the History of an Idea*. Cambridge: Harvard University Press, 1936. 『존재의 대연쇄』(탐구당).

Lowe, John. "An Examination of Attempts to Detect Developments in St. Paul's Theology." *JTS* 42 (1941): pp. 129-142.

Luther, Martin. *On the Babylonian Captivity of the Church*. In *Luther's Primary Works*, edited by Henry Wace and Carl Buchheim. London: Murray, 1883; London: Hodder, 1896. 『말틴 루터의 종교개혁 3대 논문』(컨콜디아사).

_____. *The Large Catechism*. St. Louis: Concordia, 1921. Especially section "Of the Creed." 『마르틴 루터 대교리문답』(복있는사람).

_____. *On the Bondage of the Will*. London: James Clarke, 1957.

_____. *Against the Heavenly Prophets*. In Luther's Works. St. Louis: Concordia, 1958.

_____. *Disputation against Scholastic Theology*. In *Luther: Early Theological Works*, edited by James Atkinson, pp. 266-273. LCC 16. London: SCM, 1962.

_____. *Luther: Early Theological Works*. Edited by James Atkinson. LCC 16. London: SCM; Philadelphia: Westminster, 1962. 『루터: 초기 신학 저술들』(두란노아카데미).

_____. *Letters of Spiritual Counsel*. Edited by Theodore G. Tappert. LCC 18. London: SCM, 1965.

_____. *Luther: Sermons of Martin Luther.* St. Louis: Concordia, 1983. 『루터와 신약 1』(컨콜디아사).

_____. *Preface to the Letter of St. Paul to the Romans.* Christian Classics Ethereal Library, online.

Luz, Ulrich. *Matthew 1-7: A Commentary.* Edinburgh: T. & T. Clark, 1990.

Macchia, Frank D. "Groans Too Deep for Words." *Asian Journal of Pentecostal Studies* 1 (1998): pp. 149-173.

_____. *Baptized in the Spirit: A Global Pentecostal Theology.* Grand Rapids: Zondervan, 2006.

Machen, J. Gresham. *The Virgin Birth of Christ.* London: Clarke, 1930, 1958. 『그리스도의 동정녀 탄생』(기독교문서선교회).

Mackie, J. L. *The Miracle of Theism: Arguments for and against the Existence of God.* Oxford: Clarendon, 1982.

Mackintosh, H. R. *The Doctrine of the Person of Christ.* Edinburgh: T. & T. Clark, 1913.

Macquarrie, John. *In Search of Humanity: A Theological and Philosophical Approach.* London: SCM, 1982.

_____. *Jesus Christ in Modern Thought.* London: SCM, 1990.

Malcolm, Norman. "Anselm's Ontological Arguments." *Philosophical Review* 69 (1960): pp. 41-62.

Manson, T. W. *The Teaching of Jesus: Studies of Its Form and Content.* 2nd ed. Cambridge: CUP, 1935.

_____. *On Paul and John: Some Selected Theological Themes.* 1963. Reprint, London: SCM, 2012.

Marcel, Pierre-Charles. *The Biblical Doctrine of Infant Baptism: Sacrament of the Covenant of Grace.* London: Clarke, 1953, 2002.

Marshall, I. Howard. *Last Supper and Lord's Supper.* Grand Rapids: Eerdmans, 1980. 『마지막 만찬과 주의 만찬』(솔로몬).

Marshall, Paul. *Thine Is the Kingdom.* London: Marshall, Morgan and Scott, 1984. 『기독교 세계관과 정치』(IVP).

Martin, Dale B. *Slavery as Salvation: The Metaphor of Slavery in Pauline Christianity.* New Haven: Yale University Press, 1990.

Martin, James P. *The Last Judgement in Protestant Theology from Orthodoxy to Ritschl.* Edinburgh: Oliver and Boyd, 1963.

Martyn, J. Louis. "Epistemology at the Turn of the Ages." In *Christian History and Interpretation: Studies Presented to John Knox*, edited by W. R. Farmer, C. F. D. Moule, and R. R. Niebuhr. Cambridge: CUP, 1967.

Marx, Karl. *Economic and Philosophical Manuscripts.* Moscow: Progress Publisher,

1959; orig. 1832.『경제학-철학 수고』(이론과실천).

_____. *Critique of Hegel's Philosophy of the Right*. Cambridge: CUP, 1970; orig. 1843.『헤겔 법철학 비판』(이론과실천).

_____. "Eleventh Thesis on Feuerbach" (1845). In *Marx: Early Writings*. London: Pelican, 1975.

Marx, Karl, and Friedrich Engels. *Communist Manifesto*. London: Pluto Press, 2008.『공산당 선언』(도서출판b).

Marxsen, Willi. *The Resurrection of Jesus of Nazareth*. Philadelphia: Fortress, 1970.

McDonald, H. D. *Ideas of Revelation, 1700-1860*. New York and London: Macmillan, 1959.

_____. *Theories of Revelation, 1860-1960*. London: Allen and Unwin, 1963.

McFarland, Ian A., David A. S. Fergusson, Karen Kilby, and Iain E. Torrance, eds. *The Cambridge Dictionary of Christian Theology*. Cambridge: CUP, 2011.

McGinn, Bernard. *Antichrist: Two Thousand Years of Human Fascination with Evil*. San Francisco: Harper, 1994.

McGrath, Alister E. *The Making of Modern German Christology, 1750-1990*. Oxford: Blackwell, 1986.『현대 독일 기독론』(나눔과섬김).

McGuckin, John A. *The SCM Press A-Z of Origen*. London: SCM, 2006.

McLaughlin, Ryan Patrick. *Christian Theology and the Status of Animals: The Dominant Tradition and Its Alternatives*. New York: Macmillan/Palgrave, 2014.

Meister, Chad. *Introducing Philosophy of Religion*. New York and London: Routledge, 2009.

Melanchthon, Philipp. *Loci Communes Rerum Theologicarum*. In *Melanchthon and Bucer*, edited by Wilhelm Pauck. London: SCM; Philadelphia: Westminster, 1969.『멜란히톤과 부처』(두란노아카데미).

Metzger, Bruce M. *A Textual Commentary on the Greek New Testament*. 2nd ed. New York: United Bible Societies, 1994.『신약 그리스어 본문 주석』(대한성서공회).

Meyer, H. A. W. *Critical and Exegetical Commentary: The Acts of the Apostles*. Vol. 1. Edinburgh: T. & T. Clark, 1877.

Mill, John Stuart. *Three Essays on Religion*. London: Longman Green, 1875.『종교에 대하여』(책세상).

Min, Jeong Kii. *Sin and Politics: Issues in Reformed Theology*. New York: Peter Lang, 2009.

Miranda, José P. *Marx and the Bible: A Critique of the Philosophy of Oppression*. London: SCM, 1977.『마르크스와 성서』(일월서각).

Mitton, C. Leslie. *Ephesians*. NCB. London: Oliphants, 1976.

Moberly, R. W. L. *Old Testament Theology*. Grand Rapids: Baker Academic, 2013.

Moffatt, James. *Love in the New Testament*. London: Hodder and Stoughton, 1929; New York: Richard Smith, 1930.

_____. *The First Epistle to the Corinthians*. London: Hodder and Stoughton, 1938.

Moltmann, Jürgen. *Theology of Hope*. London: SCM, 1967. 『희망의 신학』(대한기독교서회).

_____. *The Crucified God: The Cross as the Foundation and Criticism of Christian Theology*. London: SCM, 1974. 『십자가에 달리신 하나님』(대한기독교서회).

_____. *The Church in the Power of the Spirit*. London: SCM; Philadelphia: Fortress, 1977. 『성령의 능력 안에 있는 교회』(대한기독교서회).

_____. *The Trinity and the Kingdom of God: The Doctrine of God*. London: SCM, 1981. 『삼위일체와 하나님의 나라』(대한기독교서회).

_____. *God in Creation: A New Theology of Creation and the Spirit of God*. London: SCM, 1985. 『창조 안에 계신 하느님』(한국신학연구소).

_____. *The Way of Jesus Christ: Christology in Messianic Dimensions*. London: SCM, 1990. 『예수 그리스도의 길』(대한기독교서회).

_____. *History and the Triune God: Contributions to Trinitarian Theology*. London: SCM, 1991. 『삼위일체와 하나님의 역사』(대한기독교서회).

_____. "My Theological Career." In *History and the Triune God: Contributions to Trinitarian Theology*. London: SCM, 1991.

_____. *The Spirit of Life: A Universal Affirmation*. London: SCM, 1992. 『생명의 영』(대한기독교서회).

_____. *The Coming of God: Christian Eschatology*. London: SCM, 1996. 『오시는 하나님』(대한기독교서회).

_____. *Experiences in Theology: Ways and Forms of Christian Theology*. London: SCM, 2000. 『신학의 방법과 형식』(대한기독교서회).

_____. *In the End—the Beginning: The Life of Hope*. London: SCM, 2004. 『절망의 끝에 숨어 있는 새로운 시작』(대한기독교서회).

_____. *A Broad Place: An Autobiography*. London: SCM, 2007. 『몰트만 자서전』(대한기독교서회).

_____. *Sun of Righteousness, Arise! God's Future for Humanity and the Earth*. London: SCM, 2010.

Montague, George. *The Holy Spirit: The Growth of Biblical Tradition*. Eugene, Ore.: Wipf and Stock, 1976.

Montefiore, Hugh W. *A Commentary on the Epistle to the Hebrews*. London: Black, 1964.

Moore, Arthur L. *The Parousia in the New Testament*. NovTSupp 13. Leiden: Brill, 1966.

_____. *1 and 2 Thessalonians*. NCB. London: Nelson, 1969.

Morris, Leon. *The Apostolic Preaching of the Cross*. 3rd ed. Grand Rapids: Eerdmans, 1965.

―――――. *Glory in the Cross: A Study in Atonement*. London: Hodder and Stoughton, 1966. 『속죄의 의미와 중요성』(생명의말씀사).

―――――. *The Cross in the New Testament*. Exeter: Paternoster; Grand Rapids: Eerdmans, 1969. 『신약의 십자가』(기독교문서선교회).

Moule, C. F. D. "Judgement Theme in the Sacraments." In *The Background to the New Testament and Its Eschatology: In Honour of C. H. Dodd*, edited by W. D. Davies and David Daube, pp. 464-481. Cambridge: CUP, 1956.

―――――. *The Epistles to the Colossians and to Philemon*. CGTC. Cambridge: CUP, 1962.

Mounce, Robert H. *The Book of Revelation*. Grand Rapids: Eerdmans, 1977. 『요한계시록』(생명의말씀사).

Mounce, William D. *Pastoral Epistles*. WBC 46. Nashville: Nelson, 2000. 『목회서신』(솔로몬).

Mouw, Richard. *Politics and the Biblical Drama*. Grand Rapids: Baker, 1983.

Moxon, Reginald S. *The Doctrine of Sin*. London: Allen and Unwin, 1922.

Mozley, J. K. *The Doctrine of the Atonement*. London: Duckworth, 1915.

Müller, Ulrich B. *Prophetie und Predigt im Neuen Testament*. Gütersloh: Mohr, 1975.

Murphy-O'Connor, Jerome. *Becoming Human Together: The Pastoral Anthropology of St. Paul*. Wilmington, Del.: Glazier, 1984.

Nairne, Alexander. *The Epistle of Priesthood: Studies in the Epistle to the Hebrews*. Edinburgh: T. & T. Clark, 1913.

Neil, William. *The Acts of the Apostles*. NCB. London: Oliphants, 1973.

Neufeld, Dieter. *Re-conceiving Texts as Speech-Acts: An Analysis of 1 John*. Leiden: Brill, 1994.

Newman, John Henry. *Apologia pro Vita Sua*. Boston: Houghton Mifflin, 1956; orig. 1864.

―――――. *An Essay on the Development of Doctrine*. London: Penguin, 1974.

Nichols, Aidan. *Yves Congar*. London: Chapman, 1989.

Niebuhr, Reinhold. *Moral Man and Immoral Society*. New York: Scribner, 1932; London: SCM, 1963. 『도덕적 인간과 비도덕적 사회』(문예출판사).

―――――. *The Nature and Destiny of Man: A Christian Interpretation*. 2 vols. London: Nisbet, 1941. 『인간의 본성과 운명』(종문화사).

Nietzsche, Friedrich. *The Complete Works of Friedrich Nietzsche*. 18 vols. London: Allen and Unwin, 1909-1913.

―――――. "On Truth and Lie." In *The Portable Nietzsche*, edited by W. Kaufmann. New York: Viking, 1968; orig. 1954. 『들어라 위대한 인간의 조용한 외침을』(청하).

_____. *The Gay Science*. London: Vintage, 1974. 『즐거운 학문, 메시나에서의 전원시, 유고(1881년 봄~1882년 여름)』(책세상).

Nygren, Anders. *Commentary on Romans*. London: SCM, 1952.

_____. *Agape and Eros*. London: SPCK, 1957. 『아가페와 에로스』(CH북스).

O'Brien, Peter T. *Colossians, Philemon*. WBC. Nashville: Nelson, 1982. 『골로새서·빌레몬서』(솔로몬).

O'Donovan, Oliver. *Resurrection and Moral Order: An Outline for Evangelical Ethics*. Grand Rapids: Eerdmans; Leicester: IVP, 1986.

_____. *The Desire of Nations: Rediscovering the Roots of Political Theology*. Cambridge: CUP, 1996.

_____. *The Ways of Judgment*. Grand Rapids: Eerdmans, 2005.

Oepke, A. "*Mesitēs, mesiteuō*." In *TDNT* 4: pp. 598-624.

Ollrog, Wolf-Henning. *Paulus und seine Mitarbeiter*. Neukirchen-Vlvyn: Neukirchen, 1979.

Orr, James. *Revelation and Inspiration*. London: Duckworth, 1910.

Ortkemper, F. J. *1 Korintherbrief*. Stuttgart: Verlag Katholisches Bibelwerk, 1993.

Owen, John. *The Holy Spirit*. Grand Rapids: Kregel, 1954. 『개혁주의 성령론』(여수룬).

_____. *The Holy Spirit: Longer Version*. Rio, Wis.: Ages Software, 2004.

Paley, William. *Natural Theology; or, Evidences of the Existence and Attributes of the Deity*. London: Rivington, 1802.

Pannenberg, Wolfhart. "The Revelation of God in Jesus of Nazareth." In *New Frontiers in Theology*, vol. 3, *Theology as History*, edited by James M. Robinson and John B. Cobb, pp. 101-133. New York: Harper and Row, 1967.

_____. *Jesus—God and Man*. London: SCM, 1968.

_____. *Basic Questions in Theology*. 3 vols. London: SCM, 1970, 1971, 1973.

_____. *Theology and the Philosophy of Science*. Philadelphia: Westminster, 1976.

_____. *Anthropology in Theological Perspective*. London and New York: T. & T. Clark, 1985. 『인간학』(분도출판사).

_____. *Systematic Theology*. 3 vols. Edinburgh: T. & T. Clark; Grand Rapids: Eerdmans, 1991, 1994, 1998. 『판넨베르크 조직신학』(새물결플러스).

Peirce, C. A. *Conscience in the New Testament*. London: SCM, 1955. See p. 22; cf. pp. 13-22 and 111-130.

Perrin, Norman. *Jesus and the Language of the Kingdom: Symbol and Metaphor in New Testament Interpretation*. Philadelphia: Fortress; London: SCM, 1976.

Plantinga, Alvin. "Free Will Defence." In *Philosophy in America*, edited by Max Black. Ithaca, N.Y.: Cornell University Press; London: Allen and Unwin, 1965.

_____. *The Ontological Argument*. New York: Doubleday, 1965.

_____. *God and Other Minds: A Study of the Rational Justification of Belief in God*. Ithaca, N.Y.: Cornell University Press, 1967, 1991. 『신과 타자의 정신들』(살림).

_____. *The Nature of Necessity*. Oxford: Clarendon, 1974.

_____. *God, Freedom, and Evil*. Grand Rapids: Eerdmans, 1977. 『신, 자유, 악』(SFC).

Plaskow, Judith. *Sex, Sin, and Grace: Women's Experience and the Theologies of Reinhold Niebuhr and Paul Tillich*. Washington, D.C.: University Press of America, 1979.

Pogoloff, Stephen M. *Logos and Sophia: The Rhetorical Situation in 1 Corinthians*. Atlanta: Scholars Press, 1992.

Pojman, Louis. "The Ontological Argument." In his *Philosophy of Religion*, 3rd ed., pp. 15-24. Belmont, Calif.: Wadsworth, 1998.

Polkinghorne, John. *One World: The Interaction of Science and Theology*. Princeton: Princeton University Press, 1987.

_____. *Quarks, Chaos, and Christianity: Questions to Science and Religion*. London: SPCK, 2005. 『쿼크, 카오스 그리고 기독교』(SFC).

Powell, Cyril H. *The Biblical Concept of Power*. London: Epworth, 1963.

Powers, Janet E. "Missionary Tongues." *JPT* 17 (2000): pp. 39-55.

Powys, David. *"Hell": A Hard Look at a Hard Question*. Milton Keynes, and Waynesboro, Ga.: Paternoster, 1997.

Prenter, Regin. *Spiritus Creator: Luther's Concept of the Holy Spirit*. Philadelphia: Muhlenberg, 1953.

Price, H. H. *Belief*. New York: Humanities Press; London: Allen and Unwin, 1969.

Rahner, Karl. *Theological Investigations*. 23 vols. New York: Seabury Press and Crossroad; London: DLT, 1961-1992.

_____. *The Shape of the Church to Come*. London: SPCK, 1974. 『교회의 미래상』(분도출판사).

_____. *Encyclopedia of Theology: A Concise Sacramentum Mundi*. London: Burns and Oates, 1975.

_____. *Foundations of Christian Faith: An Introduction to the Idea of Christianity*. New York: Crossroad, 1978, 2004. 『그리스도교 신앙 입문』(분도출판사).

_____. *Hearer of the Word*. London: Bloomsbury, 1994. 『말씀의 청자』(가톨릭대학교출판부).

_____. "The Angels: A Homily." At www.thevalueofsparrows.com.

Rahner, Karl, and W. Thüsing. *A New Christology*. London: Burns and Oates, 1980. 『그리스도론』(가톨릭출판사).

Ramsey, Ian T. *Religious Language: An Empirical Placing of Theological Phrases*. London: SCM, 1957.

Reid, J. K. S. *Our Life in Christ*. London: SCM, 1963.
Reno, R. R. *Genesis*. Grand Rapids: Brazos, 2010.
Reventlow, Henning Graf. *The Authority of the Bible and the Rise of the Modern World*. London: SCM, 1984.
Richards, Earl J. *First and Second Thessalonians*. Collegeville, Minn.: Glazier/Liturgical Press, 1995, 2007.
Richardson, Alan. *An Introduction to the Theology of the New Testament*. London: SCM, 1958.
Richardson, Neil. *Paul's Language about God*. JSNTSup 99. Sheffield: Sheffield Academic, 1994.
Richmond, James. *Ritschl: A Reappraisal*. New York: Collins, 1978.
Ricoeur, Paul. *Freud and Philosophy: An Essay in Interpretation*. New Haven: Yale University Press, 1970. 『해석에 대하여』(인간사랑).
―――. *Time and Narrative*. 3 vols. Chicago: University of Chicago Press, 1984-1988. 『시간과 이야기』(문학과지성사).
―――. *Oneself as Another*. Chicago: University of Chicago Press, 1992. 『타자로서 자기 자신』(동문선).
Rigaux, Béda. *Saint Paul: Les Épitres aux Thessaloniciens*. Paris: Gabalda, 1956.
Ritschl, Albrecht. *The Christian Doctrine of Justification and Reconciliation*. 3 vols. Clifton, N.J.: Reference Book Publishers, 1966; orig. 1870-1874.
Robert, C. M. "Seymour, William Joseph." In *The New International Dictionary of Pentecostal and Charismatic Movements*, edited by Stanley M. Burgess and Eduard M. van der Maas, rev. ed., pp. 1053-1058. Grand Rapids: Zondervan, 2002-2003.
Robinson, H. Wheeler. *Baptist Principles*. 4th ed. London: Carey Kingsgate, 1960.
Robinson, J. A. T. *The Body: A Study in Pauline Theology*. SBT 5. London: SCM, 1952; Philadelphia: Westminster John Knox, 1977.
―――. "Need Jesus Have Been Perfect?" In *Christ, Faith, and History*, edited by Stephen W. Sykes and J. P. Clayton. Cambridge: CUP, 1972.
―――. *The Human Face of God*. London: SCM, 1973.
Robinson, James M. "Revelation as Word and History." In *Theology as History*, edited by J. M. Robinson and J. B. Cobb. New York: Harper and Row, 1967.
Rogers, Eugene F., Jr. *After the Spirit: A Constructive Pneumatology from Resources outside the Modern West*. London: SCM, 2005; Grand Rapids: Eerdmans, 2006.
Roth, Cecil, ed. *The Haggadah: New Edition with Notes*. London: Soncino Press, 1934.
Rowe, William. "An Examination of the Cosmological Argument." In *Philosophy of Religion: An Anthology*, edited by Louis Pojman, pp. 16-25. Belmont, Calif.:

Wadsworth, 1994.

Ruether, Rosemary Radford. *Sexism and God-Talk: Toward a Feminist Theology*. London: SCM, 1983. 『성차별과 신학』(대한기독교출판사).

Russell, D. S. *The Method and Message of Jewish Apocalyptic, 200 B.C.-A.D. 100*. London: SCM, 1964.

Ryle, Gilbert. *The Concept of the Mind*. London: Penguin, 1949, 1963. 『마음의 개념』(문예출판사).

―――. *Dilemmas*. Cambridge: CUP, 1954.

Saiving, Valerie. "The Human Situation: A Feminine View." *JR* 40 (1960): pp. 100-112.

Sanders, E. P. *Paul and Palestinian Judaism: A Comparison of Patterns of Religion*. London: SCM, 1977. 『바울과 팔레스타인 유대교』(알맹e).

Sandnes, K. O. *Paul—One of the Prophets?* WUNT, ser. 2, 43. Tübingen: Mohr, 1991.

Schillebeeckx, Edward. *Jesus: An Experiment in Christology*. London: Collins, 1979.

Schleiermacher, Friedrich D. E. *On Religion: Speeches to Its Cultured Despisers*. London: Kegan Paul, Trench and Trübner, 1893. 『종교론』(대한기독교서회).

―――. *Hermeneutics: The Handwritten Manuscripts*. Missoula, Mont.: Scholars Press, 1977. 『Schleiermacher 해석학』(양서원).

―――. *The Christian Faith*. Edinburgh: T. & T. Clark, 1989; orig. 1821. 『기독교신앙』(한길사).

Schlier, Heinrich. *Principalities and Powers in the New Testament*. New York: Herder and Herder, 1961.

Schnackenburg, Rudolf. *God's Rule and Kingdom*. London: Nelson, 1963. 『하느님의 다스림과 하느님 나라』(가톨릭출판사).

―――. *Baptism in the Thought of St. Paul: A Study in Pauline Theology*. Oxford: Blackwell, 1964.

Schüssler-Fiorenza, Elizabeth. *In Memory of Her: A Feminist Theological Reconstruction of Christian Origins*. New York: Crossroad; London: SCM, 1983. 『크리스챤 기원의 여성 신학적 재건』(종로서적).

Schweitzer, Albert. *The Mysticism of Paul the Apostle*. London: Black, 1931. 『사도 바울의 신비주의』(한들출판사).

―――. *The Quest of the Historical Jesus*. 3rd ed. London: SCM, 1954. 『예수의 생애 연구사』(대한기독교서회).

Scott, C. Anderson. *Christianity according to St. Paul*. Cambridge: CUP, 1927; 2nd ed. 1961.

Scott, E. F. *The Spirit in the New Testament*. London: Hodder and Stoughton, 1924.

Searle, John R. *Expression and Meaning: Studies in the Theory of Speech Acts*. Cambridge: CUP, 1979.

Sennett, James E., ed. *The Analytic Theist: An Alvin Plantinga Reader*. Grand Rapids: Eerdmans, 1998.

Sepúlveda, Juan. "Indigenous Pentecostalism and the Chilean Experience." In *Pentecostals after a Century: Global Perspectives*, edited by A. H. Anderson and W. J. Hollenweger, pp. 111-135. JPTSS 15. Sheffield: Sheffield Academic, 1999.

Sevenster, J. N. *Paul and Seneca*. Leiden: Brill, 1961. Pp. 84-102.

Shapland, C. R. B. *The Letters of St. Athanasius concerning the Holy Spirit*. London: Epworth, 1951.

Singer, Peter. *Animal Liberation*. Berkeley and Los Angeles: University of California Press, 1978. 『동물 해방』(연암서가).

_____, ed. *In Defense of Animals*. New York: Blackwell, 1985. 『동물과 인간이 공존 해야 하는 합당한 이유들』(시대의창).

Sjoberg, Erik. "*Rûach* in Palestine Judaism." In *TDNT* 6: pp. 375-389.

Smail, Thomas, and others. *The Love of Power, or, the Power of Love: A Careful Assessment of the Problems within the Charismatic and Word-of-Faith Movements*. Minneapolis: Bethany House, 1994.

Smalley, Stephen S. *1, 2, and 3 John*. Waco: Word, 1984. 『요한 1, 2, 3서』(솔로몬).

Smeaton, George. *The Doctrine of the Holy Spirit*. London: Banner of Truth Trust, 1958.

Smith, C. Ryder. *The Bible Doctrine of Salvation: A Study of the Atonement*. London: Epworth, 1946.

_____. *The Bible Doctrine of Man*. London: Epworth, 1951.

Soskice, Janet Martin. *Metaphor and Religious Language*. Oxford: Clarendon, 1987.

Spicq, C. *Agape in the New Testament*. 3 vols. London and St. Louis: Herder, 1963.

Spinoza, Benedict de. *Theological-Political Treatise*. Leiden: Brill, 1991. 『신학정치론』(비홍).

Stanton, Graham N. *Jesus of Nazareth in New Testament Preaching*. Cambridge: CUP, 1974.

Stauffer, Ethelbert. *New Testament Theology*. London: SCM, 1955.

Stendahl, Krister. "Glossolalia—the New Testament Evidence." In Stendahl, *Paul among Jesus and the Gentiles*, pp. 109-124. London: SCM, 1977. 『유대인과 이방인의 사도 바울』(순신대학교출판부).

Stowers, Stanley K. "Paul on the Use and Abuse of Reason." In *Greeks, Romans, Christians*, edited by D. L. Balch and others, pp. 253-286. Minneapolis: Fortress, 1990.

Strawson, P. F. *Individuals: An Essay in Descriptive Metaphysics*. London: Methuen, 1959.

_____. *Introduction to Logical Theory*. London: Methuen, 1963.
Strong, A. H. *Systematic Theology*. 3 vols. in one. London: Pickering and Inglis, 1907, 1965.
Stronstad, Roger. *The Charismatic Theology of St. Luke*. Peabody, Mass.: Hendrickson, 1984.
_____. *The Prophethood of All Believers: A Study in Luke's Charismatic Theology*. JPTSS 16. Sheffield: Sheffield Academic, 1999.
Swete, Henry B. *The Holy Spirit in the New Testament*. London: Macmillan, 1909. 『신약 속의 성령』(은성).
_____. *The Holy Spirit in the Ancient Church*. London: Macmillan, 1912.
Swinburne, Richard. *The Coherence of Theism*. Oxford: Clarendon, 1977.
_____. *The Existence of God*. Oxford: Clarendon, 1979.
Sykes, Stephen W., and J. P. Clayton, eds. *Christ, Faith, and History*. Cambridge: CUP, 1972.
Talbert, Charles H. *The Development of Christology during the First Hundred Years and Other Essays on Early Christian Christology*. Leiden: Brill, 2011.
Taylor, Richard. "The Cosmological Argument: A Defence." In Taylor, *Metaphysics*, pp. 91-99. Englewood Cliffs, N.J.: Prentice-Hall, 1983. 『형이상학』(서광사).
Taylor, Vincent. *The Atonement in New Testament Teaching*. London: Epworth, 1940.
Temple, William. *Nature, Man, and God*. London: Macmillan, 1940.
Tennant, F. R. *The Origin and Propagation of Sin*. Cambridge: CUP, 1903.
_____. *The Concept of Sin*. Cambridge: CUP, 1912.
_____. *Philosophical Theology*. 2 vols. Cambridge: CUP, 1930.
TeSelle, Eugene. *Augustine the Theologian*. New York: Herder, 1970.
Theissen, Gerd. *Psychological Aspects of Pauline Theology*. Edinburgh: T. & T. Clark, 1987. 『기독교 정치윤리』(화평앤샬롬).
Thielicke, Helmut. *Theological Ethics*. Vol. 2, Politics. Grand Rapids: Eerdmans, 1979.
Thiselton, Anthony C. "The Parables as Language-Event: Some Comments on Fuchs' Hermeneutics in the Light of Linguistic Philosophy." *SJT* 23 (1970); reprinted in *Thiselton on Hermeneutics* (Grand Rapids: Eerdmans; Aldershot, UK: Ashgate, 2006), pp. 417-440.
_____. *The Two Horizons: New Testament Hermeneutics and Philosophical Description*. Grand Rapids: Eerdmans; Carlisle: Paternoster, 1980. 『두 지평』(IVP).
_____. *New Horizons in Hermeneutics: The Theory and Practice of Transforming Biblical Reading*. London: Harper-Collins, 1992; Grand Rapids: Zondervan, 1992, 2012. 『해석의 새로운 지평』(SFC출판부).
_____. *The First Epistle to the Corinthians: A Commentary on the Greek Text*.

NIGTC. Grand Rapids: Eerdmans, 2000.

_____. *Thiselton on Hermeneutics*. Grand Rapids: Eerdmans; Aldershot, UK: Ashgate, 2006.

_____. *The Hermeneutics of Doctrine*. Grand Rapids: Eerdmans, 2007. 『기독교 교리와 해석학』(새물결플러스).

_____. *1 and 2 Thessalonians through the Centuries*. London: Wiley-Blackwell, 2011.

_____. "Wisdom in the Jewish and Christian Scriptures." *Theology* 114 (2011): pp. 163-172; and vol. 115 (2011): pp. 1-9.

_____. *Life after Death: A New Approach to the Last Things*. Grand Rapids: Eerdmans, 2012; otherwise entitled *The Last Things* (London: SPCK, 2012).

_____. "Reception Theory, Jauss, and the Formative Power of Scripture." *SJT* 65 (2012): pp. 289-308.

_____. *The Holy Spirit in Biblical Teaching, through the Centuries, and Today*. Grand Rapids: Eerdmans; London: SPCK, 2013.

Thornton, Lionel S. *The Common Life in the Body of Christ*. 3rd ed. London: Dacre Press, 1950.

Thrall, Margaret. "The Pauline Use of Syneidēsis." *NTS* 14 (1967): pp. 118-125.

Tilley, Terrence W. *The Evils of Theodicy*. Washington, D.C.: Georgetown University Press, 1991.

Tillich, Paul. *The Shaking of the Foundations*. New York: Scribner, 1948, 1962. 『흔들리는 터전』(뉴라이프).

_____. *Systematic Theology*. 3 vols. London: Nisbet, 1953, 1957, 1963. 『조직신학』(한들출판사).

Toland, John. *Christianity Not Mysterious*. New York: Garland, 1702.

Torrance, T. F. *The Trinitarian Faith*. Edinburgh: T. & T. Clark, 1995.

Towner, W. S. *Genesis*. Louisville: Westminster John Knox, 2001.

Tracy, David. *The Analogical Imagination: Christian Theology and the Culture of Pluralism*. New York: Crossroad, 1981.

Travis, Stephen H. *Christ and the Judgement of God: The Limits of Divine Revelation in New Testament Thought*. Milton Keynes: Paternoster; Peabody, Mass.: Hendrickson, 2008.

Trewett, Christine. *Montanism: Gender, Authority, and the New People Prophecy*. Cambridge: CUP, 1996.

Trible, Phyllis. *God and the Rhetoric of Sexuality*. Philadelphia: Fortress, 1978. 『하나님과 성의 수사학』(태초).

_____. *Texts of Terror: Literary-Feminist Readings of Biblical Narratives*.

Philadelphia: Fortress, 1984. 『성서에 나타난 여성의 희생』(전망사).

Trigg, J. W. *Origen: The Bible and Philosophy*. Atlanta: John Knox, 1983.

Turner, Max. *The Holy Spirit and Spiritual Gifts: Then and Now*. Carlisle: Paternoster, 1996. 『성령과 은사』(새물결플러스).

_____. *Power from on High: The Spirit in Israel's Restoration and Witness in Luke-Acts*. Sheffield: Sheffield Academic, 1996.

Tyndale, William. *A Pathway into the Holy Scripture*. Cambridge: CUP/Parker Society, 1848. Pp. 7-29.

Vanhoozer, Kevin. *Is There a Meaning in This Text? The Bible, the Reader, and the Morality of Literary Knowledge*. Grand Rapids: Zondervan, 1998. 『이 텍스트에 의미가 있는가?』(IVP).

_____. *The Drama of Doctrine: A Canonical-Linguistic Approach to Christian Theology*. Louisville: Westminster John Knox, 2005. 『교리의 드라마』(부흥과개혁사).

Van Pelt, M. V., and W. C. Kaiser. "*Rûach*." In *NIDOTTE* 3: pp. 1073-1078.

Vanstone, W. H. *Love's Endeavour, Love's Expense: The Response of Being to the Love of God*. London: DLT, 2007; orig. 1977.

Vatican II. *Gaudium et Spes*. In *Documents of Vatican II*, edited by Austin P. Flannery. Grand Rapids: Eerdmans, 1975.

_____. *Lumen Gentium* 1:1, "The Mystery of the Church." In *Documents of Vatican II*, edited by Austin P. Flannery. Grand Rapids: Eerdmans, 1975.

Vico, G. B. *On the Study Methods of Our Time*. Indianapolis: Bobbs-Merrill, 1965.

Vielhauer, Philipp. *Oikodomē: Das Bild vom Bau in der christlichen Literatur vom Neuen Testament bis Klement*. Karlsruhe: Harrassowitz, 1940.

Vincent, Thomas. *Fire and Brimstone in Hell*. 1670. Reprinted as e-book compiled by the Bible Truth Forum.

Volf, Miroslav. *Free of Charge: Giving and Forgiving in a Culture Stripped of Grace*. Grand Rapids: Zondervan, 2005. 『베풂과 용서』(복있는사람).

Von Rad, Gerhard. "*Shālōm*." In *TDNT* 2: pp. 402-406.

_____. *Genesis: A Commentary*. Philadelphia: Westminster, 1961. 『창세기』(한국신학연구소).

_____. *Old Testament Theology*. 2 vols. Edinburgh: Oliver and Boyd, 1962, 1965. 『구약성서신학』(분도출판사).

Vriezen, Th. C. *An Outline of Old Testament Theology*. Oxford: Blackwell, 1962. 『구약신학 개요』(CH북스).

Wainwright, Geoffrey. *Doxology: A Systematic Theology*. London: Epworth, 1980.

Waltke, Bruce K., with C. J. Fredericks. *Genesis: A Commentary*. Grand Rapids: Zondervan, 2001.

Walvoord, J. F. *Armageddon: Oil and the Middle East Crisis*. 2nd ed. Grand Rapids: Zondervan, 1990. 『아마겟돈, 석유와 중동위기』(마라나다).

Webster, John. "Systematic Theology." In *The Oxford Handbook of Systematic Theology*, edited by John Webster, Kathryn Tanner, and Iain Torrance, pp. 1-15. Oxford: OUP, 2007.

―――――. *Holy Scripture: A Dogmatic Sketch*. Cambridge: CUP, 2003.

―――――. *The Domain of the Word: Scripture and Theological Reason*. London and New York: Bloomsbury, 2012.

Webster, John, Kathryn Tanner, and Iain Torrance, eds. *The Oxford Handbook of Systematic Theology*. Oxford: OUP, 2007.

Weil, Simone. *Waiting for God*. London: Routledge, 1974; orig. 1939. 『신을 기다리며』(이제이북스).

Weiss, Johannes. *Earliest Christianity: A History of the Period A.D. 30-150*. 2 vols. New York: Harper, 1959; orig. 1937.

Welborn, L. L. "On Discord in Corinth: 1 Cor. 1-4 and Ancient Politics." *JBL* 106 (1987): pp. 85-111; also in Welborn, *Politics and Rhetoric in the Corinthian Epistles* (Macon, Ga.: Mercer University Press, 1997), pp. 1-42.

Wenham, Gordon. *Genesis 1-15*. Waco: Word, 1987. 『창세기 상』(솔로몬).

Wennberg, Robert N. *God, Humans, and Animals: An Invitation to Enlarge Our Moral Universe*. Grand Rapids: Eerdmans, 2003.

Wesley, John. "On the Holy Spirit: Sermon 141." 1736. Edited by George Lyons. Christian Classics Ethereal Library.

Westcott, B. F. *The Epistle to the Hebrews: The Greek Text*. New York and London: Macmillan, 1903.

Westermann, Claus. *Genesis 1-11: A Commentary*. Minneapolis: Augsburg, 1984. 『창세기 주석』(한들).

Whiteley, D. E. H. *The Theology of St. Paul*. Oxford: Blackwell, 1964, 1971. 『바울신학』(나단).

Wiesel, Elie. *Night*. New York: Hill and Wang, 1960, 1969. 『나이트』(예담).

Wildberger, Hans. *Isaiah 1-12*. Hermeneia/Continental Commentary. Philadelphia: Fortress, 1991.

Wiles, Maurice F. "Does Christology Rest on a Mistake?" In *Christ, Faith, and History*, edited by Stephen W. Sykes and J. P. Clayton. Cambridge: CUP, 1972.

Wiley, Tatha. *Original Sin*. New York: Paulist, 2002.

Wilkinson, David. *Christian Eschatology and the Physical Universe*. London: Continuum and T. & T. Clark, 2010.

Williams, Catrin H., and Christopher Rowland, eds. *John's Gospel and Intimations of*

Apocalyptic. London: Bloomsbury, 2013.
Williams, Norman P. *The Ideas of the Fall and of Original Sin*. London: Longmans, Green, 1929.
Williams, Rowan D. *Arius: Heresy and Tradition*. Grand Rapids: Eerdmans, 2001.
Wilson, Stephen G. *The Gentiles and the Gentile Mission in Luke-Acts*. SNTSMS 23. Cambridge: CUP, 1973.
Wink, Walter. *Naming the Powers: The Language of Power in the New Testament*. Philadelphia: Fortress, 1984.
_____. *Unmasking the Powers: The Invisible Forces That Determine Human Existence*. Philadelphia: Fortress, 1986. 『사탄의 가면을 벗겨라』(한국기독교연구소).
_____. *Engaging the Powers: Discernment and Resistance in a World of Domination*. Philadelphia: Fortress, 1992. 『사탄의 체제와 예수의 비폭력』(한국기독교연구소).
Witherington, Ben, III. *Jesus the Sage: The Pilgrimage of Wisdom*. Edinburgh: T. & T. Clark, 1994.
_____. *1 and 2 Thessalonians: A Socio-Rhetorical Commentary*. Grand Rapids: Eerdmans, 2006.
Wittgenstein, Ludwig. *Philosophical Investigations*. 2nd ed. Oxford: Blackwell, 1958. 『철학적 탐구』(아카넷).
_____. *Zettel*. Oxford: Blackwell, 1967. 『쪽지』(책세상).
_____. *The Blue and Brown Books: Preliminary Studies for the "Philosophical Investigations."* 2nd ed. Oxford: Blackwell, 1969. 『청색책·갈색책』(책세상).
Wolterstorff, Nicholas. "Contemporary Views of the State." *Christian Scholar's Review* 3 (1974).
_____. *Divine Discourse: Philosophical Reflections on the Claim That God Speaks*. Cambridge: CUP, 1995.
_____. *Justice: Rights and Wrongs*. Princeton: Princeton University Press, 2008.
Wright, N. T. *Jesus and the Victory of God*. London: SPCK, 1996. 『예수와 하나님의 승리』(CH북스).
_____. *The Resurrection of the Son of God*. London: SPCK; Minneapolis: Fortress, 2003. 『하나님의 아들의 부활』(CH북스).
_____. *The Last Word: Scripture and the Authority of God—Getting beyond the Bible Wars*. New York: Harper One, 2005.
_____. *Surprised by Hope: Rethinking Heaven, the Resurrection, and the Mission of the Church*. London: SPCK, 2007. 『마침내 드러난 하나님 나라』(IVP).
_____. *Paul and the Faithfulness of God*. 2 vols. London: SPCK, 2013. 『바울과 하나님의 신실하심』(CH북스).

Yinger, Kent L. *Paul, Judaism, and Judgement according to Deeds*. SNTSMS 105. Cambridge: CUP, 1999.

Yoder, John Howard. *The Politics of Jesus*. Grand Rapids: Eerdmans, 1972; 2nd ed. 1994. 『예수의 정치학』(IVP).

Zizioulas, John D. *Being as Communion: Studies in Personhood and the Church*. New York: St. Vladimir's Seminary Press, 1985, 1997. 『친교로서의 존재』(삼원서원).

Zwiep, Arie W. *Christ, the Spirit, and the Community of God*. WUNT, ser. 2, 293. Tübingen: Mohr, 2010.

Zwingli, Ulrich. *On the Lord's Supper*. In *Zwingli and Bullinger*, edited by G. W. Bromiley. LCC. Philadelphia: Westminster; London: SCM, 1953. 『츠빙글리와 불링거』(두란노아카데미).

인명 찾아보기

*굵은 서체로 표시한 페이지 숫자는 중요한 페이지를 나타낸다.

가(Garr, Alfred G.) 452
가다머(Gadamer, Hans-Georg) 48-50, 56, 72, 132, 159
가드너(Gardner, Paul D.) 234
가블릭(Gawlick, G.) 163
거킨(Gerkin, Charles V.) 147
건드리(Gundry, Robert) 437, 527, 575, 581
건튼(Gunton, Colin) 20, 25, 342, 349, 353-355, 359, 361
게이(Gay, Volney) 147
고트샬크(Gottschalk) 259
골딩게이(Goldingay, John) 57
골비처(Gollwitzer, Helmut) 154
과트킨(Gwatkin, H. M.) 457
구취(Gooch, P. W.) 234
그레고리오(Gregory of Rome) 208, 261, 576
그레고리오스(Gregory of Nazianzus) 66, 70-71, 73, 75, 172, 212, 330, **334-335**, 399, 463-464
그레고리오스(Gregory of Nyssa) 25, 31-32, 66, 93, 95, 201, 292, 330, **333-334**, 338, 354, 399, 463, 590
그레이스턴(Grayston, Kenneth) 443
그레잉어(Grainger, James) 188

그렌츠(Grenz, Stanley) 483
그로티우스(Grotius, Hugo) 204, 349
그루뎀(Grudem, Wayne) 308, 343, **523-526**
그리산티(Grisanti, M. A.) 79
그린(Green, Joel) 398
기욤(William of Champeaux) 343
길레스피(Gillespie, Thomas) 436

나이트(Knight, G. A. F.) 417
나폴레옹(Napoleon) 273
네스토리오스(Nestorius) 400
녹스(Knox, W. L.) 396
뉘그렌(Nygren, Anders) 87-88, 316, 392, 441
뉴먼(Newman, John Henry) 235, 468, 473
뉴턴(Newton, Isaac) 115, 162
뉴턴(Newton, Thomas) 188
니버(Niebuhr, Reinhold) 189, 224-225, 273-274, 276-277
니체(Nietzsche, Friedrich) 57, 142, **148-149**, **151-154**, 164, 272-274
닐(Neil, William) 585

다비(Darby, J. N) 525
다우첸베르크(Dautzenberg, G.) 437
다이스만(Deissmann, Adolf) 296-297, 385
달(Dahl, M. E.) 543
대킨(Dakin, A.) 266

댕커(Danker, Friedrich) 37, 241, 315, 326, 395, 438-439, 443, 485, 491, 495-497, 502, 525, 528, 536, 552, 554, 585
더글러스(Douglas, Mary) 354
더럼(Durham, William) 451
던(Dunn, J. D. G.) 27, 213, 227, 243, 244, 317, 363, 366, 373, 374, 375, 377, 380, 381, 382, 392, 396, 398, 406, 423, 426, 428, 429, 433, 436, 444, 475, 502
덜러스(Dulles, Avery) 488-489
데니(Denney, James) 318-319, 339, 349, 351-352
데리다(Derrida, Jacques) 57
데모크리토스(Democritus) 137
데일리(Daly, Mary) 216
데카르트(Descartes, René) 72, 126-127, 165, 227, 480-481
도드(Dodd, Charles H.) 315-317, 379, 392, 443, 530, 561
도르너(Dorner, J. A.) 186, 349, 571
도스토옙스키(Dostoevsky, F.) 22, 107
돌바크(Holbach, Baron d') 139
둔스 스코투스(Duns Scotus) 94, 262, 349
드러몬드(Drummond, Henry) 472, 527
디드로(Diderot, Denis) 139
디워(Dewar, Lindsay) 426
딕스(Dix, Gregory) 475, 511
딘드러몬드(Deane-Drummond, Celia) 193
딜타이(Dilthey, Wilhelm) 49, 72

라너(Rahner, Karl) 34, 156, 159, 174, 258, 275, 359, 364, 403, 484, 521
라이마루스(Reimarus, H. J.) 377-378, 400
라이트(Wright, N. T.) 158, 228, 308, 363, 373, 377, 380-381, 382, 383-384, 387-388, 392, 398, 432, 485-486, 533-535, 539, 554, 592
라이트푸트(Lightfoot, J. B.) 490, 492
라이프니츠(Leibniz, G. W.) 101, 110, 115-116, 128, 480

라일(Ryle, Gilbert) 41-42, 150, 227
라잇하르트(Leithart, P. J.) 332-333
라헤이(La Haye, Tim) 527
락탄티우스(Lactantius) 208, 330, 526
램프(Lampe, G. W. H.) 423, 428, 474-475, 490-492
러브조이(Lovejoy, Arthur) 100-101
러셀(Russell, D. S.) 364
레닌(Lenin, Vladimir) 154
레벤트로우(Reventlow, Henning Graf) 138, 159-160, 162, 164
레비슨(Levison, John) 420
레싱(Lessing, G. E.) 397, 400
레오 1세(Leo I) 259
레이크(Lake, K.) 322
레인(Lane, William L.) 393-394, 447
레프토우(Leftow, Brian) 571
렌토르프(Rendtorff, Rolf) 532
렌토르프(Rendtorff, Trutz) 532
렌하르트(Leenhardt, F. J.) 316, 392, 509
로빈슨(Robinson, H. Wheeler) 413
로빈슨(Robinson, J. A. T.) 230, 367, 397, 402, 481, 483
로스키(Lossky, Vladimir) 21, 219-220, 225, 251, 280-281, 475, 477, 483-484, 487
로슬랭(Roscelin) 343
로우(Lowe, John) 531
로웰(Rowell, Geoffrey) 521
로저스(Rogers, Eugene F.) 69-70, 371, 421, 424, 477
로크(Locke, John) 72, 115, 163-164, 223, 480
롤런드(Rowland, Christopher) 51
롬바르(Lombard, Peter) 265, 280
뢰슬러(Rössler, Dietrich) 368, 532
루더(Reuther, Rosemary Radford) 216
루이스(Lewis, C. S.) 56, 130, 201
루츠(Luz, Ulrich) 51, 422, 532
루카치(Lukacs, Georg) 154
루터(Luther, Martin) 34, 46, 79, 94-95, 156, 161, 172, 209-210, 223, 260, 262-267, 280,

309, 336, 341, 344-348, 353-356, 433, 440, 449, 464-468, 500, 504, 506-507, 512-514, 522-523, 526, 533, 547, 563, 567
뤼데만(Lüdemann, H.) 231
뤼박(Lubac, Henri de) 359
르낭(Renen, Ernest) 378
르카나티(Recanati, F.) 45
리고(Rigaux, Beda) 539
리노(Reno, R. R.) 198
리드(Reid, J. K. S.) 309, 349
리처드(Richards, Earl J.) 539
리처드슨(Richardson, Alan) 503, 566
리츠만(Lietzmann, Hans) 510-511
리츨(Ritschl, Albrecht) 268-269, 342, 344, 351, 369, 402, 564
리치먼드(Richmond, James) 268, 351, 402
리쾨르(Ricoeur, Paul) 48, 52, 57, 72, 145, 146, 147-148, 240, 354, 483-484, 509, 572
린지(Lindsey, Hal) 527
린지(Linzey, Andrew) 191, 193, 194-195, 199-200

마레트(Marett, R. R.) 144
마르셀(Marcel, Pierre-Charles) 505
마르크스(Marx, Karl) 140, 148, 152-154
마샬(Marshall, I. Howard) 418, 511
마샬(Marshall, Paul) 216
마오쩌둥(Mao Tse-tung) 154
마우(Mouw, Richard) 217
마우트너(Mauthner, Fritz) 150
마운스(Mounce, W. D.) 496
마이스터(Meister, Chad) 105
마이어(Meyer, H. A. W.) 585
마키아(Macchia, Frank) 233, 427, 437-438, 453
마틴(Martin, Dale B.) 297, 386
마틴(Martin, James P.) 560, 561-563
마틴(Martyn, J. L.) 532
막센(Marxsen, W.) 544
맥그라스(McGrath, Alister) 350, 397
맥긴(McGinn, Bernard) 525, 527
맥도널드(McDonald, H. D.) 160
맥러플린(McLaughlin, Ryan) 193-194, 198
맥쿼리(Macquarrie, John) 226, 350, 401
맥키(Mackie, J. L.) 104-105, 107, 116
맥퍼슨(McPherson, Aimee Semple) 452-453
맨슨(Manson, T. W.) 313, 315, 375, 379, 396
머피오코너(Murphy-O'Connor, Jerome) 236
메이슨(Mason, A. J.) 475
메츠거(Metzger, Bruce) 229, 392
메트리(Mettrie, Julien de la) 139
멘지스(Menzies, Robert) 427
멜란히톤(Melanchthon, Philipp) 264, 466, 500-501
모리스(Maurice, F. D.) 349
모리스(Morris, Leon) 287, 317, 344, 350
모벌리(Moberly, Walter) 38, 54, 349
모빙켈(Mowinckel, S.) 511
모세(Moses) 28, 35, 77-79, 134, 146, 175, 182, 210, 292, 300, 303, 304-306, 324, 364, 519, 575
모즐리(Mozley, J. K.) 332, 338
모파트(Moffatt, James) 76, 88, 441, 550
목슨(Moxon, R.) 268
몬타누스(Montanus) 449, 457, 459, 468
몬테규(Montague, George) 419, 447
몬테피오리(Montefiore, Hugh) 393-394, 446, 447
몰(Moule, C. F. D.) 202, 390, 503, 511, 566, 586
몰트만(Moltmann, Jürgen) 69-70, 73, 75-76, 81, 85-86, 107, 136, 151-152, 189, 195-197, 224-225, 285, 287-288, 290-291, 308, 349-350, 356-357, 359, 361, 364-365, 371, 398, 406, 409-410, 421, 424, 442-443, 454, 475, 476-477, 483-484, 487-488, 518, 522, 574, 576, 583, 585, 591-592
무어(Moore, Arthur T.) 531, 539-540
뮌처(Müntzer, Thomas) 449, 465
뮐러(Müller, Ulrich) 436

인명 찾아보기   627

미란다(Miranda, José P.) 205
미튼(Mitton, C. L.) 327
미헬(Michel, Otto) 205
민종기(Min, Jeong Kii) 217
밀(Mill, John Stuart) 100, 102

바(Barr, James) 68, 157, 303, 413
바르취(Bartsch, H.-W.) 544
바르트(Barth, Karl) 61-62, 86, 155-157, 160, 168, 172, 186-187, 194, 197, 201, 203, 210, 225, 270-272, 273, 279, 280, 288, 289-290, 308, 355-356, 406, 435, 474, 506, 542, 549, 591
바빙크(Bavinck, Herman) 266
바실레이오스(Basil of Caesarea) 93, 95, 208, 418, 455, 460, 463-464
바우어(Bauer, Bruno) 141
바우어(Baur, F. C.) 36
바움게르텔(Baumgärtel, Friedrich) 231
바이스(Weiss, Johannes) 387, 532, 541, 569
바이스만(Waismann, Friedrich) 50
바필드(Barfield, Owen) 57
바흐친(Bakhtin, Mikhail) 22, 50, 54
발타사르(Balthasar, Hans Urs von) 129, 288, 354-356, 404, 508, 509
배러트(Barrett, C. K.) 313, 315-316, 370, 413, 421, 423, 443, 499, 505, 543, 586
백스터(Baxter, Richard) 563
밴스톤(Vanstone, William H.) 102
밴후저(Vanhoozer, Kevin) 161, 508
버만(Berman, David) 138-139
버틀러(Butler, Joseph) 201, 235, 468
베네딕도 12세(Benedict XII) 522
베네딕도 16세(Benedict XVI) 193-194, 235
베다(Bede of Jarrow) 259
베르나르(Bernard) 265, 343
베르메스(Vermes, G.) 380
베르카우어(Berkouwer, G. C.) 266
베스터만(Westermann, Claus) 198
베스트(Best, Ernest) 538

베어(Baer, Hans von) 427
베유(Weil, Simone) 107
베이컨(Bacon, Francis) 194
베일리(Baillie, Donald M.) 287, 288
베커(Beker, J. C.) 36, 441, 532
벤슨(Bentzen, A.) 511
벨(Bell, Eudorus N.) 452
벨커(Welker, Michael) 477
벰(Behm, Johannes) 231, 443
벵엘(Bengel, J. A.) 434, 539, 563, 591
보나벤투라(Bonaventure) 193
보른캄(Bornkamm, Günther) 24, 283, 379, 434, 436
보링(Boring, M. E.) 437
보에티우스(Boethius) 572
보컴(Bauckham, Richard) 363, 377, 382-383, 393
본회퍼(Bonhoeffer) 146, 151, 248, 487-488
부쉬넬(Bushnell, Horace) 351-352
부처(Bucer, Martin) 440, 466, 501, 514
불트만(Bultmann, Rudolf) 21-22, 38, 48, 93, 205, 230, 232, 271, 273, 276, 283, 359, 370, 373, 379, 385, 387, 402-408, 481, 519, 544-545, 562, 564, 567
뷕셀(Büchsel, F.) 562-563
브라운(Brown, Alexandra) 532
브라운(Brown, Raymond) 376
브라이트먼(Brightman, Edgar) 102
브래들리(Bradley, F. H.) 39, 161
브레데(Wrede, W.) 377-378
브루너(Bruner, F. Dale) 428
브루너(Brunner, Emil) 86, 197, 202-203, 207, 217, 268, 271, 273, 276, 350, 405, 586, 591
브루스(Bruce, F. F.) 426, 446, 587
브뤼머(Brümmer, Vincent) 34, 91, 98, 106
브릭스(Briggs, Richard S.) 43, 568
블레이크(Bleich, David) 49
비슬리머리(Beasley-Murray, G. R.) 58, 312, 443
비코(Vico, G.) 159
비트겐슈타인(Wittgenstein, Ludwig) 39-42, 85,

150, 537, 567
빅넬(Bicknell, E. J.) 269
빈디쉬(Windisch, Hans) 443
빈센트(Vincent, Thomas) 34, 91
빌(Beale, G. K.) 576, 578
빌켄스(Wilckens, Ulrich) 532
빌트베르거(Wildberger, H.) 239

사르트르(Sartre, Jean-Paul) 154
사이츠(Seitz, Christopher) 38
사익스(Sykes, A. A.) 164, 397
샌더스(Sanders, E. P.) 283-234
샤츠만(Schatzmann, S.) 433
설(Searle, John R.) 45, 568
세네카(Seneca) 27, 420
세르포(Cerfaux, L.) 385, 387
세풀베다(Sepúlveda, Juan) 452
셸리(Shelley, Percy) 139
소스키스(Soskice, Janet Martin) 57, 354, 535
소크라테스(Socrates) 28, 30, 32, 250
소키누스(Socinus, Faustus) 342, 349
손네스(Sandnes, K. O.) 436
손튼(Thornton, Lionel S.) 482-483, 485, 543
쇠베리(Sjöberg, Erik) 419
수에넨스 추기경(Suenens, Cardinal) 454
쉬나켄부르크(Schnackenburg, Rudolf) 430, 487, 501, 502-503
쉬라게(Schrage, W.) 433
쉬슬러피오렌자(Schüssler-Fiorenza, Elisabeth) 216
슈바이쳐(Schweitzer, Albert) 200, 368, 377-378, 402, 532, 541
슈토르(Storr, Gottlob) 358
슈토르히(Storch, Nicolaus) 465
슈트라우스(Strauss, David F.) 141, 378, 401-402
슐라이어마허(Schleiermacher, Friedrich) 33, 48, 108, 117, 167-168, 267-268, 342, 349, 350, 352-353, 401, 469-470, 564
슐라터(Schlatter, Adolf) 186, 231

스롤(Thrall, Margaret) 234
스메일(Smail, Tom) 455
스미스(Smith, C. Ryder) 303-304, 413
스미튼(Smeaton, George) 471
스웨트(Swete, Henry B.) 425, 442, 445, 447, 474
스윈번(Swinburne, Richard) 34, 99, 109, 121-122, 127, 133-134, 571
스카길(Scargill, Daniel) 138
스코트(Scott, C. Anderson) 302
스코트(Scott, E. F.) 444
스타우어스(Stowers, S. K.) 24, 223
스탈린(Stalin, Joseph) 154, 527
스탠턴(Stanton, Graham N.) 379, 383
스텐달(Stendahl, Krister) 233, 437-438
스트로슨(Strawson, P. F.) 72, 539
스트론스태드(Stronstad, Roger) 454
스트롱(Strong, A. H.) 37
스티븐스(Stevens, G. B.) 339
스펜서(Spencer, Ivan Quay) 120, 452
스피노자(Spinoza, Baruch) 128, 165
스피크(Spicq, C.) 87, 441
스힐레베이스(Schillebeeckx, Edward) 364, 404
시모어(Seymour, William Joseph) 427, 450-451
심슨(Simpson, Albert B.) 449, 472
싱어(Singer, Peter) 189, 197

아르미니우스(Arminius, Jacob) 349, 588
아리스토텔레스(Aristotle) 161, 162, 209, 512
아리스티데스(Aristides) 456
아리우스(Arius) 74-75, 399
아벨라르(Abelard) 338, 342-344, 351
아비스(Avis, Paul) 57, 354
아우구스티누스(Augustine) 71, 92, 93, 95, 100, 103, 107-108, 172, 182, 190-191, 208, 209, 222, 240, 260-262, 264, 265, 278, 327, 336-338, 460, 463-464, 493, 506, 521, 526, 537, 571, 588, 589
아울렌(Aulén, Gustaf) 349, 352-353, 361
아이히로트(Eichrodt, Walther) 416

인명 찾아보기 **629**

아퀴나스(Aquinas, Thomas) 92, 100, 101, 102, 107-108, 172, 181, 184-185, 190-191, 193, 196, 209, 222-224, 234, 260-262, 266, 280, 403, 437, 498, 509, 512-513, 521, 539, 570, 588
아타나시오스(Athanasius) 75, 208, 251-252, 280, 330-333, 353, 399, 417, 418, 455, 461-462, 520
아테나고라스(Athenagoras) 226
아펠(Apel, Karl-Otto) 51, 216
아폴리나리오스(Apollinarius) 400
안셀무스(Anselm of Canterbury) 259-260, 264-265, 322, 338-342
안셀무스(Anselm of Laon) 343
안영란(Ahn, Yongnan Jeon) 454
알란트(Aland, Kurt) 505-506
알터(Alter, Robert) 53
알트하우스(Althaus, Paul) 288, 591
암브로시우스(Ambrose) 208, 252-255, 257, 261, 327, 330, 335-336, 353, 399, 460, 463
애덤스(Adams, Robert) 105
애트리지(Attridge, Harold) 393, 394, 447
애튼버러(Attenborough, David) 100
앤드루 앤젤(Angel, Andrew) 171-172, 180
앤스콤(Anscombe, G. E. M.) 47
앨스톤(Alston, William) 105
앨퀸(Alcuin of York) 259
야우스(Jauss, Hans Robert) 51, 58-59
어빙(Irving, Edward) 427, 449, 472, 527
어윈(Irwin, Benjamin) 449, 472
에드워즈(Edwards, Jonathan) 468-469
에라스무스(Erasmus, D.) 263
에리우게나(Erigena, Scotus) 259
에릭손(Eriksson, Anders) 544
에번스(Evans, Donald C.) 48, 567
에벨링(Ebeling, Gerhard) 157, 379
에이어(Ayer, A. J.) 41
에크슈타인(Eckstein, H. J.) 234
엘로이즈(Heloise) 343
엘리스(Ellis, E.) 437
영(Young, Frances) 354
예레미아스(Jeremias, Joachim) 310-311, 370, 374, 385, 505, 509, 511
오도노반(O'Donovan, Oliver) 202, 204, 209, 213, 217
오르트켐퍼(Ortkemper, F. J.) 543
오리게네스(Origen) 30-31, 35, 172, 191, 202, 211, 228, 250-251, 265, 328-329, 353, 398-399, 437, 460, 526, 538, 589-590
오브라이언(O'Brien, P. T.) 390
오스틴(Austin, John L.) 43, 45-46, 157, 567-568
오어(Orr, James) 160
오웬(Owen, John) 467
오컴(William of Ockham) 94
올로크(Ollrog, Wolf- Henning) 495
와이틀리(Whiteley, D. E. H.) 227, 230, 242-244, 308, 324, 483
와일스(Wiles, Maurice) 397, 402
외팅어(Oetinger, F. C.) 86, 591
외프케(Oepke, A.) 304
요더(Yoder, John) 213
요한 바오로 2세(John Paul II) 193-194
용(Yong, Amos) 477
워드(Ward, Keith) 201
워싱턴(Washington, George) 273
워필드(Warfield, Benjamin) 121, 161, 471-472
월보드(Walvoord, John E.) 527
월터스토프(Wolterstorff, Nicholas) 34, 217, 223, 306
월트키(Waltke, Bruce) 199
웨슬리(Wesley, John) 95, 201, 457, 468
웨인라이트(Wainwright, A. W.) 50, 485
웬버그(Wennberg, Robert N.) 188-189, 193, 198, 201
웬함(Wenham, Gordon) 198
웹스터(Webster, John) 13, 20, 158
위(僞)디오니시오스(Dionysius) 21, 25, 62, 172, 183
위젤(Wiesel, Elie) 107, 136, 290

윌리엄스(Williams, C. S.) 585
윌리엄스(Williams, Cyril G.) 437
윌리엄스(Williams, N. P.) 176, 181, 250, 258, 261-262
윌리엄스(Williams, Rowan) 74, 399
윌모트(Wilmot, John) 138
윌슨(Wilson, Stephen) 530
윙엘(Jüngel, Eberhard) 23, 57, 112, 151, 155, 157, 205, 225, 288, 354
윙크(Wink, Walter) 179, 213
유스티노스(Justin) 28, 132, 324, 456, 526
유스티노스(Martyr, Justin) 28, 132, 324, 456, 526
유어트(Ewart, Frank J.) 452
이그나티오스(Ignatius) 323, 398, 456, 491
이레나이우스(Irenaeus of Lyons) 30, 32, 108-109, 132, 168, 201, 221, 228, 247-248, 251, 323, 325-328, 331, 338, 353, 398, 458, 460, 476, 481, 526, 576, 589
이저(Iser, Wolfgang) 55
잉어(Yinger, Kent L.) 569

자콥(Jacob, Edmond) 80, 84, 418
제리쉬(Gerrish, B. A.) 469
존스(Jones, O. R.) 82
존슨(Johnson, L. T.) 437
쥬이트(Jewett, Robert) 223, 226
지브스(Jeeves, Malcolm) 121, 190
지지울라스(Zizioulas, John D.) 71, 236, 280-281, 409, 475, 477, 483-484, 487

차일즈(Childs, Brevard S.) 51, 78-79, 535
찰스(Charles, R. H.) 531
채드윅(Chadwick, Henry) 254
챈들러(Chandler, E.) 164
처베리의 허버트(Herbert of Cherbury) 162
초크(Chalke, Steve) 308, 348
츠빕(Zwiep, Arie) 427-429
츠빙글리(Zwingli, Ulrich) 466, 509, 512-515

카(Carr, Wesley) 213
카스퍼(Kasper, Walter) 143
카슨(Carson, Donald A.) 426
카이퍼(Kuyper, Abraham) 471-472
카트리지(Cartledge, Mark) 452
칸트(Kant, Immanuel) 63-64, 115, 118, 120, 126-127, 158, 260, 350, 353, 469, 480, 564
칼라일(Carlyle, Thomas) 162
칼뱅(Calvin, John) 93-95, 102, 121, 171-173, 185-186, 192-194, 199, 202, 209-212, 217, 222-223, 231, 256, 264, 265-267, 300, 309, 327, 336, 344, 347-349, 351, 355, 366, 391, 437, 440, 460, 464, 466-467, 492, 497-499, 500-501, 504, 512-516, 523, 563, 586, 588
칼슈타트(Carlstadt, Andreas) 449, 465
캐시(Casey, Maurice) 374
캠벨(Campbell, C. A.) 63
캡스(Capps, Donald E.) 147
케르케이넨(Kärkkäinen, Veli- Matti) 453
케어드(Caird, George B.) 179, 185, 212-213, 302, 354, 379-380, 382, 384, 447, 525-527, 535, 540, 577, 582
케이브(Cave, Sidney) 334
케제만(Käsemann, Ernst) 65, 229, 316-317, 364, 368, 377, 379, 392, 437, 438, 489, 531-532, 547, 573
켈리(Kelly, J. N. D.) 336, 446
켈수스(Celsus) 191, 207
코니비어(Conybeare, John) 164
코클리(Coakley, Sarah) 13, 19, 20, 26, 34, 51-52, 205-206, 214-216
코페르니쿠스(Copernicus) 188
코플스턴(Copleston, Frederick) 149
코흐(Koch, K.) 238, 364, 368, 532
콘스탄티우스(Constantius) 74
콘첼만(Conzelmann, Hans) 283, 379, 544-545
콜리지(Coleridge, Samuel Taylor) 201, 349, 352, 354
콜린스(Collins, Anthony) 138-139, 159, 164

콜린스(Collins, John N.) 497
콜링우드(Collingwood, R. G.) 50
콩가르(Congar, Yves) 156, 359-360, 454, 475-476, 488
쿠셸(Kuschel, Karl-Josef) 387, 405
쿠스(Kuss, O.) 392
쿠자누스(Nicholas of Cusa) 86
쿨만(Cullmann, Oscar) 100, 179, 202, 212, 354, 364-366, 374, 385, 396, 432, 504, 506, 521, 544
퀴네트(Künneth, Walter) 545
퀴리(Currie, S. D.) 437
큉(Küng, Hans) 34, 91, 128-129, 143-144, 154, 279-280, 288, 360-361, 404
크라머(Kramer, Werner) 385
크래프턴(Crafton, Jeffrey A.) 495
크랜머(Cranmer, Thomas) 514
크랜필드(Cranfield, C. E. B.) 237, 255, 317, 390-392, 412, 540, 587
크레이그(Craig, William) 116, 381, 571
크로산(Crossan, John Dominic) 363, 372, 377, 381-382
크리소스토모스(Chrysostom, John) 92, 95, 353, 437, 539
클라인스(Clines, David J. A.) 220
클라크(Clarke, Samuel) 115, 235
클러프(Clough, David) 192-193, 200-201
클레멘스(Clement of Alexandria) 29, 367
클레멘스(Clement of Rome) 398
키너(Keener, Craig S.) 435
키르케고르(Kierkegaard, Søren) 20-22, 61, 112, 130, 132, 167, 172
키릴로스(Cyril of Alexandria) 95, 367, 399
키케로(Cicero) 162, 260
키텔(Kittel, Gerhard) 178, 182, 562
키프리아누스(Cyprian) 228, 254, 256, 327, 330, 459-460, 487, 498
킬비(Kilby, Karen) 143

타이센(Theissen, Gerd) 232-233, 380, 437, 438
타일러(Tylor, E. B.) 144
탤버트(Talbert, Charles) 417-418
터너(Turner, Max) 421, 425, 429, 436, 443-444
테넌트(Tennant, Frederick R.) 109, 121, 269
테니슨(Tennyson, Alfred Lord) 100
테르툴리아누스(Tertullian) 23, 226, 248-249, 253, 257, 325, 327-328, 341, 398, 457, 458-459, 460, 499
테오도로스(Theodore of Mopsuestia) 399, 539
테오필로스(Theophilus) 28-29, 456
테일러(Taylor, Vincent) 286, 379, 385
템플(Temple, William) 480
토마지우스(Thomasius) 349
토플레이디(Toplady, Augustus) 201
톨런드(Toland, John) 163-164
투레티니(Turretin, John) 563
트래비스(Travis, Stephen) 566, 569
트레이시(Tracy, David) 532
트리블(Trible, Phyllis) 215
티슬턴(Thiselton, Anthony C.) 47, 212
티코니우스(Tyconius) 526
틴들(Tindal, Matthew) 46, 161, 163-164, 500, 507
틴들(Tyndale, William) 46, 161, 163-164, 500, 507
틸리(Tilley, Terrence) 48, 106-107
틸리케(Thielicke, Helmut) 202, 209-210
틸리히(Tillich, Paul) 22, 63, 166, 272-273, 276-277, 560

파럼(Parham, Charles) 427, 450-452
파르카스팔비(Farkasfalvy, Denis) 156
파월(Powell, Cyril H.) 414
파이네(Feine, Paul) 413
파이슨(Fison, J. E.) 411, 423, 442
판넨베르크(Pannenberg, Wolfhart) 13, 23-24, 38, 57, 62, 67, 69, 70, 71, 82, 123, 156-157, 168, 195-196, 226, 235, 240, 257, 267, 277-

281, 295, 349-350, 357-359, 361, 367-370, 377, 382, 387, 398, 402, 406-410, 418, 421, 432, 436, 441, 470, 475, 477, 486, 497, 520, 532, 545, 554, 565
퍼스(Peirce, C. A.) 233-234
펑크(Funk, Robert) 363, 371, 981, 529
페린(Perrin, Norman) 372
페어웨더(Fairweather, E. R.) 343
펠라기우스(Pelagius) 92, 255-256, 258, 265, 268, 506
포골로프(Pogoloff, Stephen) 27, 433
포러(Fohrer, G.) 300
포브스(Forbes, Christopher) 436-437
포위스(Powys, David) 588
포이어바흐(Feuerbach, Ludwig) 76, 141-143, 148, 154
폭스(Fox, George) 449-450, 467
폰 라트(Rad, Gerhard von) 38, 80-81, 178, 198, 298, 417
폴(Paul, Geoffrey) 494
폴리카르포스(Polycarp) 208, 323, 456
푀르스터(Foerster, Werner) 300
푹스(Fuchs, Ernest) 55, 90, 377, 379
프라이스(Price, H. H.) 43
프란스(France, R. T.) 424, 541
프란치스코 교황(Francis, Pope) 489, 522
프랭크스(Franks, R. S.) 328, 332, 334-336, 349
프렌터(Prenter, Regin) 465
프로이트(Freud, Sigmund) 140, 142, 144-148, 232, 272
프리젠(Vriezen, Th. C.) 80, 83
플라톤(Plato) 27-30, 35, 118, 191, 227, 314, 329
플래스코(Plaskow, Judith) 276-277
플랜팅가(Plantinga, Alvin) 34, 104, 106, 109, 111, 116, 126-126, 128-129, 167, 223
플레처(Fletcher, John) 468, 472
플로티노스(Plotinus) 572
플뢰거(Plöger) 368
플루(Flew, A.) 105, 107

플루(Flew, Newton) 485
피(Fee, Gordon) 416, 454, 546
피디스(Fiddes, Paul) 50, 71-73, 442
피쉬(Fish, Stanley) 49
피츠마이어(Fitzmyer, Joseph) 317, 371, 391-392
필론(Philo) 191-192, 312-313, 418-420, 580
필립스(Phillips, J. B.) 326
필슨(Filson, Floyd V.) 416
필하우어(Vielhauer, Philipp) 436

하르낙(Harnack, Adolf von) 31, 312, 339, 341, 347, 402, 405
하만(Hamann, J. G.) 86
하버마스(Habermas, Jürgen) 51, 56, 216
하이데거(Heidegger, Martin) 48, 56, 132, 379, 402, 572
하지(Hodge, Charles) 33, 116, 221, 258, 352, 471
해링턴(Harrington, D. J.) 495
해밀턴(Hamilton, Neil Q.) 430, 432
핸슨(Hanson, Anthony) 495
허타도(Hurtado, Larry) 376, 390-392, 394, 398
헌터(Hunter, A. M.) 384-385
헐(Hull, J. H. E.) 426
헤겔(Hegel, Georg W. F.) 21-23, 29, 127-128, 141-143, 153, 166, 288-290, 353-354, 360-361, 404-405, 469-471
헤이스(Hays, Richard B.) 546
헤이킨(Haykin, Michael A. G.) 462
헨드릭슨(Hendriksen, William) 526
헨리(Henry, Matthew) 201
헬름(Helm, Paul) 571
헹엘(Hengel, Martin) 286, 380, 418
호슬리(Horsley, R. A.) 234
호피우스(Hofius, O.) 511
홀랜드(Holland, Tom) 504
홀레만(Holleman, Joost) 531, 539-540, 548
홀렌버거(Hollenweger, W.) 435
홀름베리(Holmberg, Bengt) 495

홀스텐(Holsten, C.) 231
홉스(Hobbes, Thomas) 137-138
후커(Hooker, Richard) 321, 492, 514
후크(Hooke, S. H.) 511
휘스턴(Whiston, W.) 164
흄(Hume, David) 72, 98, 107, 115, 118-120, 139, 480

흐루쇼프(Khrushchev, Nikita) 154
히긴스(Higgins, A. J. B.) 511
히폴리투스(Hippolytus) 330, 460, 526
힉(Hick, John) 84, 248, 268, 397, 402-403
힐(Hill, David) 315, 436
힐라리우스(Hilary of Poitiers) 330, 335, 399, 455, 459, 460, 462, 464

주제 찾아보기

70인역(LXX) 387, 418
homoousios(같은 존재인) 75
koinōnia(친교, 교제) 482
theotokos(하나님을 낳은 자), 마리아가 아니라 그리스도와 관련된 257
xenoglossia(말하는 이들은 배우지 않았으나 실제로 인간이 사용하는 언어) 426

가난하고 억압받는 자 214
가르침(doctrine, 교리): 바울 이전에 사도들이 일러 준 544; 얼어붙게 만듦 20
가르침에 능함 496
가족과 계급 273-274
가톨릭사도교회 472
갈등: 갈등과 투쟁 440; 자아 내부에서 벌어지는 260
감독교회 490
감리교: 감독(bishop) 490-491; 권능 있는 행위와 권능 있는 말씀 373; 사상 95; 천년왕국 523-525
감정이나 열정 561
감정적 열정 467
갑바도기아 교부 353
강림(파루시아) 177, 383, 517-542
개념 문법, 개념 도구 39-44, 312
개신교: 전통 171, 192; 종교개혁자들 342
개인주의 72, 159; 공동체라는 맥락 속에 자리함 415; "유럽 역사에서 가장 비참한 순간" 480
개혁자, 좌파 449, 457
개혁파 신학 268, 493
객관적 이론과 주관적 이론 340
객관화 402
갱신 운동 435
거듭남과 성화 471
거룩 운동 450
거룩한 공동체 444
거룩한 교제, 성찬, 주의 만찬 507-516
거룩함 및 정결케 함 418
견인 94
결정론 133, 250
경건주의, 경건주의자 469, 473
경건함이 없음(godlessness) 242, 252, 264
경제적 힘 144, 154
경험론자 114, 480
계급 충성심의 고양 274
계몽주의 33, 56, 158, 400, 469, 480, 494; 비판 356; 프랑스 계몽운동 139
계속성(연속성): 계속성과 대조 547; 교회의 489; 정체의 551; 책임질 수 있는 존재로서 인격체가 가지는 71
계시: 고정시킴 160; 비범한 468; 자기계시 23, 38, 65, 155-161, 223, 358; 주제넘은, 은밀한 계시 458

주제 찾아보기 635

고넬료와 이방인 427-428
고독과 버림받음 290
공산주의 153, 154, 210
공의회: 에베소 400; 예루살렘 428; 칼케돈 400; 콘스탄티노폴리스 589; 트리엔트 262
공장식 농업 197
공적 영역: 갈릴리 공생애 사역 372; 공적 세계 65; 공적 영역과 신뢰 가능성 489; 공중 앞에 증언함 516; 공중이 검증할 수 있는 전통 458; 공중이 볼 수 있음 544; 교회 안의 공직 498; 교회가 부여하는 공적 소명 498; 누구나 명백히 알 수 있게 만인 앞에서 선고된 판결 567; 만인 앞에서 의로움을 확인받음 564; 모든 이가 보는 가운데서 의로움을 명확하게 확인받음 559-560
과학, 아인슈타인 이후의 과학 철학 572-573
과학적 방법 대 세계관 146-147
관계 맺음, 다른 이와 64, 69, 483
관계 속의 존재 476
관계의 몰락(단절) 201, 238
관념론 비판 142
관점 567
광신자(Schwärmer) 449, 465-466
교리(dogma) 473
교육 159
교의신학 20
교황제 465
교황청 성경위원회 37
교회 뜰 518
교회: 가시적 교회 457, 483; 교회를 세움 435; 교회에서 행하는 죄 고백 278; 교회와 국가 208; 교회와 성령 479-499; 교회와 접붙임 유비 482; 교회의 표지 493-494; 무엇보다 교회 건물이 아님 483; 선교 혹은 유지 487; 성례인 교회 486; 십자가 아래 있는 교회 488; 은사주의 교회 411, 454-455; 지역 교회 혹은 보편 교회 486; 흑인 교회 81
교회론: 기독론에 근거한 488
구속: 마귀에게서 338; 명료한 언어 291-297; 미끼가 달린 낚싯바늘 유비 333

구원: 구원의 세 시제 302; 명료한 용어인 297-302; 사사기에서 말하는 298-299
구출, 억압에서 293
국가 권력 210
국가 사회주의 153
국가는 이기적임 273
권위 407; 의지의 권위 274
권위에 복종 212
귀를 기울이는 것 21
귀신(demon) 179, 180
그룹들 170, 179, 184
그리스 정교회 280-281
그리스도: 고난 73, 76, 91, 356; 그리스도 중심이요 공동체성을 가진 선물 429-431; 그리스도를 통한 성취 365; 그리스도와 하나가 되는 것 319; 그리스도의 사역이 가진 완전한 충족성 521, 592; 그리스도의 승리 330, 352; 그리스도의 직무 300; 그리스도의 피 322, 323, 345; 그리스도인의 그리스도 섬김 390-392; 내침 받고 버림받은 356; 다시 오실 날 177; 대제사장이신 305, 367; 로고스(말씀)이신 312-313; 사역 375; 선재하신 406; 성육신하신 71, 332-333, 367, 583; 신성과 인성 225, 368, 371, 373, 375, 384, 392-393, 403, 408; 어린양이신 170; 우리 구원의 총합이신 348; 우주가 있게 중개한 원인이신 389; 우주를 다스리시는 390, 410; 우주에 일관성을 부여하심 390; 인격과 사역 322, 350, 351, 360; 재림 450, 453, 538, 542; 중보자(중개자)이신 48-53, 182, 186, 327; 지옥 강하 592; 창조의 대행자 390; 하나님의 말씀이신 61; 하나님의 완전한 형상이신 219; 확정적인 그리스도의 사역 314. 또한 '예수'를 보라.
그리스도와 연합함 314
그리스도와 함께 십자가에 못 박힘 503
그리스도의 신부 485, 575, 581-582
그리스도의 재림 517-542. 또한 '강림(파루시아)'을 보라.
그리스도인 공동체: 공동체성을 지닌 신앙의

근간 485; 교회가 한목소리로(공동으로) 하는 증언 321, 481; 단체적·구조적 죄 242-244; 세례의 공동체적 성질 504; 한 몸인 공동체 479, 506; 한 몸처럼 연대하여 결합해 있음 255, 481. 또한 '교회'를 보라.

그리스도인의 삶: 계속 앞으로 나아가는 특성을 지닌 446

그리스-로마 신들 296-297

그리스어 전치사 309; *en*: '안에서', '…으로 말미암아', '…으로' 430-431

그리스어를 사용하는 유대인 312

그리스화 31

근친 복수권자(*gōēl haddām*) 294

급진 종교개혁자 209, 449, 493, 526. 또한 '종교개혁자'를 보라.

기다림과 침묵 467

기도 39, 59, 73-74, 125, 143, 235; 기도와 묵상 26, 206, 215; 기도회 99; 말할 수 없는 탄식 437; 신앙고백을 담은 기도 281; 영(성령)에 따른 기도 460

기독론(Christologies): 고대와 현대 397-410

기독론(Christology) 358, 363-410; 기독론과 속죄 338-339; 아래에서 올라가는 기독론과 위에서 내려오는 369, 404; 알렉산드리아의 367; 암시된 373; 영국, 현대 초기 376; 요한의 394-397; 인본주의 기독론 401; 칼케돈의 359, 370; 히브리서의 392-394

기독론 정통 341; 독생자(그리스로 *monogenēs*) 396; 로고스이신 성자 67; 바울과 사도행전의 기독론 384-392; 살과 피를 가진 사람 367; 선재와 높이 올려짐 394; 인자 374-375; 종속 74; 하나님의 아들 388; 혼종 인간 또는 박쥐인간 403

기억(기념, *anamnēsis*) 509-516

기적 161, 435; 능력으로 어떤 결과를 이뤄 내는 행위 435; 말하는 것보다 듣는 것이 426

깨끗이 씻음 286

끊임없이 이어지는 연관 115, 119

나오심: 아버지에게서 462; 아버지에게서 아들을 통해 459; 아버지와 아들에게서 464

나치즘 210

낙원 590

남은 자 375

낯설게 하기 54

내러티브: 그대로 반복함 424, 453; 내러티브 문법 52-53; 내러티브 세계 20-26, 510; 삼위일체 내러티브 70-71; 수많은 기능 454; 예수 세례 409

내용 이미지/형태 이미지 221

내재 165, 419

내적 투쟁(*Anfechtung*) 465

노예 333, 386; 아프리카계 미국인 노예 451

노예제: 노예와 속량(구속) 310-311; 노예제와 고대 로마 386; 충성과 자유 387

노이로제 144-145

논리, 논리의: 논리상 모순인 98; 논리실증주의 41; 논리적 가능성 104-105; 논리적 삼단 논법 113; 논리적 필연성 104, 114; 양상 논리 124-130

논증 24, 26

놀라운 교환 325

농민 봉기 209

누그러뜨림 317

누미노제 112

능력(힘): 구원에 이르게 하는 하나님의 301; 권력을 휘두름(세력 다툼) 151, 451; 악의 세력을 제압한 구속의 332; 위장한 채로 힘을 추구하는 주장 274; 위하거나 위압하는 130-131; 죄의 263

외국어로 말하는 능력 437

능력과 악한 영들 179

늦은 비 450

니케아 신경 399

다섯 방법(아퀴나스) 118

다성 담론 22, 54, 58

다양성 36; 다양한 원리 196; 신학적 믿음의 다양성 453

다윗의 보좌 366

단번에(그리스어로 *ephapax*) 286, 424-425, 447, 510-511, 514, 568
대망(기대) 364-370, 535-542; 기대하는 지평들 59, 90; 친구와 차를 마시길 기대함 537
대속(대체) 307-310, 346, 355, 357; 대신 순종하심 311; 대신 죽으심 357; 대신 형벌을 받으심 351; 대체와 연대 309; 우리를 대신한 그리스도의 죽으심 324
대속물(속전, 그리스어로 *lytron*) 285, 292, 331, 353
대속죄일 307, 310
데카르트식 개인주의 480
도나투스파 106, 255-256, 459
도마 394
도피성 294
독자 반응 이론 49, 51, 54-55
동물 같은 행동 451
동물: 동물계와 식물계 520; 동물과 인간 사이의 여러 연속성 190; 물고기를 잡고 먹음 200; 의학 연구에 쓰는 동물 197; 잔인하게 대함 197; 지위 169, 188-189, 187-202; 침팬지의 능력 190
동방 정교회 95, 171, 173, 180, 332, 490, 493, 500
동의 평행법 221-222, 228, 416, 559
동정녀 탄생 371
두 왕국 기독교 세계 209
두려움을 안겨 주는 예수의 잔 356-357
디오니소스 원리 149
"때문에/그 안에서"(그리스어로 *eph' hō*) 243

라틴 아메리카 해방신학자 153, 452
라틴어 역본 불가타 254
라파엘 171, 180
랍비 유대교 182, 418
러시아 정교회 신학 219, 280
레싱의 도랑 401
레위기에서 말하는 희생 제사 316
레프트 비하인드 528
로고스 328, 389

로마 가톨릭 신학 109, 129, 143, 156, 171, 180, 192, 193, 217, 288, 342, 356, 359, 454, 473, 488-489. 또한 '제2차 바티칸 공의회'를 보라.
루터교회-로마 가톨릭 국제공동위원회 498
루터주의 453, 493
리비도 272

마귀(devil) 185, 334
마니교도 103, 106
마르다와 마리아 519
마르크스주의 274
마리아, '하나님의 어머니' 371
마음(그리스어로 *kardia*) 230-232; 마음의 숨은 일들 232
마지막 심판의 목적 557-564
막달라 마리아 186, 546-547
만국을 치료하는 생명나무 579
만능 대 전능 130-131
많은 증언 370
말과 개념의 혼란 302-305
망상 145
메시아, 겸비한 423
메시아: 대망 409; 메시아로서 받은 시험 371-372; 메시아의 소명에는 영광이 없음 423; 은닉 378
메시아가 받으신 시험(검증) 421-422
면죄부 522
명료한 의미 291-302, 309
모든 가치의 재평가 151
모세 303-306
모호한 단어 사용 147, 412-413, 569
목격자 81, 383
목회 적용: 목회 설교 436, 454; 목회 적용과 교사 439; 목회자로서 바른 길로 인도 461; 목회자의 마음 496; 목회적 의미 97-99, 106, 109, 114, 147, 187; 실제 목회와 관련된 문제 530. 또한 '설교'를 보라.
몬타누스주의 449, 457
몸(그리스어로 *sōma*) 227-230; 몸으로 하는 순종 229; 사람이 보통 가진 몸 554; 성령이 생기를 불어넣음 551-555; 영의 몸 522; 줄어가는 능력 552
묘지 518
무에서의 창조(creatio ex nihilo) 86, 166
무시간(시간을 초월한) 80, 127, 572
무신론 14, 28, 77, 137-154; 공언된 138-139; 명백한 137; 무신론과 기계적 설명, 세계관 140, 146-147
무아지경에서 터져 나오는 말 437, 459
무의식이나 전의식 상태에서 하는 말 144-145, 232-233, 436-437. 또한 '방언'을 보라.
무지(모름): 무지와 약함 250; 이차 원인을 모름 137
무천년설 523-524
무한자를 의식함 141, 267
묵시 맥락 157, 179, 363-370, 406-410, 530-532, 574
문학 이론 49, 52-59
물리학 123-124
물질, 물질계 27
믿음, 신뢰 168; 믿음의 연약함 501; 특별한 선물, 든든한 확인 434

바벨탑 426
바빌론 582
바울: 구약성경의 이미지 사용 311; 바울과 이성 222-223; 선교사이자 목자인 495
반대 규칙 309
반쪽 믿음 43
발산물 85
발전을 인정하는 접근법 108
발화수반행위 45, 46, 568
방법 19-59
방언, 바울이 말하는 437-438, 450-451; 불의 혀 425; 각종 방언 454; 선교와 관련된 은사가 아닌 452; 복음 전도가 아닌 425; 여섯 가지 견해 437
배상(만족) 259, 328
번제(*olah*) 307

벌(형벌) 97, 558; 영원한 588; 형벌과 정화 340
범신론 62-63, 77, 165-166
범주 오류 227, 402
베드로: 수위성 493; 오순절 설교 423
변증학 167
변형: 변형과 변화 216, 314; 영광에서 영광으로 555
보속(보속 대 참회) 341, 521-522
보존 170, 195-196
보편(보편적): 교회 457; 구원 109, 201, 329, 585; 긍정 151; 심판 557; 정의(justice) 210-217; 죄책, 죄, 정죄 242-243, 245, 259, 266
보혜사 459-460
보호 170
복음: 십자가가 정의하는 285-291; 복음의 핵심 308
복음주의자 287; 개신교에 가까운 성공회 신자 514
봉건 이미지, 봉건법 153, 338-340
부성(父性) 215
부재(없음): '누군가'를 가리키는 그리스어가 없음 437; 사제가 없음 467; 하나님이 없음, 생명이 없음이라는 결과를 낳음 519-520
부패와 질병 520-521
부활 517-556; 믿을 수 있고 이해할 수 있음 550; 상상할 수 있음 548, 550-551; 예수 그리스도의 369-370, 375, 407, 476, 542-547; 예수께서 부활하여 나타나심 407; 잠에서 깨 일어남 545; 죽은 자의 384, 548-556
부흥 체험 455
분노와 증오 215
불가지론 77, 166-167
불멸, 조건부 589
브라만 166
비극 97
비평 도구 380
빈 무덤 408, 545; 빈 무덤 전승 407
뾰족탑 집 468

사건과 의미가 서로 얽혀 있음 402

사도신앙선교회, 아주사 거리 451
사도의: 나타남 529; 전승 493; 전통 168, 325-327
사도행전의 전환점 428
사랑 40, 62, 64, 85, 86; 영의 선물인 440; 조건 없는 522
사마리아의 수수께끼 427-428
사명 수여 507
사사기에 나오는 구원의 순환 과정 298-300
"사실과 믿음" 필름들 100
사역: 사역과 성령 494-499; 지역의 경계를 넘어 펼치는 497
사역자의 책임 494
사자(히브리어로 mal'āk) 170-171
사제직 498
사탄 177-179
사해 사본 181, 365, 418
사회 정의 216
사회 제도 275
사회 환경 249
사회학: 맥락 50-52, 363-370; 사회학적 실체 487
산상설교 562
삼위일체, 성 삼위일체 50, 66-76, 577; 경륜적 75-76; 내재적 75-76; 사회적 75-76; 존재가 하나님 463
삼위일체의(삼위일체적): 맥락 411; 삼위일체적 내러티브 421; 삼위일체적 사건, 삼위일체이신 하나님 168, 421; 영(성령)의 틀 441
삼중 영광 463
상식 111, 118
상응 규칙 309
상징 22, 56, 526, 533; 상징이나 표지 500; 안전과 장엄함을 나타내는 577; 언약의 501; 하나님 임재의 577
상호: 의존 499; 이해 48-49
새 시대 364
생리학 144
생명: 늘 신선한 443, 578; 역동적이고 목적이 있으며 앞으로 계속 나아가는 570

생명의 빵 314
생물학적 과정 519, 520. 또한 '현대'를 보라.
생수(산 물) 80, 443
생태계 187
생태계 위기 195, 224
서구의 개인주의자 558
서술 진술 대 판결 567
선지자 418; 논쟁이 많은 용어인 '예언' 435-437; 선지자 역할을 하는 중보자 306; 선지자, 제사장, 왕이신 그리스도 347, 366; 예언의 맥락 363-370; 예언의 영감 427; 자칭 533
선택 87
선택받은 개인 415-416
설교 38, 49, 436
설명의 차원 123
섭리 28, 30, 191
성 삼위일체 355, 371. 또한 '하나님: 삼위일체이신; 삼위일체'를 보라.
성(gender) 67
성경(Scripture) 158, 321, 417; 영감을 통해 기록 35, 456
성경(Bible): 권위 35, 158-160; 비평 160; 성경에 근거한 추론 158
성공회 493, 494; 개혁파 성공회 전통 217; 종교개혁자 209, 500
성공회-로마 가톨릭 국제공동위원회 511
성령 24, 59, 62, 68, 69, 70, 123, 223, 319, 404, 411-477; 공관복음에서 말하는 421-424; 구약에서 말하는 413-420; 그리스도 중심이신 440; 바람 혹은 영 413, 443; 바울이 말하는 429-442; 사도행전에서 말하는 424-429; 생명을 주시는 분이신 476; 생명의 원천이신 462; 성(gender)을 초월하신 성령 445; 성령 모독 421; 성령과 논증 223; 성령과 동정녀 잉태 456; 성령과 본향을 향한 갈망 447; 성령과 부활 445; 성령으로 기름부음을 받음 364-370; 성령으로 충만함 426; 성령을 무시함 411; 성령의 그리스도 중심성 445; 성령의 열매 440; 성령의 인

432, 466; 성령의 인격성 411; 성령의 통일성(하나 되게 하심) 451, 453; 성령이 나타내시는 현상 425, 468; 성령이 이루신 결과를 보고 성령을 앎 476; 성령이 주시는 종말론적 선물 431-433, 458; 성부, 성자와 더불어 모두 영원하심 466; 성화의 464; 아들과 함께 영예를 받으심 460; 아버지와 아들을 이어 주는 사랑의 끈이신 464, 476; 에스겔서에서 말하는 414; 역사 속에서 자신을 나타내시는 470; 예수가 성령으로 기름부음을 받으심 458, 462, 471; 요한 문헌에서 말하는 442-445; 의의 결과가 아니라 원인이신 419; 인격체이신 455, 460, 464, 471; 자기를 감추시는(겸양) 411-412, 423; 자신을 감추시고 예수를 광고하시는 442; 자신의 말을 하지 않으시는 412; 자연을 통해 하시는 일 467; 종말을 미리 지급하는 것과 같음 432; 증언이신 447; 지극히 심오한 능력을 가진 232; 창조의 459; 초기 변증가들이 말한 456; 초월자이신 461; 투쟁을 일으키심 421; 하나님 자신이신 418; 하나님의 손이신 456; 히브리서에서 말하는 446-447

성령 세례 427, 450, 454; 그리스도인이 됨에 뒤따르는 성령 세례 475; 성령 세례를 받았다는 첫 증거 452-453

성령이 주시는 선물들 433-438, 494; 다양함 433; 전 교회에 주는 유익 433; 전략을 짜는 능력 439; 지식의 말 433-434; 지혜의 말 433-434; 치유 434-435; 행정 438-439

성례(성사) 499-501; 말씀과 성례가 동등함 513-514; 성례 숫자 500; 성례와 성령 499-516; 실체와 우유성 512; 주가 제정하신 499

성막 80
성부수난론 291
성육신 338
성전, 토라, 땅 373
성직권주의와 율법주의 489
성향 42, 82-83, 84, 537, 565
성향인 믿음 42
성화: 과정인 440, 476; 성령을 통한 성화 109,

467
세계(세상): 세상 통치 322, 338, 342; 세속 세계 140; 존재할 수 있는 세계 가운데 가장 좋은 101
세계 멸절 573; 혹은 변형 576
세계, 존재 가능한 105
세금 208
세대주의 525
세례 499-507; 구원 사건인 503; 그리스도의 사역에 닻을 내린 504, 516; 바울이 말하는 501-504; 세례와 그리스도인 부모의 자녀 506; 세례의 종말론적 측면 503; 신학 501-507; 유아세례 256, 504-506; 유죄를 인정하는 것인 566; 입회 사건(시발점)인 세례 426, 502; 집안에 베푸는 505; 한 몸이 됨 293
세례 요한 370
세부 사항에 관하여 가진 지식 64
소통(의사소통, 전달) 65, 157, 229, 573
속건제(āsham) 307, 347
속상과 유화 306, 314-318, 345; 도드의 "소독제" 유비 561. 또한 '유화'를 보라.
속임, 사기, 잘못 241, 560
속죄 130, 321-361; 논쟁 308; 말 그림 307; 모범이나 도덕적 영향으로 보는 견해 342-344; 속죄를 더 설명해 주는 보완 모델 310-320; 속죄의 중심성; 승리라는 관점에서 바라보는 견해 354; 포괄적 견해 343
솔로몬의 지혜서 312, 418
송영 391, 509
수도 서약과 성직 의상 465
수사학에서 말하는 논박 548
수용 이론 58
수행 언어 515. 또한 '화행'을 보라.
순복음 449-452
순수한 교회 465. 또한 '도나투스파'를 보라.
숫자가 아닌 셋 32, 66-67
스랍 179, 184
스콜라 철학 223
스토아학파 31, 112, 165, 233, 249

주제 찾아보기 **641**

『승리자 그리스도』 352
시 57-58
시간 63, 80, 122, 572-573; 내러티브 시간 572; 문학 작품에서 말하는 시간 572; 시간의 시작 63; 시계 시간 572; 우리가 아는 시간 573; 주관적 시간 572
시민 정부 210
시은좌(히브리어로 *kapporeth*) 316
신뢰: 자신을 271; 하나님을 117, 376, 393
신비주의 63, 166, 464
신앙 규칙 35, 168, 326, 458, 481
신앙고백: 개인의 506; 그리스도가 주이시라는 385, 445
신자유주의 281
신정론 106-107
신칸트주의 38
신플라톤주의 32, 99
신현 544; 70인역에 나오는 425
신화(deification) 332-333
신화(myth) 401
신화(mythology) 150, 402. 519
실존적: 영향 402; 존재 기호 127; 존재론적 기초 359, 403
실현 55
심판의 불가피성 558
십자가: 신학의 중심인 285; 십자가와 갈보리 322-323, 371; 십자가와 하나님의 은혜 285-291; 하나님께 가지는 의미 287, 356. 또한 '속죄'를 보라.
십자가의 신학자 345

아담 243-244, 275, 311, 375, 388
아둔하여 속기 쉬운 개인주의자 321
아론 반열의 제사장 314
아메리카에서 일어난 1차 대각성 운동 468
아버지(성부): 아버지께 순종 393, 419; 예수와 하나이신 396
아버지라는 형상 144
아버지와 한 존재(그리스어로 *homoousios*) 400
아우슈비츠 136

아우크스부르크 신앙고백 264
아직 아닌 '실재'인 미래 133
아킬레우스와 거북이 41-42
아폴론 원리 149
아프리카 452
악 32, 84, 97-110, 131, 260; 생길 수 있는 102; 자연적 악과 도덕적 악 100
안디옥학파 399
안수 428
알레고리 250
알렉산드리아학파 399
압바 374
앵글로-가톨릭 전통 475, 521
야곱의 사다리 176
약속 46, 47-50, 72, 81, 134-135, 161, 280, 500-501, 515, 556; 조건부 134
약자와 억압받는 자를 변호 559
양립 가능론 105
양립 불가론 105
양식비평 380
양심(그리스어로 *syneidēsis*) 233-236
양자 이론 122
어린아이 같은 의존 146, 248
어린이들과 잘 알지 못하는 독자들 346
억압 207, 213
억압에서 벗어나 자유를 얻음 438, 559
언론 매체 140
언약: 은혜 언약 194; 언약에 따른 약속 47
언어: 강림을 나타내는 528, 533-535; '교회에 감'을 나타내는 479; 농촌 지역의 425; 몸에 관한 481; 세상의 종말을 나타내는 384; 언어 이론 379; 언어사건(Sprachereignis) 379; 외국어 426; 요한계시록의 525-526; 조종 능력을 위장하는 150
언어학 37, 567; 언어사건 379; 언어철학 567
에덴: 낙원인 579
에스겔서에 나오는 마른 뼈 556
엔트로피 117
엘리야의 귀환 365
엘리자베스 2세 211

엘림 펠로십 453
역사 속 예수 탐구 377-384; 새 탐구 379-380; 세 번째 탐구 380-381; 첫 번째 탐구 377-378
역사: 말과 사건이 서로 뒤얽혀 있음 369; 약속의 365; 역사 사상, 속죄를 다룬 역사 321-361; 역사 연구(탐구) 377-384; 역사 인식 81; 역사, 그리고 과거를 무미건조하게 기록해 놓은 것들 321; 역사비평 24; 역사에서의 도피 381; 역사와 어떤 사건의 진정성 370; 역사의 맥락 363-370, 380; 역사의 목격자 546; 역사의 우연한 진리 401; 역사의 유한성 111
역설 41, 106
연대 304; 가난한 자, 억압받는 자와 357; 그리스도와 549; 인간과 350
연대기적(시간): 순서 525; 시간 121, 134
연속 115
연옥 109, 521-523
연합과 사귐을 만들어 내는 끈 516. 또한 '성령'을 보라.
영광 553, 582-585
영원 570-573; 동시성이 있는 572; 영원한 이분법, 영원한 이분법의 문제 589
영적 완벽주의 449
영지주의 248, 250, 270, 398
영혼 혹은 생명(그리스어로 psychē) 227
영혼유전설 249
영혼을 만들어 냄 108
예견(예측) 가능성 99, 104, 533
예루살렘: 멸망 384, 540, 563; 새 예루살렘 527, 574-582; 예루살렘과 아테네 30
예배 170-171
예수 세미나 363, 377, 381
예수: 구름을 타고 오실 534; 농사꾼이라는 배경 381; 아버지와 하나이신 290; 예수가 자신을 가리킬 때 쓰는 말 374; 예수라는 인물 378; 예수와 바울 304; 예수의 선포 370-376; 예수의 정체 69; 예수의 죽음이 사실임 544; 잉태와 탄생 422; 하나님 대신 행하시는 368; 하나님이신 375-376; 행위 379
예수가 받으신 세례 69, 365, 370, 424; 하나님의 백성을 준비하심 370
예수론 357, 409
예수의 비유 373; 탕자 비유 90; 포도밭 일꾼 비유 90
예술, 예술가 102, 140
오만 142, 272
오순절주의: 논증과 비판 475; "높은 전압"이 흐르는 신앙 체험 438, 455; 분열을 가져온 하부 종파들 453; 신학 52; 운동 411, 424-425, 426, 431, 449-455, 467-468, 472, 495, 523; 원용하는 본문 428; 해석 427
오중 복음 450
옥스퍼드 운동 490
온 세계에 만연한 타락 105
왕 같은 제사장 305
외경 180
요세푸스 300, 312
요한계시록: 요한계시록에 나타난 이미지 574; 요한계시록에서 상징 숫자인 일곱 447
요한복음 288, 312-314, 394; 요한복음에 나오는 포도나무 이미지 482, 485
욥 97
우상, 우상 숭배 135, 142, 167, 207, 221
우연 23
우연과 필연 122
우주 62
우주의(온 우주를 아우르는): 실체들 361; 심판 178; 중대한 의미 549
움직이지 않는 동자 86
웨일스 부흥 452
위에서 오는 442
위에서 태어남 314
유고슬라비아 프락시스학파 152
유니아 495
유대교 179-182, 411-447; 성경 기록 이후 유대교 418-420; 아람어를 사용하는 418; 유대교 자료 575
유대인 신자 61, 80, 98

유물론 137-140
유신론 77-82, 121
유아론과 타자성 116, 484
유월절 82, 293-294, 479, 508
유일신론 99, 164, 376, 389
유전자에서 발생한 돌연변이 120
유화(그리스어로 bilastērion) 314-318
육(그리스어로 sarx) 230
윤리적 관심 149, 193, 269
율법: 율법의 저주 296, 324, 335-338, 247; 천사들을 통해 베풀어진 177
은사중단론자 434
은유 56, 61, 361, 509, 514, 533; 문자 그대로 535; 문자 그대로 표현한 것과 상호 작용 533; 배 조종 439; 은유를 그림처럼 생생히 묘사한 언어 533; 은유와 유비 351; 은유와 지평 확장 57; 은유와 합리성 353
은하 63, 169; 거대한 크기 189
은혜 55, 88-96, 219, 220, 255, 256, 280, 319, 322, 359; 내려오는 은혜 465; 볼 수 없는 500; 속죄의 열매가 아니라 뿌리인 308, 330-331; 앞서 있는 93; 은혜를 신뢰함 263; 은혜와 믿음과 종말론 567; 은혜와 칭의 505; 은혜의 너그러움 556; 인간의 반응보다 앞서는 506; 일반 은혜 95; 저항할 수 없는 92; 주입된 92
음악 140
의: 그리스도의 270-271; 의의 열매 466; 하나님의 205, 352; 원의 253, 257, 267
의로움을 확인해 줌 558-560
의무를 지움(헌신함) 46, 157, 515. 또한 '화행'을 보라
의심 166
의학적: 상태 99-100; 연구 124
이미지(Vorstellungen, 표상) 354
이성 266
이슬람교 신자, 이슬람 61, 98, 115
이슬람의 칼람(kalam, 말씀) 논증 115
이신론 62, 77, 99, 121, 138, 159-164, 378; 부재자, 편안한 하나님 162; 이신론에 반대하는 논박 164
이원론(이분법): 세계관 98-99, 169; 이원론과 기계 안에 유령이 있다는 신화 227; 자연과 초자연을 나누는 이분법 373, 472; 정신과 몸 226-236
이전 언어(transference language) 311
이중 교리 592
이치에 맞게 전달 312
인간 중심(인간 위주) 64, 169, 187, 192-197
인간: '괴이한' 277; 노력과 훈육 256; 인간 존재 141; 인간 종교 141; 인간다움을 잃어버림 331; 인간의 능력 230-236; 인간의 의식 350; 인간의 통일성 226-236; 인간이 미래에 가질 잠재적 모습 221; 하나님으로부터 독립함 272
인간의 모든 가치가 뒤집힘 345-346
인격의 성숙 108, 248
인격체 또는 초인격체 416-417
인격체(인간): 관계를 나타내는 용어 220, 315-317; 인간 대 개인 219-220; 인간 대 객체 280
인격체를 초월한 62, 77, 111, 166, 471
인과 사슬, 인과성 110-124, 137; 우연인 원인 113; 작용인 114
인과(원인과 결과): 내면적 과정 560-562; 율법과 역사의 인과 관계 567
인종 차별 사고방식 451
일관성 19-26, 36, 49, 59, 347
임재, 장소에 임하신다는 개념 513

자극 59; 하나님의 진노를 자극함 242
자녀 학대 308
자녀됨이라는 친밀한 관계 374
자만 29, 167, 185, 210, 225, 270-276
자발성 435
자아: 완고한 자기 의지 565; 이기심 102; 자기 구별 470; 자기 낮춤 290; 자기 비하 86; 자기 파괴 245, 272; 자기를 관여시킴 86, 157; 자기인식 233; 자발성 196; 자신을 끌어들이는 과정들 561; 자신을 신뢰함 271; 자신을

의지함 230; 자아 중심의 존재 71; 자아비판 455, 468; 자족 270, 494; 절제 496; 중심에 자리한 278
자아도취 57, 72, 145, 272, 483
자연 정복 224-225
자연 종교, 자연 신학 160, 196
자유: 의지의 자유 250; 자유 상실 280, 336
자유의지 변호 102-106
자유주의 신학자 351-352, 356, 373, 473, 559; 자유주의 신학자와 자유주의 개신교의 접근법 400
자존성 117
잘못을 저지를 수 있음: 교회도 255-256; 양심도 234
장로 496
장로교회 489
적그리스도의 모습 527
적자생존 120
전능함 130-132. 또한 '하나님: 주권자요 사랑을 베푸시는'을 보라.
전제인 명제 568
전지 132-135
전천년설 450, 453, 522-528
전체주의 210
전통 35, 49
절대자 161
정결과 거룩함 583
정령 신앙 144
정사각형 복음 452, 472
정신과 몸이 통합된 심신 관계 226
정의(justice) 204-206, 210-217
정치: 정치 공동체 202-217; 정치의 권위 202
제2차 바티칸 공의회 194, 216, 359, 486, 493, 494, 498, 512
제자의 길로 나아가라는 요구 373
조각남(분열) 280, 451, 521
조종 148-154. 또한 '권력'을 보라.
조직신학 19, 36-37, 321, 357
종교: 어린이로 되돌리려는 146; 철폐 152
종교개혁 209, 464-467

종교적 열망인 영성 411, 420
종교학 142
종말론, 실현된 531
종말론적: 선지자 363-366; 사실주의 564
죄 없는 완전함 433, 468
죄: 감사하지 않음 270; 개인의 249; 규범에서 벗어남 241; 그릇된 방향으로 나아간 욕망과 소외 247-281, 283-284; 무언가를 빠뜨리는 잘못이나 죄 237; 믿지 않음 262; 비참한 고통인 죄 277-278; 억제당한 발전인 죄 267; 원죄 254, 262, 265, 275, 278; 윤리적 차원의 269; 자신에게서 벗어나려 함 277; 죄가 가져오는 파괴적 결과 242, 273, 278; 죄라는 속박 102, 260, 264; 죄라는 얼룩은 유전됨 249; 죄를 나타내는 성경 단어 236-242, 278; 죄를 내쫓음 580; 죄에 맞선 투쟁 263, 432; 죄와 소외 236-242; 죄와 육욕 274; 죄와 죽음 279, 518-519; 죄의 결과 239, 243, 260; 죄의 내면적 결과 262; 죄의 온상 265; 하나님과 나누는 사귐을 깨버리는 252; 하나님께 마땅히 드려야 할 것 340; 행위라기보다 상태인 239, 242, 245, 252; 혼란과 하찮음 276
주(그리스어로 *kyrios*) 387; 고요한 신앙 385; 그리스도의 소유가 됨 386; 신뢰와 헌신의 대상인 385; 예배를 표현하는 말 385; 윤리와 관련된 가르침 385; 주라는 지위의 존재론적·실존적 측면 387; 주로서 보좌에 앉으심 549; 주와 메시아 384-388
주교 혹은 감독자 490; 나무랄 것이 없음 496; 사자(angels)인 472; 수호자 491; 온건하고 분별 있음 496; 주교단 495; 참음과 정중함 496; 한 집의 관리자 495-496; 합동하고 협력함 495
주의 만찬 82, 293, 507-516; 주의 만찬과 드라마 같은 참여 508-510, 515
주의 종 375
주제넘음, 오만 272
죽은 뒤의 성장 521
죽음: 느닷없이 들이닥치는 죽음 519; 더 이상

존재하지 않을 550; 마지막에 멸망받을 원수인 519; 죽음과 애도 518-521; 친척과 친구의 518; 하나님의 149
죽임 당한 어린양 577
준비 537, 542
중보(중개) 74, 302-306, 332, 396; 올라가는 중보와 내려가는 중보 305; 중보와 대제사장 313; 율법의 중보 304-305; 중보자와 하나님이신 사람 392
중세 신학 336
중세의 사변 183
증언 81, 167, 382, 395
증언할 능력을 부어 줌 427
지구 온난화 187
지배 224-225, 331
지성(mind, 정신, 생각) 63-64, 118; 바울이 말하는 222-223, 235-236; 정신-몸 이원론 226-236
지식, 권력의 도구인 150
지역 '교황' 494
지역 신 136
지혜 159: 복음 선포에서 나타난 하나님의 433; 지혜 사색 312; 지혜를 담은 경구 363, 381; 하나님의 313, 388
진리 24-25, 26-39, 56-57, 116, 146-150, 235, 568; 기독교 신앙의 434; 새롭게 증명된 168; 선험적 126; 역사를 초월하지 않음 546; 우연한 401; 진리 진술, 전제된 진리 157
진리 주장 535
진화론 120-123, 267-268
질문 49
집사(*diakonos*, 부제) 496

참여: 그리스도께 308, 319; 하나님께 206; 참여와 함께 나눔 485
참회, 또는 돌아옴(히브리어로 *shûbb*) 240, 522; 재차 확신함 422
창조(피조물): 만물을 창조하는 하나님의 영 413; 변형된 창조 576; 삼위일체 사건인 477; 새 창조(피조물) 364, 520, 531, 549, 582; 생명을 창조하는 호흡 418; 시간과 함께 571; 창조의 갱신 410; 창조주 38, 64, 77, 85-87, 103, 123, 169-170, 185, 195; 하나님의 창조 개입 422
채식주의 197-198
처음에 지은 범죄 331
천사 169-187; 국가 수호자인 213; 다양한 중복 임무를 지닌 176-177; 미가엘, 사리엘, 라파엘, 가브리엘 171, 180; 수호하는 171, 173-174, 185; 심판 도구인 177; 전사인 175-176; 존재를 맡은 181; 천사가 올리는 예배 173; 천사의 이름 171-172
철저한 타락 265
철저히 역사 속에 갇힌 유한성 132
철학 26-44, 59, 67, 125, 249, 343; 세속 철학 513; 언어철학 567; 역사철학 32; 하이데거 철학 402
첫 열매 431, 542, 548
청교도 492, 493
청지기 혹은 관리자 224-225, 495-496
체계 19-26, 36, 59
초월 철학 359, 403, 480
초월성과 타자성 413-416, 477
총괄갱신(*anakephalaiōsis*) 326-327, 338
추상물 20, 36
출애굽 사건 292-293
충만 100
충족이유율 116-117
친우회 467
칭의(의롭다 하심을 얻음): 마지막 날을 앞당김 569; 은혜로 522, 560, 566-569; 의로우나 아직 죄인 567

칼뱅을 조롱거리로 삼음 348
케케묵은 상상 563
퀘이커: '내면의 빛' 235; 초기 퀘이커 449, 467

타락 520
타자, 타자성 49, 65, 72, 169

토피카, 캔자스주 450
특권의 불평등성 101, 215
틈새의 하나님 이분법 435
티베트어 452

페미니즘: 이전의 페미니즘 206; 페미니즘 신학 205, 276-277; 페미니즘의 죄 이미지 201
펠라기우스주의 106
편집증 145
평신도 설교자 468
평양 대부흥 452
평화, 안녕(히브리어로 *shālōm*) 297-298
포스트모더니즘 132, 381
표지 500-501
풍자 142
프로이트의 말실수 147
프롤레타리아트 152
플라톤의 영향 329
플래시백 572
필론 312, 418
필연 124-130. 또한 '논리, 논리의; 논리적 필연성'을 보라.

하가다 혹은 *Sēder* 509
하나 운동(Oneness movement) 452
하나님 61-96, 97-136; 감춰져 있음 290; 거룩하신 82-84; 겸비함 288; 골고다의 410; 공간의 조건이신 135; 구원을 주도하시는 349; 그리스도 안에 계신 분이신 287; 기원 혹은 근원이신 74; 도무지 알 수 없는 경륜을 가지신 106; 만유 안의 만유가 되시는 550, 591; 부활을 나타내는 동사의 주어이신 543; 불가분성 461; 사랑이신 82-88, 97-110, 592; 살아 계신 77-82; 삼위일체이신 66-76; 생명을 주시는 분이신 82-88; 선하신 97-110; 성(gender)을 초월하신 68; 성육신 289; 소진이란 것이 있을 수 없는 584; 신실하신 117, 196; 아버지(성부)이신 66-68, 130, 389; 영예 339-348; 우리와 함께 계신 398; 은혜이신 88-96; 이스라엘을 상대로 한 하나님의 소송 238; 인격체 혹은 초인격체이신 61-65; 자신을 내주심 290; 자신의 형상으로 만드심 143; 전지하신 132-135; 절대 무한자이신 165; 정의(justice) 354; 정체 79; 존재 논증 61, 110-130; 주권자요 사랑을 베푸시는 87, 97-98, 531; 진정으로 하나님을 만남 455; 창조주이신 82-87; 첫 원인이신 64, 110-113; 초월자이신 110-113, 129-130; 치욕 308; 타자이신 65, 117, 129; 하나님과 나누는 교제 280; 하나님과 나누는 교제를 박탈당함 277; 하나님과 미래의 목적 78; 하나님과 선물(은사) 88-96; 하나님과 얼굴과 얼굴을 마주함 253, 395, 523; 하나님과 하나임 398; 하나님께 다가감 347; 하나님께 맞선 반역 238, 274, 280; 하나님에게서 소외당함(멀어짐) 237, 245, 270, 284, 360, 565; 하나님을 거부함 275; 하나님을 깊이 생각함 520; 하나님을 나타냄 220; 하나님을 누그러뜨려 묘사한 말로 표현함 215; 하나님을 대신하여 행함 368; 하나님을 모욕함 252; 하나님을 욕보임 241; 하나님의 두 손 458; 하나님의 목적이 거둔 성취 364; 하나님의 법령 203, 208; 하나님의 사질 186; 하나님의 자리를 찬탈함 274; 하나님의 존재 자체를 정확하게 찍어 낸 형상 221, 314, 394; 하나님의 진노 82-84; 하나님의 투사 141-148; 하나님이 주시려는 선물을 스스로 내팽개침 499; 하나님이냐 자연이냐 165; 행위, 활동 62, 77, 319, 413. 또한 '은혜'를 보라.
하나님 나라 357, 372-374; 가까이 온 424; 뚫고 들어오는 424; 이르는 과정에 있는 424; 하나님 나라 대 교회 486-487; 하나님 나라와 하나님의 통치 372; 하나님 나라인 공동체 351
하나님께 올라가는 영적 여행 464
하나님을 나타낼 소명 219-225
하나님의 성회 452-454
하나님의 존재: 목적론적 논증 111, 118-124; 설계를 근거로 한 논증 118-124; 시계/시계 제조자 유비 119-120; 우주론적 논증 110-

124; 존재론적 논증 124-130
하나님의 진노 560-561; 다가올 559; 보복 566; 사랑의 반대말이 아님 564
하나님의 형상 64, 108, 188-190, 219-225, 313, 388, 442; 하나님의 형상과 자연 정복 224-225; 형상과 모양 221
하나님이신 인간 339
하부 구조가 목적 자체가 됨 488
하이데거의 실존주의 379
한 존재의 서로 다른 측면을 나타내는 용어들 228
한계: 지식의 533; 국가 권력의 210-217
한국 452
합리론 480, 563
합리성(rationality) 140, 149, 154, 158, 162, 222
합리성(타당함, reasonableness) 27-29, 115, 121, 140, 469
『합의서』(Book of Concord) 264
해석학 36, 47-52, 58-59, 147-148, 198, 321-361, 470; 사회적-비평적 216; 사회적-실용적 216; 새 해석학 379; 종말론적 276; 통찰 242, 273; 해석학과 명료함 309-310; 해석학과 성찰 284; 해석학과 전이해 48-49, 56, 214; 해석학의 가능성 306; 해석학의 연관성 330; 해석학의 임무 295; 해석학적 가교 322, 338, 361; 해석학적 순환 48
행위 91
행정관 210
허구(지어낸) 149, 187, 373, 378
허무주의 86, 148
헬레니즘 유대교 저자 418
현대(modern, 근대, 근현대): 개인주의 480-481; 과학과 물리학 118-124; 기독론 400-410;

생물학 519; 세속 세계 284; 신학 267-281
형벌 대속 347-348. 또한 '속죄'를 보라.
형상론자 75
혼란(무정부 상태) 207, 210
혼인 203-207, 212
홀로코스트 107
화체설 512-513
화평하게 하는 것 587
화해 318-320, 358; 만물의 318, 586
화해가 필요한 원수들 245
화행 45-50, 107, 135, 161, 499, 515, 567
화행인 용서 46
확신(보증) 136, 348, 523
확실한 지식, 확실성 126-127, 480
환경 오염 187
환경의 영향 249
환원론 124
회복: 만물의 201, 585-592; 유대 국가의 527; 관계의 318
회심: 체험 385, 506; 과정, 완결 429
회중 489
후천년설 523-524
훈련 159
휴거 신학 453, 524-525, 534
희생 제사 200, 306-309, 310-318, 324, 332, 334-338, 345-348, 353, 354-355, 361; 단번에 286, 424-425, 447, 510-511, 514, 568; 소제 307; 속건제 307; 제물과 희생 330; 화목제 307; 희생 제사의 유형 307-308
히브리어 단어 413; 영을 가리키는 단어 (rûach) 412-413
힌두 사상 166
힘을 향한 의지 151, 272

성경과 고대 문헌 찾아보기

구약

창세기
1장 121, 170, 198-199
1:1 182-185
1:2 413, 459
1:4 101
1:7 101
1:22 198
1:26 219-222, 224
1:26-27 191
1:26-28 189
1:26-30 190
1:27-28 188
1:28-29 198
1:28-30 199
1:30 187
1:31 199
2장 170
2:9 579
2:10 579
2:17 243
2:24 207
3장 251
3:3-4 519
3:24 170
6장 179-181
6:1-4 176, 180
6:6 231
6:13 157
9장 198-200
9:1-3 190, 198-199
9:3-4 198
18장 174
18:2 174
18:7 174
18:10 174
18:17 174
18:24 134
18:30 134
18:32 134
19:1 174, 417
19:13 417
22:11 175
22:11-18 417
22:15 175
24:40 175
28:12 175, 176
31:11 175
32:1 175
40:1 238
42:22 238
45:26 231
48:16 175, 293
49:16 559
50:17 238

출애굽기
3:2 175, 182
3:13 77
3:13-15 77
3:14 77-79, 571
3:15 77
6장 293
6:5-7 292
7:13 231
7:14 231
7:22 231
7:23 231
12장 508
12:1-14 293
12:1-51 508
12:14 293
12:17 293
12:25-27 508
12:36 30
14:19 174, 175, 178
15:11 83
15:13 292
15:23 324
15:25 205

18:21-22 214
19:16 425
20:5 249
20:8-11 565
20:10 200
21:1 205
22:24 565
23:20 174, 176, 178
23:23 174, 176
25:20 179, 184
26:1 179, 184
26:31 179, 184
31:2-11 415
31:3 415
32:7-10 134
32:10-12 565
32:12-14 134
32:13 510
32:31-32 303
32:34 176
33:2 174, 176
33:19 89
34:6-7 89
36:8 179, 184
36:35 179, 184

레위기
4:2 238
4:13 238
4:22 238
4:27 238
5:15 238
5:18 238
16:2-34 200
16:6 307
16:8 307
16:20-22 307
16:21 307
22:14 238
25:25 294

25:25-28 294

민수기
15:22 238
20:16 176
22:23-24 176
22:26 176
22:31 176
22:34-35 176
25:11 565
35:12 294
35:22-25 294

신명기
1:16-17 214
6:5 85
6:20-24 479
7:1-2 279
7:7-8 87
9:19 565
9:27 510
11:12-15 195
18:15 364
19:4-7 294
20:13-14 279
21:23 324
26:5-9 479
26:14 239
27:26 324
29:23 565
29:28 565
30:15-18 519

여호수아
3:10 79

사사기 298
2:1 176
2:4 176
3:7 299

3:7-11 298
3:8 299
3:9 299
3:9-10 415
3:11 299
3:15 299, 415
4:1-23 299
4:4 299
4:4-23 415
5장 299
5:16 231
5:23 176
6:1-8:35 299
6:11 176
6:20-22 176
6:34 415
6:36-37 299
7:2 299
8:35 415
9장 299
9:1-10:2 415
9:27-28 299
10:1-2 299
10:3-18 299
11:1-12:7 299, 415
11:29 415
11:30-31 299
13:2-16:31 415
13:3 176
13:6 176
13:16-17 176
13:24-16:31 299
13:25 415
16:16-17 299
20:16 238

룻기
2:20 294

사무엘상 176

2:1 231
2:35 231
4:5 425
4:13 231
16:4-13 53
16:7 231
16:14-사무엘하 5:5 53
17:26 79
17:36 79
24:5 233
24:15 558

사무엘하 176
12:1-7 56
12:3 200

열왕기상 176
12:12-33 238
12:19 238
19:11-12 425

열왕기하 176
2:23-24 163
19:4 79
19:35 178
21:17 238
22:13 565
22:17 565

역대하
17:6 231
26:16 239

욥기 159, 176, 239
3:20-21 98
5:24 238
9:33 305
16:9 565
19:11 565
19:25-26 294

21:20 565
22:15 239
33:4 414
36:31-32 559

시편 176, 239
1:1-3 579
2편 394
2:5 565
2:12 565
8:1 191
8:5-8 191
8:6 120
8:6-7 189, 224
8:6-8 219, 224
8:6-9 190
8:7 224
9:8 214, 559
9:9 214
10:17-18 214
10:18 558
14:1 125
18:2 117
19:14 293
20:3 510
27:8 125
33:6 414
34:7 170
35:24 558
36:4 239
39:4 518
44:7-8(70인역) 393
45 394
45:6-7 393
50:10 200
51편 416
51:5 251, 265
51:11 416
55:23 279
74:2 292

77:15 292
78:69 580
82:1 176
82:3-4 214
82:6 176
85:4 298
85:7 298
85:8 298
85:12 298
89:35 366
89:37 366
90:12 518
91:11-12 170
95:11 565
96:12-13 557
98:2 560
98:4 560
98:9 560
102:24-25 279
103:13 67
104편 201
104:4 184
104:13 이하 195
104:27 195
104:29 419
104:30 413, 414
106:10 293-294
106:23 565
107:2-3 293-294
109:26 89
110편 394
110:1 366-367
116:3 98
139편 135
139:7-10 135
139:8 592
144:15 120
145편 201
145:15-16 195
147편 201

잠언 159, 239
6:18 239
8장 418
8:1 417
8:3-10 417
8:15-16 210
8:22-23 417
8:22-36 417
8:25-29 417
8:26 238
12:10 188
12:21 239
13:24 208-209
15:1 565
16:4(불가타) 193
19:2 238
19:14(70인역) 207
21:14 565
22:8 239
23:11 294
23:13 208-209
31:9 559

전도서 159
2:17 98

이사야 176
1:2 238, 240
1:4-6 238
1:21 581
5:24 565
6:1-2 112-113
6:1-4 83
6:2 179, 184
6:6-7 179, 184
7장 409
9장 409
10:7 84
11장 409
11:1-9 190, 195

11:1-16 415-416
11:2 415-416
11:6 195
11:6-9 195, 199-200, 202
12:3 443
31:3 415
38:10 279
40-55 375
40-66 293
40:2 231
40:25 84
41:14-16 293
42:1 416, 423
42:8 583
43:14 293
44:3 416
45:23 388
48:9 279-280
48:16 416
48:17 293
49:10 578
49:18 575
49:23 210
49:26 293
49:60-62 575
51:3 579
52장 581
53장 310
53:5 324
53:5-7 324
53:7 324
54:5 293
54:8 293
54:11-12 574
54:14 574
55:1 443, 578
55:6 113
55:8-9 113
58:11 579
59:7 239

61:1 423
61:1-3 366
62장 581
62:5 581
63:9 293
65:17-25 575
66:13 68
66:16 425

예레미야
2:2 581
2:8 238-239
2:29 238-239
3:13 238-239
5:24 195
10:10 79
17:16 498
21:12 559
23:24 135
33:8 238-239

예레미야애가
3:42 238-239
5:1 510

에스겔 183
1:4 425
1:12 414
2:3 238-239
3:12 414
3:14 414
8:3 414
9:4 433
10:2 179, 184
10:15 179, 184
11:1 414
11:24 414
13:15 565
31:8-9 579
34:25 298

37-48장 574
37장 556
37:1 414
37:5 447
37:7-14 414
37:9 447
37:14 414, 447
37:26 298
40장 577-578
40:5-6 577-578
47:1-9 579
47:12 579
48장 577-578
48:31-34 577-578
48:35 574, 577

다니엘 176, 179
4:13 178
4:17 178
4:23 178
7장 375, 534
7:10 184
7:13-14 375
7:24-27 375
10:13 185
10:20 185
12:1 185
12:12-13 538

호세아
2:5 581
3:1 85
7:13 238-239
11:9 83

요엘
2:23 450
2:28 416, 456
2:32 388
3:18 579

아모스
2:6-8 214
3:2 87
5:5 239

요나
1:3 43
1:9 43
2:2 43-44
2:4 44
3:6 44
4:1-11 134
4:2 44
4:8 44
4:10-11 44
4:11 200

미가
4:5 409

스바냐
3:11 238-239

학개
2:5 416

스가랴 176
1-8 585
2:4-5 574
4:6 416
7:9 559
8:16 559
9장 409
14:8 579
14:11 580

말라기
4:5 365
4:6 585

신약

마태복음
1:18 422
1:20 175, 422
2:13 175
2:19 175
3:1-12 504
3:2 240, 245
3:7 559
3:10 559
3:13-17 69, 370
3:16 365
3:16-17 421
4장 213
4:1 69, 365, 371
4:1-2 421
4:1-11 371
4:6 170
4:17 372
4:23 372
5:3 372
5:8 231
5:19-20 372
5:22 562-563, 587
5:29 587
5:30 587
5:32 203
6:7-11 67
6:9-11 67
6:9-13 73
6:10 173, 372
6:14-15 241
6:25-29 195
6:26-30 190
6:33 372
7:1 562-563
7:13-14 591
7:17 266
7:21 372

7:22-23 562-563
8:12 587, 588
9:2 47
9:13 346
9:35 372
10:7 372
10:19-20 424
10:23 541
10:28 587
10:29-30 64
10:32-33 562
10:34 366
11:25 529
11:27 69-70
12:26 372
12:29 186
12:31 421
13:24-30 529
13:39 176
13:41 176
13:44 295
13:46 295
13:47-48 529
13:49 176-177
13:52 372
16:18 493
16:27 562
17:10-13 366
18:3 372
18:3-4 234
18:10 171, 173, 174, 185
18:15 241
18:21 241
19:4-5 207
19:9 203
19:23 372
20:1-16 55, 90
20:28 295, 309, 348
21:46 366
22:13 588

22:21 206
22:30 177
22:32 78
22:37-39 85
23:15 587
23:28 241-242
23:33 587
24장 530, 538
24:1-31 541-542
24:3 528
24:15-31 524
24:16 538
24:31 177
24:34 538
24:36 177, 540
24:45-51 530
25:1-10 537
25:1-13 530, 591
25:14-30 530
25:31 177
25:31-46 562
25:34 372
25:41 177
26:17-19 508
26:26-27 509
26:53 177, 186
26:64 562
27:4 241
27:64 241
28:1-8 546
28:2-3 177, 546
28:9-10 546
28:19 496

마가복음
1:4 240, 245
1:8-11 504
1:9-11 69, 370
1:10 365
1:10-11 421

1:11 69
1:12 69, 365
1:12-13 371, 421
1:13 200
1:15 245, 372, 424
2:10 375
2:17 366
2:28 375
3:22 179
3:24 372
3:29 421
4:26 372
6장 55
6:4 366
6:38-41 200
8:4 55
8:7-8 200
8:29 53, 572 주34
9:1 383, 538, 540-541
9:11-13 366
9:43 587, 588
9:45 587
9:47 587
10:11-12 203
10:38 504
10:45 285, 295, 309, 353, 357-358, 366
11:25-26 241
12:17 206
12:25 177
12:26 78
12:30-31 85
13장 58, 530, 541-542
13:1-37 541-542
13:2 541
13:4 541
13:7 541
13:8 541
13:11 424
13:14 538

13:14-22 541
13:24 541
13:24-26 530
13:26-27 177
13:30 538
13:32 177, 533, 540
13:32-33 541
13:34 530
13:35 533
14:14 508
14:32-42 410
14:62 375
15:34 98
16:1 546
16:1-8 546
16:5 546
16:9-11 546

누가복음
1:11-13 175
1:19 175
1:26-37 175
1:35 422
1:46-47 228
1:47 301
1:68 295
2:9-12 175
2:11 301
2:13-14 173, 175
2:19 231
2:38 295
2:51 231
3:7-9 245
3:16 421, 425
3:18-22 504
3:21-22 69, 370, 421
3:22 365
4장 213
4:1 365, 371, 421
4:1-2 421

4:1-13 371
4:13 422
4:18-19 415, 423, 451
4:19 372
6:20 529
6:21 529
7:16 366
9:27 383
10:9 372
11:2-4 73
11:49 306
12:5 587
12:8-9 177
12:10 421-422
12:12 424
12:24-27 195
12:50 504
13:2-5 97
13:27 241
13:28 587
13:31-33 366
15:7 185
15:10 177
15:11-32 90
15:18 241
15:21 241
16:8-9 241
16:18 203
16:22 185
17:3-4 241
18:9-14 90
19:12-27 530
20:25 206
21장 530
22:7-13 508
22:15 508
22:19 510
22:25-26 211
22:43 177
24:1-12 546

24:10 546
24:10-11 546
24:11 546
24:23 177
24:31 547
24:36-43 547
24:36-47 346
24:37 547
24:39 547
24:49 424

요한복음 290, 394-397, 442-445, 583
1:1 61, 312, 313, 375, 395
1:1-14 288
1:3 395
1:4 313, 395
1:5 395
1:7 395, 396
1:8-9 395
1:9 313
1:11 395
1:12 396
1:14 89, 157, 201, 314, 360, 395, 396, 405
1:16 89
1:18 396
1:19 395
1:29-36 504
1:32 446
1:32-34 69, 370, 442
1:50 396
1:51 176, 396
2:11 396
2:22 396
2:23 396
2:25 395
3장 442
3:3 314
3:3-7 442

3:3-10 314
3:8 443
3:12 396
3:15 313, 395
3:15-16 396
3:16 69, 265, 285-286, 396
3:16-17 201
3:18 396
3:19-21 395
3:31 396
3:34 396
3:34-35 443
3:36 286, 313, 395, 396
4:6 376
4:7 376
4:10 443
4:13-14 443
4:14 313, 395
4:24 443
4:36 313
4:39 395
4:42 301
5:14 241
5:23 396
5:24-29 313
5:28 563
5:29 559
5:39 313, 395
5:40 313
6:27 396
6:33 313, 396
6:35 313, 396
6:35-58 314
6:38 339
6:39 543
6:40 313, 543
6:41 396
6:47-48 313
6:51-54 313
6:52 514

6:54 396, 543
6:63 313, 514
6:68 313
6:69 83
7:37-39 443
8:12 313
8:40 37
8:42 396
9:2-3 241
10:1-18 485
10:10 313
10:28 313
10:30 329, 396
11:25 313
11:33 376
11:35 376, 519
11:50-52 309
12:23 583
12:25 313
12:31 179, 186
14-16장 443, 459
14:1 396
14:3 442
14:6 313, 314, 396
14:8-9 314
14:11 396
14:15-17 443
14:16 444
14:16-17 443
14:18 442, 444
14:19 396
14:26 443, 444
15장 482
15:1-11 314, 485
15:13 337
15:26 395, 444
15:26-27 443
16:5-15 443
16:7-8 68
16:8 444

16:8-11 444
16:9 262
16:12 444
16:13-14 412, 442
16:28 396
17:2-3 313
17:5 396
17:6-8 314
17:9-24 314
17:11-26 367
17:22 329
18:14 309
18:37 314
20:1 546
20:1-18 546
20:12 177
20:14-15 546-547
20:14-18 546
20:16 547
20:19 547
20:19-23 547
20:20 547
20:22 445, 477
20:28 375-376, 394-395, 397
20:31 313
21:1-14 547
21:6-13 200
21:12 547
21:15-17 496
21:24 395

사도행전 177, 424-429
2-4장 482
2장 416, 437, 445
2:1-13 424
2:2 425
2:3 425
2:4 425, 451
2:13 425

2:14-20 424	13:23 301	2:23 241
2:14-36 423	13:30 543	3장 263, 316
2:17 456	13:37 543	3:9 245, 263, 311
2:19-20 427	14:23 498	3:10 245
2:21 286	15:7-11 428	3:10-12 263
2:21-22 284	16:15 505	3:19-26 343
2:25 366-367	16:31-33 505	3:23 241
2:34-35 366-367	17장 29	3:25 190, 315-317, 348, 358
2:36 384	17:17 26	4:15 241
3:15 543	17:18 26	4:16 91
3:21 585, 586, 588	17:28 112	4:16-25 542
4:10 543	19장 427	4:17 542, 556
5:19 177	19:1-7 428	4:20 556
5:29 206-207	20:28 496	4:25 241, 310
5:30 543	23:1 234	5:5 441
5:31 301	24:16 234	5:6 311
6:1-6 488	25:8 241	5:7 309
6:2 497		5:8 287
7:30 177	로마서 156, 236, 262	5:9 286
7:35 177	1-8장 263	5:10 245, 311, 318, 388
7:38 177	1:1 386, 387	5:10-11 318
7:44-48 80	1:3 388	5:12 241, 243-244, 253-254,
8장 427	1:4 70, 384, 388, 445	261
8:17 427	1:9 388	5:12-14 519
8:26 177	1:16 301	5:12-21 243, 549
9:4 483	1:18 241, 561	5:14 241, 260, 388
9:17 428	1:18-32 242, 262, 566	5:15 241
10장 427	1:18-3:20 205	5:15-18 241
10:7 177	1:20-21 274	5:16 241
10:19 428	1:22 243	5:17 241
10:40 543	1:24 243, 261	5:18 204, 241
10:44 428	1:26 243	5:18-19 311
10:44-46 427	1:26-27 252	5:19 253
11:12 428	2:1 243	5:20 241, 591
11:15 428	2:1-11 563	5:21 244
11:17 428	2:3 559	6:1-11 503, 504
11:18 428	2:8 241	6:3 502
12:7 177	2:12 241, 569	6:10 511
12:9-11 177	2:13 569	6:13 241
12:15 178, 185	2:16 569	6:15 241

6:19 241-242
6:20 339
6:23 91, 519
7장 465
7:2-25 519
7:4-6 503
7:7 244
7:7-11 243
7:7-13 244-245
7:12 244
7:13 244
7:14 339
7:14-25 262
7:15 244
7:18-20 254
7:22-25 440
7:24 258, 295
8장 70, 465
8:3 285, 308, 310, 357, 388, 407
8:3-4 70
8:6 230, 237, 264
8:7 237, 271
8:8 237, 271
8:9 74, 264, 429, 462, 471, 475
8:9-10 430
8:9-11 429, 554
8:11 70, 291, 441, 445, 542, 543
8:15 74
8:18-29 421
8:18-30 440
8:19 536
8:19-21 202
8:19-23 196, 586
8:20-21 520
8:21 201
8:23 431, 536, 543
8:26 437-438, 460

8:26-27 74, 232-233
8:29 388
8:32 95, 339, 388
8:38 177, 179, 213
8:39 136
9-11장 482
9:1 234
9:2-3 304
9:5 376, 390
9:16 93
9:27 485
10:1 301
10:6 388
10:9 231, 384, 543
10:10 301
11:5 485
11:11 301
11:11-12 241
11:15 318
11:17-24 485
11:36 389-390, 550
12:2 223
12:5-6 463
12:6 435
12:6-8 439
12:11 412
13장 207
13:1 209, 210
13:1-2 207
13:1-7 206-210
13:2 208
13:3 207, 210
13:4 204, 208, 212
13:6-8 208
13:7 208
13:9 326
13:11 301
14:11 388
15:26 485
16:1 496

16:3 495
16:9 495
16:21 495

고린도전서
1:7 529, 535
1:8 528
1:9 388, 485
1:10 150
1:12 546
1:12-13 88
1:13 502
1:16 505
1:18 285
1:18-25 345, 433, 544
1:23 284
1:24 388
1:30 388
2장 554
2:1-10 433
2:2 284
2:6 353
2:6-8 329
2:6-16 233
2:7-9 157
2:8 213, 333
2:10 460, 463
2:11 441, 461
2:12 112, 165, 462
2:14 554
2:16 236
3장 499
3:3-4 88
3:4 88
3:6 436
3:9 495
3:9-17 485
3:10 436, 497
3:13-15 522
3:15 522

3:16 433	11:2-3 75	13:5 88
3:18 499	11:4-5 435	13:7 88
3:21-22 499	11:20 508	13:8 88
3:22 546	11:21-22 88	13:9 132, 435, 458
3:23 502	11:22 485	13:11-13 88
4:1 386	11:23-32 516	13:12 25
4:1-2 495	11:24 507, 509	14장 425
4:1-5 569	11:24-25 510	14:1-5 435
4:5 232, 560, 569	11:26 384	14:2 437
4:7 91	12-14장 474, 554	14:3 436
4:9 177	12-13장 504	14:5 437
5:7 306, 309, 310	12:3 384, 430, 445, 463	14:6 435
6:11 502	12:4 433	14:13-19 436
6:14 543	12:4-6 441	14:15 235-236
6:18 241	12:4-7 76, 461, 462	14:20-25 232
6:19 386, 433, 502	12:4-11 433, 463, 467	14:24 435
6:19-20 296	12:4-14:40 433	14:26-27 88
6:20 228, 310	12:7 433	14:30 436
7:1-7 203	12:7-10 460	14:31 435
7:10 203	12:8 433	14:39 435
7:11 318	12:8-10 435, 438, 471	14:40 498
7:22-23 387	12:9 434	15장 534, 542, 544
7:23 296, 310	12:9-10 435	15:1 548
7:28 241	12:10 435, 437	15:1-5 544
7:36 241	12:12 481	15:1-11 548
8-10장 233	12:12-26 485	15:3 310, 544
8:1 88, 270	12:13 430, 454, 475, 503	15:4 544
8:1-3 433	12:14 481	15:5 544, 545-546
8:4-8 179	12:17 481	15:6 546
8:6 68, 387	12:19 481	15:9-10 90
8:7 433	12:26 481	15:12 548
8:7-12 234	12:28 210, 438	15:12-19 548
8:10 433	12:28-30 435	15:14 548
8:11 433	12:28-31 438	15:15 543, 548
8:12 241	12:31 440	15:17 548
9:5 546	13장 322, 441	15:18 548
9:9-10 190	13:1 177	15:19 548
9:17 495	13:2 435	15:20 548
10-11장 515	13:4 88	15:20-22 545
10:16 485, 507	13:4-7 88	15:20-28 548

15:21-22 331, 549
15:22 254
15:23 530, 549
15:23-27 534
15:23-28 549
15:24 550
15:24-28 75
15:25 550, 591
15:26 519, 550
15:26-28 549
15:28 117, 388, 550, 590
15:29 550
15:29-34 550
15:30-33 550
15:34 241
15:35 550
15:35-58 550
15:35-50 550
15:36 551
15:38 542, 551
15:39 551
15:41 551
15:42 551, 552
15:42-44 552
15:43 552, 553
15:44 432, 522, 552, 553, 554, 583
15:45 388
15:45-48 549
15:45-52 555
15:46 554
15:49 388, 530, 555
15:51-52 555
15:51-54 534
15:52 555
15:53-58 555
15:54 555, 592
15:54-55 336
15:57 555
15:58 555

16:15 505
16:17 528
16:22 385

고린도후서 236
1:6 301
1:9 542
1:11 309
1:12 234, 481
1:19 388
1:22 232, 432
3:5-6 481
3:6 496
3:7-9 497
3:18 583
4:4 186, 388
4:6 583
4:14 543
5:1-10 542
5:2 556
5:4 556
5:5 431
5:10 557
5:10-11 232
5:14 331
5:18-19 318
5:19 71, 241, 287, 311
5:20 309, 318, 319
5:21 285, 308, 348, 358
6:4 496
6:14 242
6:18 131
7:10 301
8:23 495
10:7 502
10:10 528
11:14 177
11:15 496
12:2-3 545
13:13 485

갈라디아서
1:1 543
1:4 285, 531
1:8-9 285
1:10 387
1:15 91
1:15-16 436
1:16 388
1:18 546
2:9 546
2:11 546
2:14 546
2:20 309, 310, 388, 391, 503
3:1 235, 537
3:1-2 223
3:1-5 235, 419-420
3:5 435
3:5-29 504
3:13 296, 310, 311, 324, 331, 335, 336, 345, 358
3:13-14 308, 441, 503
3:19 177, 241, 305
3:20 305
3:27 502
4:4 70, 357, 406, 407
4:4-5 311, 348
4:5 310, 311
4:6 232, 388, 441, 462
4:25 575
4:26 575
5:5 535, 560, 569
5:17 459
5:22-23 440
5:25 430
6:1 241
6:7-8 562

에베소서
1:7 241
1:10 194, 196, 201, 326-327,

591
1:13-14 432
1:23 485
2:1 241, 245
2:2 186
2:5 241
2:8-9 91
2:10 94
2:15-16 586
2:16 485
2:22 433
4:3 453
4:4 485
4:4-5 494
4:6 504
4:11-13 439
4:12 485
4:12-13 439
4:23 223
5:6 561
5:21-33 203
5:23 301, 388
5:25-26 485
5:25-27 504
5:26 502
5:31-32 485, 581
6:12 179
6:21 496

빌립보서
1:1 386, 387, 496
1:20 536
2:1 482, 485
2:6-11 406, 591
2:7-8 336
2:9 387
2:9-11 385, 387
2:10-11 387
2:11 387, 591
2:12 528

2:25 495
3:9 205
3:10 485
3:12 531
3:14 531
3:20 301, 388, 534
3:20-21 534
3:21 531, 534, 553
4:3 495
4:5 541
4:7 223, 232

골로새서
1:13 295, 388
1:13-14 531
1:15 219, 388, 390
1:15-17 390
1:15-20 179
1:16-17 389
1:17 112, 390, 419
1:18 388, 485
1:20 196, 329, 586-588
1:20-22 318
1:25 496
2:3 388
2:8 27
2:8-15 179
2:9 326
2:12 543
2:13 241
2:14 310, 504
2:15 353, 587
2:18 177, 481
2:19 494
2:20-23 179
3:6 561
3:18-19 203
4:11 495
4:12 387

데살로니가전서
1:10 295, 388, 535, 543, 566
2:3 241
2:16 566
2:17 232
3:2 495
3:13 528
4:14-17 542
4:15 538-540
4:16 186, 556
4:16-17 524, 530, 534
4:17 453, 525, 538-540
5:10 309
5:12 223, 236
5:14 223, 236, 537
5:20 435
5:23 228, 440, 528

데살로니가후서
1:7 529
1:9 588
1:12 391
2:2 236
2:8 528, 529, 530
2:10 241
2:11 241
3:15 223, 236, 537

디모데전서
2:2 210
3:1-2 490
3:1-7 496
3:2 491
5:22 498
6:14 530

디모데후서
1:10 530
3:1-5 524
4:1 530

디도서
1:5 498
1:7 491
1:15 234
2:13 391, 529, 530
3:5 502

빌레몬서
1절 495
6절 485
24절 495

히브리서 177, 314, 392-394, 446-447
1:1-2 156, 157
1:1-4 394
1:3 219, 221, 314, 376, 394, 583
1:3-4 394
1:6 170
1:8 393, 394
1:8-9 376
1:14 170
2:2 241
2:4 69, 446
2:8 224
2:8-9 224
2:9-10 331
2:11 376
2:13 69, 376, 393
2:17 305
2:17-18 375
3:1 305
3:1-2 306
3:2 393
3:7 447
3:17 241
4:14-15 305
4:14-10:18 314
4:15 372, 376, 393, 422

4:16 304
5:1 345
5:1-8:7 314
5:4 498
5:5 305
5:5-10 367
5:7 393
5:7-10 372
5:8 248, 393
5:10 305
6:4 446, 447
6:20 305, 309
7:1-8:7 367
7:14 392
7:17-28 300
7:21-25 393
7:26 305
7:27 511
7:27-28 305
8:1 305
8:1-7 300
8:3 305, 345
8:5 27
8:6 304, 393
9:1-5 307
9:5 315-317
9:6 307
9:6-10:4 200
9:7 305
9:9 307
9:11 305
9:11-14 314
9:12 286, 296, 511
9:14 345, 447
9:15 304
9:24 27
9:24-26 393
9:25 305
9:26 306
9:27 345, 558

9:28 529
10:4 345
10:10 511
10:12 306
10:15-16 447
10:22 234
10:26 241
10:29 447
12:1 584
12:2 584
12:3 393
12:6-11 565
12:18-21 575
12:22 575
12:22-24 575
12:24 304
13:2 174
13:4 204
13:8 571
13:12 393

야고보서 50
2:23 65

베드로전서 445
1:2 445
1:7 529
1:12 445
1:13 529
1:18 296
1:18-19 286, 346
2장 207
2:5 305
2:9 305
2:12 496
2:13-17 207, 209
2:15 496
2:20 241
2:21 309, 323
2:24 323

2:25 491
3:16 234
3:18 445
3:19 446
4:14 446

베드로후서
3:4 528

요한일서 445
1:3 485
1:6 485
1:7 286
1:8 245, 256
1:10 241
2:1 241
2:20 442, 445
2:27 442
2:28 528
3:2 547
3:6 241
4:1 445
4:1-6 445
4:2 445
4:2-3 445
4:4-6 445
4:9 396
5:6 445

유다서
9절 186
18절 241

요한계시록 58, 170, 177,
　　　183, 447, 575
1:4 447
1:8 78, 131
1:10 447
1:20 178
3:1 447

3:10 525
3:12 576
4:2 447
4:3 578
4:5 447
4:8 131
4:8-11 173
5:6 447
5:9 286, 296
5:11-12 171
5:11-13 173
6:2-8 58
7:11-12 178
8:7-8 178
8:10 178
8:12 178
9:1 178
11-14장 526
11:2-6 526
11:7 526
11:11 447
11:17 131
12:5-11 526
12:7 179
12:9 179
13장 207, 212
13:5-18 207
13:7 207
13:8 207
13:10 207
14:3 296
14:4 296
14:13 447
14:19 179
15:3 131, 569
15:4 569
15:6-8 179
16:1 179
16:3 179
17:3 447

19:6 131
19:7-8 581
19:10 186, 447
19:15 131
20장 526
20:1-3 526
20:1-10 524
20:4 523
20:4-5 524
20:4-6 523
20:5 524
20:7-10 526
20:12 559
21:1 576
21:1-7 574
21:1-22:5 527, 574
21:2 485, 576, 581
21:3 577, 582
21:4 580
21:6 578
21:8 580
21:10 447, 576
21:10-11 577
21:12 577
21:15-21 58
21:18 577
21:19-20 577
21:22 131, 577
21:23 577
21:27 578
22:1-2 570, 579
22:1-5 574
22:1-6 580
22:8-9 186
22:14-15 578
22:17 447, 578

고대 문헌

외경

바룩
3:27-4:4 418

벨과 용 179-180

벤 시락(집회서) 159, 419
24장 417-418
48:10-11 365

마카베오1서 180
3:6 241
4:30 300

마카베오2서
7:30-38 317

마카베오3서
6:29 300
6:32 300
7:16 300

마카베오4서 180, 419
6:27-29 317
17:20-22 317

토비트
5:4-8 180
5:15-16 180
6:1 180
6:4-5 180
6:6 180
8:3 180
12:6 180
12:15 180

솔로몬의 지혜서 159, 419
1:7 419
2:23-24 252
6:18-20 418
8:13 418

8:17 418
9:10 418
10:1 241
11:25 132
13장 243
13:8-9 243
14:8-14 243
16:7 300

구약 위경

아브라함묵시록
10:1-17 181

모세묵시록
19:3 244

바룩2서
4:3 575
48:36 418
54:18-19 244
54:19 243

바룩3서
1:3 575
11:4 181

노아서 181

에녹1서 181, 419
1-36장 180
6-11장 180
9-10장 171, 181
9:1 420
9:1-11:2 180
12-36장 181
14:8-13 425
20:1-8 171
42:1-2 418
61:8-9 375

62:9-11 375
86:1-89:1 180
88:1-3 180
90:29 574
90:31 365

에녹2서
22:3 181
22:6 181
42:3 580
65:10 578

에스라4서 575
3:7-10 244
6:2 579
7:36 579
7:118 244
7:123 579
13:24 538
14:22 420

희년서
2:2 181
5:1-11 180
7:21-24 180
10:5-14 180
15:27 181
31:12 418, 420

요셉의 기도
1:7-8 181

솔로몬의 시편 419
14장 580
17:50 538

아브라함의 유언
14:5 181

레위의 유언 365

8:15　366

사해 사본과 관련 텍스트
CD
2:12　420
3:14　181
6:2-11　181

1QH
1:21　181
7:6　420
9:32　420
12:1　420
13:19　420
14:15　420
16:11-12　420
17:17　420

1QM
12:1-2　181
17:6-8　181

1QS
1:1-15　181
3:7-8　419
3:13-40　420
3:26　420
8:5-16　181
8:15-16　418
8:16　420
9:11　365

4Q
554　575

미쉬나, 타르굼, 다른 랍비 자료

미쉬나
Pesaḥim

10:5　508

타르굼 위(僞)요나단　420

메킬타 출애굽기
15:1　419

출애굽기 라바
3:2　182

민수기 라바
15:20　419

사도 직후 교부
*본문에서 한국어로 제목을 밝힌 책은 한국어로 표기했다.

『바나바 서신』
5.1　324
5.2　324
5.5　324
7.3　324
10.2　456 주12
14.2　456 주12

『클레멘스1서』
7.4　322
8.1　456 주13
16.1-2　398
16.2-3　456 주12
21.2　456 주13
45.2　456 주12
46.6　456 주13
49.6　322

『디다케』
1.3-5　456 주12
13.8　456 주13

『디오그네투스에게 보내는 서신』
5.1-3　325
9.2-6　325

이그나티오스
『에베소인에게 보내는 서신』
4.1　491
9.1　323, 456 주14
18.2　456 주14
20.2　491
『마그네시아인에게 보내는 서신』
4.1　491-492
『빌라델비아인에게 보내는 서신』
서문　456 주12
7.1　456 주13
『서머나인에게 보내는 서신』
1.1　323
1.1-2　398
『트랄레스인에게 보내는 서신』
2.2　323
9.1-2　398

폴리카르포스
『빌립보인에게 보내는 서신』
8.1　323

다른 고대 기독교 저자

암브로시우스
Concerning Repentance
1.3.13　253
Letter
40.12　208
On Original Sin
41　253

On the Belief in the
Resurrection
2.1.6 253
2.6 253
『기독교 신앙론』
2 336
2.10.84 336
2.10.85 336
2.11.92 336
2.11.93 336
2.11.94 336
3.11.84 336
5.8.109 253
5.14.178 335
On the Holy Spirit
1.1.19 463
1.1.26 463
1.6.80 463
2.12.142 463

안셀무스
『프로스로기온』 125
1-26 125
2 125
4 126
7-13 126
The Virgin Conception and
Original Sin
5 260
22 260
23 260
27 260
『하나님은 왜 인간이
되셨는가?』 338-342
1.5 259
1.9 259
1.11 259
1.19-25 340-341
1.25 259
2.5 341

2.6 341
2.67 259

아리스티데스
Apology
15 456 주16

아타나시오스
『아리우스파를 논박하는
네 담화』
1.42 332
1.43 332
2.49-50 251
4.6 333
4.7 333
Discourse against the
Heathen
2 251
3-5 251
『세라피온에게 보내는 서신』
461
1.2 461
1.17 461
1.19 461
1.22 461
1.28-31 462 주41
2.2 462 주42
3.5 462 주42
Letters
6.5 208
10.1 208
『하나님 말씀의 성육신에
관하여』
1.3-5 252
2.3 330
2.6 330
2.8 330
2.9 330-331
3.13 331
4 520

4.20 331
4.25 331
5.26-32 331
5.27 331
6 252, 331
7-8 331-332
8.54 332
16.18 367

아우구스티누스
Against Julian
1.9 101
『펠라기우스파의 두 서신
논박』
4.4.7 255
『신국론』 32
1.20 191
9.15 182
10.7 183
10.16 183
11.6 571
11.9 182
12.4 101
12.6 183
12.7 102
13.2 521 주8, 588
13.6 521
20.9 526 주25
『고백록』
1.6.8 102
4.15.26 103
5.3.3 32
5.3.5 32
5.9.16 254
5.10.19 32
7.1.1 32
7.3.5 103
7.13 33
8.10.11 254
10.68 337

『신앙안내서』
3.11 32
4.13 33
8.30 336
14 101
18.108 337
23.92 588
29 183
58 183
Epistles
187.20 337
The Letter of Petilian the
Donatist
2.45 208
『그리스도교 교양』
3.10.14 526 주25
『자유의지론』
3.17.48 103
3.51 254
On Marriage and
 Concupiscence
1.5.6 258
1.16.18 258
1.21.35 258
On Rebuke and Grace
11.32 257
12.33 257
On the Spirit and the Letter
22.13 92
『삼위일체론』
4.13.17 337
4.14.19 336
6.5.7 464
13.15.19 337
『마니교도 파우스투스에게
주는 답변』
14.4 337

가이사랴의 바실레이오스
Letter 289 208

『성령에 관하여』
9.22-10.26 463
16.38 463
16.39 93
16.61 463 주49

알렉산드리아의 클레멘스
Stromata
1.2.1 29
1.5.1 29
1.5.7 29
1.19-20 29
2.2 29
2.14 250
2.22 29
6.9 367
6.17 29
7.16 250

알렉산드리아의 키릴로스
Commentary on John
7 364

에우세비오스
『교회사』
3.39.9 383
4.15.22 208
5.15 456 주15
5.16 457

나지안조스의 그레고리오스
In Defence of His Flight
95 335
Letter to Cledonius 335,
 399
On the Holy Spirit
14 66
19 66
『네 번째 신학 설교』
1.1 335

30.5 335
『부활절에 관한 두 번째
설교』
22 334

닛사의 그레고리오스
『대교리문답』
17 333
22 333-334
24 333, 390
25 333, 390
On "Not Three Gods"
 66-67
On the Holy Spirit
18 32
19 32
23 93
『인간 창조에 관하여』
17.2 590
On the Trinity
6 32, 66

힐라리우스
『삼위일체론』
2.29 462
8.20 462
8.29 462

이레나이우스
『이단 논박』
1.3.4 326
1.24.2 398
2.18.1 458 주24
2.18.6 458
2.18.7 458
3.9.3 458 주23
3.16.2 398
3.16.3 398
3.17.1 458 주23
3.17.3 458 주23

3.18.1　326
3.18.3　458 주23
3.18.7　353
3.19.1　589
3.19.3　398
3.23.7　526 주24
4.20.1　458
4.39　589
5.6.1　108
5.8.1　458
5.15.4　221
5.16.2　248
『사도들의 설교를 설명함』
　　458
12　248

요한 크리소스토모스
Commenatry on Acts
Homily 4　426 주36
Homily on John　92-93
Homilies on the Epistle to the Romans
Homily 23　207

순교자 유스티노스
『트리포와 나눈 대화』
1.5.6　28
1.9　28
1.13　28
1.60　28
1.69.1　28
4　456 주17
80　526 주24
86　324-325
87　456 주17
88　456 주18
94　324
95.1　324
『첫 번째 변증』
13　456 주18

32　325
44　456 주18
『두 번째 변증』
7　28
10　28

락탄티우스
Constitutions of the Holy Apostles
2.13　208
Divine Institutes
72　526 주24

오리게네스
『켈수스 논박』
1.31　329
1.62　30 주30
3.58　30, 35
4.74　191
4.75　191
4.79　191
5.39　399
5.4　329
7.17　328
7.50　251
7.57　399
8.12　329
8.14　207
Commentary on John
2.29　329 주28
2.33　329 주28
6.15-16　329 주28
6.28　329 주28
Commentary on Romans
8.9　590 주74
『원리론』
1.2.4　399
1.3　460
1.3.2　460
1.3.5　460

1.5.2　250
2.3.7　590
2.6.3　399
2.7　460
2.9　250
3.3.1-2　329
3.5.6　329, 590
3.6.6　590
3.6.9　590
4.1.9　35
4.1.16　250
4.2　526 주25
Exhortation to Martyrdom
30　526 주25
Homily on Exodus
6.9　329 주29
Homily on Genesis
14.3　31
Homily on Joshua
1.16.9　590 주74
Homily on Luke
14.4　329 주29
Philocalia
13　30

위(僞)디오니시오스
『천상의 위계 구조』
1　183
2.1-2　183
3.2　183
4.4　183
6.1　183-184
7.1　184
7.4　184
8.1　184
14.1　184
15　184

테르툴리아누스
Against Marcion

3.25 526 주24
Against Praxeas
4 459
5 226 주20
13 398
27 398
An Exhortation to Charity
7 500
Of Patience
10 328
『세례론』
1.1 500
4 459
6 459 주29
『일부일처제에 관하여』
1 459
On the Flesh of Christ
11 249
12 226 주20
On the Resurrection
63 327
On the Soul
9 459
36 250 주5
45 459
『이단에 맞서는 규범에 관하여』
7 30
13 459
16-19 327 주19

테오필로스
To Autolycus
1.5 456 주19
1.7 456 주19
1.13-26 28
1.72-83 28-29
2.13 28 주21, 456 주19

토마스 아퀴나스
『신학대전』
I, qu. 2, art. 3, reply 113, 118
I, qu. 3, art. 3, reply 115
I, qu. 14, art. 13, reply 134
I, qu. 14, art. 16, reply 134
I, qu. 19, art. 8, reply 132
I, qu. 47, art. 2, reply 101
I, qu. 48-49 33
I, qu. 48, art. 1 101
I, qu. 48, art. 3, reply 101
I, qu. 49, art. 1 101
I, qu. 49, art. 2 101
I, qu. 50-64 184
I, qu. 50, art. 1 184
I, qu. 50, art. 2 184
I, qu. 50, art. 3 184
I, qu. 54 184
I, qu. 59, art. 2 185
I, qu. 59, art. 3 185
I, qu. 60, art. 3 185
I, qu. 60, art. 5 185
I, qu. 61, art. 1 185
I, qu. 61, art. 3 185
I, qu. 63, art. 2 185
I, qu. 64, art. 4 185
I, qu. 79, art. 12 235
I, qu. 79, art. 13 235
I, qu. 79, reply to arts. 12-13 235
I, qu. 93, art. 1 222 주10
I, qu. 93, art. 1-9 222
I, qu. 93, art. 2 222 주10
I, qu. 93, art. 2, reply 222
I, qu. 93, art. 3 222 주10
I, qu. 93, art. 9 222
I, qu. 93, art. 9, reply to obj. 1 222
I, qu. 104, art. 1 196 주60

II/I, qu. 71-80 260
II/I, qu. 71, art. 1, reply 260
II/I, qu. 71, art. 5, reply 260
II/I, qu. 71, art. 6, reply to obj. 2 261
II/I, qu. 81-84 260
II/I, qu. 81 261
II/I, qu. 81, art. 1, reply 261
II/I, qu. 81, art. 1, reply to obj. 2 261
II/I, qu. 81, art. 3 261
II/I, qu. 82, art. 3, reply 261
II/I, qu. 85-89 260
II/I, qu. 85 261
II/I, qu. 85, art. 5 261
II/I, qu. 85, art. 6 261
II/I, qu. 87, art. 2, reply 261
II/I, qu. 87, art. 3, reply 261
II/I, qu. 87, art. 5, reply to obj. 2 261
II/I, qu. 90, art. 3, reply to obj. 3 208
II/I, qu. 96, art. 4, reply to obj. 1 209 주109
II/I, qu. 96, art. 5 209 주109
II/I, qu. 109, art. 2 93
II/I, qu. 109, art. 5, reply 93
II/II, qu. 64, art. 1 191, 192
II/II, qu. 64, art. 1, reply to obj. 1-2 192
II/II, qu. 65, art. 2 209
II/II, qu. 71, art. 6 521

II/II, qu. 88, art. 10 209 주 109
III, qu. 1, art. 3, reply to obj. 3 103
III, qu. 19, art. 3 498
III, qu. 75, art. 4 512
III, qu. 75, art. 5 512

티코니우스
On Christian Doctrine

3.6-9 526 주25

다른 그리스/유대 저자

필론
Aleegorical Interpretation
1.31-42 420
On Giants
27 420
On Planting

18 420

플라톤
『국가』
7 27

세네카
Epistle
41.1 420

주요 인물 소개

Abélard, Pierre(1079-1142): 중세 프랑스의 스콜라 철학자요 신학자다. 모든 사물을 아우르는 보편자가 존재한다고 주장했다.

Adams, Robert Merrihew(1937-): 미국의 분석철학자다. 종교철학에도 깊은 관심을 보였으며, 키르케고르와 라이프니츠의 철학을 깊이 연구했다.

Aland, Kurt(1915-1994): 독일의 신약학자다. 신약 본문비평을 깊이 연구했으며, 네스틀레-알란트 그리스어 신약성경 편찬자로 잘 알려져 있다.

al-Ghazālī, Abū Ḥāmid Muḥammad ibn Muḥammad(1058-1111): 이슬람 철학자요 신학자다.

al-Kindī, Abu Yūsuf Yaʻqūb ibn ʼIsḥāq aṣ-Ṣabbāḥ(801-873): 압바스 칼리프 시대 이슬람 철학자요 신학자다.

Alquin of York(735-804): 노섬브리아 왕국 요크의 학자요 성직자이며 시인이었다.

Alston, William Payne(1921-2009): 미국의 철학자다.

Alter, Robert(1935-): 미국의 히브리문학자요 비교문학자다. 구약 내러티브 분석에 type scene 기법을 도입한 인물이기도 하다.

Althaus, Paul(1888-1966): 독일의 조직신학자다. 루터파 정통을 비판했지만, 히틀러의 등장을 반겼다 하여 비판을 받기도 한다.

Althusser, Louis Pierre(1918-1990): 프랑스의 마르크스주의 철학자다.

Ambrosius(337-397): 서방 교회 교부요 신학자다. 아우구스티누스에게 많은 영향을 주었다.

Anaxagoras(기원전 ?510-?428): 그리스의 철학자다. 만물의 본질을 이루는 요소로 물, 불, 흙, 공기를 제시하면서, 이 요소들이 각기 다르게 결합하여 물질을 이루며 이 물질을 이뤄 가는 운동 과정을 정신이 지배한다고 보았다.

Anscombe, Gertrude Elizabeth Margaret(1919-2001): 영국의 분석철학자다. 비트겐슈타인에게 많은 영향을 받았다.

Anselm of Laon(1050-1117): 프랑스의 신학자다. 성경해석학의 문을 연 이로 알려져 있다.

Anselm of Canterbury(1033-1109): 캔터베리의 안셀무스로 많이 불리는 베네딕도수도회 수도사요 신학자, 철학자다.

Apel, Karl-Otto(1922-2017): 독일의 철학자다. 대륙 철학 전통과 분석철학 전통을 융합하려고 했으며, 언어철학도 깊이 연구했다.

Apollinarius(?310-390): 라오디게아 주교였고, 아리우스주의 옹호자였다.

Aquinas, Thomas(1225-1274): 이탈리아의 스콜라 신학자다. 아리스토텔레스 철학과 기독교 신학, 신앙과 이성의 조화를 도모했다.

Aristides: 2세기 초에 활동한 아테네 철학자요 기독교 변증가다.

Aristoteles(기원전 384-322): 철학뿐 아니라 자연과학과 미학, 문학에 이르기까지 방대한 분야를 섭렵했던 그리스 학자였다. 그의 사상은 스콜라 신학에도 큰 영향을 주었으며, 뉴턴의 패러다임이 등장할 때까지 자연과학을 이해하는 패러다임이 되기도 했다.

Arius(?250-336): 알렉산드리아 출신 신학자로 성부의 신성이 성자의 신성보다 우월하다고 주장했다.

Arminius, Jacobus(1560-1609): 네덜란드의 신학자였다. 칼뱅과 여러 면에서 의견을 달리하였는데, 가령 하나님이 베푸시는 구원의 은혜는 택함을 받지 않은 자에게도 미친다고 주장했다.

Athanasius(293-273): 알렉산드리아 총대주교였다. 성부와 성자가 동일 본질임을 주장하며 아리우스파와 대립했고, 신약 정경을 지금과 같이 27권으로 확정하는 데 이바지했다.

Athenagoras(133-190): 동방 교회 교부다. 한때 플라톤 철학을 따르다가 기독교로 개종한 뒤 기독교 신앙을 변증하는 데 힘썼다.

Atkinson, James(1914-2011): 영국의 신학자요 잉글랜드 성공회 사제다. 종교개혁사를 깊이 연구했고, 루터를 다룬 저작을 많이 남겼다.

Attenborough, David(1926-): 영국의 동물학자요 방송인이다.

Attridge, Harold William(1946-): 미국의 신학자다.

Augustine of Hippo(354-430): 서방 교회를 대표하는 신학자요 교부다. 여러 저술을 통해 기독교 신학의 기초를 정립했는데, 가령 성찬 때 성체에 그리스도가 실제로 임재하신다는 주장을 전개하여 나중에 루터에게 큰 영향을 주기도 했다.

Aulén, Gustaf Emanuel Hildebrand(1879-1977): 스웨덴의 루터파 신학자다. 독일 신정통주의 신학의 영향을 많이 받은 룬드학파 사람이었다.

Aune, David Edward(1939-): 미국의 신약학자다. 신약학뿐 아니라 초기 기독교의 기원도 깊이 연구했다.

Austin, John Langshaw(1911-1960): 영국의 언어철학자다. 길버트 라일과 같이 일상언어학파 학자로 화행론을 정립했다.

Avis, Paul(1947-): 영국의 성공회 사제요 신학자다.

Ayer, Alfred Jules(1910-1989): 영국의 철학자요 논리실증주의의 대표자다.

Bacon, Francis(1561-1626): 잉글랜드 철학자요 정치가다. 경험론 주창자이며, 귀납법에 따른 연구 방법을 주장했다.

Bahrdt, Karl Friedrich(1741-1792): 정통을 따르지 않았던 독일 성서학자다.

Baillie, Donald Macpherson(1887-1954): 스코틀랜드의 신학자다.

Bakhtin, Mikhail(1895-1975). 러시아의 철학자요 문학비평가다.

Balthasar, Hans Urs von(1905-1988): 스위스의 가톨릭 신학자다. 제2차 바티칸 공의회에 직접 참여하지는 않았지만, 현대 가톨릭 신학에 큰 영향을 미쳤다.

Barbour, Ian(1923-2013): 미국의 철학자요 과학자다.

Barfield, Arthur Owen(1898-1997): 영국의 철학자요 작가다. C. S. 루이스, J. R. R. 톨킨과 더불어 잉클링스 구성원이기도 했다.

Barr, James(1924-2006): 영국의 구약학자다.

Barr, James(1924-2006): 영국의 구약학자다. 지나치게 언어학에 치우친 성경 연구에 경종을 울렸으며, 근본주의를 비판하기도 했다.

Barth, Karl(1886-1968): 스위스의 조직신학자다. 20세기 초까지 이어져 온 자유주의 신학에 반기를 들고, 예수 그리스도를 신앙과 신학의 중심으로 올려놓는데 큰 역할을 했다.

Bartsch, Hans-Werner(1915-1983): 독일의 신학학자다. 불트만의 영향을 받았다.

Basil of Caesarea(330-379): 갑바도기아 교부이며, 니케아 신경을 옹호하고 아리우스주의에 맞섰던 신학자였다.

Basilides: 기독교 초기 영지주의 지도자 가운데 한 사람으로서, 알렉산드리아가 활동 무대였다.

Bauckham, Richard(1946-): 영국의 성서학자다. 초기 기독교 역사와 신약학 전반에 걸쳐 폭넓은 연구를 해 온 학자다.

Bauer, Bruno(1809-1882): 독일의 자유주의 신학자요 철학자다. 헤겔 좌파 사상을 이끌었던 인물이다. 공관복음서를 복음서 사가의 창작으로 보고 기독교 역시 인간의 창작이라고 주장했다.

Baumgärtel, Friedrich(1888-1981): 독일의 구약학자다.

Baur, Ferdinand Christian(1792-1860): 독일의 신학자이며 튀빙겐학파의 시조다. 헤겔 변증법에 영향을 받아 기독교를 유대 기독교와 헬라 기독교의 융합으로 보았으며, 역사비평을 따른 성경 연구에도 많은 영향을 미쳤다.

Bavinck, Herman(1854-1921): 네덜란드 개혁파 신학의 대표자라고 할 수 있는 인물이다. 성경과 신조, 신앙 의식을 모두 고려하여 신학을 전개하는 방법을 설파했다.

Baxter, Richard(1615-1691): 잉글랜드 청교도 신학자이며 시인이요 찬송시 작가다.

Beale, Gregory K.(1949-): 미국 성서학자다. 구약과 신약을 통섭하는 성경 해석 체계를 세우려고 노력했다.

Beasley-Murray, George Raymond(1916-2000): 영국의 신약학자다. 복음서와 요한계시록을 깊이 연구했다.

Bede of Jarrow(?672-735): 잉글랜드의 옛 왕국 노섬브리아의 수도사요 신학자다.

Behm, Johannes(1883-1948): 독일의 신약학자다. 아돌프 다이스만의 뒤를 이어 베를린 대학교에서 신약과 구약을 가르쳤다.

Beker, Johan Christiaan(1924-1999): 네덜란드 출신 신약학자로 미국 프린스턴 신학대학원 교수를 지냈다.

Bell, Eudorus N.(1866-1923): 오순절 운동 지도자 가운데 한 사람이었다. 미국 하나님의 성회 총회장을 지냈다.

Bengel, Johann Albrecht(1687-1752): 독일의 신학자다. 그리스어 신약성경을 편찬했으며, 경건주의를 대표하는 인물이었다.

Bentzen, Aage(1894-1953): 덴마크의 성서학자다. 구약 선지서를 깊이 연구했다.

Berger, Klaus(1940-): 독일의 신학자다.

Berkouwer, Gerrit Cornelis(1903-1996): 네덜란드의 개혁파 신학자다. 네덜란드 개혁교회 지도자이기도 했다

Berman, David(1942-): 미국의 철학자요 교육자다. 주로 아일랜드에서 활동했다.

Bernard de Clairvaux(1090-1153): 프랑스 수도사요 신학자다. 『네 명제집』을 저술하여 중세 신학 교육의 기반을 마련했다.

Berry, Robert(1934-): 영국의 유전학자다.

Best, Ernest(1917-2004): 영국의 신약학자다.

Bicknell, Edward John(1882-1934): 영국의 성공회 신학자다.

Black, Max(1909-1988): 영국계 미국인 분석철학자다.

Bleek, Friedrich(1793-1859): 독일의 성서학자다. 성경 비평과 주해에 관심이 많았는데, 그가 쓴 히브리서 주석은 후대에 많은 영향을 주었다고 알려져 있다.

Bleich, David(1940-): 미국의 문학자다. 사회에서 언어와 문학이 차지하는 의미를 깊이 연구했다.

Blount, Charles(1654-1693): 잉글랜드의 이신론 철학자다.

Boethius(477-524): 로마의 철학자요 정치가다. 반역죄 선고를 받고 감옥에 있는 동안 『철학의 위안』을 썼다.

Bonaventura(1221-1274): 중세 이탈리아의 스콜라 신학자이자 철학자다.

Bonhoeffer, Dietrich(1906-1945): 독일의 신학자다. 독일 교회가 나치와 타협하던 시절에 고백교회를 이끌며 진정한 복음을 지키려고 분투했던 행동가였다.

Borg, Marcus J.(1942-2015): 미국의 신약학자이며 성공회 신자였다. 예수 세미나 구성원이었다.

Bornkamm, Günther(1905-1990): 독일의 신학자이며 불트만의 제자다. 나치에 저항했던 학자였고, 역사 속 예수와 바울을 깊이 연구했다.

Bradley, Francis Herbert(1846-1924): 영국의 관념론 철학자다.

Briggs, Richard S.: 영국의 구약학자요 해석학자다.

Brightman, Edgar Sheffield(1884-1953): 미국의 철학자요 감리교 신학자다.

Brown, Colin(1932-): 미국 성공회 사제이자 조직신학자다.

Brown, Raymond Edward(1928-1998): 미국의 가톨릭 사제이자 성서학자다. 가톨릭 신학자 가운데 역사비평 연구 방법을 성경 연구에 적용한 첫 인물로 알려져 있다.

Bruce, Frederick Fyvie(1910-1990): 영국의 신약학자다. 신약성경의 신빙성을 강력히 변증했다.
Brümmer, Vincent(1932-): 남아프리카 공화국의 신학자로 주로 네덜란드에서 활동했다.
Bruner, Frederick Dale(1932-): 미국의 성서학자다. 주로 복음서를 깊이 연구했다.
Brunner, Heinrich Emil(1889-1966): 스위스의 신학자다. 변증 신학에 진력했으며, 자유주의 신학은 물론 형식만 남은 정통주의 신학도 함께 비판했다.
Bucer/Butzer, Martin(1491-1551). 독일의 종교개혁자다. 종교개혁 당시 의견을 달리 했던 개혁 진영을 하나로 모으려고 노력한 인물로 알려져 있다.
Büchsel, Friedrich(1883-1945): 독일의 신약학자다.
Bultmann, Rudolf(1884-1976): 독일의 신약학자요 양식사학파의 거두다. 특히 공관복음서 연구에 양식사 방법을 적용하여 당대와 후대에 많은 영향을 주었다. 그가 주창한 비신화화는 틸리히 같은 이에게도 영향을 주었다.
Burton, Robert(1577-1640): 영국의 저술가다. 인간에게 가장 필요한 것은 자연과학이 아니라 심리학이라 주장했다.
Bushnell, Horace(1802-1876): 미국의 회중교회 목사요 신학자다.
Butler, Joseph(1692-1752): 잉글랜드 성공회 신학자다.
Byrskog, Samuel(1957-): 스웨덴의 신약학자다. 고대 구전 문화와 기록 문화를 연구하여 복음 전승의 신빙성을 논증하려 했다.

Caird, George Bradford(1917-1984): 영국의 성서학자다. 복음서, 바울 신학, 종말론, 역사 속 예수 같은 주제를 비롯하여 신약학 전반을 두루, 깊이 연구했으며 기독교 신앙을 변증하는데도 진력했던 학자다.
Calvin, Jean(1509-1564): 종교개혁자요 신학자였다. 제네바에서 활동하면서 개혁파 신학의 기초를 놓았다.
Campbell, Charles Arthur(1897-1974): 영국의 철학자다.
Campbell, Iain Donald(1963-2017): 스코틀랜드의 목사요 신학자다.
Capps, Donald Eric(1939-2015): 미국의 신학자다. 프린스턴 신학대학원에서 가르쳤다.
Carlstadt, Andreas(1486-1541): 독일의 종교개혁자다. 초기에는 루터의 동지였으나, 성찬 논쟁을 계기로 루터와 갈라섰다.
Carlyle, Thomas(1795-1881): 영국의 철학자요 역사가이며 풍자 작가다.
Carr, Arthur Wesley(1941-): 영국의 성공회 사제요 신학자다.
Carroll, Robert(1941-2000): 영국의 구약학자다.
Carson, Donald Arthur(1946-): 캐나다의 신약학자다.
Casey, Maurice(1942-2014): 영국의 신약학자다.
Cave, Sydney(1883-1953): 영국 회중교회 목사요 신학자다.
Cerfaux, Lucien(1883-1968): 벨기에의 신학자다. 바울 신학을 깊이 연구했으며, 루뱅 대학교 교수였다.

Chadwick, Henry(1920-2008): 영국의 신학자요 성공회 사제다.
Chalke, Stephen John "Steve"(1955-): 영국의 침례교 목사요 사회 운동가다.
Chandler, Edward(1668-1750): 잉글랜드의 성직자요 저술가다.
Charles, Robert Henry(1855-1931): 아일랜드의 성서학자다. 외경과 위경을 영어로 번역했다.
Childs, Brevard(1923-2007): 미국의 구약학자다. 소위 정경적 접근법이라는 구약 해석론을 전개했다. 그는 자신의 해석론에 '비평'(criticism)이라는 말을 붙이길 거부했다.
Choisy, Eugène(1866-1949): 스위스의 조직신학자다.
Chrysostomus, Johannes(349-407): 동방 교회 교부요 콘스탄티노폴리스 대주교였다.
Cicero, Marcus Tullius(기원전 106-43): 로마의 정치가요 철학자이며 사상가다.
Clarke, Samuel(1675-1729): 잉글랜드 철학자요 성공회 사제다.
Clayton, John Powell(1943-2003): 미국의 종교철학자다. 폴 틸리히의 신학에서 많은 영향을 받았다.
Clement of Alexandria(?150-?215): 초기 교회 신학자요 저술가다. 그리스 철학을 기독교 신학과 결합시키려고 노력했던 인물이다.
Clement of Rome(?30-?101): 가톨릭에서는 4대 교황으로 여기는 인물이다. 첫 교부였으며, 베드로가 주교로 세웠다고 한다.
Clines, David John Alfred(1938-): 호주의 성서학자다. 최종 완성된 정경 본문을 문학의 관점에서 읽어 내려 하는 소위 셰필드학파 가운데 한 사람이다.
Clough, David L.(1968-): 영국의 조직신학자다.
Coakley, Sarah Anne(1951-): 영국의 조직신학자요 철학자다. 성공회 사제이며 케임브리지 대학교 교수다.
Coleridge, Samuel Taylor(1772-1834): 영국의 시인이요 신학자, 비평가다.
Collingwood, Robin G.(1889-1943): 영국의 철학자요 역사가다. 철학뿐 아니라 고고학 분야에도 많은 공헌을 남겼다.
Collins, Anthony(1676-1729): 잉글랜드의 철학자다. 이신론을 지지했다.
Collins, John Neil(1931-): 영국의 신학자다.
Congar, Yves Marie-Joseph(1904-1995): 프랑스의 도미니코수도회 수사이자 가톨릭 신학자다. 제2차 바티칸 공의회 신학에 큰 영향을 미쳤다.
Constantius(재위 ?337-361). 아버지 콘스탄티누스가 죽은 뒤에 제국의 동쪽 지역을 맡아 다스렸던 인물이다. 아리우스파를 지지했다.
Conybeare, John(1692-1755): 잉글랜드 성공회 성직자요 신학자다. 18세기 성공회 신학에 아주 큰 영향을 끼친 인물이다.
Conzelmann, Hans(1915-1989): 독일의 신약학자다. 불트만의 영향을 받았지만, 불트만과 달리 편집사 해석을 통해 복음서를 깊이 연구했으며, 특히 구원사를 축으로 한 신학을 정립하는데 이바지했다.
Copernicus, Nicolaus(1473-1543): 수학자요 천문학자이며 지동설을 주창하여 과학 패러다임의 대전환을 가져온 인물이다.

Copleston, Frederick(1907-1994): 영국의 예수회 수도사요 철학자다.
Craig, William Lane(1949-): 미국의 분석철학자로 기독교 철학자이자 신학자요 기독교 변증가다.
Cranfield, Charles Ernest Burland(1915-2015): 영국의 신약학자다.
Cranmer, Thomas(1489-1556): 잉글랜드의 종교개혁 지도자요 캔터베리 대주교였다. 피의 메리 시대에 가톨릭으로 돌아가려는 왕에게 화형당했다.
Crossan, John Dominic(1934-): 아일랜드계 미국인 성서학자다. 예수 세미나 창시자 가운데 하나다.
Cullmann, Oscar(1902-1999): 독일의 신약학자다. 루터교와 가톨릭의 대화에 앞장섰던 인물이며, 구속사 신학을 깊이 연구했다.
Cusanus, Nicolaus(1401-1464): 독일의 철학자요 신학자다. 아리스토텔레스 철학에 근거한 스콜라 철학을 비판하여 루터에게 영향을 주었으며, 교회 개혁에도 앞장섰다.
Cyprian(?200-258): 청빈을 실천한 신앙인이었으며, 카르타고 주교를 지냈다.
Cyril of Alexandria(378-444): 초기 교회 신학자로, 하나님이 육신이 되셨어도 그 안에서 신성과 인성이 통일되어 있었다고 주장했다.

Dakin, Arthur(1884-1969): 영국의 신학자다.
Dale, Robert William(1829-1895): 영국의 회중교회 지도자요 신학자다.
Daly, Mary(1928-2010): 미국의 페미니스트 철학자요 신학자다. 자신을 급진 동성애자 페미니스트로 정의하기도 했다.
Danker, Frederick William(1920-2012): 미국의 신약학자다. 발터 바우어 신약 그리스어 사전을 영어로 번역한 BDAG 발간에 큰 공을 세웠다.
Danker, Frederick William(1920-2012): 미국의 신약학자다. 신약성경 그리스어 사전인 BDAG 편집자로 유명하다.
Darby, John Nelson(1800-1882): 영국의 성서학자요 현대 세대주의의 아버지다.
Darwin, Charles(1809-1882): 영국의 생물학자요 지질학자다. 모든 생물이 공통 조상에서 출발했으나 자연 환경에 맞춰 각기 다르게 진화했다는 자연 선택설을 주장했다.
Dautzenberg, Gerhard(1934-): 독일의 가톨릭 신학자다. 신약성경과 초기 기독교 역사, 기독교와 유대교의 관계를 깊이 연구했다.
Davies, Oliver(1956-): 영국의 조직신학자다. '변형 신학'을 창시한 인물로 알려져 있다.
de Boer, Martinus Christianus(1947-): 네덜란드의 신약학자다. 암스테르담 대학교 교수이며, 바울 서신을 깊이 연구한다.
de la Mettrie, Julien Offray(1709-1751): 프랑스의 의사요 철학자다
de Lubac, Henri(1896-1991): 프랑스 가톨릭 신학자요 추기경이다. 성경을 영의 관점에서 주해했으며, 언약신학과 제2차 바티칸 공의회 신학에 많은 영향을 주었다.
Dean, Richard(1727-1778): 영국의 성직자요 저술가다.
Deane-Drummond, Celia(1956-): 미국의 조직신학자다.

Deissmann, Gustav Adolf(1866-1937): 독일의 신약학자다. 신약성경에서 사용한 그리스어를 깊이 연구했다.

Democritus(기원전 460-?370): 그리스의 철학자요 천문학자다. 원자 개념을 사용하여 우주를 설명하려 했다.

Denney, James(1856-1917): 스코틀랜드의 신학자다. 그리스도의 대속이 형벌 성격을 지니고 있음을 강조했다.

Derrida, Jacques(1930-2004): 프랑스의 철학자다. 철학과 예술 전반에 '해체' 개념을 도입한 인물이다.

Descartes, René(1596-1650): 프랑스 철학자요 수학자다. 회의하는 이성을 강조하여 근대의 길로 인도한 인물이다.

Dewar, Lindsay(1891-?): 영국의 신학자다.

d'Holbach, Paul-Henri Thiry, Baron(1723-1789): 프랑스의 철학자다. 백과전서파와 교유하며 서로 영향을 주고 받았다.

Dickens, Charles(1812-1870): 영국 빅토리아 시대의 소설가다. 빅토리아 시대 사회상을 작품에 담아낸 사실주의 작가였다.

Diderot, Denis(1713-1784): 프랑스의 철학자다. 프랑스 백과전서파를 대표하는 인물 중 하나다.

Dilthey, Wilhelm(1833-1911): 독일의 철학자요 역사학자이며 해석학자다. 슐라이어마허에게 깊은 영향을 받았으며, 소위 '생(生)철학'을 주창한 인물이다.

Dionysius: 위(僞)디오니시오스로 알려져 있는 인물이다. 시리아에서 활동했다고 추측하는 수사다.

Dix, Gregory(1901-1952): 영국의 수도사요 교회 전례 학자다.

Dodd, Charles Harold(1884-1973): 영국의 성서학자로, 실현된 종말론을 주창했다. E. P. 샌더스도 그의 학맥을 이어받은 이에 속한다.

Dorner, Isaak August(1809-1884): 독일의 루터교회 지도자요 신학자다.

Dorner, Isaak August(1809-1884): 독일의 루터파 신학자다.

Dostoevsky, Fyodor(1821-1881). 러시아의 작가요 철학자다.

Douglas, Mary(1921-2007): 영국의 인류학자다. 시대와 문화가 달라질 때마다 다르게 나타난 의식상 정결과 오염 개념을 연구한 인물로 알려져 있으며, 레위기 연구서를 내기도 했다.

Downing, Francis Gerald(1935-): 영국의 신학자다.

Dulles, Avery Robert(1918-2008): 미국의 예수회 사제요 추기경이며 신학자다.

Dunn, James D. G.(1939-): 영국의 신약학자다. 더럼 대학교 교수였다가 은퇴했으며, 초기 기독교 연구와 신약학 연구 전반에 많은 공헌을 남겼다. 소위 바울 신학을 바라보는 새 관점의 대표자로도 유명하다.

Dupont, Jacques(1915-1998): 프랑스의 신약학자다.

Durham, William Howard(1873-1912): 미국의 오순절파 설교자요 신학자다.

Ebeling, Gerhard(1912-2001): 독일의 신학자요 해석학자다. 에른스트 푹스와 함께 소위 새 해석학을 대표하는 인물이다.

Eckstein, Hans-Joachim(1950-): 독일의 신약학자다. 바울 신학과 기독론을 깊이 연구했다.

Edward Herbert of Cherbury(1583-1648): 잉글랜드의 군인이요 외교관이며, 시인이요 종교 철학자다.

Edwards, Jonathan(1703-1758): 미국의 청교도 신학자이자 철학자다. 깊이 있는 철학 이해를 바탕으로 미국의 신학을 개척한 인물이라 평가할 만한 사람이다.

Edwards, Mark Julian: 영국의 교회사가요 교부학 연구자다.

Eichrodt, Walther(1890-1978): 독일의 구약학자다. 언약을 중심으로 구약 해석론을 정립했다.

Ellis, Edward Earle(1926-2010): 미국의 신약학자다. 바울 서신과 복음서를 깊이 연구했으며, 신약과 구약의 연관성에도 주목했던 학자다.

Engels, Friedrich(1820-1895): 독일의 철학자요 사회과학자다. 마르크스와 더불어 20세기 공산주의 사상에 큰 영향을 미쳤다. 종교와 사회학 분야에도 관심을 기울였다.

Enns, Peter Eric(1961-): 미국 성서학자요 해석학자다. 보수 진영의 성경 해석에 의문을 제기하기도 했는데, 가령 아담이 실존 인물이었는지 의문을 제기하기도 했다.

Epictetus(?55-?135): 그리스의 스토아학파 철학자다. 노예로 태어났으나, 자유를 얻은 뒤에는 철학자로서 삶을 살아가는 방식이자 지혜인 철학을 가르쳤다.

Epicurus(기원전 341-271): 그리스 철학자이며 에피쿠로스학파 창시자다. 평정과 평화, 고통이 없고 자유로운 삶을 얻는 것을 철학의 목표로 삼았던 인물이다.

Eriksson, Anders(1958-): 스웨덴의 신약학자다.

Eriugena, Johannes Scotus(?815-877): 아일랜드의 신학자요 신플라톤주의 철학자다. 스콜라 철학의 선구자이기도 하다.

Euripides(기원전 ?484-?406): 그리스의 시인이자 비극 작가다. 인간의 고통과 고뇌를 깊이 통찰한 작품을 남겨 현대 비극 문학에도 많은 영향을 주었다. 『메데이아』 같은 작품을 썼다.

Eusebius of Nicomedia(-341): 콘스탄티누스 황제에게 세례를 주었던 베뤼투스 주교다.

Ewart, Francis (Frank) John(1876-1947): 초기 오순절 운동 지도자이며, Oneness Pentecostalism을 만들었다.

Fairweather, Eugene Rathbone(1920-2002): 캐나다의 성공회 사제요 신학자다.

Farkasfalvy, Denis(1936-): 헝가리 출신의 가톨릭 신학자요 수도사다.

Farrer, Austin Marsden(1904-1968): 영국의 신학자요 철학자다. 공관복음서 문제를 다루면서, 'Q'라는 가상 자료를 내세우는 학설에 반대하기도 했다.

Fee, Gordon Donald(1934-): 미국의 신약학자다. 오순절 전통에 서 있으면서 엄밀한 주해에 근거하여 신학을 정립하려 했으며, 번영 신학을 강력히 비판했다.

Feine, Paul(1859-1933): 독일의 신약학자다. 바울 신학을 깊이 연구했다.

Feuerbach, Ludwig Andreas von(1804-1872): 독일의 철학자다. 기독교 정통주의를 비판했고, 종교를 무한을 의식하는 것으로 규정하기도 했다.

Fichte, Johann Gottlieb(1762-1814): 독일의 관념론 철학자다. 칸트를 계승하면서 칸트와 헤겔을 이어 주는 역할을 했다고 평가받는다.

Filson, Floyd Vivian(1896-1980): 미국의 신약학자다.

Fish, Stanley(1938-): 미국의 문학 비평가이자 법학자다.

Fison, Joseph Edward(1906-1972): 영국의 신학자요 성공회 주교다.

Fitzmyer, Joseph Augustine(1920-2016): 미국의 예수회 사제이자 신약학자다. 신약성경뿐 아니라 사해 사본과 초기 유대교 원전을 깊이 연구했다.

Fletcher, John William(1729-1785): 스위스에서 태어나 영국에서 활동한 감리교 신학자다.

Flew, Antony Gerrad Newton(1923-2010): 영국의 분석철학자다. 오랜 세월 무신론자로 살다가 신의 존재를 인정한다고 선언하여 동료 무신론자에게 충격을 안겨 주기도 했다.

Foerster, Werner(1897-1975): 독일의 신약학자다.

Fohrer, Georg(1915-2002): 독일의 구약학자다. 선지서를 깊이 연구했으며, 구약 히브리어/아람어를 편찬하기도 했다.

Forbes, Christopher: 호주 매쿼리 대학교에서 가르치며, 초기 기독교 역사, 기독교 배경사를 주로 연구하고 있다.

Forsyth, Peter Taylor(1848-1921): 스코틀랜드의 조직신학자다.

Fowler, Robert M.: 미국의 신약학자다.

Fox, George(1624-1691): 퀘이커로 알려져 있는 종교 친우회 창시자다.

France, Richard Thomas(1938-2012): 영국의 신약학자다. 성공회 사제였고, 복음서를 깊이 연구했다.

Franks, Robert Sleightholme(1871-1964): 영국의 신학자다.

Freud, Sigmund(1856-1939): 오스트리아의 정신의학자이자 정신분석학 창시자다.

Fuchs, Ernst(1903-1983): 독일의 신약학자요 해석학자다. 소위 새 해석학을 주창하여 해석학계에 큰 반향을 불러일으켰다.

Funk, Robert Walter(1926-2005): 미국의 성서학자다. 예수 세미나 창시자이며 역사 속 예수에 강한 회의를 표명한 인물이다.

Gadamer, Hans-Georg(1900-2002): 독일의 해석학자다. 두 지평의 융합이라는 해석학 테마를 제시하여 20세기와 이후 해석학에 많은 영향을 미쳤다.

Gardner, Paul Douglas(1950-): 영국의 신학자다.

Garr, Alfred Gaelton(1874-1944): 초기 오순절 운동 지도자 가운데 한 사람이며 주로 치유 사역을 펼쳤다.

Gaunilo: 11세기에 살았던 베네딕도수도회 수도사다.

Gawlick, Günter(1930-): 독일의 철학자요 철학사가다. 보훔 대학교 교수였다.

Gay, Volney Patrick(1948-): 미국의 정신의학자다. 밴더빌트 대학교 교수였다.

Geach, Peter Thomas(1916-2013): 영국의 철학자다. 종교철학에 깊은 관심을 보였고, 정체성이라는 문제를 깊이 연구했다.

Gerkin, Charles V.(1922-2004): 미국의 목회자요 신학자다.

Gerrish, Brian Albert(1931-): 미국의 조직신학자다. 종교개혁 신학을 깊이 연구했으며, 시카고 대학교 교수였다.

Gillespie, Thomas William(1928-2011): 미국의 신학자다. 프린스턴 신학대학원 원장을 지냈다.

Goldingay, John Edgar(1942-): 영국의 구약학자다.

Gollwitzer, Helmut(1908-1993): 독일의 루터파 신학자다. 조직신학자였으며, 제2차 세계대전 때 소련군의 포로가 되어 겪은 수용소 생활을 기록한 작품을 남기기도 했다.

Gottschalk of Orbais(?804-?869): 독일의 수도사요 신학자였다.

Grayston, Kenneth(1914-2005): 영국의 신약학자다. 브리스톨 대학교 교수였고, 그리스도의 죽음을 깊이 다룬 책을 남겼다.

Green, Joel Benette(1956-): 미국의 신약학자다.

Gregory I(540-602): 로마 가톨릭교회 교황이자 신학자다. 가톨릭교회 전례를 개혁하고 중세 가톨릭 영성의 기초를 놓았다.

Gregory of Nazianzus(329-390): 동방 교회 교부이며, 삼위일체 교리를 확립하는 데 공헌했다.

Grenz, Stanley James(1950-2005): 미국의 침례교 신학자이자 윤리학자다.

Grisanti, Michael A.: 미국의 구약학자다.

Grotius, Hugo(1583-1645): 네덜란드의 법학자이자 정치가다. 국제법의 아버지로 불린다.

Grudem, Wayne(1948-): 미국의 성서학자요 조직신학자다. 정치와 기독교 윤리 면에서 보수성이 강한 입장을 표명한다.

Guillaume de Champeaux(?1070-1121): 프랑스의 철학자요 신학자다.

Gundry, Robert Horton(1932-): 미국의 신약학자다. 복음서와 신약 그리스어를 깊이 연구했다.

Gunn, David M.(1942-): 미국의 구약학자다.

Gunton, Colin(1941-2003): 영국의 개혁파 조직신학자다. 창조론과 삼위일체론을 깊이 연구했다.

Gwatkin, Henry Melvill(1844-1916): 영국의 신학자요 교회사가다.

Habermas, Jürgen(1929-): 독일의 사회학자요 철학자다. 공공 영역에서 이루어지는 소통행위를 깊이 연구했고, 파시즘이 좌우를 가리지 않고 나타날 수 있다고 주장했다.

Hamann, Johann Georg(1730-1788): 독일의 철학자요 시인이다.

Hamilton, Neil Quin(1925-1998): 영국의 신학자다.

Hanson, Anthony Tyrrell(1916-1991): 영국의 신약학자다.

Harnack, Adolf von(1851-1930): 독일의 교회사가요 교리사학자다. 독일 자유주의 신학을 대표하는 인물 가운데 한 사람이요, 독일 국가주의를 옹호했던 인물이기도 하다.

Hartshorne, Charles(1897-2000): 미국의 철학자다. 종교철학과 형이상학을 깊이 연구했다.

Harvey, Anthony(1949-): 영국의 신학자다.

Haykin, Michael Anthony George(1953-): 영국의 교회사가다.

Hays, Richard Bevan(1948-): 미국의 신약학자다. 바울 서신, 초기 기독교 시대의 구약 해석에 많은 관심을 보이며, 신약과 구약을 통섭하는 연구를 펼친 학자다.

Hegel, Georg Wilhelm Friedrich(1770-1831): 독일의 철학자로 관념 철학을 대표하는 인물이다.

Heidegger, Martin(1889-1976): 독일의 철학자요 해석학자다. 서양 철학에서 오랜 세월 잊고 있었던 존재 문제를 깊이 궁구했다. 나치에 가담했다는 이유로 제2차 세계대전 뒤 강단에서 밀려나기도 했다.

Heinrici, Carl Friedrich Georg(1844-1915): 독일의 신약학자다. 초기 기독교와 그 배경인 헬레니즘의 관계를 깊이 연구했다.

Helm, Paul(1940-): 영국의 철학자요 신학자다. 종교철학, 철학적 신학, 변증학을 깊이 연구했다.

Héloïse(?1090-1164): 프랑스의 수녀요 저술가이며 신학자다.

Hendriksen, William(1900-1982): 네덜란드계 미국인 신약학자다. 개혁파 신학 전통을 따라 신약성경을 조망하고 연구한 주석을 남겼다.

Hengel, Martin(1926-2009): 독일의 신학자요 종교사학자다. 제2성전기와 헬레니즘 시대 유대교와 기독교의 상관관계를 깊이 연구했다.

Henry, Matthew(1662-1714): 웨일스에서 태어나 주로 잉글랜드에서 활동했던 신학자다. 구약 전체, 신약 복음서, 사도행전을 주석했다.

Hick, John Harwood(1922-2012): 영국의 종교철학자요 신학자다. 종교다원주의를 지지한 학자로 알려져 있다.

Hilary of Poitiers(300-368): 정통 신앙을 변호하며 특히 아리우파와 각을 세웠던 인물이다.

Hill, David(1935-): 영국의 신학자다.

Hippolytus(170-235): 이단에 맞서 기독교 신앙을 지키려고 노력했고, 특히 종말론에서 후대에 많은 영향을 끼쳤다. 이레나이우스의 제자로 알려져 있다.

Hodge, Archibald Alexander(1823-1886): 미국의 장로교 신학자다. 개혁파 전통을 따랐으며, 프린스턴 신학교 학장을 지냈다.

Hodge, Charles(1797-1878): 미국의 조직신학자로 옛 프린스턴 신학을 대변하는 인물이다.

Hofius, Otto Friedrich(1937-): 독일의 신약학자다.

Hollenweger, Walter Jacob(1927-2016): 스위스의 신학자다. 스위스 개혁교회 출신이나, 오순절 운동에 깊은 공감을 표시한 이로 알려져 있다.

Holsten, Karl Christian Johann(1825-1897): 독일의 신약학자다. 튀빙겐학파에 속했으며, 베드로의 사상과 바울 사상이 대립 관계에 있었다고 보았다.

Hooke, Samuel Henry(1874-1968): 영국의 비교종교학자다.
Hooker, Morna(1931-): 영국의 신약학자다. 감리교회 목사이기도 하며, 케임브리지 대학교 교수였다.
Hooker, Richard(?1554-1600): 잉글랜드 성공회 신학자다. 가톨릭에 맞서 성공회를 변호하고, 교회 전통과 이성도 성경과 같은 신앙의 기준이 된다고 주장했다.
Horsley, Richard A.(1939-): 미국의 신약학자다. 역사 속 예수를 깊이 연구했고, 예수의 하나님 나라 복음을 민중 해방이라는 관점에서 조망하기도 했다.
Hull, John Howarth Eric(1923-1977): 영국의 회중교회 목사요 신학자다.
Hume, David(1711-1776): 스코틀랜드의 철학자요 경제학자다.
Hunter, Archibald Macbride(1906-1991): 영국의 신약학자다.
Hurtado, Larry(1943-): 미국에서 태어나 영국에서 활동하는 신약학자다. 초기 기독교 역사, 기독론을 깊이 연구했다.

Ignatius(?35-108): 가톨릭교회라는 용어를 처음 사용했다고 하며, 순교자다.
Irenaeus(?130-?200): 로마 제국의 일부였던 골 루그두눔 주교였다.
Irving, Edward(1792-1834): 스코틀랜드의 목회자다. 가톨릭사도교회에 영향을 준 인물로 알려져 있다.
Iser, Wolfgang(1926-2007): 독일의 문학자요 해석학자다.

Jacob, Edmond(1909-1998): 프랑스의 구약학자다. 스트라스부르 대학교 교수를 지냈으며, 그가 쓴『구약학』은 수작으로 평가받는다.
Jauss, Hans Robert(1921-1997): 독일의 불문학자요 중세문학자다.
Jeeves, Malcolm(1926-): 영국의 심리학자다. 인지 심리학과 정신분석학을 깊이 연구했다.
Jenson, Robert W.(1930-): 미국의 루터파 조직신학자다.
Jeremias, Joachim(1900-1979): 초기 기독교의 뒤편에 자리한 유대 사상과 원전을 깊이 연구했던 학자다. 아람어를 비롯한 고대 근동 언어를 통해 신약성경을 연구하기도 했다.
Jewett, Robert(1933-): 미국의 신학자다. 신약학을 깊이 연구했다.
Jones, Owen Rogers(1922-2004): 영국의 신학자다.
Jüngel, Eberhard(1934-): 독일의 조직신학자다. 루터의 칭의론과 바르트의 계시론에 깊은 영향을 받았고, 교회에 봉사하는 신학을 정립하려고 애썼다.

Kant, Immanuel(1724-1804): 독일의 철학자다. 과거 철학을 비판하고 종합하여 독일 관념 철학의 기초를 닦은 인물이다. 형이상학을 인간 이성의 인식 한계 속에서 다시 논의하고자 했고, 도덕 법칙의 보편성을 강조하기도 했다.
Kärkkäinen, Veli-Matti(1958-): 핀란드의 조직신학자다. 오순절 운동, 은사주의 운동, 성령론, 기독론을 깊이 연구했다.
Käsemann, Ernst(1906-1998): 독일의 신약학자다. 불트만의 제자였지만, 불트만과 달리 고

백교회 운동에 참여하여 나치에 저항했으며, 역사 속 예수 연구에 이바지했다.
Kasper, Walter(1933-): 독일의 가톨릭 신학자요 추기경이다. 교황청 안에서 교회 일치 운동을 주도하는 인물 가운데 하나다.
Keats, John(1795-1821): 영국의 낭만파 시인이다.
Keble, John(1792-1866): 영국의 시인이다. 옥스퍼드 운동 지도자 가운데 한 사람이었다.
Keener, Craig Steven(1960-): 미국의 신약학자다. 신약 주석을 여럿 집필했는데, 특히 사도행전을 다룬 방대한 주석을 내놓았다.
Kelly, John Norman Davidson(1909-1997): 영국의 교회사가다. 초기 교회 신조와 교리를 깊이 연구했으며, 옥스퍼드 대학교 교수였다.
Khrushchev, Nikita Sergeyevich(1894-1971): 1953년부터 1964년까지 소련 공산당 서기장이었다. 냉전 와중에 미국과 격렬히 대립하면서 비동맹 국가에 세력을 넓히려는 정책을 썼다.
Kierkegaard, Søren(1813-1855): 덴마크 실존철학자다. 신 앞에 홀로 선 단독자 개념을 통해 스스로 신을 마주하는 실존을 추구했던 인물이다. 칼 바르트에게도 큰 영향을 주었다.
Kilby, Karen E.(1964-): 미국계 잉글랜드 신학자다. 조직신학자이며 더럼대학교 교수다.
Kittel, Gerhard(1888-1948): 독일의 신약학자다. 키텔 신학 사전 편집자로 유명하지만, 동시에 나치 신봉자요 반유대주의자로도 알려져 있다.
Knight, George Angus Fulton(1909-2002): 영국의 구약학자다.
Knox, Wilfred Lawrence(1886-1950): 영국의 잉글랜드 성공회 성직자이자 신학자다.
Koch, Klaus(1926-): 독일의 구약학자다. 마르틴 노트와 게르하르트 폰 라트에게 깊은 영향을 받았고, 구약 지혜 문헌을 깊이 연구했다.
Kovacs, Judith(1945-): 미국의 신약학자다. 초기 기독교 저술가도 깊이 연구했다.
Kramer, Werner(1930-): 스위스의 신학자다.
Küng, Hans(1928-): 독일의 신학자요 철학자다. 제2차 바티칸 공의회의 신학에 많은 영향을 주었지만, 교황무류 교리 같은 가톨릭 전통 교리에 이의를 제기하여 가톨릭교회와 마찰을 빚었다.
Künneth, Walter(1901-1997): 독일의 개신교 신학자다. 고백교회에 참여했었고, 불트만이 비신화화를 외칠 때 말씀 중심의 성경 해석에 앞장섰던 학자다.
Kuschel, Karl-Josef(1948-): 독일의 문화신학자다.
Kuss, Otto(1905-1991): 독일의 신약학자다. 바울 신학을 깊이 연구했다.

Lactantius, Lucius Caecilius Firmianus(?250-?325): 초기 기독교 저술가다.
LaHaye, Timothy Francis "Tim"(1926-2016): 미국의 전도자요 저술가다. 레프트 비하인드 시리즈의 저자다.
Lake, Kirsopp(1872-1946): 영국의 신약학자다. 신약 본문비평, 신약 언어, 신약 고고학을 두루 깊이 연구했으며, 기독교의 기원을 다룬 방대한 저서를 내놓았다.
Lampe, Geoffrey William Hugo(1912-1980): 영국의 성서학자다.

Lane, William Lister(1931-1999): 미국의 신약학자다.
Leenhardt, Franz Jehan(1902-1990): 스위스의 신약학자다. 바울 서신을 깊이 연구했다.
Leftow, Brian(1956-): 미국의 철학자다. 형이상학, 철학, 신학의 통섭에 깊은 관심을 보인다.
Leibniz, Gottfried Wilhelm von(1646-1716): 독일의 철학자요 수학자다. 뉴턴과 거의 같은 시기에 미적분 원리를 정립했다. 합리론과 낙관론을 주장하기도 했다.
Leithart, Peter James(1959-): 미국의 신학자요 저술가다.
Lenin, Vladimir(1870-1924): 러시아의 혁명가다. 1917년 볼셰비키 혁명을 일으켜 첫 공산주의 국가인 옛 소비에트 연방을 만든 주역이었다.
Lessing, Gotthold Ephraim(1729-1781): 계몽주의 시대 독일의 철학자요 극작가다. 독일 드라마와 비평의 근대화를 촉진한 인물로 꼽힌다.
Levison, John R.(1956-): 미국의 구약학자다.
Lewis, Clive Staple(1898-1963): 영국의 영문학자요 저술가이며 기독교 변증가다.
Lietzmann, Hans(1875-1942): 독일 개신교 신학자이며 교회사가다.
Lightfoot, Joseph Barber(1828-1889): 영국의 신학자요 성공회 주교였다. 신약 정경의 신빙성을 강조했고, 바울 서신과 사도 시대 직후 교부들의 신학을 깊이 연구했다.
Lindsey, Harold Lee(1929-): 미국의 전도자요 저술가다. 세대주의 신봉자다.
Linzey, Andrew(1952-): 영국의 성공회 사제요 신학자다. 채식주의 운동을 주도한 인물로 알려져 있다.
Livingstone, David Noel(1953-): 북아일랜드 출신의 지리학자요 역사가다.
Locke, John(1632-1704): 잉글랜드의 철학자다. 경험론과 사회계약론을 설파했다.
Lohmeyer, Ernst(1890-1946): 독일의 신약학자다. 나치의 반유대주의 활동이 왕성하던 시기에도 유대인 학자와 교유하며 나치 노선에 반대했지만, 제2차 세계대전에서는 독일군 장교로 복무했다. 전후에 이런 이력이 문제되어 소련 첩보 기관에 체포되어 처형당했다고 알려져 있다.
Lombard, Pierre(?1096-1160): 이탈리아에서 태어나 파리 주교를 지냈던 스콜라 신학자다.
Lonergan, Bernard(1904-1984): 캐나다의 예수회 사제요 신학자이며 철학자다.
Lossky, Vladimir(1903-1958): 러시아계 프랑스인 정교회 신학자다. 정교회의 핵심 개념으로 신화(神化, theosis)를 강조했다.
Lovejoy, Arthur Oncken(1873-1962): 미국의 철학자요 역사가다.
Lowe, John(1899-1960): 영국의 신약학자다.
Lüdemann, Hermann(1842-1933): 독일의 조직신학자다.
Lukács, György(1885-1971): 헝가리의 마르크스주의 철학자요 문학비평가다. 독일과 러시아, 헝가리에서 활동했다.
Luther, Martin(1483-1546): 독일의 종교개혁가요 신학자다.
Luz, Ulrich(1938-): 스위스의 신약학자다. 주로 복음서를 깊이 연구했으며, 베른 대학교 교수를 지냈다.

Macchia, Frank D.(1952-): 미국의 신학자다. 주로 성령론을 깊이 연구했다.

Mackie, John Leslie(1917-1981): 호주의 철학자다. 종교철학과 형이상학을 깊이 연구했으며 도덕 회의론을 주장했다.

Mackintosh, Hugh Ross(1870-1936): 스코틀랜드 신학자다.

Macquarrie, John(1919-2007): 영국의 신학자요 철학자이며 성공회 사제다. 20세기를 대표하는 조직신학자 가운데 하나다. 다른 신앙 전통에도 진리가 있다고 믿었지만, 종교 혼합주의는 지지하지 않았다.

Magnentius, Rabanus Maurus(?780-856): 프랑크왕국 시대 베네딕도수도회 수도사요 신학자였다.

Maimon, Moses ben(1135-1204): 보통 마이모니데스로 많이 알려져 있다. 유대교의 법과 윤리, 철학을 깊이 연구했던 학자이자 랍비였다.

Malcolm, Norman(1911-1990): 미국의 철학자다. 종교철학에도 관심이 많았으며, 키르케고르와 비트겐슈타인의 영향을 많이 받았다.

Manson, Thomas Walter(1893-1958): 영국의 신약학자다. 신약 정경과 더불어 구약, 외경, 위경을 깊이 연구했다.

Mao Tse-tung(毛澤東, 1893-1976): 국공 내전을 통해 승리를 거두고 중화인민공화국을 세운 중국 공산당 최고 지도자였다. 문화혁명이라는 말이 상징하는 그의 시대는 중국의 침체와 후퇴를 의미하기도 했다.

Marcel, Pierre-Charles(1910-1992): 프랑스 개신교 신학자요 철학자다.

Marett, Robert Ranulph(1866-1943): 영국의 민족학자다.

Marshall, Ian Howard(1934-2015): 스코틀랜드의 신약학자다. 누가복음과 사도행전, 목회서신 등을 깊이 연구했다.

Martin, Dale Basil(1954-): 미국의 신약학자로, 예일 대학교 교수다.

Martin, James Perry(1923-): 캐나다의 신학자다.

Martyn, James Louis(1925-2015): 미국의 성서학자다. 복음서와 바울 서신을 주로 연구했다.

Marx, Karl(1818-1884): 독일의 사회경제학자요 철학자다. 물질이 정신을 지배한다고 보았으며 근대 자본주의의 모순을 예리하게 파헤쳤다. 종교가 자본의 착취와 자본주의 폐해에 무관심한 채 내세에만 소망을 두게 하는 점을 비판하기도 했다.

Marxsen, Willi(1919-1993): 독일의 신약학자다. 예수의 부활을 깊이 연구했다. 불트만의 영향을 받았지만 불트만과 달리 인간 예수의 사역, 그가 살아있을 때 이미 발생한 신앙, 예수 부활 이후의 신앙 사이에 연속성이 있다고 보았다.

Mascal, Eric(1905-1993): 영국의 신학자다. 가톨릭 전통을 중시한 앵글로 가톨릭 계열의 성공회 신학자였다.

Mason, Arthur James(1851-1928): 영국의 신학자요 고전학자다. 신약성경과 성공회 신학이 주관심사였으며, 케임브리지 대학교 부총장을 지냈다.

Maurice, Frederick Denison(1805-1872): 영국의 신학자요 저술가다.

Mauthner, Fritz(1849-1923): 오스트리아-헝가리 제국의 소설가요 연극비평가였다.

McDonald, Hugh Dermot(1910-2005): 영국의 신학자다.

McGinn, Bernard(1937-): 미국의 가톨릭 영성 신학자다. 신비주의 전통을 깊이 연구했다.

McPherson, Aimee Semple(1890-1944): 캐나다와 미국의 오순절 운동을 이끈 인물이었다.

Meister, Chad(1965-): 미국의 철학자다.

Melanchthon, Philipp(1497-1560): 독일의 종교개혁자요 신학자, 교육자다. 고전어에 해박했다. 루터와 애증 관계에 있었지만, 루터의 개혁에 이바지했다.

Menzies, Robert Paul(1958-): 미국의 오순절 신학자다.

Metzger, Bruce Manning(1914-2007): 미국의 신약학자요 사본학자다. 본문비평의 대가였고, 신약 그리스어 연구 권위자였다. UBS판 그리스어 신약성경 편집에 참여했다.

Meyer, Heinrich August Wilhelm(1800-1873): 독일의 신약학자다. 신약성경 전체를 주석하고, 신약성경을 원문에서 직접 번역하여 펴내기도 했다.

Michel, Otto(1903-1993): 독일의 신약학자다. 튀빙겐 대학교 교수였으며, 나치 시대에는 고백교회 운동에 참여했다.

Mill, John Stuart(1806-1873): 영국의 철학자요 정치경제학자다. 고전 경제학 체계를 완성했고, 표현의 자유를 보장해야 사회가 진보한다는 신념을 설파했던 인물이다.

Miranda, José Porfirio(1924-2001): 멕시코의 신학자이자 철학자다. 사회주의 사상과 기독교의 관계를 깊이 연구했다.

Mitton, Charles Leslie(1907-1998): 영국의 신약학자다.

Moberly, George(1803-1885): 영국의 신학자다. 성공회 안에서 고교회파와 고유하며 신학 연구 작업을 펼쳤다.

Moberly, Walter(1952-): 구약학자이며 더럼 대학교 교수다. 구약과 신약을 통섭하는 해석에 깊은 관심을 갖고 연구하는 학자다.

Moffatt, James(1870-1944): 영국의 성서학자다.

Moltmann, Jürgen(1926-): 독일의 조직신학자다. 조직신학의 모든 분야에 많은 영향을 주었고, 해방신학과 교회 일치 운동에도 큰 영향을 미쳤다.

Montague, George T.(1929-): 미국의 가톨릭 신학자다. 구약과 신약의 성령론을 깊이 연구했다.

Montefiore, Hugh William(1920-2005): 영국의 신학자요 잉글랜드 성공회 주교였다. 예수가 공생애 사역을 시작하기 전에는 그의 사명을 몰랐을 수도 있다는 논지를 전개하기도 했다.

Morris, Leon Lamb(1914-2006): 호주의 신약학자다. 성공회 전통에 서 있는 학자이며, 신약성경을 두루 연구하여 방대한 저술을 남겼다.

Moule, Charles Francis Digby(1908-2007): 영국의 신약학자요 성공회 사제다. 현대 신약학에 큰 영향을 미친 인물로, 그레이엄 스탠턴, 제임스 던 모두 그의 제자다.

Mounce, William Douglas(1953-): 미국의 신약학자다. 신약 그리스어를 깊이 연구했다.

Mouw, Richard(1940-): 미국의 신학자요 철학자다. 개신교와 가톨릭의 대화에도 힘썼던 사람이다.

Mowinckel, Sigmund Olaf Plytt(1884-1965): 노르웨이의 구약학자다. 고대 이스라엘의 예배 관습을 깊이 연구했다.

Moxon, Reginald Stewart(1875-1950): 영국의 신학자다.

Mozley, John Kenneth(1883-1946): 영국의 조직신학자다.

Müntzer, Thomas(?1487-1525): 독일의 급진 종교개혁자다. 재세례파 지도자이며, 독일 농민전쟁에서 농민을 이끌었다.

Murphy-O'Connor, Jerome(1935-2013): 아일랜드의 가톨릭 사제이자 신약학자다. 도미니코수도회 소속이었고, 예루살렘 에콜 비블리크에서 신약학을 가르쳤다.

Neil, William(1909-1979): 영국의 신약학자다.

Newman, John Henry(1801-1890): 영국의 가톨릭 신학자다. 본디 성공회 사제요 신학자였으나 가톨릭으로 개종하여 추기경까지 지냈다.

Newton, Isaac(1642-1727): 잉글랜드의 물리학자요 수학자다. 만유인력의 원리와 세 운동법칙을 제시하여 우주를 이해하는 틀을 세우고, 수학과 광학을 비롯한 분야에서도 큰 업적을 남겼다.

Niebuhr, Karl Paul Reinhold(1892-1971): 미국의 신학자이자 기독교 윤리학자다. 기독교 신학을 정치 및 외교와 결합하려고 노력했다.

Nietzsche, Friedrich Wilhelm(1844-1900): 독일의 철학자요 문화비평가다. 플라톤식 이원론에 반대하면서 현실 세계의 의미를 강조했고, 스스로 일어서는 의지를 가진 인간상을 높이 칭송했다.

Novatian(?200-258): 라틴어를 신학에 처음 사용한 인물로 알려져 있다.

Nygren, Anders(1890-1978): 스웨덴의 신학자다.

Nyssa, Gregory of(?335-?395): 갑바도기아 교부 중 한 사람이요 신학자다.

O'Brien, Peter Thomas(1935-): 호주의 신약학자다.

O'Donovan, Oliver(1945-): 영국의 기독교 윤리학자다. 정치신학도 깊이 연구했으며, 기독교 윤리의 객관성을 주장했다.

Oetinger, Friedrich Christoph(1702-1782): 독일의 신학자다. 스웨덴의 신학자 스베덴보리의 저작을 독일에 소개한 인물이기도 하다.

Origen(?185-?254): 알렉산드리아학파를 대표하는 교부요 성서학을 창시한 인물로 알려져 있다. 스승인 알렉산드리아의 클레멘스에게 많은 영향을 받았다고 한다.

Orr, James(1844-1913): 스코틀랜드 장로교 목사요 신학자다. 자유주의에 반대하며 근본주의 신학을 주창한 신학자였다.

Osiander, Andreas(1498-1552): 독일의 루터파 신학자다. 기독교 신비주의자였으며, 불가타 수정판을 펴내기도 했다.

Otto, Rudolf(1869-1937): 독일의 루터파 신학자요 철학자다. 감정으로 체험하는 심오한 신앙체험을 뜻하는 누미노제 개념을 주창했다.

Owen, John(1616-1683): 영국의 청교도 신학자다.

Paley, William(1743-1805): 영국의 잉글랜드 성공회 사제이자 공리주의 철학자다.

Pannenberg, Wolfhart(1928-2014): 독일의 조직신학자다. 기독론을 깊이 연구했으며, 역사를 그리스도의 부활을 중심으로 한 계시로 파악하였다.

Papias(?60-163): 동방 교회 교부요 히에라폴리스 주교였다.

Parham, Charles Fox(1873-1929): 미국의 오순절 운동 지도자다. 성령 운동과 방언을 통해 오순절 운동을 확산시킨 주역이었다.

Paul, Geoffrey(1921-1983): 영국의 신학자요 성공회 사제다. 헐 주교를 역임했고, 인도에서 신학을 가르치기도 했다. 캔터베리 대주교를 지낸 로완 윌리엄스의 장인이기도 하다.

Paulus, Heinrich Eberhard Gottlob(1761-1851): 독일의 신학자다.

Peacocke, Arthur(1924-2006): 영국의 신학자요 생화학자다. 범재신론을 주장했고, 진화론과 기독교의 양립 가능성을 주장했다.

Perrin, Norman(1920-1976): 영국계 미국인 성서학자다. 편집비평을 통해 신약성경 전체를 연구했으며, 예수의 가르침에 깊은 관심을 보였다.

Philips, Obbe(?1500-1568): 네덜란드의 재세례파 지도자다.

Phillips, John Bertram(1906-1982): 영국의 성서학자요 성경 번역가다.

Pierce, Claude Anthony(1919-2001): 영국의 신학자다.

Piper, John Stephen(1946-): 미국의 침례교 목사요 저술가다.

Plantinga, Alvin(1932-): 미국의 분석철학자요 종교철학자다. 정통 기독교 신앙과 전통을 변증해 온 인물이기도 하다.

Plaskow, Judith(1947-): 미국의 신학자다. 종교철학과 페미니즘을 깊이 연구했다.

Plato(기원전 427-347): 그리스의 철학자다. 현대 철학은 그의 철학에 붙인 주석이라 할 만큼 서양 철학사에 큰 영향을 주었다.

Plöger, Otto(1910-1999): 독일의 신학자다. 본 대학교 교수였으며, 주로 구약 선지서를 깊이 연구했다.

Plotinus(204-270): 북아프리카 출신의 철학자요 신비사상가다. 신플라톤주의를 창시한 인물로 알려져 있다.

Polckinghorne, John(1930-): 영국의 이론 물리학자다. 성공회 사제이자 신학자이기도 하며, 과학과 종교의 관계를 깊이 연구했다.

Polycarpos(69-155): 초기 기독교 신학자다. 사도 요한의 제자로 알려져 있으며, 신앙을 지키다 순교했다.

Prenter, Regin(1907-1990): 덴마크의 루터파 신학자다.

Price, Henry Habberley(1899-1984): 웨일스의 철학자다. 인식론을 깊이 연구했다.

Pusey, Edward Bouverie(1800-1882): 영국의 히브리어 학자다. 옥스퍼드 운동을 지지한 교회 지도자 가운데 한 사람이었다.

Quell, Gottfried(1896-1976): 독일의 구약학자다.

Rahner, Karl(1904-1984): 독일의 예수회 사제요 가톨릭 신학자다. 한스 우르스 폰 발타자르, 이브 콩가르 같은 이들과 더불어 20세기 로마 가톨릭 신학에 큰 영향을 주었다.

Ramsey, Ian(1915-1972): 영국의 종교철학자요 성공회 사제다.

Ratzinger, Joseph Aloisius(1927-): 교황 베네딕도 16세다. 가톨릭 보수 신앙을 견지하려 한 신학자이기도 했다.

Recanati, François(1952-): 프랑스의 분석철학자다.

Reid, John Kelman Sutherland(1910-2002): 미국의 신학자다.

Reimarus, Hermann Samuel(1694-1768): 독일 계몽주의 시대 고전학자요 히브리학자다. 이신론을 신봉했고, 기독교의 초자연성을 부인하면서 역사 속 예수를 탐구했다.

Renan, Joseph Ernest(1823-1892): 프랑스의 언어학자요 종교사가다. 초기 기독교를 연구하면서, 예수를 철저히 인간으로 보는 입장을 취했다.

Rendtorff, Rolf(1925-2014): 독일의 구약학자다. 오경을 깊이 연구했다.

Rendtorff, Trutz(1931-2016): 독일의 조직신학자로, 롤프 렌토르프의 아우다. 교회와 신학의 관계, 교회와 정치 윤리를 깊이 연구했다.

Reno, Russell Ronald(1959-): 미국의 신학자요 저술가다.

Reventlow, Anthony(1929-2010): 독일의 구약학자다.

Richardson, Alan(1905-1975): 영국의 성공회 사제요 신학자다.

Richmond, James(1931-): 미국의 신학자다.

Ricœur, Jean Paul Gustave(1913-2005): 프랑스의 철학자다. 프로테스탄트 전통을 토대로 해석학과 철학을 깊이 연구했던 인물이다.

Rigaux, Jardin Béda(1899-1982): 벨기에의 신약학자요 프란치스코수도회 수사다.

Robinson, Henry Wheeler(1872-1945): 영국의 구약학자다.

Robinson, John Arthur Thomas(1919-1983): 영국의 신약학자요 성공회 주교였다.

Rogers, Eugene F.: 미국의 조직신학자다.

Roscelin de Compiègne(?1050-1125): 프랑스의 철학자이자 신학자다. 보편성을 띤 존재를 거부하고 그런 존재는 단지 이름뿐이라고 주장하는 유명론을 설파했다.

Rössler, Dietrich(1927-): 독일의 신학자다. 실천신학과 의료윤리 분야를 깊이 연구했다.

Rowe, William Leonard(1931-2015): 미국의 종교철학자다. 분석철학의 관점에서 종교를 분석하면서, 증거를 바탕으로 악을 논증하려 했다.

Rowell, Douglas Geoffrey(1943-2017): 영국의 성공회 주교요 신학자다.

Rowland, Christopher C.(1947-): 영국의 신약학자다. 성공회 사제이며, 옥스퍼드 대학교 교수를 지냈다.

Ruether, Rosemary Radford(1936-): 미국의 페미니스트 가톨릭 신학자다.

Russell, Bertrand(1872-1970): 영국의 철학자요 수학자이며 논리학자요 역사가다. 분석철학의 창시자로 알려져 있다.

Russell, David Syme(1916-2010): 영국의 신학자다.

Ryle, Gilbert(1900-1976). 영국의 철학자이며, 일상생활에서 사용하는 언어를 정의하고 규율하는 데 관심을 보였던 일상언어학파 학자였다.

Saiving, Valerie(1921-1992): 미국의 페미니스트 신학자다. 기독교 전통에서 말하는 죄가 남성 중심 해석을 반영한 결과라고 주장했다.

Sanders, Ed Parish(1937-): 미국의 신약학자다. 예수와 바울 시대 전후 유대교 원전을 깊이 연구하여 당시 유대교와 바울 신학을 다른 관점으로 해석할 수 있는 길을 열었다.

Sandford, Frank Weston(1862-1948): 오순절 운동이 왕성할 때 활동했던 극단주의 성령 운동을 펼친 인물이다.

Sandnes, Karl Olav(1954-): 노르웨이의 신약학자다. 바울 신학을 깊이 연구했다.

Sartre, Jean-Paul(1905-1980): 프랑스의 실존철학자다. 문학가이기도 하여 인간의 자유와 실존의 결단을 함축한 작품을 내놓았다. 노벨문학상 수상자로 결정되었으나 수상을 거부했다.

Sawyer, John F. A.(1938-): 영국의 구약학자다. 구약성경뿐 아니라 초기 기독교 문헌도 연구했다.

Scargill, Daniel(1647-1721): 잉글랜드 성공회 성직자였다.

Schatzmann, Siegfried S.(1941-): 미국의 신학자다.

Schillebeeckx, Edward(1914-2009): 벨기에의 로마가톨릭 신학자다.

Schlatter, Adolf(1852-1938): 스위스의 신학자다. 조직신학도 깊이 연구했으며, 보수 신학자였지만 당대의 자유주의 신학의 거성 못지않게 큰 영향을 남긴 신학자였다.

Schleiermacher, Friedrich(1768-1834): 종교의 본질을 인간의 종교 체험과 감정에서 찾았던 신학자요 철학자다. 자유주의 신학의 아버지라 불리지만, 인간을 주체로 삼은 신학을 정립하고 해석학을 깊이 연구했던 학자였다.

Schlier, Heinrich(1900-1978): 독일의 가톨릭 신학자다. 제2차 세계대전 이전만 해도 고백교회 운동에 참여하는 등 개신교회에 몸담았으나, 전쟁 뒤에 가톨릭으로 개종했다. 성경 번역에도 크게 기여했다.

Schnackenburg, Rudolf(1914-2002): 독일의 가톨릭 사제요 신약학자다. 주로 복음서를 깊이 연구했고, 예수 그리스도의 삶과 가르침을 다룬 저작을 여럿 남겼다.

Schrage, Wolfgang(1928-2017): 독일의 신약학자다. 바울 서신을 깊이 연구했다.

Schüssler-Fiorenza, Elisabeth(1938-): 독일계 미국인 페미니스트 신학자다. 하버드 신학대학원 교수이며, 바울 서신과 사도행전을 깊이 연구했다.

Schweitzer, Albert(1875-1965): 독일의 신학자요 의료 선교사이며 오르간 연주자다. 바울 신학 연구사를 정리하는 데 큰 기여를 했다.

Scott, Charles Archibald Anderson(1859-1941): 영국의 신학자다.

Scott, Ernest Findlay(1868-1954): 영국의 신약학자다.

Scotus, Duns(1265-1308): 스코틀랜드의 중세 스콜라 철학자요 신학자다. 토마스 아퀴나스의 신 존재 증명을 비판하고, 보편성과 개별성을 같은 선상에서 다룬 인물로 알려져 있다.

Searle, John Rogers(1932-): 미국의 언어철학자다. 언어철학과 심리철학을 깊이 연구했으며, 존 오스틴에게 많은 영향을 받았다.

Seitz, Christopher(1954-): 미국의 구약학자다. 세인트앤드루스에서 가르쳤고, 현재 캐나다에서 가르치고 있다.

Seneca, Lucius Annaeus(기원전 4-기원후 65): 로마의 철학자요 문필가다. 철학이 선을 추구하는 학문임을 강조했으며, 네로의 스승이기도 했다.

Sepúlveda, Juan: 칠레의 오순절파 신학자다.

Sevenster, Jan Nicolaas(1900-1991): 네덜란드의 신약학자다. 암스테르담 대학교 교수였으며, 유대교 및 헬레니즘과 초기 기독교의 연관성을 연구했다.

Seymour, William Joseph(1870-1922): 미국의 오순절 운동 지도자다. 방언과 은사를 강조하는 오순절 운동을 이끈 주역이었다.

Shelley, Percy Bysshe(1792-1822): 영국 낭만주의를 대표하는 시인이다.

Simpson, Albert Benjamin(1843-1919): 캐나다의 설교자요 신학자로, 전도 단체인 Christian and Missionary Alliance를 창립했다.

Singer, Peter Albert David(1946-): 호주의 도덕철학자다. 공리주의와 무신론의 관점에서 실제 삶에 적용 가능한 윤리를 연구했다.

Sjöberg, Erik Konstans Teodor(1907-1963): 스웨덴으 신학자다. 복음서의 인자 은닉 개념을 깊이 연구했다.

Smail, Thomas Allan(1928-2012): 스코틀랜드의 신학자로, 영국에서 은사주의 운동을 이끌었다.

Smeaton, George(1814-1889): 스코틀랜드의 신학자다.

Smith, Charles Ryder(1873-1956): 영국의 교의학자다.

Socinus, Faustus(1539-1604): 이탈리아의 신학자다. 그리스도의 신성을 부인하고 삼위일체를 인정하지 않았다.

Soskice, Janet Martin(1951-): 캐나다의 가톨릭 철학자요 신학자다.

Spencer, Herbert(1820-1903): 영국의 철학자요 생물학자, 사회학자다.

Spencer, Ivan Quay(1888-1970): 미국의 오순절 운동 지도자였다.

Spicq, Cesleas(1901-1992): 프랑스의 성서학자다. 도미니코수도회 수사였으며, 스위스 프리부르 대학교 교수였다. 신약학을 깊이 연구했다.

Spinoza, Baruch(1632-1677): 계몽주의의 토대를 닦은 네덜란드의 철학자다.

Stählin, Wilhelm(1883-1975): 독일의 루터파 신학자다. 제2차 세계대전 뒤에는 가톨릭 신학자이자 추기경인 로렌츠 예거(Lorenz Jaeger, 1892-1975)와 함께 루터파 및 가톨릭 신학자들을 모아 에큐메니칼 연구 그룹을 만들기도 했다.

Stalin, Joseph Vissarionovich(1879-1953): 레닌이 죽은 뒤 소련을 이끌었던 정치인이다. 수많은 목숨을 앗아간 독재자로 이름이 높았으며, 제2차 세계대전 이후 동유럽에 철의 장막을 드리운 주역이기도 하다.

Stanton, Graham Norman(1940-2009): 뉴질랜드 출신의 신약학자다. 마태복음과 바울 서신, 2세기 기독교 문헌을 깊이 연구했다.

Stauffer, Ethelbert(1902-1979): 독일의 신학자다. 초기 기독교와 로마의 관계, 보편구원론을 깊이 연구했으며, 고대 화폐에도 남다른 식견을 가진 학자다.

Stendahl, Krister(1921-2008): 스웨덴의 신약학자다. 아우구스티누스 시대 이후로 바울을 잘못 읽어 왔을 가능성을 제기하면서, 예수와 바울 시대 유대 원전을 깊이 연구하여 바울을 새롭게 해석할 수 있는 길을 열어 보려고 했다. 그의 시도는 소위 새 관점에 많은 영향을 주었다.

Stettler, Christian(1966-): 스위스의 신약학자다. 취리히 대학교 교수다.

Stevens, George Baker(1854-1906): 미국의 장로교회 목사요 신학자다.

Stiefel, Michael(1487-1567): 독일 종교개혁자 가운데 한 사람이었으며, 루터를 도와 종교개혁에 헌신했다.

Storch, Nikolaus: 16세기 초에 독일 작센 지역에서 활동했던 급진 종교개혁 지도자 가운데 한 사람이다.

Storr, Gottlob Christian(1746-1805): 독일의 개신교 신학자다. 네 복음서 중 마가복음이 가장 먼저 기록되었음을 처음으로 주장한 학자다.

Stout, Jeffrey(1950-): 미국의 신학자요 정치학자, 철학자다.

Stowers, Stanley Kent(1948-): 미국의 신약학자요 교회사가다.

Strauss, David Friedrich(1808-1874): 독일의 자유주의 신학자다. 예수의 신성을 부정하고 복음서를 신화로 규정했다.

Strawson, Peter Frederick(1919-2006): 영국의 철학자다.

Strong, Augustus Hopkins(1836-1921): 미국의 침례교 목사요 신학자다.

Suenens, Leo Jozef(1904-1996): 벨기에의 로마가톨릭 추기경이다. 제2차 바티칸 공의회에 적극 참여했고, 시대 변화에 발맞춰 가려는 가톨릭교회의 변화를 지지했다.

Swete, Henry Barclay(1835-1917): 영국의 성서학자다. 구약성경 그리스어 역본인 70인역을 펴냈다.

Swinburne, Richard G.(1934-): 영국의 철학자다. 종교철학과 과학 철학 분야에서 많은 활동을 했고, 오랫동안 신 존재 증명 문제에 천착했다.

Sykes, Arthur Ashley(1684-1756): 잉글랜드 성직자요 저술가다. 당시 성공회 신학 정립을 둘러싼 논쟁에 적극 참여했으며, 뉴턴과 친분이 두터웠다.

Sykes, Stephen Whitefield(1939-2014): 영국의 잉글랜드 성공회 주교요 신학자다. 케임브리지 대학교와 더럼 대학교 교수였다.

Talbert, Charles Harold(1934-): 미국의 신약학자다. 베일러 대학교 명예교수다.

Taylor, Richard(1919-2003): 미국의 철학자다.

Taylor, Vincent(1887-1968): 영국의 신약학자다. 복음서를 깊이 연구했다.

Temple, William(1881-1944): 영국의 성공회 주교요 신학자다. 캔터베리 대주교를 지냈으며, 소위 과정신학에도 깊은 관심을 보였다.

Tennant, Frederick Robert(1866-1957): 영국의 성공회 신학자다. 본디 수학과 물리학, 화학 등을 전공했으나 신학자로 전향했다. 진화가 목적을 지니고 있다는 점으로 보아 하나님은 분명 존재한다고 생각했던 인물이다.

Tennent, Frederick Robert(1866-1957): 영국의 신학자다.

Tennyson, Alfred Lord(1809-1892): 영국 빅토리아 시대 시인이다.

Tertullianus(?155-?240): 카르타고 출신의 초기 교회 교부다.

Theissen, Gerd(1943-): 독일의 신약학자다. 구약과 신약을 통섭하며 성경을 연구했다.

Theodore of Mopsuestia(350-428): 안디옥 학파의 성경 해석을 대표하는 인물이다.

Thielicke, Helmut(1908-1986): 독일의 조직신학자요 윤리학자이며 설교가다. 정통 복음을 변호하며 불트만이나 바르트와 대립했던 신학자다.

Tholuck, Friedrich August Gottreu(1799-1877): 독일의 개신교 신학자다.

Thomasius, Gottfried(1802-1875): 독일의 루터교회 신학자다. 케노시스 기독론을 독일 신학에 들여온 인물로 알려져 있다.

Thornton, Lionel Spencer(1884-1961): 영국의 성공회 신학자다.

Thrall, Margaret(1929-2010): 영국의 신약학자다.

Tilley, Terrence William(1947-): 미국의 신학자다.

Tillich, Paul(1886-1965): 독일계 미국인 실존철학자요 조직신학자다. 실존이 답을 요구하는 문제에 답을 줄 수 있는 신학을 추구했던 인물이다.

Tindal, Matthew(1657-1733): 영국의 이신론자요 저술가다. 계몽주의 사상의 영향을 받았고, 그 시대 기독교 교리에 도전했다.

Toland, John(1670-1722): 영국의 철학자요 이신론자다.

Toplady, Augustus Montague(1740-1778): 영국의 성공회 성직자요 찬송시인이다.

Tracy, David(1939-): 미국의 가톨릭 신학자다. 해석학에 깊은 관심을 보였다.

Travis, Stephen Henry(1944-): 영국의 조직신학자다.

Trible, Phyllis(1932-): 미국의 페미니스트 성서학자다. 수사비평을 통해 성경을 연구했다.

Troeltsch, Ernst(1865-1923): 독일의 신학자요 종교철학자다. 독일 종교사학파를 대표하는 자유주의 신학자다.

Turner, Max(1947-): 영국의 신약학자다. 신약성경에서 제시하는 성령과 은사를 깊이 연구했다.

Turretin, François(1623-1687): 스위스의 개혁파 신학자다.

Turretin, Jean Alphonse(1671-1737): 스위스 개혁파 신학자다. 프랑수아 투레티니의 아들이다.

Tyconius: 4세기 말에 활동한 도나투스파 이론가다.

Tylor, Edward Burnett(1832-1917): 영국의 문화인류학자다. 문화인류학을 창시한 인물이다.

Tyndale, William(1494-1536): 잉글랜드의 신학자요 종교개혁자다. 성경을 영어로 번역했다.

Valentinus(?100-?160): 기독교 초기 영지주의를 대표하는 인물 가운데 하나다.

van den Brink, Gijsbert(1963-): 네덜란드의 개혁파 신학자다.

Vanhoozer, Kavin Jon(1957-): 미국의 조직신학자다. 해석학에 관심이 많으며, 포스트모던 시대에 기독교 정통 교리의 본질을 지키면서도 교리의 생명력을 이어 갈 길을 모색하려 한다.

Vanstone, William Hubert(1923-1999): 미국의 신학자요 목회자다.

Venturini, Heinrich(1768-1849): 독일의 신학자다.

Vermes, Geza(1924-2013): 헝가리계 영국인 종교학자다. 예수 시대 유대교 원전과 유대교를 깊이 연구했으며, 사해 사본을 영어로 번역했다.

Vermigli, Pietro Martire(1499-1562): 이탈리아 출신의 종교개혁자다. 인문주의자였고 히브리어에도 능통한 고전어 학자였다. 칼뱅에게도 영향을 주었다.

Vico, Giamvattista(1668-1744): 이탈리아의 정치철학자요 수사학자이며 역사가다. 역사철학의 시조로 알려져 있다.

Vielhauer, Philipp(1914-1977): 독일의 루터파 목사요 신약학자다.

Vincent, Thomas(1634-1678): 잉글랜드의 청교도 목사요 저술가다.

Volf, Miroslav(1956-): 크로아티아의 신학자이며, 미국의 예일 대학교 교수다. 종교 간 이해와 화해에 많은 관심을 갖고 연구 활동을 펼치고 있다.

von Rad, Gerhard(1901-1971): 독일의 구약학자다. 20세기 구약 해석학 체계를 확립한 인물이라 할 정도로 구약 해석학에 큰 영향을 미쳤다.

Vriezen, Theodorus Christiaan(1899-1981): 네덜란드의 구약학자다.

Wagner, Wilhelm Richard(1813-1883): 독일의 작곡가로, 독일 낭만주의를 집대성한 예술가다. 오페라를 비롯한 음악 작품뿐 아니라, 문학 작품도 많이 남겼다.

Wainwright, Arthur W.: 영국의 감리교 목사요 신학자다.

Waismann, Friedrich(1896-1959): 오스트리아의 수학자요 물리학자, 철학자다.

Waltke, Bruce K.(1930-): 미국의 구약학자다. 구약학뿐 아니라 성경 원어와 고고학 분야에서도 많은 업적을 남겼다.

Walvoord, John Flipse(1910-2002): 미국의 조직신학자다. 댈러스 신학교 총장을 지냈다.

Ward, Keith(1938-): 영국의 철학자요 신학자다. 종교와 과학의 대화, 종교와 종교의 대화에 깊은 관심을 갖고 활동했으며, 하나님과 계시 개념을 깊이 연구했다.

Warfield, Benjamin Breckinridge(1851-1921): 미국의 조직신학자다. 옛 프린스턴 전통을 대표하는 신학자 가운데 한 사람이다.

Webster, John(1955-2016): 영국의 조직신학자다.

Weil, Simone(1909-1943): 프랑스의 철학자다. 고대 인도 철학과 기독교 사상에 깊은 관심을 갖고 있었다.

Weiss, Johannese(1863-1914): 독일의 성서학자다. 철저한 종말론을 주창했다.

Welker, Michael(1947-): 독일의 조직신학자다. 기독교 신앙 변증에도 관심이 많다.

Wenham, Gordon(1943-): 영국의 구약학자다. 복음주의 진영을 대표하는 구약학자로, 오경과 시편을 두루 연구했다.
Wennberg, Robert(1935-2010): 미국의 철학자다.
Wesley, Charles(1707-1788): 감리교 창시자이자 수많은 찬송을 지은 찬송시 작가다.
Wesley, John(1703-1791): 영국의 신학자요 감리교 창시자다.
Westcott, Brooke Foss(1825-1901): 영국의 신학자다. 1881년에 나온 그리스어 신약성경을 편찬했다.
Westermann, Claus(1909-2000): 독일의 구약학자다. 시편과 오경을 깊이 연구했으며, 20세기 구약학계에 많은 영향을 미쳤다.
Whiston, William(1667-1752): 잉글랜드 신학자요 역사가다. 수학자이기도 했으며, 아이작 뉴턴의 사상을 보급하는 데 앞장섰다.
Wiesel, Elie(1928-2016): 루마니아계 미국인 작가다. 나치의 유대인 대학살 속에서 살아남아 그 실상을 증언했으며, 1986년에 노벨평화상을 받았다.
Wilckens, Ulrich(1928-): 독일의 신학자다. 요한복음과 로마서를 깊이 연구했으며, 페미니즘 신학에 반대하는 인물로 알려져 있다.
Wildberger, Hans(1910-1986): 스위스의 구약학자다.
Wiles, Maurice(1923-2005): 영국의 잉글랜드 성공회 성직자요 신학자다.
William of Ockham(1285-1347): 잉글랜드 프란치스코 수도회 수도사요 철학자다. 유명론의 선구자로 알려져 있으며, 현상을 설명할 때는 쓸데없는 가정을 내세워서는 안 된다고 주장했다.
Williams, Charles Stephen Conway(1906-1962): 영국의 신약학자요 성공회 사제다.
Williams, Norman Powell(1883-1943): 영국의 신학자다. 가톨릭 친화 성향이 짙었다.
Williams, Rowan Douglas(1950-): 웨일스 출신의 성공회 사제요 신학자다. 캔터베리 대주교를 역임했다.
Wilmot, John(1647-1680): 잉글랜드의 시인이다. 잉글랜드에서 가장 탁월한 풍자가 가운데 하나라는 평을 듣기도 했다.
Wilson, Stephen George(1942-): 영국의 신약학자다.
Windisch, Hans(1881-1935): 독일의 신학자다. 초기 기독교 역사, 바울과 유대교의 관계를 연구했다.
Wink, Walter(1935-2012): 미국의 성서학자다. 소위 진보 기독교(Progressive Christianity)의 대표자로 알려져 있다.
Witherington Ⅲ, Ben(1951-): 미국의 신약학자다. 왕성한 저술 활동을 하고 있으며, 언론을 통해 대중에게 신학을 알리는 일에도 앞장선 학자다.
Wittgenstein, Ludwig(1889-1951): 오스트리아계 영국인 언어철학자요 분석철학자다.
Wolff, Christian(1679-1754): 독일의 철학자다. 계몽주의 철학의 토대를 닦았고, 철학 용어를 라틴어에서 독일어로 번역하는 데 앞장섰다.
Wolterstorff, Nicholas(1932-): 미국의 분석철학자요 종교철학자다.

Wrede, William(1859-1906): 독일의 자유주의 신학자다. 마가복음에 들어 있는 메시아 은 닉을 깊이 연구했다.

Wright, Nicholas Thomas(1948-): 영국의 신학자다. 초기 기독교 역사뿐 아니라 신약성경 전반에 걸쳐 방대한 해석과 주석, 연구서를 내놓고 있다.

Yinger, Kent L.(1953-): 미국의 신약학자다. 바울 신학을 바라보는 새 관점, 초기 기독교 시대의 유대교를 연구했다.

Yoder, John Howard(1927-1997): 미국의 메노나이트 신학자다.

Yong, Amos(1965-): 말레이시아계 미국인 오순절 신학자다.

Young, Frances Magaret(1939-): 영국의 신학자요 감리교 목사다.

Zizioulas, John(1931-): 그리스의 정교회 신학자다. 인간의 진정한 인격은 삼위일체 하나님의 사귐에 참여함으로써 이루어진다고 주장했으며, 교회론을 깊이 연구했다.

Zwiep, Arie Wilhelm(1964-): 네덜란드의 신약학자다. 암스테르담 대학교 교수이며, 신약 기독론을 깊이 연구했다.

Zwingli, Ulrich/Huldrych: 1484-1531. 스위스의 종교개혁자다. 성찬 논쟁을 계기로 루터와 다른 길을 걸었다.

옮긴이 박규태는 과거에 교회 사역을 했으며, 현재는 사역에서 물러나 번역과 글쓰기에 전념하고 있다. 묻혀 있는 좋은 책을 찾아내 소개하는 일에 관심이 많다. 옮긴 책으로 『가난하게도 마옵시고 부하게도 마옵소서』 『그리스도와 지성』 『두 지평』 『정교하게 조율된 우주』(이상 IVP), 『성령』 『예수와 그 목격자들』 『주 예수 그리스도』(이상 새물결플러스), 『구약의 종말론』 『바울의 종말론』 『예수에서 복음서까지』(이상 좋은씨앗), 『꺼지지 않는 불길』 『안식일은 저항이다』(이상 복 있는사람), 『바울과 팔레스타인 유대교』(알맹e), 『네 편의 초상, 한 분의 예수』(성서유니온선교회), 『기독교 그 위험한 사상의 역사』(국제제자훈련원) 등이 있고, 저서로 『쉼』(좋은씨앗), 『번역과 반역의 갈래에서』(새물결플러스)가 있다.

조직신학

초판 발행_ 2018년 11월 2일
무선판 발행_ 2020년 1월 10일
무선판 2쇄_ 2024년 9월 10일

지은이_ 앤터니 티슬턴
옮긴이_ 박규태
펴낸이_ 정모세

펴낸곳_ 한국기독학생회출판부
등록번호_ 제2001-000198호(1978.6.1)
주소_ 04031 서울 마포구 동교로 156-10
대표 전화_ (02)337-2257 팩스_ (02)337-2258
영업 전화_ (02)338-2282 팩스_ 080-915-1515
홈페이지_ www.ivp.co.kr 이메일_ ivp@ivp.co.kr
ISBN 978-89-328-1746-0

ⓒ 한국기독학생회출판부 2018, 2020

책값은 뒤표지에 있습니다.
무단 전재와 복제를 금합니다.